Der Akkordvertrag und der Tarifvertrag

Eine Darstellung zweier Vertragsarten aus dem modernen Wirtschaftsleben.

Von

Paul Wölbling,

Magistratsrat in Berlin.

Berlin 1908.

J. Guttentag, Verlagsbuchhandlung,

G. m. b. H.

Vorwort.

Das vorliegende Buch verdankt seine Anregung dem Deutschen Juristentage und meiner Praxis am Gewerbegericht Berlin. Nachdem ich durch meine amtliche Tätigkeit erfahren hatte, daß die beiden Vertragsarten des Akkordvertrages und des Tarifvertrages weder theoretisch noch auf dem Boden der Gesetzgebung eine für die Rechtsprechung und das gewerbliche Leben ausreichende Durchbildung erfahren haben, beschloß der Deutsche Juristentag in Übereinstimmung mit einem von mit erstatteten Gutachten, die gesetzliche Regelung des Akkordvertrages anzuregen, jenes Vertrages, der in Deutschland wie in der übrigen Welt ganz überwiegend die gewerbliche Arbeit und den Lebensunterhalt vieler Millionen von Arbeitern in Landwirtschaft, Industrie, Bergbau und anderen Betrieben regelt.

In dem erwähnten Gutachten hatte ich in Übereinstimmung mit den anderen Gutachtern zugleich auf die Bedeutung der Tarifverträge hingewiesen, und so hat der Juristentag in seinem Beschlusse über die Regelung des Akkordvertrages zugleich die Erörterung des Tarifvertrages auf die Tagesordnung seiner nächsten Versammlung gesetzt. Auch der Tarifvertrag ist eine aus dem modernen Wirtschaftsleben erwachsene Vertragsform, die neben dem Akkordvertrag eine bedeutende Rolle spielt.

Es erschien also zweckmäßig, die beiden Verträge in einer Schrift zu erörtern.

Dabei habe ich nicht nur versucht, einen Beitrag zur theoretischen Erfassung der beiden Rechtsgebilde zu liefern, sondern auch der Praxis durch Hinweise auf die bestehenden gesetzlichen Bestimmungen und die gerichtlichen Entscheidungen zu dienen. Ich habe mich bemüht, die Theorie der beiden Verträge den Bedürfnissen des praktischen Lebens und dem System unserer bestehenden Rechtsordnung entsprechend zu gestalten, unter Vermeidung von Theorien, die keine Aussicht auf Anerkennung durch die Rechtsprechung haben.

Da die gesetzliche Regelung der beiden Vertragsarten bereits in Fluß ist, indem sowohl die gewerblichen Kreise, neuerdings z. B. die Ältesten der Berliner Kaufmannschaft, die Juristen, hinsichtlich der Tarifverträge auch die Reichsregierung und die politische in die Erörterung eingetreten sind, erschien es zweckmäßig, auch die gesetzliche Regelung der beiden Rechtsgeschäfte zu behandeln.

Durch eine Krankheit des Verfassers ist der Druck des Buches, der schon am Ende des Sommers 1907 begonnen, um 6 Monate verzögert worden. Daraus hat sich die Notwendigkeit ergeben, die inzwischen erschienene Literatur nachzutragen, was nur in Anmerkungen geschehen konnte.

Insbesondere habe ich auch noch das von dem Vorsitzenden des Berliner Gewerbegerichts v. Schulz für den Juristentag über die Tarifverträge erforderte Gutachten berücksichtigt, welches mir der Verfasser gütigst im Manuskript zur Verfügung gestellt hat, wofür ich ihm an dieser Stelle verbindlichst danke.

Berlin, im April 1908.

P. Wölbling.

Inhaltsübersicht.

Teil I. Der Akkordvertrag.

Abkürzungen.

A.-G. = Arbeitgeber.
A. L. R. = Preußisches Allgemeines Landrecht.
A.-O. = Arbeitsordnung.
B. = Band.
BGB. = Bürgerliches Gesetzbuch.
GG. = Gewerbegericht.
GGG. = Gewerbegerichtsgesetz.
GO. = Gewerbeordnung.
HGB. = Handelsgesetzbuch.
LG. = Landgericht.
L. B. G. = Lohnbeschlagnahmegesetz.
K. = Kammer.
KG. = Kaufmannsgericht.
RG. = Reichsgericht.
RG. Ziv. S. = Reichsgerichts-Entscheidungen in Zivilsachen.
R.G. Strafs. = Reichsgerichts-Entscheidungen in Strafsachen
StrGB. = Reichsstrafgesetzbuch.
T.-V. = Tarifvertrag.
ZPO. = Zivilprozeßordnung.

Teil I.

Der Akkordvertrag.

Erstes Kapitel.

Wirtschaftliche Betrachtung über den Akkordvertrag.

1. Im Allgemeinen.

„Insofern nach der heute herrschenden Rechts- und Moraltheorie dem Menschen der Mensch näher und höher steht als die Sache, muß er die Hingabe der Person, die zur Arbeit gehört, höher achten als die Sachleistung . . . und die Rechtsordnung als Produkt und Werkzeug der menschlichen Gesellschaft muß sich dieser Gradation anpassen; für sie muß daher die Arbeit als die vornehmste obligatorische Leistung und der Arbeitsvertrag, der diese gegen Entgelt verspricht, der subtilste Gegenstand der Regelung im Vertragsrecht sein.“[1])

Während aber tatsächlich das Zivilrecht bisher hauptsächlich auf die Sachleistung zugeschnitten war, beginnt jetzt eine Bewegung, die der Arbeitsleistung ihre gebührende Behandlung im Privatrecht zu erkämpfen bestrebt ist, und damit ein Erwachen des Rechtsbewußtseins und des Interesses am Ausbau der Rechtsordnung bei denjenigen großen Klassen, deren Hauptanteilnahme am Rechtsleben in Verwertung ihrer Arbeitskraft besteht.

Für seine Arbeit tauscht der Arbeiter eine Sachleistung, meist in Geld bestehend, ein, und diese Gegenleistung wird entweder nach der Zeit, während deren Arbeit geleistet wurde, oder nach dem Ergebnis dieser Arbeit bemessen.

Dem entspricht die Einteilung der Arbeitsverträge in die beiden großen Gruppen der Zeitlohnverträge und der Akkordverträge. Alle anderen Formen der Arbeitsverträge sind Zwischenglieder und Variationen dieser beiden Grundformen. Im Vordergrunde des heutigen öffentlichen Interesses steht

[1]) Worte *Lotmars* I, S. 8.

nun heut die Regelung derjenigen Arbeit, die von den gewerblichen Arbeitern geleistet wird, wobei wir nicht nur an diejenigen Arbeiter denken, auf die der VII. Titel der Gewerbeordnung Anwendung findet, sondern auch an die großen Gruppen der wirtschaftlich gleichstehenden und sich in gleicher Weise betätigenden Arbeiter, z. B. in den Bergwerken, bei den Eisenbahnen und ähnlichen Betrieben. Für die Mehrzahl dieser Arbeiter bildet der Akkordvertrag das tägliche Brot, sie arbeiten entweder ausschließlich oder doch wenigstens abwechselnd mit Zeitlohn gegen Akkordlohn.

Wichtig ist daher die Frage nach der Zukunft der Akkordarbeit. Diese Arbeitsmethode gehört der Gegenwart an und beherrscht sie zum großen Teil.[1]) Wir müssen uns daher mit ihrer rechtlichen Gestaltung ernstlich befassen, wollen wir als Juristen nicht die wichtigsten Rechtsbeziehungen der größten Bevölkerungsklasse außer Betracht lassen.

Dabei beschränkt sich der Akkordvertrag nicht auf das gewerbliche Leben im engeren Sinne: Er ist weit verbreitet in der Landwirtschaft und den mit ihr verwandten Betrieben, der Forstwirtschaft, der Fischerei, wohl auch der Jagd. Wie der Schriftsteller, der Künstler, der Baumeister nach Maßgabe seiner Leistung bezahlt wird, so kommt es vor, daß der Gänsejunge seinen Lohn nach der Stückzahl der von ihm treulich gehüteten hochberühmten Vögel bemessen erhält. Auch beim Gesinde kommt eine solche Entlohnung vor und selbst bei Beamten, indem z. B. die Kanzlisten zum Teil nach Maßgabe der von ihnen geschriebenen Seiten bezahlt werden.

---

[1]) *Bernhard*, Verhandlungen des Juristentages, Bd. III, S. 515. *Bernhard* behauptet, daß der Akkordarbeiter ein Viertel bis ein Drittel weniger Zeit für dieselbe Arbeit brauche, als der Zeitlohnarbeiter, ebenda S. 513; siehe auch *Abbe*, Gesammelte Schriften, Bd. III, S. 145. Dabei muß man bedenken, daß auch in Deutschland die Arbeiter bestrebt sind, eine übermäßige Leistung zu vermeiden, um die Preise nicht zu drücken, s. *West*, verfehlte Akkordpolitik. Die Publikation des K. Statistischen Amtes über die Tarifverträge glaubt auf Grund der ihm vorliegenden Tarifverträge einen Rückgang der Akkordarbeit wahrzunehmen. Diese Wahrnehmung ist aber wohl lediglich darauf zurückzuführen, daß von den Tarifverträgen in Deutschland noch die bedeutendsten Industriezweige ausgeschlossen sind.

Alle diese Kategorien fassen wir daher ins Auge, wenn wir die rechtliche Ordnung des Akkordvertrags untersuchen wollen.

Jedoch mit einer Einschränkung:

Während *Lotmar* dem Begriff des Arbeitsvertrags nicht nur den Dienstvertrag, sondern jeden auf die Leistung von Arbeit gegen Entgelt gerichteten Vertrag unterordnet, so z. B. auch den Werk-, Heuer-, Mäkler-, Fracht-, Speditions-, Kommissions-, Lager- und Verwaltungsvertrag, auch den Vertrag der Rechtsanwälte, so beschränken wir uns auf diejenigen Fälle, in denen ein Dienstvertrag vorliegt, sei es der allgemeine Dienstvertrag oder die spezialgesetzlich geregelten Dienstverträge, wie der gewerbliche Dienstvertrag, der der Bergleute, des Gesindes und auch das Dienstverhältnis der Beamten. Auch die Fälle, in denen das gewöhnliche Leben von Verdingen im Akkord spricht, z. B. wenn einem Werkmeister ein Werk „in Akkord" gegeben wird, scheiden aus.

Im Vordergrunde unserer Betrachtung steht der Akkordvertrag der gewerblichen Arbeiter.

Im gewerblichen Leben spricht man gewöhnlich kurz von Lohnarbeit[1]), wenn man Zeitlohnarbeit, also die Leistung von Arbeit gegen eine nach der Arbeitszeit bemessene Vergütung meint, dagegen spricht man von Akkord oder Akkordarbeit, wenn Akkordlohn gezahlt wird, das heißt, wenn das Maß der Leistung, das Ergebnis der Arbeit der Vergütung zugrunde gelegt wird.

Beim Bergbau ist der Ausdruck Gedinge für Akkordarbeit seit alter Zeit üblich und gesetzlich im Gebrauch[2]).

Das Bürgerliche Gesetzbuch enthält gar keinen Ausdruck für Akkordlohn. Es spricht beim Dienstvertrage nur einmal (§ 623) von dem Falle, daß die Vergütung nicht nach Zeitabschnitten bemessen ist. Hierbei hat der Gesetzgeber, wie sich aus der Vorgeschichte des Gesetzes ergibt, an den Stücklohn gedacht, und Stücklohn ist der Ausdruck, mit

---

[1]) GG Berlin, 18. Mai 1905, Nr. 411, Kap. 5, Grundsätze Nr. 1.

[2]) Im alten deutschen Bergrecht unterschied man zwischen kost uf tage u. kost zu wurffen, was ungefähr dem Unterschied zwischen Zeit- und Akkordlohn entspricht.

welchem die Gewerbeordnung im Allgemeinen den Akkordlohn bezeichnet.

Neuerdings hat man unterschieden zwischen dem eigentlichen Akkordvertrag und dem Stücklohnvertrag und hat unter Stücklohnvertrag den Vertrag bezeichnet, nach welchem der Arbeiter fortlaufend Stücke gleicher Art zu fertigen hat. *Lotmar* hatte für Akkordlohn den Ausdruck Werklohn vorgeschlagen, ist aber später davon abgegangen. *Koehne* braucht für den Akkord im allgemeinen den Ausdruck Leistungslohnvertrag und teilt diesen in zwei Unterarten: den Stücklohnvertrag, bei dem der Arbeiter fortlaufend gleiche Stücke herstellt und den gewerblichen Arbeitsverdingungsvertrag, bei welchem dem Arbeiter eine bestimmte Arbeit für einen vereinbarten Preis übertragen wird, also den Fall, der oben als eigentlicher Akkordvertrag bezeichnet ist. — Der Ausdruck Gedinge ist neuerdings auch auf den nicht bergmännischen Akkordvertrag übertragen worden und wohlgeeignet, die jetzt noch übliche Bezeichnung Akkord zu ersetzen[1]).

In Frankreich spricht man von travail à la tâche, travail en pièce (Akkordvertrag), marchandage (Akkordvertrag der Zwischenmeister)[2]).

Gegenstand des Akkordvertrages können sein alle Arbeiten, die Gegenstand eines Dienstvertrages sein können: die Entstehung, Verarbeitung, Veränderung von Sachen, das Transportieren, Messen, Zählen, Registrieren, Auffinden, Untersuchen, Schätzen, die Hervorrufung physikalischer Erscheinungen in Sachen (Wärme, Licht, Elektrizität), das Beschützen,

---

[1]) Der Vorstand des deutschen Juristentages hatte sich für den Ausdruck „Arbeitsvertrag auf Gedinge" entschieden. Verhandl. d. XXVIII. D. Juristentages, Bd. I S. 201.

Der Ausdruck Leistungslohn kann leicht mit dem Ausbedingen von Lohn „nach Leistung", einer sehr häufigen Redewendung, verwechselt werden, die bedeutet, daß die Höhe des Zeitlohnes von der Qualität der Leistung abhängen soll, d. h. davon, ob der Arbeiter tüchtig ist oder nicht, was sich erst nach längerer Arbeitszeit herausstellt.

[2]) Österreich: Stücklohn und Akkordlohn vgl. Österr. GO. § 77. *Heilinger*, Österreichisches Gewerberecht, Wien 1898, Bd. 1, S. 96, Anm. 15. *Heilinger* spricht beim Akkord von der Übernahme einer Arbeitsverdingung in Bausch und Bogen.

Bewachen, Beaufsichtigen, Einwirkungen auf den menschlichen Körper. Zu unterscheiden sind auch Tätigkeiten mit und ohne Umwandlung eines Gedankeninhalts[1]).

Praktisch wird die Akkordarbeit da mit Vorliebe angewendet werden, wo einerseits eine Schätzung des Wertes der Arbeit für einzelne Stücke, Teile, Quanten einer Arbeit nicht ohne allzu große Schwierigkeiten möglich, andererseits die Kontrolle und Überwachung des Arbeiters schwierig oder untunlich ist. Daher ist Akkordabrede üblich bei Arbeiten, die gleichmäßig und fortlaufend schon längere Zeit verrichtet worden sind, bei Arbeiten außerhalb eines geschlossenen Betriebes, bei Montagen, Bauten, sofern nicht andere Bedenken entgegenstehen, insbesondere bei der Heimarbeit, in der ein Ersatz der Akkordarbeit durch Zeitlohnarbeit gar nicht denkbar ist. Die Akkordarbeit ist auch angebracht, wenn es darauf ankommt, den Arbeiter zur Anwendung besonderer technischer Fähigkeiten, insbesondere seiner Erfindungsgabe zu veranlassen und hier auch dann, wenn es sich nur um eine einmalige Arbeit handelt, die Konstruktion eines neuen Apparates, einer neuen Maschine, während sonst im allgemeinen die Akkordarbeit nicht angebracht ist bei Arbeiten, die zum ersten Male hergestellt werden, die nur einmal angefertigt werden sollen, Modellen, Mustern, Probestücken, es sei denn, daß die Bezahlung oder Berechnung nach einzelnen Manipulationen, Operationen stattfinden kann, deren Preis schon allgemein feststeht. Eine gewisse Einschränkung der Akkordarbeiten empfiehlt sich auch in gefährlichen Betrieben, so ist denn z. B. in Pikrinsäurefabriken die Akkordarbeit verboten. Übelstände haben sich auch herausgestellt bei Arbeiten, bei denen der Arbeiter einer gewissen Ruhe bedarf, und bei solchen, deren Nachprüfung oder nachträgliche Abänderung, insbesondere wegen der damit verbundenen Kosten, mit großen Schwierigkeiten verbunden ist, z. B. Maurerarbeiten, wenigstens soweit es sich um den Rohbau handelt[2]). Die Akkordarbeit ist an sich auch geeignet, Arbeiter zu übermäßigen

---

[1]) Vgl. *Rümelin* S. 65—66.

[2]) Doch scheint neuerdings die Akkordmaurerei wieder beliebter zu werden, z. B. in Berlin.

Leistungen anzuspornen, und sie wird daher für jugendliche Arbeiter mitunter verderblich, und zwar auch deshalb, weil diese noch nicht die nötige Erfahrung besitzen, um die Angemessenheit des ihnen angebotenen Preises prüfen zu können.

Ein Bedürfnis für die Akkordarbeit ist auch da gegeben, wo die Kontrolle der Arbeiter aus persönlichen Gründen erschwert ist, sei es, weil der Arbeiter, der besondere Geschicklichkeit oder Fähigkeit besitzt, sich keiner Kontrolle unterwerfen will, sei es, weil die Unmöglichkeit der Kontrolle in der Person des Arbeitgebers liegt. Das wird oft dann der Fall sein, wenn es sich um Nebenarbeit handelt, z. B. Tischlerarbeit in der Metallfabrikation, Tapeziererarbeit in Verbindung mit der Möbelfabrikation, Kunstschlosserarbeit im Baugewerbe. Das Verfahren ist leicht erklärlich, wenn sich in dem Hauptbetrieb keine geeignete Person findet, die derartige Arbeiten kontrollieren kann, während die Anstellung eines besonderen fachkundigen Beamten wegen des geringen Umfangs der Nebenarbeiten sich nicht lohnt.

Die Akkordarbeit kommt schließlich bei solchen Arbeiten vor, die lediglich in einer ganz mechanischen Bedienung einer im wesentlichen automatisch arbeitenden Maschine bestehen, z. B. in der Schraubendreherei, der Knopffabrikation bei Arbeitern z. B., die lediglich die Körbe mit den fertigen Knöpfen wegzunehmen und zu leeren haben. Hier erfolgt die Bezahlung nach der Stückzahl, obwohl diese lediglich von der Tätigkeit der Maschine abhängt. Dabei werden sogar unbrauchbare Stücke bisweilen von der Bezahlung ausgeschlossen[1]), wenngleich die Unbrauchbarkeit garnicht auf die Tätigkeit des Arbeiters zurückzuführen ist.

Im Falle des eigentlichen Akkordvertrages wird dem Arbeiter eine bestimmte individualisierte Leistung übertragen:

---

[1]) *Rümelin* bemerkt, daß die heutige Technik ihres Erfolges so sicher sei, daß ein Fehler in der Regel auf ein Verschulden des Arbeiters zurückzuführen sein dürfte. Demgegenüber möchte ich aus der Praxis bemerken, daß die genauesten Maschinen in ihren Leistungen verschieden sind und daß das beste Material in der Qualität Unterschiede aufweist, die die zu verfertigende Ware beeinflussen. Bei der Prüfung einzelner Fälle bin ich in dieser Beziehung zu überraschenden Resultaten gekommen, die ich vorher selbst nicht für möglich gehalten hätte.

die Herstellung eines Arbeitsstückes oder Arbeitsteiles, z. B. der Bau einer Lokomotive, eines Büfetts, das Nähen eines Kleides. Nicht wesentlich davon verschieden liegt der Fall, wenn dem Arbeiter eine bestimmte Anzahl einzelner Stücke, Teile oder Operationen übertragen wird. Dagegen nähert sich der Stücklohnvertrag, bei dem ohne Beschränkung auf eine bestimmte Zahl fortlaufend Stücke, Teile oder Operationen geliefert werden, wie beim Schraubendreher, beim Putzer, der nach der Zahl der von ihm geputzten Quadratmeter bezahlt wird, dem Zeitlohnvertrage. Vom Akkord des Einzelarbeiters ist wieder zu unterscheiden der Gruppen- oder Kolonnenakkord, bei dem mehrere Arbeiter, die entweder einander gleichgeordnet oder untergeordnet sind, gemeinschaftlich eine Arbeit verrichten, z. B. die Putzkolonne meist unter einem Kolonnenführer, der Rohrleger und seine Helfer, die Kommune der Ziegeleiarbeiter, die Heimarbeiter mit ihren Hilfskräften. Mitunter nähert sich die Stellung des ersten Arbeiters der eines selbständigen Unternehmers, namentlich bei Arbeiten außerhalb geschlossener Betriebe z. B. im Baugewerbe, bei Montagen, in der Heimarbeit, die in die selbständige Hausindustrie übergeht, deren Leiter man nicht mehr als gewerbliche Arbeiter, als dienstpflichtige Personen ansieht.[1])

Abgesehen von der Über- und Unterordnung ist die Stellung der Mitglieder einer Gruppe oder Kolonne insofern eine verschiedene, als die Arbeiter entweder nebeneinander mit derselben oder mit gleichartiger oder mit verschiedener Arbeit beschäftigt

---

[1]) Die Fälle, in denen wirtschaftlich schwache Personen als selbständige Unternehmer und Arbeitgeber auftreten, lassen sich weder durch die Rechtsprechung, die bei den Gewerbegerichten in dieser Beziehung oft über das Ziel hinausgeschossen ist, noch durch die Gesetzgebung beseitigen. Es ist unmöglich, im Widerspruch mit ernstgemeinten Parteiabreden statt des Gegenkontrahenten ohne weiteres den Geldgeber in Anspruch zu nehmen oder den, der den größten Vorteil hat. Solche Feststellungen sind überaus schwierig. Auch der Geldgeber ist oft vorgeschoben und mittellos. Die Hauptsache ist, daß die Arbeiter selbst aufpassen und sich nicht, was sie es leider oft tun, zu schwindelhaften Spekulanten drängen, sondern die Arbeit bei soliden Firmen vorziehen. Wenn man ihnen den Lohn auf alle Fälle zu sichern sucht, so wird der Übelstand noch größer werden.

sind: der eine Arbeiter besorgt das Drehen, der andere das Bestoßen, der dritte das Polieren, der vierte das Putzen und der fünfte das Lackieren des Arbeitsstückes, oder wie bei den Maurern, ein jeder die gleiche Arbeit verrichtet. Wieder in anderen Fällen müssen die Arbeiter sich in die Hand arbeiten, z. B. beim Nieten, wo ein Arbeiter das Niet hält, während der andere zuschlägt.

Neben den am Akkordlohn beteiligten Arbeitern können andere in Zeitlohn dabei tätig sein, sei es in untergeordneter oder übergeordneter Stellung, sei es, indem dieser Zeitlohn vom Akkordlohn in Abzug kommt, sei es, daß er besonders bezahlt wird.

Der Kolonnenvertrag gibt wie die Heimarbeit den Arbeitern eine größere Selbständigkeit. Die Kolonne bildet eine selbständige Einheit, die dem Arbeitgeber kraftvoller gegenübersteht, als der einzelne. Daher kommen bis in alle Einzelheiten durchgebildete Verträge mit den Kolonnen vor, während der Vertragsinhalt mit dem einzelnen Arbeiter sich gewöhnlich nur auf das Notwendigste beschränkt, indem der Arbeiter im übrigen den Anweisungen des Arbeitgebers unterworfen ist. Demgegenüber regiert sich die Kolonne selbst. Die Aufsicht führt oft lediglich ein selbstgewählter Kolonnenführer, der sich — abgesehen von seiner Rechtsstellung — faktisch nach dem Willen der Mehrheit richten muß.

Eine besondere Regelung hat die Akkordarbeit vielfach in den sogenannten Tarifverträgen, auch Kollektiv-Arbeitsverträge [1]) genannt, gefunden, von denen in Deutschland schon vor mehreren Jahren über 3000 festgestellt worden sind. An diesen Verträgen sind meist große Gruppen von Verbänden beteiligt. Hierdurch werden sie noch mehr, wie die Kolonnenverträge[2]) der Willkür der Arbeitgeber entrückt. Sie bringen daher eine nicht nur theoretisch, sondern auch praktisch vertragsfähige, ihren Parteiwillen wirksam zur Geltung zu bringen vermögende Partei in das System der Akkordverträge hinein und werden deshalb ein für die Ausbildung des freien Akkord-

---

[1]) Ein Ausdruck, den *Lotmar* wegen der von den anderen Arbeitsverträgen vollständig verschiedenen Natur verwirft.

[2]) Die übrigens auch mit dem Namen Kollektivarbeitsverträge belegt werden.

vertrags äußerst förderliches Mittel sein, wenngleich sie die Abreden der Einzelparteien in wichtigen Punkten durch die allgemeinen Abmachungen ersetzen. Sie betonen aber wirksam die Vertragsnatur der Akkordabrede und werden die Parteien auf dem von ihnen freigelassenen Gebiete veranlassen, die Akkordverträge weiter auszubauen.

Verwandt mit den Akkordverträgen sind die partiarischen Rechtsgeschäfte, denen *Crome*[1]) für die Zukunft eine erhebliche Ausbreitung verspricht, weil sie eine gerechtere Verteilung des durch Arbeit erzielten Gewinnes ermöglichen. Beim partiarschen Geschäft erhält der Arbeiter einen Teil am Gewinn. Diese Vertragsform ist nicht nur auf Dienstverträge beschränkt, sie kommt auch bei Werk-, Gesellschaft-, Pacht- und anderen Verträgen vor. Hier können uns nur die partiarischen Dienstverträge interessieren. Die Vergütung besteht dabei ausschließlich oder zum Teil in einer Quote des wirklichen erzielten Gewinnes, so daß sie niemals von vornherein feststeht, sondern von der Erlangung eines Gewinnes überhaupt abhängt. Dahingegen wird der Akkordlohn zwar auch unter Berücksichtigung des zu erwartenden Gewinnes berechnet. Er wird aber im voraus auf einen bestimmten Betrag normiert und ist mit dem normierten Satze nach geleisteter Arbeit zu bezahlen, auch wenn der erhoffte Gewinn ausbleibt.

Etwas Verwandtes mit der Akkordarbeit haben alle Systeme, bei denen der Lohn nicht oder nicht ausschließlich nach der Zeit der Arbeitsleistung bemessen wird.[2])

Es werden dem Dienstverpflichteten auch häufig Provisionen nach verschiedener Berechnung, nach der Zahl, dem Geldbetrag usw. des durch seine Arbeit bewirkten Erfolges gewährt.

Einzelne Unternehmer haben besondere Systeme der Gewinnbeteiligung ausgebildet[3]).

---

[1]) Die partiarischen Rechtsgeschäfte. Berlin 1897.

[2]) S. *Lotmar* S. 339 u. Anm. 3. Einen kurzen und klaren Überblick über die Bedeutung der Akkordarbeit gibt *Ludwig Bernhard* als nationalökonomischer Referent in vollendeter Form auf dem 28. Deutschen Juristentage in Kiel. Verhandl. desselben Bd. III S. 509—521 u. 598—602.

[3]) *Heinrich Freese*, Die Gewinnbeteiligung der Angestellten. II. Aufl. 1905. Vgl. hinsichtlich des Akkordvertrags S. 22 ff. — *Ernst Abbe*, Gesammelte Abhandlungen Bd. III S. 102 ff., 120 ff.

Andere zahlen Prämien für besonders gute Leistungen. Auch sie setzen daher die Höhe des Lohnes in Beziehung zu dem erreichten Erfolg[1]). Daher gelten vielfach die Grundsätze des Akkordvertrages auch für diese Formen des Dienstvertrags.

Endlich sind die Trinkgelder[2]) zu erwähnen. Sie werden für einzelne Leistungen und auch meist nach der Qualität der Leistung bezahlt. Ein Rechtsanspruch gegen den Zahlenden wird beim Trinkgeld niemals gegeben sein. Wohl aber werden vom Arbeitgeber dem Arbeiter oft Trinkgelder garantiert, die mitunter die einzige Vergütung bilden, z. B. bei Kellnern, Portiers, Hausdienern. Auch hier liegt eine nicht nach Zeit bemessene Vergütung vor, doch würde es zu weit führen, die daraus sich ergebenden Rechtskonsequenzen, die in den Gewerbegerichtserkenntnissen oft eine Rolle spielen, im Rahmen dieser Untersuchung weiter zu verfolgen.

Die Akkordarbeiten, um die es sich hier handelt, werden stets im Rahmen eines Dienstvertrags geleistet. Es liegt also ein Rechtsverhältnis vor, bei dem wie eine gewisse Dauer wesentlich ist, während bei einem Werkvertrage die Zeitdauer, welche für die Herstellung des Werkes erforderlich wird, ganz unerheblich bleibt.

Der Umfang der übernommenen Arbeit ist für die Frage, ob Dienst- oder Werkvertrag vorliegt, ganz gleichgültig. Es werden Akkordarbeiten dienstpflichtigen Personen übergeben, bei denen die Vergütung Tausende von Mark beträgt, während die Vergütung bei einem Werkvertrag ganz winzig sein kann.[3])

2. Akkordberechnung.

1. Von großer Wichtigkeit ist bei der Akkordarbeit die Berechnung des Akkordlohnes vor der Vereinbarung über

---

[1]) *Harms*, Die Lohnsysteme der Marineverwaltung. Berlin 1905.

[2]) S. *Lotmar* S. 169, 700, 717; *Ihering*, Das Trinkgeld. Braunschweig 1902.

[3]) Größere Montagen pflegen besonders im Großbetriebe an einzelne Arbeiter auf Grund sorgfältig ausgearbeiteter schriftlicher Verträgs — oft nach gedruckten Formularen — übertragen zu werden. Hierbei waltet das Bestreben ob, die Vorteile des Dienst- und Werkvertrages miteinander zu verbinden. In der Regel werden diese Verträge als wirkliche Akkordverträge, nicht als Werkverträge zu beurteilen sein.

denselben. Sie ist hier nicht nur wegen ihrer wirtschaftlichen Bedeutung zu erwähnen (das würde im Rahmen einer rechtlichen Untersuchung nicht zulässig sein) sondern weil die richtige Berechnung des Akkordlohnes als eine Rechtspflicht des Arbeitgebers bezeichnet werden muß.

Äußerst klar und wohl durchgehends den tatsächlichen Verhältnissen entsprechend ist hier das von *Ludwig Bernhard*[1]) aufgestellte System der Berechnungsarten, das wir im Nachstehenden mit geringen Abweichungen kurz wiedergeben:

2. Es sind zu unterscheiden:

a) die Stückberechnung,
b) die Einheitsberechnung,
c) die Elementenberechnung,
d) die indirekte Akkordberechnung,
e) die Berechnung nach einer Probearbeit,
f) die Feststellung des Preises durch automatische Anzeiger,
g) Akkordtarife,
h) gleitende Akkordlohnskalen.

a) Bei der Stückberechnung wird ein bestimmter Preis für das ganze Arbeitsstück zugrunde gelegt, z. B. für das Gießen einer Gipsfigur 50 Pf., für die Montage einer Maschine 1000 M.

b) Bei der Einheitsberechnung wird nicht das ganze Arbeitsstück, sondern eine Maßeinheit zugrunde gelegt, z. B. das Tausend vermauerter Steine, das Quadratmeter geputzter Fläche, ein Kubikmeter ausgehobener Erde. Oft werden hier unsachliche Maße gewählt, so wird z. B. bei einer Arbeit, die in der Herstellung einer bestimmten Oberfläche oder Form besteht, ein Gewichtsmaß gewählt; z. B. beim Metallguß, der nach dem Gewicht des gelieferten Gußstückes bezahlt wird, oder beim Düngen eines Ackers, wenn dasselbe nur nach der zu düngenden Oberfläche und nicht nach dem Quantum des zu verarbeitenden Düngers bezahlt wird, beim Verlegen eines Rohres in die Erde, wenn nur die Länge des Rohres und nicht die Tiefe des Grabens berücksichtigt wird.

---

[1]) Die Akkordarbeit S. 140—174.

c) Die Elementenberechnung[1]. Diese besteht darin, daß eine Gesamtarbeit in ihre Elemente, in einzelne Operationen zerlegt wird. Es soll z. B. ein Fernrohr gebaut werden. Diese Arbeit zerfällt u. a. in das Gießen von Metallteilen, das Drehen solcher, das Polieren, Lackieren, das Überziehen mit Leder, das Schleifen der Gläser, das Einsetzen derselben, das Montieren, Feilen, Bohren. Jede einzelne Operation, z. B. das Bohren eines Loches, dauert eine bestimmte Zeit und erfordert eine bestimmte Fähigkeit. Es kommt auch auf die Beschaffenheit des Materials an.

Für jedes der in Frage kommenden Arbeitselemente läßt sich auf Grund der Erfahrung in anderen Fällen ein bestimmter Preis berechnen. Die Gesamtheit der Elementenpreise ergibt den Akkordpreis.

d) Bei der indirekten Akkordberechnung ergibt sich der Lohn des einen Arbeiters nach dem Lohn eines anderen Arbeiters. Wenn z. B. der Monteur für eine bestimmte Verrichtung 50 M. erhält, so erhält der Helfer 20 M. oder eine bestimmte Quote, ein Viertel, ein Drittel des Akkordpreises. Da mehrere Arbeiter nicht immer die gleiche Zeit an einer Arbeit arbeiten und mitunter die Arbeit eines geringeren Arbeiters umfangreicher als die des Vorarbeiters ist, so wird ein Ausgleich dadurch geschaffen, daß zunächst jeder Arbeiter einen bestimmten Stundenlohn entsprechend seiner Fähigkeit erhält. Der Betrag dieser Stundenlöhne kommt dann vom Akkordlohn in Abzug. Was schließlich noch übrig bleibt, wird unter die Arbeiter verteilt, entweder nur nach einem bestimmten im voraus zu vereinbarenden Bruchteil oder unter nochmaliger Berücksichtigung der geleisteten Stunden.

e) Bei der Berechnung nach Probe wird zunächst ein normaler Arbeiter, oft einer der Besten mit der Arbeit betraut unter Vereinbarung eines Zeitlohnes. Nach den sich dann ergebenden Arbeitskosten wird der Akkordpreis für die Zukunft festgesetzt.

---

[1] Auch Lis'enberechnung, Akkordkalkulation benannt, letzteres, weil der Meister auf Grund der von der Betriebsleitung festgestellten und in Listen zusammengestellten Preise den Akkordlohn kalkuliert, s. *Bernhard* S. 149 ff.

f) In der englischen Industrie sind zum Teil, wie z. B. in der Textilindustrie automatische mechanische Vorrichtungen in Verbindung mit den von den Arbeitern benutzten Maschinen gebracht worden, die von selbst das Quantum der geleisteten Arbeit in mehr oder minder differenzierter Weise angeben[1]).

In Deutschland soll dieses System noch nicht Eingang gefunden haben.

g) Oft werden die Akkordpreise in Akkordtarifen festgelegt, die bald einseitig vom Arbeitgeber aufgestellt werden, bald in einem sog. Tarifvertrage vereinbart sind, einer Vertragsart, die von diesen Tarifen ihren Namen herleitet, deren Inhalt sich aber keineswegs auf die Aufstellung eines Tarifes beschränkt. Häufig enthalten die sog. Tarifverträge überhaupt keine Tarife. Den Akkordtarifen liegen nun die zu a bis f angeführten Berechnungsarten zugrunde. Den einzelnen Akkordverträgen werden dann wieder die Tarife zugrunde gelegt, sei es, daß im Einzelfall auf ihre Positionen verwiesen wird, sei es, daß ohne weiteres die entsprechende Tarifposition als Teil des Akkordvertrags gilt.

Bei diesen Tarifen werden mitunter komplizierte Schemata aufgestellt, von denen ein solches nach dem *Bernhard*schen Buche S. 161, betreffend das Bohren von Schmiedeeisen mitgeteilt wird:

Eisendicke in mm	25 mm Loch				22 mm Loch							
	Winkel		Flach		Winkel		Flach		Winkel		Flach	
	leicht	schwer	leicht	schwer	leicht	schwer	leicht	schwer	leicht	schwer	leicht	schwer
25.6	2.0	2.2	1.9	2.1	1.8	2.0	1.7	1.9	1.6	1.9	1.6	1.8
23.5	1.9	2.1	1.8	2.0	1.7	1.9	1.6	1.8	1.5	1.8	1.5	1.7
22.0	1.8	2.0	1.7	1.9	1.6	1.8	1.5	1.7	1.4	1.7	1.4	1.6
20.5	1.7	1.9	1.6	1.8	1.5	1.7	1.4	1.6	1.3	1.6	1.3	1.5
19.0	1.6	1.8	1.5	1.7	1.4	1.6	1.3	1.5	1.2	1.5	1.2	1.4
17.5	1.5	1.7	1.4	1.6	1.3	1.5	1.2	1.4	1.1	1.4	1.1	1.3
16.6	1.4	1.6	1.3	1.5	1.2	1.4	1.1	1.3	1.0	1.3	1.0	1.2
14.5	1.3	1.5	1.2	1.4	1.1	1.3	1.0	1.2	0.1	1.2	0.9	1.1

usw.

[1]) Engl. Fabrikgesetz vom 6. Juli 1895. Auf Grund desselben sind die automatischen Anzeiger nach und nach eingeführt worden in der

Aus diesem Schema ergibt sich, daß die Preise variieren je nach der Dicke des Eisens, der Größe des Loches, der Härte des Materials usw. Es handelt sich bei der mitgeteilten Tabelle um einen sehr einfachen Fall, das Bohren von Löchern. Bei komplizierten Arbeiten werden die Tabellen entsprechend umfangreicher und komplizierter.

h) Die gleitenden Akkordskalen dienen dazu, die Arbeitslöhne den fallenden und steigenden Preisen der Waren anzupassen. Auch sie können einseitig oder durch Vertrag mit den Arbeitern festgelegt sein. Dabei steigen und fallen die Löhne mit dem Steigen und Fallen der Preise der zu fertigenden Produkte. Es wird der Ausgangslohn, sowie von Zeit zu Zeit der als maßgebend zu betrachtende Preis der hergestellten Produkte festgestellt.

Das System ist anscheinend mit Erfolg im englischen Bergbau eingeführt worden, in Deutschland aber noch nicht zur Anwendung gelangt.[1])

Bei allen Berechnungsmethoden muß die wechselnde Qualität des zu bearbeitenden Materials, der Werkzeuge, Maschinen, der Vorarbeiten, der Arbeiter insbesondere, wenn sie gemeinschaftlich an einer Akkordarbeit arbeiten, die ganze Einrichtung des Betriebes, die Regelung der Arbeitszeit, auch das Quantum der Arbeit berücksichtigt werden, d. h. ob es sich nur um eine Arbeit von geringem Umfange und die Bearbeitung weniger Stücke oder um eine große Quantität der zu fertigenden Stücke handelt, wobei der Arbeiter eine zweckmäßige Einteilung der Arbeit treffen und dadurch mehr leisten kann. Wichtig ist meist, daß der Arbeiter sofort mit der Arbeit beginnen und sie ohne Unterbrechung vollenden kann. Wichtig ist auch eine genaue Feststellung des Umfangs der Akkordarbeit und insbesondere, welche Nebenarbeiten dazu gehören

---

Textilindustrie, der Lederindustrie, einzelnen Gebieten der Eisenfabrikation und der Hutfabrikation. Die automatischen Anzeiger sind auch in Belgien eingeführt.

[1]) In England sind derartige Systeme besonders in Tarifverträgen festgelegt. Die Durchführung der gleitenden Skala wird einem Tarifamt übertragen, das dann in Zweifelsfällen zu einer den Lohn festsetzenden Behörde wird.

und welche besonders bezahlt werden sollen. Sehr häufig kommt der Akkordlohn vermischt mit Zeitlohn vor, entweder in der Weise, daß die Parteien vereinbaren, daß ein verabredeter Zeitlohn gezahlt werden soll, wenn eine bestimmte Arbeit nicht im Akkordlohn übernommen wird, oder in der Weise, daß der Akkordarbeiter trotz Vereinbarung eines Akkordpreises stets einen Anspruch auf einen Zeitlohn als Minimum haben soll, sei es nun in allen Fällen oder bei normaler Arbeitsleistung. Der Minimalzeitlohn hat mitunter auch nur die Bedeutung, daß er bei der Berechnung der Akkordlöhne zugrunde gelegt werden soll, so daß der Arbeiter solche Akkorde ablehnen kann, bei denen dieser Minimallohn nicht zugrunde gelegt wurde, wohingegen er aber nach erfolgter Übernahme keine Änderung der Preise verlangen kann, auch wenn er den Minimalzeitlohn nicht erreicht.

Man kann sagen, daß der Fall, in dem ein Arbeiter ausschließlich gegen Akkordlohn arbeitet, im gewerblichen Leben selten ist.

Laut und berechtigt sind die Klagen über ungenaue Akkordberechnungen, die, wie ich bestätigen kann, in treffender und sachkundiger Weise ohne Übertreibung von *Bernhard* hervorgehoben werden[1]). Und wo die Grundlagen der Akkordberechnung gewissenhaft festgestellt werden, wie in vielen Großbetrieben, da wird ihre Anwendung von untergeordneten Organen oft völlig vereitelt. Daher ist für eine richtige Anwendung des Akkordsystems ein Stamm gebildeter und zuverlässiger Meister, Vorarbeiter und Revisoren eine notwendige Vorbedingung. Diesen kann nicht der einzelne Industrielle, sondern nur die Gesamtheit heranziehen.

3. Die Akkordverteilung.

Nächst der Akkordberechnung ist die Akkordverteilung das wichtigste und zu vielen Streitfragen, auch juristischer Natur, Veranlassung gebende wirtschaftliche Problem des Akkordvertrags.

Allerdings tritt diese Frage zunächst zurück, wenn eine Arbeit einem einzelnen Arbeiter übertragen wird. Sie tritt

---

[1]) S. 171 ff.

aber nur zurück. Sie kommt auch hier nicht in Wegfall. Sehr oft kommt der Fall vor, daß ein Arbeiter die von einem früheren Arbeiter begonnene Akkordarbeit fortsetzen muß, daß aber auch er die Arbeit nicht vollendet und daß nach ihm noch ein dritter, vierter, fünfter Arbeiter daran arbeitet. Gleichwohl soll für die vollendete Arbeit nur der von vornherein vereinbarte Akkordlohn gezahlt werden. Die Frage wird in der Praxis oft dadurch zu lösen versucht, daß der erste Arbeiter außer den während der Arbeit gezahlten Abschlägen überhaupt nichts mehr erhält, so daß dann der ganze Rest des Akkordpreises dem folgenden Arbeiter verbleibt. In vielen Fällen wird zwischen den Gründen unterschieden, aus denen der erste Akkordarbeiter die Arbeit nicht vollendet hatte. Je nachdem der Grund in seinem eigenen Verschulden oder in dem des Unternehmers liegt oder überhaupt ein Verschulden nicht vorliegt, erhält er einen höheren oder geringeren Stundenlohn für die geleisteten Arbeitsstunden. Dadurch kommt es, daß er sich, wenn ihn kein Verschulden trifft, geschädigt fühlt, während andererseits, wenn er einen höheren Stundenlohn erhält, der Rest für die folgende Arbeit zu gering wird. Meist findet keine genaue Feststellung statt, welche Arbeitsleistung noch zu verrichten ist, und dann entstehen Differenzen, wenn der Rest zu gering ist, zumal mit Rücksicht darauf, daß gewöhnlich durch die Unterbrechung der Arbeit eine Erschwerung derselben eintritt.

Noch wichtiger ist die Akkordverteilung, wenn mehrere Arbeiter, mitunter große Kolonnen von über hundert Arbeitern an einer Akkordarbeit arbeiten. Die einzelnen sind dann oft sehr verschieden beteiligt, besonders wenn die Arbeit lange Zeit, mitunter Jahr und Tag in Anspruch nimmt. Die Leistung der einzelnen Arbeiter ist von verschiedener Qualität, der eine fungiert als Leiter, Kolonnenführer, andere als Gesellen, wieder andere als Helfer; ferner arbeiten Lehrlinge mit. Während der Dauer der Arbeit treten bei einzelnen Arbeitern Verhinderungen ein. Einzelne scheiden aus der Kolonne aus, bald freiwillig, bald gezwungen. Gewöhnlich wird in allen solchen Fällen den einzelnen ein Minimalzeitlohn garantiert, der ihm häufig von vornherein als Abschlag gezahlt wird. Bei freiwilligem Austritt wird dieser Lohn oft auf den ortsüblichen Tagelohn reduziert, so daß der Arbeiter für die letzte Woche nichts erhält oder gar noch etwas zurückzahlen muß[1]). Bei einem Austritt auf Veranlassung des Arbeitgebers wird der Akkordlohn oft erschöpft. Selten wissen alle Arbeiter, was in einem solchen Falle vereinbart ist, was der andere Arbeiter erhalten hat. Meist werden sie nicht gefragt, wenn Arbeiter entlassen und andere eingestellt werden. In allen diesen Fällen entstehen große Differenzen. Mitunter ist das System ein derartiges, daß der Anteil der einzelnen am Akkordlohn überhaupt nicht unter Berücksichtigung seiner Leistung berechnet werden kann. Solche Systeme sind zu verwerfen, wenngleich den Arbeitgebern in einzelnen Fällen zuzugeben ist, daß sich eine Berechnung und Verteilung des Lohnes nach Maßgabe der Leistung des einzelnen gar nicht ermöglichen läßt. Dann kann eben in solchen Betrieben, was z. B. in Walzwerken vorkommen kann, nur gegen Zeitlohn gearbeitet werden.

4. Stellung der Arbeitgeber und Arbeiter zum Akkordvertrag.

Die ursprüngliche Form der unfreien Arbeit wurde abgelöst durch selbständige Kleinbetriebe. Soweit diese Gehilfen beschäftigten, geschah dies hauptsächlich gegen Naturallohnung durch Kost und Wohnung. Im Bergbau hat sich der Akkord- oder Gedingelohn in der Weise herausgebildet, daß ein Teil der ursprünglich ohne Ausnahme mitarbeitenden Gewerken, d. h. der Inhaber eines Bergwerkes, sich aus verschiedenen Gründen von der praktischen Mitarbeit zurückzogen und daß sie dafür den arbeitenden Gewerken einesteils nach Zeit, dann aber auch nach dem Quantum der gewonnenen Produkte berechnete Entschädigung gewährten („Kost auf Tage" und „Kost zu Wurffen"). Aber auch auf anderen gewerblichen Gebieten wurde der Akkordvertrag schon in früheren Zeiten geübt. Eine größere Ausdehnung gewann er in England gegen Ende des 18. und zu Anfang des 19. Jahrhunderts. Neue Methoden gaben denjenigen Arbeitern, die

---

[1]) Was allerdings praktisch meist nicht erzwingbar ist.

sich auf sie verstanden, eine bevorzugte Stellung sowohl dem Arbeitgeber wie den Mitarbeitern gegenüber. Von ihrem Eifer hing die ganze Produktion ab. Sie mußten und wollten daher an dem Ergebnis ihrer Tätigkeit unmittelbar beteiligt sein.

Das geschah, indem man mit dem Vorarbeiter Preise „verakkordierte", für welche er ein bestimmtes Quantum Ware lieferte. Von diesem Preise bezahlte er seine Mitarbeiter, die auf den sachkundigen Vorarbeiter angewiesen waren. Dabei erhielt er nicht die Stellung eines selbständigen Unternehmers, denn er arbeitete im Betriebe seines Arbeitgebers unter dessen Kontrolle, mit dessen Maschinen und Material. Er wurde sogenannter Zwischenmeister.

Weder die Arbeitgeber noch die Arbeiter wünschten, daß seine Stellung sich zur vollständigen Selbständigkeit auswachse: die Unternehmer, weil sie sich nicht selbständige Konkurrenten schaffen wollten; die Arbeiter, weil sie den aus ihren Reihen hervorgegangenen Personen keine bevorzugte Stellung gönnen wollten.

So entbehrte diese Stellung des moralischen Haltes. Der Zwischenmeister hatte nicht die Verantwortlichkeit des Unternehmers, er nutzte die günstige Gelegenheit aus, die ihm aus der Übergangszeit der Industrie erwuchs. Er dachte nicht an die Zukunft der Arbeitsverhältnisse, sondern suchte durch billige Löhne möglichst viel herauszuschlagen. Ihm fehlte andererseits das moralische Übergewicht des Unternehmers. So wurde diese Art Zwischenmeister zum Verderber der Arbeiterverhältnisse.

Die Arbeiter verlangten die Abschaffung dieses verhaßten Systems. Inzwischen war die Akkordarbeit und zwar zum Teil in der Form des Akkordmeister- oder Zwischenmeistersystems in den 30er Jahren des 19. Jahrhunderts auch auf die sich entwickelnde deutsche Industrie übertragen worden.

Während in der deutschen Theorie (*Rau*, *Roscher*) der Fortschritt anerkannt wurde, der in dem Akkordsystem lag, bezeichnet es *Marx* als die der kapitalistischen Produktion entsprechendste Lohnform, und damit hatte er von seinem Standpunkte aus das Urteil über diese Lohnform gesprochen.

Die Arbeiterschaft, die insbesondere die Nachteile des Zwischenmeistersystems am eigenen Leibe fühlte, schloß sich ihrem theoretischen Führer an und brandmarkte diese Lohnform mit dem Verdikt: „Akkordarbeit — Mordarbeit".

Die sozialdemokratische Partei verwirft demgemäß die Akkordarbeit, wobei als Motiv der Umstand maßgebend ist, daß sie eine Ungleichheit unter den Arbeitern schafft und damit die Einheitlichkeit der Arbeiterschaft gefährdet.

Gleichwohl ist es nicht zur Abschaffung der Akkordarbeit gekommen. Vielmehr ist sie in der Industrie, insbesondere in der deutschen, die herrschende Lohnform. Ja, praktisch ist sie nicht einmal von der Arbeiterschaft konsequent bekämpft worden.

Die meisten Arbeiter sehen es als einen Vorzug an, wenn sie in Akkord arbeiten können, und auch die Gewerkschaften sind sich nie in der Abschaffung der Akkordarbeit einig gewesen[1]). Im Gegenteil, sie haben erheblich an der Ausbildung des Akkordsystems durch Aufstellung von Akkordtarifen mitgewirkt. Zwar kann man aus ihrem Munde selten eine offene Anerkennung der Akkordarbeit hören. Sie suchen auch in die Tarifverträge Erklärungen dahingehend, daß die Akkordarbeit nach Möglichkeit einzuschränken oder abzuschaffen ist, hineinzubringen. Aber diese Erklärungen haben keine praktische Bedeutung. Eine Einschränkung hat die Akkordarbeit dadurch noch nicht erfahren.

Ein größerer Feind erwächst der Akkordarbeit in der modernen Großindustrie, die die notwendigen Konsequenzen der Akkordarbeit nicht ziehen will und damit dieses für Arbeitgeber und Arbeiter nützliche System untergräbt.

Ein Zweck, den die Arbeitgeber unter anderem mit dem Akkordvertrag verfolgen, ist der, daß sie dem Arbeiter die Möglichkeit geben wollen, durch höhere Anspannung seiner Intelligenz und seiner Kräfte zu einem höheren Gewinn zu kommen. Diese Aussicht soll ihn zur höchsten Leistung ver-

---

1) Ebenso *Ludwig Bernhard*, Handbuch der Löhnungsmethoden.

anlassen, ohne daß es derjenigen Kontrolle bedürfte, die bei dem Zeitlohnarbeiter nötig ist, damit er nicht, gestützt auf den sicheren Zeitlohnanspruch die Arbeitszeit vertrödelt, ohne genügend zu arbeiten.

Es ist nur logisch, wenn man dem Arbeiter nun einen sicheren Anspruch auf den Akkordlohn gibt. Das gehört in das Gebiet der Lohnsicherung, die eines der wichtigsten Mittel ist, um dem Arbeitgeber die Arbeitskraft des Arbeiters zu sichern.

Nun wollen aber die Arbeitgeber auf der andern Seite keine dauernden Verbindlichkeiten dem Arbeiter gegenüber eingehen, weil sie fürchten, dadurch in der freien Verfügung über ihren Betrieb behindert zu werden und weil sie ihrerseits meist praktisch nicht in der Lage sind, den Arbeiter zivilprozessual zur Erfüllung seiner Verbindlichkeit anzuhalten.

Sie geben daher oft dem Akkordvertrag eine Gestalt, die es ihnen ermöglicht, die Akkordarbeit jederzeit zu unterbrechen, ohne dem Arbeiter vollen Schadenersatz oder den vollen Akkordlohnanspruch zu geben.

Sie nehmen damit dem Akkord selber die treibende Kraft[1]), und dies bestätigt, wie *H. West* durchaus zutreffend ausgeführt hat, die praktische Erfahrung. Dabei kommt dem falschen System noch der Umstand zugute, daß die Akkordarbeiter meist die Tragweite der bestehenden Bestimmungen der Arbeitsordnung noch nicht verstehen und glauben, auf alle Fälle ihren Anspruch auf den vollen Akkordlohn zu haben.

Daß das gerügte Verfahren auf einer Notwendigkeit beruht, wird dadurch widerlegt, daß durchaus nicht alle Betriebe und nicht alle Großbetriebe es mitmachen, sondern sogar sehr bedeutende Großbetriebe nicht, daß wohlwollende Beurteiler der Arbeitsverhältnisse aus industriellen Kreisen dieses System verwerfen und daß die einzige gesetzliche Regelung, die die Akkordarbeit in Deutschland gefunden hat,

---

[1]) *H. West*, Verfehlte Akkordpolitik. Diese Erfahrung habe auch ich in der gewerbegerichtlichen Praxis gemacht. Wegen der Wirkung der verschiedenen Lohnmethoden vergl. *Ludw. Bernhard*, Löhnungsmethoden.

nämlich die im Bergrecht, soweit das preußische Bergrecht in Frage kommt, dieses Verfahren verwirft.

Ein zweiter Fehler ist die stete Zurückführung des Akkordlohnes auf die geleistete Arbeitszeit. Diese Zurückführung mag man zur Kontrolle machen. Es ist aber in den meisten Betrieben Grundsatz, den Wochenlohn der Arbeiter eine bestimmte Grenze nicht übersteigen zu lassen. Deshalb reduziert man den Akkordlohn, wenn ein oder mehrere Arbeiter einen ungewöhnlich hohen Akkordlohn verdienen[1]). Man geht dabei von der Annahme aus, daß die Leistungsfähigkeit der einzelnen Arbeiter eine im wesentlichen gleiche ist, und erkennt damit das sozialdemokratische eiserne Lohngesetz an.

Radikale Arbeiterführer haben daher gegen dieses System wenig einzuwenden, weil sie hoffen, daß es zur Abschaffung der Akkordarbeit führen muß.

Es ist nun nicht Aufgabe dieser Monographie, die Notwendigkeit der Akkordarbeit zu erweisen. Das aber muß gesagt werden, daß durch diese Akkordpolitik der Akkordvertrag der Rechtsordnung entrückt wird[2]) und daß diese Form des Akkordvertrags sich dem Zeitlohnvertrage nähert und daß mit seiner allgemeinen Anwendung ein wesentlicher Schritt zur Abschaffung der Akkordarbeit getan sein würde. Die Arbeitgeber entziehen sich dann zwar der Unannehmlichkeit einer rechtlichen Bindung. Sie lockern aber damit auch ihre Rechtsbeziehungen zur Arbeiterschaft überhaupt und machen dadurch den Zustand des rechtlosen Nebeneinanderexistierens neben der Arbeiterschaft, von welchem der Schritt zu Arbeiterkonflikten nur ein ganz geringer ist, zu einem dauernden.

Aber diese Politik wird sich überleben, besonders wenn die Arbeiterschaft wieder Freude an der Rechtsordnung gewinnen und damit den Vorwurf, daß der Arbeiter sich niemals rechtlich gebunden fühle, widerlegen wird. Für diese

---

[1]) In der Regel nur für künftige Akkorde, mitunter nimmt man die Reduzierung aber unberechtigterweise auch bei einem bereits vereinbarten Akkord vor.

[2]) *Fischer* in der Soz. Prax. Nr. 45 1907 Sp. 1190 f.

Entwicklung sind schon deutliche Anzeichen vorhanden, die wir insbesondere bei der Tarifvertragsbewegung beobachten können[1]).

---

[1]) Über die Zukunft der Akkordarbeit vergl. *Ludw. Bernhard*, Löhnungsmethoden S. 216 folg. Derselbe vertritt energisch den Standpunkt, daß an eine Abschaffung der Akkordarbeit nicht zu denken ist; daß sie vielmehr eine immer größere Verbreitung findet. Er hat auch mit Recht erkannt — was ich schon in meinem Gutachten hervorgehoben habe — daß die sogenannten höhere Löhnungsmethoden und auch die Gewinnverteilung das Akkordsystem zur Grundlage haben. *Bernhard* hat die Unentbehrlichkeit der Akkordarbeit klar erwiesen.

Zweites Kapitel.

Gesetzgebung und Literatur.

1. Gesetzgebung.

a) Das römische und gemeine Recht unterscheiden nur zwischen der Locatio conductio operis, wobei einem Unternehmer die Herstellung eines Werkes für einen bestimmten Preis übertragen wird, und der Locatio conductio operarum, das Dingen von Arbeitern, die ihre Arbeitskraft einem Herrn für eine Zeit zur Verfügung stellen. Hier ist die Bezahlung nach Zeit üblich gewesen. Es finden sich aber auch spärliche Andeutungen in den Quellen, wonach eine Beteiligung am Gewinn, eine partiarische Entlöhnung vorkam.

b) Das preußische Allgemeine Landrecht ordnet beide Arten von Verträgen den Verträgen über Handlungen unter, wonach Handlungen gegen Sachen, oder Handlungen gegen Handlungen versprochen werden. Eine besondere Hervorhebung des Akkordvertrags fehlt auch dem preußischen Allgemeinen Landrecht (§§ 869—924. Tit. 11 I. A.L.R.).

c) Der Code civil unterscheidet im Anschluß an das römische Recht nur zwischen louage de services und louage d'œuvre, und die französische Rechtsprechung hat ausnahmslos den Akkordvertrag der gewerblichen Arbeiter der louage d'œuvre untergeordnet. Erst in neuerer Zeit hat die Praxis der französischen Gewerbegerichte angefangen, den Akkordvertrag der gewerblichen Arbeiter als louage de services zu behandeln[1]).

d) Auf einem Spezialgebiete hat der Akkordvertrag frühzeitig eine gewisse gesetzliche Ausbildung erfahren, nämlich

---

[1]) *Koehne*, Blätter für vergleichende Rechtswissenschaft und Volkswirtschaftslehre II. Jahrg. Heft 5-6, S. 4. — *Bernhard* S. 207—208.

auf dem Gebiete des Bergrechts, insbesondere in den sogenannten Gedinge-Ordnungen[1]). Diese behandeln zwar nicht Arbeitsverhältnisse im modernen Sinn. Denn Arbeiter und Unternehmer waren dazumal eins in einer Person. Die Gewerken waren Mitinhaber des Bergwerks und zugleich die alleinigen Arbeiter in demselben. Ihnen wurde ein Gedinge in der Weise für einen vereinbarten Preis übertragen, daß der Arbeitserlös ihr Eigentum war. Als dann später nur mehr ein Teil der Mitglieder einer Gewerkschaft selbst arbeitete, erhielten diese arbeitenden Gewerken von den übrigen eine Vergütung, die teils nach Zeit, teils nach dem Quantum des geförderten Produkts bemessen wurde, und man unterschied demgemäß die Kost auf Tage und die Kost zu Wurffen, wobei die Kost zu Wurffen dem Akkordlohn entsprach. Dieser Begriff ist dann auf das moderne Bergarbeiterrecht übergegangen, welches den Arbeitsvertrag des Bergarbeiters, sofern er nicht nach Zeit, sondern nach dem Arbeitsergebnis bemessen wird, als Gedinge bezeichnet.

Dieser Gedingsvertrag ist u. a. im geltenden Preußischen Berggesetz vom 24. Juni 1865/1892, 15. Juli 1905 nach mehrfacher Hinsicht geregelt:

Der Dienstvertrag der Bergleute wird nach den allgemeinen gesetzlichen Bestimmungen beurteilt (§ 80), soweit nicht das Berggesetz etwas anderes bestimmt. Für alle Bergwerke sind Arbeitsordnungen vorgeschrieben. Diese müssen nach § 80b enthalten Bestimmungen:

(zu 2) über die zur Festsetzung des Schichtlohnes und zum Abschlusse sowie zur Abnahme des Gedinges ermächtigten Personen, über den Zeitpunkt, bis zu welchem nach Übernahme der Arbeit gegen Gedingelohn das Gedinge abgeschlossen sein muß, über die Beurkundung des abgeschlossenen Gedinges und die Bekanntmachung an die Beteiligten, über die Voraussetzung, unter welcher der Bergwerksbesitzer oder der Arbeiter eine Veränderung oder Aufhebung des Gedinges zu verlangen berechtigt ist, sowie über die Art der Be-

[1]) *Ludw. Bernhard*, Abhandlung über Gedingeordnungen in *Schmollers* Jahrbüchern 1902.

messung des Lohnes für den Fall, daß eine Vereinbarung über das Gedinge nicht zustande kommt.

(Zu 3) über die Zeit und Art der Abrechnung und Lohnzahlung, über das Verfahren zur Feststellung des bei der Lohnberechnung zu berücksichtigenden Teils ungenügend oder vorschriftswidrig beladener Fördergefäße und über die Überwachung dieses Verfahrens durch Vertrauensmänner der Arbeiter, ferner über die Vertreter des Bergwerksbesitzers bei diesem Verfahren und über den gegen die Feststellung des Lohnanteils zulässigen Beschwerdeweg.

Ferner heißt es in § 80c: Ist im Falle der Fortsetzung der Arbeit an demselben Arbeitsort das Gedinge nicht bis zu dem nach § 80b, Nr. 2 in der A.-O. zu bestimmenden Zeitpunkt abgeschlossen, so ist der Arbeiter berechtigt, die Feststellung seines Lohnes nach Maßgabe des in der vorausgegangenen Lohnperiode für dieselbe Arbeitsstelle gültig gewesenen Gedinges zu verlangen.

Genügend und vorschriftsmäßig beladene Fördergefäße bei der Lohnberechnung in Abzug zu bringen, ist verboten. Ungenügend oder vorschriftswidrig beladene Fördergefäße müssen insoweit angerechnet werden, als ihr Inhalt vorschriftsmäßig ist. Der Bergwerksbesitzer ist verpflichtet zu gestatten, daß die Arbeiter auf ihre Kosten durch einen aus ihrer Mitte von dem ständigen Arbeiterausschuß oder, wo ein solcher nicht besteht, von ihnen gewählten Vertrauensmann das Verfahren bei Feststellung der ungenügenden oder vorschriftswidrigen Beladung und des bei der Lohnberechnung anzurechnenden Teils der Beladung überwachen lassen. Durch die Überwachung darf eine Störung des Betriebes nicht herbeigeführt werden; bei Streitigkeiten trifft auf Beschwerde des Vertrauensmannes die Bergbehörde die entsprechenden Anordnungen;

ferner zu § 80d: die im Laufe eines Kalendermonats gegen einen Arbeiter wegen ungenügender oder vorschriftswidriger Beladung von Fördergefäßen verhängten Geldstrafen dürfen in ihrem Gesamtbetrage 5 Mk. nicht übersteigen.

Alle Strafgelder müssen zum Besten der Arbeiter des Bergwerks verwendet werden.

e) Desgleichen erwähnt die geltende Deutsche Gewerbeordnung den Akkordvertrag und zwar heißt es:

1) in § 114a: Für bestimmte Gewerbe kann der Bundesrat Lohnbücher oder Arbeitszettel vorschreiben. In diese sind von dem Arbeitgeber oder dem dazu Bevollmächtigten einzutragen:

1. Art und Umfang der übertragenen Arbeit, bei Akkordarbeit die Stückzahl.
2. Die Lohnsätze.
3. Die Bedingung für die Lieferung von Werkzeugen und Stoffarten zu den übertragenen Arbeiten.

2) in § 115: die Gewerbetreibenden sind verpflichtet, die Löhne ihrer Arbeiter in Reichswährung zu berechnen und bar auszuzahlen.

Sie dürfen den Arbeitern keine Waren kreditieren, doch ist es gestattet, den Arbeitern Lebensmittel für den Betrag der Anschaffungskosten, Wohnung und Landnutzung gegen die ortsüblichen Miets- und Pachtpreise, Feuerung, Beleuchtung und regelmäßige Beköstigung, Arzneien, ärztliche Hilfe, sowie Werkzeuge und Stoffe zu den ihnen übertragenen Arbeiten für den Betrag der durchschnittlichen Selbstkosten unter Anrechnung bei der Lohnzahlung zu verabfolgen. Zu einem höheren Preise ist die Verabfolgung von Werkzeugen und Stoffen für Akkordarbeiter zulässig, wenn derselbe den ortsüblichen nicht übersteigt und im voraus vereinbart ist[1]).

3) in § 119a: durch statutarische Bestimmung einer Gemeinde oder eines weiteren Kommunalverbandes kann für alle Gewerbebetriebe oder gewisse Arten derselben festgesetzt werden:

1. daß Lohn- und Abschlagszahlungen in festen Fristen erfolgen müssen, welche nicht länger als einen Monat und nicht kürzer als eine Woche sein dürfen.

---

[1]) Nicht verboten oder beschränkt sind diese Rechtsgeschäfte, wenn sie gegen Barzahlung erfolgen. Da die Durchführung solcher Bargeschäfte durchaus nicht so schwierig ist, wie die gewerbliche Praxis meist behauptet, könnten die Ausnahmen überhaupt wegfallen.

4) in § 124: Vor Ablauf der vertragsmäßigen Zeit und ohne Aufkündigung können Gesellen und Gehülfen die Arbeit verlassen:

wenn der Arbeitgeber den schuldigen Lohn nicht in der bedungenen Weise auszahlt, bei Stücklohn nicht für ihre ausreichende Beschäftigung sorgt.

5) zu § 134b. Die Arbeitsordnung muß Bestimmungen enthalten über Zeit und Art der Abrechnung und Lohnzahlung[1] [2]).

Erwähnt wird der Akkordlohn auch im Lohnbeschlagnahmegesetz vom 21. Juni 1869 (s. § 3).

Weder die geltenden bergrechtlichen Bestimmungen noch die Gewerbeordnung aber geben eine zusammenhängende Darstellung des Akkordvertrags. Sie heben nur einzelne Bestimmungen desselben hervor, wie sie auch den Arbeitsvertrag überhaupt nicht vollständig regeln, sondern nur diejenigen Bestimmungen treffen, die einer besonderen Regelung im Verhältnis zu den allgemeinen zivilrechtlichen Bestimmungen über den entsprechenden Vertrag, den die Gewerbeordnung als Arbeitsvertrag bezeichnet, bedürftig erscheinen.

Der von der Gewerbeordnung gebrauchte Begriff des Arbeitsvertrags ist kein selbständiger, sondern er ist nur bestimmt als allgemeine Bezeichnung für die zur Zeit des Erlasses der Gewerbeordnung und in den verschiedenen Reichsgebieten bestehenden Arten des Dienstvertrags — so bezeichnet im sächsischen BGB. — Der Akkordvertrag wird in der Gewerbeordnung teils mit diesem Namen, teils mit dem Ausdruck „Stücklohnvertrag" bezeichnet.

Die Bestimmungen der Gewerbeordnung bilden sonach nur eine Ergänzung der Bestimmungen des allgemeinen Privatrechts.

---

[1]) Die Seemannsordnung unterscheidet „Heuer nach Zeit" und „Heuer in Bausch und Bogen."

[2]) *Cuno* (bei *v. Schulz-Schalhorn* S. 132 f.) nimmt an, daß unter den festen Bezügen der Werkmeister, Techniker usw. in § 133a GO. Zeitlohn im Gegensatz zu Akkordlohn zu verstehen sei. Dagegen Entscheidungen des Landgerichts I Berlin.

[3]) Vgl. Schematische Gegenüberstellung von Werk-, Dienst- und Akkordvertr. in Gutachten S. 236 ff.

f) Daher muß man den Begriff des Arbeitsvertrags auf Grund des Bürgerlichen Gesetzbuches feststellen.

Das Bürgerliche Gesetzbuch unterscheidet im § 611 folg. den Dienstvertrag, welcher vorliegt, wenn jemand die Leistung von Diensten gegen eine von dem andern, dem Dienstberechtigten, zu gewährende Vergütung verspricht, und den Werkvertrag, welcher vorliegt, wenn ein Unternehmer die Herstellung oder Veränderung von Sachen oder einen durch Dienstleistung herbeizuführenden Erfolg verspricht (§ 631 folg. BGB.).

Auf den Akkordvertrag weist nur eine einzige Bestimmung des Bürgerlichen Gesetzbuches hin, nämlich § 623, welcher bestimmt, daß das Dienstverhältnis jederzeit gekündigt werden kann, wenn die Vergütung nicht nach Zeitabschnitten bemessen ist[1] [2]).

Die Entstehungsgeschichte der Bestimmungen über den Dienstvertrag, insbesondere der Bericht der Reichtstagskommission zu § 616 BGB. beweist, daß man den Akkord (dort Stücklohnvertrag genannt) zum Dienstvertrag rechnete[3].

g) Auch die ausländische Gesetzgebung enthält keine eigentliche Regelung des Akkordvertrags. Erwähnt wird er freilich gelegentlich in den das Gewerbe betreffenden Gesetzen, so in der österreichischen Gewerbeordnung. Diese regelt aber, wie die deutsche, nur einzelne Beziehungen des gewerblichen Dienstvertrags, so daß man auch in Österreich auf das Allgemeine bürgerliche Recht zurückgreifen muß. Dieses gibt aber zu denselben Zweifeln Anlaß, wie das deutsche Bürgerliche

---

[1]) § 699 BGB. hebt den Fall hervor, wenn die Vergütung nach Zeitabschnitten bemessen sei, läßt also Vergütung nach Maßgabe der Leistung zu. HGB. § 549 behandelt den Fall, wenn die Vergütung nicht zeitweise, sondern in Bausch und Bogen für die ganze Reise bedungen war. Es soll dann, wenn der Schiffer aus den in §§ 546—548 angeführten Gründen entlassen wird, die verdiente Heuer mit Rücksicht auf den vollen Heuerbetrag nach dem Verhältnisse der geleisteten Dienste, sowie des etwa zurückgelegten Teils der Reise bestimmt werden.

[2]) Auf die gewerblichen Dienstverträge kann dieser Paragraph nicht bezogen werden, weil die Kündigung dieses Vertragsverhältnisses spezialrechtlich in § 122 ff. GO. geregelt ist.

[3]) *Mugdan*, Materialien II. 1899. S. 1286.

Gesetzbuch. Dementsprechend schwankt auch die Literatur hinsichtlich der Unterordnung des Akkordvertrags unter den Dienst- oder Werkvertrag. Die österreichische Gewerbeordnung hebt aber bereits den Unterschied zwischen Stück- und Akkordlohn hervor, zwei Ausdrücke, die die deutsche Gewerbeordnung promiscue gebraucht. Für das österreichische Recht ist damit ein Fingerzeig dafür gegeben, daß wenigstens der Stücklohnvertrag nicht als Werkvertrag aufgefaßt werden soll.

h) Die deutsche Rechtsprechung hat sich mit dem Akkordvertrag eigentlich erst seit der Errichtung der Gewerbegerichte befaßt. In Preußen hat man vor dem Inkrafttreten des BGB. den Akkordvertrag oft der Verdingung eines Werkes in Bausch und Bogen untergeordnet, obwohl das Allgemeine Landrecht diesen Begriff nur auf den Vertrag eines Bestellers mit einem Werkmeister oder Künstler anwendet. Nach Erlaß des Bürgerlichen Gesetzbuchs entstand zunächst der Streit, ob der Akkordvertrag ein Dienstvertrag oder ein Werkvertrag sei. Während die Gewerbegerichte sich nach und nach dahin schlüssig wurden, ihn lediglich als Dienstvertrag anzusehen, neigten die ordentlichen Gerichte mehr zu seiner Auffassung als Werkvertrag hin. Neuerdings scheinen aber auch sie sich den Gewerbegerichten anzuschließen. Der neuesten Zeit ist es vorbehalten geblieben, den Akkordvertrag als einen eigenartigen, den Begriffen des BGB. nicht unterzuordnenden Vertrag zu erkennen. Dabei hat man die Auffassung vertreten, daß er mehr dem Dienstvertrage als dem Werkvertrage verwandt ist.

Die Gewerbegerichte haben ganz überwiegend den Akkordvertrag nicht als Werkvertrag, sondern als Dienstvertrag aufgefaßt. Sie haben insbesondere die rechtliche Konstruktion des Kolonnenakkordvertrags in Angriff genommen. Trotz mannigfacher Verschiedenheiten haben diese Gerichte den Akkordvertrag im wesentlichen gleichmäßig ausgebildet [1]).

---

[1]) Die Gewerbegerichtserkenntnisse sind in mehrfachen Sammlungen veröffentlicht, von denen wir hier anführen: *Unger*, Entscheidungen des Gewerbegerichts zu Berlin. Berlin 1898. — *M. v. Schulz* und Dr. *R. Schalhorn*, Das Gewerbegericht Berlin. Berlin 1903. — *Georg Baum*, Handbuch für Gewerbegerichte. Berlin 1904. — *Konrad Maaß*, Die Praxis des Gewerbegerichts Stettin. Berlin 1907. — Eine Sammlung von Grundsätzen

2. Die Literatur.

a) Die zivilrechtlichen Lehrbücher und Kommentare, sowohl aus älterer Zeit wie nach Erlaß des Bürgerlichen Gesetzbuchs, erwähnen den Akkordvertrag kaum.

Neumanns Kommentar zum BGB. § 612 bemerkt: Die Verabredung von Stücklohn wird durch den Charakter des Dienstvertrags nicht ausgeschlossen; die Vergütung werde diesenfalls nur geschuldet, wenn die Arbeit einen gewissen Erfolg gehabt hat; der Unterschied vom Werkvertrag liege darin, daß eine Verpflichtung, diesen Erfolg herbeizuführen, nicht besteht.

Kuhlenbeck, Das Bürgerliche Gesetzbuch, Bd. 1, S. 504/505, Anm. zu § 623, erwähnt den Stücklohnvertrag als Dienstvertrag von bestimmter Dauer.

Dernburg, Pandekten, Bd. II, S. 301 (1889), bezeichnet als Akkordarbeit den Fall, daß bei der Locatio conductio operarum, der Dienstmiete, der Lohn nach dem Maße der Arbeit entrichtet wird. Ebenso spricht sich *Dernburg* in seinem Lehrbuch des Preußischen Privatrechts, Bd. II, S. 563, aus. In seinem Bürgerlichen Recht behandelt *Dernburg* den Dienst- und Werkvertrag, neben dem Auftrag, der Geschäftsbesorgung ohne Auftrag und dem Frachtgeschäft, der Auslobung, dem Verwahrungsvertrag, unter dem gemeinsamen Titel „Geschäftsbesorgungen". Den Akkordvertrag erwähnt *Dernburg* hier nur bei § 616 BGB. und bei der Kündigung ohne irgendwie auf sein Wesen auch nur andeutungsweise, wie in seinen vorgenannten Werken einzugehen.

Der Dienstvertrag steht nach *Dernburg* neben dem Arbeitsvertrag (II. 2, S. 392). Er hebt hervor, daß beim Dienstvertrag eine persönliche Beziehung bestehe und daß der Fürsorgepflicht des Arbeitgebers die Treuepflicht des Arbeiters gegenüberstehe (S. 393). Das Wesen des Werkvertrags erblickt er in der Ver-

---

des Akkordvertrags aus Entscheidungen der Kammer 5 des Gewerbegerichts Berlin ist von *Wölbling* in der Soz. Prax. Jahrg. XIV und XVII, Gewerbegerichtserkenntnisse sind ferner veröffentlicht in der Soz. Prax. und der Zeitschrift „Das Gewerbegericht", jetzt „Das Gewerbe- und Kaufmannsgericht", sowie im Reichsarbeitsblatt.

pflichtung zur Herbeiführung eines Erfolges (S. 431). Wenn kein Erfolg, so auch keine Vergütung (ebenda). Für den Unterschied von Werk- und Dienstvertrag sei die Weise der Berechnung der Vergütung und die Modalität ihrer Zahlung kein sicheres Merkmal (S. 431). Die Vergütung könne auch beim Werkvertrage nach dem Maße des Werkes zu entrichten sein; oft werde anderenteils bei Dienstverträgen der Lohn nach dem Stücke oder dem Maße der Arbeit berechnet, namentlich in der Hausindustrie. Der Dienstvertrag sei dem Arbeiter nach dem BGB. günstig, der Werkvertrag ungünstig[1]). Im Zweifel werde man sich daher für Dienstvertrag zu entscheiden haben.

Endemann [2]) bemerkt, daß ein tiefgreifender Unterschied zwischen dem Stücklohn und Zeitlohn besteht nicht nur in wirtschaftlicher, sondern auch in rechtlicher Beziehung.

Goldmann und *Lilienthal* [3]) heben (S. 636) die Bedeutung des Erfolges beim Werkvertrag im Gegensatz zum Dienstvertrag hervor. Sie weisen darauf hin, daß der Dienstvertrag nicht dadurch zum Werkvertrag wird, daß mit ihm ein bestimmter Erfolg bezweckt wird, sondern, daß dieser Erfolg der Gegenstand des Vertrags sein muß. § 623 BGB., in welchem von der nicht nach Zeitabschnitten erfolgenden Berechnung der Vergütung die Rede ist, bezieht sich nach ihrer Meinung auf den Stücklohnvertrag (S. 627), ebenso § 620, nach welchem die Zeit der Vertragsdauer aus der Beschaffenheit der Dienste zu entnehmen ist (S. 626).

---

[1]) Dieser Standpunkt wird auch vielfach von Arbeiterseite vertreten, was besonders bei den Verhandlungen des Gewerbegerichts Berlin über die gesetzliche Regelung des Akkordvertrages hervortrat (cf. *Körsten* in den Sozialist. Monatsheften Bd. I Heft 5 S. 429). Wenn der Akkordvertrag nach seinem Wesen mehr dem Dienstvertrag als dem Werkvertrag verwandt ist, so folgt daraus nicht, daß der Werkvertrag dem Arbeiter durchaus ungünstiger ist. In verschiedenen Punkten stellt er den Arbeiter sogar günstiger als es beim Dienstvertrag der Fall ist, besonders bei Akkordlohn. Siehe die schematische Gegenüberstellung von Dienst-, Werk- und Akkordvertrag in meinem Gutachten über die gesetzliche Regelung des Akkordvertrages S. 237 folg.

[2]) Die Behandlung der Arbeit im Privatrecht. 1896, S. 65.

[3]) Kommentar zum Bürgerlichen Gesetzbuch.

Eine bedeutende Vertiefung hat die Erkenntnis von dem Wesen des Akkordvertrags durch *Philipp Lotmar* in seiner umfangreichen Darstellung des Arbeitsvertrags erfahren. *Lotmar* (S. 32) bezeichnet als Arbeitsvertrag, den gegenseitigen obligatorischen Vertrag, in welchem die Vertragschließenden die Leistung von Arbeit durch den einen und die Leistung von Entgelt durch den anderen vereinbaren. Zu diesem Arbeitsvertrag rechnet *Lotmar* daher u. a. den Dienst-, Werk-, Heuer-, Mäklervertrag, das Fracht-, Speditions-, Kommissions-, Lagergeschäft und den Verlagsvertrag, den Auftrag an den Rechtsanwalt, dagegen nicht den Lehrvertrag. Für unsere Erörterung bedürfen wir des Begriffs eines allgemeinen Arbeitsvertrags nicht, weil wir uns lediglich auf den Akkordvertrag und hauptsächlich auf den Akkordvertrag der gewerblichen Arbeiter beschränken[1]).

Nach *Lotmar* kann jede Art des Arbeitsvertrages, sowohl der Werkvertrag wie der Akkordvertrag in der Form des Akkordvertrags und in der Form des Zeitlohnvertrags vorkommen, die nach seiner Ansicht im wesentlichen sich unterscheiden wie die locatio conductio operis und die locatio conductio operarum.

Daraus darf man nicht folgern, daß *Lotmar* den Akkordvertrag als einen Werkvertrag ansieht, denn er findet die beiden Formen des Arbeitsvertrags im Bürgerlichen Gesetzbuch, wie überhaupt in der modernen Gesetzgebung nicht grundsätzlich abgesondert (S. 342)[2]).

Für das Dasein von Arbeit und demgemäß des Arbeitsvertrages sei es gleichgiltig, ob die Tätigkeit im Hinblick auf ihren Verlauf oder in Hinblick auf ihren Erfolg ausbedungen werde (S. 92). Im Arbeitsvertrag könne aber bei Aufstellung des Entgeltverhältnisses von der Wirkung der Arbeit abstrahiert

---

[1]) „Der Arbeitsvertrag." Leipzig 1902. Bisher nur in seinem ersten Bande erschienen, welcher den Akkordvertrag im speziellen noch nicht behandelt, aber die allgemeinen Grundsätze desselben erörtert.

[2]) Der Ausdruck Arbeitsvertrag der Gewerbeordnung deckt sich nicht mit dem Begriff *Lotmars*. Dieser Ausdruck wurde bei Erlaß der GO. wohl nur gewählt, um einen zusammenfassenden Ausdruck für die in den verschiedenen Rechtsgebieten verschieden benannten Dienstverträge der gewerblichen Arbeiter zu haben.

werden, weil ihre Wirkung als regelmäßig unvermeidliche Begleiterin der Arbeit angesehen werde. Dieses im Tatbestande vor sich gehende oder unterbleibende Abstrahieren von jener Wirkung ergebe die zwei Grundformen des Arbeitsvertrages, nämlich den Zeitlohnvertrag und den Akkordvertrag. Diese Grundformen realisierten den Unterschied von Arbeit an sich und Arbeit schlechthin (Arbeit samt ihrem Ergebnis).

Die beiden Formen des Zeitlohn- und Akkordvertrags sieht *Lotmar* als reine Tatbestände an, wie sie das Leben liefere „denn in Wirklichkeit realisieren die Parteien in den meisten Fällen nur das Faktum, indem sie, Arbeit und Entgelt vereinbarend, ausdrücklich oder implicite die besondere Form ihrer Beziehung festsetzen — Entgelt für einen gewissen Zeitabschnitt oder nicht — und es dem Recht oder der Jurisprudenz überlassen, die zugehörigen Rechtsfolgen einzuschließen und zu erkennen. Eine zweckmäßige Einteilung der Arbeitsverträge lasse sich nur erzielen, wenn man die verschiedene Beziehung der beiden Bestandteile des Arbeitsvertrages, nämlich der Arbeit und der Vergütung, zum Einteilungsgrund macht. Entweder sei die Vergütung als Gegenleistung für die Arbeit samt dem begrifflich mit ihr verbundenen Erfolg bestimmt, so daß dieser einen Bestandteil des Entgeltverhältnisses bilde, indem er in der Arbeitszusage, wie in der Entgeltzusage enthalten sei, wie beim Akkord, oder die Vergütung sei zur Gegenleistung für den Arbeiter, abgesehen vom Erfolg, bestimmt, indem die Vergütung lediglich für die Arbeit während einer gewissen Zeit oder schlechthin geradezu für einen Zeitabschnitt versprochen werde, wie beim Zeitlohnvertrage. Die Vergütung könne beim Akkord nnd beim Zeitlohn ein bestimmtes Quantum oder eine bestimmte Quote sein (S. 332). *Lotmar* führt weiterhin aus, daß sich an den Gegensatz der beiden Grundformen tiefgreifende Unterschiede in der Rechtswirkung knüpften; diese ließen sich aber weder übersehen, noch für die Anwendung als Konsequenzen der tatsächlichen Differenz würdigen, wenn man von den gesetzlichen Typen des Arbeitsvertrags den Ausgang nehme. Der Gesetzgeber habe zwar unter dem Dienst- und dem Werkvertrage radikal verschiedene Komplexe von Rechtswirkungen zusammengestellt und insofern die Titelscheidung gerechtfertigt. Allein die Definition seien so geraten, daß sie eine sichere Subsumtion der Fälle nicht nur erschwerten, sondern geradezu unausführbar machten; denn es gebe keinen Fall, in dem man nicht sagen könnte, daß jemand, der einen durch Dienstleistung herbeizuführenden Erfolg verspreche, damit nicht eine Dienstleistung verspreche, wonach also jeder Werkvertrag auch ein Dienstvertrag wäre (S. 343), das Bürgerliche Gesetzbuch gebe keine Möglichkeit, denjenigen Akkord, welcher Dienstvertrag wäre, von demjenigen, welcher Werkvertrag sei, zu scheiden. Dem unter das Dienstvertragsrecht gestellten Akkord hätte (neben dem Dienstvertrag gegen Zeitlohn) ebenso eine der Akkordnatur entsprechende Regelung gewährt werden müssen, wie sie der Werkvertrag erhalten hat, während jetzt der Akkord als Dienstvertrag der von der Akkordform geforderten Regelung entbehren müsse, was ein auf die Dauer unerträglicher Mangel des Gesetzes sei. *Lotmar* verweist darauf, daß es wohl möglich sei, daß der Arbeiter die Vergütung auch beim Akkord nach der darauf zu verwendenden Zeit bemißt, aber im Vertrage bringe er diese Beziehung zwischen Vergütung und Zeit nicht zum Ausdruck.

Da *Lotmar* den gewerblichen Akkordvertrag noch nicht einheitlich zur Darstellung gebracht hat, so seien hier seine einzelnen, den Akkordvertrag betreffenden Sätze kurz wiedergegeben:

Lotmar unterscheidet den Einheitsakkord und den Mehrheitsakkord, je nachdem ein einmaliges Arbeitsergebnis oder eine Mehrheit durch die Ergebnisse unterschiedener Arbeiten zu liefern sind (S. 334, 335); die letztere Art des Akkordvertrags bezeichnet *Lotmar* mit Stücklohnvertrag[1]), und bei diesem unterscheidet er wieder den unbeschränkten Stücklohnvertrag[2]), wenn die Zahl der zu liefernden Arbeiten oder Stücke nicht

[1]) Ebenso *Rümelin* S. 57.

[2]) Wenn *Lotmar* sagt, die Bedeutung des Akkordvertrags ginge nicht sowohl aus den prozessualen Zweikämpfen vor dem Gewerbegericht, als vielmehr aus dem Massenkampf der Arbeiter um den Akkordvertrag hervor, so unterschätzt er die Praxis der Gewerbegerichte auf diesem Gebiete. Es liegt das daran, daß Akkorderkenntnisse noch nicht in geschlossener Sammlung erschienen sind, was einem Bedürfnisse entsprechen würde.

beschränkt ist — z. B. bei dem Setzer einer Druckerei, dem für je 1000 Lettern eine bestimmte Vergütung zugesichert ist, ohne daß im Vertrage eine Grenze der zu erbringenden Ergebnisse gesetzt worden wäre — und den beschränkten Stücklohnvertrag, wenn eine solche Schranke gesetzt ist. Beispiel: ein Tischlergeselle hat zwei Dutzend Stühle zu fertigen übernommen[1]).

Wenn ein Zufall den Eintritt des Arbeitsergebnisses verhindert, so kommt nach *Lotmar* der Akkordarbeiter — im Gegensatz zum Zeitlohnarbeiter — in Gefahr, seinen Lohnanspruch ganz zu verlieren.

Lotmar legt in äußerst klarer und allen tatsächlichen Verhältnissen entsprechender Weise den zum Teil gleichmäßig, zum Teil verschieden wirkenden Einfluß der Zeit auf beide Arten der Arbeitsverhältnisse dar (S. 338, 345—653). Er unterscheidet: Zahlungszeit, Vertragszeit, Arbeitszeit und lohnmessenden Zeitabschnitt. Nur die zuletzt genannte Zeit ist dem Zeitlohnvertrag eigentümlich, die anderen drei Zeitbestimmungen kommen auch beim Akkord vor.

Wenn der Akkordvertrag auf eine bestimmte Zeit vereinbart ist, so endigt er nach *Lotmar* (S. 531) gleichwohl vor Ablauf dieser Zeit, wenn das Arbeitsergebnis vorher erreicht ist. Ist dagegen das Ergebnis bei Ablauf der Zeit nicht erreicht, so kann der Arbeitgeber das Arbeitsverhältnis fortdauern lassen oder

a) wenn der Akkord als Fixgeschäft aufzufassen, vom Vertrag zurücktreten;

b) andernfalls, wenn er infolge Verzuges des Arbeiters kein Interesse an der Arbeit hat, vom Vertrag zurücktreten oder Schadenersatz wegen Nichterfüllung fordern;

c) wenn der Akkord Werkvertrag ist, gemäß § 636 zurücktreten.

Die regelmäßige befristete Kündigung finde gemäß § 620 BGB. nicht Anwendung auf Arbeitsverhältnisse, deren Dauer

---

[1]) Diese Einteilung *Lotmars* weicht von der unsrigen ab. Es handelt sich beim gewerblichen Arbeiter nicht nur um Stücklohnverträge.

natürlich begrenzt sei. Dasselbe gelte auch für gewerbliche Dienstverhältnisse, da § 122 f. GO. nur auf die unbestimmte Vertragszeit Anwendung finde. Davon verschieden ist aber nach *Lotmar* die Frage, ob für die Dauer einer innerhalb eines Arbeitsverhältnisses vorkommenden Akkordarbeit die Kündigung ausgeschlossen sei, auch wenn das Arbeitsverhältnis selbst keine natürliche Begrenzung habe.

Beide Grundformen des Arbeitsvertrages, der Zeitlohnvertrag, wie der Akkord sind nach *Lotmar* wie der vereinbarten, so der einseitigen Endbestimmung (durch Kündigung) zugänglich (S. 562). Er bezieht § 623 BGB. nur auf Akkorde und §§ 621, 622 BGB. — § 133a GO. — nur auf die Kündigung von Zeitlohnverhältnissen (S. 585). Der Ausschluß der Kündigungsfrist ist nach *Lotmar* nicht hinreichend für die Frage der Lösung des Arbeitsverhältnisses, da er nur die Befristung wegräume, dagegen die von der Kündigung vorausgesetzte Unbestimmtheit der Vertragszeit unberührt lasse (S. 635). Ein Akkord könne aber je nach Umständen eine natürliche Begrenzung des Arbeitsverhältnisses bilden oder nicht bilden (S. 634, 527, 530). Gegenüber vertraglichem Ausschluß der Kündigungsfrist müsse man sich zunächst die Frage vorlegen, ob ohnedies befristet gekündigt werden könne. Falls diese Frage zu bejahen sei, sei auch die entfristete Kündigung anwendbar, sonst aber ausgeschlossen, falls sie nicht ausdrücklich vorbehalten sei. Das Gegenteil solcher Zulassung sei die Bestimmung einer Arbeitsordnung, welche laute: „Akkordarbeiter haben die angefangene Arbeit ordnungsmäßig fertigzustellen und abzuliefern und werden auch dann erst entlassen". Durch solche Bestimmung werde zwar die Befristung ausgeschaltet, aber durch Beschränkung der entfristeten Kündigung auf den Tag der Vollendung der Akkordarbeit werde verhindert, daß vorher unbefristet gekündigt werden könne, selbst wenn natürliche Begrenzung des Arbeitsverhältnisses nicht anzunehmen sei, weil der gegebene Akkord dasselbe nicht erschöpfe (S. 635).

Nach *Lotmar* ist es *Rümelin*[1]), der in seiner umfangreichen Abhandlung über den Werk- und Dienstvertrag eingehend

---

[1]) *Gustav Rümelin*, Dienstvertrag und Werkvertrag. Tübingen 1905.

die Natur der in Frage kommenden Vertragsarten erörtert. *Rümelin* ist im wesentlichen mit der Regelung des Dienst- und Werkvertrages im Bürgerlichen Gesetzbuch einverstanden. Die Unterscheidung der beiden Vertragsarten läßt sich nach seiner Meinung in zahlreichen Fällen ohne Schwierigkeit vollziehen (S. 8). Im Gegensatz zu *Lotmar* ist er der Ansicht, daß die Betrachtung der Tatbestände allein nicht zu einer klaren und sicheren Unterscheidung führe (S. 2).

Er erblickt den Unterschied der beiden Vertragsarten weniger in der Stellung derselben zur Herbeiführung des beabsichtigten Erfolges, als in der verschiedenen Regelung der Übernahme der Gefahr. Zu einer klaren Scheidung könne man nur gelangen, wenn man unter Dienstvertrag denjenigen Arbeitsvertrag verstehe, bei dem das Maß der zu leistenden Dienste oder des zu zahlenden Lohnes zeitlich fixiert sei (Vgl. auch S. 178—200). Nach den bestehenden Bestimmungen liege aber Dienstvertrag vor, wenn der Entgelt schon für die Tätigkeit, nicht bloß für den Erfolg zu entrichten sei (S. 49). Dagegen mache die Verabredung, daß der zeitlich fixierte Lohn nur beim Gelingen des Werks zu zahlen sei, den Vertrag zum Werkvertrag. Um ein Beispiel anzuführen, so verspricht nach *Rümelin* der Chirurg (S. 95) nicht den Erfolg, sondern nur seine Tätigkeit. In scharfsinniger Weise erörtert *Rümelin* den Begriff der Gefahrtragung beim Dienstvertrag und Werkvertrag, und darin liegt eine wesentliche weitere Förderung der Theorie dieser beiden Verträge und damit zugleich des Akkordvertrags, auch wenn man die Stellung der beiden Vertragsarten zur Frage der Gefahrtragung nicht das als wesentlichste Unterscheidungsmerkmal derselben ansieht.

Rümelin unterscheidet folgende Arten der Gefahr (S. 76):

Gefahr der Unternehmung,

Gefahr der Arbeitskraft, die der Arbeiter trägt (S. 153),

Gefahr der hergestellten Sache,

Gefahr des Materials, die er ebenso beurteilt wie beim Kauf,

Gefahr der Zeit,

Gefahr der Unterbrechung.

Er unterscheidet eine Gefahrensphäre des Arbeitnehmers und eine solche des Arbeitgebers und weist jedem Teile die

Tragung derjenigen Gefahr zu, die seinem Gefahrenkreise angehört (S. 62 und 132). Soweit die Partei ein eigenes Interesse habe, soweit habe sie auch eine eigene Gefahr (S. 97). Die Loslösung der Gefahrstragung von Werkverträgen hält *Rümelin* für unmöglich (S. 115). Für die gelieferte Sache müsse der „Produzent" einstehen (S. 122). Wenn der Arbeiter die Gefahr nicht trägt, so läge Dienstvertrag vor (S. 62). An anderer Stelle (S. 81) räumt *Rümelin* aber ein, daß der Unterschied zwischen Dienst- und Werkvertrag nur in einem Plus der Gefahrtragung bestehe.

Was nun den Akkordvertrag anbetrifft, so behandelt ihn *Rümelin* nicht als ein selbständiges Gebilde.

Er erklärt die Behauptung, daß Stücklohn ein Dienstvertrag sei, „einfach für falsch". Er nimmt dabei offenbar an, daß der Stücklohnarbeiter stets die Gefahr trage. Für möglich hält er mit Rücksicht auf eine von mir besprochene Konstruktion des Akkordvertrags[1]) die Vereinbarung eines Akkordvertrages mit dem Rechte es Exkulpationsbeweises für den Arbeiter (S. 100).

Bemerkt sei hier, daß *Rümelin* dem großen Gebiet des gewerblichen Akkordvertrags, d. h. des Akkordvertrags des gewerblichen Arbeiters, dem wir unsere Aufmerksamkeit fast ausschließlich zuwenden, kein besonderes Interesse widmet. Seine Beispiele entnimmt er meist dem nichtgewerblichen Leben oder doch nur den Beziehungen zwischen Gewerbetreibenden und Privatleuten, während wir fast ausschließlich die Gewerbetreibenden und ihre gewerblichen Arbeiter im Auge haben. Das von ihm bearbeitete Material hat daher nur wenig Gemeinsames mit dem unsrigen.

Bei dem Akkordvertrag des gewerblichen Arbeiters scheint er der Gefahr keine erhebliche Bedeutung beizumessen. Er nimmt an, daß bei diesem omnis diligentia meist zum Ziele führe, weil Industrie und Handwerk ihrer Technik so sicher seien (S. 69), daß bei ihrer richtigen Anwendung ein Mißlingen fast ausgeschlossen sei[2]). *Rümelin* gesteht zu (S. 101), daß

[1]) Soz. Prax. XIV, Nr. 17 Sp. 420 f.

[2]) Man denke dabei an die Gießerei, Ziegel- und Porzellanbrennerei, das Maurerhandwerk, den Gärtner, die Holzbearbeitung, die von der

bei einer unübersehbaren Menge von Arbeitsverträgen der Arbeiter, weil er kein Kapital besitzt, in größerem Umfange eine Gefahr gar nicht übernehmen könne (vgl. auch S. 102). Andererseits hebt er hervor, daß der Werkvertrag nicht verlange, daß ein in Akkord arbeitender Schmiedegeselle keinen Lohn erhalte, wenn das Arbeitsstück vor der Übergabe verbrenne (S. 40). Der Dienstmann wie der Droschkenkutscher denkt nach *Rümelin* nicht an eine Gefahrübernahme (S. 106). Beim Werkvertrage brauche im Falle der Unmöglichkeit vollständiger Erfüllung für eine Teilleistung, die keinen Wert für den Empfänger hat, nichts gezahlt zu werden. (S. 109). Dahingegen spricht *Rümelin* von einer Kombination von Werk- und Dienstvertrag (dieser dürften wohl unsere gewerblichen Akkordverträge von *Rümelins* Standpunkt aus fast ausnahmslos entsprechen, womit ich aber keine Zustimmung zu *Rümelins* Theorie erklären will) — sei die Teilleistung zu bezahlen, auch wenn sie für den Empfänger keinen Wert habe (S. 109). Beim Briefträger, Gepäckträger und Kutscher will *Rümelin* in einem solchen Falle „vor der Hand" das richterliche Ermessen entscheiden lassen (S. 110—111).

Beim Akkordlohn übernehme der Arbeiter allerdings eine gewisse Gefahr, aber die Übernahme der Gefahr spiele bei der Frage Zeit- oder Akkordlohn keine oder nur eine verschwindende Rolle (S. 113) [1]. Beim Akkordlohn könne in einfacher Weise festgestellt werden, ob der Arbeiter den Anforderungen entsprechend gearbeitet habe. Der Lohn werde nur für Arbeitresultate gezahlt, die gewissen Anforderungen entsprächen. In der überwiegenden Zahl der Fälle, in denen dies nicht zutreffe, werde Verschulden des Arbeiters vorliegen. (?) (S. 119).

Während *Rümelin* die Auffassung des Stücklohnvertrages als Werkvertrag für falsch ansieht, will er doch gewisse Regeln

wechselnden Beschaffenheit des Holzes abhängt, an die Zufälle, die mit der Benutzung der Dampf- und Kraftmaschinen, mit der Lieferung von Material verbunden sind; an Kolonnenverträge, bei denen der Lohn der Helfer von der akkordierten Summe in Abzug gebracht wird usw.

[1]) Beim Stücklohn komme es darauf an, ob der Arbeitgeber bei sich oder in den Geschäftsräumen des Unternehmers arbeitet (S. 131). Denkt *Rümelin* dabei an den selbständigen Hausindustriellen?

des Dienstvertrags auf ihn anwenden (S. 307), er meint sogar, daß die Regeln des Dienstvertrags beim Stücklohnvertrag in den Vordergrund treten (S. 309). Ja, er bezeichnet es (S. 166) als eine „jedenfalls berechtigte Forderung", die Bestimmungen des Dienstvertrages auf die Stücklohnverträge anzuwenden, während diese in der überwiegenden Mehrzahl der Fälle Werkvertrag seien. Überhaupt will er alle Regeln des Werkvertrags auch auf den Dienstvertrag anwenden und umgekehrt (S. 301). Er gibt aber zu, dies lasse sich als Absicht des Gesetzgebers nicht erweisen (S. 311), überhaupt könne man seine Ansicht nicht auf den vermutlichen Willen des Gesetzgebers zurückführen (S. 314).

Eine Definition des Begriffs der Dienstleistung unterläßt *Rümelin.* Ein Abhängigkeitsverhältnis will er mit derselben nicht verbinden. Eine Berücksichtigung der wirtschaftlichen Verhältnisse und der sozial verschiedenen Stellung der Vertragsparteien hält er bei der Frage, ob Dienst- oder Werkvertrag vorliegt, nicht für zulässig (S. 96—111).

Interessante und für den Akkordvertrag wichtige Untersuchungen auf dem Gebiete des Arbeitsvertrags bietet *Crome* in seiner Darstellung der partiarischen Rechtsgeschäfte[1]).

Wie *Lotmar* den Akkordvertrag als eine bei allen Arbeitsverträgen vorkommende Form ansieht, so betrachtet *Crome* das partiarische Rechtsgeschäft als eine Vertragsform, die bei den verschiedensten Arten von Verträgen, nicht nur den Arbeitsverträgen vorkommen kann und die nicht nur das Entgelt- oder Lohnverhältnis berührt, also eine „bloße" Lohnform ist, sondern den Charakter des ganzen Rechtsgeschäfts beeinflußt.

Sein Wesen besteht darin, daß der eine Teil, in unserem Falle der Arbeiter, eine Quote des durch den Arbeitsvertrag erzielten Gewinnes erhält, die also je nach dem Umfang des Gewinnes verschieden ist. Entscheidend ist hier der tatsächlich erzielte Gewinn, während beim Akkordvertrag zwar auch der Gewinn berücksichtigt wird. Es handelt sich aber beim Akkordvertrag um einen vorgestellten, erhofften Gewinn, von

---

[1]) Berlin 1897.

welchem der Akkordpreis einen Teil darstellt. Dieser Preis wird aber gleich von Anfang an als ein bestimmtes Quantum festgesetzt, das in der Regel sich nicht ändert, wenn der Gewinn anders ausfällt oder ausbleibt, das vielmehr nur eine Minderung erfahren kann, wenn die vereinbarte Arbeit nicht in vollem Maße geleistet wird.

Crome bezeichnet den partiarischen Lohn beim Dienst- oder Werkvertrag auch als Quotallohn (S. 70).

Wie beim Akkordvertrag, so hebt *Crome* beim partiarischen Rechtsgeschäft die verschiedene soziale Stellung seiner Parteien hervor. Er mißt dieser Vertragsform für die Zukunft eine große Bedeutung als Mittel eines gerechten Güterausgleichs, einer gerechten Beteiligung der Arbeiter an dem Arbeitsgewinne bei. Der Arbeiter wolle bei solchen Verträgen im wesentlichen nur gewinnen, nicht sich umgekehrt auch nachteiligen Chancen des Erfolges aussetzen, eine Tendenz, die wir auch beim Akkordvertrag erkennen können. Neben der Quote am Gewinn, der als Quote des Gewinns zu berechnenden Provision, könne, wie beim Akkord, dem Arbeiter ein fester Minimallohn zugesagt sein (S. 173).

Dem Arbeiter wird ein Anteil an dem Erfolg der Dienstleistung zugesagt (S. 172). Damit ist er am Erfolg interessiert und übernimmt somit einen Teil der Gefahr. Doch bleibt der Kapitalsherr Herr der Arbeit (S. 151). Er hat das Recht der Direktive (ebenda); der Arbeiter hat kein Recht mit Ratschlägen gehört zu werden. Handelt der Herr unverständig, so daß der Arbeiter nichts erhält, so kann er den Herrn nicht zur Rechenschaft ziehen. Er mag dann das Verhältnis lösen. Der Arbeitgeber könne den am Gewinn beteiligten Arbeiter wie jeden andern entlassen.

Crome zeigt uns in richtiger Weise die Tendenz, die die Entwicklung des Dienstvertrags angenommen hat. Er legt mit Recht ein erhebliches Gewicht auf die soziale Stellung der Parteien. Damit gibt er einen wichtigen Fingerzeig für die Auslegung des Parteiwillens im einzelnen Falle und hinsichtlich ganzer sozialer Klassen. Ähnliche Momente sind in hohem Maße auch bei dem Streben nach der Erkenntnis des Akkordvertrags zu berücksichtigen.

Die umfangreichste Darstellung des Akkordvertrags vom wirtschaftlichen Gesichtspunkte bietet *Ludwig Bernhard*. Er hat zunächst in Schmollers Jahrbüchern die historische Entwicklung des bergmännischen Gedingevertrages geschildert und damit ein Bild des Akkordvertrages auf einem Spezialgebiete gegeben. Wir können daraus mancherlei für den heutigen Akkordvertrag entnehmen.

Darauf hat *Ludwig Bernhard* den gesamten Akkordvertrag nach seiner historischen Entwicklung und wirtschaftlichen Bedeutung zur Darstellung gebracht und im Anschluß daran seine rechtliche Natur erörtert. Seine Ansichten hat er darauf in einem Referat vor dem XXVIII. deutschen Juristentage[1]) auf Grund der erstatteten Gutachten vertreten und erreicht, daß diese Versammlung ihm durch Annahme seiner Thesen beigetreten ist[2]).

Bernhard sieht den Akkordvertrag lediglich als Dienstvertrag an und zwar bezeichnet er ihn als eine Nebenform des Dienstvertrags, bei der ein Lohn vereinbart wird für die in einen bestimmten Arbeitsresultat objektivierte Arbeit. Er betont die Bedeutung einer bestimmten Form für den Abschluß des Akkordvertrags und stellt die richtige Berechnung des Akkordpreises als eine Rechtspflicht des Arbeitgebers hin. Desgleichen hält er den Arbeitgeber für verpflichtet, Umfang und Art der Akkordarbeit genau festzusetzen.

Dem Arbeitgeber weist er das Direktionsrecht in bezug auf die Arbeit auch beim Akkordvertrag zu; dasselbe erfahre jedoch insofern eine Einschränkung, als der Akkordarbeiter im Gange der Arbeit nicht beeinträchtigt werden dürfe. Mit *Lotmar* erörtert er die Bedeutung der Zeit beim Akkordvertrag in vierfacher Hinsicht: als Lohnberechnungsperiode, als Fälligkeitstermin, als tägliche Arbeitszeit und als Vertragsdauer.

Im Falle nicht ausreichender Beschäftigung gibt er dem Akkordarbeiter außer dem Kündigungsrecht gemäß § 124^4 GO. eine Schadenersatzforderung.

---

[1]) Die Akkordarbeit in Deutschland, Leipzig 1903, ferner Handbuch der Löhnungsmethoden, Leipzig 1906.

[2]) Siehe Verhandl. des XXVIII. Deutschen Juristentags 1907, Bd III. S. 509—522 u. 598—602.

Falls in einer Fabrik die Kündigungsfrist allgemein ausgeschlossen ist, so nimmt *Bernhard* an, daß dann die Lösung des Arbeitsverhältnisses auch während der Dauer einer Akkordarbeit zulässig sei.

In seinem Referat auf dem XXVIII. deutschen Juristentage erkennt *Bernhard* an, daß, obwohl die Akkordmethode in der deutschen Industrie alle Methoden an Bedeutung übertreffe und deren Leistungsfähigkeit hauptsächlich auf dieser Methode beruhe, man in der rechtlichen Ordnung rückständig geblieben sei. Er verlangt eine gesetzliche Regelung nach drei Richtungen:

1. Hinsichtlich der Stellung der Zwischenmeister und Kolonnenführer.
2. Genaue Akkordberechnung und Vereinbarung unter Beförderung der Schriftform (S. 518 u. 519).
3. Hinsichtlich der Störungen der Akkordarbeit durch Unterbrechung und Abänderung des Auftrags (S. 519) und überhaupt der Pflichten der Parteien bei Ausführung des Auftrags.

Dem *Bernhard*schen Bericht auf dem Juristentage lagen zwei Gutachten zugrunde, die sich beide eingehend mit der Darstellung des Akkordvertrags befassen.

Zunächst ein solches von dem Verfasser dieser Abhandlung, welches nach einer Darstellung der wirtschaftlichen Verhältnisse und der wesentlichsten Ergebnisse der juristischen Literatur auf diesem Gebiet den Akkordvertrag, und zwar lediglich den der gewerblichen Arbeiter, juristisch zu konstruieren versucht[1]).

Es wird dabei von dem Grundsatze ausgegangen, daß der Dienstvertrag ein persönliches Verhältnis zwischen den Vertragsparteien begründet, im Gegensatz zu dem Werkvertrag, welcher nur die Herbeiführung eines Erfolges zum Gegenstande hat.

---

[1]) Verhandl. des 28. Deutschen Juristentags, Bd. 1, S. 201—277 und ferner Bd. III (1907), S. 553—564. Vgl. dazu Soz. Prax. XIV, 125, 232 f., 420, 818 f.; XV. 130, 267, 1241; auch Jahrg. XVII. R. Arbeitsbl. August 1906, GG, KS. XII. 1. Ferner dazu *Flesch*, Deutsche Juristenzeitung XI. 927. *Koehne*, Archiv f. bürgerl. Recht XXIX, Heft 1, S. 46 folg. *Rümelin*, Dienstvertr. u. Werkvertr. 1905.

In diesem Sinne sei der Akkordvertrag eine Art des Dienstvertrags, die aber im Bürgerlichen Gesetzbuch zwar angedeutet, aber nicht eigentlich behandelt werde. Das Gutachten unterscheidet das fortlaufende Vertragsverhältnis von der einzelnen Abrede, durch welche während der Dauer dieses Vertragsverhältnisses zwischen den Vertragsparteien die Übernahme einer bestimmten Arbeit im Akkord von Fall zu Fall vereinbart werde. Die Rechtsfolgen des Vertrags werden im einzelnen in Anlehnung an die Rechtsprechung ausgeführt.

Ein näheres Eingehen auf dieses Gutachten unterbleibt, um Wiederholungen zu vermeiden.

Das zweite Gutachten hat zum Verfasser den Nationalökonomen Professor Dr. *Ernst Francke*[1]). Es erörtert die bestehende gesetzliche Regelung des Akkordvertrags und die damit verbundenen Mißstände. Auch *Francke* sieht den Akkordvertrag als eine Form des Dienstvertrags an, die aber bei der gesetzlichen Regelung des Dienstvertrags im BGB. nicht genügend berücksichtigt worden sei.

Er weist auf die durch Erlaß des preußischen Handelsministers angeordnete Einschränkung der Akkordarbeit in Sprengstoffabriken und das Verbot dieser Arbeitsmethode in Pikrinsäurefabriken hin[2]) und erblickt in diesen Verfügungen einen weiter durchzuführenden Grundsatz der Einschränkung der Akkordarbeit durch obrigkeitliche Verordnung in gefährlichen Betrieben. Im übrigen gibt *Francke* eine Kasuistik des gewerblichen Akkordvertrages besonders auf Grund von Entscheidungen der Gewerbegerichte. Er hebt besonders hervor das Direktionsrecht des Arbeitgebers. Er betrachtet es als Voraussetzung beider Parteien bei dem Abschluß von Akkordverträgen, daß der Arbeiter auf den üblichen Zeitlohn komme, und nimmt an, daß der übliche Zeitlohn zu zahlen sei, wenn ein Akkordlohn nicht vereinbart worden sei. Er verpflichtet den Akkordarbeiter, Mängel zu beseitigen, und zwar, wenn er sie verschuldet habe, ohne Entgelt. Entschädigung könne er bei Nichtbeschäftigung nur verlangen,

[1]) Verhandl. des 28. Deutschen Juristentags, Bd. II, S. 162—193.

[2]) Erlaß vom 14. März 1899 (B. 357M. f. GG.) und vom 18. Oktober 1903.

wenn zugleich das Akkordverhältnis gelöst werde. Beim Gruppenakkord betrachtet er den Kolonnenführer nicht als selbständigen Unternehmer. Er weist auf die Widersprüche in der Judikatur bei der Frage des Ausschlusses der Kündigungsfrist bei Akkordarbeiten hin.

In verschiedenen Aufsätzen hat sich *Karl Koehne* über den Akkordvertrag und die verwandten Vertragsformen ausgesprochen. Zunächst hat er seine Ansicht über den Werk- und Dienstvertrag in der Zeitschrift der Gewerbe- und Kaufmannsgerichte dargelegt[1]).

Alsdann hat er eine wertvolle Betrachtung des ausländischen Rechts geliefert, wobei er zu dem Ergebnis kommt, daß das ausländische Recht erhebliches Material für die Beurteilung des Akkordvertrags nicht liefert und insbesondere nicht für eine künftige deutsche Gesetzgebung Verwertbares.

Schließlich hat *Koehne* die eingehendste Spezialuntersuchung über den Rechtscharakter des gewerblichen Akkordvertrags gegeben.[3])

Er betrachtet den gewerblichen Akkordvertrag als einen besonderen, in den Gesetzen bisher nicht ausgebildeten Vertrag[4]).

---

[1]) 1905 Nr. 3, Sp. 156 f.

[2]) Blätter für vergleichende Rechtswissenschaft und Volkswirtschaftslehre, II. Jahrg., 5 u. 6, S. 1f.

[3]) Archiv für bürgerl. Recht XXIX, Heft 1, S. 46—72.

[4]) Daß der industrielle Akkordvertrag einen bloßen Nebenvertrag bildet, den die Parteien behufs Ergänzung und teilweiser Umgestaltung des ursprünglichen Vertrags schließen, habe ich, wie *Köhne* annimmt, niemals behauptet. Ich unterscheide zwischen dem fortlaufenden Vertragsverhältnis der Parteien und dem von Fall zu Fall getroffenen Akkordabkommen dieser Vertragsparteien. An dieses Abkommen knüpfen sich die meisten gewerblichen Rechtsfragen. Dieses Nebeneinanderbestehen zweier Komplexe von Abmachungen berücksichtigt aber *Köhne* garnicht. Ich stehe auch jetzt noch auf dem Standpunkt, daß der Akkordvertrag, und zwar in beiden Hinsichten ein selbständiges und von Gesetzen nicht geregeltes Gebilde ist. Zu meinem Gutachten über die Frage, ob eine gesetzliche Regelung nötig sei, mußte ich aber zunächst den Versuch machen, den Vertrag auf Grund der Gesetze zu konstruieren, so gut es ging. Bei der Mangelhaftigkeit der Gesetze in Bezug auf den Akkordvertrag kann diese Konstruktion natürlich nur unbefriedigend ausfallen, selbst bei dem besten Willen. Dadurch wurde die Notwendigkeit der gesetzlichen Regelung erwiesen, wie ich es beabsichtigte. *Köhne* hatte einen

Er behandelt nur denjenigen Akkordvertrag, der meist gemischt mit Zeitlohnarbeit vorkommt, welche Kombination die nur von wenigen Ausnahmen durchbrochene Regel des gewerblichen Akkordvertrags bildet. Auch den bergrechtlichen Akkordvertrag scheidet *Koehne* aus.

Er unterscheidet zwei selbständige Gruppen von Akkordverträgen oder Leistungslohnverträgen, wie er sie nennt, nämlich den gewerblichen Stücklohnvertrag und den gewerblichen Arbeitsverdingungsvertrag. Den Stücklohnvertrag definiert er als eine besondere Art des gewerblichen Arbeitsvertrags, bei welcher der Arbeiter in vom Arbeitgeber bestimmter Weise, und zwar in der Regel in dessen Räumen mit von diesem gelieferten Materialien zu arbeiten verpflichtet ist, die Bezahlung sich aber nach dem Maß der aufgewandten Arbeit, nicht nach der Arbeitszeit richtet (S. 67). Der gewerbliche Arbeitsverdingungsvertrag liegt dagegen nach *Koehne* vor, wenn der Arbeitgeber einem industriellen Arbeiter eine bestimmte Leistung gegen einen bestimmten, nicht nach der Zeit, sondern nach dem Maße der Leistung bemessenen Lohn überträgt (S. 72).

Bei beiden Verträgen übernimmt der Arbeiter die Leistung von Diensten, der Arbeitgeber die Gewährung einer Vergütung (S. 57). Der Arbeiter muß den Weisungen des Arbeitgebers folgen (S. 57), auch in bezug auf die Arbeitszeit (S. 59), doch sei der Heimarbeiter in diesen Beziehungen freier, nur müsse auch er seine ganze Arbeitskraft dem Arbeitgeber wid-

---

freieren Standpunkt. Er geht gleich von der Voraussetzung aus, daß der Vertrag im Gesetz nicht abgehandelt ist und baut ihn daher logisch unter Benutzung des tatsächlichen Materials neu auf. — Meine Ausführungen über die Dienstvertragsnatur des Akkordvertrags hat *Koehne* ferner so aufgefaßt, als ob ich meine frühere in der Sozialen Praxis geäußerte Ansicht, der Akkordvertrag sei ein eigenartiger, selbständiger Vertrag, aufgegeben hätte. Das ist aber nicht der Fall; in meinem Gutachten zum Juristentag habe ich nur die Methode angewandt, den Akkordvertrag zunächst möglichst nach den Regeln des Dienstvertrags zu behandeln. Am Schlusse des Gutachtens habe ich aber ausgeführt, daß diese Methode oft nicht zu einem befriedigenden Ergebnis führt, und daher habe ich eine neue gesetzliche Regelung vorgeschlagen. Durch meine Ausführungen auf dem Juristentag selbst, scheint *Koehne* aber nunmehr in dieser Hinsicht zufriedengestellt zu sein. (S. Bd. III der Verhandl. des 28. Deutschen Juristentags S. 563.)

men (S. 59). Er habe ein weitergehendes Recht auf volle Beschäftigung, als der Zeitlohnarbeiter (S. 60). Er könne seinen Lohn im Gegensatz zum Zeitlohnarbeiter verlangen, wenn er seine Dienste in Richtung auf den Erfolg in der vereinbarten Weise verwendet habe (S. 60). Dieses Recht werde weder durch den Untergang der Arbeitsstücke nach der Fertigstellung, noch dadurch berührt, daß dem Arbeitgeber die Fertigstellung ohne sein Verschulden unmöglich geworden sei (S. 60). Der Arbeitgeber habe den Beweis des Verschuldens des Arbeiters zu führen (S. 61). *K.* weist dem Arbeiter ein Recht und eine Pflicht zu, Mängel selbst auszubessern (S. 62), während der Zeitlohnvertrag eine entsprechende Bestimmung nicht habe (S. 62). Der Stücklohnarbeiter habe ein Recht darauf, daß der Arbeitgeber ihm die Möglichkeit verschaffe, seinen Stücklohn zu verdienen (S. 63).

Der gewerbliche Arbeitsverdingungsvertrag stimme im allgemeinen mit dem Stücklohnvertrag überein (S. 69). Ein Unterschied trete ein, wenn das ganze Arbeitsverhältnis vor Beendigung der übernommenen Arbeit gelöst wird (soll heißen, wenn der eine Teil seine Leistungen einstellt), denn der Verdingungsvertrag sei ein Vertrag, dessen Dauer gemäß § 620 BGB. aus der Beschaffenheit oder dem Zwecke der Dienste zu entnehmen sei.

Wenn nicht das Gegenteil ausbedungen sei, dauere der Vertrag stets bis zur Beendigung der Arbeit fort. Speziell dem Gruppenakkord hat *Schalhorn* seine Aufmerksamkeit, hauptsächlich in der Rechtsprechung, zugewendet. *Schalhorn* [1]) faßt den Kolonnenakkord grundsätzlich, wenn nichts anderes vereinbart ist, als ein Rechtsverhältnis zur gesamten Hand auf, und zwar in der Form einer Gesellschaft des BGB., deren Geschäftsführer regelmäßig der Kolonnenführer sei. Nur dieser oder die gesamte Kolonne könne daher den gemeinsamen Lohn einklagen. Der einzelne könne aber auch klagen, wenn die Umstände es rechtfertigen, wenn z. B. der Kolonnenführer seine Aufgaben nicht ordentlich wahrnimmt, ohne daß die

[1]) Soz. Prax. XIV, Sp. 1065 f.; *von Schulz-Schalhorn.* Das Gewerbegericht. Berlin 1903, S. 207 f., 302, 174, 176, 378.

Mehrheit — die etwa mit ihm unter einer Decke steckt — ihn absetzt. Ein Werkvertrag sei er dagegen, wie *Schalhorn* unter Bezugnahme auf Soz. Prax. VIII, Sp. 1323, die Urteile des GG. Berlin im Reichsarbeitsblatt I, S. 677, II S. 332 und Soz. Prax. Sp. 232 und 715 ausführt, niemals. Gleichwohl seien mangels einer zweckentsprechenden Gesetzgebung über den Akkordvertrag einige Bestimmungen des Werkvertrages analog auf den Gruppenakkord anzuwenden. Insbesondere übernähmen die Arbeiter häufig beim Gruppenakkord die Haftung für den Erfolg. Insbesondere verweist *Schalhorn* auf eine analoge Anwendung von § 640 Abs. 2 und § 658, 1 BGB.

Der juristische Berichterstatter über die Frage der gesetzlichen Regelung des Akkordvertrags auf dem 28. deutschen Juristentage, Justizrat Dr. *Meschelsohn*-Berlin[1]), hat den geltenden Rechtszustand der Akkordverträge folgendermaßen dargelegt:

Abgesehen von dem Fall der Pikrinsäurefabriken[2]) unterläge das Recht, Akkordverträge zu schließen, in Deutschland keiner Beschränkung, ebenso bestehe, abgesehen vom Bergrecht, keine Formvorschrift für den Vertragsschluß. Nur sei für ein einzelnes Gewerbe durch § 114 a GO. eine Beurkundung der Akkordarbeit und Lohnbücher oder Lohnzettel spätestens bei Übergabe der Akkordarbeit vorgeschrieben[3]).

Einer vorgängigen Vereinbarung bedürften die Höhe des Lohns, der Termin seiner Fälligkeit, das Recht auf Abschlagszahlung und alle Einzelheiten der Arbeit, die Beschaffenheit des Materials, die Lieferung der Werkzeuge[4]). § 614 BGB., wonach der Lohn nach der Leistung zu zahlen sei, passe nicht auf die Akkordarbeit. Für die Frage der Unterbrechung der Akkordarbeit gebe das Gesetz keine Lösung (S. 526). Viele Akkordverträge seien klar als Dienstverträge im Sinne des

---

[1]) Verhandl. des 28. Deutschen Juristentags, Bd. III, S. 522—541.

[2]) In welchen die Akkordarbeit wegen der Gefährlichkeit des Betriebes untersagt ist.

[3]) Also keine Form für den Abschluß des Vertrags.

[4]) Eine begriffliche Notwendigkeit für die v o r herige Verabredung kann m. E. nur bei Bemessung der Akkordvergütung angenommen werden.

Bürgerliches Gesetzbuch zu erkennen (S. 532), wenn z. B. ein Arbeiter fortgesetzt Nägel für einen bestimmten Stückpreis zu schmieden habe.

Zweifelhaft sei die Entscheidung, wenn zwischen dem eigentlichen Arbeitgeber und Arbeitnehmer noch ein Zwischenunternehmer stehe. Auf Grund der Gesetze ließe sich die Frage nicht entscheiden, ob diese Mittelsperson Unternehmer im Sinne von § 631 BGB. sei oder selbst Arbeiter sei (S.532). Der Unterschied, daß beim Dienstvertrage Dienst zu leisten und beim Werkvertrage ein Werk herzustellen sei, versage beim Akkordvertrage vollständig. Wo immer lediglich die Arbeit des Arbeiters bezahlt werde, liege ein Dienstvertrag vor. Auch beim gewerblichen Akkordvertrage werde in der Form des Akkordlohnes nichts anderes gezahlt als ein Dienstlohn. Das ergebe sich aus der Art der Feststellung des Akkordlohnes in den Fabriken: ein tüchtiger Arbeiter müsse die Arbeit erst im Zeitlohn machen und der diesem entsprechende Betrag werde dann als Akkordlohn festgesetzt[1]). Das ergäbe sich auch aus der Akkordgrenze, die der Akkordlohn eines Arbeiters nicht übersteigen dürfe, ohne herabgesetzt zu werden. Diese bestände in dem Lohnbetrag, den ein Arbeiter einer bestimmten Kategorie in einer bestimmten Zeit durchschnittlich verdiene (S. 536). (Daß diese Grenze eine im Recht festgelegte sei, will *Meschelsohn* damit wohl nicht sagen.)

§ 616 BGB. sei auf den Akkordvertrag nicht anwendbar.

Als wichtige Streitfrage hebt er folgende hervor: Hat der Akkordarbeiter das Recht, Mängel seiner Arbeit zu beseitigen oder muß er Lohnabzüge dulden? wie regelt sich die Kündigungsfrist?

Er behauptet die Existenz eines Gewohnheitsrechts, wonach dem Arbeiter das Recht zusteht, eine Abrechnung vom Arbeitgeber zu verlangen[2]).

---

[1]) Das ist aber durchaus nicht mehr das Verfahren fortgeschrittener Betriebe, und diese Methode versagt bei Betrieben, in denen sich die Einzelarbeiten nicht regelmäßig wiederholen oder doch nur selten.

[2]) Eine von der Gegenpartei aufgestellte Abrechnung hat keinen erheblichen Wert. Mir ist das Gewohnheitsrecht nicht bekannt. Es gibt auch kein prozessuales Mittel, den Arbeitgeber zur Aufstellung eines

Bemerkt sei noch, daß bei den genannten Verhandlungen des Juristentages von allen Seiten, insbesondere auch von seiten des anwesenden Vertreters der Großindustrie, Regierungsrat *Leidig*, betont wurde, daß man den Akkordvertrag nicht als einen Werkvertrag ansehen könne[1]).

Diese Auffassung war von Arbeiterseite bereits früher durch den bekannten Gewerkschaftsführer *Albin Koersten*[2]) mit Entschiedenheit vertreten worden, besonders mit der Begründung, daß beim Akkordvertrag die ganze Leitung der Arbeit in der Hand des Unternehmers liege. Selten komme die Initiative des Arbeiters zur Geltung. Daher könne er nicht als Selbsteigner und Unternehmer gelten und für den Erfolg haften.

Eine eingehende Betrachtung widmet dem Akkordvertrag auch *Bail* (Das Rechtsverhältnis der Arbeitgeber und Arbeitnehmer in Handwerk, Industrie und Handelsgewerbe, Berlin 1904). Er ordnet die Akkordlohnverträge nicht dem Werkvertrage unter, hebt aber hervor, daß sie mit diesem eine gewisse Ähnlichkeit haben. Er gibt den Akkordlohnanspruch nur, wenn die Arbeit den Vereinbarungen entsprechend hergestellt

---

richtigen Verzeichnisses zu zwingen. Die Eide der §§ 259, 260 BGB. sind auf unsern Fall nicht anwendbar. Ohne ein solches Zwangsmittel hat aber die Verpflichtung gar keinen Wert. Die Bestimmungen über die Zwangsvollstreckung zur Vornahme einer Handlung sind wertlos für diesen Fall. Denn wenn der Arbeitgeber eine Abrechnung aufstellt, so hat er die Handlung vorgenommen. Ob die Aufstellung richtig oder falsch ist kann im Wege der Zwangsvollstreckung nicht geprüft werden. Zur Aufstellung einer richtigen Rechnung, worauf es allein ankommt, kann der Arbeitgeber praktisch nicht gezwungen werden, wenn der Arbeiter nicht die Unterlagen hat und eine Gegenaufstellung liefern kann. Ist er aber hierzu imstande, so kann er die Aufstellung auch gleich liefern. Es ist keine willkürliche Bestimmung unseres Rechts, daß derjenige, der eine Forderung geltend macht, die Forderung darlegen, substanzieren muß. Den Gegner kann man dazu nicht zwingen. Das wäre ein Nachweis der Richtigkeit der Klage, die nur dem Fordernden möglich ist. Kann der Arbeiter diesen Nachweis nicht liefern, so ist es mit seinem Rechte schlimm bestellt. Aber tatsächlich ist seine Lage keine so verzweifelte. Abgesehen davon, daß ein sorgfältiger Arbeiter selbst Buch zu führen pflegt, hat er das Recht, vom Arbeitgeber die Vorlegung der Belege zu verlangen, damit er eine Rechnung aufstellen kann.

[1]) *Meschelsohn* S. 532 f.; *Leidig* S. 543; Dr. *Rümker* S. 567.

[2]) Soz. Monatshefte Bd. I, Heft 5, S. 429 ff.

ist, während er den Zeitlohnanspruch unabhängig sein läßt von der Erreichung des Erfolges, so daß nur diejenige Zeit bei der Lohnzahlung abgezogen werden könne, in der gar nicht gearbeitet worden ist. Das Direktionsrecht des Arbeitgebers sei beim Akkord dahin beschränkt, daß er bis zur Beendigung des Akkordes ohne Zustimmung des Arbeiters keine Anordnung treffen dürfe, die störend in die Arbeit eingreift, auch dürfe er ohne Zustimmung des Akkordarbeiters ihm keinen Teilnehmer zugesellen, wenn der Arbeiter aber zustimme, komme der Helferlohn vom Akkordlohn in Abzug. Wenn der Akkordarbeiter andererseits den üblichen Zeitlohn nicht verdiene, so habe er keinen Anspruch auf Zulage. Ein Recht auf die üblichen Abschlagszahlungen erkennt *Bail* nicht an, insbesondere könnten Abschlagszahlungen nicht über den vereinbarten Akkordpreis hinaus verlangt werden. Auf den Akkordarbeiter fänden dieselben Grundsätze über die Kündigung Anwendung, wie auf den Zeitlohnvertrag, doch müsse die Akkordarbeit stets zu Ende geführt werden. Der Arbeitgeber habe dafür zu sorgen, daß die Akkordarbeit glatt zu Ende geführt werden könne. Andernfalls mache er sich, sofern ihn ein Verschulden treffe, schadenersatzpflichtig, er gibt dem Akkordarbeiter aber auch im Falle des Verzuges des Arbeitgebers einen Entschädigungsanspruch (S. 157). Die Bestimmung des § 616 BGB. kann nach *Bail* auf Akkordarbeit nur insoweit zur Anwendung kommen, als dem Arbeiter wegen einer kurzen Unterbrechung die Akkordarbeit nicht entzogen werden dürfe (S. 158).

Der wirtschaftlichen Stellung der Vertragsparteien legt *Stadthagen*[1]) bei der Unterscheidung von Werk- und Dienstvertrag bei. Er folgert dies (S. 100) aus dem Umstande, daß das Bürgerliche Gesetzbuch beim Werkvertrag Bezeichnungen anwendet und Regeln aufstellt, die den Hersteller des Werks als wirtschaftlich selbständig voraussetzen (Unternehmer, Besteller). Er weist darauf hin, daß der Werkvertrag nicht die persönliche Tätigkeit des Unternehmers verlangt. Nach § 611 könnten Gegenstand des Dienstvertrags Dienste jeder Art sein, also auch auf einen Erfolg gerichtete. Die Frage, ob

---

[1]) Arbeiterrecht, 4. Auflage.

Stücklohn gezahlt werde, sei kein Unterscheidungsmerkmal (S. 101). Ein gewerblicher Arbeitsvertrag läge vor, wenn für ein Gewerbeunternehmen auf Grund eines Vertrags ein Teil geistiger oder körperlicher Arbeitskraft von einem Arbeiter verwendet werde (S. 76). Der Akkordvertrag sei Dienstvertrag im Sinne des Bürgerlichen Gesetzbuchs (S. 102, 146). Die Fassung des § 616 sei gerade mit Rücksicht auf den Akkordvertrag gewählt (S. 102). Die Höhe des Lohnes und die Art seiner Berechnung hänge von der Abrede der Parteien ab (S. 143). Man unterscheide Akkord- und Zeitlohn. Beim Akkordlohn bilde die tatsächlich erfolgte Leistung nur scheinbar den Gradmesser, tatsächlich entscheide auch hier die Zeit[1]). Der Akkordarbeiter habe dafür einzustehen, daß er eine Leistung von durchschnittlicher Güte liefere. Der Arbeiter eines Zwischenmeisters stehe stets in einem direkten Vertragsverhältnis zum Hauptunternehmer (S. 147). *Stadthagen* bekämpft ausführlich die Ansicht, daß die Arbeiterkolonne eine Gesellschaft darstelle (S. 152 folg.)[2]).

Neuerdings hat *Sinzheimer* als Einleitung zu seinem Werk über den korporativen Arbeitsnormenvertrag eine Darstellung des Arbeitsvertrages gebracht. Er führt aus: das Arbeitsverhältnis löse sich von vornherein in zwei Gruppen von Beziehungen auf, von denen die eine das Individualverhältnis, die andere das Solidarverhältnis zu nennen sei. Als Prinzip des Arbeitsvertrages stellt *Sinzheimer* das Bestimmungsrecht des Arbeitgebers hin, das selbst beim Akkordvertrage in den sogenanntes Direktionsrecht sich geltend mache. Demgegenüber sei bemerkt, daß gerade das Direktionsrecht beim Akkord nur so weit besteht, als die Natur der Arbeit es erfordert. Überhaupt kann die Bestimmung der nicht vertraglich festgelegten Einzelheiten der Arbeitsausführung, soweit dadurch Vertragsrechte nicht verletzt werden, nicht in Hand zahlreicher Arbeiter, sondern nur in die der Fabrikleitung gelegt werden. Man kann deshalb als Prinzip des Arbeitsvertrages

---

[1]) Das ist ein Widerspruch mit der Behauptung, daß die Art der Abrechnung von der Parteiabrede abhänge.

[2]) Erwähnt sei noch ein Aufsatz von *Fischer-Briesnitz*, Akkordarbeit, in der Zeitschrift „Plutus" 2. Jahrg., Heft 34.

nicht das einseitige Bestimmungsrecht des Arbeitgebers hinstellen. Ein solches kann auch nicht in der Arbeitsordnung gefunden werden, da diese doch nur durch den Arbeits v e r t r a g verbindlich wird. Als Prinzip des Arbeitsvertrages kann man das Bestimmungsrecht des Arbeitgebers schon deshalb nicht bezeichnen, weil es durch Vertrag beliebig eingeschränkt oder aufgehoben werden kann ohne daß der Vertrag darum aufhört, Arbeitsvertrag zu sein. Richtig ist nur, daß der Arbeitgeber vermöge seiner natürlichen oder in der Staatsordnung — aber nicht erst durch den Arbeitsvertrag — begründeten, meist überragenden Stellung den Arbeiter zur Nachgiebigkeit zwingt. Bei zufällig schwachem Unternehmertum und starker Arbeiterorganisation tritt gewöhnlich das Gegenteil ein bei Bestehen desselben Arbeitsvertrages.

Sinzheimer unterscheidet beim Arbeitsvertrag das Austauschverhältnis, das Verhältnis der persönlichen Fürsorge und das der Über- und Unterordnung (§ 8 folg.). Die Fürsorge sei nach den bestehenden Gesetzen ein ausschließlich dem Arbeitgeber zustehendes Recht (§ 15). *Sinzheimer* vermißt schließlich die gesetzliche Regelung des Akkordvertrages und hebt hervor, daß die allgemeinen Bestimmungen des BGB. auf den Arbeitsvertrag nicht passen (§ 9).

Drittes Kapitel.

Begriff des Akkordvertrages.

1. Vorbemerkung.

Als Rechtsquelle des deutschen Akkordvertrags kommen das Bürgerliche Gesetzbuch, die Gewerbeordnung und die bergrechtlichen Gesetze in Frage, die aber partikularen Rechts sind. Daneben sind einige Verordnungen über die Arbeitsbücher und Arbeitszettel und über die Beschränkung der Akkordarbeit zu berücksichtigen.

Wir wenden unser Hauptaugenmerk dem gewerblichen Akkordvertrage zu. Seine Grundsätze gelten im allgemeinen für alle in einem Dienstverhältnisse stehenden Personen, auch für diejenigen gewerblichen Arbeiter, die dem siebenten Titel der Gewerbeordnung nicht unterstehen, für land- und forstwirtschaftliche Arbeiter, sowie die sonstigen in § 6 GO. aufgeführten Angestellten und für das Gesinde. Einige ergänzende Bestimmungen sind partikularrechtlich für die Bergleute getroffen worden.

Da die Gewerbeordnung eine allgemeine Regelung der Grundsätze des Dienstvertrages der gewerblichen Arbeiter, Gehilfen, Gesellen, Meister, Techniker usw. nicht gibt, so muß man die allgemeinen Regeln des Dienstvertrags auch dieser Personen und ebenso auch des Dienstvertrags der im Bergbau beschäftigten Personen dem Bürgerlichen Gesetzbuch entnehmen. Damit ergibt sich, daß die gesetzlichen Grundlagen für den Akkordvertrag, soweit eine solche überhaupt vorhanden ist, für alle Kategorien von Arbeitern und Dienstpflichtigen dieselben sind. Soweit in der Gewerbeordnung und den bergrechtlichen Gesetzen Abweichungen enthalten sind, können diese auch für die Konstruktion von Akkordverträgen anderer angestellter Personen herangezogen werden, sofern sie den Bestimmungen des Bürgerlichen Gesetzbuches nicht widersprechen.

Die Konstruktion des Akkordvertrages wäre also hiernach aufzubauen auf den allgemeinen Grundsätzen des Bürgerlichen Gesetzbuches über Verträge und den Bestimmungen des Dienstvertrages im § 611 folg. Analog müssen aber auch die Grundsätze des Werkvertrags § 631 folg. BGB. herangezogen werden[1]). Denn bei der Behandlung des Dienstvertrages im Bürgerlichen Gesetzbuch ist der Fall nicht des näheren behandelt, daß der Dienstpflichtige es übernimmt, eine bestimmte Arbeit zu vollenden, und daß die Vergütung dabei nicht nach Zeitabschnitten, sondern nach dem Maße des zu liefernden Arbeitsergebnisses bemessen werden soll[2]). Dahingegen ist der Werkvertrag, wie *Lotmar* richtig ausführt, nur für den Fall geregelt, daß die Vergütung nach dem Arbeitsergebnis bemessen wird.

Die so aus dem Bürgerlichen Gesetzbuch abzuleitende Konstruktion wird dann lediglich in Einzelheiten ergänzt durch die Gewerbeordnung, die partikulären Berggesetze und die erwähnten Verordnungen[3]).

---

[1]) So auch *Schalhorn*, Soz. Pr. XIV Nr. 40 Sp. 1067. Im Grunde genommen stimmt dies auch mit *Rümelins* Ansicht überein, nur daß dieser beim Akkordvertrage anscheinend eine größere Verwandtschaft mit dem Werkvertrage als mit dem Dienstvertrage einnimmt. Diesem Standpunkt nähert sich auch *Lotmar*. Im übrigen steht ihm jetzt aber wohl die allgemeine Meinung entgegen, in Theorie und Praxis. S. auch *Koehne* S. 49.

[2]) So auch *Sinzheimer*, Arbeitsnormenvertrag S. 9. *Planck*, Komm. z. BGB. § 612 Note 4, führt dagegen aus: Die Höhe der Vergütung richte sich in erster Linie nach der Vereinbarung der Parteien. Sie könne als Zeitlohn oder als Stücklohn berechnet werden. Also wäre nach *Planck* der Akkord nur eine besondere Berechnung der Vergütung. Nach Note 1 zu § 623 ebenda findet dieser Paragraph namentlich auch Anwendung, wenn Stücklohn vereinbart ist.

[3]) Sofern bei Beamten Akkordlöhne vorkommen, z. B. bei den Berliner städtischen Fleischbeschauern kommen als Rechtsquelle eventuell behördliche Verordnungen in Frage. Solche Quellen sind auch Kanzleiordnungen, da auch Kanzlisten in Akkord beschäftigt werden.

Wir werden nun aber sehen, daß das an juristischen Fragen so reiche Gebiet des Akkordvertrags auf Grund der Gesetze allein zu einer befriedigenden Erörterung nicht geführt werden kann.

Ein Vertrag, der tagtäglich millionenfach abgeschlossen wird, der für Millionen von Deutschen die Grundlage ihrer Existenz bildet, ist denn doch wirklich in den Gesetzen, insbesondere im Bürgerlichen Gesetzbuch zu stiefmütterlich behandelt, wenn man nicht sagen will übersehen worden. Dem widerspricht nicht der Umstand, daß die Redaktoren diesen Vertrag auch gelegentlich gestreift haben. In das Gesetzbuch selbst haben sie ihn jedenfalls nicht aufgenommen, sondern sie haben es der Praxis überlassen, diesen Vertrag auf Grund des Gesetzbuchs zu regeln.

Ihre Erklärung findet diese Tatsache in dem Umstande, daß der Dienstvertrag gerade der unteren Klassen nur selten zu einer Behandlung im ordentlichen Prozeßwege geführt hat, daß er in früheren Zeiten überhaupt dem Privatrecht eigentlich gar nicht angehörte, und daß seine Streitigkeiten den Verwaltungs-, den Polizeibehörden überlassen waren[1]. Mit der Einrichtung der Gewerbegerichte ist dies mit einem Schlage anders geworden. Nunmehr hat sich die Notwendigkeit einer Behandlung dieser Vertragsform den Juristen mit Gewalt aufgedrängt, und daher hat dieser Vertrag in den letzten Jahren in der Rechtsprechung der Gerichte und der juristischen Literatur ein lebhaftes Interesse gefunden.

Ist es nun kein Wunder, daß die vor dieser Periode der Gewerbegerichte entstandenen Gesetze den Akkordvertrag fast unberücksichtigt lassen, so muß jetzt die Wissenschaft und die Rechtsprechung selbständig an die Konstruktion dieses Vertrags herangehen, wie überhaupt der Dienstvertrag fortgesetzt mit der modernen Entwicklung des Staats-, Gesellschafts- und Wirtschaftslebens neue Probleme zutage fördert, und andererseits die Gesetze, welche auf alten Grundlagen erlassen wurden, als abgestorben erscheinen läßt, selbst wenn ihre Fassung neuesten Datums ist.

---

[1] Vgl. *M. Weber*, Verhältnisse der Landarbeiter III 774.

Eine Vertragsform von so eminenter Bedeutung für das wirtschaftliche Leben verlangt gebieterisch ihre juristische Behandlung, mit mehr Recht wie manche an sich interessante rechtliche Erscheinungen, man denke an das Gebiet des Grundbuchrechts, des Subhastationsrechts, des Erbrechts, der Adoption, die bis in alle Details gesetzlich durchgearbeitet sind, vielleicht gar allzusehr ins Detail gehend, selbst für den Juristen[1]).

Bei der Frage, ob eine rechtliche Erscheinung einer besonderen eingehenden Behandlung bedarf, kann nicht in erster Linie die Besonderheit ihrer Form entscheidend sein. Ganz merkwürdige Rechtsgebilde bedürfen einer solchen Behandlung nicht, weil sie vereinzelt auftreten, für die Allgemeinheit unerheblich sind, und weil es Verschwendung von Zeit und Kraft wäre, sich damit zu befassen. Es soll nun zwar keineswegs verkannt werden, daß die Zahl der an einer Rechtsfrage interessierten Personen nicht das allein ausschlaggebende Moment für ihre Bedeutung ist. Auch die auf dem Spiele stehenden Kapitalsmassen, die Mächtigkeit der interessierten Personen bilden einen wichtigen Faktor für das Leben einer Nation, und für diese können Rechtfragen erheblich sein, die die große Masse gleichgültig lassen.

Eine Frage, an der die große Mehrheit der Arbeiter aber tagtäglich interessiert ist, muß bis in alle Einzelheiten erörtert werden, auch wenn die in Rede stehenden Objekte meist nur klein sind. Meist sage ich, denn groß ist auch die Zahl gewerblicher Akkordverträge mit höheren Objekten, die in einzelnen Fällen bis in die Tausende hinein gehen. Und die Zahl von Akkordverträgen mit so hohen Objekten läßt sich wohl vergleichen mit der Zahl von anderen mit mehr Rücksicht behandelten Vertrags- und Rechtsformen, deren Durchschnittsobjekte auch nicht höher sind, man denke an Miets- und Pachtverträge, an Testamente usw.

Dazu kommt, daß die in Frage kommende Menschenklasse der dienenden Personen in ihrer überwiegenden Mehrheit wenig Gelegenheit hat, Rechtsverständige zu konsultieren.

---

[1]) Vgl. hierzu *Koehne* 85. *Flesch*, Deutsche Juristen-Zeitung XI. Jhrg. Sp. 927. *Wölbling* in der Zeitung „Der Tag“ Nr. 465, 1906.

Die Wissenschaft muß daher eingreifen und sich liebevoll auch der Detailfragen eines Rechtsinstituts annehmen, welches diese Millionen so lebhaft berührt, mag es sich auch nur um „eine bloße Lohnform“ handeln. Aber wir werden sehen: es ist nicht eine bloße Lohnform. Diese Lohnform ist nur das am deutlichsten sichtbare Merkmal der zu behandelnden Vertragsform. Mit dieser Lohnform ist ein umfangreicher Komplex von interessanten Rechtswirkungen verbunden, die mit den Zeitlohnverträgen nicht verknüpft sind oder doch in ganz anderer Weise sich äußern.

Es handelt sich um einen vollständig neuen Aufbau, bei dem Fehler nicht zu vermeiden sind. Mögen sie von anderen aufgedeckt und richtig gestellt werden, um so das Gebäude zur Vollendung zu führen.

Beginnen wir jetzt damit, seine Fundamente zu legen.

2. Werkvertrag und Dienstvertrag[1]).

Selten wird ein juristischer Begriff praktisch in seiner ganzen Reinheit, unvermischt mit anderen Bestandteilen vorkommen. Die praktischen Erscheinungen des Rechtslebens sind meist Zwischenstufen oder Verbindungen der juristischen Begriffe. So kommt es, daß man oft zweifeln kann, liegt ein Pacht-, Kauf-, Werk-, Dienst- oder Gesellschaftsvertrag vor. Ein Vertrag kann Elemente aller dieser Begriffe in sich tragen.

Darüber kann kein Zweifel sein: der Akkordvertrag trägt Elemente des Dienstvertrags und des Werkvertrags in sich, und zwar jeder Akkordvertrag[2]). Wir sehen ab von der Möglichkeit bei einzelnen Akkordverträgen, daß sie mit anderen Vertragsformen, dem Kaufgeschäft, dem Auftrag, dem Gesellschaftsvertrag, vermischt sind und betrachten lediglich die Akkordverträge an sich.

---

[1]) Vgl. hierzu *Planck*, Komm. zu § 611—651 BGB. *Rümelin*, Dienstvertrag und Werkvertrag. *Koehne* S. 50. Die Unzulänglichkeit der Rechtsätze des BGB. über Dienst- und Werkvertrag wird schon hervorgehoben in einem Gutachten Deutscher Gewerbegerichte, abgedruckt in Soz. Praxis Jahrg. 5 Sp. 733 folg.

[2]) S. *Schalhorn*, Soz. Prax. XIV Nr. 4 Sp. 1067.

Die einen haben die Akkordverträge überhaupt als Werkverträge, die anderen sie als Dienstverträge angesehen.

Wir müssen deshalb zunächst, soweit es in dem Rahmen dieser Schrift möglich ist, die Natur der Dienst- und Werkverträge untersuchen.

Beide Verträge haben das gemeinsam, daß die eine Partei durch Arbeit der anderen etwas leistet, wogegen die andere eine Vergütung gewährt, deren Natur eine beliebige sein kann. Sie kann bestehen in Sachen, Geld oder Naturalien, in Gegendiensten, in einem Nutzungsrecht u. a. Während aber der Gegenstand des Werkvertrags lediglich in der Herbeiführung eines Erfolges besteht, der allerdings auch durch Dienstleistung herbeigeführt werden kann, besteht der Gegenstand des Dienstvertrags nur in der Leistung von Diensten. Selbstverständlich bezweckt jedes Rechtsgeschäft die Herbeiführung eines Erfolges [1]). Insofern könnte man den Erfolg überhaupt nicht als Unterscheidungsmerkmal für einzelne Rechtsgeschäfte brauchen. Dieser Erfolg gehört aber beim Dienstvertrag nicht zum Wesen des Rechtsgeschäftes. Die Gegenleistung, d. h. die Vergütung, wird nicht von der Erreichung des Erfolges abhängig gemacht. Sie ist zu gewähren, wenn die vereinbarten Dienste geleistet sind, mag der beabsichtigte Erfolg erreicht werden oder nicht, ja mag er gar überhaupt nicht erreichbar sein. Z. B.: es beauftragt ein Erfinder einen Arbeiter mit der Anfertigung des Erfindungsmodells nach seinen Angaben gegen einen vereinbarten Lohn zu dem Zwecke, das Modell patentieren zu lassen. Der Arbeiter führt die Arbeit aus. Der Apparat erweist sich als nicht patentfähig, ja die Erfindung ist überhaupt unsinnig. Der bezweckte Erfolg wird nicht erreicht, die Arbeit stellt sich schließlich überhaupt als unausführbar heraus, es gelingt nicht, aus Aluminium Gold herzustellen, wenn der Arbeiter auch nach Anweisung des Erfinders arbeitet. Hier liegt kein Erfolg vor, der den Gegenstand des Vertrags bildet. Hier kommt es nur auf die Dienstleistung an. Sind die vereinbarten Dienste geleistet, so ist die Vergütung fällig, mag auch der beabsichtigte Erfolg nicht eingetreten sein.

---

[1]) *Goldmann* und *Lilienthal*, BGB. S. 633.

Der Erfolg ist zwar beabsichtigt, aber nicht vereinbart. Er liegt außerhalb der Vereinbarung. Mit Recht sagt *Rümelin*, daß für die übergroße Mehrzahl der Fälle die Bedeutung des Erfolges ein geeignetes Unterscheidungsmerkmal für die Begriffe des Werkvertrags und des Dienstvertrags bildet. Daher bedarf es der von *Lotmar* geforderten Revision des Bürgerlichen Gesetzbuches nach der Richtung hin, daß Werk- und Dienstvertrag von Grund auf anders zu regeln wären, nicht. Die Schwierigkeit oder die Unmöglichkeit, bei einem einzelnen Falle diese Unterscheidung festzustellen, berechtigt uns nicht, die vom Gesetz aufgestellte Unterscheidung zu verwerfen. Die Jurisprudenz ist keine Mathematik. Sie stellt nicht abstrakte Begriffe auf. Sie befaßt sich nicht mit abstrakten Dingen, sondern mit dem Leben, mit der Praxis, die der Lateiner als multiplex bezeichnet. Der Gesetzgeber hat daher seine Aufgabe befriedigend gelöst, wenn die übergroße Mehrzahl der Fälle sich mit Leichtigkeit seinen Begriffen unterordnen läßt, was sich leider nicht bei allen Gesetzen sagen läßt. Abgesehen von den Fällen des Akkordvertrags sind auch erhebliche Klagen über die Unanwendbarkeit der Bestimmungen des Werk- oder Dienstvertrags noch nicht hervorgetreten.

Werkvertrag und Dienstvertrag weisen ferner noch ein zweites hervorragendes Unterscheidungsmerkmal auf: der Dienstvertrag ist ein Rechtsverhältnis, dem eine bestimmte Dauer begrifflich wesentlich ist, wie der Pacht, der Miete, dem Nießbrauch, dem Darlehn. Das folgt aus dem Begriff der Dienste, die s t e t s seinen Gegenstand bilden: Dienste sind Handlungen und Handlungen erfordern eine Zeitdauer.

Die Herbeiführung des Erfolges beim Werkvertrag erfordert allerdings auch eine bestimmte Zeitdauer, es ist auch ausdrücklich gesagt, daß die Herbeiführung des Erfolges auch durch Dienstleistung erfolgen kann. Aber die Zeitdauer, welche für die Herbeiführung des Erfolges nötig ist, ist unwesentlich. Wesentlich ist nur ein E r g e b n i s , das zu einem mehr oder minder bestimmt festgesetzten T e r m i n e da sein muß. Die Zeitdauer, die seine Herbeiführung erforderte, bleibt vollkommen außer Betracht. Wenn der Unternehmer beim Werkvertrag das Ergebnis durch andere herstellen läßt, wenn er es kauft und dem Besteller übergibt, so hat er im Zweifel auch erfüllt und kann die vereinbarte Vergütung verlangen. Kauft der Dienstverpflichtete die herzustellende Sache, so braucht der Dienstberechtigte sie ihm nicht abzunehmen und nimmt er sie ab, so wird er nicht die vereinbarte Vergütung, sondern einen angemessenen Kaufpreis zahlen müssen, mag dieser höher oder niedriger sein als die vereinbarte Vergütung. Ist die Dauer des Dienstvertrages noch nicht abgelaufen, so muß der Dienstpflichtige die Dienste weiter leisten, auch wenn er durch den Kauf der zu verfertigenden Sache den Erfolg herbeigeführt und die Dienstleistung überflüssig gemacht hat. Es sei denn, daß er ausdrücklich nur für die Herstellung der einen Sache engagiert war.

Beim Dienstvertrag treten während seiner Dauer fortgesetzt Einwirkungen der Vertragsparteien auf einander zutage, wenigstens ist das Recht dazu stets gegeben. Beim Werkvertrag kann zwar mitunter von dem Besteller eingegriffen werden, während das Werk der Vollendung entgegengeführt wird. Dies geschieht aber nicht grundsätzlich, sondern nur ausnahmsweise zur Abwendung von Nachteilen, zwecks Kündigung und nur in den gesetzlich fixierten Fällen.

Der Dienstvertrag begründet schließlich ein persönliches Verhältnis, die Verpflichtung zu einem bestimmten persönlichen Verhalten der Parteien zueinander während der Dauer des Dienstverhältnisses. Dies folgt aus dem Wesen der Dienstleistung. Dienen ist nicht bloß Arbeiten[1]), nicht bloß die Ausführung von Körperbewegung[2]), sondern das Dienen besteht in der Hingabe der einen Person an eine andere, die nach deutschem Begriff auch ihrerseits zu einer gewissen Hingabe ihrer eigenen Person an den Dienenden verpflichtet ist[3]). Das kann beim Werkvertrage auch der Fall sein, wenn nämlich der Erfolg durch

---

[1]) Wie *Lotmar* annimmt.

[2]) So *Bernhard* S. 210.

[3]) Vgl. *Koehne*, GG. u. KG. XI. Nr. 3 Sp. 159 f. Auch *Sinzheimer*, Arbeitsnormenvertrag I. S. 4, hebt das persönliche Abhängigkeitsverhältnis des Arbeiters, besonders auch beim Akkordvertrag, hervor.

Dienstleistung herbeizuführen ist. Wir sind aber durchaus nicht genötigt, den Begriff der Dienstleistung im § 631 BGB. für vollständig gleichbedeutend mit der Dienstleistung des § 611 BGB. anzusehen. Beim Werkvertrag tritt vielmehr, auch wenn er auf die Leistung von Diensten gerichtet ist, das persönliche Moment zurück, schon deshalb, weil beim Werkvertrage nicht der Grundsatz der Leistung der Dienste in Person, sondern der Grundsatz der Vertretbarkeit der Leistung gilt. Beim Dienstvertrage hat der Dienstberechtigte Räume, Vorrichtungen oder Gerätschaften, die er zur Verrichtung der Dienste zu beschaffen hat, so einzurichten und zu unterhalten und Dienstleistungen, die unter seiner Leitung oder seiner Anordnung vorzunehmen sind, so zu regeln, daß der Verpflichtete gegen Gefahr für Leben und Gesundheit soweit geschützt ist, als die Natur der Dienstleistung es gestattet (§ 618 BGB).

Ist der Verpflichtete in die häusliche Gemeinschaft aufgenommen, so hat der Dienstberechtigte in Ansehung seines Wohn- und Schlafraumes, der Verpflegung, sowie der Arbeits- und Erholungszeit diejenigen Einrichtungen und Anordnungen zu treffen, welche mit Rücksicht auf die Gesundheit, die Sittlichkeit und die Religion des Verpflichteten erforderlich sind. Der Dienstberechtigte hat auch bei einem dauernden, die Erwerbstätigkeit des Verpflichteten vollständig oder hauptsächlich in Anspruch nehmenden Dienstverhältnis ihm Verpflegung und ärztliche Behandlung zu gewähren (§ 617. 618 BGB.). Ja die zu zahlende Vergütung hat sogar nach dem BGB. einen gewissen Alimentationscharakter angenommen, indem sie bei geringfügigen Unterbrechungen der Dienstleistung aus einem in seiner Person liegenden, von ihm nicht verschuldeten Grunde ohne den Anspruch auf Gegenleistung zu zahlen ist (§ 616 BGB.).

In diesen Bestimmungen liegt eine P f l i c h t d e r F ü r s o r g e für den Dienstpflichtigen, die in den Fällen der §§ 617, 618 BGB. im voraus nicht durch Vertrag aufgehoben oder beschränkt werden kann. In den Spezialgesetzen, der Gewerbeordnung und dem preußischen Berggesetz, ist diese Fürsorgepflicht noch weiter ausgedehnt (§§ 120—120c GO., § 87 preuß. Allgem. Berggesetz; s. auch preuß. Gesindeordnung §§ 84 bis 93). Die Fürsorge erstreckt sich hier auch auf die Ausbildung jugendlicher Arbeiter, auch sind die im Interesse der Gesundheit und Sittlichkeit erlassenen Vorschriften genauer spezialisiert.

Wenn, wie *Rümelin* anführt, beim Werkvertrage[1]) aus den Umständen bei einer nach Treu und Glauben in Berücksichtigung der Verkehrssitte erfolgenden Vertragsauslegung etwas der Fürsorgepflicht Ähnliches im speziellen Falle gefolgert werden kann, so handelt es sich einmal nicht um einen Regelfall, sondern um eine Ausnahme, die vielleicht die Regel bestätigt. Dann aber kann eine solche Auslegung doch nur im Zweifel erfolgen, das heißt, wenn überhaupt etwas auszulegen ist. Wenn die Fürsorge durch Parteiabrede ausgeschlossen ist, kann sie beim Werkvertrag weder gefordert werden, noch kann unter Geltendmachung der Vergütung die Dienstleistung beim Werkvertrag abgelehnt werden; denn für den Werkvertrag sind diese Bestimmungen auf keinen Fall zwingenden Rechtes. Die Umstände können aber nur ausnahmsweise so liegen, daß eine Fürsorgepflicht in Frage kommen könnte. Wenn z. B. einem Bildhauer ein Atelier für die Herstellung eines Bildwerkes gestellt wird, so folgt daraus keinesfalls, daß der Besteller und Eigentümer dieses Ateliers dasselbe im Interesse der Gesundheit des Bildhauers, sofern ein Werkvertrag vorliegt, heizen lassen muß, und sind Wohn- oder Schlafräume, die ausnahmsweise beim Werkvertrag einmal vom Besteller zu liefern waren, nicht so eingerichtet, wie es die gute Sitte verlangt, so kann der Unternehmer nur Schadensersatz gemäß § 642 BGB. fordern oder, wenn die sittenwidrige Beschaffenheit beiden Teilen beim Vertragsschluß bekannt und somit von ihnen gewollt war, das Rechtsgeschäft als nichtig anfechten, aber nicht die Arbeit ablehnen

[1]) Das von *Rümelin* angeführte Beispiel einer Näherin, die sich Kohlen zum Heizen mitbringen muß, braucht man aber nicht notwendig als Werkvertrag anzusehen. Ich kann mir überhaupt nicht denken, daß schon jemals streitig geworden wäre, ob eine Näherin im Hause sich selbst die Kohlen zum Heizen mitbringen mußte oder ob sie von der Herrschaft zu liefern sind. Aber es mag ja vorgekommen sein. Für weitgehende Schlußfolgerungen eignen sich aber derartige selten vorkommende Beispiele nicht.

und gleichzeitig die *Vergütung* fordern, wie der Dienstpflichtige, der überdies nach § 618 Abs. 3 Schadensersatz nach den Grundsätzen der Erstattungspflicht bei unerlaubten Handlungen fordern kann. Im Falle eines Dienstertrages würde auch ein wichtiger Kündigungsgrund vorliegen (§ 626 BGB. cf. auch GO. §§ 124^{a}, 133^{b}, auch dürfte in § 124^{4} unter Lohn jede Art der Vergütung, also auch Naturalvergütung, zu verstehen sein).

Es versteht sich sonach keineswegs von selbst, daß die Bestimmungen der §§ 617 und 618 auch beim Werkvertrag anzuwenden sind. Daher ist die nur beim Dienstvertrag, nicht beim Werkvertrag gegebene Fürsorgepflicht ein hervorragendes Unterscheidungsmerkmal der beiden Vertragsarten.

Der Fürsorgepflicht entspricht auf der Seite der Dienstpflichtigen die ebenfalls aus dem persönlichen Verhältnisse der Vertragsparteien sich ergebende *Pflicht zur Treue und zur Befolgung der Anweisungen* des Dienstberechtigten, die besonders in den Spezialgesetzen (z. B. § 121 GO.) hervorgehoben ist. Diese Pflichten gehören nicht zum Wesen des Werkvertrags, wenn auch unter Umständen die Befolgung der Anweisungen des Bestellers ausbedungen sein kann, denn beim Dienstvertrage kann schon die Zuwiderhandlung gegen die Anweisung des Dienstherrn an sich ein wichtiger, in den Spezialgesetzen (z. B. GO. § 123^{3}) ausdrücklich hervorgehobener Grund zur Kündigung sein. Beim Werkvertrag kann die Nichtbeachtung von vertraglich zu befolgenden Anordnungen des Bestellers nur dann als erheblich angesehen werden, wenn sie irgendwie auf den Erfolg von nachteiligem Einfluß ist, während sie beim Dienstvertrag selbst dann als Entlassungsgrund angesehen werden könnte, wenn die *Befolgung* einer Anordnung, weil sie unzweckmäßig ist, den Erfolg nachteilig beeinflussen würde.

Einen Unterschied zwischen den beiden Vertragsarten bildet auch die Rolle, welche die *Zeit als Maßstab für die Höhe der zu leistenden Vergütung* spielt, wenigstens insofern, als sie diese Rolle beim Werkvertrage nicht spielen kann. Wollte man die Möglichkeit des Falles annehmen, daß die Vergütung nach Maßgabe der für die Herbeiführung des Erfolges erforderlichen Zeit gezahlt werden soll, aber zugleich nur als Entgelt für die tatsächliche Herbeiführung des Erfolges, so würde doch dem Besteller immer der Einwand zustehen, daß die aufgewendete Zeit für den Erfolg nicht nötig war. Der Erfolg würde also dann immer wenigstens m i t als Maßstab für die Bemessung des Lohnes anzusehen sein und nicht die Zeit allein, so daß also zum mindesten ein reiner Zeitlohnvertrag nicht vorliegt, bei dem auch nach *Rümelin* der Erfolg für den Lohnanspruch nicht wesentlich ist. Bei Licht besehen ist aber der Erfolg allein der eigentlich ausschlaggebende Faktor beim Werkvertrage auch im vorliegenden Falle: die Parteien wollen nicht die Zeit geleisteter Dienste bezahlen. Um Dienstleistung braucht es sich ja beim Werkvertrag überhaupt nicht zu handeln, sondern sie wollen den Erfolg nur nach Maßgabe der für seine Herbeiführung nötigen Zeit unter der Voraussetzung bestimmter Arbeiten und bestimmter obwaltender Verhältnisse bezahlen. Oder soll etwa beim Werkvertrage, wenn Handarbeit vorausgesetzt war, aber infolge irgend welcher Umstände eine gleich gute Leistung unter Benutzung einer von dem Unternehmer bezahlten Maschine herbeigeführt wurde, nur der Zeitlohn gefordert werden können? Das ist wohl nicht anzunehmen. Da aber beim Werkvertrage nur der Erfolg, nicht die Art und Weise seiner Herbeiführung wesentlich[1]) ist, so ist Zeitlohn beim Werkvertrag nicht denkbar, jedenfalls nicht in der Weise, daß die Zeit der alleinige Lohnmesser und Faktor ist. Nur in diesem Falle liegt aber ein eigentlicher Zeitlohnvertrag vor. Erwähnt sei schließlich auch, daß beim Dienstvertrag die persönliche Leistung der Dienste Regel ist, während es beim Werkvertrag für die Regel nicht darauf ankommt, daß der Unternehmer die Dienste in Person leistet.[2])

Wenn Ausnahmen der Art vorkommen, daß ein Dienstpflichtiger die Anordnungen des Dienstberechtigten nicht zu befolgen braucht, so würde dies die Regel der Unterordnung der Dienstpflichtigen unter das — durch ausdrückliche Vertragsbestimmung oder durch die Umstände beschränkte — Befehlsrecht der Dienstberechtigten nicht beseitigen.

[1]) Natürlich braucht man Maschinenarbeit bei vereinbarter Handarbeit nicht abzunehmen, wenn nicht ihre völlige Gleichwertigkeit erwiesen ist.

[2]) So *Stadthagen* S. 100.

Überhaupt hängt aber der Umfang dieses Befehlsrechtes von den Umständen ab und kann bisweilen auf ein Minimum zurückgehen. Ganz wird es selten oder nie fehlen.

Wenn z. B. das Beispiel eines in der Verfügung über die Art seiner Dienste einem Laien gegenüber sehr frei stehenden Arztes angeführt wird[1]), so wird zunächst nicht immer ein Dienstvertrag vorliegen. Dann aber wird er beim Dienstvertrag gewissen Anordnungen des Patienten, in dessen Diensten er steht, Folge leisten müssen, z. B. solange der Dienstvertrag dauert, hinsichtlich der Zahl der zu machenden Besuche, dahingehend, ob der Patient zu ihm kommt oder ob er zum Patienten kommen soll; ja überhaupt im allgemeinen in nicht medizinischen Fragen, soweit er natürlich über rein medizinische Leistungen hinaus verpflichtet ist, z. B. der Leibarzt, der seinen Patienten auf Reisen begleiten und, weil er im Schlosse seines Dienstherrn wohnt, sich gewissen Anordnungen in bezug auf die Hausordnung fügen muß[2]).

Viel gestritten wird darüber, ob beim Dienstvertrage, verglichen mit dem Werkvertrage die soziale Stellung der Vertragsparteien in Frage kommt.[3])

Das Bürgerliche Gesetzbuch gibt dafür keinen Anhalt. Die Überordnung des Dienstberechtigten über den Dienstpflichtigen beweist dafür nichts. Ein Prinz kann einem Bürgerlichen dienstlich unterstellt sein, der Sohn eines reichen Industriellen kann, vielleicht zwecks Sammlung von Erfahrungen, bei einem kleinen Handwerker in Dienst treten.

Spezialrechtliche Bestimmungen, wie das Lohnbeschlagnahmegesetz vom 21. Juni 1869/1898, die Gewerbeordnung und das Bergrecht lassen aber die Frage nicht von der Hand weisen, ob eine sozial der Arbeiterklasse angehörende Person, eine Person, deren Einkommen einen Jahresbetrag von 1500 Mark

---

[1]) Vgl. *Rümelin* S. 94.

[2]) Vgl. *Koehne*, GG. u. KG. XI Nr. 3. Auch ein Maschinist hat eine gewisse Freiheit. Er darf sogar unter Umständen die Anordnungen seines Arbeitgebers nicht befolgen, sondern muß nach seinem eigenen sachkundigen Ermessen handeln. Gleichwohl ist er in einer vom Arbeitgeber abhängigen Stellung und in einem Dienstverhältnis.

[3]) So *Stadthagen* S. 91, 100, 146.

nicht übersteigt[1]), nicht in der Fähigkeit Werkverträge zu schließen beschränkt oder behindert ist.

Wer Unternehmer ist, sagt das Bürgerliche Gesetzbuch nicht[2]). Es wird beim Unternehmer aber wohl eine gewisse Selbständigkeit vorausgesetzt. Wer daher in ein dauerndes Dienstverhältnis zu einer anderen Person tritt und in diesem Dienstverhältnis eine bestimmte Arbeit für einen bestimmten Preis zu liefern übernimmt, muß die Grundsätze der Lohnsicherung zur Anwendung bringen lassen, und diese dürften mit dem Werkvertrage nicht vereinbar sein. Von den angeführten Gesetzen beschränkt sich das Lohnbeschlagnahmegesetz nicht auf gewerbliche Arbeiter. Mit Recht sagt *Dernburg* vom Werkvertrag: kein Erfolg — kein Lohn.[3])

Dieser Grundsatz gilt nicht beim Dienstvertrag. Hier gilt vielmehr das Prinzip: sind die vereinbarten Dienste geleistet, so ist die Vergütung zu zahlen, mag der beabsichtigte Erfolg eingetreten sein oder nicht[4]). Nach der Gewerbeordnung ist nun der vereinbarte Lohn zur Zeit der Fälligkeit in bar, und zwar grundsätzlich ohne jeden Abzug zu zahlen, abgesehen von den ausdrücklich zugelassenen Ausnahmen[5]). Es gibt daher gegenüber der Lohnforderung nur Schadenersatzansprüche, mit denen aber gemäß § 394 BGB. § 850 LPO. und nach dem Lohnbeschlagnahmegesetz nicht aufgerechnet werden kann, wenigstens unter den im Lohnbeschlagnahmegesetz angegebenen Voraussetzungen nicht. Der geschädigte

---

[1]) Ich denke nicht etwa nur an das Einkommen aus Arbeit oder Dienstlohn!

[2]) Verhandl. d. 28. Deutsch. Juristentages III S. 533. Das Preuß. Allg. Landrecht spricht noch von verschiedenen Klassen der Personen, welche eine Arbeit leisten (§ 874 Tit. XI Teil I). Es bezeichnet die Kontrahenten beim Dienst- und Werkvertrage nach ihrer Zugehörigkeit zu einer wirtschaftlichen Klasse (Herrschaften, Gesinde, Handarbeiter, Handwerker, Werkmeister, Künstler, Baumeister (ebenda §§ 894, 895, 920, 966).

[3]) Ebenso auch *Rümelin*.

[4]) S. *Bail* S. 152, *Koehne*. S. 61.

[5]) S. §§ 115, 116, 117, 118, 119 a Gewerbeordnung. Nach § 117 sind Abzüge zwecks Verwendung derselben für Einrichtungen zur Verbesserung der Lage der Arbeiter und ihrer Familien zulässig.

Arbeitgeber kann demnach gegenüber der Akkordlohnforderung nur einen Schadenersatzanspruch geltend machen.

Rümelin sucht die Ansicht, daß auf dem Gebiete des gewerblichen Arbeitsvertrags der Abschluß eines Werkvertrags unzulässig sei, mit der Tatsache zu widerlegen, daß außerordentlich viele Akkordverträge abgeschlossen werden (S. 113). Dabei geht *Rümelin* von der fast einstimmig, auch nach Herausgabe des *Rümelin*schen Buchs, verworfenen Annahme aus, daß der Akkordvertrag ein Werkvertrag sei. *Rümelin* scheint das Gefühl gehabt zu haben, daß bei Annahme eines Dienstvertrags die Bestimmungen der Lohnsicherung, insbesondere des Lohnbeschlagnahmegesetzes, eine Lohnminderung oder einen Lohnausfall bei teilweise oder ganz ausgebliebenem Erfolg ausschließen. *Rümelin* greift daher, um die unbedingte, die Lohnforderung beeinflussende Erfolghaftung zu retten, zur Annahme eines Werkvertrags, und um die entgegengesetzte Ansicht als ganz undenkbar hinzustellen, weist er darauf hin, daß sie zu der Schlußfolgerung führt, man dürfe auf dem Gebiete des gewerblichen Arbeitsvertrags keine Werkverträge schließen (S. 63). Damit stellt *Rümelin* die Beschränkung der Vertragsfreiheit als etwas Unerhörtes hin, während wir sie im Gebiete der Gewerbeordnung und des Lohnbeschlagnahmegesetzes in der Tat haben und zwar seit einem Menschenalter. *Rümelin* könnte man entgegenhalten: die Richtigkeit seiner Ansicht vorausgesetzt, könnte man das Lohnbeschlagnahmegesetz und die Bestimmungen der § 115 folg. GO. stets umgehen, wenn man den Vertrag mit dem Arbeiter als Werkvertrag bezeichnete oder mit dem Arbeiter irgend eine Erfolgshaftung vereinbarte, wenn auch nur im geringsten Umfange.

Schließlich ist die Tragung der Gefahr beim Dienstvertrage anders geregelt, wie beim Werkvertrage[1]). Man kann nicht sagen, daß der gewerbliche Arbeiter gar keine Gefahr trägt. Vielmehr trägt er, auch beim Zeitlohnvertrag, wenn wir die von *Rümelin* aufgestellten Gefahrengruppen zugrunde legen, die Gefahr der Arbeitskraft mit der aus § 616 BGB. sich ergebenden Einschränkung. Mit Recht sagt *Rümelin*, daß der Unterschied

[1]) *Rümelin*. S. 16ff.

von Dienst- und Werkvertrag nur in einem Plus der Gefahrtragung bei dem zuletzt genannten Vertrage besteht. Die Gefahr des Erfolges trägt der Dienstverpflichtete beim Zeitlohnvertrage jedenfalls nicht (vgl. § 644 BGB.).

In einzelnen unwesentlichen Punkten weisen die beiden Vertragsarten noch folgende Unterschiede auf:

Beim Dienstvertrag ist im Gegensatz zum Werkvertrage die Kündigung für die Regel an eine Frist gebunden (§§ 620 bis 624 BGB. §§ 122—124a, 133a folg. GO. § 643, 645, 649 BGB.)[1]). Die Folgen des Gläubigerverzuges sind anders bei beiden Verträgen geregelt (§ 615 und § 642 BGB.). Der Unternehmer hat eine Klage auf Abnahme des Werkes (§§ 640, 646 BGB.), nicht der Dienstpflichtige auf Abnahme des Arbeitsstückes. Beim Dienstvertrage ist nicht das Recht zu fristloser Kündigung beim Vermögensverfalle des Dienstberechtigten gegeben, wohl aber hat der Unternehmer ein solches, wenn der Besteller in Vermögensverfall gerät (§ 321 BGB.). Für den gewerblichen Dienstvertrag ist dieses Recht ausgeschlossen, weil es durch das in § 124[4] GO. gegebene Recht ersetzt wird, daß der Arbeiter ohne Innehaltung einer Kündigungsfrist kündigen kann, wenn der Arbeitgeber die Vergütung nicht in der vereinbarten Weise zahlt oder bei Stücklohn nicht für genügende Beschäftigung sorgt.

Der Unternehmer hat ein Pfandrecht und eine Sicherheitshypothek für seine Forderungen — nicht der Dienstberechtigte, was besonders bei Akkordarbeitern der Bauhandwerker wichtig ist. Dem Dienstberechtigten wird auch das Retentionsrecht an der von ihm gefertigten Sache gemäß § 273 BGB. versagt, weil er nach § 611 BGB. vorzuleisten hat. Dies ist besonders für Heimarbeiter wichtig[2]).

Nur der Dienstberechtigte kann ein Zeugnis über seine Tätigkeit verlangen (§ 630 BGB. § 113 GO., auch § 111 das. betr. Arbeitsbuch), nicht der Unternehmer beim Werkvertrage.

---

[1]) Nicht beizupflichten ist *Rümelin* (S. 287), der § 620 BGB. und daher wohl auch die folgenden Bestimmungen auch auf den Werkvertrag anweden will.

[2]) Man kann aus diesem und aus anderen Gründen nicht sagen, daß der Werkvertrag für den Arbeiter ungünstiger ist als der Dienstvertrag.

Dem Unternehmer liegt eine Verpflichtung zur Beseitigung von Mängeln gemäß § 633 f. BGB. ob. Der Dienstverpflichtete wird dies zwar insofern auch tun müssen, als er bei Ausführung der Dienste die Anordnungen des Dienstherrn befolgen muß. Sobald aber das Dienstverhältnis sein vertragsmäßiges Ende erreicht hat, besteht eine solche Verpflichtung nicht mehr. Die Vertragsdauer wird nicht dadurch verlängert, daß der Dienstverpflichtete Mängel herbeigeführt hat, an deren Beseitigung der Dienstberechtigte interessiert ist.

Spezialrechtlich besteht nach §§ 124b, 134 GO. ein Recht auf einen gesetzlich fixierten Schadenersatz beim Dienstvertrag nicht, aber beim Werkvertrag.

Der Dienstpflichtige hat das Recht, die Dienstleistung auf kurze Zeit zwecks Aufsuchung eines neuen Dienstverhältnisses unterbrechen zu dürfen, nicht der Unternehmer (§ 629 BGB.). Der Anspruch auf die Dienstleistung ist nicht übertragbar (§ 613 BGB.). Beim Werkvertrag besteht keine analoge Bestimmung.

Es gibt keine Zwangsvollstreckung auf Leistung von Diensten aus dem Dienstvertrage (§ 888 ZPO.), auch ist die Vergütung im Umfange des Gesetzes vom 21. Juni 1869 nach § 850[1] ZPO. unpfändbar. Beide Bestimmungen finden keine Anwendung auf den Werkvertrag.

Beim Werkvertrag ist eine Verlängerung der Verjährungsfrist für die Haftung für Mängel zulässig (§ 628 BGB.), nicht aber beim Dienstvertrage[1]).

Die vorstehenden Erörterungen beziehen sich, soweit der Dienstvertrag in Frage kommt, im wesentlichen nur auf den Fall der Vereinbarungen von Zeitlohn. Inwieweit sie auf den Akkordvertrag anzuwenden sind, wird erst die weitere Untersuchung zeigen.

3. Ist der gewerbliche Arbeitsvertrag Dienstvertrag oder Werkvertrag?

Wir haben schon gesehen, daß der Ausdruck Arbeitsvertrag in der Gewerbeordnung nicht in dem von *Lotmar* aufgestellten Sinne gemeint zu sein braucht, wonach als Arbeits-

---

[1]) Vgl. die schematische Übersicht über den Dienst-, Werk- und Akkordvertrag in meinem Gutachten S. 237—244.

vertrag jeder Vertrag anzusehen ist, bei dem Arbeit gegen Entgelt geleistet wird.

Der gewerbliche Arbeitsvertrag setzt eine bestimmte Zeitdauer als wesentlich voraus (§ 122, 133a folg. GO.). Er begründet ein persönliches, nicht bloß vermögensrechtliches Band zwischen den Vertragsparteien (§§ 107 folg., 120 folg., 121, $123^{5,7}$, § $124^{2,3}$ GO.). Der Arbeiter muß sich nach § 121 GO. den Anweisungen des Arbeitgebers in bezug auf die Arbeit und die häuslichen Einrichtungen fügen.

Beide Parteien müssen sich innerhalb und außerhalb des Dienstes so zueinander verhalten, daß sie gegenseitiger Beleidigungen — bei Gewerbegehilfen wenigstens grober Beleidigung, der Körperverletzungen, der vorsätzlichen Sachbeschädigung — sich enthalten müssen (§ 123, Nr. 5 u. 6, § 124, Nr. 2). Sie müssen überhaupt gewisse Vermögensdelikte unterlassen, nicht nur in bezug aufeinander, sondern allgemein. Das ist für beide Teile vertraglich festgelegt. Überhaupt müssen sie sich innerhalb und außerhalb des Dienstes so zueinander und zu anderen Personen verhalten, daß man beiden Teilen die Fortsetzung der persönlichen Beziehungen zumuten kann, die mit dem Dienstvertrage verbunden sind. Wenn auch nicht jeder Verstoß dagegen ein Grund zur sofortigen Lösung des Arbeitsverhältnisses ist, so hat doch der Arbeitgeber das Recht der sofortigen Entlassung, wenn der Arbeiter sich beharrlich weigert, dieses persönliche Verhalten zu beobachten (§ 123^{3} GO.) [1]).

Für alle Fälle des gewerblichen Arbeitsvertrags besteht die weitgehende Fürsorgepflicht der Arbeitgeber (§ 120—120^{e} GO.).

Daraus folgt, daß der gewerbliche Arbeitsvertrag nur ein Dienstvertrag im Sinne des Bürgerlichen Gesetzbuches ist, nicht ein Werkvertrag.

Nimmt man nun eine vollständige Vertragsfreiheit an, so wäre der gewerbliche Arbeitgeber imstande, nur Werkverträge mit allen seinen Arbeitern zu schließen oder z. B.

---

[1]) Natürlich sind die Ansprüche an das außerdienstliche Verhalten nicht so weitgehend wie an das Verhalten im Dienst.

Kauf- oder Lieferungsverträge und dadurch die für den als Dienstvertrag aufzufassenden Arbeitsvertrag der Gewerbeordnung bestehenden Schranken zu umgehen.

Das widerspricht direkt der Absicht des Gesetzgebers, die er dadurch zu erkennen gegeben hat, daß er den die Vertragsfreiheit beschränkenden Bestimmungen beim Arbeitsvertrag der Gewerbeordnung einen zwingenden Charakter gegeben hat.

Man könnte stets die zwingenden Bestimmungen eines Vertragsverhältnisses umgehen, wenn es zulässig wäre, bei Vorliegen gewisser tatsächlicher Beziehungen zu erklären: Wir wollen dieses Verhältnis zueinander gar nicht als einen solchen Vertrag ansehen, auf den sich die Verbotsbestimmungen eines gewissen Gesetzes beziehen. Wir w o l l e n unseren Vertrag als ein anderes Vertragsverhältnis auffassen. Wir Arbeiter und Arbeitgeber wollen, wenngleich in der Fabrik des Arbeitgebers mit dessen Material unter seiner Aufsicht und Leitung gearbeitet wird, unser Vertragsverhältnis als einen Werkvertrag auffassen oder als einen Kaufvertrag. Der Arbeitgeber soll als Verkäufer des Materials gelten. Der Kaufpreis wird gestundet. Er erwirbt die verarbeiteten Sachen gegen einen höheren Preis. Der Preis für das Material wird dabei verrechnet.

Ist ein solcher Vertrag gültig, wenn er ausdrücklich so erklärt wird? oder muß man einen solchen Vertrag als Dienstvertrag im Sinne der Gewerbeordnung trotz der gegenteiligen Parteierklärungen ansehen, auch wenn kein Anhalt dafür vorliegt, daß die Parteien etwas anderes wollten, als sie erklärt haben, wenn sie gerade beiderseitig die Arbeiterschutzbestimmungen und die sonstigen Bestimmungen des gewerblichen Arbeitsvertrags vermeiden wollten? Wenn also ein Scheingeschäft n i c h t vorliegt?

Geradeso wie die Rechtsprechung in Arbeiterversicherungssachen nicht fertig werden konnte ohne Berücksichtigung der sozialen Momente, so kann man auch bei dem mit so vielen Schranken hinsichtlich der Vertragsfreiheit umgebenen gewerblichen Dienstvertrag nicht ohne Berücksichtigung der sozialen Stellung auskommen. Das haben die Gewerbegerichte bei der täglichen Bearbeitung dieser Vertragsform instinktiv gefühlt. Sie sind dabei wohl häufig zu weit gegangen und haben sich mit Recht der Kritik von juristischer Seite, insbesondere von seiten der ordentlichen Gerichte ausgesetzt. Unberücksichtigt bleiben darf aber das soziale Moment nicht, wenn man die Frage untersuchen will, ob beim Arbeitsvertrag der Gewerbeordnung, ein Werk- oder ein Dienstvertrag vorliegt, wenngleich der soziale Begriff eines Arbeiters und eines Unternehmers in den Gesetzen nicht festgelegt ist, weil man es vermeiden will, einzelnen Ständen gesetzliche Anerkennung zuteil werden zu lassen, wenn sie auch vorhanden sind und sich recht kräftig geltend machen, so daß sie jeder kennt, nur der Gesetzgeber nicht, da er sie jedenfalls nicht ausdrücklich anerkennt. Tatsächlich berücksichtigt er ihr Vorhandensein hinsichtlich der gewerblichen Arbeiter und Unternehmer, indem er ihre Vertragsfreiheit einschränkt[1]).

Wie weit der Gesetzgeber dabei zu gehen hat, ist hier nicht der Ort zu untersuchen, wie überhaupt das Verfahren des Gesetzgebers weder zustimmend, noch abfällig in dem Sinne kritisiert werden soll, ob es zweckmäßig ist, die Bildung von Ständen zu begünstigen oder einzuschränken. Will man aber auch die Standesunterschiede beseitigen, so muß man doch, solange die Stände vorhanden sind, diese Tatsache auch in den Gesetzen berücksichtigen. Das tut auch der Gesetzgeber der Gewerbeordnung, wenn zwar nicht ausdrücklich, so doch durch den praktischen Inhalt seiner Bestimmungen. Er stellt Bestimmungen für die gewerblichen Arbeiter auf, ohne ausdrücklich zu sagen, wer gewerblicher Arbeiter ist, wann ein gewerbliches Arbeitsverhältnis vorliegt[2]). Die Lösung ist die: ein gewerbliches

---

[1]) Vgl. Preuß. Berggesetz.

[2]) Schon das oben erwähnte Gutachten von Gewerbegerichten vermißt eine Festlegung des Begriffs „Unternehmer“ im BGB. Es wird dort folgende Bestimmung vorgeschlagen: „Unternehmer ist nur, wer weder im Namen noch für Rechnung eines anderen, noch in einer solchen wirtschaftlichen Lage seine Tätigkeit ausübt, daß er in seinem Erwerbe ausschließlich oder doch vorzugsweise von dieser Person abhängig erscheint.“ „Unternehmer ist derjenige, welcher das Betriebskapital beschafft, die Produktion leitet, die Arbeitsprodukte veräußert und den Verlust trägt oder den Unternehmergewinn ziehet.“ Es kann dahingestellt

Arbeitsverhältnis liegt vor, wenn eine der Arbeiterklasse angehörige Person einem gewerblichen Arbeitgeber durch ihre Arbeitskraft etwas leistet. Dann liegt ein gewerbliches Arbeitsverhältnis, d. h. ein Dienstverhältnis vor.

4. Der Akkordvertrag im Vergleich mit dem Werk- und Dienstvertrag.

Wie ist nun die Stellung des Akkordvertrages zum Werk- und Dienstvertrage?

Auch der Akkordarbeiter steht in einer dauernden persönlichen Beziehung zum Arbeitgeber. Er schließt mit dem Arbeitgeber einen Vertrag, vermöge dessen er sich verpflichtet, dem Arbeitgeber seine Dienste während einer mehr oder minder bestimmten Zeit zu widmen. Dagegen verpflichtet sich der Arbeitgeber, ihm eine Vergütung zu gewähren, die abhängen soll nicht von der Zahl der geleisteten Arbeitsstunden, sondern von dem Quantum und der Qualität der gelieferten Arbeit, von der Zahl der gefertigten oder bearbeiteten Stücke oder Teile, der auszuführenden Operationen, von einem nach Längen-, Flächen-, Körper- oder Gewichtsmaß zu berechnenden Quantum einer Arbeit.

Die einzelnen zu liefernden Stücke, Teile oder Operationen können in jedem einzelnen Falle verschieden sein, der Arbeiter kann aber auch fortlaufend Stücke der gleichen Art anfertigen. Beispiele für den ersten Fall sind die Übertragung des Baus eines Büfetts an einen Tischler, der Montage einer Lokomotive an eine Anzahl Arbeiter, der Aufstellung eines eisernen Gerüstes für einen bestimmten Preis. Nicht wesentlich davon verschieden ist der Fall, wenn einem Arbeiter ein bestimmtes Quantum gleicher Stücke zur Anfertigung übertragen wird, z. B. einem Klempner die Anfertigung von zehn Schalltrichtern. Ein Beispiel für die zweite Gattung wäre der Fall, wenn einem Schrauben-

---

bleiben, ob diese Definitionen den tatsächlichen Verhältnissen gerecht werden. Wirtschaftliche Momente sind besonders bei den meist unvollständigen und unklaren Abreden hinsichtlich der Gruppen- und Kolonnenakkorde zu berücksichtigen. cf. *Wölbling*, Grundsätze Soz. Prax. XVII . . . Grunds. 8ff., cf. auch Teil I, Kap. 9, auch Soz. Praxis XIV Sp. 232.

dreher ohne Beschränkung auf eine bestimmte Zahl fortgesetzt die Anfertigung von Schrauben übertragen ist, oder wenn ein Putzer an der Fassade eines Baues fortgesetzt putzt und Bezahlung nach der Anzahl der geputzten Quadratmeter erhält. Die Arbeit kann in der Fabrik oder Werkstatt, aber auch in den eigenen Räumen des Akkordarbeiters ausgeführt werden, wie bei der Heimarbeit.

In allen Fällen wird von dem Akkordarbeiter gegenüber dem Arbeitgeber dasselbe persönliche Verhalten verlangt und beobachtet, wie von anderen Arbeitern, die in einem Dienstvertrag gegen Zeitlohn stehen. Er muß sich in und außer Dienst ebenso eines bestimmten, die Achtung gegen den Arbeitgeber nicht verletzenden Verhaltens befleißigen, wie dies andererseits vom Arbeitgeber und seinen Vertretern auch den Akkordarbeitern gegenüber zu geschehen hat. Ein Verstoß in dieser Beziehung ist je nach der Schwere des Falls als ein wichtiger Grund zur sofortigen Kündigung anzusehen (vgl. § 626 BGB. § 123, 124, 124b, 133a GO.).

Seine Vergütung erhält der Arbeiter, wenn er die übernommene Arbeit in vereinbarter Beschaffenheit abliefert, gleichgültig, wie viel Zeit er für die Herstellung brauchte. Er hat aber nicht nur den Erfolg herbeizuführen, sondern muß auch das oben geschilderte Verhalten beobachten, und er braucht seinerseits den Erfolg nur herbeizuführen, wenn sein Auftraggeber dasselbe Verhalten mutatis mutandis ihm gegenüber beobachtet. Die Vergütung hängt also nicht lediglich vom Erfolg ab. In der Art und Weise, wie er den Erfolg herbeiführt, ist aber der Arbeiter auch sonst nicht frei. Er muß sich, wie es im § 121 GO. bestimmt ist, den Anweisungen des Arbeitgebers in bezug auf die Arbeit und die häuslichen Einrichtungen fügen. In bezug auf die Arbeit, indem der Arbeitgeber grundsätzlich wenigstens nach seinem Belieben bestimmen kann, in welcher Weise der Arbeiter zu arbeiten hat.

Der Arbeitgeber ist der Hauptsachverständige, oder er hat einen Betriebsleiter, der an seiner Stelle den Betrieb in sach- und fachkundiger Weise leitet. Der Arbeiter mag zwar in manchen Handgriffen besser Bescheid wissen, im allgemeinen wird aber auf seiten des Fabrikanten oder seiner Vertreter die größere technische Kenntnis zu finden sein. Dahingegen pflegt beim Werkvertrag überwiegend der Unternehmer der eigentliche Techniker zu sein, der ohne besondere Vereinbarung ein taugliches Werk zu liefern hat (§ 633 GO.), der den Besteller auf Mängel des Werks aufmerksam machen muß (§ 637 GO.), während dem Besteller oft jede technische Fähigkeit mangelt. Von einem Rechte, die Arbeit zu leiten, das ja unter Umständen ausbedungen sein kann, kann daher in der Regel und kraft Gesetzes beim Werkvertrag auf seiten des Bestellers keine Rede sein. Jedenfalls gibt ein Verstoß gegen die Anordnungen des Bestellers, wenn das Werk darunter nicht leidet, dem Besteller kein Recht zu kündigen.[1])

Anders beim Akkordarbeiter. Er kann ohne Innehaltung einer Kündigungsfrist entlassen werden, wenn er den, wenn auch unzweckmäßigen Anordnungen des Arbeitgebers nicht Folge leistet. Gewisse Einschränkungen dieser Regel können hier, wo es sich nur um das Prinzip dreht, unberücksichtigt bleiben. In dieser Beziehung steht also der Akkordarbeiter dem Zeitlohnarbeiter gleich. Diese Gleichstellung ist aber keine vollständige. Durch die Anordnungen des Arbeitgebers kann die für die Herstellung der Arbeit erforderliche Zeit verlängert, die Gefahr erhöht, die erforderliche Kraftanspannung vermehrt werden. Bei der Vereinbarung des Akkordlohnes müssen die Parteien aber von einem gewissen Maße an Zeit, geistiger und körperlicher Kraft und Gefährlichkeit ausgegangen sein. Diese Voraussetzungen können vom Arbeitgeber nicht einseitig abgeändert werden.

Die Schnelligkeit des gewerblichen Betriebes, auch die Auffassungsgabe des Arbeiters, besonders wenn er keine fachliche Ausbildung genossen hat, ermöglichen bei der Vereinbarung eines Akkordes meist nicht eine Besprechung aller Details der Ausführung. Es liegen zwar oft Berechnungen, Modelle, Zeichnungen, Probestücke vor. Aber auch sie geben nicht immer ein vollständiges Bild der zu leistenden Arbeit. Oft ist der Arbeitgeber selbst sich über die Art der Ausführung

---

[1]) Das Kündigungsrecht des § 649 BGB. kann hier nicht in Frage kommen, da bei seiner Ausübung der Besteller die vereinbarte Vergütung zahlen muß.

nicht vollständig klar. In manchem Betriebe erfordert jedes Stück eine individuelle Behandlung, z. B. im Kunstgewerbe, aber auch wo bei der Arbeit Nebenkräfte mitwirken, die in ihrer Wirkung nicht im voraus bestimmt oder berechnet werden können, z. B. bei der Gießerei, bei Arbeiten im Grund und Boden, dessen Beschaffenheit und Elastizität, dessen Abhängigkeit von der Temperatur und Witterung nicht genau bekannt ist.

Gleichwohl werden auf diesen Gebieten sehr viele Akkordarbeiten vergeben.

Hier muß sich der Arbeitgeber ein jederzeitiges Eingreifen vorbehalten, aber — und das wird in der Praxis allgemein anerkannt — diese Eingriffe dürfen nicht so weit gehen, daß der Verdienst des Arbeiters bei Berücksichtigung der beim Abschluß des Akkordvertrags vorausgesetzten Einsetzung von Zeit, Arbeitskraft und Gefahr nicht wesentlich geschmälert wird[1]).

Eine minutiöse Berechnung ist hier nicht möglich. Denn dadurch könnte das ganze Direktionsrecht in Frage gestellt werden. Zwar darf grundsätzlich der Arbeitgeber nicht einseitig die Voraussetzungen des Akkordes durch Ausübung seines Direktionsrechts abändern. Dem Arbeiter wird aber der Nachweis obliegen, daß die Ausübung dieses Direktionsrechtes ihn benachteiligt hat oder benachteiligt haben würde. Damit werden die beiderseitigen Interessen gewahrt.

Daß der Erfolg beim Akkordvertrage von Bedeutung ist, kann nicht bezweifelt werden. Die Abmachung geht doch

---

[1]) Grundsätze: Nr. 37. Der Dienstberechtigte hat auch beim Akkordvertrage die Befugnis fortgesetzter Einwirkung auf die Leistung des Dienstverpflichteten, durch welche er dahin wirken kann, daß ihm die vereinbarte Gegenleistung tatsächlich geliefert wird. — Falls der Verpflichtete sich dieser Einwirkung widersetzt, d. h. falls er sich beharrlich weigert, der Aufforderung zur Leistung der ihm nach dem Dienstvertrage obliegenden Verpflichtung, wozu auch Fleiß gehört, nachzukommen, kann der Arbeitgeber ihn entlassen (§123 [3] GO. Urteil vom 26. November 1903. Nr. 1076. 03. — Urteil vom 15. Dezember 1904. Nr. 1177. 04. K. 5. So auch *Koehne* S. 57 und 58, *Bernhard* S. 216—218, *Meschelsohn*, Verh. d. XXVIII. Deutsch. Jur. Tages III S. 537, *Wölbling* ebenda Bd. I S. 245, *Crom*, part. Rechtsgeschäfte S. 180. („Der Dienstpflichtige muß sich fügen soweit der Herr nur seinerseits im Rahmen des Kontraktes bleibt".)

dahin, daß der Arbeiter einen bestimmten Geld- (oder Naturallohn)-betrag erhalten soll für die Herstellung eines bestimmten Arbeitsergebnisses. Dies wird jedenfalls bei Übertragung einer Akkordarbeit von den Parteien zum Ausdruck gebracht. Der Erfolg darf also nicht unberücksichtigt bleiben.

Eine volle Haftung für den Erfolg ist aber auf seiten des Arbeiters nicht denkbar, der den Anweisungen des Arbeitgebers soweit unterworfen ist, als nur sein Verdienst dadurch nicht geschmälert wird, der mit den Werkzeugen, in den Räumen und mit den Hilfskräften und dem Materiale seines Arbeitgebers arbeiten muß. Seine Haftung für den Erfolg kann daher nur eine beschränkte sein.

Wohl kann man die von *Rümelin* gegebene Aufstellung der Gefahrtragung machen. Sie ist aber praktisch nicht in allen Fällen anwendbar. Allerdings trägt der Arbeiter grundsätzlich die Gefahr seiner eigenen Arbeitskraft, d. h. stirbt er vor Vollendung der Arbeit oder wird er vor diesem Zeitpunkte krank und arbeitsunfähig ohne sein Verschulden, so kann er seinen vollen Lohn nicht verlangen, höchstens die Bezahlung der bis dahin geleisteten Arbeit[1]). Wie soll man aber in einem Fabrikbetriebe feststellen, ob ein Fehler auf eine falsche Anordnung des Arbeitgebers zurückzuführen ist, auf seine Maschinen, Vorrichtungen usw. Gewiß ist dies unter Umständen möglich. Es bedarf aber eines sinnfälligeren Unterschiedes für die Tragung der Gefahr, als sie von *Rümelin* gegeben wird wenigstens für den Fall des gewerblichen Akkordes[2]).

[1]) § 626 BGB. besagt: wird nach dem Beginn der Dienst, das Dienstverhältnis auf Grund von § 626 (d. h. aus einem wichtigen Grunde) gekündigt, so kann der Verpflichtete einen seinen bisherigen Leistungen entsprechenden Teil der Vergütung verlangen. Kündigt er, ohne durch vertragswidriges Verhalten des anderen Teils dazu veranlaßt zu sein, oder veranlaßt er durch sein vertragswidriges Verhalten die Kündigung des anderen Teiles, so steht ihm ein Anspruch auf die Vergütung insoweit nicht zu, als seine bisherigen Leistungen infolge der Kündigung für den anderen Teil kein Interesse haben (also nicht, wenn sie im Falle der Kündigung aus anderen Gründen kein Interesse haben).

[2]) Vergl. *Koehne* S. 60, *Meschelsohn* a. a. O. S. 534 f., *Wölbling*, Gutachten S. 222 f., *Crom*, part. Rechtsgeschäfte S. 186. Wenn bei fort-

Grundsätzlich haftet der Arbeiter daher für die Gefahr nicht. Er hat nur seinen Fähigkeiten und den ihm gegebenen Anweisungen entsprechend zu arbeiten. Dann steht ihm der vereinbarte Akkordlohn zu. Einer Prüfung, ob er vorschriftsmäßig gearbeitet hat, bedarf es jedoch dann selbstverständlich nicht mehr, wenn er das erforderte Arbeitsergebnis geliefert hat.

Der Erfolg ist auch insofern erheblich, als er hauptsächlich und mangels anderer Anweisungen während der Arbeit ihm allein angibt, wie er zu arbeiten hat, in welcher Richtung er seine Tätigkeit zu entfalten hat.

Nicht bei jedem Dienstvertrage liegt es ebenso. Im Gegenteil. Der Dienstpflichtige verpflichtet sich meist nur zur Leistung einer bestimmten Art von Diensten. Wann, wie oft, mit welcher Jntensität, in welcher Qualität er diese Dienste verrichten soll, hängt von den fortgesetzten Anweisungen des Dienstberechtigten ab, ohne daß dies auf die Höhe des Lohnes von Einfluß wäre. Dem Arbeiter wird bald gesagt: „Hier müssen Sie besonders sorgfältig arbeiten, auf die Zeit kommt es nicht an, weil der Kunde einen höheren Preis zahlt, und gute Ware haben will.“ Bei der gleichartigen Arbeit wird ihm ein andermal gesagt: „Sehen Sie nur zu, daß Sie recht viel schaffen, die Ware geht an einen Ramschbazar. Die Masse muß es bringen.“ Fällt der erste Posten der an den Kunden gelieferten Waren dann doch z u schlecht aus, so wird wieder anders bestimmt. Dem Arbeiter wird wieder aufgegeben, besser zu arbeiten. So kann er fortwährend widersprechende Anordnungen erhalten, die er stets befolgen muß, denn er hat ja keinen Nachteil davon. Anders beim Akkord. Hier wird er nach Maßgabe der Quantität und Qualität des von ihm gelieferten Arbeitsergebnisses bezahlt. Hier hat wieder der Arbeitgeber an schneller Arbeit im allgemeinen kein erhebliches Interesse[1]), dahingegen hängt

dauernder objektiver Möglichkeit der Leistung des Arbeitgeber nur subjektiv gehindert ist, die Dienste anzunehmen, so trifft den Arbeiter, wenn er dienstbereit ist, kein periculum. § 323 ist hier nicht anwendbar. So im Falle schlechter Konjunktur.“) *Rümelin* S. 111, 113 erkennt die Tendenz des Verkehrs an, dem Akkordarbeiter die Gefahrtragung abzunehmen.

[1]) Natürlich erleidet er einen Verlust durch Aufwendung der allgemeinen Betriebsunkosten. Dieser kann aber hier außer Betracht bleiben.

der Verdienst des Arbeiters davon ab, wie er arbeitet, ob mehr oder weniger schnell, ob mehr oder weniger sorgfältig. Er hat sonach ähnliche Interessen, wie der Unternehmer beim Werkvertrag, trotzdem der Akkordvertrag doch wesentlich vom Werkvertrag abweicht.

Noch niemals hat ein Arbeitgeber die Übernahme der gesetzlichen Fürsorge für einen Akkordarbeiter abgelehnt[1]). Hier wird nirgends ein Unterschied zwischen Zeitlohn- und Akkordarbeiter gemacht. Auch dies spricht gegen das Vorliegen eines Werkvertrages.

Das Bürgerliche Gesetzbuch bezeichnet die Parteien beim Werkvertrag als Besteller und Unternehmer. Wollte man den Akkordvertrag als Werkvertrag auffassen, so müßte man den Akkordarbeiter als Unternehmer bezeichnen können. Mit Recht weist *Koehne* darauf hin, daß mit diesem Worte die soziale Stellung der Parteien des Werkvertrags zum Ausdruck kommt[2]), daß damit die Selbständigkeit gegenüber dem abhängigen Dienstverpflichteten zum Ausdruck kommt, des selbst meist als Arbeitgeber auftretenden Werkmeisters gegenüber dem Arbeiter.

Vom Akkordarbeiter verlangt man, daß er bei der Handhabung der Maschinen, bei der Benutzung des Materials die Interessen des Arbeitgebers wahrnehme, daß er Fehler des Materials zur Anzeige bringe[3]). Hierin liegt ein Ausfluß der gegenseitigen Treupflicht, wie sie nur beim Dienstvertrage vorkommt. Beim Werkvertrage wird zwar der Unternehmer unter Umständen auch auf Fehler des Materials aufmerksam machen müssen. Aber doch nur dann, wenn der Besteller nicht selbst Sachverständiger ist und infolgedessen den Fehler nicht beurteilen kann, während doch beim Akkordvertrag der Arbeitgeber regelmäßig Sachverständiger ist oder doch sachverständige Berater besitzt.

[1]) die allerdings beim Heimarbeiter eine verschwindende ist. *Koehne* GG und KG XI Nr. 3 S. 59f.; ebenso *Stadthagen*, *Meschelsohn* u. a.; dag. bes. *Rümelin*.

[2]) *Koehne* GG. KG. XI Sp. 158 Anm. 10.

[3]) was aber in manchen Betrieben wiederum verpönt ist, s. *Wölbling*, Gutachten S. 251.

Die Lohnschutz- und sicherungsbestimmungen und das Aufrechnungsverbot werden in bezug auf den Akkordarbeiter im gewerblichen Leben und in der Praxis des Gewerbegerichts stets auf den Akkordarbeiter angewandt.

Bei der Akkordarbeit nimmt der Arbeitgeber meist das Recht in Anspruch, Mängel und Fehler der Akkordarbeit ohne weiteres auf Kosten des Arbeiters beseitigen zu lassen[1]). Beim Werkvertrag müßte zunächst der Arbeiter dazu unter Setzung einer Frist aufgefordert werden. Erst wenn die Frist fruchtlos abgelaufen ist, kann der Besteller selbst den Fehler beseitigen oder durch andere beseitigen lassen (§ 633 BGB.).

Der Akkordarbeiter muß grundsätzlich mit wenigen Ausnahmen, insbesondere bei der Kolonnenarbeit und der Heimarbeit die Dienste in Person verrichten. Der Unternehmer beim Werkvertrag kann die Arbeit in der Regel einem Stellvertreter übertragen.

Dem Akkordarbeiter wird genau so wie dem Zeitlohnarbeiter das Recht auf Ausstellung eines Zeugnisses zuerkannt, wovon beim Werkvertrage keine Rede sein kann.

Dem Akkordarbeiter wird ein Pfandrecht an dem von ihm gefertigten Sachen ebensowenig wie eine Sicherheitshypothek oder ein Zurückbehaltungsrecht zugestanden.

Aus alle dem geht hervor, daß der Akkordvertrag als Werkvertrag nicht angesehen werden kann.

Der hervorragendste neue Vertreter der entgegengesetzten Ansicht, *Rümelin*, stützt sich hauptsächlich auf die Behandlung der Gefahrtragung beim Werk- und Dienstvertrag. Da er aber selbst angibt, daß beim Werkvertrag in dieser Beziehung nur ein Plus gegenüber dem Dienstvertrag gegeben sei, so kann man die Gefahrtragung nicht als allein ausschlaggebend ansehen, zumal da beim Akkordvertrage der gewerblichen Arbeiter unzweifelhaft — was auch *Rümelin* anerkennt — wiederum ein Minus gegenüber der Gefahrtragung beim Werkvertrag vor-

---

[1]) Urteil GG. Berlin v. 3. 3. 04, Grundsätze 15.

liegt, soweit die Gefahr vom Arbeiter zu tragen ist. *Rümelin* selbst will aber anscheinend, wie wir gesehen haben, seine Ansicht auf den unselbständigen gewerblichen Akkordarbeiter überhaupt nicht oder doch nur mit großen Einschränkungen angewendet wisssen, und zugleich scheint er de lege ferenda die Unterstellung des Akkordvertrags unter den Dienstvertrag als berechtigt anzusehen (vgl. S. 172—174, auch S. 110 bis 111).

Die Gewerbegerichte und die ordentlichen Gerichte in neuerer Zeit verneinen denn auch die Auffassung des Akkordvertrags als Werkvertrag, in welcher Form er auch vorkommen mag, als Akkord der Einzel- oder der Kolonnenarbeiter, als Akkord der Fabrik-, Außen- oder Heimarbeiter[1]).

Meist sehen die Gewerbegerichte den Akkordvertrag als Dienstvertrag an, indem sie dem von *Dernburg* und anderen aufgestellten Grundsatze folgen, daß im Zweifel für den Dienstvertrag zu entscheiden sei, weil dieser dem Arbeiter günstiger sei, ein Entscheidungsgrund, über dessen Berechtigung man streiten kann.

Es bestehen nun aber auch Bedenken, den Akkordvertrag dem Dienstvertrage zu unterstellen.

Dafür spricht allerdings der Umstand, daß das Bürgerliche Gesetzbuch beim Dienstvertrag von der Möglichkeit spricht, die Vergütung anders als nach Zeitabschnitten zu berechnen; dabei kann man nur an die Akkordberechnung denken, und bei der Beratung des Titels vom Dienstvertrag, nämlich bei § 616 ist hervorgehoben worden, daß man diesen Paragraphen auch auf den Akkordvertrag (Stücklohn-) bezogen haben wollte[2]).

Die Gewerbeordnung rechnet ferner in deutlicher Weise den Akkordvertrag, den sie abwechselnd auch als Stücklohnvertrag bezeichnet, zum gewerblichen Arbeitsvertrage, der, wie wir nachgewiesen haben, im übrigen als Dienstvertrag aufzu-

---

[1]) s. Soz. Prax. XIV Sp. 128 f. und 232 ff.

[2]) womit nicht gesagt ist, daß dieser in der Kommissionsberatung ausgesprochene Wunsch für die Auslegung des § 616 entscheidend sein muß. Vgl. *Stadthagen* S. 102.

fassen ist (§§ $114a^{1}$, 115 — Akkordarbeit — § 124^{4} — Stücklohn —).

Dagegen bestehen aber auch verschiedene Abweichungen vom Dienstvertrage.

Wenn Erfolg und Vergütung bei einem Vertrage in Wechselwirkung stehen, so muß diese Wechselwirkung gesetzlich in irgend einer Weise geregelt sein, wie es ja auch beim Werkvertrage geschehen ist (§§ 631, 633, 637, 638, 644, 645 BGB.).

Davon ist beim Dienstvertrage mit keinem Worte die Rede, es sei denn, daß man § 625, der von einer wertlosen Teilleistung im Falle einer Kündigung spricht, auf den Einfluß des Erfolges bezieht.

Man sollte meinen, daß dem Gesetzgeber die Regelung einer so wichtigen Beziehung nicht entgangen sein durfte. Aber man muß demgegenüber bedenken, wie wenig bis zur Zeit der Herausgabe des BGB. der Akkordvertrag überhaupt zur juristischen Erörterung gekommen war. Es kommt auf der andern Seite hinzu, daß der Zeitlohnvertrag unter dem Titel vom Dienstvertrag eine eingehende Erörterung gefunden hat, so daß man annehmen könnte, der Gesetzgeber hätte die Ausbedingung von Zeitlohn als wesentlich für den Dienstvertrag angesehen — höchstens im § 623 eine seltene Ausnahme für möglich erklärend, wobei er wiederum nicht an den so häufigen Akkordvertrag gedacht haben könnte.

Die §§ 615, 616 und 617 sind wörtlich jedenfalls unter keinen Umständen auf den Akkordvertrag anzuwenden. Sie reden von der vereinbarten Vergütung während einer Zeitdauer. Der Akkordvertrag ist doch aber gerade der Fall, bei dem die Vergütung nicht für Zeitabschnitte vereinbart wird. Der Gesetzgeber hätte einen Ersatzanspruch geben müssen, wenn er diese Paragraphen auch auf Akkordarbeit beziehen wollte, statt dem Arbeiter die „vereinbarte „Vergütung“ für „die Dauer“ der Verhinderung zuzubilligen. Die Zulässigkeit jederzeitiger Kündigung des Dienstvertrags für den Fall, daß Zeitlohn nicht vereinbart ist, würde zum mindesten gegen die sonstigen Grundsätze des Dienstvertrags verstoßen, bei denen ein Dienstverhältnis von bestimmter Dauer auch aus den Umständen geschlossen werden kann[1]), und würde auch im Widerspruch mit der Gewerbeordnung stehen (§ 124[4].).

Der Titel vom Dienstvertrag regelt auch die beim Akkordvertrage unumgängliche Minderung des Dienstlohnes nicht, ebensowenig wie das Recht auf Beseitigung von Fehlern und Mängeln.

Er regelt auch die Frage nicht, was zu geschehen habe, wenn die Parteien sich über eine einzelne Akkordarbeit, insbesondere über deren Preis nicht einigen.

Wenn man daher den Akkord als einen Dienstvertrag bezeichnen will, so ist es jedenfalls nicht ein solcher, wie er im Bürgerlichen Gesetzbuch dargestellt ist[2]).

Die wichtigsten Fragen eines Akkordvertrages, die Beziehung von Vergütung und Erfolg, die Verpflichtung zur Übernahme von Akkordarbeiten während eines dauernden Vertragsverhältnisses, die Frage der Kündigung dieses Vertragsverhältnisses sind in den Bestimmungen des BGB. über den Dienstvertrag nicht behandelt. Bezeichnet man den Akkord daher als einen Dienstvertrag, so ist er ein anders gearteter Dienstvertrag als der im Bürgerlichen Gesetzbuch abgehandelte Vertrag dieses Namens, mit dem er allerdings wesentliche Eigenschaften teilt.

5. Die rechtliche Natur des Akkordvertrags als selbständiger Vertragsart.

Nach *Lotmar* ist der Akkord eine Form, in der jede Art des Arbeitsvertrags vorkommen kann, ebenso wie jeder Arbeitsvertrag in der von *Lotmar* gegebenen Definition als Zeitlohnvertrag vorkommen kann.

Diese für die theoretische Betrachtung interessante Verallgemeinerung des Begriffes Akkord ergibt sich nicht aus einem praktischen Bedürfnis. Denn auf dem Gebiete des nur als

[1]) *Koehne* S. 70 hinsichtlich des von ihm im Gegensatz zum Stücklohn so benannten Werkverdingungsvertrages.

[2]) Grundsätze 3. Die Akkordvereinbarung ist nicht eine bloße Lohnberechnungsart, sondern ein selbständiger eigenartiger Dienstvertrag. Urteil vom 4. August 1904. 690.

Akkordvertrag im Sinne von *Lotmar* geregelten Werkvertrages hat sich ein Verlangen nach einer der Zeitlohnform entsprechenden Regelung bisher nicht gezeigt. Es liegt außerhalb des Rahmens unserer Aufgabe, diese Frage beim Werkvertrag zu untersuchen. Uns genügt die Feststellung, daß wir an einen allgemeinen Begriff des Akkords bei unserer Betrachtung nicht gebunden sind und daher bei dem Aufbau des dienstvertraglichen Akkords freie Hand haben.

Wir gehen daher bei dem Begriff des Akkordvertrags von einem Vergleich desselben mit dem Dienstvertrag gegen Zeitlohn aus.

Der gegen Zeitlohn arbeitende Dienstpflichtige verpflichtet sich zu Diensten einer bestimmten Art mit der Maßgabe, daß er dem Dienstberechtigten stets — während bestimmter Zeiten — zur Leistung solcher Dienste zur Verfügung stehen und die Dienste ausführen muß nach den Anweisungen seines Dienstherrn. Ob und wie er arbeitet, ob durch seine Arbeit insbesondere bei Befolgung der ihm erteilten Anordnung der Zweck erreicht wird, den der Arbeitgeber verfolgt, ist für ihn vollkommen gleichgültig[1]), denn er erhält seinen Lohn für die Zeit,

---

[1]) Bei nationalökonomischer Betrachtung des wirtschaftlichen Effekts des Zeitlohnes gewinnt die Sache aber ein anderes Bild. Allerdings stellt *Ludwig Bernhard* (Löhnungsmethoden S. XXIV) diesen Effekt als eine gerade Linie dar. Im Effekt ergibt sich aber beim Verdienst des Zeitlohnarbeiters, wenn auch nicht für den täglichen Verdienst, den *Bernhard* allein zur Darstellung bringen will, sondern für längere Perioden, für mehrere Tage, für Wochen und Monate nicht eine gerade Linie, sondern eine Kurve oder eher noch eine Zickzack, sich abwärts bewegende Linie. Das bestätigt auch die auf Seite 9 folg. bei *Bernhard* crd. gegebene Darstellung. Wenn der Zeitlohnarbeiter ein gewisses Quantum Arbeit (wirtschaftlich ähnlich dem Akkordquantum) nicht schafft, so droht ihm die Entlassung, und um diese zu vermeiden, wird er sich in solchem Falle meist zu einer Herabsetzung des Lohnes verstehen, wenn seine Kräfte ihm eine erhöhte Leistung nicht ermöglichen. Ein Fall, für den selbst Tarifverträge oft eine Lohnherabsetzung zulassen. Die gerade Linie *Bernhards* ist richtig also nur für die rechtliche Dauer eines Dienstvertrages. Diese währt aber nur solange, als die Leistung auf gleicher Höhe bleibt (solange wie beim Akkord die Leistung sich gleich bleibt). Daher wird die gerade Linie bei variierender Leistung sehr kurz sein, d. h. der Vertrag wird aufgehoben oder geändert.

während der er dienstbereit war oder Dienste der vereinbarten Art geleistet hat. Nach Leistung solcher Dienste hat er gemäß § 614 BGB. seinen Anspruch auf den vereinbarten Lohn nach Maßgabe der Zeitdauer seiner Dienste. Leistet er in dieser Zeit mehr als bei der Lohnvereinbarung von beiden Teilen vorgestellt war, so hat er keinen Anspruch auf besondere Vergütung für das Mehr. Leistet er weniger, so erhält er gleichwohl den vereinbarten Zeitlohn. Der Dienstberechtigte hat die Leitung der Dienste. Von diesem Rechte muß er Gebrauch machen, wenn er sich gegen Schaden schützen will. Er kann jederzeit, wenn die Arbeit der Vereinbarung nicht entspricht, eingreifen und bessere Arbeit verlangen. Leistet der Arbeiter diesem Verlangen nicht Folge, so würde ein wichtiger Grund zur Kündigung gemäß § 626 BGB. oder beim gewerblichen Arbeiter, wenn die mangelhafte Arbeit auf einer beharrlichen vorsätzlichen Weigerung des Arbeitnehmers beruht, besser zu arbeiten, ein Kündigungsgrund gemäß § 123^3 GO. vorliegen[1]) Er kann auch überhaupt die Weiterarbeit untersagen oder verhindern, wenn sie nicht der Vereinbarung entspricht, ohne in den Gläubigerverzug zu kommen.

Während beim Werkvertrage ausdrücklich ein Anspruch auf Beseitigung von Mängeln, auf Wandelung, das heißt Rückgängigmachung, des Vertrags oder Minderung der vereinbarten Vergütung in §§ 633, 634 BGB. gegeben ist, kennen weder das Bürgerliche Gesetzbuch noch die Spezialgesetze solche Bestimmungen beim Dienstvertrag[2]).

Wie sollte eine Minderung oder Wandelung auch durchgeführt werden. Die Vergütung wird nach Maßgabe der geleisteten Arbeitszeit, der Tage oder Stunden, während welcher der Arbeiter gearbeitet hat, gewährt. Für die Zeit, in welcher der

---

[1]) Vgl. auch §§ 124 a, 133 a GO. Wegen vertragswidriger Arbeit können beim Zeitlohnarbeiter Schadensersatzansprüche gegeben sein. Diese werden aber wegen der Lohnsicherungs-Bestimmungen meist zu einem anderen Ergebnisse führen, als eine Lohnminderung.

[2]) Grundsätze: Nr. 7. Die nach den ausdrücklichen Bestimmungen des § 634 BGB. beim Werkvertrag zugelassene Minderung der Vergütung findet beim Dienstvertrag für den Regelfall — sc. des Zeitlohnvertrages — keine Anwendung. Vielmehr ist die nach Zeitabschnitten vereinbarte Vergütung zu zahlen, wenn während der Dauer des in Betracht

Arbeiter vereinbarungsgemäß gearbeitet hat, muß ihm die Vergütung stets gewährt werden. Eine Minderung könnte nur für die Zeit erfolgen, in der er die Vereinbarung nicht beobachtet hat. Das könnte bei einer Tage, Wochen und Monate währenden Arbeit eine Minute gewesen sein, in der der Arbeiter durch eine Unvorsichtigkeit den Wert seiner ganzen Arbeit vernichtet hat. Die Tatsache, daß er in der übrigen Zeit vereinbarungsmäßig gearbeitet hat, wird dadurch nicht aus der Welt geschafft. Der Lohn für die verhängnisvolle Minute konnte wohl gemindert werden, vielleicht auch bei einer Lohnberechnung nach Stunden oder Tagen, der Lohn für die betreffende Stunde oder den Tag. Aber was hat das für einen praktischen Wert? [1]) Eine Minderung des etwa schon gezahlten würde sich nur mittelst eines Rückforderungsrechts realisieren lassen. Es liegt aber zur Minderung gar kein Grund vor, denn in der übrigen Zeit hat ja der Arbeiter vereinbarungsgemäß gearbeitet.

Beim gewerblichen Arbeiter käme noch der Grundsatz der Lohnsicherung hinzu, der eine Minderung des Lohnes widerstrebte.

Somit rechtfertigt sich die Weglassung der Minderung und Wandlung beim Dienstvertrag, während von dem An-

---

kommenden Zeitabschnittes Dienste der vereinbarten A r t geleistet sind, mögen auch die Dienste mangelhaft oder zu langsam geleistet sein. Urteil vom 26. November 1903 Nr. 1076. 03. BGB. § 611 spricht nur von versprochenen Diensten, nicht von solchen der versprochenen Art. Der Zeitlohnarbeiter verspricht aber nur Dienste einer bestimmten Art. Wie sie im einzelnen zu leisten sind, hängt von den Anweisungen des Arbeitgebers ab.

[1]) Wie sollte auch behauptet oder nachgewiesen werden, daß in einer bestimmten Zeit die vereinbarten Dienste nicht geleistet sind. Dieser Nachweis würde in der Regel gegenbeweislich dem Arbeitgeber obliegen, denn dem Arbeiter wird es nicht schwer fallen, nachzuweisen, daß er in einer bestimmten Zeit die vereinbarten Dienste geleistet hat. Er wird sich auf das Aufsichtspersonal, auf Mitarbeiter berufen können oder die gefertigte Arbeit stets vorlegen können. Daraus wird sich meist ergeben, daß der Arbeiter im wesentlichen die von ihm behauptete Zeit den Dienst geleistet hat und daß ihm in einem verhältnismäßig kurzen Teile dieser Zeit irgendeine Nachlässigkeit passiert ist, die die ganze Arbeit verdarb. Nur diesen kurzen Zeitabschnitt kann man in Betracht ziehen, wenn man einen Abzug machen will, sonst ist die Zeit nicht mehr der alleinige lohnmessende Faktor, wie es der Begriff des Zeitlohnvertrags erfordert.

spruch auf Beseitigung der Mängel durch den Dienstpflichtigen mangels einer dahingehenden Bestimmung keine Rede sein kann. Die Bestimmung des § 320 BGB., wonach die Gegenleistung so lange verweigert werden kann, bis der andere Teil, welcher vorzuleisten hat, die ihm obliegende Leistung erfüllt hat, kann auf den vorliegenden Fall keine Anwendung finden, denn erfüllt ist ja, die Erfüllung ist nur von mangelhaftem Erfolge begleitet [1]).

Sehen wir uns demgegenüber den Akkordvertrag an, wie er sich im gewerblichen Leben und in der Rechtsprechung darstellt. Wir geben als Beispiel dafür die nachfolgenden Gründe eines Gewerbegerichtserkenntnisses wieder [2]):

„Der Akkordvertrag ist kein Werkvertrag, sondern im wesentlichen ein eigenartiger Dienstvertrag, der im Bürgerlichen Gesetzbuch nicht erwähnt ist und nur vorkommt zwischen Parteien, die in einem Dienstverhältnisse zueinander stehen.

Es ist niemals die Absicht der Parteien, durch Übernahme einer Akkordarbeit das bestehende Dienstverhältnis aufzuheben und das Verhältnis eines Bestellers und Unternehmers derart zu begründen, daß der Arbeitgeber Besteller und der Arbeiter Unternehmer wird. Der Arbeitgeber will vielmehr Dienstberechtigter bleiben: er will die Leitung der Arbeit in der Hand behalten; die Bestimmungen seiner Arbeitsordnung über Beginn und Ende der Arbeitszeit, über Pünktlichkeit, Behandlung der Werkzeuge, Führung der Arbeitsbücher, über das Verhalten während der Arbeit sollen in gleicher Weise für Akkord- wie für Lohnarbeiter gelten. Wesentlich ist auch, daß der Akkordarbeiter die Arbeit persönlich leisten muß (nota bene im Zweifel, d. Verfasser), während dies beim Werkvertrag begrifflich unerheblich ist. Anderer-

[1]) Die hier vertretene Ansicht findet sich in den Entsch. d. GG. Berlin vom 26. November 1906. Soz. Prax. XIV Sp. 131-132. Ferner ähnlich bei *Rümelin* S. 52 (wo ein zu erzielendes Resultat nicht genannt ist, kann die Erreichung des Resultats nicht versprochen sein) ders. S. 62. Ferner *Lotmar* S. 336, 340, 341.; *Koehne* S. 62, Landgericht Leipzig.

[2]) Vom 26. Januar 1905 Nr. 1238 K. 5 und vom 23. Februar 1905 Nr. 1280; 16. Februar 1905 Nr. 1005 K. 5.

seits liegt es dem Arbeiter durchaus fern, die Gefahr des Werkes zu übernehmen, wie der Unternehmer beim Werkvertrage (§ 644 BGB.). Er verpflichtet sich lediglich, die Arbeit nach Vorschrift unter Beobachtung der Regeln seines Handwerks auszuführen. Darüber hinaus verbindet er sich nicht, wie der Werkmeister nach § 633 BGB., das Werk so herzustellen, daß es nicht mit Fehlern behaftet ist, die den Wert oder die Tauglichkeit zu dem gewöhnlichen oder den nach dem Vertrage vorausgesetzten Gebrauch aufheben oder mindern. Material und Werkzeug liefert beim Akkordvertrag regelmäßig der Arbeitgeber, beim Werkvertrag meist der Unternehmer. — Die Verpflichtung des Akkordarbeiters besteht lediglich in der Leistung von Diensten, nicht in der Herbeiführung eines Erfolges.

Die Erreichung des vorgestellten Erfolges gibt nur die Richtschnur ab für die Art der zu leistenden Dienste. Sie müssen derartige sein, daß dadurch unter gewöhnlichen Verhältnissen der Erfolg erreicht wird.

Die Erreichung des Erfolges ist ferner der Zeitpunkt, bis zu welchem unter gewöhnlichen Voraussetzungen die Arbeit zu leisten ist.

Hieraus ergibt sich eine gewisse Annäherung des Akkordvertrags an den Werkvertrag, aber keine Gleichsetzung mit demselben, wenngleich der Akkordarbeiter mit dem Unternehmer beim Werkvertrag insofern eine gewisse Ähnlichkeit hat, als er eine größere Freiheit in der Einteilung und der Art der Ausführung der Arbeit hat, ohne aber — und darin liegt wieder der Unterschied — grundsätzlich, wie der Unternehmer, von den Anweisungen des Arbeitgebers bei der Art der Ausführung frei zu sein.

Der Umstand, daß der Erfolg den Maßstab für die Höhe der Vergütung abgibt, wie beim Werkvertrag, ist unerheblich, denn für den Unterschied von Werk- und Dienstvertrag ist die Weise der Berechnung der Vergütung und die Modalität ihrer Zahlung kein sicheres Merkmal (*Dernburg*, Bürgerl. Recht 1901 Bd. II^2 § 317 S. 431).

Eines der wesentlichsten Momente des Dienstvertrags, daß er ein persönliches Abhängigkeitsverhältnis beider Vertragsparteien von einer gewissen, sei es auch nur kurzen Dauer begründet, aus welchem für den Dienstberechtigten sich eine umfangreiche Fürsorgepflicht zugunsten des Dienstpflichtigen und für diesen die Pflicht zur persönlichen Treue und Einsetzung seiner vollen Arbeitskraft ergibt (vgl. *Dernburg* a. a. O. S. 393 zu II und III), liegt auch beim Akkordvertrag vor.

Insbesondere tritt hier, was die Dauer des Verhältnisses anbetrifft, die Lösung desselben nicht mit der Fertigstellung der Arbeit, sondern nur auf Kündigung ein. (Anmerkung, d. h. für die Regel!)

Selbstverständlich bezweckt der Akkordvertrag einen bestimmten Erfolg. Dies ist aber die Absicht eines jeden Vertrags. Danach würde jeder Vertrag ein Werkvertrag sein. (*Goldmann* und *Lilienthal*, Das Bürgerliche Gesetzbuch 1903 Bd. I S. 636 Anm. 19.) Es kommt aber darauf an, ob der durch Arbeit oder Dienstleistung herbeizuführende Erfolg zum Gegenstande des Vertrags gemacht ist. Das ist aber beim Akkordvertrag nicht der Fall. Urteil vom 26. Januar 1905 Nr. 1238. 1905. Ähnlich Urteil vom 23. Februar 1905 Nr. 1280 Nr. 4; vom 16. Februar 1905 Nr. 10. 1905."

Dieses Erkenntnis setzt zunächst einen Dienstvertrag voraus. Während der Dauer dieses Dienstvertrags einigen sich die Parteien über der Ausführung einer Akkordarbeit, ohne daß dadurch das Dienstverhältnis aufgehoben oder unterbrochen wird. Setzen wir nun den Fall, daß ein Arbeiter in den Dienst eines Arbeitgebers mit der Abrede getreten ist, daß Akkordlohn gezahlt werden soll, so ist eine zweite Abrede darüber nötig, welche Einzelarbeit der Arbeiter in Akkord ausführen und welchen Akkordpreis der Arbeitgeber dafür bezahlen soll.

Wir haben also zwei parallel laufende Abreden:

1. Der Arbeiter verpflichtet sich zu fortlaufender Dienstleistung gegen Akkordlohn.

2. Der Arbeiter kommt während der Dauer dieses Rechtsverhältnisses mit dem Arbeitgeber überein, eine bestimmte Arbeit für einen besonders zu vereinbarenden Preis zu verrichten. Die zweite Art der Abrede pflegt sich während der

zu 1 angeführten Rechtsverhältnisse häufiger mit mehr oder weniger Regelmäßigkeit zu wiederholen.

Die Abrede der zweiten Art bildet in sich ein geschlossenes Ganzes, sie untersteht aber wiederum dem ersten Vertragsverhältnis.

Beide Abreden beeinflussen sich gegenseitig.

Der allgemeine Dienstvertrag nimmt dadurch, daß seine Vertragsparteien sich verpflichten, Abreden der zweiten Art zu treffen, einen besonderen Charakter an und für die Einzelabreden gelten die allgemeinen Bestimmungen des Dienstvertrags, soweit sie nicht durch diese Einzelabreden abgeändert werden[1]). Dies gilt sowohl für den eigentlichen Akkordvertrag im Sinne von *Lotmar* und *Koehne*, der ihn Werkverdingungsvertrag nennt, als auch für den Stücklohnvertrag, bei dem der Arbeiter fortlaufend Stücke derselben Art ohne Beschränkung auf eine bestimmte Zahl zu fertigen hat.

In diesem Falle wird es sich meist um kleine Stücke oder Operationen handeln[2]), deren Ausführung nur eine ganz winzige Zeit in Anspruch nimmt. Mit der Inangriffnahme jedes einzelnen Stückes übernimmt der Arbeiter die Verpflichtung, dieses Stück fertigzustellen. Die beiderseitigen Rechte und Pflichten in bezug auf die Fertigstellung des einzelnen Stückes treten aber kaum erkennbar zutage. Es nähert sich daher dieses Vertragsverhältnis dem Zeitlohnverhältnis nur mit der Maßgabe, daß der Lohn nach Maßgabe der vereinbarungsmäßig gefertigten Stücke gezahlt wird.

Diese eigenartige Beziehung der beiden Abreden wird im Bürgerlichen Gesetzbuch weder beim Dienstvertrag noch beim Werkvertrag berücksichtigt.

Die Eigenart besteht darin, daß die Vertragsparteien unter gewissen allgemeinen Bedingungen dauernd zu gegenseitigen

[1]) Der Ausdruck Dienstvertrag ist hier nicht in dem Sinne des im BGB. so genannten Vertrages zu verstehen.

[2]) Natürlich kann auch eine Anzahl großer Stücke in Arbeit gegeben werden, z. B. Sprechmaschinen, Schränke, Fenster von unbegrenzter Zahl. Die Einteilung der Akkordverträge durch *Koehne* in Stücklohn- und Arbeitsverdingungsverträge erschöpft die vorkommenden Arten der Akkordverträge nicht, insbesondere sind noch die Akkorde von gleichmäßigen Stücken bei bestimmter Zahl zu berücksichtigen, die sehr zahlreich sind

Leistungen gebunden sind, die sie fortgesetzt in den vorgesehenen Arbeitsperioden ohne Unterbrechung zu erfüllen haben. Gleichwohl müssen sie sich fortgesetzt oder periodisch über den speziellen Gegenstand der Dienstleistung und die dafür zu gewährende Vergütung erst einigen. Sie sind also einerseits gebunden und andererseits wieder frei. Sie haben die Verpflichtung, sich zu einigen, ehe sie sich aber über eine bestimmte Arbeit einigen, besteht weder eine Verpflichtung zur Vornahme der Dienstleistung noch zur Gewährung einer Vergütung dafür[1]).

Der Fall liegt ähnlich so, wie wenn ich mit jemand übereinkomme, mich während einer bestimmten Zeit zu beköstigen, wogegen ich mich verpflichte, meine Beköstigung allein von dem Gegenkontrahenten zu entnehmen, ohne daß der Umfang und der Preis des zu Liefernden genauer ausgemacht ist. Der Umfang wird sich nach meinem Bedürfnis richten, und der Preis nach dem Üblichen. Ähnlich finden die beiderseitigen Verpflichtungen beim Akkord eine gewisse Begrenzung in der Leistungsfähigkeit des Arbeiters und dem üblichen Verdienst des Arbeiters. Bei dem erwähnten Vertragsverhältnis kann ich, besonders wenn ich mir dies vorbehalten habe, die einzelnen Speisen bestimmen, soweit deren Lieferung im Bereich des Ausführbaren liegt. Dagegen kann mein Wirt die Lieferung von einem bestimmten Preise abhängig machen. Ist man sich über Ware und Preis einig geworden, so besteht eine vollständige Bindung wie bei jedem Kauf- oder Werkvertrage, und trotz der Geringfügigkeit des Geschäftes, es mag sich um einen Teller Suppe handeln, gelten alle Grundsätze des Kauf- oder Werkvertrags.

Wie nun aber, wenn man sich über Gegenstand und Preis nicht einig wird? Gewöhnlich wird man sich ja bei einem derartigen Pensionsvertrag über Art und Preis der Beköstigung

---

und zwischen den beiden Gattungen *Koehnes* stehen. Die Scheidung zwischen den verschiedenen Arten der Akkorde ist auch keine so tiefgehende, wie man es nach *Koehne* annehmen muß. *Koehne* S. 55 f.

[1]) Es können aber Ansprüche aus schuldhafter Verzögerung der Einigung entstehen, da eine Verpflichtung zur Herbeiführung der Einigung gegeben ist.

genauer einigen. Aber es kommen doch besonders unter primitiven Verhältnissen auch weniger genaue Abmachungen vor. Ebenso ist es beim Akkordvertrag. Hier pflegt zugleich ein Zeitlohn festgesetzt zu sein, der mindestens dann zu gewähren ist, wenn durch Schuld des Arbeitgebers eine Einigung nicht zustande kommt.

In beiden Fällen, sowohl bei dem obigen Pensionsvertrag als beim Akkordvertrag, ist also zu untersuchen, welchen Teil die Schuld an dem Nichtzustandekommen einer Einigung trifft.

Diese Frage wird beim Akkordvertrag besonders im Falle des § 124[4] GO. hervortreten, demzufolge der Arbeiter die Arbeit verlassen kann, wenn der Arbeitgeber bei Stücklohn nicht für ausreichende Beschäftigung sorgt. Dahin gehört auch der Fall, daß der Arbeitgeber dem Arbeiter nicht solche Anträge von abzuschließenden Akkorden in ausreichender Menge macht, welche der Arbeiter anzunehmen nach dem allgemeinen Vertrage verpflichtet ist. Dieselbe Frage ist auch bei § 123 Nr. 3 GO. erheblich. Hier kann der Arbeiter entlassen werden, wenn er sich beharrlich weigert, den ihm nach dem Arbeitsvertrag obliegenden Verpflichtungen nachzukommen. Er ist nun aber nicht verpflichtet, Akkordarbeiten zu jedem Preise anzunehmen. Daher ist bei der Weigerung, eine Akkordarbeit zu übernehmen, zu prüfen, ob die Bedingungen für die Akkordarbeit hinsichtlich des Lohnes, der Vorarbeiten, der Werkzeuge, Maschinen und Materialien solche waren, welche der Arbeiter annehmen mußte. Hat der Arbeiter aber einmal akzeptiert, so muß er die Arbeit ausführen, auch wenn er sich verrechnet hat. Er hat keinen Anspruch auf Aufbesserung des Akkordlohnes, ebensowenig, wie ihn der Arbeitgeber nachträglich reduzieren darf, wenn sich herausstellt, daß der Arbeiter ungewöhnlich viel verdient hat[1]).

Eigentümlich ist es, daß bei der Akkordarbeit der Befehl des Arbeitgebers an den Arbeiter, eine gewisse Arbeit auszu-

[1]) Oft kommt die Vereinbarung vor, daß dem Arbeiter Zeitlohnarbeit zu übertragen ist, wenn Akkorde nicht zustande kommen, oder wenn geeignete Akkordarbeit nicht vorhanden ist. Manchmal ist auch Zeit- und Akkordlohn alternativ, ohne Beschränkung des Arbeitgebers, welche Form er wählen will, vereinbart. Das ist ein besonderer Fall des Akkord-

führen, sich in eine Offerte zur Übernahme einer angebotenen Arbeit verwandelt. Darin ist die freiere und würdigere Stellung des Akkordarbeiters begründet.

Hat nun aber der Arbeiter die Offerte angenommen, so muß er dem Befehle des Arbeitgebers bei Ausführung der Arbeit folgen, nur mit der einzigen Einschränkung, daß ihm sein Verdienst durch die Anweisungen des Arbeitgebers nicht geschmälert werden darf.

Der zweite Punkt, in dem der Akkordvertrag sich wesentlich vom Dienstvertrage des Bürgerlichen Gesetzbuches unterscheidet, ist die Bedeutung, welche bei ihm die Beziehung der Vergütung zu dem Erfolg hat. Zwar kann man beim Akkord nicht wie beim Werkvertrage sagen: kein Erfolg — keine Vergütung. Das entspricht, wie wir aus dem oben wiedergegebenen Urteil ersehen, weder dem Willen der Parteien noch der Rechtsprechung. Die Verpflichtung auch des Akkordarbeiters besteht lediglich in der Leistung von Diensten, nicht in der Herbeiführung eines Erfolges. Aber der Erfolg ist doch von höchst wesentlicher Bedeutung. Er dient als

---

vertrages, der für die theoretische Betrachtung, wie *Koehne* mit Recht hervorhebt (S. 54), nicht zum Ausgangspunkt genommen werden kann. Er ist aber praktisch so häufig, daß seine Erwähnung hier nicht unterbleiben darf. Siehe *Wölbling*, Gutachten S. 248. Auch Grundsätze 30—32:

Der Akkordarbeiter hat einen Anspruch auf ununterbrochene Fortsetzung des Dienstverhältnisses durch Ausführung von Akkordarbeit.

Der Arbeitgeber kommt in Gläubigerverzug, wenn er dem Arbeiter nicht genügend Akkordarbeit zu den nach dem Dienstvertrage vorausgesetzten Preisen anbietet und muß alsdann gemäß §§ 615, 612 BGB. die übliche Vergütung — und zwar falls diese für Akkordarbeit nicht festgestellt werden kann — in Zeitlohn bezahlen. Urteil vom 16. Februar 1905. Nr. 11. 05. — Urteil vom 16. Februar 1905. Nr. 10. 05. — Urteil vom 27. Juni 1903. Nr. 559. 03. Falls die Fertigstellung einer durch Krankheit des Arbeiters unterbrochenen Akkordarbeit für den Arbeitgeber unmöglich oder ohne Wert ist, muß er andere Akkordarbeit anbieten. Urteil vom 12, Februar 1905. Nr. 10. 05. K. 5.

Der Akkordarbeiter kann die ihm angetragene Akkordvereinbarung ablehnen, wenn der angebotene Preis erheblich hinter einem gewissen vorausgesetzten, meist bei Eingehung des Dienstvertrages zum Ausdruck gebrachten Durchschnittsverdienst zurückbleibt. Urteil vom 16. Februar 1905. Nr. 10. 05. und Urteil vom 20. August 1905 in S. Asch-Hoeven. — Urteil vom 1. September 1904. Nr. 782. 04.

Maßstab für die Dienste. Ist der Erfolg erreicht, so hat der Akkordarbeiter den vereinbarten Lohn verdient, ohne Rücksicht auf die Dauer der Dienstleistung. Wenn nun der Arbeiter an sich nur verpflichtet ist, die vereinbarten Dienste zu leisten, so wird er im eigenen Interesse sich einmal bei der Arbeit beeilen, denn er erhält nicht mehr an Lohn, wenn er eine längere Zeit braucht, um den Erfolg herbeizuführen. Er wird aus demselben Grunde sich bemühen, möglichst zweckmäßig zu arbeiten, und wird deshalb seine Erfindungskraft benutzen, um eine passende Methode zu ersinnen, um jeden Handgriff zu vereinfachen, sich selbst zweckentsprechendes Werkzeug herstellen (weshalb bei Akkordarbeiten dem Arbeiter oft die Beschaffung oder Herstellung des Werkzeuges und die Einrichtung und Herrichtung der Maschinen überlassen wird). Der Erfolg hat aber noch eine dritte Bedeutung beim Akkordvertrag. Er ersetzt zum größten Teil wenigstens die Leitung der Arbeit durch den Arbeitgeber. Der Erfolg wird dem Arbeiter als Ziel seiner Arbeit hingestellt. Es wird ihm zwar auch zum Teil die Methode der Arbeit angegeben und die Maschine oder Vorrichtung, welche er bei der Arbeit benutzen soll, übergeben. Im wesentlichen ist er aber nur auf das ihm gesteckte Ziel bei der Frage angewiesen, was und wie er arbeiten soll. Das Ziel, der Erfolg gibt ihm also die Richtung seiner Tätigkeit an. Erreicht seine Tätigkeit dieses Ziel, so hat er den vereinbarten Akkordlohn verdient, gleichgiltig, auf welchem Wege er zu diesem Ziel gelangt ist[1]. Die dreifache Bedeutung des Erfolges als Maßstab für die Vergütung, als Ersatz für die Leitung und den Antrieb zur Arbeit und als Mittel für die Angabe der Richtung der Dienste und damit zugleich für die Kennzeichnung ihrer Art findet sich beim Dienstvertrage des Bürgerlichen Gesetzbuches nicht vor, wenigstens nicht als wesentliche Eigentümlichkeit des Dienstvertrags oder einer Art desselben.

[1] Während be der Zeitlohnarbeit die Höhe des Lohnes von dem benutzten Wege abhängt. War dieser kurz, so verkürzt sich auch der Zeitlohnanspruch. Benutzt der Arbeiter nicht den mit ihm vereinbarten Weg, so hat er unter Umständen die vereinbarten Dienste nicht geleistet und daher auch keinen Anspruch auf den vereinbarten Lohn, sondern nur einen Bereicherungsanspruch.

Wenn gleichwohl der Gesetzgeber auch an den Stücklohn und damit den hier erörterten Vertrag gedacht hat, so muß er eine klare Vorstellung dieses Vertrags nicht gehabt haben. Er scheint die Akkordabrede lediglich als eine Lohnberechnungsart angesehen zu haben, ohne die Konsequenzen zu ziehen oder zu erkennen, die sich aus dieser Lohnberechnungsart ergeben. Erwägen wir nun, daß die Reihe der Schuldverhältnisse, die das Bürgerliche Gesetzbuch aufzählt, keine geschlossene ist, daß vielmehr grundsätzlich dem Leben die Freiheit gegeben ist, neue Vertragsarten zu konstruieren und auszubauen, ohne sie einer der bestehenden Vertragsarten unterzuordnen, so ist die Behauptung gerechtfertigt, daß wir es bei dem Akkordvertrag mit einer neuen, im Bürgerlichen Gesetzbuch nicht behandelten Vertragsform zu tun haben, bei deren Auslegung wir neben den allgemeinen Bestimmungen des Bürgerlichen Gesetzbuches auch die Bestimmungen über den Dienstvertrag und den Werkvertrag benutzen können und müssen. Wir müssen sie benutzen, weil wir die neue Vertragsart möglichst in das System des bestehenden Rechts einfügen wollen, weil jedenfalls ein Grund, anders zu handeln, nicht vorliegt und weil es nicht unsere Aufgabe sein kann, die glücklich errungene Einheitlichkeit unseres bürgerlichen Rechts zu beeinträchtigen.

Für den Akkordvertrag der gewerblichen Arbeiter haben wir ferner die Bestimmungen der Gewerbeordnung und bei den Bergarbeitern auch die der Berggesetze zu berücksichtigen.

Wie ferner schon oben bemerkt wurde, können die Spezialvorschriften der Gewerbeordnung und des Bergrechts für die Ausbildung des allgemeinen Akkordvertrags herangezogen werden.

Die Aufstellung des Akkordvertrags als eines selbständigen Begriffs rechtfertigt sich auch dadurch, daß wir es, was seine juristische Konstruktion anbetrifft, mit einem ganz neuen, noch im Fluß befindlichen Gebilde zu tun haben. Denn, obwohl die Anwendung des Akkords schon auf eine erhebliche Zeit zurückblicken kann, so ist seine rechtliche Ausgestaltung infolge der Gleichgültigkeit der beteiligten Kreise, besonders infolge der vollständigen Gleichgültigkeit der Arbeiterkreise gegenüber dem Zivilrecht, von dem sie glaubten, daß es lediglich für die Besitzer von Kapital bestimmt sei, rückständig geblieben. Durch die Einrichtung der Gewerbegerichte ist hier eine wesentliche Besserung eingetreten, durch sie ist der Inhalt und die Bedeutung des Akkordvertrags erst bekannt geworden. Im wesentlichen zutreffend dürfte auch der nachfolgende Versuch einer Definition des Akkordvertrages in einem Urteil des Gewerbegerichts Berlin sein:

> Die Akkordarbeit stellt eine eigenartige Form des Dienstvertrags dar, derzufolge sich der Dienstberechtigte verpflichtet, dem Dienstpflichtigen fortgesetzt, während der Dauer des Dienstvertrags die Anfertigung von Arbeiten bestimmter im Dienstvertrag vereinbarter Qualität, also im vorliegenden Falle Klempnerarbeiten, für einen in jedem Falle im voraus zu vereinbarenden Preis zu übertragen, während der Dienstpflichtige es übernimmt, derartige Arbeiten gemäß der im besonderen Falle zu treffenden Vereinbarung auszuführen. Dabei kann der Dienstpflichtige die angetragene Vereinbarung ablehnen, wenn der angebotene Preis erheblich hinter einem gewissen vorausgesetzten und meist bei Eingehung des Dienstvertrags zum Ausdruck gebrachten Durchschnittsverdienst zurückbleibt. (Urteil vom 16. Februar 1905 Nr. 10. 05.)

Wenn wir so einen neuen Begriff in freier Anlehnung an das Gesetz herausbilden, so begehen wir nichts Ungewöhnliches, sondern wir befolgen eine Praxis, die stets von den höchsten Gerichtshöfen geübt und von den hervorragendsten Vertretern der Theorie als berechtigt und notwendig anerkannt worden ist[1]). Diese Praxis verdient einen entschiedenen Vorzug vor dem Versuch, Rechtsgebilde mit Gewalt in das Prokrustesbett eines gesetzlichen Rahmens hineinzuzwängen, der

---

[1]) Vgl. hierzu *Dernburg*, Privatrecht, 4. Aufl., Bd. I. S. 46. *Planck*, Comm., 1897, Bd. I. S. 35. *Opet*, Deutsches Theaterrecht, 1897, S. 165. *Wölbling*, Soz. Prax. Gutachten. *Koehne*, Nr. 5 u. 8, Sp. 125 ff., 234 ff. *Lotmar*, Arbeitsvertrag, Bd. I S. 25. *Rundstein*, Tarifvertrag, S. 1. Vgl. auch *Dernburg*, Pr. Privatrecht, 4. Aufl., Bd. II S. 715 (Ausdehnende Interpretation des Aktiengesetzes im Interesse der Zuckerrüben-Aktiengesellschaften). *Bail* S. 151. *Sigel*, S. 9.

für sie gar nicht geschaffen worden ist. So hat es die Praxis der ordentlichen Gerichte lange Zeit gemacht, indem sie den Akkordvertrag als Werkvertrag behandelte, weil sie das Moment des Erfolges, das beim Akkord eine so wichtige Rolle spielte, auch beim Werkvertrag, nicht aber beim Dienstvertrag vorfanden.

Den Vorzug dürfte dieses Verfahren auch vor dem *Rümelins* verdienen, der die Regeln des Werkvertrags und des Dienstvertrags je nach Zweckmäßigkeit auf den jeweilig vorliegenden Werk- oder Dienstvertrag anwenden will. Damit würde der Unterschied der beiden Begriffe überhaupt aufgehoben werden, was keineswegs dem Willen des Gesetzgebers entspricht[1]). Möglich ist ja im einzelnen Falle, daß die Parteien ein Gemisch aus Werk- und Dienstvertrag wollen. Wenn sie dies in genügend deutlicher Weise zum Ausdruck gebracht haben und dabei überhaupt etwas Vernünftiges zustande kommt, d. h. wenn nicht logische oder sonst unlösbare Widersprüche daraus entstehen, so wird man diesen Parteiwillen berücksichtigen müssen. Das hängt eben mit dem dispositiven Charakter unseres Zivilrechts zusammen.

Es handelt sich aber bei der Konstruktion des Akkordvertrags nicht bloß um eine Auslegung des Parteiwillens, sondern um eine Ergänzung desselben durch die Aufstellung eines neuen Vertragsbegriffs, wo die bestehenden gesetzlichen Begriffe sich zu einer solchen Ergänzung nicht eignen, wo man aber mit der Interpretation des Parteiwillens nicht auskommt. *Koehne*[2]) legt zuviel Gewicht auf den Unterschied des Stücklohnvertrags und des eigentlichen Akkordvertrags, den er Werkverdingungsvertrag nennt. Dabei unterläßt er es, den Werkverdingungsvertrag genau zu definieren. Wenn der Unterschied der beiden Verträge lediglich in dem verschiedenen Einfluß der Kündigungsfrist bestehen soll, so rechtfertigt sich wohl die Scheidung nicht, zumal *Koehne* es für möglich erklärt, daß auch der Werkverdingungsvertrag mit der Klausel jederzeitiger Lösung vor beendeter Arbeit

---

[1]) *Koehne*, GG. u. KG. XL, Sp. 159.
[2]) S. *Koehne*, S. 47, S. 55 ff.

geschlossen sein könne. Die sonst noch angedeuteten Unterschiede der beiden Arten bestehen nach *Koehne* anscheinend mehr in dem Quantum der Einwirkung des Arbeitgebers auf den Arbeiter, als in der Qualität der Stellung beider Parteien zueinander. Daß Unterschiede zwischen den beiden Arten des Akkordvertrags bestehen, soll nicht in Abrede gestellt werden. Doch sind sie nicht so bedeutend, um deshalb zwei vollständig selbständige Begriffe zu bilden.

Als Arten des Akkordvertrags wollen wir nach drei verschiedenen Prinzipien unterscheiden:

A. nach Maßgabe der Zugehörigkeit zu einem Gewerbebetriebe:

1. den Akkordvertrag der Werkstatt einschließlich äußerer Montagearbeit,

2. den Akkordvertrag der Heimarbeiter;

B. nach Maßgabe der Zahl der beteiligten Personen:

1. den Akkordvertrag des Einzelarbeiters.

2. den Akkordvertrag einer Gruppe von Arbeitern von mehr oder weniger großer Zahl, mehr oder weniger starkem Hervortreten des Gesellschaftsbegriffs (Kolonne);

C. nach Maßgabe des mehr oder minder starken Hervortretens der Beziehung auf den Erfolg:

1. den eigentlichen Akkord, bestehend in einer einzelnen bestimmten Arbeit oder einem bestimmten Arbeitsquantum,

2. den Stücklohnvertrag, bestehend in der fortgesetzten Herstellung gleicher Arbeitsleistungen ohne Begrenzung nach Maß oder Zahl, höchstens auf eine Zeitdauer begrenzt[1]).

---

[1]) Grundsätze: Nr. 2. Man unterscheidet Akkord- und Stücklohn im engeren Sinne. Unter diesem versteht man die Vereinbarung eines bestimmten Preises für das einzelne Stück, ohne Übertragung einer bestimmten Zahl einzelner Stücke, welche Zahl ein einheitliches Ganzes bilden soll o d e r im Fall der Benennung einer Zahl, ohne daß die Zahl nach der erkennbaren Parteiabsicht wesentlich sein soll. Urteil vom 22. September 1904. 860. 04. GG. Berlin 115.

Die Beteiligten sprechen öfter von einem sog. Lohnakkord. Sie verstehen darunter ein Zwischending zwischen Zeitlohn und Akkordvertrag, verbinden damit aber keinen klaren, für die Rechtsprechung verwertbaren Begriff. Derselbe ist nicht mit dem identisch, was bei *Bernhard*, Löhnungsmethoden, S. 81f., unter Zeitstücklohn verstanden wird.

Schließlich sei noch erwähnt der Akkordvertrag der Werkmeister und Aufseher, bei dem sich die Bezahlung nach der Leistung der ihnen unterstellten Arbeiter richtet.

Die kombinierten, sogenannten höheren Lohnmethoden werden nicht besonders berücksichtigt. Sie haben, wie schon vorher bemerkt wurde, etwas Verwandtes mit dem Akkordvertrag.

Verbindung von Akkord- und Zeitlohn.

Zwischen dem Akkordlohn und dem Zeitlohn bestehen Wechselbeziehungen, die nicht, wie *Koehne* annimmt, nur bei einer Abart des Akkordvertrags, einer ausdrücklich vertraglich begründeten Vermischung von Akkord- und Zeitlohn vorkommen und daher beim Begriff des Akkordlohnes unberücksichtigt bleiben können, sondern die jedem Akkordvertrag eigentümlich sind, auch dem, bei welchem neben dem Akkordlohn ein Zeitlohn nicht ausgemacht ist.

Koehne[1]) selbst nimmt diese Verbindung mit dem Zeitlohn vor, indem er dem Akkordarbeiter gemäß §§ 615 und 616 BGB. eine Vergütung in Höhe seines Durchschnittsverdienstes[2]) für die „Zeit" der Verhinderung an der Arbeit zuspricht.

Dahingegen möchten wir der Anwendung dieser beiden Bestimmungen auf den Akkordvertrag nicht beipflichten[3]). Wörtlich können sie gar nicht auf den Akkord übertragen werden, denn sie billigen dem Arbeiter für die Dauer der Verhinderung die vereinbarte Vergütung, das wäre in unserem Falle Akkordlohn, zu. Da Akkordlohn aber ein Lohn ist, der nach dem Maße des Erfolges bemessen ist, so kann er nicht gewährt werden, wo ein Erfolg gar nicht möglich ist, weil eine Arbeit überhaupt nicht stattfindet. Deshalb bewilligt *Koehne* nicht den

---

[1]) *Koehne*, S. 53 u. 54.

[2]) Der beim Akkord meist sehr schwer, oft gar nicht festzustellen ist.

[3]) Ebenso *Dernburg*, Bürgerl. Recht, Bd. II 2 S. 391. Dagegen auch *v. Frankenberg*, GG. IV, Sp. 103, unter Bezugnahme auf den Bericht der Reichstagskommission 547. Dagegen steht *v. Frankenberg* hinsichtlich des Trinkgeldes auf einem abweichenden Standpunkt.

Akkordlohn, sondern einen nach dem Durchschnittsverdienst[1]) bemessenen Zeitlohn.

Es fragt sich, ob diese Analogie notwendig ist. Die Ansprüche sind in beiden Fällen verschieden. Im Falle des § 615 BGB. handelt es sich um einen Verzug des Arbeitgebers. Dieser kann auf einem Verschulden des Arbeitgebers beruhen. Dann hat der geschädigte Arbeiter eine regelrechte Schadenersatzklage gegen den Arbeitgeber. Er behält aber nach § 324 BGB. in allen Fällen des Gläubigerverzuges, also auch wenn diesen kein Verschulden trifft, den Anspruch auf die Gegenleistung. Voraussetzung ist nur, daß der Verzug auf einen Umstand zurückzuführen ist, der in der Person des Arbeitgebers liegt. Er muß sich aber nach § 324 BGB. dasjenige anrechnen lassen, was er durch die Befreiung von der Leistung erspart oder durch anderweitige Verwendung seiner Arbeitskraft erwirbt oder zu erwerben böswillig unterläßt. Der Unterschied zwischen § 324 und § 615, 616 BGB. besteht darin, daß nach § 324 der die Leistung unmöglich machende Umstand ein solcher sein muß, den der andere Teil zu vertreten hat, während im § 615 BGB. jeder Gläubigerverzug die Wirkung hat, daß der Schuldner seinen Gegenanspruch behält und im § 616 BGB. ein Umstand die Leistung unmöglich macht, den eigentlich, weil in seiner Person beruhend, der Schuldner selbst zu vertreten hätte. Der Akkordvertrag unterscheidet sich also nicht unwesentlich vom Zeitlohnvertrag, wenn wir auf ihn nur § 324 BGB., auf den Zeitlohnvertrag aber auch §§ 615, 616 BGB. zur Anwendung bringen. Ein Unterschied besteht auch insofern, als bei § 615, 616 eine Pflicht zur Nachleistung der Dienste nicht besteht, dahingegen muß nach § 324 BGB. die Leistung doch wohl, wenn sie später ausführbar geworden ist, nachgeleistet werden, wenn die Leistung nicht gerade an eine ganz bestimmte Zeit gebunden ist, also ein Fixgeschäft vorliegt. Beim Akkordvertrag pflegt die Arbeitsleistung aber fast ausnahmslos nicht an eine bestimmte Zeit gebunden zu sein, nur selten gibt es einen Liefertermin, der aber in der Regel

---

[1]) Ein unbestimmter, oft zu Streitigkeiten Anlaß gebender Begriff. Auch ist der Durchschnittsverdienst mitunter überhaupt nicht feststellbar.

nicht die Bedeutung eines Fixtermins hat. Die Nachlieferung wird also in der Regel möglich sein, so daß man von einer Unmöglichkeit im Sinne von § 324 BGB. meist nicht wird reden können.

Damit ist nicht gesagt, daß der Akkordarbeiter für den Fall eines Verzugs nicht geschützt ist.

Abgesehen von der vertraglichen Schadensklage wird man § 642, 643 BGB. analog auf den Akkordvertrag anwenden müssen, d. h. wenn eine Handlung des Arbeitgebers für die Arbeit notwendig ist, z. B. die Lieferung von Material, Werkzeug und Arbeitsräumen, so kann der Akkordarbeiter, wenn der Besteller durch das Unterlassen der Handlung in Verzug der Annahme kommt, eine angemessene Entschädigung verlangen[1][2].

Die Höhe der Entschädigung bestimmt sich einerseits nach der Dauer des Verzugs und der Höhe der vereinbarten Vergütung, andererseits nach demjenigen, was der Arbeiter infolge des Verzugs an Aufwendungen erspart oder durch anderweite Verwendung seiner Arbeitskraft erwerben kann.

Das ist die einzig mögliche Lösung für den Fall des Akkordes. Die Zahlung der vereinbarten Vergütung für die „Zeit" der Verhinderung ist nicht denkbar, weil für eine Zeitdauer eine Vereinbarung überhaupt nicht getroffen ist. Es bleibt also nur ein Entschädigungsanspruch übrig. Somit findet auch der Fall eine passende Lösung, wenn die vereinbarte Akkordarbeit später nun doch ausgeführt wird. Dann und nur dann erhält der Akkordarbeiter den vereinbarten Akkordlohn. Hätte der Akkordarbeiter einen Teil desselben schon für die

---

[1]) Gewerbegericht Berlin vom 13. Mai 1900 Nr. 177 K. 3. *Koehne* bei *v. Schulz-Schalhorn*, Nr. 28, S. 190 ff., *Koehne*, GG. u. KG. XI, Sp. 158 widerspricht dagegen der Anwendung von Regeln des Werkvertrages auf den Dienstvertrag. Ob er diese Regeln auch hinsichtlich des Akkordvertrages ausgeschlossen haben will, ist damit nicht gesagt. Dagegen *Rümelin* S. 242, 243; vgl. auch *Crome*, Part. Rechtsgeschäfte, S. 211.

[2]) Will man mit *Koehne* dem vorübergehend fehlenden Akkordarbeiter den Durchschnittsverdienst zubilligen, so würde er sich beim Fehlen unter Umständen besser stehen, als wenn er nicht fehlte, wenn er den Akkord z. B. so vereinbart hat, daß er bei demselben auf den Durchschnittslohn nicht kommt. *Bail*, S. 156 u. 158, will zwar § 615, aber nicht § 616 BGB. auf Akkordverträge anwenden.

Zeit erhalten, während der er an der Dienstleistung verhindert war, so konnte bei Fertigstellung der Arbeit nicht noch einmal die gesamte Akkordsumme in Frage kommen. Es müßte dann eine neue Preisfeststellung stattfinden, was doch eine unnütze Komplikation wäre. Freilich gibt der § 615 eine einfachere Lösung. Das folgt aber nicht eigentlich aus dieser gesetzlichen Bestimmung, sondern aus der Natur des Zeitlohnverhältnisses, das eben für den Fall einer zeitlichen Verhinderung eine einfachere Lösung zuläßt. Daß darum der Akkordarbeiter ungünstiger steht, ist deshalb nicht ohne weiteres zu sagen. Der Akkordlohnarbeiter hat es in der Hand, bei einer kurzen Verhinderung, zumal wenn er während der Zeit der Verhinderung seine Kräfte schonen kann, das Versäumte nachträglich durch vermehrte Arbeit, insbesondere durch längere Ausdehnung seiner Arbeit, nachzuholen, wodurch er jeden Verlust vermeiden kann, eine Möglichkeit, die der Zeitlohnarbeiter nicht hat.

Einen weiteren Ausgleich schafft aber § 643 BGB. Danach kann der Arbeiter dem Arbeitgeber eine Frist zur Nachholung der versäumten Handlung setzen und dadurch ihn zwingen, die normale Arbeitsmöglichkeit wieder herzustellen, einen Schaden zu vermeiden oder zu vermindern.

Diese Bestimmung ist eine wohltätige — im Falle des Zeitlohnvertrags nicht gegebene. Sie vermindert den Schaden beider Teile. Deshalb ist es unverständlich, wenn ihre Anwendung auf den Akkordvertrag von Arbeitgeberseite als unwürdig für den Arbeitgeber bezeichnet worden ist, als nicht vereinbar mit seiner übergeordneten Stellung. Zweckmäßig wäre es, diese Bestimmung für obligatorisch zu erklären, und in den Entscheidungen der Gewerbegerichte[1]) ist sie insoweit schon berücksichtigt, als das Recht der Lösung der Arbeitsverhältnisse aus § 124[4] GO. von einer vorhergehenden Mahnung abhängig gemacht worden ist. Diese Mahnung hat einen Sinn nur, wenn sie mit einer Fristsetzung verbunden ist. Sonst müßte man nach der Mahnung eine angemessene, also schließlich eine vom Richter zu bestimmende, Frist ver-

---

[1]) Urteil des GG. Berlin vom 7. Juni 1904, Nr. 1153 K. I.

streichen lassen. Die Bestimmung dieser Frist geht aber am zweckmäßigsten von dem Arbeiter aus, der mit der Arbeit Bescheid weiß. Natürlich muß seine Fristsetzung eine angemessene sein, so daß sie also, wenn sie auch nicht vom Richter ausgeht, doch von ihm nachzuprüfen ist.

Von denselben Kreisen, die sich gegen die Fristsetzung aussprechen, wird aber verlangt, daß der Arbeiter, ehe er von § 124^4 GO. Gebrauch macht, erst meldet, daß ein Verzug vorliegt. Was ist denn aber diese Meldung anders als eine Mahnung?

Während also der Akkordarbeiter im Falle eines Verzuges des Arbeitgebers naturgemäß schlechter steht als der Zeitlohnarbeiter, weil die Summe, die er infolge des Verzuges zu fordern berechtigt ist, nicht feststeht, sondern erst zu schätzen ist, so wird ein Ausgleich durch die Möglichkeit der Festsetzung geschaffen. Dadurch kann er auf die Beseitigung des Verzuges dringen und so die nachteiligen Folgen desselben mindern.

Was übrigens den Umstand anbetrifft, daß der Akkordarbeiter bei analoger Anwendung des § 642 sich auf die Entschädigung das anrechen lassen muß, was er anderweit verdienen kann, nicht nur, wie in den §§ 615, 616, was er verdient oder böswillig zu verdienen unterläßt, so ist zu bedenken, daß der Arbeiter, so lange das Dienstverhältnis dauert, Dienste bei einem anderen Dienstherrn ohne Genehmigung des Dienstherrn nicht annehmen darf. Es kann sich also in der Regel nur um Dienste handeln, die ihm sein eigener Dienstherr anbietet. Lehnt er diese, ohne durch den Dienstvertrag berechtigt zu sein, ab, so wird er im allgemeinen böswillig handeln, so daß also der Akkordarbeiter in diesem Punkte nicht wesentlich anders steht als der Zeitlohnarbeiter.

Wenn es sich um einen Schadenersatzanspruch des Akkordarbeiters handelt, so wird man auch darauf zurückgehen müssen, was der Akkordarbeiter in der in Rede stehenden „Zeit" verdienen kann. Auch darin besteht eine Beziehung zum Zeitlohnvertrag.

Für wesentlich beim Akkordlohn wird in der Praxis die Vereinbarung der Höhe der zu zahlenden Vergütung angesehen, und zwar dergestalt, daß, falls diese Vereinbarung fehlt, ein

Akkordvertrag überhaupt nicht vorliegt und daß dann die übliche Vergütung zu zahlen ist, und zwar in Zeitlohn [1]).

Diese Forderung entspricht dem praktischen Bedürfnis, weil übliche Preise für Akkordarbeiter und Akkordlohn im allgemeinen nicht feststehen, sondern in jedem einzelnen Betriebe meist unter Ausschluß der Öffentlichkeit festgesetzt werden und meist auch unter so verschiedener, in den Einrichtungen und den Gepflogenheiten der Fabrik begründeten Voraussetzungen, daß man den Preis der einen Fabrik nicht mit dem einer anderen vergleichen kann, zumal auch in Deutschland die Gewerkschaften es sich meist haben entgehen lassen, auf die Festsetzung einheitlicher Akkordpreise hinzuwirken, was eine allerdings mühevolle, aber für den Arbeiter segensreiche Tätigkeit wäre [2]).

Schließlich bleibt noch der von *Koehne* behandelte Fall zu erörtern, daß neben dem Akkordlohn Zeitlohn ausbedungen wird. Dies ist meist im Großbetriebe in der Weise der Fall, daß vereinbart wird: der Arbeiter erhält einen Stundenlohn von so und soviel Pfennig, sowie Akkordlohn, oder „sofern nicht Akkordlohn gezahlt wird". Dieses Gemisch von Akkord- und Zeitlohn ist, wie *Koehne* richtig bemerkt, für das Wesen des Akkordlohnes von keiner Bedeutung, es kommt aber überaus häufig vor, wenn es nicht die Regel bildet. Seine Bedeutung ist entweder die, daß stets der vereinbarte Zeitlohn zu zahlen ist, wenn eine Akkordvereinbarung nicht zustande gekommen ist, insbesondere bei Neben- und

---

[1]) Grundsätze 9. Falls eine Vereinbarung über die Höhe des Akkordlohnes nicht vorliegt, ist die übliche Vergütung in Zeitlohn — d. h. nach Zeit berechnet — zu zahlen. Urteil vom 16. Februar 1905 Nr. 10. 05 und vom 16. Februar 1905 Nr. 11. 05. (Zugrunde gelegt wird Akkordlohn; danach wird berechnet, wieviel auf die Stunde kommt. Entsprechend pflegt auch die Baukammer den durchschnittlichen Akkordverdienst zugrunde zu legen.) Dem üblichen Zeitlohn ist aber nicht der für das betreffende Dienstverhältnis allgemein — für den Fall von Zeitlohnarbeit — vereinbarte Zeitlohn gleichzusetzen. Urteil vom 5. August 1904 Nr. 734. 04. Die Beziehungen des Akkordvertrages zum Zeitlohnverhältnis ergeben sich auch aus den Ausführungen bei *Bail*, S. 156—158.

[2]) Die Tarifverträge fangen jetzt an, derartige einheitliche Akkordpreise und Bedingungen zu begründen.

Vorbereitungsarbeiten zur Akkordarbeit, bei der Anfertigung von Werkzeugen für solche, für das Einrichten von Maschinen, auch für Nebenarbeit überhaupt, für Aufräumen und Transportarbeiten u. a. m. Seine Bedeutung kann auch die eines Mindestlohnes sein, entweder dergestalt, daß die Akkordlöhne so bemessen sein müssen, daß der Akkordarbeiter voraussichtlich bei normaler Arbeit mindestens auf einen diesem Zeitlohn entsprechenden Verdienst kommen kann, oder mit der Maßgabe, daß der Akkordarbeiter unter allen Umständen, soweit ihn nicht etwa irgendein Verschulden trifft, einen Anspruch auf diesen Mindestlohn hat, mag er auch Akkorde vereinbart haben, bei denen die Erreichung dieses Verdienstes auch bei sorgfältiger Arbeit nicht möglich ist.

Ferner wird auch vereinbart, daß der erwähnte Zeitlohn als Abschlagszahlung bei der Ausführung einer Akkordarbeit in regelmäßigen, meist wöchentlichen Perioden zu zahlen ist, wie überhaupt die Abschlagszahlungen meist in Zeitlohn nach Maßgabe der geleisteten Arbeitszeit gewährt werden[1]), auch wenn nicht gerade der vereinbarte Zeitlohn zugrunde gelegt werden soll.

---

[1]) Sie können aber auch nach einer Quote der Arbeitsleistung oder nach einem sachverständig zu schätzenden Betrage mit Rücksicht auf den Wert des bisher Geleisteten gezahlt werden.

Rechtswidrig und daher hier nicht weiter zu erörtern ist das mißbräuchlich nicht selten geübte Verfahren, dem Akkordarbeiter von dem verdienten Akkordlohn einen Abzug zu machen, wenn sich herausstellt, daß der Arbeiter einen einen gewissen Stundenlohn erheblich überschreitenden Verdienst gehabt hat. Selbst mit Zustimmung der Arbeiter kann ein solches Verfahren nur in den Grenzen des Lohnbeschlagnahmegesetzes vom 21. Juni 1869 bzw. 17. Mai 1898 geübt werden. Andernfalls kann der durch die Lohnsicherung geschützte Arbeiter den vereinbarten Akkordlohn nach ordnungsmäßig geleisteter Arbeit stets fordern, auch wenn er vorher darauf verzichtet hat. Die erwähnte Lohnreduktion wird besonders häufig von untergeordneten Organen großer Betriebe gemacht, die dadurch falsche Kalkulationen oder Irrtümer bei der Akkordvereinbarung, auch entstandene Mehrkosten infolge falscher Leitung der Arbeit verdecken wollen. Nicht in das Gebiet einer rechtlichen Abhandlung, sondern in das Gebiet der Akkordpolitik gehört die rechtlich nicht zu beanstandende — aber praktisch bedenkliche Reduktion künftiger Akkorde, d. h. Herabsetzung der Preise für künftig

Der vereinbarte Zeitlohn kann schließlich auch die Bedeutung haben, daß er überhaupt oder mindestens zu zahlen ist, wenn die Akkordarbeit nicht oder nicht vereinbarungs-

---

abzuschließende Akkorde, wenn sich ein besonders hoher Verdienst der Akkordarbeiter dabei herausstellt. Es läßt sich ja mit Rücksicht auf die Konkurrenz — ganz abgesehen von dem Wechsel der Arbeitsmethoden — eine periodische Nachprüfung der Akkordpreistabellen nicht vermeiden, sie sollte aber nicht aus dem erwähnten Gesichtspunkte heraus erfolgen, daß die Arbeiter bei irgend einem Akkordpreis „zu viel" verdienen. Wenn immer noch größere Sorgfalt auf die Akkordberechnung gelegt werden wird, so werden Fälle groben Verkalkulierens auf ein Minimum zurückgehen. Dann werden auch die Fälle, in denen eine Akkordreduktion wünschenswert erscheint, sich vermindern, und schließlich wird als Grund einer Herabsetzung der Akkordpreise nur die Veränderung der Arbeitsmethoden oder eine dringende Rücksicht auf die — hauptsächlich ausländische Konkurrenz — übrig bleiben. Für solche Reduktionen wird man schließlich auch Verständnis bei den Arbeitern finden können, nicht aber, wenn man stets eine Reduktion der Akkordpreise auf gewisse Zeitlohnsätze vornimmt. Damit erreicht man nur, daß die Arbeiter mit allen erlaubten und unerlaubten Mitteln, oft unter Duldung oder Förderung durch ihre Aufsichtsbeamten, Meister, Vorarbeiter, Kolonnenführer, ja auch der Werkstattschreiber gegen die Reduktion durch langsames Arbeiten, falsche Angaben entgegenarbeiten und daß sie das Akkordsystem nur als ein auf Täuschung der Arbeiter berechnetes ansehen, bei dem der Arbeiter durch die trügerische Aussicht auf einen höheren Gewinn zu größerer Leistung angespornt werden soll, während er im Grunde auch bei fleißigster Arbeit im Durchschnitt nie über einen gewissen Stundenlohnsatz hinauskommt. Hervorragende Arbeiterführer haben deshalb sich schon zu der Hyperbel verstiegen, es gäbe überhaupt keinen Akkordvertrag (s. *Stadthagen* S. 143). Die Parteiführer der Arbeiter gehen deshalb oft Hand in Hand mit den großen Industriellen, indem sie jede Bindung aus dem Akkordvertrag zu beseitigen suchen. Scheinbar ziehen beide dabei an demselben Strange. Tatsächlich arbeiten sie sich entgegen! Die Industriellen wollen die Vorteile des Akkordvertrags unter Erhaltung der größten Bewegungsfreiheit für sich, während die Arbeiterführer auf diesem Wege, besonders unter Betonung der bei dem erwähnten Verfahren der Industriellen nahe liegenden, aber von diesen auf das lebhafteste bekämpften Idee des Mindestlohnes, die Akkordarbeit zu beseitigen hoffen. Über die Unzulässigkeit, willkürlich den Akkordlohn herabzusetzen, Gewerbegericht Dresden bei *Baum* S. 120 Nr. 131. Die Härten der Akkordreduktion hat man durch gemischte Lohnsysteme zu mindern gesucht, welche automatisch und allmählich die Reduktion bewirken. Gerade diese Systeme stoßen aber auf noch heftigeren Widerspruch bei den Arbeitern als das einfache Akkordsystem. Der Grund ist wohl hauptsächlich das

gemäß beendet wird, mag nun das Verschulden auf seiten der Arbeitgeber oder der Arbeiter liegen, für welche beiden Fälle auch mitunter verschiedene Zeitlöhne vereinbart werden[1])[2]).

Mitunter hat der vereinbarte Zeitlohn die Bedeutung, daß entweder der Arbeitgeber oder der Arbeiter oder beide Teile von dem Akkord jederzeit zurücktreten können und daß dann nur der vereinbarte Zeitlohn zu zahlen ist. Er hat dann, vom Standpunkte des Arbeitgebers aus gesehen, gewissermaßen die Bedeutung eines Maximallohnes, den der Arbeitgeber höchstens zu zahlen braucht, indem er vom Akkord zurücktreten kann, wenn er annimmt, daß der Arbeiter bei demselben mehr ver-

---

Mißtrauen der Arbeiter, daß neue Systeme nur im Interesse des Unternehmers und zu ihrem Schaden erfunden werden. Jedenfalls häufen diese Systeme die rechtlichen Komplikationen des schon nicht einfachen Akkordvertrages und sollten deshalb nicht ohne zwingenden Grund vermehrt werden. Das einfachste System ist, selbst wenn es Härten aufweist, das beste. Nur für einfach und klar liegende Verabredungen wird man ein Verständnis in der Arbeiterwelt finden können, wie die Einfachheit ja überhaupt ein Grundsatz für alle Vertragsverhältnisse sein sollte.

[1]) *Rümelin* S. 112-113 spricht von einer Kumulierung von Zeit- und Akkordlohn. Diese ist mit der Vereinbarung, daß alternativ Akkord- oder Zeitlohn zu zahlen ist, nicht identisch.

Grundsätze: Nr. 6. Wenn nach der Parteiabsicht eine gegen Akkordlohn übernommene Arbeit unter gewissen Umständen nach Stundenlohn bezahlt werden soll, so kommen im Falle des Eintritts dieser Umstände lediglich die Grundsätze des Zeitlohnvertrags in Anwendung (§ 614 BGB. zweiter Satz). Urteil vom 26. November 1903 Nr. 1076. 03 und vom 21. September 1905 Nr. 805. 05. Gewerbegericht Berlin K. 5.

Nr. 8. Bei Vereinbarung von Stundenlohn müssen die Stunden, in denen die vereinbarten Dienste geleistet sind, bezahlt werden, wenn auch das Arbeitsstück bei Fortsetzung der Arbeit durch Schuld des Arbeiters ganz oder teilweise verdorben wird. Urteil vom 21. September 1905 Nr. 805. 05. Gewerbegericht Berlin K. 5.

[2]) *Koehne* S. 49. *v. Schulz* weist in seinem Gutachten zum Tarifvertrag auf die Motive zur Gewerbenovelle von 1891 S. 44 zu § 134 d hin, wonach der einzelne Arbeiter, wenn er Beschäftigung sucht, in der Regel keine Wahl hat, ob er sich den Bedingungen der Fabrik unterwerfen will. Diese Bemerkung kann aber nur die wirtschaftliche, nicht die rechtliche Situation des Arbeiters betreffen. Auch die Arbeiter wünschen übrigens meist möglichst gleiche Bedingungen für alle in einer Fabrik Angestellten, wogegen andererseits auch die Fabrikanten ein Interesse daran haben, die Arbeiter individuell zu behandeln.

diene, ihm also die Akkordarbeit teurer zu stehen kommen wird.

Die sogenannten höheren Lohnformen, Prämiensysteme u. dgl. sind entweder auf der Grundlage des Zeitlohnes oder des Akkordvertrages aufgebaut. Die Prämie selbst wirkt meist wie eine Akkordvereinbarung. Daher können gewöhnlich die Grundsätze des Akkordvertrages auch auf derartige Prämien angewendet werden.

Viertes Kapitel.

Begründung des Akkordvertrags.

A. Abschluß des Akkordvertrags.

Der Abschluß eines Akkordvertrags erfolgt wie der Abschluß eines Dienstvertrags.

Dieser bietet nach den Grundsätzen des Bürgerlichen Gesetzbuches nichts Besonderes: er erfolgt formlos durch erklärte Willenseinigung[1]). Nur wenn eine Vereinbarung über die Höhe der Vergütung nicht getroffen ist, gilt die Fiktion, daß die taxmäßige und, wo eine solche nicht besteht, die übliche Vergütung als vereinbart gilt.

Zum Wesen des gewerblichen Akkordvertrags gehört, wie überwiegend in der Praxis angenommen wird, die Vereinbarung der Höhe der Vergütung. Ist diese nicht erfolgt, so liegt ein gewerblicher Akkordvertrag nicht vor, sondern ein Dienstvertrag mit Zeitlohn[2]), der gemäß § 612 BGB. in der taxmäßigen oder üblichen Höhe zu gewähren ist[3]).

---

[1]) Als übliche Vergütung kann, wenn der Inhalt eines Tarifvertrags zur Übung geworden ist, die tarifvertragliche angesehen werden.

[2]) Eigentümlich ist die Bestimmung des § 80 b Nr. 3 des preuß. Berggesetzes. Danach muß die Arbeitsordnung Bestimmungen enthalten über den Zeitpunkt, bis zu welchem *nach der Übernahme* der Arbeit gegen Gedingelohn das Gedinge abgeschlossen sein muß. Darin liegt ein logischer Widerspruch; man kann nicht zwingend vorschreiben, daß zwei Personen sich in einer bestimmten Zeit einigen müssen. Vor allen Dingen wird dadurch die Frage nicht gelöst, was zu geschehen hat, wenn die Einigung in dieser Zeit nicht erfolgt. Man wird dann nur üblichen Zeitlohn zubilligen können.

[3]) Vgl. preuß. Berggesetz § 80 c.

Beim gewerblichen Akkordvertrag kommt noch hinzu, daß gemäß § 134ac GO.[1]) bei Betrieben, in denen regelmäßig mindestens 20 Arbeiter beschäftigt sind, die Bestimmungen der Arbeitsordnung eine Klausel des Dienstvertrags, also auch des Akkordvertrags, bilden[2]). Hier ist nun wieder die Unterscheidung zwischen dem allgemeinen Akkordvertrag und der einzelnen Akkordabrede wichtig.

Die Arbeitsordnung kann naturgemäß nur allgemeine Bestimmungen treffen.

Sie muß nach § 134b 2 und 3 u. a. Bestimmungen über die Art und Zeit der Lohnzahlung und, sofern es nicht bei den gesetzlichen Bestimmungen bewenden soll, über die Frist sowie über die Gründe, aus welchen die Entlassung und der Austritt aus der Arbeit ohne Kündigung erfolgen darf, enthalten.

Es muß also in der Arbeitsordnung bestimmt werden, ob Zeit- oder Akkordlohn gezahlt wird.

Möglich wäre auch die Aufnahme eines Akkordtarifes in die Arbeitsordnung, in welchem Falle seine Abänderung nur in derselben Weise erfolgen könnte, wie die Abänderung der Arbeitsordnung.

Das hat aber nur für den allgemeinen Akkordvertrag Gültigkeit. Denn es können neben und entgegen der Arbeitsordnung Sonderabreden über die Vergütung getroffen werden, da im § 134^c nur die Vereinbarung besonderer Gründe für den Austritt und die Entlassung und besonderer Strafen untersagt ist[3]).

Im einzelnen Fall kann die Arbeitsordnung keine Bestimmung über den Akkord treffen. Derselbe muß im Einzelfall besonders vereinbart werden, wobei es nicht nur auf die Höhe des Lohnes ankommt, sondern oft vielmehr auf andere Umstände, wie die Sorgfalt der Arbeit, die Qualität und Vor-

[1]) Minderjährige Personen dürfen, soweit reichsgesetzlich nicht ein anderes zugelassen ist, als gewerbliche Arbeiter nur beschäftigt werden, wenn sie mit einem Arbeitsbuche versehen sind. Bei der Annahme solcher Arbeiter hat der Arbeitgeber das Arbeitsbuch einzufordern. §§ 107, 150 Abs. 1 Nr. 2 GO.

[2]) 28. Deutsch. Juristentag, Verhandl. Band III S. 531.

[3]) Ein nicht der Arbeitsordnung einverleibter Akkordtarif ist nicht ohne weiteres rechtsverbindlich, auch nicht, wenn er durch Aushang veröffentlicht ist. Er kann vielmehr nur durch Vereinbarung des Arbeit-

bearbeitung des Materials, die Werkzeuge und Maschinen und anderes. Auch wo ein Tarif besteht, wird meist noch ein besonderer Akkord erforderlich sein, der die Zahl der Stücke, die Zeit der Lieferung und anderes umfaßt. Nur die Vereinbarung über die Höhe des Lohnes wird durch den in einer notwendigen Arbeitsordnung aufgenommenen Tarif ersetzt[1]).

Wenn auch die Kündigungsfrist und die Gründe der Vertragslösung nicht abweichend von der Arbeitsordnung festgesetzt werden können, so kann doch eine bestimmte Zeit der Dauer des Arbeitsverhältnisses vereinbart werden. Dies geschieht durch jede Akkordabrede.

Auch in dieser Beziehung ist die Einzelakkordabrede von Bedeutung.

Die Arbeitsordnung ist an gewisse Formen gebunden. Insofern ist also auch der Akkordvertrag unter Umständen von gewissen Formen abhängig.

Im übrigen bestehen für den A b s c h l u ß des Akkordvertrags keine Formvorschriften.

Es kann dagegen durch Arbeitsordnung[2]) oder durch eine sonstige wörtliche oder tatsächliche Vereinbarung der Parteien

---

gebers und des Arbeiters für beide verbindlich werden. Ebenso liegt der Fall bei einer Arbeitsordnung in einem Betriebe, in welchem nicht regelmäßig 20 Arbeiter beschäftigt werden, vergl. *Koehne*, Die Arbeitsordnung S. 90 ff., qualifizierte Arbeitsordnung genannt. *Koehne* (S. 122) definiert die qualifizierte Arbeitsordnung als eine Verfügung eines Privatmannes, welche für die Arbeitsverträge, die er als Arbeitgeber abgeschlossen hat, infolge gesetzlicher Vorschrift generellen Vertragsinhalt enthält; andererseits bestehen aber nach *Koehne* in Hinsicht auf die Arbeitsordnung auch Rechte und Verpflichtungen gegenüber Organen des Gemeinwesens, der Verwaltungsbehörden. *Koehne* verwirft die Ansicht, daß die Arbeitsordnung ein Teil der Offerte des Arbeitgebers sei. Dag. *Leidig*, Verhandl. d. 28. Deutsch. Juristentages Bd. III S. 548. Gemeint sind in vorstehendem Fabriktarife ohne Rücksicht darauf, ob sie auf einen Tarifvertrag beruhen. In diesem Falle kommt noch das besondere Recht der Tarifverträge in Frage. S. Teil II.

[1]) GO. § 134 a. Nach § 134 b GO. soll die Arbeitsordnung die Art der Abrechnung angeben, und demzufolge nach *Koehne* S. 66 (s. auch dens. Arbeitsordnung S. 194) auch einen Hinweis auf etwa bestehende Tarife. Mit Recht bemerkt *Koehne*, daß damit nur eine öffentliche Verpflichtung gegenüber dem Staat eingeführt ist.

[2]) Neuerdings ist die Praxis in Zunahme begriffen, durch Arbeitsordnungen vorzuschreiben, daß nur im voraus schriftlich — auch hinsicht-

festgesetzt sein, daß die Akkordabreden nur bei Beobachtung gewisser Formen gültig sein sollen, was häufig vorkommt. Insbesondere werden sogenannte Akkordzettel vereinbart. Das sind Zettel, auf denen Art und Kommissionsnummer der Arbeit, auch Zeit der Lieferung, die gelieferten Materialien und Werkzeuge, die Zahl und Art der dem Akkordarbeiter zu stellenden oder von ihm anzunehmenden Helfer und deren Vertragsverhältnis u. a. vermerkt zu werden pflegen.

Diese Zettel werden entweder gar nicht oder, was meist der Fall ist, nur vom Arbeitgeber oder seinem Stellvertreter oder von beiden Teilen unterschrieben.

Vertragsmäßig soll der Akkord dann meist durch Hingabe und Annahme des Akkordzettel zustande kommen. Wenn die Unterschrift von beiden Seiten erfolgt, so kann man auch annehmen, daß der Akkord bereits durch die beiderseitige Unterschrift zustande gekommen ist.

Gemäß §§ 127, 125 BGB. bewirkt die Nichtbeachtung der so vereinbarten Schriftform im Zweifel — d. h. wenn nichts Gegenteiliges ausdrücklich oder tatsächlich vereinbart ist — die Richtigkeit des Akkordvertrags. Daraus würde folgen, daß dann der übliche Zeitlohn zu bezahlen ist. Denn trotz der Nichtigkeit der Akkordabrede bleibt das Dienstverhältnis bestehen. Die Arbeit ist dann also ohne Vereinbarung über die Höhe der Vergütung auf Grund eines Dienstvertrags geleistet.

Die Gewerbeordnung wie das preußische Berggesetz[1]) schreiben aber der Beurkundung der Akkordverträge eine

---

lich des Preises — vereinbarte Akkorde gültig sein sollen. Dadurch wird freilich der alte Mißbrauch, Akkorde ohne genügende Vereinbarung zu übertragen, nicht mit einem Schlage beseitigt. Die Unternehmer sind aber bemüht, hier Wandel zu schaffen. Es wäre zu wünschen, daß sie von den Gewerbegerichten und den Gewerkschaften energisch hierbei gegen die Laxheit der Unterbeamten unterstützt würden. Die Unterbeamten müssen freilich die nötige Intelligenz und auch Zeit haben, um der Formvorschrift genügen zu können.

[1]) GO. §§ 144 a, 146 Abs. 1 Ziffer 3, 150 Abs. 1 Ziffer 2. Allg. Berggesetz, 24. Juni 1865-1892, 17. Juli 1905, § 80 b ff. Hier muß die Arbeitsordnung Vorschriften über den Abschluß und die Beurkundung des Gedinges, sowie über die Lohnberechnung für den Fall enthalten, daß ein gültiges Gedinge nicht zustande gekommen ist. Nach *Arndt*, Komm. z.

besondere, aber für den Abschluß nicht wesentliche Form zu, die also auch nachträglich erfolgen kann.

Der Vertragsschluß kommt nach diesen Vorschriften nicht durch die Beurkundung zustande. Die Beurkundung braucht auch nicht alle Einzelheiten der Akkordabrede zu umfassen, sie erstreckt sich vielmehr nur auf einige besonders für den Arbeiter wichtige Punkte, so daß die Akkordabrede im übrigen durch die gepflogenen Verhandlungen ergänzt wird.

Hier ist also in der Regel eine Ergänzung des Beurkundeten erforderlich. Ist dagegen die Schriftform durch Vertrag — oder Arbeitsordnung — vorgeschrieben, so muß man in der Regel annehmen, daß die Parteien nur das gelten lassen wollten, was sie schriftlich vereinbart haben[1]).

Nach § 114a GO. kann der Bundesrat für bestimmte Gewerbe Lohnbücher oder Arbeitszettel vorschreiben. In diese sind vom Arbeitgeber oder dem dazu Bevollmächtigten einzutragen:

Berggesetz, ist Beurkundung jede schriftliche, wenn auch nur einseitig beurkundete Feststellung (vgl. Sten. Bericht des Abgeordnetenhauses 1892), s. dazu *Franke*, Gutachten S. 171. Der Wert solcher einseitigen Beurkundungen ist aber ein geringer, denn das Berggesetz verleiht der Beurkundung des Gedinges keine besondere Beweiskraft, wozu es ja als Landesgesetz auch gar nicht imstande wäre. Privaturkunden haben aber nach § 416 ZPO. nur eine besondere Beweiskraft, wenn sie von den Ausstellern unterschrieben sind. Alsdann beweisen sie aber nur, daß die darin enthaltenen Erklärungen von dem Aussteller abgegeben sind, nicht aber, was im vorliegenden Fall allein erheblich wäre, daß sie der anderen Partei gegenüber abgegeben sind. Nicht von dem Bergarbeiter unterschriebene Urkunden über das Gedinge haben also für den Arbeitgeber als Beweismittel keinen Wert, wenn sie auch den Vorschriften des Berggesetzes genügen.

[1]) Der Inhalt eines Akkordzettels geht der Arbeitsordnung vor. Erkenntnis der Gewerbegerichts Berlin K. 5 vom 15. August 1907, S. 863. 07. K. 5. Die Arbeitsordnung schrieb vor, daß im Fall schuldhafter Unterbrechung der Akkordarbeit durch den Arbeiter dieser nur den „ortsüblichen Tagelohn" fordern könne, während auf dem Akkordzettel vermerkt war, daß er in solchem Falle „für die verwendete Zeit höchstens Anspruch auf Stundenlohn habe". Das Gericht nahm an, daß die Parteien etwas von der Arbeitsordnung Abweichendes vereinbart haben, daß sie sich aber über die Höhe des Stundenlohnes nicht einig geworden seien und daß daher gemäß § 612 BGB. der übliche Stundenlohn zu zahlen sei.

1. Art und Umfang der übertragenen Arbeit, bei Akkordarbeit die Stückzahl,

2. die Lohnsätze,

3. die Bedingungen für die Lieferung von Werkzeugen und Stoffen zu den übertragenen Arbeiten.

Der Bundesrat kann auch bestimmen, daß in die Lohnbücher oder Arbeitszettel auch die Bedingungen für die Gewährung von Kost und Wohnung einzutragen sind, sofern Kost oder Wohnung als Lohn oder Teil des Lohnes gewährt werden sollen. Auf die Eintragungen finden die Vorschriften des § 111 Abs. 2—4 entsprechende Anwendung.

Das Lohnbuch oder der Arbeitszettel ist von dem Arbeitgeber auf seine Kosten zu beschaffen und dem Arbeitgeber nach Vollziehung der vorgeschriebenen Eintragungen vor oder bei Übergabe der Arbeit kostenfrei auszuhändigen.

Die Lohnbücher sind mit einem Abdrucke der Bestimmungen der §§ 115 bis 119ᵃ Abs. 1 und des § 119ᵇ zu versehen. Im übrigen wird die Einrichtung der Lohnbücher durch den Reichskanzler bestimmt.

Auf die vom Bundesrate getroffenen Anordnungen findet die Bestimmung im § 120ᵉ Abs. 4 Anwendung, d. h. sie sind durch das Reichsgesetzblatt zu veröffentlichen und dem Reichstage bei seinem nächsten Zusammentritte zur Kenntnisnahme vorzulegen.

Diese Beurkundungen sollen verhindern, daß die Arbeiter sich im Unklaren über ihren Lohnanspruch befinden. Die Unterlassung der Form hat nicht die Ungültigkeit der betreffenden Abrede, sondern lediglich gemäß § 150 Abs. 1 Ziff. 2 eine Geldstrafe bis zu 20 Mark, im Unvermögensfalle Haft bis zu drei Tagen, zur Folge[1][2].

---

[1]) Die Eintragung von Merkmalen in das Lohnbuch, welche den Inhaber günstig oder ungünstig kennzeichnen, ist mit einer Geldstrafe bis zu 2000 M. oder im Unvermögensfalle mit Gefängnis bis zu 6 Monaten bedroht. — Von den Lohnbüchern sind die Lohnzahlungsbücher zu unterscheiden.

[2]) Im Bergrecht (vgl. *Bernhard*, Gedingeordnungen, insbes. S. 61) waren mit der Vereinbarung von Gedingen von jeher Förmlichkeiten verknüpft, die beweisen, welche Bedeutung man der sorgfältigen Festsetzung der Gedinge beilegte. So sollten u. a. beim Abschluß des Gedinges

Ähnlich wie die Gewerbeordnung gibt das preußische Allgemeine Berggesetz vom 24. Juni 1865 bzw. 24. Juni 1902 bzw. 15. Juli 1905 Bestimmungen über die Vereinbarung von Gedingen.

Über die Art und Weise der Akkordvereinbarung wird oft mit Recht Klage geführt. Dem Arbeiter wird oft nur kurz gesagt, daß er in Akkord arbeite, und er begnügt sich dann damit, daß ihm nachträglich eine bestimmte Summe für seine Tätigkeit ausgezahlt wird. Die Festsetzung dieser Summe erfolgt dann entweder, und das ist immerhin eine gewisse Ordnung, auf Grund bestehender Tabellen, in die der Arbeiter aber meist keine Einsicht erhält, oft aber rein willkürlich. Besonders bei Kolonnenakkordarbeitern wird hier gesündigt, wovon später noch die

---

zwei Geschworene hinzugezogen werden. Dieselben sollten (nach der Schneeberger Ordnung von 1492) zunächst feststellen, wie hoch das vorige Gedinge (das unter ähnlichen Gesteinsverhältnissen ausgeführt war) gewesen sei, wie hoch der Gedingeüberschuß sich belief. Darauf hatten die Geschworenen die Stufen zu schlagen, d. h. durch Marken im Gestein das Abbaugebiet zu bezeichnen. Es pflegte keine Pauschalsumme festgesetzt, sondern nach Maß bezahlt zu werden. Als Maß galt anfangs der Lachter, ein Längenmaß, später der Kübel, ein Raummaß. Zur Vermeidung von Betrügereien bei der Vermessung waren diese mit Strafe bedroht. Die kursächsische Stollenordnung bestimmt, es sollte darauf gesehen werden, daß die Gedinge in vier Wochen sollten fertiggestellt sein können. Die Steiger sollten ein Rabusch (Kerbholz) führen (Schneeberger Ordnung von 1749), die Bergordnungen von 1492 und 1499 bestimmen, daß die Schichtmeister schriftlich aufzeichnen sollten, an welcher Stelle die Arbeiten ausgeführt und wie groß ihr Umfang gewesen sei. Auch in einer Magdeburger Bergordnung aus dem 17. Jahrhundert findet sich das Erfordernis schriftlicher Aufzeichnung der Gedinge. In sog. fündigen Zechen, d. h. in solchen, die reines Erz förderten, waren im Interesse der Qualität Gedinge nur mit Erlaubnis des Bergmeisters zulässig (Ordnung St. Annaberg 1509). Anklänge an die in diesen Bergordnungen bekämpften Mißstände finden sich noch heute beim Akkordwesen. Aus der Rechtsprechung über den Abschluß von Akkorden seien folgende in der Soz. Prax. XV Nr. 5 u. 10 abgedruckten Grundsätze des Gewerbegerichts Berlin wiedergegeben: Der Abschluß erfolgt durch mündliche Vereinbarung oder durch Hingabe und Annahme eines Akkordzettels (Urt. v. 25. August 1904 Nr. 734. 04.) Allgemeine Akkordbedingungen einer Fabrik, welche erst nach Beendigung einer Akkordarbeit festgestellt sind, können auf diese nicht angewendet werden. Dagegen können sie eine Klausel künftiger Akkordverträge bilden (Urt. v. 30. März 1901 Nr. 213. 05). Wird einem

Rede sein wird, ebenso bei der Heimarbeit, wenn keine Lohnbücher oder Lohnzettel eingeführt sind. Meist erhält der Akkordarbeiter einen Akkordzettel. Dessen Inhalt ist ein sehr verschiedenartiger. Derselbe besteht meist, und zwar in Berlin auch in kleineren Betrieben, in einem gedruckten Formular. Dieses enthält gewöhnlich die sog. Kommissionsnummer, eine kurze Beschreibung der Arbeit, die Anzahl der Stücke und den Preis, entweder in einer Gesamtsumme oder in Einzelpreisen für jede einzelne Operation. Schließlich pflegt noch der Name des Arbeiters auf dem Zettel zu stehen. Mitunter findet sich auch ein Vermerk über das gelieferte Material, die Werkzeuge, darüber, ob der Arbeiter Maschinen ein- oder herzurichten, Werkzeuge zu fertigen hat, ob ihm Helfer gestellt werden und unter welchen Bedingungen, ob und welche Abschlagszahlungen ihm gewährt werden[1]).

Die Akkordzettel enthalten dann noch allerlei allgemeine Bemerkungen, z. B.:

„Dieser Zettel ist ohne Angabe des Akkordpreises ungültig." „Dieser Zettel ist bei Fertigstellung der Arbeit zurückzugeben." „Bei freiwilligem Austritt aus der Arbeit, ohne daß der Akkord fertiggestellt ist, hat der Arbeiter keinen Anspruch auf die vereinbarte Akkordsumme." „Jeder Arbeiter, der eine übernommene Akkordarbeit durch eigenes Verschulden, wozu

---

Arbeiter wiederholt ohne weitere Abrede eine gleichartige Arbeit übertragen, die er bereits früher in Akkord geleistet hat, so gilt Akkordarbeit als vereinbart (Urt. v. 23. Februar 1905 Nr. 39. 05). Wenn nach der Parteiabsicht eine gegen Akkordlohn übernommene Arbeit unter gewissen Umständen nach Stundenlohn bezahlt werden soll, so kommen im Falle des Eintritts dieser Umstände lediglich die Grundsätze des Stundenlohnes in Anwendung (§ 6 BGB. Urt. v. 20. November 1903 Nr. 1076. 03 und 21. September 1905 Nr. 805. 05).

Über das Eigentum an Akkordzetteln entsteht häufig Streit. Grundsätzlich ist der Akkordzettel eine gemeinsame Urkunde beider Parteien. Wenn zwei Exemplare ausgestellt sind, so gehört grundsätzlich das eine dem Arbeitgeber und das andere dem Arbeiter. Auf den Zetteln ist mitunter vermerkt: „Dieser Zettel ist bei Fertigstellung der Arbeit zurückzugeben." Ein solcher Vermerk, wenn er überhaupt für den Arbeiter verbindlich ist, kann mitunter durch ein bestehendes gesetzliches Zurückbehaltungsrecht des Arbeiters aus § 973 aufgehoben sein.

[1]) In der englischen Textilindustrie sind Akkordzettel vorgeschrieben.

auch Verstöße gegen die Akkordarbeit gehören, nicht beendet oder freiwillig vor Fertigstellung niederlegt, hat für die verwendete Zeit höchstens Anspruch auf Stundenlohn für die wirklich geleistete Arbeitszeit." „Durch Annahme dieses Akkordzettels übernimmt der Arbeiter die Arbeit zu dem in dem Akkordzettel festgesetzten Akkordlohn. Er begibt sich jedes Einwandes, da er vor der Übernahme sich über Material und zu leistende Arbeit unterrichtet hat, und es liegt ihm ob, dafür zu sorgen, daß die Teile, welche er benötigt, seien sie bearbeitet oder unbearbeitet, möglichst rechtzeitig zu seiner Verfügung stehen." „Verrechnung und Zahlung des Akkordes kann der Arbeiter nur verlangen, wenn er bei Fertigstellung der betreffenden Arbeit diesen Zettel zurückliefert."

Die Akkordzettel sind, wenn überhaupt, meist nur vom Arbeitgeber oder einem Stellvertreter desselben unterschrieben. in geregelten Betrieben aber oft auch vom Arbeiter [1]).

Bei großen Akkordarbeiten im Bau und bei auswärtigen Montagen werden oft umfangreiche Verträge, nach gedruckten Formularen abgeschlossen, in beiden Fällen leider sehr häufig mit der Absicht, das wahre Rechtsverhältnis zu verschleiern, so daß der Akkordant nach außen als selbständiger Unternehmer, nach innen aber nur als Arbeiter des Hauptunternehmers erscheint [2]).

Die oben angeführten Bemerkungen auf Akkordzetteln könnte man beliebig vermehren. Oft ist der Inhalt dieser Bemerkungen juristisch nicht haltbar [3]).

---

[1]) Die Vertretungsbefugnis beim Abschluß von Akkorden wird oft in Frage gestellt. Es fehlt meist an einer klaren Regelung derselben. Schon zur Zeit der alten Gedingeordnungen im Bergbau wurde darüber Klage geführt; vgl. *Bernhard* a. a. O. S. auch *Franke*, Gutachten S. 188 Gesetzliche Vorschriften über eine zu vermutende Vollmacht wären hier am Platze. Vgl. *Wölbling*, Soz. Prax. XIV Sp. 818. Das preußische Berggesetz § 80 b², daß die Arbeitsordnung Bestimmungen über die zur Festsetzung des Schichtlohnes und zum Abschlusse und zur Abnahme des Gedinges ermächtigten Personen enthalten muß.

[2]) Leider beteiligen sich große solide Fabriken an diesem Verfahren.

[3]) In Tarifverträgen wird oft ausdrücklich vorherige Vereinbarung des Akkordes sowie Auslegung der Akkordtarife verlangt. S. *Sinzheimer*, Arbeitsnormenvertrag Bd. 1 S. 38, 39. *Sigel* S. 10 rechnet zum Wesen des Akkordvertrages, daß die Parteien sich über den Lohn v o r B e g i n n

Oft erhalten die Arbeiter nicht das Original, sondern nur eine Abschrift oder einen Abdruck des Akkordzettels. Daneben wird ihnen häufig eine Zeichnung, ein Modell oder ein Muster für die Arbeit übergeben, teils unter Hinweis, teils ohne Hinweis darauf im Akkordzettel.

B. Vorbereitung des Akkordabschlusses. Akkordberechnung.

Neben dem Abschluß ist beim Akkordvertrag eine den Abschluß vorbereitende Handlung von Wichtigkeit, die bei andern Verträgen, weil lediglich im Gebiet der Motive eines Vertragsschlusses liegend, unerheblich sein würde. Ich meine die Akkordberechnung.

Danach besteht eine eigentliche Ausnahme von dem Satze, daß der Beweggrund für die Geltung eines Rechtsgeschäfts unerheblich ist, nicht. Eine solche Ausnahme würde den Grundsätzen des Rechts widersprechen [1]).

Der Antrag zum Abschluß eines speziellen Akkordes geht fast ausnahmslos vom Arbeitgeber aus und zwar hat der Antrag gewöhnlich die Form eines Befehls. Dem Arbeiter wird gesagt: mache diese Arbeit, dafür erhältst du den und den Preis. Manchmal wird aber auch zunächst ein Preisangebot vom Arbeiter erwartet. Eine vollkommene Freiheit, die Offerte abzulehnen, hat der Arbeiter nicht, aber so wie auf der andern Seite der Arbeitgeber nach dem bestehenden dauernden Vertragsverhältnisse verpflichtet ist, Akkordangebote zu machen, muß der Arbeiter ihm angetragene Akkorde annehmen.

Die Freiheit des beiderseitigen Willens ist in gewisse Grenzen eingeschlossen.

Jeder Teil rechnet nun damit, daß der andere diese Grenzen innehält.

Dazu kommt, daß der Arbeitgeber die Verpflichtung zu fortlaufender ununterbrochener Beschäftigung des Arbeiters

---

der Arbeit geeinigt haben. Richtig ist, daß dann nachträglich der Akkordlohn nicht einseitig festgesetzt werden kann.

[1]) Allerdings kannte das preuß. Allg. Landrecht eine solche Ausnahme bei Willenserklärungen, die ausschließlich zum Vorteil eines andern abgegeben wurden.

und dieser die Verpflichtung zu fortlaufender ununterbrochener Arbeit hat. Durch Hinziehen der Verhandlungen über den Abschluß eines Akkordes können aber beide Parteien gegen die ebengenannten Verpflichtungen verstoßen.

Es müssen also Angebote vorgelegt werden, bei denen die Voraussetzungen für die Verpflichtung zur Annahme gegeben sind, da sonst das Recht auf Ablehnung in Kraft tritt und der andere Teil die Arbeit wegen nicht genügender Beschäftigung niederlegen kann. Voraussetzung solcher Angebote ist eine richtige Berechnung derselben. Da nun das Angebot für die Regel vom Arbeitgeber ausgeht, so hat dieser die Pflicht, den Akkordpreis richtig, d. h. so zu berechnen, daß eine Verpflichtung des Arbeiters zur Annahme gegeben wird[1]).

Man wird demgegenüber einwenden, daß durch die Annahmepflicht die Freiheit der Vereinbarung eines Akkordes ausgeschlossen wird. Das ist tatsächlich nicht der Fall. Im Interesse beider Parteien liegt es eine Einigung herbeizuführen, um nicht durch Nichtzustandekommen der Akkordabrede die Auflösung des Arbeitsverhältnisses zu veranlassen, an dessen Aufrechterhaltung beide Teile ein Interesse haben. Es liegt hier der Fall, wie bei einer Genusobligation. Die Pflicht der Leistung besteht. Aber in einem gewissen Rahmen kann der andre Teil wählen, welche Leistung er haben will. Der andre Teil kann die Auswahl als außerhalb des Rahmens liegend ablehnen[2]).

Ähnlich liegt es beim Akkordvertrag. Da beide Teile ein Interesse an einer Einigung haben, so werden sie sich in der Regel entgegenkommen. Sie werden sich einigen und daher mitunter den allgemein festgesetzten Rahmen überschreiten: der Arbeiter wird mitunter einen Akkord übernehmen, bei dem

[1]) *Bernhard,* Akkordarbeit S. 216; *Koehne* S. 65.

[2]) Eine vollkommene Freiheit zum Vertragsschlusse gibt es überhaupt selten, besonders nicht im wirtschaftlichen Sinne. Die meisten Verträge sind eine Folge wirtschaftlicher Bedürfnisse. Die Rechtswissenschaft kann daher für die Vertragsfreiheit nicht das Postulat völliger wirtschaftlicher Freiheit aufstellen, wenngleich bei der Frage der Vertragsfreiheit die wirtschaftliche Stellung nicht außer acht gelassen werden darf.

er auf den allgemein vorausgesetzten Verdienst nicht kommt. Der Arbeitgeber wird einem höheren Preise zustimmen, als seiner allgemeinen Verpflichtung entspricht.

Da aber der Arbeiter einen zu niedrig berechneten Akkord ablehnen kann und dann infolge dieser berechtigten Ablehnung die Möglichkeit eintritt, daß er zeitweise ohne Beschäftigung ist, so hat der Arbeitgeber die rechtliche Pflicht, den Akkord richtig zu berechnen[1]).

Hat der Arbeiter aber die Arbeit zu dem angebotenen Preise übernommen, so kann er sie wegen Irrtums im Motive, d. h. weil er geglaubt hat, er würde dabei mehr verdienen, in der Regel nicht mehr ablehnen oder einen höheren Preis fordern.

Es kommen aber Ausnahmen vor.

Nichtig ist nach § 138 BGB. ein Rechtsgeschäft, das gegen die guten Sitten verstößt.

Nichtig ist insbesondere ein Rechtsgeschäft, durch das jemand unter Ausbeutung der Notlage, des Leichtsinns und der Unerfahrenheit eines andern sich oder einem Dritten für eine Leistung Vermögensvorteile versprechen oder gewähren läßt, welche den Wert der Leistung derartig übersteigen, daß den Umständen nach die Vermögensvorteile in einem auffälligen Mißverhältnis zu den Leistungen stehen.

Aus diesen Bestimmungen lassen sich generelle Vorschriften für den Akkordvertrag ableiten.

Der Arbeitgeber ist entweder durch sich selbst oder infolge seiner sachverständigen Berater der überwiegend sachkundige Teil beim Abschluß des Akkords. Das Verständnis für die oft komplizierte Berechnung des Akkords ist meist nur bei ihm. Es fehlt dem Arbeiter an Zeit der Nachprüfung. Er verläßt sich auch darauf, daß die Vereinbarung so getroffen ist, daß er einen gewissen normalen Verdienst erreichen kann, wie er bei Eingehung des Arbeitsverhältnisses vorausgesetzt war. Es besteht ferner erfahrungsmäßig bei den Arbeitern, insbesondere bei Minderjährigen ein gewisser Leichtsinn bei der Übernahme von Akkordarbeiten, indem sie jede, auch die ihnen mögliche Prüfung unterlassen, und schließlich bedeutet die Ablehnung einer

---

[1]) So auch *Bernhard* S. 216.

Akkordarbeit, besonders wenn sie sich häufiger wiederholt, für den Arbeiter meist die Entlassung, und damit meist auch eine gewisse Notlage, die größer oder geringer ist, je nach der Lage des Arbeitsmarktes.

Somit spricht tatsächlich eine gewisse Vermutung für den Tatbestand des § 138 BGB., wenn die Leistung, die der Arbeiter übernommen hat, in keinem Verhältnisse zu der versprochenen Akkordvergütung steht[1]).

Ausgenommen sind natürlich die Fälle, in denen der Arbeiter wissentlich eine Arbeit übernommen hat, zu der er nicht fähig war, wenn er sich bei Eingehung des Arbeitsverhältnisses Fähigkeiten beilegte, von denen er wußte, daß er sie nicht besitzt. Dann kann von einer Ausbeutung keine Rede sein[2]).

Zu seiner Entschuldigung gegenüber der Geltendmachung des § 138 BGB. kann sich der Arbeitgeber nicht darauf berufen, daß er sich bei der Berechnung des Akkords geirrt hat. Denn er hat die Verpflichtung zu sorgfältiger Berechnung. Er müßte also zum mindesten zugeben, daß er die nötige Sorgfalt außer Acht gelassen hat, oder nachweisen, daß bei sorgfältiger Berechnung der Preis sich als angemessen erwiesen hat.

Wichtig wird die Rechtspflicht der Akkordberechnung bei der Frage, ob ein Arbeiter eine Akkordarbeit ablehnen kann. Man wird dies zu seinen Gunsten stets annehmen müssen, wenn die Berechnungsmethode des Arbeitgebers eine offensichtlich unzweckmäßige ist, insbesondere, wenn nach einer falsch gewählten Maßeinheit bezahlt werden soll.

Dabei muß man aber zugunsten des Arbeitgebers wieder berücksichtigen, daß bei gewissen Arbeitern offensichtlich fehlerhafte Methoden in Übung sind, weil eine Verbesserung der Methode auf unüberwindliche Schwierigkeiten stößt. Dies wird meist beim Metallguß der Fall sein, wobei nach Gewicht be-

---

[1]) GO. § 124[4] gibt dem Arbeiter ein Kündigungsrecht, wenn der Arbeitgeber sich widerrechtliche Übervorteilungen gegen ihn schuldig macht. Dieser Fall wird vorliegen können, wenn die Akkordberechnung unrichtig zum Nachteil des Arbeiters aufgestellt wurde. Hinsichtlich der Pflicht genauer Akkordberechnung s. auch *E. Francke*, Gutachten S. 184.

[2]) Anfechtung des Vertrages durch den Arbeitgeber in diesem Falle siehe GG. Berlin v. 19. 6. 00, *v. Schulz-Schalhorn* S. 169.

zahlt wird, obgleich gerade die Form den Umfang der Arbeit bestimmt, also eine Fläche.

Zu berücksichtigen ist auch, daß der Arbeiter, der sich einmal mit einer bestimmten, wenn auch nicht fehlerfreien Berechnungsart einverstanden erklärt hat, nun nicht mit einmal aus der Fehlerhaftigkeit der Berechnungsmethode einen Ablehnungsgrund herleiten kann.

Nicht selten wird ein Irrtum, der scheinbar das Motiv betrifft, sich auf den Inhalt des Vertrages selbst beziehen. Das folgt aus den vielfach ungenauen Beschreibungen der vorzunehmenden Arbeit.

Der Arbeiter übernimmt das Montieren von Apparaten für einen bestimmten Preis, sagen wir 3 Mark für das Stück. Für diesen oder annähernd denselben Preis, sagen wir für 2,90 Mark ist dieses Montieren bisher so verstanden worden, daß nur die Montage der Metallteile gemeint war, nicht z. B. das Aufstellen der Apparate auf eine Holzplatte, das Einsetzen in einen Kasten nebst etwa dabei an diesem Holzkasten notwendig werdenden Arbeiten, oder die Arbeit ist überhaupt von dem betreffenden Arbeiter noch nicht gemacht worden. Er lehnt nachher die Fertigstellung der Arbeit, weil der Preis zu gering ist, ab oder er verlangt nach Fertigstellung eine Erhöhung mit der Begründung, er habe die Vereinbarung nur auf die Montage der Metallteile bezogen, weil das eigentlich nur seine Arbeit als Metallarbeiter gewesen sei. Er habe auf Anordnung des Meisters auch die weitere Arbeit gemacht und verlange dafür besondere Bezahlung[1]).

Hier liegt ein Irrtum über den Umfang des Vereinbarten selbst vor, nicht über das Motiv. Solche Fälle sind häufig, nur sind sie oft in ihrer juristischen Bedeutung nicht so klar erkennbar.

Manche Gewerbegerichtserkenntnisse haben scheinbar den Grundsatz verletzt, daß der Irrtum über das Motiv unerheblich

[1]) Grundsätze 54. Der Akkordarbeiter kann seine auf Übernahme einer Akkordarbeit gerichtete Erklärung dann wegen Irrtum anfechten, wenn er bei Übernahme der Arbeit weder ein Modell noch eine ausreichende Zeichnung des zu fertigenden Stückes gesehen oder gekannt hat, oder wenn die Arbeit erhebliche Schwierigkeiten aufweist, welche er weder kannte, noch am Modell sehen konnte. Urteil vom 14. September 1905. N. 971. 05.

ist, und haben dem Arbeiter ein Recht des Rücktritts oder eine nachträgliche Erhöhung des vereinbarten Akkordlohnes zugebilligt, weil der Arbeiter nicht zurechtgekommen sei, weil er geglaubt habe, er werde zurechtkommen, tatsächlich dies aber nicht möglich gewesen sei. Eine derartige Begründung ist natürlich falsch. In der Sache werden die betreffenden Erkenntnisse aber doch meist das Richtige treffen, weil meist ein Irrtum über den Umfang des Gewollten vorlag, was nur bei der Mangelhaftigkeit des Tatbestandes nicht immer erkennbar ist[1]).

Die Frage, ob Minderjährige selbständig Akkordverträge abschließen können, hängt von der ihnen erteilten Genehmigung ihrer gesetzlichen Vertreter ab (§ 113 BGB.). Hat der gesetzliche Vertreter den Minderjährigen ermächtigt, in Dienst oder Arbeit zu treten, so ist der Minderjährige für solche Rechtsgeschäfte unbeschränkt geschäftsfähig, welche die Eingehung oder Aufhebung eines Dienst- oder Arbeitsverhältnisses der gestatteten Art oder die Erfüllung der sich aus einem solchen Verhältnis ergebenden Verpflichtungen betreffen.

Sonach kann der Minderjährige, der ohne Einschränkung diese Ermächtigung erhalten hat, beliebig Akkordverträge abschließen.

Die Ermächtigung kann aber auch eingeschränkt sein. Es können z. B. Akkordverträge ausgeschlossen oder nur beschränkt zugelassen sein. Die Ermächtigung kann auch nachträglich von dem Vertreter zurückgenommen oder eingeschränkt werden.

Das Vormundschaftsgericht hat die Ermächtigung zu ersetzen, wenn sie im Interesse des Mündels liegt.

Die für einen einzelnen Fall erteilte Ermächtlgung gilt im Zweifel als allgemeine Ermächtigung zur Eingehung von Verträgen derselben Art.

---

[1]) Ein großer Mißstand ist die Mangelhaftigkeit des Tatbestandes bei Gewerbegerichtserkenntnissen. Wenn mit Rücksicht auf die oft fehlende juristische Vorbildung des Gewerbegerichtsvorsitzenden darin nicht immer ein Vorwurf liegen kann, so sollten doch nur solche Urteile publiziert werden, die einen ausführlichen Tatbestand aufweisen. Der Tatbestand ist meist wichtiger, als die juristischen Deduktionen, insbesondere für die Benutzung des publizierten Materials durch die Theorie.

Die Bestimmung, daß minderjährige Personen, soweit reichsgesetzlich nicht ein anderes zugelassen ist, als Arbeiter nur beschäftigt werden können, wenn sie mit einem Arbeitsbuche versehen sind, ersetzt die Bestimmung des § 113 BGB. nicht[1]). Denn die Gewerbeordnung enthält keine positive Bestimmung über die Folgen der Ausstellung eines Arbeitsbuches in bezug auf die Geschäftsfähigkeit des Minderjährigen. Das Arbeitsbuch kann aber, da es im allgemeinen nur auf Antrag des gesetzlichen Vertreters erteilt wird, als Beweis dafür gelten, daß die Voraussetzungen des § 113 BGB. gegeben sind[2]). An sich hat das Arbeitsbuch nur öffentlich rechtlichen Charakter, und privatrechtlich wirkt es nur erschwerend für den Abschluß von Rechtsgeschäften mit minderjährigen Arbeitern, insofern als ein Verstoß gegen das Verbot des § 107 GO. die Nichtigkeit des verbotswidrigen Geschäfts nach sich zieht.

C. Verbotene Akkordverträge.

Durch Verordnung des preußischen Handelsministers vom 24. Oktober 1903 ist Akkordarbeit in Pikrinsäurefabriken verboten[3]). Dieses Verbot ist zwar zurzeit praktisch nur von geringer Tragweite. Da aber von verschiedenen Seiten seine Ausdehnung durch Gesetz vorgeschlagen ist, so empfiehlt es sich, seine Folgen in Betracht zu ziehen. Zunächst, seine rechtliche Zulässigkeit vorausgesetzt, kann nicht auf Leistung der Akkordarbeit oder Schadenersatz wegen verweigerter Leistung derselben geklagt werden, wenngleich der Arbeiter in einer derartigen Fabrik dieselben Arbeiten zu verrichten auf Grund des Arbeitsvertrages verpflichtet ist, denn er muß annehmen, daß der Arbeitgeber die Leistung der Arbeit nur will, wenn diese auf Grund eines Akkordvertrags geschehen kann. Hat aber der Arbeiter die vereinbarte Arbeit geleistet, so kann er den Akkordpreis nicht fordern, sondern nur den üblichen Zeitlohn, auch wenn dieser niedriger ist als der Akkordlohn (§ 134 BGB.).

[1]) Es wäre an der Zeit, die Bestimmungen bezüglich des Arbeitsbuchs in einen gewissen Einklang mit den Vorschriften des BGB. zu bringen.

[2]) Aber der Beweis ist nicht zwingend!

[3]) Ein Erlaß desselben Ministers vom 14. März 1899 schreibt eine Beschränkung der Akkordarbeit in Sprengstoffabriken vor.

Wie im allgemeinen Rechtsgeschäfte nichtig sind, welche gegen die Verbotsgesetze und gegen die guten Sitten verstoßen, so gilt dies auch von Akkordverträgen und zwar sowohl von dem generellen Akkordvertrag, wie von der einzelnen Akkordabrede (§ 134, 138 BGB.)[1][2].

[1]) Vergl. § 637 BGB., welcher eine Vereinbarung, durch die die Verpflichtung des Unternehmers, einen Mangel des Werkes zu vertreten, erlassen oder beschränkt wird, für nichtig erklärt, wenn der Unternehmer den Mangel arglistig verschweigt, kann auf den Akkordarbeiter keine Anwendung finden.

[2]) S. *Bail* S. 59, dem gegenüber zu bemerken sein dürfte, daß bei Nichtigkeit der Lohnabrede grundsätzlich der ganze Dienstvertrag als nichtig zu betrachten sein wird, so daß § 612 nicht Anwendung findet. — Nach einem bei *v. Schulz-Schalhorn* (vgl. S. 288) abgedruckten, aber nicht einwandfreien Urteile vom 19. 6. 00 ist das Gewerbegericht für Klagen aus einem nichtigen Arbeitsvertrage zuständig.

Fünftes Kapitel.

Inhalt des Akkordvertrages.

1. Durch den Akkordvertrag wird der Arbeiter verpflichtet, fortgesetzt dem Arbeitgeber Dienste vereinbarter Art zu leisten und die ihm vertragsmäßigerweise angetragenen Akkorde anzunehmen; alsdann ist er verpflichtet, seine Dienste so aufzuwenden, daß dadurch der verabredete Erfolg erreicht wird.

Durch die Übernahme einer Akkordarbeit übernimmt der Arbeiter nicht die Verpflichtung, für den vereinbarten Erfolg einzustehen, sondern er hat nur die Verpflichtung zur Dienstleistung[1]).

Der Arbeitgeber verpflichtet sich dagegen, dem Arbeiter Akkordarbeiten zu Preisen zu übertragen, die nach dem Maße der Arbeit, aber nicht nach der Zeitdauer der Arbeit zu berechnen sind und bei denen der Arbeiter den bei Abschluß des Dienstvertrags vereinbarten Verdienst bekommt.

---

[1]) Nach dem Werkvertrage ist der Unternehmer verpflichtet, das Werk so herzustellen, daß es die zugesicherten Eigenschaften hat und nicht mit Fehlern behaftet ist, die den Wert oder die Tauglichkeit zu dem gewöhnlichen oder dem nach dem Vertrage vorausgesetzten Gebrauch aufheben oder mindern. Diese Grundsätze können als Regel nicht auf den Akkord angewendet werden, weil der Akkordarbeiter in den meisten Fällen die Zweckbestimmung seiner Arbeit nicht kennt, oft gar nicht kennen soll. Er weiß nicht, ob Phonographenteile nur für billiges Kinderspielzeug oder für solche Phonographen bestimmt sind, die einem praktischen Zwecke dienen sollen. Er kennt den Verkaufspreis der Waren und die Wünsche des Bestellers nicht. Er weiß nicht, ob die von ihm hergestellten Kleidungsstücke nur als Reklameartikel für einen Ramschbazar oder als Waren in einem ordentlichen Geschäft dienen sollen usw. Alles das liegt beim Werkvertrag meist umgekehrt. Der Unternehmer steht dem Besteller meist als Sachkundiger gegenüber, während der Arbeitgeber sich regelmäßig für sachkundiger hält als den Arbeiter.

Die vereinbarten Akkordlöhne sind zu zahlen, wenn der Arbeiter die vereinbarten Dienste geleistet hat.

2. Genau so wie beim Dienstvertrag sind auch beim Akkordvertrag beide Teile verpflichtet, ein bestimmtes persönliches Verhalten sowohl gegeneinander, wie gegenüber dritten Personen zu beobachten.

In erster Linie sind beide Teile zur Treue gegeneinander verpflichtet: der Arbeitgeber darf den Arbeiter nicht widerrechtlich, d. h. ohne Rechtsgrund und in Kenntnis des Fehlens eines Rechtgrundes übervorteilen, insbesondere durch die Akkordberechnung. Er hat im Gegenteil für ausreichende Beschäftigung des Arbeiters zu sorgen, wie ein guter Hausvater für den Lebensunterhalt seiner Angehörigen zu sorgen hat. Insbesondere muß er die vereinbarten Löhne pünktlich zur Zeit der Fälligkeit zahlen. Dagegen hat der Arbeiter die Verpflichtung, durch seine Dienste stets das Beste des Arbeitgebers zu fördern[1]). Es ist ihm dadurch unbenommen, in seiner freien Zeit seine Arbeitskraft beliebig für andere Zwecke zu verwenden, soweit dadurch die Arbeit seines Arbeitgebers nicht Schaden leidet. Doch kann auch Gegenteiliges vereinbart werden.

Er hat während des Dienstes nach Möglichkeit jeden Schaden vom Arbeitgeber abzuwenden. Er darf z. B. nicht stillschweigend Material bearbeiten, welches für die betreffende Arbeit nicht geeignet ist und die hergestellten Erzeugnisse unbrauchbar werden läßt[2]). Er soll auch Material nicht verschwenden, was aber manchmal nicht ermöglicht werden kann, ohne daß der Akkordarbeiter, wozu er nicht verpflichtet ist, seinen Verdienst beeinträchtigt.

Beide Parteien haben gegeneinander ein Verhalten zu beobachten, das den guten Sitten entspricht. Verstöße dagegen berechtigen unter Umständen zu einer sofortigen Lösung des Vertrages (§ 626 BGB., für gewerbliche Akkordverhältnisse § 123 Ziff. 2, 5, 6, 7, § 124 Ziff. 2, 3, § 124[a] § 133[b], 133[c] Ziff. 2, 5, 6, 133[d] Ziff. 1).

---

[1]) Hinsichtlich der Treupflicht vgl. *Baum*, GG. u. KG. XI. 325 f.

[2]) Dies wird in Arbeitsordnungen oft ausdrücklich vorgeschrieben.

Die Akkorddienste sind im Zweifel in Person zu leisten[1]), wovon jedoch Ausnahmen insbesondere bei Arbeiten außerhalb eines geschlossenen Betriebes, hauptsächlich bei Kolonnenarbeiten vorkommen. Der Anspruch auf die Dienstleistung ist nicht übertragbar, also sind die Akkorddienste auch nur der Person des Arbeitgebers zu leisten. Nur die Ansprüche gegen den Arbeitgeber infolge eines Annahmeverzuges werden dadurch beeinflußt, daß der Arbeiter seine Dienste unter Umständen einem anderen Arbeitgeber widmen kann.

Der Arbeiter ist überhaupt verpflichtet, den Anordnungen in bezug auf das persönliche Verhalten während der Arbeit und beim Aufenthalt in den Räumen des Arbeitgebers zu befolgen, so weit sie dazu dienen, die Ordnung und Fortsetzung des Betriebes zu fördern. Sofern der Akkordarbeiter in die häusliche Gemeinschaft des Arbeitgebers aufgenommen ist, muß er auch den auf die häuslichen Einrichtungen sich erstreckenden Anordnungen des Arbeitgebers Folge leisten, zu häuslichen Diensten ist er aber nicht verpflichtet.

3. Dem Arbeitgeber steht auch bei Akkordarbeitern das sogenannte Direktionsrecht zu, jedoch mit den aus der Natur der Akkordarbeit sich ergebenden Einschränkungen. Der Arbeiter muß alle in bezug auf die Arbeit ihm vom Arbeitgeber erteilten Anweisungen befolgen, soweit dadurch nur nicht sein nach dem Akkordvertrage zu erwartender Verdienst erheblich geschmälert wird[2]). Diesen Verdienst kann der Akkordarbeiter nur erlangen, wenn er seine Fähigkeiten und Kräfte nach seinem individuellen Ermessen in der geeigneten Weise anwenden, wenn er sich die Arbeit selbst einteilen, in beschränktem Umfange seine eigene Methode anwenden kann. Soweit er durch die Befolgung der Anordnungen des Arbeitgebers keinen erheblichen Nachteil erleidet, muß er ihnen nachkommen. Der Umfang des Direktionsrechtes ist ein verschiedener je nach der Natur der Verhältnisse, der Einrichtung des Betriebes, der Art der Arbeit. Der Außenarbeiter, insbe-

---

[1]) während der Werkvertrag eine derartige Bestimmung nicht kennt. *Baum* S. 117; *Bernhard*, Akkordarbeit S. 221.

[2]) GG. Berlin 26. November 1903 (1076. 03. K. 5), 15. Dezember 1904 (1177. 04. K. 5). Grundsätze Nr. 37.

sondere der auswärtige oder gar im Auslande, in entfernten Ländern oder Weltteilen in Akkord arbeitende Monteur und die Heimarbeiter sind unabhängiger gestellt, als der Werkstattarbeiter. Die Kolonnenarbeiter, die sich schon nach dem Willen der Kolonne, ihres Führers oder ihrer Mitglieder richten müssen, müssen darum wieder gegenüber dem Arbeitgeber selbständiger stehen[1]).

Die Arbeitsordnungen nehmen auf diese Verhältnisse meist keine oder keine genügende Rücksicht. Es ist ganz undurchführbar, wenn sie für alle Arbeiter, auch für die Akkord- und Kolonnenarbeiter bestimmen, sie müßten allen Anordnungen des Arbeitgebers in bezug auf die Arbeit unbedingt Folge leisten. Das bedeutete, wenn es wirklich ausgeführt würde, eine Aufhebung des gerade von den Unternehmern befürworteten Akkordsystems. Tatsächlich werden solche Bestimmungen aber gar nicht ausgeführt[1]), sie sollten daher als papierne Übertreibungen wegfallen und durch solche biegsamere, alle Verhältnisse mehr berücksichtigende Vorschriften ersetzt werden[2]).

Da dem Arbeitgeber die Direktion der Akkordarbeit zusteht, so darf er eine notwendige und zweckmäßige, nicht aber eine willkürliche Unterbrechung der Akkordarbeit anordnen[3]), sei es in der Art, daß die Arbeit überhaupt während einer verhältnismäßig unerheblichen Zeit ruhen soll, sei es, daß

---

[1]) *Bail* S. 153; *Bernhard*, Akkordarbeit S. 218.

[2]) Der spezielle Akkordvertrag, durch den das Direktionsrecht eingeschränkt wird, geht der Arbeitsordnung vor.

[3]) GG. Berlin 22. Dezember 1904 (1245. 04. K. 5), 7. Januar 1905 (1297. 04. K. 1), 4. August 1904 (690. 04. K. 5), Soz. Prax. Grundsätze, Nr. 36 und 38. Der Akkordarbeiter muß der Anweisung des Arbeitgebers, die Arbeit liegen zu lassen, stets nachkommen — doch kann der Arbeitgeber durch eine solche Anweisung in Gläubigerverzug kommen (§ 615 BGB.). Urteil vom 4. August 1904. Nr. 690. 04. S. auch *Baum* S. 124 ff., auch GG. u. KG. XI Sp. 352. *Bail* S. 153 u. 155. *Bernhard*, Akkordarbeit S. 223 f. Soz. Prax. XIII. 820. Vgl. auch Seemannsordnung § 30, 36, 84 ff. Binnenschiffahrtsgesetz § 30. *Sinzheimer*, Arbeitsnormenvertrag S. 13, berücksichtigt nicht die erhebliche Einschränkung des Direktionsrechtes, auch nicht, daß § 121 GO. nur dispositiver Natur ist, also durch Vertrag eingeschränkt oder aufgehoben werden kann.

der Arbeiter eine bereits übernommene Akkordarbeit vorübergehend liegen lassen soll. Soweit die Möglichkeit besteht, muß der Arbeitgeber in einem solchen Falle dem Arbeiter andere angemessene Arbeit und zwar, wenn nicht Abweichendes vereinbart ist, Akkordarbeit anbieten. Natürlich darf der Grund der Unterbrechung nicht in einem Verschulden des Arbeitgebers oder eines Vertreters desselben beruhen. Ein solches Verschulden kann auch darin liegen, daß der Arbeitgeber nicht durch entsprechende Abmachungen bei seinen Lieferungsverträgen für rechtzeitige Materiallieferungen gesorgt hat, daß die Maschinen nicht genügend instand gehalten worden, nicht rechtzeitig durch neue ersetzt worden sind.

4. Der Dienstberechtigte ist verpflichtet, den Akkordarbeiter fortgesetzt ohne andere als durch die üblichen Arbeitspausen bedingte Unterbrechung zu beschäftigen, d. h. er muß ihm fortgesetzt Akkordarbeiten anbieten[1]). Mit dem Dienstvertrag teilt der Akkordvertrag, insbesondere der gewerbliche Akkordvertrag die Eigentümlichkeit, daß fast ausnahmslos der Arbeitgeber nicht nur verpflichtet ist, die vereinbarte Vergütung zu zahlen, sondern daß er gewisse Handlungen vorzunehmen hat, welche die Dienstleistung erst ermöglichen: er liefert meist den Arbeitsplatz, in der Industrie meist geschlossene Räume. Eine Ausnahme besteht beim Heimarbeiter. Er hat die Materialien, Zutaten, Werkzeuge, Maschinen, Vorrichtungen zu liefern, sofern nicht aus den Abmachungen der Parteien oder den Umständen sich ein anderes ergibt[2]). Desgleichen hat er, wenn nicht die angegebenen Ausnahmen vorliegen, die erforderlichen Hilfskräfte auf seine Kosten zu stellen.

Einen klagbaren Anspruch auf die Vornahme dieser Handlungen hat der Akkordarbeiter nicht. Der Arbeitgeber kommt aber mit der Annahme der Dienste des Arbeiters in Verzug, wenn er nicht rechtzeitig diese Handlungen vornimmt. Ebensowenig hat der Akkordarbeiter eine Klage auf Übertragung von Akkordarbeiten. Auch hier kommt der Arbeit-

---

[1]) *Koehne* S. 65.

[2]) Beim Werkvertrag erscheint der Fall, daß die Herbeiführung des Erfolges von einer Handlung des Bestellers abhängt, als Ausnahme.

geber nur in Verzug, wenn er dem Arbeiter nicht fortgesetzt Akkordarbeiten anbietet.

In beiden Fällen werden praktisch die erforderlichen Voraussetzungen für den Verzug voneinander abweichen.

Der Gläubigerverzug erfordert nicht ein wörtliches Angebot der Dienste, es genügt vielmehr ein tatsächliches Angebot. Dies wird auch genügen, wenn es sich um einen Verzug bei der Übertragung von Akkordarbeiten überhaupt handelt. Solange der Arbeiter dem Arbeitgeber zur Verfügung steht, und nicht ausdrücklich die Arbeit abbricht, bietet er tatsächlich seine Dienste an und setzt damit den Arbeitgeber in Verzug.

Anders ist es bei der Vornahme einer für die Akkordarbeit notwendigen Handlung des Arbeitgebers. Beim Zeitlohnarbeiter liegt auch hier die Voraussetzung für den Gläubigerverzug nicht wesentlich anders. Denn der Zeitlohnarbeiter unterliegt der ständigen Kontrolle des Arbeitgebers dahingehend, daß er seine Zeit voll ausnutzt. Folglich weiß der Arbeitgeber, wann es etwaiger Handlungen seinerseits zur Fortsetzung der Arbeit bedarf. Wenn der Arbeiter während der Arbeitszeit und an der Arbeitsstelle feiert, so feiert er in der Regel auf Kosten des Unternehmers. Anders beim Akkordarbeiter. Die Akkordarbeit soll gerade die Kontrolle ersetzen. Überhaupt bedingt es die größere Selbständigkeit — auch oft größere Sachkunde und Intelligenz des Akkordarbeiters — daß er in erster Linie und oft allein weiß, wann die Handlung des Arbeitgebers erforderlich ist. Oft hängt dies auch von der freien Entschließung des Akkordarbeiters ab, wann die Handlung notwendig wird, da er sich die Arbeit nach seinem Ermessen einteilt und daher bestimmt, welche Operation er zunächst vornehmen will. Das bloße „zur Verfügung stehen" kann unter diesen Umständen niemals einen Gläubigerverzug bewirken. Der Akkordarbeiter wird daher den Arbeitgeber zur Vornahme der Handlung auffordern müssen, um ihn in Verzug zu setzen[1]). Dieses Erfordernis ist bei der Akkordarbeit

[1]) Eine solche Aufforderung oder Meldung wird er auch aus andern Gründen vornehmen müssen, nämlich in Erfüllung seiner Treupflicht, weil durch das Ruhenlassen der Arbeit ein teilweises Unbenutztbleiben

grundsätzlich allgemein aufzustellen, während bezüglich des Werkvertrages (§ 642 BGB.) in dieser Hinsicht keine Ausnahme von den allgemeinen Regeln über den Gläubigerverzug statuiert ist. Eine andere Regel des Werkvertrags wird man aber auf den Akkordvertrag im Interesse beider Teile übertragen müssen, nämlich die des § 643 BGB. Danach würde der Akkordarbeiter berechtigt sein, dem Arbeitgeber zur Nachholung der Handlung eine angemessene Frist zu setzen, mit der Erklärung, daß er den Vertrag kündige, wenn die Handlung nicht bis zum Ablaufe der Frist vorgenommen werde.

Mit Rücksicht auf die für den gewerblichen Akkordvertrag ausdrücklich im § 124[4] GO. vorgesehene — und analog auf alle Akkordverträge zu übertragende — einschneidende Folge der sofort zulässigen Kündigung nicht nur des einzelnen Akkords, sondern des ganzen Arbeitsverhältnisses von seiten des Arbeiters erscheint es angebracht, wie es auch in Gewerbegerichtserkenntnissen wiederholt geschehen ist, das Erfordernis einer Fristsetzung zu einer obligatorischen Voraussetzung für den Gläubigerverzug infolge von Unterlassung von Arbeitgeberhandlungen, die für die Arbeit notwendig sind, zu machen[1]).

Eine Aufforderung ohne Fristsetzung ist, wie schon oben ausgeführt, nicht geeignet, einen Verzug herbeizuführen, weil die Vornahme einer Handlung fast regelmäßig eine gewisse längere Zeit erfordert im Gegensatz zur Vornahme z. B. einer Erklärung.

Was den Zeitpunkt der Vornahme dieser Handlungen, insbesondere der Lieferung von Material, Zutaten, Werkzeug und dergleichen betrifft, so muß dies für die Regel, wenn sich nicht aus getroffenen Vereinbarungen oder aus den Umständen ein anderes ergibt, zu Beginn der Akkordarbeit geliefert werden,

---

der allgemeinen Betriebseinrichtungen eintritt. Daß die Aufforderung gerade immer eine wörtliche oder ausdrückliche sein müßte, ist nicht gesagt.

[1]) GG. Berlin vom 7. Juni 1904, 1153 K. 1; Soz. Prax. XIV, Sp. 132. Grundsätze Nr. 34, 35. Ein Akkordarbeiter, der trotz ungenügender Materiallieferung mit der Arbeit beginnt, genügt damit unter Umständen der Rechtspflicht des § 254 BGB. auf möglichste Verminderung des Schadens, entsagt daher nicht seines Rechts auf Schadenersatz. GG. Berlin vom 10. Dezember 1903 Nr. 1167. 03. Grundsätze Nr. 35.

weil nur dann der Akkordarbeiter in der Lage ist, frei und zweckmäßig über die Einteilung seiner Arbeit zu bestimmen.

5. In das Gebiet der Vornahme von Handlungen durch den Arbeitgeber, welche Voraussetzung der Dienstleistung des Arbeiters sind, aber ebenfalls nicht klagbar sind, gehört die Ausübung der Fürsorgepflicht des Arbeitgebers für den Arbeiter. Diese ist bei der Akkordarbeit genau dieselbe, wie bei der Zeitlohnarbeit, nur mit derjenigen Ausnahme, die sich hinsichtlich der Heimarbeiter ergibt, die mit fast ausnahmsloser Regel sämtlich den Akkordarbeitern zuzurechnen sind[1]).

6. Umfang der Akkordarbeit.

Gerade der Umfang der Akkordarbeit pflegt oft sehr streitig zu sein, so daß es sich empfiehlt, hierüber genaue Abmachungen zu treffen.

Es lassen sich aber gewisse allgemeine Regeln für den Fall des Fehlens genauerer Abmachungen treffen. In erster Linie ist die getroffene Vereinbarung maßgebend, und diese ist wieder, wenn nicht besondere Umstände für die Geltung etwaiger abweichender mündlicher Abreden sprechen, aus dem Akkordzettel in Verbindung mit einer etwa übergebenen Zeichnung, einem Muster oder Modell zu entnehmen.

Der Umfang der Akkordarbeit ist ein unbestimmter bei der sogenannten Stücklohnarbeit. Hier werden fortlaufend

---

[1]) Hierher gehört auch die Gewährung einer Gelegenheit zur Aufbewahrung der Kleider, Werkzeuge und sonstigen Sachen des Arbeiters. Ein Verwahrungsvertrag liegt aber nur dann vor, wenn die Sachen dem Arbeitgeber oder einem Vertreter desselben übergeben wurden, was meist nicht der Fall ist. *Sinzheimer* sieht den Mangel einer Klage auf Leistung der Fürsorgepflicht als einen besonderen Mangel des Dienstvertrages an (Arbeitsnormenvertrag S. 15). Dem können wir nicht beipflichten. Der Arbeitgeber kommt doch, wenn er der Fürsorgepflicht nicht genügt, da diese sich als eine vom Gläubiger vorzunehmende Handlung darstellt, welche der Leistung des Schuldners vorausgehen muß, in Gläubigerverzug, so daß der Arbeiter dann seine Vergütung gemäß § 615 bei Zeitlohn oder eine Entschädigung bei Akkord fordern kann. Dadurch ist er besser gestellt, als wenn es auf eine Klage auf Leistung der Fürsorgepflicht angewiesen wäre. Diese würde wegen des Beweises über die Qualität der angebotenen Fürsorge, z. B. über die Beschaffenheit der Schlafräume, sehr umständlich sein, und ihr Ausgang hinge meist von dem wenig beliebten Gutachten eines Sachverständigen ab.

gleiche Stücke oder Operationen ohne Beschränkung auf eine bestimmte Zahl angefertigt. Mit der Herstellung jedes einzelnen Stückes hat der Akkordarbeiter vollständig erfüllt, es sei denn, daß vereinbart war, er solle während einer bestimmten Zeit oder bis zur Beendigung des Arbeitsverhältnisses durch Kündigung die betreffende Arbeit fortsetzen. Damit nähert sich der Akkordvertrag einem Zeitlohnverhältnis und zwar um so mehr, je kleiner die einzelnen Stücke oder auszuführenden Operationen sind. Doch bildet auch hier der Erfolg den Maßstab der Bezahlung dergestalt, daß nur brauchbare Stücke oder Operationen mit dem vereinbarten Akkordlohn zu bezahlen sind. Je größer die einzelnen Stücke sind, um so mehr wird in der Praxis die Natur des Akkordvertrages hervortreten[1]).

Ist die Zahl der zu fertigenden Stücke bestimmt, so unterscheidet sich ein derartiger Akkordvertrag nicht von demjenigen, bei welchem dem Arbeiter ein einzelnes Stück oder eine einzelne Operation übertragen wird.

Ist der Umfang der Akkordarbeit nach Maß oder Zahl bestimmt, so ist eine bequemere Möglichkeit gegeben, die Arbeit zu teilen. Aber ohne weiteres ist ein nach der Zahl der Stücke oder der Maßeinheiten bemessener Akkord nicht teilbar.

Wir haben schon gesehen, daß der Akkordarbeiter bei einer größern Arbeit eine gewisse Einteilung derselben vornimmt. Er fängt daher unter Umständen alle Stücke zugleich an oder trifft Vorbereitungen für die gesamte Arbeit, fertigt

---

[1]) Grundsätze 15. Der Akkordarbeiter muß Mängel, die auf sein Verschulden zurückzuführen sind, selbst beseitigen. Urteil vom 3. März 1904.

(Der Unternehmer beim Werkvertrag muß auch solche Mängel auf seine Kosten beseitigen, die er nicht verschuldet hat. § 633 BGB. Er kann diese Beseitigung aber wegen unverhältnismäßiger Kostspieligkeit ablehnen. Der Akkordarbeiter hat ein Ablehnungsrecht überhaupt nicht, kann aber Vergütung verlangen, wenn ihn kein Verschulden trifft.)

16. Für Lieferung von Ersatzstücken an Stelle von sogenannten Ausschußstücken ist im Zweifel keine Vergütung zu zahlen. Urteil vom 25. Februar 1905. Nr. 110. 04.

18. Erfahrungsmäßig zwecks Beseitigung auch unverschuldeter Mängel erforderliches mehrfaches Auseinandernehmen eines fertig zusammengesetzten Akkordstückes gehört im Zweifel zur übernommenen Akkordarbeit. Urteil vom 8. Juni 1905. Nr. 520. 05.

Werkzeuge, richtet Maschinen ein oder zu und dergleichen mehr. Diese auf die ganze Arbeit, auf alle zu fertigenden Stücke oder Operationen sich beziehende Tätigkeit macht die aus einer bestimmten Zahl von Stücken bestehende Akkordarbeit zu einer einheitlichen. Als Grundsatz kann man wohl aufstellen, daß alle Arbeiten die auf einem Akkordzettel verzeichnet sind, eine einheitliche Akkordarbeit ausmachen, daß dagegen die auf mehreren Akkordzetteln vermerkten Arbeiten, auch wenn sie zu einem Stücke oder zu gleichartigen Stücken gehören, nach dem durch die Wahl mehrerer Akkordzettel zum Ausdruck gekommenen Parteiwillen im Zweifel als mehrere selbständige Akkordarbeiten anzusehen sind[1]).

Wie wir gesehen haben, muß grundsätzlich der Arbeitgeber Räume, Maschinen, Werkzeuge, Material zu Beginn der Akkordarbeit liefern, so daß der Akkordarbeiter sofort mit der Arbeit beginnen und sie ohne Unterbrechung bis zu Ende fortsetzen kann.

Tatsächlich liegen die Verhältnisse oft anders:

Der Akkordarbeiter muß die ihm zur Verfügung gestellten Maschinen erst einrichten und zurichten, er muß sich oft das Werkzeug selbst herstellen oder er muß doch wenigstens dem in der Fabrik beschäftigten Werkzeugmacher die nötigen Angaben für die Herstellung des Werkzeuges machen. Das Material wird mit oder ohne Verschulden des Arbeitgebers nicht so geliefert, daß es der Akkordarbeiter gleich verwenden kann.

[1]) Grundsätze Nr. 20 und 21:

20. Übernimmt ein Akkordarbeiter eine Anzahl gleicher Stücke, so liegt im Zweifel eine teilbare Leistung vor, so daß der Arbeitgeber für jedes einzelne Stück den vereinbarten Stücklohnbetrag zahlen muß und nicht mit dem durch fehlerhafte Stücke verursachten Schaden aufrechnen kann. Urteil vom 20. März 1904. Nr. 118. 04.

21. Ist aber der Stücklohnbetrag nur unter der Voraussetzung der Herstellung eines einheitlichen Gesamtakkordes bewilligt, so ist bei nur teilweiser Fertigstellung die Vergütung für die gelieferten Teile oder Stücke besonders zu berechnen. Urteil vom 15. Juni 1904. Nr. 619. 04. K. 3. Ein einheitlicher Akkord ist u. a. anzunehmen, wenn für eine Anzahl Stücke ein Gesamtpreis ausgeworfen ist, besonders, wenn laut Aufdruck auf dem Akkordzettel die Lösung des Arbeitsverhältnisses vor Vollendung der Gesamtleistung ausgeschlossen ist. Urteil vom 29. November 1904. Nr. 1123. 04.

Eisenteiles sind erst nachzufeilen, der gelieferte Mörtel muß noch einen Zusatz von Kalk erhalten, vorgearbeitete Holzteile sind nicht genau. Hieraus ergeben sich Mehrarbeiten, an die man bei Abschluß des Akkordvertrags nicht dachte. Im Zweifel können solche Mehrarbeiten nicht als zu dem vereinbarten Akkord gehörig angesehen werden. Aus den Umständen wird sich aber oft ergeben, daß sie vom Akkordarbeiter zu verrichten sind. Er wird meist die geeignetste Person sein, diese Arbeiten auszuführen. Es wird auch in seinem Interesse liegen, diese Arbeiten selbst zu verrichten. Da sie aber im Zweifel nicht bei der Akkordvereinbarung einbegriffen waren, so liegt ihrer Ausführung nicht der Akkordpreis zugrunde. Infolgedessen sind diese Arbeiten gegen Bezahlung in Zeitlohn zu verrichten. Ihre Leistung ist dann aber überhaupt nach den Grundsätzen des Zeitlohnvertrags zu beurteilen, so daß Bezahlung auch zu leisten ist, wenn z. B. dem Arbeiter die Herstellung eines bestimmten Werkzeugstückes nicht gelang. Wollen die Parteien dies nicht, so müssen sie diese Nebenarbeiten mit in den Akkord einbeziehen und dann den Akkordpreis angemessen erhöhen. Oft wird dies aber nicht tunlich sein, weil sich der Umfang dieser Nebenarbeiten im voraus nicht bestimmen läßt.

Weitere Zweifel über den Umfang des Akkords entstehen durch die Ausübung des Direktionsrechtes von seiten des Arbeitgebers. Danach muß der Arbeitnehmer den Anweisungen des Arbeitgebers Folge leisten, wenn er nur nicht in seinem Verdienst geschmälert wird. Eine Ablehnung wird er also durch den ihn treffenden Nachweis begründen müssen, daß er in seinem Verdienst erheblich geschmälert worden wäre, wenn er die Anweisung des Arbeitgebers befolgt hätte. Natürlich kann das Direktionsrecht nicht entgegen ausdrücklich getroffenen Vereinbarungen über die Art der Ausführung der Akkordarbeit ausgeübt werden; daher wird es sich vielfach empfehlen, bei einer Akkordarbeit auch die Art der Ausführung vorher zu vereinbaren.

Innerhalb gewisser unerheblicher Grenzen kann aber der Umfang der Akkordarbeit durch die Anordnungen des Arbeitgebers einseitig bestimmt werden.

Soweit dadurch die Arbeit vereinfacht wird, hat der Arbeiter gar kein Interesse und auch kein Recht die Vereinfachung abzulehnen [1]). Denn der vereinbarte Lohn kann deshalb nicht ohne seine Zustimmung gemindert werden. Ist aber mit den Anordnungen des Arbeitgebers eine erhebliche Vermehrung der Arbeit verbunden und der Akkordarbeiter führt die Arbeit gleichwohl den Anordnungen gemäß aus, so kann er die Mehrarbeit in Zeitlohn bezahlt verlangen. Es wird sich daher für den Akkordarbeiter meist empfehlen, eventuell indem er sich die Forderung einer Lohnerhöhung vorbehält, den Anordnungen des Arbeitgebers Folge zu leisten, statt sie abzulehnen und dann, falls ihm der Nachweis einer erheblichen Mehrarbeit nicht gelingt, die Folgen einer nicht berechtigten oder nicht als berechtigt erwiesenen Ablehnung tragen zu müssen [2]).

Einfacher wird der Fall liegen, wenn der Arbeiter infolge einer Anweisung des Arbeitgebers die Akkordarbeit vorübergehend ruhen lassen muß. Auch hier braucht er sich nur unerhebliche Unterbrechungen gefallen zu lassen [3]). Nimmt er während der Unterbrechung andere Akkordarbeit an, so ist

---

[1]) Während bei andern Dienstverträgen, z. B. beim Bühnenengagement, der Dienstpflichtige bisweilen ein Recht auf Ausführung der vereinbarten Leistung hat.

[2]) Grundsätze 36. Der Arbeitgeber darf eine notwendige oder zweckmäßige Unterbrechung der Akkordarbeit — aber nicht willkürlich — anordnen, soweit dadurch der Anspruch des Arbeiters auf die vereinbarte Vergütung nicht wesentlich geschmälert werden würde. Urteil vom 22. Dezember 1904. Nr. 1245. 04. — Urteil vom 7. Januar 1905. Nr. 1297. 04. *Prenner*, Der gewerbl. Arbeitsvertrag, 1902, S. 46, führt aus, daß dem Arbeitgeber stets die Möglichkeit bleibe, dem Arbeiter Anweisungen über die Art und Weise der Arbeit zu geben, sobald seine Arbeit Gefahr befürchten lasse, daß ihr Produkt ungeeignet oder verspätet hergestellt werden könne. Dazu bemerkt *Koehne*, S. 58, daß durch die Rücksicht auf das dem Arbeiter zustehende Recht auf höheren Lohn bei angestrengterer Arbeit das Direktionsrecht eingeschränkt werde. Vgl. Urteil bei *Baum* S. 126, *Unger* S. 1 Nr. 1, *v. Schulz-Schalhorn* S. 185, 186, Soz. Prax. XV 285 Nr. 15, R. Arb.-Blatt III S. 175, *Franke*, Gutachten S. 176; s. auch *Rümelin* S. 110 u. 203.

[3]) *Baum* S. 267, *Bail* S. 153, *Unger* S. 34 Nr. 23, *v. Schulz-Schalhorn* S. 185, Grundsätze 39. Auch bei längerer, z. B. im Einverständnis beider Teile oder bei Streiks, eintretender Unterbrechung braucht weder der Dienst- noch der Akkordvertrag, auch der spezielle nicht, aufgehoben zu sein. Dies kommt besonders auch bei Streiks z. B. dadurch zum Ausdruck, daß die Arbeiter ihre Papiere in Händen des Arbeitgebers belassen.

diese Akkordarbeit vereinbarungsgemäß ein Ersatz für die Unterbrechung. Wird ihm während der Unterbrechung Zeitlohnarbeit übertragen, so wird er sie, sofern es sich nur um eine unerhebliche Unterbrechung handelt, nicht ablehnen dürfen. In der Übernahme solcher Arbeit, besonders wenn sie wider Erwarten schließlich doch länger dauert, liegt aber kein Verzicht auf die Akkordarbeit. Vielmehr kommt der Arbeitgeber in Verzug, wenn der Arbeiter sich zur Fortsetzung der Arbeit erbietet. Sofern der Arbeiter nach dem Arbeitsvertrage nicht auch zu Zeitlohnarbeiten verpflichtet ist, würde in der Ausführung von Zeitlohnarbeiten infolge einer vom Arbeitgeber verlangten, von ihm zu vertretenden erheblichen Unterbrechung der Akkordarbeit kein Verzicht auf den höheren Verdienst bei Akkordarbeit liegen. Vielmehr wird der Arbeiter außer dem Zeitlohn eine Entschädigung entsprechend dem durchschnittlichen Mehrverdienst bei Akkordarbeiten verlangen können. In der Praxis wird meist auch dementsprechend gehandelt.

Die weitere Folge des Verzuges, daß der Arbeiter bei nicht genügender Gelegenheit zu Verdienst — sc. durch Akkordarbeit — gemäß § 124 ⁴ GO. das Arbeitsverhältnis sofort kündigen kann, wird nicht dadurch ausgeschlossen, daß er längere Zeit hindurch wegen einer Unterbrechung der Akkordarbeit in Zeitlohn arbeitet[1]).

Macht der Akkordarbeiter von seinem Kündigungsrecht keinen Gebrauch, so bleiben seine Ansprüche aus dem Akkordvertrag bestehen, sofern nicht dem Arbeitgeber ein besonderer Rechtsgrund für die Aufhebung des Akkordverhältnisses zur seite steht.

Ein Mehraufwand an Zeit oder Auslagen des Arbeiters entsteht mitunter durch die Zurücklegung eines außergewöhnlich

---

[1]) GG. Königsberg (GG. VI. 221, 222 Nr. 74) gibt dem Akkordarbeiter bei Lieferung schlechten Materials kein Kündigungsrecht aus § 124 ⁴ GO., sondern nur einen Schadenersatzanspruch. Nach *Koehne*, Bl. für vergleichende Rechtswissenschaft II 5, 6 S. 3, hat im englischen Recht der Arbeitgeber die Pflicht, die zur Erreichung des durchschnittlichen Tagesverdienstes nötigen Materialien zu liefern, andernfalls muß er den Zeitverlust ersetzen. S. auch *Maß*, GG. Stettin S. 66 Nr. 81; schließlich *Crome*, Part. Rechtsgeschäfte S. 187.

weiten Weges und durch den Aufenthalt außerhalb des Wohnortes. Grundsätzlich muß der Arbeitgeber bei derartigen Arbeiten dem Arbeiter die Zurücklegung des Weges und den Aufenthalt ermöglichen. Die für diese Zwecke nötigen Rechtsgeschäfte schließt aber der Arbeiter im Zweifel in eigenem Namen ab, so daß die Verpflichtung des Arbeitgebers hauptsächlich in der Gewährung von Vorschuß besteht.

Mehrarbeiten [1]) entstehen auch durch nachträgliche Änderungen an einer fertiggestellten Akkordarbeit, sei es daß die Änderungen auf Mängel oder Verschulden des Akkordarbeiters zurückzuführen sind, sei es daß sie verlangt werden, obwohl die Arbeit ordnungsgemäß ausgeführt war.

Die Beseitigung unverschuldeter Mängel oder die Vornahme willkürlicher nachträglicher Änderungen gehört nicht zur vereinbarten Akkordarbeit, stellt sich also als eine besondere, aus freier Entschließung des Arbeiters geleistete Mehrarbeit dar [2]) — es sei denn, daß Abweichendes vereinbart ist. Die Beseitigung verschuldeter Mängel muß dagegen, wenn sie ausgeführt ist, als eine in Erfüllung der Verpflichtung des Arbeiters, den Arbeitgeber schadlos zu halten, geleisteteArbeit angesehen werden. Der Arbeiter kann also hierfür keine besondere Vergütung verlangen.

Andererseits hat aber der Arbeiter infolge eines solchen Verschuldens nur die Verpflichtung zum Schadenersatz und nicht, wie der Unternehmer beim Werkvertrag, zur Beseitigung der Mängel — eine Verpflichtung, die aber beim Werkvertrag wiederum wegfällt, wenn sie einen unverhältnismäßigen Aufwand erfordert (§ 633 BGB.) [3]).

---

[1]) Verhandl. d. XXVIII. Deutsch. Juristentages Bd. III S. 537.

[2]) GG. Berlin 31. Oktober 1894. I. 2250. 94. K. 1. *Unger* S. 1 Nr. 1. GG. Frankfurt a. M. bei *Baum* S. 123 Nr. 133.

[3]) In diesem Falle würde also die Anwendung einer Bestimmung des Werkvertrages einen Vorteil für den Akkordarbeiter bedeuten, woraus man ersieht, daß die grundsätzliche Ablehnung der Regeln des Werkvertrags durch die Arbeiterverträge (vgl. *Koersten*, *Stadthagen* im Gegensatz zu *Schalhorn*, Soz. Prax. XIV Sp. 1066f.) sich nicht unbedingt mit den Interessen der Arbeiter begründen läßt, daß diese vielmehr unter Umständen beim Werkvertrag besser gestellt sind. Daß die Annahme eines Werkvertrags die Anwendung der sozialen Schutzbestimmungen

Daher wird der Arbeitgeber einen vom Arbeiter durch dessen Verschulden herbeigeführten Mangel stets auf Kosten des Arbeiters beseitigen lassen können [1]).

Mit der Akkordarbeit ist oft eine Geschäftsbesorgung verbunden, hauptsächlich bei der Kolonnenarbeit [2]), bei Arbeiten außerhalb der Fabrik und bei der Heimarbeit.

Zu derjenigen Geschäftsbesorgung, welche für die Ausführung der Akkordarbeit notwendig ist, muß der Akkordarbeiter im Zweifel für bevollmächtigt durch den Unternehmer gelten dergestalt, daß er das notwendige Rechtsgeschäft im Namen und in Vertretung des Arbeitgebers abschließt. Das gilt insbesondere für den notwendigen Ankauf von Materialien und Zutaten, für den Transport derselben, für den Abschluß von Dienstverträgen mit Hilfskräften. Dies würde sich falls man eine Vollmacht oder einen Auftrag nicht annimmt, auch auf Grund der Geschäftsbesorgung ohne Auftrag ergeben (s. hierzu auch § 683 BGB. wegen des Ersatzes von Aufwendungen).

7. Vergütung[3]).

Die Vergütung besteht in einem festen Betrage in bar oder Naturalien [4]), entweder für die ganze Arbeitsleistung oder für gewisse Maßeinheiten derselben, und zwar ist dieses nicht nur bei dem eigentlichen Stücklohnvertrage der Fall, sondern bei allen Arten von Akkordverträgen.

---

und der Versicherungsgesetze oder die Zuständigkeit der Gewerbegerichte ausschließen würde, ist nicht begründet. Es würde immer noch ein Arbeitsverhältnis im Sinne jener Gesetze vorliegen.

[1]) Natürlich auch, wenn die Kosten den vereinbarten Akkordlohn übersteigen. Durch V e r t r a g oder Arbeitsordnung pflegt häufiger die Pflicht zur Beseitigung von Mängeln durch den Arbeiter ausbedungen zu werden. Dies ist zulässig.

[2]) GG. Berlin 3. August 1893. T. 57/93 K. 3; 7. Februar 1894. III. 194 K. 3; 12. März 1894. III. 375. 94 K. 3; 29. Oktober 1894. III. 1782. 94. K. 3; bei *Unger* S. 15—23 Nr. 17 I—IV.

[3]) S. *Lotmar* I Kap. 3 S. 118—176, *Bail* Kap. 7 S. 145 f., *Sigel* § 16 S. 89 f., *Koehne* S. 60 f., *Stadthagen*, Arbeiterrecht Teil I, Abschn. 3, S. 143—204.

[4]) Über Akkord- und Naturalvergütung s. *Lotmar* I S. 716 f.

Das dauernde Vertragsverhältnis der beiden Parteien berechtigt den Arbeitnehmer nur, eine ausreichende Beschäftigung gegen Akkordlohn zu verlangen, wogegen der Arbeitgeber verpflichtet ist, diese Beschäftigung zu gewähren, d. h. dem Akkordarbeiter in ausreichendem Maße Akkordarbeiten anzutragen. Der Arbeiter hat zwar keine Klage auf den Abschluß von Akkordverträgen, er kann vielmehr nur ohne Innehaltung einer Frist kündigen und Schadenersatz fordern, wenn ihm der Arbeitgeber nicht ausreichende Akkordarbeit unter vertragsgemäßen Bedingungen anbietet. Der Arbeitgeber genügt aber seiner Pflicht auch nicht dann, wenn er dem Akkordarbeiter Zeitlohnarbeit zum Satze des durchschnittlichen Verdienstes des Akkordarbeiters anbietet. Denn hätte der Arbeitgeber dieses Recht, so wäre er in der Lage, jederzeit den Akkordvertrag durch einen Zeitlohnvertrag zu ersetzen. Er nähme dadurch dem Arbeiter die Möglichkeit, durch stärkere Anspannung seiner körperlichen und geistigen Kräfte seinen Verdienst nach seinem Willen zu erhöhen, aber auch seine Kräfte zu schonen, wenn er will. Denn auch dieses Recht hat der Arbeiter, sofern er dadurch nur dem Arbeitgeber keinen erheblichen Schaden zufügt[1]). Der Arbeiter hat also ein Recht auf Akkordarbeit, nicht bloß auf Arbeit beliebiger Art. Ist nun aber ein bestimmtes Akkordabkommen im einzelnen Fall getroffen, so hat der Arbeiter einen Anspruch auf die vereinbarte Vergütung. Diese Vergütung ist nach Leistung der Akkordarbeit zu zahlen (§ 612 BGB.), d. h. nachdem der Akkordarbeiter seine Dienste in Richtung auf den Erfolg in vereinbarter Weise aufgewandt hat oder, und das ist der Regelfall, wenn er den vorgestellten Erfolg erreicht hat[2]).

Hat der Akkordarbeiter den vorgestellten Erfolg nicht oder nur teilweise erreicht, so kann er auch den vereinbarten Akkordlohn nicht oder nur teilweise verlangen, er sei denn, daß er nachweist, daß die vollständige oder teilweise Nichterreichung des Erfolges ohne sein Verschulden trotz vereinbarungsgemäßer Arbeit nicht erreicht worden ist.

[1]) indem z. B. die im Betrieb befindlichen Maschinen erhebliche Zeit leer laufen, nicht völlig ausgenutzt werden u. dgl.

[2]) *Koehne* S. 60.

Kann er diesen Nachweis nicht führen, so findet eine angemessene Minderung des vereinbarten Akkordpreises statt. Eine Anwendung der entsprechenden Regeln des Werkvertrages (§§ 634, 472 BGB.) ist wegen der abweichenden Natur des Akkordvertrages nicht angebracht und wird auch in der Praxis nicht vorgenommen. Es ist zu berücksichtigen, daß der Akkordarbeiter nie Alleinproduzent der betreffenden Sache ist, sondern nur Mitproduzent gemeinsam mit dem Arbeitgeber, der oft durch seine Maschinen und Einrichtungen, auch durch die Ausarbeitung des Projekts die größere Arbeit leistet. Der durch die mangelhafte Arbeit verursachte Schaden ist daher oft gar nicht in irgend eine Beziehung zu dem vereinbarten Akkordlohn zu setzen, bald ist er kleiner, bald aber auch erheblich höher, als der Akkordlohn. Oft ist der Minderwert der Arbeit infolge eines Mangels gar nicht zu berechnen. Man mindert deshalb in der gerichtlichen Praxis wie im Gewerbebetriebe selbst den Akkordlohn gewöhnlich um denjenigen Lohnbetrag, der auf die Beseitigung des Mangels durch einen anderen Arbeiter verwendet wurde. Das ist ein einfaches, den meist kleinen Objekten entsprechendes und von beiden Parteien in der Regel anerkanntes Verfahren. Man muß dabei berücksichtigen, daß oft ein nicht mehr erweisbarer Mangel des Materials oder der Einrichtungen, z. B. ungleichmäßiger Gang der Maschine, Störungen im Betriebe, bei Entstehung der Mängel mitgewirkt haben, so daß es nicht unbillig ist, dem Arbeitgeber als Mitproduzenten einen Teil des Schadens aufzubürden.

Das preußische Bergrecht hat Spezialbestimmungen über die Minderung des Gedinges bei nicht vorschriftsmäßig, also mangelhaft beladenen Fördergefäßen, und diese Bestimmungen dürfen durch Vereinbarung nicht abgeändert werden[1]). Danach ist es verboten, genügend und vorschriftsmäßig beladene Fördergefäße bei der Lohnberechnung in Abrechnung zu bringen. Danach ist also die der Ladung eines Fördergefäßes entsprechende Arbeit stets als ein selbständiges Ganzes anzu-

---

[1]) §§ 80b Ziff. 3 und 80 c Abs. 2 in der Fassung des Pr. Ges. vom 14. Juli 1905. Siehe dazu *Arndt*, Komm. 5. Aufl. Anm. 3 zu § 80 c; *Francke* 169—171.

sehen, dergestalt, daß der Minderwert der gesamten Förderung nicht auf vorschriftsmäßig beladene Fördergefäße in Abzug gebracht werden darf. Ferner ist bestimmt, daß ungenügend und vorschriftswidrig beladene Fördergefäße insoweit angerechnet werden m ü s s e n, als ihr Inhalt vorschriftsmäßig ist. Hier findet also nach der erfolgten Arbeitsleistung noch eine Teilung der an sich als Einheit aufzufassenden Leistung statt. Das kann nur so verstanden werden, daß der Inhalt eines Fördergefäßes zu sortieren und daß dann der brauchbare Teil der Ladung im Verhältnis zum ganzen Inhalt des Fördergefäßes zu bezahlen ist. Dann würden die Kosten der Aussonderung des Inhalts wenigstens insofern dem Arbeitgeber zur Last fallen, als er den Betrag desselben nicht von dem Lohn für das brauchbare Quantum der Ladung in Abzug bringen darf. Seine Schadenersatzforderung in anderer Weise gegen den Arbeiter geltend zu machen, ist nicht untersagt. Die hier wiedergegebene Auffassung wird sich bei der Fassung des Gesetzes nicht abweisen lassen, denn das Gesetz spricht nicht nur von ungenügend beladenen, sondern auch von verschriftswidrig beladenen Fördergefäßen. Es muß also eine Scheidung des vorschriftsmäßigen und des unvorschriftsmäßigen Teils der Ladung stattfinden. Eine Abrechnung der Kosten der Aussonderung würde schon nach dem Lohnbeschlagnahmegesetz und nach § 394 BGB. unzulässig sein. Der Ausdruck, daß das Fördergefäß i n s o w e i t zu bezahlen ist, als sein Inhalt vorschriftsmäßig ist, kann aber nur als eine aliquote Teilung des Lohnes für ein Fördergefäß aufgefaßt werden. Sonst hätte man doch praktischer gesagt: „Unvorschriftsmäßig beladene Fördergefäße sind nach dem Wert der Ladung zu bezahlen oder sind im Verhältnis des Wertes der Teilladung zum vereinbarten Preise der Gesamtleistung zu bezahlen.“ Dabei könnte sich unter Umständen Null oder Minus ergeben. Das wäre aber keine Bezahlung, insoweit der Inhalt vorschriftsmäßig ist.

Die Bestimmung mag bei einer so einfachen Arbeit wie der Beladung von Fördergefäßen durchführbar sein, eine analoge Ausdehnung auf alle Akkordverhältnisse erscheint aber unmöglich. Eine Leistung, die nach dem Vertrage als Ganzes gilt, muß auch nach erfolgter Erfüllung als Ganzes behandelt werden. Wenn also zwar ein Teil dieser einheitlichen Leistung brauchbar ist, aber nur, nachdem der unbrauchbare Teil erst brauchbar gemacht wird, so müssen die Kosten, welche aufgewendet werden müssen, um das Ganze brauchbar herzustellen, in voller Höhe vom Akkordlohn in Abzug gebracht werden — natürlich nur, soweit nach dem Vorhergesagten der Akkordarbeiter überhaupt die Mängel zu vertreten hat.

Sofern eine Vereinbarung über die Höhe des Akkordlohnes weder ausdrücklich noch in anderer Weise getroffen ist, liegt, wie oben ausgeführt, ein gewerblicher Akkordvertrag überhaupt nicht vor. Dieser Fall ist also nicht weiter zu erörtern[1]). Außer dem Akkordlohn hat der Arbeitgeber die oben erwähnten Nebenleistungen in Zeitlohn zu bezahlen, und zwar lediglich nach den Grundsätzen des Zeitlohnvertrages. Soweit eine Vereinbarung über die Höhe dieses Zeitlohnes nicht getroffen wurde, ist der etwaige taxmäßige oder der sonst übliche Lohn zu zahlen.

Für die Dauer eines Weges ist im Zweifel gleichfalls Zeitlohn zu bezahlen. Es könnte aber auch ein Akkordlohn vereinbart sein. Dieser Fall liegt dann vor, wenn mit Akkorden, die mit besonders weiten Wegen oder mit Auslagen, z. B. wegen auswärtigen Aufenthalts, ein prozentualer Aufschlag verbunden ist. Dann ist auch die Zurücklegung des Weges als Akkordarbeit zu beurteilen.

Ein fester Betrag für auswärtigen Aufenthalt, sog. Kostgeld, Montagezulage, Spesen, wird zwar zum Teil als Lohn angesehen, insbesondere nach manchen Gesetzen. Es bildet aber keine Vergütung für eine Leistung. Es handelt sich vielmehr um eine Nebenabrede. Diese geht dahin, daß dem Arbeiter der Aufenthalt an einem bestimmten Orte durch eine pauschale Zahlung des Arbeitgebers ermöglicht werden soll, damit er in die Lage versetzt wird, die Arbeit dort zu leisten. Dieses Pau-

[1]) Bemerkt sei, daß die Auffassung eines derartigen Vertrages als Zeitlohnvertrag nicht nur für den Arbeitgeber, sondern auch für den Arbeiter nachteilig sein kann. Es gibt aber keinen anderen Ausweg, weil die Feststellung eines üblichen Akkordlohnes unübersteigbaren Schwierigkeiten begegnen würde. Nachträgliche Vereinbarungen stehen den vorherigen gleich, was auch *Siegel* de lege lata anerkennt (S. 10).

schale ist folglich ohne Rücksicht auf den Ausfall der vereinbarten Akkordarbeit zu zahlen, natürlich unter der Voraussetzung, daß sich der Arbeiter tatsächlich an dem betreffenden Ort aufhält[1]). Leistet der Arbeiter infolge eines in seiner Person liegenden, also von ihm zu vertretenden, Grundes auch gar nichts an dem auswärtigen Aufenthaltsorte, so hat er gleichwohl den Anspruch auf das Kostgeld, so lange er mit Willen des Arbeitgebers sich an dem betreffenden Orte aufhält, oder so lange er ohne sein Verschulden an der Rückkehr verhindert ist — es sei denn, daß das Arbeitsverhältnis vorher rechtmäßig zur Lösung gelangte.

Besondere Zeitlohnvergütungen werden vereinbart für das Warten auf Lohnzahlung, sowie für die Zeit, welche die Lösung des Arbeitsverhältnisses in Anspruch nimmt[2]). Ohne derartige Vereinbarung würde ein Anspruch weder beim Akkord- noch beim Zeitlohnvertrage gegeben sein, sofern nicht ein Schaden nachgewiesen wird.

Auch beim Akkordvertrag kommt vereinbarungsmäßig die Bezahlung vom Überstunden vor, wenn auch in diesen Akkordarbeit geleistet und mit dem Akkordlohn bezahlt wird. Die Bezahlung besteht dann in einem mäßigen Satze für die Zahl der geleisteten Überstunden. Dieser Lohn ist reiner Zeitlohn. Er kann also bei einer Minderung des Akkordlohnes für mangelhafte Leistung nicht in Betracht kommen. Der Zeitlohnzuschlag für Überstunden ist mitunter üblich, folgt aber an sich nicht aus der Natur des Akkordvertrags[3]).

Meist werden beim Akkordvertrag Abschlagszahlungen vor Beendigung der Akkordarbeit geleistet, teils nach

---

[1]) Oder den Aufwand aus anderen Gründen hat. Wenn er z. B. außerhalb der Arbeitszeit nach Hause reist und ihm die Kosten dafür nicht bezahlt werden, so wird er gleichwohl Anspruch auf die Zulage haben.

[2]) K. Stat. Amt Tarifverträge II S. 134.

[3]) Auch in dieser Hinsicht besteht eine Verbindung von Zeit- und Akkordlohn, die mit jedem Akkordvertrag verbunden sein kann. S. hierzu K. Stat. Amt Tarifverträge II S. 134. *Koehne* S. 59. *Siegel* S. 96, 97.

Grundsätze 28. Vereinbarte Abschlagszahlungen stehen den vereinbarten Lohnzahlungen im Sinne von § 124[4] GO. gleich. Urteil vom 15. Dezember 1904. Nr. 1179. 04. K. 5 und Urteil vom 6. Mai 1905. Nr. 229. 05. Abschlagszahlungen können nur bis zur Höhe der verein-

Maßgabe des Wertes der Teilleistung, teils nach Maßgabe der geleisteten Arbeitsstunden.

Ein Anspruch auf derartige Abschlagszahlungen besteht nur, wenn dies als vereinbart anzusehen ist.

Der Anspruch darf aber naturgemäß die Höhe der vereinbarten Akkordsumme nicht übersteigen[1]).

Ohne eine Vereinbarung hat der Akkordarbeiter zwar keinen Anspruch auf Abschlagszahlungen. Meist wird ihm aber die Fortsetzung der Arbeit wegen Mangels an Mitteln zum Lebensunterhalt unmöglich sein, wenn er nicht in regelmäßigen Perioden Abschlagszahlungen erhält. Eine solche Unmöglichkeit muß als ein berechtigter Grund angesehen werden, das Arbeitsverhältnis zu lösen. Aus diesem Grunde wird tatsächlich dem Arbeiter die Gewährung von Abschlagszahlungen auf Akkordarbeit niemals vollständig abgelehnt werden.

Sofern Abschlagszahlungen wörtlich oder durch schlüssige Handlungen vereinbart sind, gelten sie als „schuldiger Lohn" im Sinne von § 124[4] GO.

Eine Eigentümlichkeit ist die Ausbedingung eines Minimallohnes beim Akkordvertrage. Diese Bedeutung hat nicht ohne weiters jede Vereinbarung eines Zeitlohnes neben dem Akkordlohne[2]), vielmehr besteht ein Minimallohnanspruch nur da, wo er ausbedungen ist, was insbesondere durch Tarifverträge zu geschehen pflegt.

Der Minimallohn in unserem Sinn ist immer Zeitlohn. Denkbar ist auch ein Minimalakkordlohn, und man hat oft den Akkordtarifen, die in allgemeinen Verträgen vereinbart wurden, diese Bedeutung beigelegt, derart, daß es zulässig ist, höhere, nicht aber geringere Akkordlöhne zu vereinbaren. Daß der Minimallohn in jenem Sinne etwas von den Minimalakkordlöhnen Verschiedenes ist, ergibt sich schon aus dem Umstande,

---

barten Akkordsumme verlangt werden, im übrigen sind sie aber unabhängig von dem Wert der jedesmaligen Teilleistung. *v. Schulz-Schalhorn* S. 207 f., 214, 355. *Baum* S. 131. *Unger* S. 7 Nr. 8. *Bail* S. 153. *Bernhard* Gedingeordnungen S. 66.

[1]) *Bail* S. 154.

[2]) *Bail* S. 153 f. K. Stat. Amt II S. 131. *Crome* Partiarische Rechtsgeschäfte S. 73.

daß neben solchen Minimalakkordtarifen für diese selben Akkordarbeiten Minimallöhne vereinbart werden.

Der Minimalzeitlohn soll dem Akkordarbeiter in gleichen Zeitabschnitten einen gleichen Verdienst als Minimum sichern. Zu dieser Sicherung verpflichtet sich der Arbeitgeber. Nun hängt aber die Höhe des Verdienstes beim Akkordlohne wesentlich auch vom Willen des Arbeiters ab. Einmal vereinbart er die Akkordarbeiten mit dem Arbeitgeber, und dann kann er rascher oder langsamer arbeiten, je nach Anspannung seiner körperlichen und geistigen Kräfte, je nach der Zweckmäßigkeit der Methode seiner Arbeit.

Soll nun die Minimallohngarantie die Akkordvereinbarung umstoßen? Dies wird man im Zweifel nicht als beabsichtigt ansehen. Vielmehr wird im Zweifel die Ausbedingung eines Minimallohnes nur die Bedeutung haben, daß die Akkordlöhne so berechnet sein müssen, daß ein normaler Arbeiter dabei bei normaler Anspannung seiner Kräfte auf einen diesem Minimalzeitlohn entsprechenden Verdienst kommen kann. Ungünstiger berechnete Akkordarbeit kann der Arbeiter daher ablehnen[1]).

Andererseits hat der Minimallohn im Zweifel auch nicht die Bedeutung, daß der Arbeitgeber seine Verpflichtung stets erfüllt hat, wenn der Arbeiter auf seinen Minimalzeitlohn kommt, also wenn er trotz Störungen bei der Arbeit diesen Minimallohn verdient.

Im Gegenteil sind trotz Verabredung eines Minimalzeitlohnes stets die vereinbarten Akkordlöhne, sofern sie nach den Grundsätzen des Akkordvertrags verdient sind, zu zahlen, und zwar nur unter dieser Voraussetzung. Daher hat der Arbeitgeber für jeden dem Arbeiter von ihm zugefügten und von ihm nach den Gesetzen zu vertretenden Nachteil aufzukommen, wie der Arbeiter andererseits den vereinbarten Akkordlohn und nur diesen verlangen kann, wenn er den Akkord-

---

[1]) Grundsätze 29. Bei der Garantie eines Minimalverdienstes bei Akkordarbeit ist zu unterscheiden, ob nur bei der Berechnung der Akkordpreise der Minimalverdienst zugrunde zu legen ist, oder ob stets für die auf den Akkord bei sorgfältiger Arbeit verwendete Zeit nach dem garantierten Minimalverdienst zu bezahlen ist. Urteil vom 4. Mai 1905. Nr. 193. 05

vertrag erfüllt hat. Die Vereinbarung eines Minimallohnes in diesem Sinne kann nur segensreich wirken.

Es kommen nun aber ausdrückliche abweichende Abmachungen vor, nach denen entweder der Arbeiter stets ohne Rücksicht auf die getroffene Akkordvereinbarung den Minimallohn fordern kann, während nach anderen Vereinbarungen der Arbeitgeber niemals für mehr als den vereinbarten Minimalzeitlohn aufzukommen hat[1]), wenn aus irgendeinem Grunde die Akkordarbeit nicht vereinbarungsmäßig geliefert wurde, wenn auch infolge eines Umstandes, den der Arbeitgeber zu vertreten hat. Die erste Art der Abmachung findet sich in Tarifverträgen, die zweite Art in Arbeitsordnungen. Beide sind geeignet, das Akkordsystem zu untergraben. Sie vermehren die Zahl der aus den Akkordverträgen hervorgehenden Streitfragen, indem sie die Abmachungen komplizieren, und sie vereiteln die mit dem Akkordvertrag beabsichtigten Zwecke.

Sie erfordern, daß man die Akkordarbeit nicht nur nach den Grundsätzen des Akkordvertrags, sondern auch nach denen des Zeitvertrages prüft.

Zunächst wird meist die Frage aufgeworfen werden, hat der Arbeiter normal gearbeitet; denn nur dann kann er den Minimallohn verlangen. Der Umstand, daß er bei dem Akkordlohn, insbesondere dem durch Tarifvertrag zwischen Arbeitgebern und Arbeitern festgelegten, nicht auf den Minimallohn gekommen ist, gibt ihm allein kein Recht, den Minimallohn zu fordern. Die Prüfung, ob trotzdem normale Leistungen vorgelegen haben, wird eine schwierige sein. Der Arbeitgeber wird darüber nur ein Urteil haben, wenn er dieselbe Kontrolle über den Arbeiter ausgeübt hat, wie beim Zeitlohn, während er diese Kontrolle doch beim Akkordlohn gerade ersparen und der Arbeiter sie durch Vereinbarung des Akkordlohnes vermeiden will.

Diese Vereinbarung des Minimallohnes ist nur denkbar bei einer jederzeit, auch während der Dauer eines Akkordvertrags, zulässigen Kündigung. Sie wirkt auch aus diesem

---

[1]) Daraus folgt allerdings noch nicht das Recht der Herabsetzung des vereinbarten Akkordlohnes nach erfolgter Leistung.

Grunde schädlich, indem sie das Vertragsverhältnis zwischen Arbeiter und Arbeitgeber lockert.

Wenn gesagt worden ist, die Minimallohngarantie könne bei ausdrücklich dahingehender Abrede auch die Bedeutung haben, daß sie auch gegenüber vereinbarten Akkorden gelte, so ist das nur in dem Sinne zu verstehen, daß die Akkordvereinbarung, auch wenn es nicht ausdrücklich im einzelnen Falle gesagt wurde, stets die Garantie des Minimallohnes in sich enthält. Vereinbaren die Parteien bei einem einzelnen Akkord aber ausdrücklich, daß die Minimallohngarantie nicht Platz greifen soll, so ist eine solche Abrede für den von ihm betroffenen Fall gültig[1]).

Der Akkordlohn kann auch als Naturallohn vorkommen, insbesondere kann dies in partiarischer Form geschehen[2]). Beim gewerblichen Akkordvertrag ist dies aber grundsätzlich ausgeschlossen, insbesondere die partiarische Form. Denn der Lohn der Arbeit ist stets in Reichswährung zu berechnen.

Allerdings dürfen den Arbeitern die im § 115 GO. angegebenen Naturalien in Zahlung gegeben werden. Das kann man nun aber nicht als eine eigentliche Naturallöhnung ansehen[3]).

Das Trinkgeld hat oft die Form eines Akkordlohnes. Es wird meist für einen bestimmten Erfolg gezahlt. Das Trink-

---

[1]) Diese Frage ist näher bei den Tarifverträgen zu erörtern.

[2]) Das bei auswärtigem Aufenthalt gezahlte Kostgeld, auch kurz Kost genannt, ist kein Naturallohn, wohl aber die Gewährung von Kost und Logis bei auswärtigem Aufenthalt, sei es durch den Arbeitgeber oder, was auf dem Lande oft vorkommt, durch den Kunden des Arbeitgebers und auf seine Kosten.

[3]) „Lohn" im Sinne der Gewerbeordnung ist meines Dafürhaltens gleichbedeutend mit der „Vergütung" des BGB. Als „Lohn" ist also auch der Naturallohn anzusehen. Auch dieser ist den gewerblichen Arbeitern in bar zu berechnen. Die in § 115 GO. Abs. 2 aufgeführten Naturalien — und nur diese — dürfen der Lohnzahlung nur unter „Anrechnung bei der Lohnzahlung verabfolgt werden". Die Praxis steht auf einem andern Standpunkte, auch muß ich zugeben, daß der Gesetzgeber an die aus dem Wortlaut seiner Bestimmung sich ergebende Schlußfolgerung wohl nicht gedacht hat. — Naturalvergütungen, die nur nach Zeit berechnet werden können, z. B. Wohnung, können nie als Akkordlohn bezeichnet werden.

geld ist in der Regel als eine Vergütung für geleistete Dienste aufzufassen, und zwar auch für solche Dienste, die dem Arbeitgeber, nicht bloß dem Dritten, dem Gast, geleistet wurden. Der Arbeiter ist oft, z. B. im Gast- und Schankgewerbe, ausschließlich auf Trinkgeld angewiesen. Da er dem Arbeitgeber unzweifelhaft Dienste leistet und da er sie offenbar nicht unentgeltlich leisten will, so kann in einem solchen Falle nur das Trinkgeld als Vergütung angesehen werden.

Allerdings hat der Arbeiter keinen klagbaren Anspruch auf das Trinkgeld, weder gegen den Arbeitgeber noch gegen den Dritten. Darum kann man eigentlich nicht das Trinkgeld als Vergütung ansehen, sondern nur die vom Arbeitgeber zu gewährende Gelegenheit, Trinkgelder zu erlangen. Die Verpflichtung des Arbeitgebers besteht also in der Gewährung dieser Gelegenheit. Darauf hat der Arbeiter eine Klage und eventuell einen Schadenersatzanspruch.

Trinkgelder kann der Arbeiter aber nur erwarten, wenn er eine bestimmte Leistung ausgeführt hat, z. B. das Bedienen eines Gastes. Diese Leistung muß er ordnungsmäßig ausgeführt haben. Andernfalls kann er Trinkgeld nicht erwarten und auch den Arbeitgeber wegen Ausfalls von Trinkgeld nicht in Anspruch nehmen, auch nicht, wenn ein bestimmtes Trinkgeld als Minimum garantiert ist.[1])

Das Trinkgeld hat jedenfalls dann den Charakter einer mit dem Geber vertraglich vereinbarten Vergütung, wenn es im voraus für eine zu verrichtende Leistung gezahlt wurde. Soweit dies für verbotene oder unsittliche Zwecke geschah, unterliegt das Rechtsgeschäft natürlich der Nichtigkeit.

Wenn die Akkordvergütung nach Maß erfolgt, so muß ihrer Forderung eine A b r e c h n u n g o d e r e i n A u f m a ß vorhergehen. Eine Abrechnung ist auch erforderlich, wenn der

---

[1]) Es kommt auch vor, daß der Arbeiter nur eine bestimmte Summe des Trinkgeldes oder eine Quote desselben behalten darf. Die Zuständigkeit der Gewerbegerichte für Trinkgeldforderungen wird erörtert bei *von Schulz-Schalhorn* Bd. XVI (hinsichtlich des Speisewagenkellners) vgl. auch *Bail* S. 146, *Baum* 242, 248, *Jhering*, Das Trinkgeld, 1902, weist treffend darauf hin, daß der Grund des Trinkgeldes in dem Egoismus des Gebers liegt.

Akkordarbeiter sich auf den Akkordlohn die Löhne anderer Arbeiter oder etwaiger Auslagen für die Arbeit anrechnen lassen muß[1]).

Grundsätzlich muß derjenige, der eine Vergütung fordert. die erfolgte Leistung nachweisen, also auch die Abrechnung, das Aufmaß, das Abwiegen usw. vornehmen.[2]) Darum muß er die Verfügung über die Unterlagen haben, welche das Aufmaß, die Abrechnung erst ermöglichen, also die Zeichnungen, Akkordzettel, von ihm geführte Lohnbücher. Er muß Zutritt zu den Räumen haben, in welchen das Aufmaß vorgenommen wird. Er muß beim Abwiegen, wenigstens auf Wunsch, zugezogen werden und darf die Wage und die Gewichte nachprüfen.

Durch Arbeitsordnungen wird ihm dieses Recht oft sehr verschränkt, wovon dann die Folge häufige Klagen oder gar Arbeiterbewegungen sind.

Die Einschränkung der erwähnten Rechte kann nie bis zu ihrer völligen Aufhebung gehen, denn sonst würde dem Arbeiter die Erfüllung der ihm nach dem Arbeitsvertrage obliegenden Verpflichtung unmöglich gemacht. Diese Verpflichtungen, insbesondere die Abrechnung, dem Arbeitgeber als Pflicht zu übertragen, ist unmöglich. Der Arbeiter kann doch niemals, auch nicht durch Vertrag, dazu gezwungen werden.

---

[1] In diesem Falle sind die Lohnsicherungsbestimmungen, § 115 ff. GO., Lohnbeschlagnahmegesetz vom 21. Juni 1869, § 305 BGB., zu berücksichtigen.

[2]) Dagegen anscheinend *Meschelsohn*, Verhandl. d. 28. Deutsch. Juristentages III. S. 538 usw. der aber die Akkordberechnung — die, dem Abschluß voraufgeht — und die Akkordabrechnung auf eine Stufe stellt. Erwägen ließe sich vielleicht, ob der Arbeitgeber dem Akkordarbeiter nicht an die Hand gehen muß bei der Abrechnung. Die Pflicht zur Abrechnung an sich muß aber dem Arbeiter obliegen. Etwas anderes wäre unpraktisch, auch vom Interesse des Arbeiters aus gesehen.

Sechstes Kapitel.

Erfüllung.

1. Erfüllung im Allgemeinen. Vorleistung des Arbeiters.

Der Akkordarbeiter hat vorzuleisten — es handelte sich denn um Naturalvergütungen auf seiten des Arbeitgebers, die ihrer Natur nach im voraus zu gewähren sind, z. B. freie Wohnung.

Die Verpflichtung des Arbeiters besteht:

1. in der Annahme der ihm vertragsmäßig angetragenen Akkordarbeiten,

2. in der Ausführung der Akkordarbeiten, d. h. in der Leistung der vereinbarten Dienste in Richtung auf den Erfolg, mit dem Zwecke, den Erfolg zu erreichen.

Zu 1. Das Angebot von Akkordarbeiten ist eine die Annahme erst ermöglichende Handlung. Bietet daher der Arbeitgeber keine Akkordarbeiten zu den vertragsmäßigen Bedingungen an, so kommt er mit der Annahme der Dienste des Arbeiters in Verzug, sofern dieser nur zur Verfügung steht. Ein wörtliches Angebot der Dienste ist nach § 295 BGB. nicht erforderlich[1]). Ein tatsächliches Angebot liegt aber bereits vor, wenn der Arbeiter am Ort der Arbeitsleistung zur Verfügung steht. Auch muß der Arbeiter imstande sein, die vereinbarten Dienste zu leisten (§ 297 BGB.). Dies würde z. B. nicht der Fall sein, wenn er krank und dienstunfähig ist.

Die Folge des Verzuges ist, daß der Arbeitgeber dem Akkordarbeiter den ihm durch den Verzug entstandenen Schaden ersetzen muß. Dies folgt zwar nicht unmittelbar aus § 615 BGB. Denn danach hat der Arbeitgeber dem Arbeiter die

---

[1]) *Siegel* S. 76 „der Arbeiter, der bereits in Arbeit steht, macht gerade durch seine Bereitschaft zur Fortsetzung der Arbeit das tatsächliche Angebot im Sinne des § 294 BGB."

vereinbarte Vergütung zu gewähren. Der Schluß ergibt sich aber aus einer analogen Anwendung dieser Bestimmung.

Bei einer Schadensklage steht der Arbeiter allerdings schlechter, als bei einer Klage auf die vereinbarte Vergütung. Denn er muß seinen Schaden nachweisen.

Dabei wird man aber aus der Natur der Sache einige Regeln abzuleiten in der Lage sein, die die Lage des Akkordarbeiters erleichtern.

Der Akkordarbeiter hat nach dem Vertrage die Verpflichtung, dem Arbeitgeber zur Verfügung zu stehen. Daraus folgt für die Regel, daß ihm durch den Verzug des Arbeitgebers jede Erwerbsmöglichkeit genommen ist, und daraus ergibt sich wieder die Höhe des Schadens genau entsprechend dem, was er bei dem Arbeitgeber hätte verdienen können, wenn dieser seiner Vertragspflicht nachgekommen wäre. Der Schaden entspricht also dem durchschnittlichen Verdienst eines Akkordarbeiters von der Qualität des in Rede stehenden in dem Betriebe des Arbeitgebers und falls auf diese Weise ein Durchschnitt nicht festgestellt werden kann, den durchschnittlichen Verdienste desselben oder eines ähnlichen Arbeiters in einem gleichartigen Betriebe.

Schwieriger liegt der Fall für den Arbeiter, wenn der Arbeitgeber dadurch in Verzug kam, daß er den Arbeiter entließ. Denn damit bekundet er, daß er den Dienst des Arbeiters überhaupt nicht mehr will.

Infolgedessen ist der Arbeiter vollkommen frei in der Verfügung über seine Arbeitskraft. Er kann also den Schaden mindern, indem er andere sich ihm bietende Arbeit annimmt.

Nach § 254, Abs. 2 BGB. ist er verpflichtet, eine geeignete andere Arbeit anzunehmen und sich auch um eine solche zu bemühen, soweit er Schadenersatz verlangt.

Erst wenn die Bemühungen nicht den gewünschten Erfolg haben, würde ein Schaden vorliegen. Daher muß der Arbeiter nachweisen, daß er sich erfolglos bemüht hat. Das ist auf dem Gebiet der Großindustrie meist vollständig unmöglich aus Gründen, die zu erörtern hier zu weit führen würde[1]).

[1]) Daß diese Lösung für die Praxis nicht erfreulich ist, bedarf keiner Ausführung.

Zu 2. Ist nun ein Akkordabkommen über eine bestimmte Arbeit zustande gekommen und hat nunmehr der Akkordarbeiter die Verpflichtung, die vereinbarten Dienste in Richtung auf den Erfolg aufzuwenden, so hat er einmal erfüllt, wenn der vereinbarte Erfolg erreicht ist, er hat aber auch erfüllt, wenn er die vereinbarten Dienste in Richtung auf den Erfolg aufgewandt hat, der Erfolg aber infolge eines Umstandes unterblieben ist, den er nicht zu vertreten hat[1]).

Während in dem ersten Falle der Arbeiter nur zu beweisen hat, daß das erreichte Arbeitsergebnis der Vereinbarung entspricht und etwaige Fehler oder Mängel vom Arbeitgeber geltend zu machen sind, muß der Akkordarbeiter im zweiten Falle beweisen, daß er die vereinbarten Dienste vertragsmäßig aufgewendet, sich also unter Anwendung seiner Kenntnisse und Fähigkeiten vertragsmäßig bemüht hat, den Erfolg zu erreichen.

Durch Vertrag wird die Beweislast mitunter anders geregelt. So haben die Berliner Former mit den Gießereien im Jahre ein Abkommen geschaffen, welches lautet: Ausschuß — das heißt ein fehlerhaftes und unbrauchbares Gußstück — wird nicht bezahlt; doch wird Ausschuß, der nachweislich ohne Verschulden des Formers entstanden ist, bezahlt. Es genügt also, falls Ausschuß vorliegt, nicht der an sich schon schwierige Beweis, daß der Former ordnungsmäßig gearbeitet hat, er muß ferner nachweisen, daß die das Arbeitsstück unbrauchbar machenden Fehler und Mängel nicht auf sein Verschulden zurückzuführen sind, ein Beweis, der besonders beim Formenguß meist unmöglich ist.

2. Gefahrtragung.

Die Frage, wer die Folgen der Unmöglichkeit zu tragen hat, den Erfolg zu erreichen, ist im wesentlichen übereinstimmend mit der Frage nach der Tragung der Gefahr.

Hier muß man, wie *Rümelin*[2]) richtig ausführt, die einzelnen Klassen der Gefahr unterscheiden.

Eine Unmöglichkeit, die aus einem in der Person des Arbeiters liegenden Grunde folgt, muß der Akkord-

[1]) *Koehne* S. 60 f., insbesondere die dort zitierten Erkenntnisse; *Siegel* S. 50 ff., *Bail* S. 161 ff.

[2]) *Rümelin* S. 64 ff.,

arbeiter tragen, also Unmöglichkeit infolge von Tod, Krankheit, infolge eines Hindernisses, zur Arbeitsstätte zu kommen. *Rümelin* braucht für diese Art der Gefahr den treffenden Ausdruck Gefahr der Arbeitskraft.

Dagegen trifft die Gefahr der Unternehmung den Arbeitgeber. Zur Gefahr der Unternehmung sind zu rechnen diejenigen Folgen, die sich aus der Tätigkeit des Arbeitgebers oder seiner Vertreter oder Angestellten ergeben[1]). Auch schädigende Ereignisse, die von außen in die Unternehmung eingreifen, Brand, Überschwemmung, Diebstahl gehören hierher. Auch Gefahren, die durch die Benutzung der Arbeitsräume des Arbeitgebers entstanden sind, wird man zu den Gefahren der Unternehmung rechnen können. Übertragen sich solche Gefahren auf die Person des Arbeiters, ist z. B. die Krankheit eine Folge gesundheitswidriger Arbeitsräume, so kann die Gefahr der Person des Arbeiters in die Gefahr der Unternehmung übergehen. Grundsätzlich wird, soweit nicht eine andere Regelung vereinbart ist, jeder Teil die Gefahr so weit zu tragen haben, wie er auf den Erfolg einzuwirken in der Lage und verpflichtet ist. Danach unterscheidet man den Gefahrenkreis des Arbeiters und des Arbeitgebers. Nur mit sehr großen Einschränkungen wird man aber den Satz von *Rümelin* bestehen lassen können, daß unsere Technik heut ihrer Sache so sicher sei, daß bei sorgfältiger Arbeit der Erfolg immer erreicht wird [3]). Es ist demgegenüber zu bedenken, daß mit der Sicherheit gleichmäßige Artikel, besonders auf maschinellem Wege herzustellen, auch die Ansprüche an die Gleichmäßigkeit und Vorschriftsmäßigkeit der Ware gestiegen sind. Ganz minimale Fehler, welche mitunter die Gebrauchsfähigkeit gar nicht oder doch nicht nachweisbar beeinflussen, machen eine Ware zu einer nicht lieferfähigen, weil für die Lieferungen strenge Vorschriften bestehen. Es kommt ferner vor, daß selbst bei fast

---

[1]) § 278 BGB.

[2]) *Rümelin* S. 72 folg. scheint bei dieser Untersuchung den Ausdruck Unternehmer teils im nationalökonomischen Sinne gleich Arbeitgeber und teils im Sinne des BGB. zu verwenden.

[3]) Das ist mir gerade von technischer Seite auf Grund von Erfahrung in der Industrie bestätigt worden.

ausschließlich automatischer Herstellung regelmäßig unbrauchbare, mangelhafte Stücke gefertigt werden [1]), z. B. bei der Knopffabrikation, der Schraubendreherei. Auch die Maschinen haben mitunter ihre Mucken, wie die Arbeiter sagen. Daher kann man doch nicht ohne weiteres selbst bei rein mechanischem Arbeiten die Schuld an einem Mißlingen regelmäßig dem Arbeiter zuschreiben.

Demnächst kommt die Gefahr des Materials. Dieses ist bei der Akkordarbeit — abgesehen von der Heimarbeit — fast ausnahmslos das Eigentum des Arbeitgebers, auch soweit es sich um Zutaten handelt, die etwa der Arbeiter selbst gekauft hat, ja sogar wenn er sie mit seinen eigenen Mitteln gekauft hat. Er wird hier im Zweifel immer als Vertreter des Arbeitgebers handeln, wenn er Materialien beschafft und den Kaufpreis verauslagt. In allen Fällen hat der Arbeitgeber bei der Akkordarbeit die Gefahr des Materials zu tragen. Schwierig wird die Entscheidung, wenn die Materialien der Obhut des Arbeitnehmers, besonders des in einem geschlossenen Betriebe beschäftigten, übergeben sind, wenn er bei Beginn der Akkordarbeit sämtliche Materialien erhält und an seinen Platz schafft. Es kann sich hierbei nicht um Gefahren handeln, die aus der Beschaffenheit des Materials hervorgehen, wie sie zur Zeit der Übergabe war, sondern um eine Änderung der Beschaffenheit des Materials nach der Übergabe; dem Tischler werden ihm übergebene feine Holzarten feucht, so daß sie sich verziehen, dem Metallarbeiter verrosten polierte Metallteile, ohne daß ein Verschulden nachweislich ist. Auch in diesen Fällen wird man für die Regel die Gefahr dem Arbeitgeber aufbürden müssen, denn kraft seines Direktionsrechts hat er trotz der Übergabe des Materials an den Arbeiter noch die Verfügung darüber [2]).

Die Gefahr des hergestellten Werkes hängt von der Frage ab, welchem Teile das Eigentum und der Besitz

---

[1]) Auch solche soll der Akkordarbeiter nach der Arbeitsordnung sich oft in Abzug bringen lassen.

[2]) *Koehne*, Bl. f. vgl. Rechtspflege S. 5. Nach französischem Recht verliert der Akkordarbeiter seinen Lohnanspruch, wenn er das Material liefert und dieses untergeht, es sei denn, daß der Arbeitgeber im Annahme-

der hergestellten Sache gebührt. Auch hier besteht ein Unterschied zwischen den Heimarbeitern und den übrigen Arbeitern.

Bei diesen hängt die Frage nach dem Eigentum der hergestellten Sache zunächst mit der Frage nach dem Eigentum der Materialien zusammen. War der Arbeiter Eigentümer der Materialien, so ist er auch Eigentümer der hergestellten Sache bis zur Übertragung des Eigentums auf den Arbeitgeber. Werden ihm die Materialien zum Teil vom Arbeitgeber geliefert, so fragt es sich zunächst, ob etwa die vom Arbeitgeber gelieferten Materialien die Hauptsache darstellen und der Arbeiter nur Zutaten liefert. Dann ist der Arbeitgeber Eigentümer der hergestellten Sache (§ 948 BGB.).

Zu berücksichtigen ist in allen Fällen, ob etwa der Arbeiter die Materialien im Auftrage des Arbeitgebers gekauft hat. Dann würde natürlich der Arbeitgeber von vornherein Eigentümer der Materialien sein[1]).

Durch die Bearbeitung an sich ohne Rücksicht auf das Eigentum des Materials erwirbt der Arbeiter nicht das Eigentum einer neu hergestellten Sache (§ 950 BGB.). Der Arbeiter ist vielmehr nur Besitzer für den Arbeitgeber (§ 855 BGB.) und erwirbt somit auch nur für diesen das Eigentum durch Verarbeitung.

Der Grundsatz, daß der Eigentümer die Gefahr eines zufälligen Unterganges oder zufälliger Beschädigung der Sache trägt, kann beim Akkordvertrage eine unbedingte Geltung nur

---

verzug war. Liefert der Arbeitgeber das Material, so behält im Falle des Untergangs der Arbeiter seinen Lohnanspruch nur, wenn er als Grund des Unterganges höhere Gewalt oder schlechte Beschaffenheit des Materials nachweist. *Rümelins* Ansicht (S. 156), daß Materialschäden so selten vorkommen, daß sie im praktischen Leben keine Rolle spielten, trifft nicht zu. Im Gegenteil spielen sie bei jeder Art von Materialbearbeitung eine bedeutende Rolle, selbst da wo angeblich nur fehlerloses und absolut gleichmäßiges Material verarbeitet wird.

[1]) Diese Eigentumsfragen werden besonders bei Heimarbeitern hervortreten. Mitunter werden Heimarbeiter, aber auch Werkstattarbeiter beauftragt, neue Modelle oder Muster nach ihren eigenen Ideen zu schaffen. Es liegt in der Natur der Sache, daß sie sich in diesem Falle die Zutaten selbst beschaffen, Hier kommt auch das Erfinderrecht der Angestellten in Frage. S. hierüber auch Verhandlungen des XXVIII. Deutschen Juristentages über das Erfinderrecht der Angestellten.

auf seiten des Arbeitgebers beanspruchen, da in allen Fällen der Arbeitgeber kraft seines Direktionsrechtes die Verfügung über die bearbeitete Sache hat. Aus diesem Grunde hat auch die Abnahme nicht dieselbe Bedeutung wie beim Werkvertrage (§ 644, 645 BGB.), bei welchem der Unternehmer die Gefahr bis zur Abnahme trägt. Bei Akkordarbeiten hat der Arbeitgeber die zu bearbeitende Sache fortwährend in seinem Besitz, welcher teilweise durch den Arbeiter ausgeübt wird. Außerdem übt er als Leiter des Betriebes und kraft seines Direktionsrechtes eine Verwahrung der Sache aus.

Die vorher besprochene Haftung für die Gefahr ist unabhängig von einem etwa vorliegenden Verschulden. Die Haftung für Verschulden wird dadurch nicht beschränkt. Vielmehr trägt jeder Teil die Verantwortung für jeden dem anderen Teil durch Vorsatz oder Fahrlässigkeit zugefügten Schaden[1]).

3. Abnahme der Akkordarbeit und Abrechnung.

a) Abnahme.

Eine klagbare Verpflichtung auf Abnahme der Akkordarbeit, wie sie beim Werkvertrag in § 640 BGB. festgesetzt ist, wird beim Akkordvertrag meist nicht anerkannt. Es besteht aber oft ein erhebliches Interesse für den Arbeiter, daß ihm die Arbeit abgenommen wird. Denn er ist nicht in der Lage zu kontrollieren, was mit dem fertiggestellten Stück in der Fabrik geschieht. In zahlreichen Fällen zieht sich die Abnahme auf lange Zeit hinaus, oft erfolgt regelmäßig eine Abnahme gar nicht. In vielen Betrieben gibt es besondere Revisoren, meist zuverlässige und erfahrene Arbeiter, die die fertiggestellten Stücke

[1]) Interessant dürfte am Schlusse dieser Betrachtung ein Hinweis auf die Bestimmungen des Preuß Allg. Landrechts I. Tit. 11 § 895—899 sein. Daselbst heißt es: Ein gedungener Handarbeiter ist schuldig, die Arbeit verabredetermaßen, unter der Aufsicht oder nach Vorschrift dessen, der ihn gedungen hat, zu verrichten. Solange er diese Vorschrift befolgt, darf er dem, welcher ihn gedungen hat, nicht für den Ausschlag der Arbeit stehen oder die fehlgeschlagene Unternehmung vertreten. Handelt aber ein Arbeiter wider die Vorschrift, so haftet er für allen dadurch entstandenen Schaden. Hier sind viele Fragen in praktischer, den tatsächlichen Verhältnissen und auch unseren vorstehenden Ausführungen entsprechen-

nach und nach revidieren. Erst nach der Revision erfolgt gewöhnlich die Abnahme. Die Revision ist noch nicht als Abnahme zu betrachten. Richtig ist es, wenn der Arbeiter die fertiggestellte Arbeit unmittelbar dem Revisor übergibt, so daß dies nicht von dritter Seite z. B. vom Meister geschieht. Es entstehen sonst oft Streitigkeiten darüber, ob nachträglich noch etwas an der Arbeit geändert wurde, kommt es doch vor, daß der Meister oder Revisor kurzerhand selbst eine Änderung vornimmt oder sie einem anderen Arbeiter überträgt. Ein Bedürfnis der Abnahme besteht auch bei größeren Arbeiten, insbesondere umfangreichen, selbständigen Montagen, Bauarbeiten usw. Hier kann durch Verzögerung der Abnahme der Tatbestand erheblich verdunkelt werden. Dem Monteur kann man nicht zumuten, daß er von einem auswärtigen, mitunter weit entlegenen Platz vor der Abnahme abreist, während andererseits der Arbeitgeber die Kosten des längeren Verweilens nicht bezahlen möchte. Schwierigkeiten können ferner durch einen Eigentumswechsel hinsichtlich des Arbeitsstücks, besonders bei Grundstücken eintreten. Durch den Eigentumswechsel wird oft der Zutritt zu dem Grundstück sowohl dem Arbeiter, wie dem Arbeitgeber unmöglich gemacht und dadurch eine unparteiische Nachprüfung, Aufmessung und andere Feststellungen. Mittelst einer Klage auf Abnahme könnte der Arbeiter rechtzeitig die Feststellung etwaiger Mängel erzwingen, und der Arbeitgeber hätte hieran insofern ein Interesse, als man aus der Unterlassung der Klage auf Abnahme auf die Anerkennung etwa gerügter Mängel schließen könnte. Oft erwachsen dem Arbeitgeber auch durch die Aufbewahrung verdorbener Akkordarbeitsstücke große Übelstände. Der Ar-

der Weise geregelt, während unsere neue Gesetzgebung, die dem praktischen Leben doch nicht so nahe gestanden zu haben scheint wie die alte preußische, diese und andere Fragen (man vergleiche § 908 Tit. XI folg. über die Kündigung und Unterbrechung der Arbeit) meist vollständig übergeht. — Im Volke lebt offenbar noch die Erinnerung an die Vorschrift des Allgemeinen Landrechts. Das kann man in vielen Prozessen beobachten. Damit in Widerspruch stehende Abmachungen, insbesondere die Bestimmungen der Arbeitsordnungen, welche dem Arbeiter die volle Haftung für den Erfolg aufbürden, verletzen daher das noch von alter Zeit dem Arbeiter innewohnende Rechtsgefühl.

beiter zögert mit der Klage bis zur Beendigung des Arbeitsverhältnisses, und wenn dann die verdorbenen Stücke nicht mehr vorgezeigt werden können, macht er dem Arbeitgeber den Vorwurf der Vernichtung von Beweisstücken, und wird dieser als berechtigt anerkannt, so dreht sich dadurch die Beweislast zu ungunsten des Arbeitgebers um. Das würde nicht der Fall sein, wenn der Arbeiter ein Recht auf Abnahme hätte. Die Verzögerung der Ausübung dieses Rechtes wäre dann ein Verschulden seinerseits, dessen Folgen er tragen müßte. Danach möchte sich eine analoge Anwendung von § 640 BGB. empfehlen.

Abnahme ist nicht immer gleichbedeutend mit Billigung. Vor allen Dingen kann sich aber selbstverständlich die Billigung nur auf diejenige Eigenschaft beziehen, welche der Arbeitgeber bei der Abnahme wahrnehmen konnte, nicht auf verborgene, erst nachträglich hervortretende Mängel.

b) Abrechnung.

Wer eine Bezahlung nach Maß oder Tarif verlangt, muß grundsätzlich eine Abrechnung über seine Leistungen aufstellen. Damit ist oft eine erhebliche Arbeit verbunden. Die Fabrikanten beschäftigen ganze Bureaus mit der Aufstellung und Prüfung von Abrechnungen. Diese Arbeit müßte also, wenn sie dem Akkordarbeiter obläge, auch bezahlt werden. Daß sie im Akkordpreis inbegriffen wäre, wird wohl niemals behauptet. Oft fehlt auch dem Akkordarbeiter die Möglichkeit einer ordnungsmäßigen Abrechnung, zumal wenn die Fabrikleitung eifrig darauf sieht, daß sie alle Beläge bald in ihre Hände bekommt und sich die Verfügung über diese Urkunden durch einen ihr Eigentum hervorhebenden Vermerk auf allen dem Akkordarbeiter übergebenen Formularen sichert. Das ist natürlich ein Mißbrauch und wird in gerecht geleiteten Betrieben vermieden, in denen der Arbeiter ein Duplikat der gemeinsamen Urkunden erhält. Aber Akkordtarife sind auch in diesen den Arbeitern oft schwer zugänglich. Nun kommt dazu, daß der mit seiner Hände Arbeit beschäftigte Arbeiter wenig Zeit für geistige Tätigkeit übrig behält, daß er auf dem Montageplatz keinen Raum für Schreibarbeiten hat und daß ihm nicht selten die nötige Gewandtheit für die Aufstellung einer Abrechnung fehlt.

Es ist unter diesen Umständen eine Härte, dem Arbeiter die Abrechnung zuzumuten, und in der Praxis wird diese Arbeit auch regelmäßig vom Arbeitgeber ausgeführt. Wenn aber Streit entsteht, so bleibt nichts weiter übrig, als die Abrechnung vom Arbeiter zu verlangen, der dann oft die Klage zurücknimmt.

Natürlich sind alle auf das Arbeitsverhältnis bezüglichen Urkunden gemeinschaftliche Urkunden beider Parteien. Der Arbeiter hat deshalb ein rechtliches Interesse auf ihre Vorlegung und kann sie gemäß § 422 ZPO. vom Arbeitgeber verlangen. Von diesem Rechte wird aber seitens der Arbeiter nur selten Gebrauch gemacht, auch wenn sie darauf verwiesen werden; wohl weil es ihnen an Zeit und Gewandtheit fehlt, die Urkunden richtig zu benutzen.

Nach dem bestehenden Rechte kann dem Arbeiter eine Klage auf Abrechnung nicht gegeben werden. Es fragt sich auch, ob damit dem vorhandenen Übelstande abgeholfen würde, weil man praktisch niemand wirksam wird zwingen können, gegen sich selbst die Unterlagen für die Forderungen seines Gegners zu liefern[1]).

4. Teilweise Leistung der Akkordarbeit.

Bei teilweiser Leistung der Akkordarbeit ist zunächst zu fragen, ob der geleistete Teil der Arbeit überhaupt ein Interesse für den Arbeitgeber hat, ob es z. B. sich lohnt, die Arbeit durch einen anderen Arbeiter fertigstellen zu lassen (§ 628 BGB.). Ist dies nicht der Fall, so kann man nicht annehmen, daß der Akkordarbeiter seine Dienste in vereinbarter Weise in Richtung auf den beabsichtigten Erfolg aufgewendet hat. Er hat dann nur einen nicht gewollten Teilerfolg erreicht, für den er keine Bezahlung verlangen kann, es sei denn, er weist besonders

---

[1]) Bei der Lohnforderung geben die Akkordarbeiter oft nicht alle von ihnen bis dahin bereits fertiggestellten Arbeiten an. Die häufig von Unterbeamten beförderte Unterlassung wird ihnen meist als Betrug vorgeworfen. S. dazu Grundsätze 50. Ein Arbeiter, welcher, um die Herabsetzung der Akkordpreise zu vermeiden, nicht sämtliche in einer bestimmten Zeit von ihm gefertigten Akkordarbeiten angibt, macht sich des Betruges nicht schuldig. § 123[a] GO. Urteil vom 15. September 1904. Nr. 773. 04. Damit ist nicht gesagt, daß die Unterlassung erlaubt ist.

nach, daß er seine Dienste in vereinbarter Weise aufgewendet und den beabsichtigten Erfolg nur infolge eines vom Arbeitgeber zu vertretenden Umstandes nicht erreicht hat. Auf alle Fälle ist bei teilweiser Akkordleistung, wenn die Erreichung des vollen Erfolges nicht auf einem vom Arbeitgeber zu vertretenden Umstand beruht, nur ein Teil des vereinbarten Akkordpreises zu zahlen[1]).

Sofern der Arbeiter einen Teil der Vergütung verlangen kann, steht ihm dieser erst im Augenblick der Fertigstellung der Akkordarbeit zu, es sei denn, daß die Fertigstellung unmöglich ist oder vom Arbeitgeber willkürlich unterlassen wird; denn durch die Nichtfertigstellung des Akkordes darf der Arbeiter nicht besser gestellt werden, als im Falle der Fertigstellung[2]).

Ebenso regelt sich die Frage der Vergütung, wenn die Arbeit infolge einer aus einem gesetzlich zulässigen Grunde erfolgten Entlassung nicht beendet wird (§§ 123, 124ª GO.)[3]).

Legt der Akkordarbeiter die Arbeit aus einem gesetzlich oder vertragsmäßig zulässigen Grunde (§§ 124, 124ª GO.), den der Arbeitgeber zu vertreten hat, vor Fertigstellung des Akkordes nieder, so hat er Anspruch auf Schadenersatz gemäß §§ 252, 254 BGB.[4]). Bei der Berechnung des Schadens ist zu berücksichtigen, was er in der Zeit, welche voraussichtlich für die Fertigstellung des Akkordes nötig gewesen wäre, erspart oder durch anderweite Verwendung seiner Arbeitskraft verdient oder böswillig zu verdienen unterlassen hat.

Nach erfolgter, insbesondere rechtswidriger Entlassung hat der Akkordarbeiter keine Verpflichtung, die übernommene

---

[1]) Urteil des Gewerbegerichts Berlin vom 6. Januar 1905 Nr. 1281. 04. K. 5 und viele andere. Vgl. Grundsätze Nr. 25.

[2]) Grundsätze 22. Akkordlohn ist auch im Falle der Lösung des Arbeitsverhältnisses erst fällig nach Fertigstellung der Arbeit, Urteil vom 4. Mai 1905. Nr. 347. 05, besonders im Falle des Vertragsbruches seitens des Akkordarbeiters, Urteil vom 22. Juni 1905. Nr. 483, es sei denn, daß der Arbeitgeber überhaupt von der Fertigstellung der Akkordarbeit Abstand nimmt. Ebenda s. auch Urteil vom 6. Mai 1905. Nr. 229. 05

[3]) Ebenso im Falle des Eintritts vertragsmäßiger Entlassungsgründe.

[4]) Nach GG. Berlin, Soz. Prax. 1904 Sp. 132, setzt § 124ª GO. Verzug des Arbeitgebers voraus. Vgl. *v. Schulz-Schalhorn*, G. Berlin S. 154.

Akkordarbeit auf Verlangen des Arbeitgebers fertigzustellen. Die Ablehnung kann ihm aber als böswillige Unterlassung einer seinen Schaden mindernden Verwendung seiner Arbeitskraft aufgefaßt werden. Hat der Arbeitgeber zugleich einen Grund zur Niederlegung der Arbeit, z. B. aus §§ 124, 124a GO. gegeben, so beeinflußt die Weigerung des Arbeiters seinen Anspruch nicht.

Praktisch wird die Höhe des Schadens in der Regel der Höhe des vereinbarten Akkordlohnes entsprechen. Oft wird man mangels einer möglichen sachverständigen Schätzung zum Taxeid greifen müssen.

Gemäß §§ 323—325 BGB. sind u. a. 4 Fälle der Unmöglichkeit zu unterscheiden:

1. Die Unmöglichkeit beruht auf einem Umstande, den weder der Arbeitgeber noch der Arbeiter zu vertreten hat. Dann verliert der Akkordarbeiter den Anspruch auf die Vergütung, doch würde ihm bei teilweiser Erreichung des Erfolges, soweit der Arbeitgeber bereichert ist, ein Bereicherungsanspruch zustehen[1]).

2. Die Unmöglichkeit beruht auf einem Umstande, den lediglich der Arbeitgeber zu vertreten hat. Dann behält der Akkordarbeiter den Anspruch auf die Vergütung.

3. Die Unmöglichkeit beruht auf einem Umstande, den lediglich der Arbeiter zu vertreten hat. Dann kann der Arbeitgeber Schadenersatz wegen Nichterfüllung verlangen oder vom Vertrage zurücktreten[2]).

4. Die Unmöglichkeit beruht auf Umständen, die sowohl der Arbeitgeber wie der Arbeiter zu vertreten haben. Dann können beide Teile vom Vertrage zurücktreten.

Da gerade dann Streitigkeiten über die Bezahlung teilweiser Akkordleistungen entstehen, wenn das Arbeitsverhältnis gelöst wird, während sonst regelmäßig eine gütliche Einigung erfolgt, so finden wir in den Arbeitsordnungen häufig

---

[1]) Vgl. dag. *Crome*, BGB. § 132 Nr. 32, und *Kohler*, Archiv für bürgerl. Recht Bd. 15 S. 258.

[2]) Nach *Sinzheimer* S. 50 kommt neben der Kündigung ein Rücktrittsrecht nicht in Betracht.

Bestimmungen über diesen Fall, oft auch solche, deren Inhalt unklar oder gar unzulässig und nichtig ist.

Eine häufig wiederkehrende Bestimmung ist folgende:

„Jeder Arbeiter, der eine übernommene Akkordarbeit ohne sein Verschulden nicht beenden kann, erhält für die geleistete Arbeit eine auf Grund seines durchschnittlichen Arbeitsverdienstes zu bemessende Entschädigung.

Jeder Arbeiter, der eine übernommene Akkordarbeit durch eigenes Verschulden (wozu auch Verstöße gegen die Fabrikordnung gehören) hat für die verwendete Zeit nur Anspruch auf den durchschnittlichen Tagelohn, wie solcher durch das betreffende Krankenkassenstatut für ihn festgesetzt ist" oder ähnlich.

Diese Bestimmungen setzen den Fall eines schuldhaften Abbruchs der Akkordarbeit voraus. Sie halten also den Arbeiter für verpflichtet, seine Akkordarbeit zu vollenden, und sehen darin ein Verschulden, wenn er dieser Verpflichtung ohne einen berechtigten Grund nicht nachkommt. Sie können daher auch nicht die Absicht haben, für den Arbeitgeber das Recht willkürlichen Abbruchs der Akkordarbeit zu statuieren, ein Recht, das die Vorschrift der Gewerbeordnung auf Feststellung bestimmter Löhne in Reichswährung illusorisch machen würde, ein Recht, durch welches der Arbeiter ungünstiger gestellt würde, als im Falle eines Rücktrittsrechts gemäß §§ 3, 23 ff. BGB., bei welchem ihm immer der Anspruch auf volle Schadloshaltung zustehen würde[1]).

Die Bestimmung hat daher einen verständigen und unbedenklichen Sinn nur, wenn man sie auf die Unmöglichkeit der

---

[1]) Grundsätze 51. Die Vertragsklausel: „Wird die Akkordarbeit nicht beendet, so erhält der Arbeiter, falls ihn kein Verschulden trifft, für die geleistete Arbeit eine seinem Durchschnittsverdienst entsprechende Entschädigung, andernfalls nur den ortsüblichen Tagelohn", begründet kein willkürliches Rücktrittsrecht, sondern nur ein solches für den Fall der Unmöglichkeit der Erfüllung. Urteil vom 23. Februar 1905. Nr. 1280. 05

Ebenso die Bestimmung: „Jeder Arbeiter, der eine übernommene Akkordarbeit ohne sein Verschulden nicht beenden kann, erhält für die geleistete Arbeit eine auf Grund seines durchschnittlichen Arbeitsverdienstes zu bemessende Entschädigung." Urteil vom 9. März 1905. Nr. 99. 05.

Erfüllung bezieht. Sie erschöpft aber die Fälle der Unmöglichkeit keineswegs[1]).

Crome sagt von der partiarischen Lohnabrede, daß sie unter der Bedingung abgeschlossen sei, daß der Gewinnanteil den gewöhnlichen Lohn übersteigt (S. 209). Er begründet dies damit, daß der Arbeiter durch die partiarische Abrede auf seinen gewöhnlichen Lohn nicht habe verzichten wollen. Er könne diesen daher gemäß § 612 BGB. stets fordern, wenn er vertragsmäßig geleistet hat, ohne daß ein Gewinn eingetreten wäre (S. 202 u. 208). Man hat in ähnlicher Weise auch bei der Akkordarbeit argumentiert. Aber mit Unrecht. Der Akkord enthält begrifflich nicht den Anspruch auf einen höheren, als den üblichen Lohn. Es ist auch durchaus nicht als Regel zu betrachten, daß Akkordarbeiter mehr als den üblichen Lohn verdienen. Der Arbeiter hat wohl unter Umständen die Möglichkeit mehr zu verdienen, als beim üblichen Zeitlohn. Es kann aber auch unter Umständen in seiner Absicht liegen, seine Kräfte zu schonen und mit einem geringeren Verdienst fürlieb zu nehmen. Insbesondere tritt dies bei Heimarbeitern hervor, die nicht in der Lage sind, ihre ganze Kraft der Akkordarbeit zuzuwenden, weil sie noch anderweit, z. B. in der Wirt-

---

52. Der Akkordarbeiter kann wegen Unmöglichkeit der Erfüllung vom Akkordvertrage zurücktreten, wenn der verabredete Akkordpreis nicht ausreicht, um davon den jederzeit notwendigen Unterhalt des Arbeiters oder seiner Familie zu bestreiten und dem Arbeiter anderweite Mittel zur Bestreitung dieser notwendigen Bedürfnisse fehlen. Urteil vom 14. September 1905. Nr. 971. 05.

[1]) Grundsätze 26. Die Abrede, „wer ohne nachweislich zwingenden Grund seinen Akkord nicht fertig macht, geht aller Ansprüche auf Entschädigung verlustig“, hat die Bedeutung eines im voraus fixierten Schadensersatzes, mit welchem für den Fall des Vertragsbruchs gegenüber dem verdienten Teil des Akkordlohnes aufgerechnet werden soll und ist daher unzulässig. Urteil vom 3. September 1903. Nr. 871. 03. Verwirkung des Akkordlohnes in Großbetrieben nur in dem Umfange von § 134 GO. zulässig. Urteil vom 22. Juni 1905. Nr. 483. 05.

27. Die Abrede: „Jeder Arbeiter, der eine übernommene Akkordarbeit durch eigenes Verschulden, wozu auch Verstöße gegen die Arbeitsordnung gehören, nicht beendet, hat für die verwendete Zeit nur Anspruch auf den ortsüblichen Tagelohn“, ist zulässig. Urteil vom 16. Juni 1904. Nr. 461. 04.

schaft beschäftigt sind. Sie können daher nicht ohne weiteres auf den üblichen Zeitlohn Anspruch machen. Der Fall liegt außerdem auch insofern anders, wie beim partiarischen Geschäft, weil ja der Akkordarbeiter den vereinbarten Lohn nicht nur verlangen kann, wenn der beabsichtigte Erfolg erreicht ist, sondern auch dann, wenn er nachweislich die vereinbarten Dienste in vereinbarter Weise aufgewendet hat und der Erfolg ohne sein Verschulden infolge eines von ihm nicht zu vertretenden Umstandes ausgeblieben ist.

Siebentes Kapitel.

Zeit.

Wie bei jedem Rechtsverhältnisse, so ist auch beim Akkordvertrage die Zeit von wesentlicher Bedeutung. Nur in einer Beziehung ist die Zeit bedeutungslos: als Maßstab für die Berechnung der Vergütung kommt sie grundsätzlich nicht in Frage.

Wir haben zu unterscheiden:

1. Die Vertragsdauer;
2. Die Zeit der Erfüllung
   a) durch den Arbeiter,
   b) durch den Arbeitgeber.

1. Das Akkorddienstverhältnis wird auf eine bestimmte oder unbestimmte Zeitdauer eingegangen. Auch wenn der Akkordarbeiter nur für die Herstellung eines bestimmten Arbeitsstückes angenommen wurde, ist die Vertragsdauer wesentlich, denn in ihrem Verlauf ist nicht nur die vereinbarte Arbeit zu verrichten, sondern auch das oben erwähnte persönliche Verhalten beider Parteien zu beobachten. Während der Dauer dieser Arbeit sind gewisse, nach Zeitlohnabschnitten bemessene Nebenleistungen zu erfüllen, z. B. die Zahlung der gesetzlichen Versicherungsbeiträge.

Ist die Zeitdauer eine bestimmte, so endet das Vertragsverhältnis mit dem Eintritt des vereinbarten Endzeitpunktes. Das gilt zweifellos für die Verpflichtung, Akkordabreden anzubieten und anzunehmen. Zweifel tauchen auf, wenn eine übertragene und angenommene Akkordarbeit bei Ablauf des Endzeitpunktes noch nicht vollendet ist. Oft stellt sich gerade bei gewerblichen Akkordarbeitern, wenn die Lösung des Arbeitsverhältnisses vorgenommen werden soll, heraus, daß der Arbeiter eine ganze Reihe von Akkordarbeiten angefangen und sie, mit oder ohne eigenes Verschulden, insbesondere auf Anordnung des Fabrikleiters nicht beendet hat. Manchmal wird man in solchen Fällen annehmen können, daß beide Parteien sich über die Nichtweiterführung dieser Akkordarbeiten einig geworden sind.

Im allgemeinen muß man aber nach dem Grundsatze verfahren, daß die Spezialabrede der allgemeinen Abrede vorgeht, daß also in allen Fällen die Akkordarbeit zunächst zu beenden ist.

Es gibt nun aber gesetzliche Fälle, in denen ein bestehendes Dienstverhältnis vor Ablauf der vereinbarten Zeit gelöst werden kann. Das Bürgerliche Gesetzbuch nennt diese Art der Lösung eine Kündigung, während die Gewerbeordnung von Entlassung oder Verlassen der Arbeit spricht. Der bessere und Verwechslungen in größerem Maße ausschließende Ausdruck ist „Kündigen".

Diese Kündigung kann nach BGB. jederzeit beim Vorliegen eines wichtigen Grundes erfolgen. Dies gilt für gewerbliche Arbeitsverhältnisse nur beim Vorliegen eines mindestens auf die Dauer von vier Wochen oder mit einer längeren als vierzehntägigen Kündigungsfrist abgeschlossenen Arbeitsverhältnisses (§ 124^a GO.), sowie für das Arbeitsverhältnis der Werkmeister, Techniker usw. (§ 133^a, 133^d GO.) Im übrigen kann die Kündigung nur in den Fällen der §§ 123, 124 GO. erfolgen. In allen diesen Fällen tritt die Kündigung ohne Fristinnehaltung, auch beim Akkordvertrage ein. § 124 GO. enthält die besondere Bestimmung für Akkordarbeiter, daß der Arbeiter kündigen kann, wenn der Arbeitgeber nicht für ausreichende Beschäftigung sorgt.

Ist eine bestimmte Zeitdauer nicht vereinbart, so kann sich die Dauer des Vertragsverhältnisses aus der Beschaffenheit und dem Zwecke der Dienste ergeben (§ 620 BGB.). Diese Bestimmung kann man auf Akkordarbeiten anwenden, auch auf gewerbliche, wenngleich die Gewerbeordnung eine derartige Bestimmung der Zeitdauer nicht kennt.

Das Dienstverhältnis kann schließlich ohne jede ausdrückliche oder aus der Natur der Dienste zu entnehmende Vereinbarung über seine Dauer abgeschlossen sein.

In diesem Falle ist es nur mit der Innehaltung einer Frist kündbar.

Die Frist berechnet sich nach BGB. (§ 621) mangels anderer Vereinbarung nach den für die Lohnbemessung maßgebenden Zeitperioden. Diese Bestimmung kann naturgemäß auf den Akkordvertrag keine Anwendung finden. Es kann daher bei denjenigen Akkordverträgen, die nach BGB. zu beurteilen sind, nur die Bestimmung des § 623 BGB. in Frage kommen, nach der das Dienstverhältnis jederzeit gekündigt werden kann, natürlich unter Beachtung der getroffenen Spezialakkordabrede, also im Zeitpunkt der Beendigung der übertragenen Akkordarbeit[1]).

Für gewerbliche Akkordverträge kommt dagegen nur § 122 GO. in Frage, danach kann das Arbeitsverhältnis, wenn nicht ein anderes verabredet ist — oder §§ 123—124a oder § 133a folg. GO. vorliegt, durch eine jedem Teile freistehende vierzehn Tage vorher erklärte Kündigung aufgelöst werden[2]). Werden andere Fristen vereinbart, so müssen sie für beide Teile gleich sein. Die Berechnung der Dauer des Vertrags nach der Natur der Dienste ist in der Gewerbeordnung nicht erwähnt. Es ist bei gewerblichen Arbeitsverhältnissen auch zu bedenken, daß Zwecke und Natur seiner Dienste dem Arbeiter sehr oft unbekannt bleiben.

Unter Berücksichtigung dieser Bestimmung ist bei Akkordarbeiten einmal die Kündigungsfrist und dann die Fertigstellung der Akkordarbeit abzuwarten, wenn nicht gesetzliche oder vereinbarte Kündigungsfälle vorliegen.

Dieser Grundsatz wird auch in der Praxis meist beobachtet; die Parteien wollen nicht das Arbeitsverhältnis nur für die Dauer einer bestimmten, oft insbesondere bei Stücklohn sehr kurzen Arbeit eingehen, sondern sie wollen genau so wie beim Zeitlohnvertrage ein Vertragsverhältnis von längerer Dauer eingehen, meist mit dem beiderseitigen Wunsche, daß es recht lange dauern möge.

---

[1]) *Dernburg*, Privatrecht, II. 2. (1901) S. 398. *Lotmar* Arbeitsvertrag, I, S. 527—530, 598, 609, 634—635. Grundsätze 45: Der Akkord gibt dem Arbeitsverhältnis in einem gewissen Sinne eine bestimmte Dauer. S. auch *Kuhlenbeck*, BGB. Anm. 1 zu § 620.

[2]) Vgl. preuß. Berggesetz.

Dies ist auch der Fall, wenn, was bei Zeitlohn wie Akkordarbeiten zulässig ist, vereinbart oder durch Arbeitsordnung festgesetzt ist, daß das Arbeitsverhältnis jederzeit ohne Innehaltung einer Kündigungsfrist gelöst werden könne[1]). Meist ist in diesem Falle hinzugefügt: Akkordarbeiter müssen jedoch ihre Akkordarbeiten beendigen oder Ähnliches. Die Bestimmung läßt sich mit der Akkordabrede in der Weise in Übereinstimmung bringen, daß zunächst der Akkordvertrag innegehalten, also die Akkordarbeit beendet werden muß. Dann kann aber sofort und jederzeit ohne Innehaltung einer Frist gekündigt werden, was ferner insbesondere auch dann geschehen kann, wenn der Arbeiter aus irgend einem Grunde, z. B. mangels erfolgter Einigung der Parteien, im Falle einer Krankheit oder anderer Behinderung oder infolge Ruhens des Betriebes nicht mit Akkordarbeiten beschäftigt ist und solche auch nicht übertragen erhalten hat.

Es wird aber mitunter auch das Gegenteil mit ausdrücklichen Worten ausbedungen. Eine derartige Vereinbarung ist zulässig, sie widerspricht aber den Zwecken des Akkordvertrages und ist nur eine Folge der verderblichen Gegensätze zwischen den gewerblichen Unternehmern und Arbeitern, die sie veranlaßt, das sie verknüpfende Band möglichst zu lockern. Die Bestimmung nimmt dem Arbeiter einen wesentlichen Vorteil des Akkordvertrages. Deshalb behaupten die Arbeiter und zwar nicht mit Unrecht, daß ein derartiger Vertrag gar kein Akkord mehr sei und daß sie, um sich gegen Willkür zu schützen, einen Minimallohn ausbedingen müßten. In dem Minimallohn erkennen nun wieder viele Arbeitgeber den Untergang des Akkordsystems.

---

[1]) Gleichbedeutende Ausdrücke: „Eine Kündigung — soll heißen Kündigungsfrist — besteht — sc. für beide Teile — nicht.“ „Der Arbeiter kann zu jeder Zeit — auch zu jeder Stunde — entlassen werden oder die Arbeit niederlegen.“ „Kündigung — das heißt wieder Kündigungsfrist — ist ausgeschlossen.“ „Das Arbeitsverhältnis ist jederzeit lösbar.“ „Der Arbeiter hat keinen Anspruch auf Kündigung.“ Wenn gesagt ist: „der Arbeiter kann jederzeit entlassen werden“ — so geht die Absicht beider Vertragsparteien zugleich dahin, daß der Arbeiter auch jederzeit ohne Kündigungsfrist die Arbeit niederlegen kann. Über Ausschluß der Kündigungsfrist s. *von Schulz*, GG. u. KG. XII Sp. 54 folg.

Das Recht der Kündigung ist nicht gleichbedeutend mit dem Rechte des Rücktritts gemäß § 346 BGB., auch ist § 346 nicht anwendbar wegen der Spezialbestimmung des § 628. Das Rücktrittsrecht bezweckt die Aufhebung des ganzen Geschäfts von Anbeginn. Die Kündigung setzt einem Geschäfte von unbestimmter Dauer einen Endtermin, ändert also das Geschäft gar nicht, sondern ergänzt es nur durch eine Zeitbestimmung, die noch vorbehalten war. Das Rücktrittsrecht sucht den Zustand vor Abschluß des Geschäfts wiederherzustellen. Die Kündigung läßt den bisherigen Bestand des Geschäfts unberührt. Der Rücktritt bezweckt daher grundsätzlich die Rückgewähr des auf Grund des Vertrages Geleisteten, die Kündigung dagegen nicht. Das Rücktrittsrecht ist eine regelmäßig vorübergehende Eigenschaft eines Rechtsgeschäfts. Es ist oft an eine Frist gebunden, andernfalls kann der andere Teil dem Berechtigten eine angemessene Frist für die Ausübung des Rücktrittsrechts setzen. Das Kündigungsrecht besteht dagegen, solange der Vertrag dauert.

Mit der erwähnten Bestimmung bezwecken nun die Parteien keinen Rücktritt, sondern eine Kündigung. Es tritt daher mit der Geltendmachung dieses Rechtes keine Umwandlung der bestehenden Ansprüche, insbesondere keine Abänderung des Rechts auf die Gegenleistung, sondern nur eine Befristung des Geschäfts ein. Der Anspruch auf die Gegenleistung bleibt bestehen. Nun ist aber weder eine Teilarbeitsleistung noch eine Teilvergütung im Akkord vereinbart. Man muß also diesen Fall von dem Gesichtspunkt aus beurteilen, daß weder der Umfang der Leistung noch die Höhe und Art der Vergütung vereinbart ist. Erfolgt die Kündigung von seiten des Arbeitgebers, so ist man in der Lage, den Anspruch auf Vergütung in analoger Anwendung von § 649 BGB. dahin zu regeln, daß der Arbeiter berechtigt ist, die vereinbarte Vergütung zu verlangen. Er muß sich nur dasjenige anrechnen lassen, was er infolge der Aufhebung des Vertrages an Aufwendungen erspart oder durch anderweite Verwendung seiner Arbeitskraft erwirbt oder zu erwerben böswillig unterläßt. Da aber der Akkordvertrag seinem Wesen nach eine Art des Dienstvertrags ist, so könnte man vielleicht gemäß § 615 BGB. sämtliche Ersparnisse, nicht nur die Ersparnisse an Aufwendungen, in Anrechnung bringen.

Es fehlt im Gesetze an einer Bestimmung, welche den Lohnanspruch des Arbeiters für einen solchen Fall in einfacher und klarer Weise erkennen läßt und ihn dadurch sichert — eine Tendenz, die sonst von den gewerblichen Gesetzen verfolgt wird. Hat der Arbeiter ein Interesse an der Fortsetzung des Arbeitsverhältnisses, und das ist doch die Regel, so wird er sich in einem solchen Falle stets mit dem zufrieden geben, was ihm der Arbeitgeber anbietet.

Aus demselben Motive, nämlich dem dringenden Interesse an der Erlangung oder Erhaltung eines Arbeitsverhältnisses, willigen die Arbeiter auch regelmäßig in Bedingungen für die Berechnung des Akkordlohnes für den Fall einer vorzeitigen Lösung des Arbeitsverhältnisses, nach denen ihnen auch, wenn sie an der Entlassung nicht schuld sind, der erwartete den Zeitlohn übersteigende höhere Gewinn entzogen wird, indem ihnen ein ein für alle Male festgesetzter mäßiger Zeitlohn gewährt wird. Für den Fall aber, daß sie an der Lösung des Arbeitsverhältnisses schuld sind, wird der Lohn auch für eine erfolgte g u t e Teilleistung auf ein Minimum z. B. auf den ortsüblichen Tagelohn, der oft nur $1/4$ bis $1/3$ des gewöhnlichen Verdienstes des betreffenden Arbeiters beträgt, reduziert.

Soll der Lohnschutz nicht auf den Fall des Zeitlohnes beschränkt bleiben, sondern auf die in der Großindustrie überwiegende Akkordlöhnung ausgedehnt werden, so wären hier zwingende Schutzbestimmungen am Platze, die am einfachsten und besten so getroffen werden könnten, daß man die willkürliche Lösung des Arbeitsverhältnisses während der Dauer einer Akkordarbeit ausschließt[1]). Wird dann der Arbeitgeber vertragsbrüchig, so hat der Arbeiter den Anspruch auf den vollen Akkordlohn gemäß § 615 BGB.; wird dagegen der Arbeiter vertragsbrüchig, so regelt sich sein Anspruch mangels

[1]) Die gesetzlichen Kündigungs- und Lösungsgründe sollen natürlich bestehen bleiben. (Nebenbei sei bemerkt, daß die Praxis mit den spezialisierten Kündigungsgründen der §§ 123 u. 124 GO. nach meiner Erfahrung sehr gut auskommt. Eine Verallgemeinerung der Kündigungsgründe auf dem gewerblichen Spezialgebiete, ähnlich wie sie im BGB. und HGB.

anderer Vereinbarung gemäß § 628 BGB. in zweckmäßiger Weise dahin, daß er nur einen seiner Leistung entsprechenden Teil der vereinbarten Vergütung verlangen kann, daß ihm dagegen insoweit ein Anspruch auf die Vergütung nicht zusteht, als die Teilleistung kein Interesse für den Arbeitgeber hat. Sollte eine weitere Vereinfachung der Ansprüche zweckmäßig erscheinen, so könnte sie im Wege von Tarifverträgen herbeigeführt werden[1]).

2. Zeit der Erfüllung.

Bei der Erfüllungszeit ist zu unterscheiden:

a) die Leit der Erfüllung durch den Arbeiter,

b) die Zeit der Erfüllung durch den Arbeitgeber.

In beiden Fällen muß man auseinander halten die Erfüllung des allgemeinen Akkordvertrages und die der speziellen Akkordabrede.

---

vorgesehen ist, würde nur eine Vermehrung der Unklarheit über die Berechtigung der Kündigung und infolgedessen eine Vermehrung der Klagen bedeuten. Das ergibt auch die Tätigkeit der Kaufmannsgerichte, bei denen der Prozentsatz der Klagen wegen ungerechtfertigter Kündigung erheblich größer ist als bei den Gewerbegerichten.)

[1]) Die Akkordarbeiter übernehmen häufig mehrere Arbeiten gleichzeitig oder doch hintereinander, aber ehe sie alle früheren Akkorde beendet haben. An diesen Arbeiten sind sie gleichzeitig beschäftigt. Wenn sie dann aber die Arbeit niederlegen und infolgedessen keine neuen Akkorde übernehmen wollen, sind sie gegen Ende ihres Dienstverhältnisses nicht mehr voll beschäftigt. So liegt auch z. B. der Fall, wenn ein Former nach Fertigstellung der letzten Form auf den Guß warten muß. Hier folgt aus der Natur der Sache ein beiderseitiges Entgegenkommen. So müßte in dem Falle des Formers der Gießereibesitzer es dem Arbeiter gestatten, daß er ein neues Dienstverhältnis antritt, und daß er zu einer zu verabredenden Zeit erscheint, um den Guß vorzunehmen. Zu diesem Zeitpunkt muß dann aber auch alles vorbereitet sein, damit der Guß sofort ausgeführt werden kann. In solchen Fällen endet das Arbeitsverhältnis nicht mit einem Male vollständig, sondern nach und nach. Oft wird dem Akkordarbeiter die Lösung des Arbeitsverhältnisses durch gleichzeitige Übertragung mehrerer Akkorde erschwert. Nach Grundsätze 33 soll aber der Arbeitgeber den Arbeiter, der das Dienstverhältnis zu lösen wünscht, in den Stand setzen, seine sämtlichen Akkordarbeiten zu beenden. — Kündigungsausschluß erhöht die Pflicht zu pünktlicher Materiallieferung. Grundsätze 49, vgl. auch 44—48. Die Praxis über die Bedeutung des Kündigungsausschlusses bei Akkorden schwankt; vgl. *Francke*, Gutachten, S. 177. S. auch LG., Dresden, GG. u. KG. XI., Sp. 349, Nr. 105.

Die Zeit kommt als Anfangs- und Endtermin, sowie als Periode und als Zeitdauer in Frage.

a) Die Zeit der Erfüllung durch den Arbeiter:

Der Arbeiter hat sich mit dem Augenblick des Vertragsschlusses für die vereinbarte oder übliche oder gesetzliche Arbeitszeit zur Verfügung zu stellen, sofern der Beginn der Arbeit nicht durch Vertrag befristet ist. Die ihm durch Vereinbarung übertragenen speziellen Akkordarbeiten hat er sofort zu beginnen. Dazu gehört, wie wir gesehen haben, daß er sich zunächst einen Plan für die Arbeit macht, eine Methode ausdenkt und vorbereitet, insbesondere Werkzeuge herstellt, Maschinen einrichtet. Keineswegs steht es in seinem Belieben, wann er mit der Arbeit beginnen will. Er muß auch die Arbeit ohne andere, als die gesetzlichen oder vertraglichen Ruhepausen fortsetzen. Daran hat der Arbeitgeber ein erhebliches Interesse, weil ja die Arbeit nicht allein durch die Arbeitskraft des Arbeiters, sondern wesentlich auch durch Benutzung der gesamten Betriebseinrichtungen hergestellt wird. Diese arbeiten aber gleichmäßig und im wesentlichen mit demselben Kostenaufwand, mag nun der Arbeiter mehr oder weniger intensiv arbeiten. Die Räume werden weniger erfolgreich ausgenutzt, wenn der Arbeiter langsam arbeitet. Wenngleich der Arbeitslohn sich automatisch nach der Arbeitsleistung des Akkordarbeiters richtet, so bleiben doch die allgemeinen Kosten im wesentlichen gleich hohe, wachsen also relativ, wenn der Akkordarbeiter weniger leistet [1]).

Der Akkordarbeiter hat die vereinbarte, mangels einer Vereinbarung aber in den gesetzlichen Grenzen und innerhalb der Grenzen der Leistungsfähigkeit des Arbeiters vom Arbeitgeber zu bestimmende tägliche Arbeitszeit ebenso wie der Zeitlohnarbeiter innezuhalten. Er wird Überstunden und Beschränkungen der täglichen Arbeitszeit sich gefallen lassen müssen, wenn in ihrer Anordnung nicht ein Mißbrauch des Direktionsrechtes des Arbeitgebers liegt. Begrifflich kann er weder für die Überzeit noch für die Unterzeit besondere Be-

[1]) Ausnahmen kommen vor, z. B. bei den Mannheimer Zigarrenarbeitern, die kommen und gehen, wann sie wollen.

zahlung verlangen, doch kann in der Herabsetzung der Arbeitszeit eine nicht ausreichende Beschäftigung des Akkordarbeiters gefunden werden, die ihn zur sofortigen Kündigung und zur Forderung von Schadenersatz berechtigt[1]).

Vertraglich kommt aber die Bezahlung von Überzeit durch einen nach Zeit berechneten Zuschlag zum Akkordlohn vor.

Wenn der Arbeiter durch einen in seiner Person liegenden Grund während einer verhältnismäßig unerheblichen Zeit an der Dienstleistung verhindert ist — die Verhinderung braucht keine absolute zu sein — kommt er zwar mit seiner Dienstleistung nicht in Verzug, er kann aber aus den bereits erörterten Gründen eine Vergütung gemäß § 616 BGB. nicht verlangen[2]).

Eine Lieferzeit — also ein Endpunkt für die Akkordarbeit — pflegt, abgesehen von Heimarbeitern, nicht ausbedungen zu sein. Ersatz dafür ist die Verpflichtung fortgesetzter Arbeit und das Direktionsrecht des Arbeitgebers, der nach Bedürfnis ein schnelleres Arbeiten verlangen kann[3]).

b) Zeit der Erfüllung durch den Arbeitgeber.

Der Arbeitgeber muß nach Beendigung jeder Akkordarbeit dem Arbeiter neue Akkordarbeit anbieten. Zur Annahme muß er dem Arbeiter eine kurze angemessene Zeit lassen. Beide Parteien sind verpflichtet, die Unterhandlungen über die Übernahme mit möglichster Beschleunigung zu führen. Verstöße hiergegen verpflichten zum Schadenersatz und begründen eventuell die Kündigung gemäß §§ 123^3 u. 124^4 GO.

Darauf hat der Arbeitgeber die seinerseits für die Ausführung der Akkordarbeit nötigen Handlungen mit tunlichster

[1]) *Koehne* (S. 59) folgert aus § 612 BGB., daß bei Stücklohn auch ohne Vereinbarung ein Zuschlag für Überstunden verlangt werden kann (vgl. auch *Siegel* S. 96, 97; Gutachten, S. 256, 257.

[2]) Der bloße Verzug hinsichtlich der Dienstleistung begründet keine Entlassung, der Verzug muß vielmehr auf einer beharrlichen Weigerung oder auf einem unbefugten Verlassen — nicht Fernbleiben von der Dienstleistung — beruhen (§ 123^3 GO.).

[3]) Auf Zeitbasis gestellte Stücklohnverträge erwähnt *Bernhard*, Löhnungsmethoden, S. 15. Der ebenda S. 10 Anm. 2 erwähnte Fall eines Schuhmachers, der 28 sh. erhält, wenn er in der Woche 99 Stiefel fertigt, sonst weniger, kann als ein Akkord mit Lieferfrist und fixierter Minderung für den Fall nicht rechtzeitiger Lieferung angesehen werden.

Beschleunigung, grundsätzlich sofort vorzunehmen. Die nötigen Materialien, Maschinen, Werkzeuge und Hilfspersonen sind sofort bei Beginn der Arbeit zu liefern, sofern aus den Abreden oder den Umständen sich nichts anderes ergibt. In allen Fällen muß die Lieferung aber dann erfolgt sein, wenn der Arbeiter ihrer benötigt, um die Arbeit ohne Unterbrechung fortsetzen zu können[1]).

Die Vergütung ist, soweit es sich nicht um Naturalvergütung handelt, nach Leistung der Dienste zu entrichten. Da nun aber aus betriebstechnischen Gründen meist bestimmte Lohnzahlungstage festgesetzt sind, so erfolgt die Bezahlung des Akkordlohnes nicht bei der Abnahme oder Zug um Zug gegen die Abnahme, sondern an dem ersten in dem Betriebe üblichen Lohnzahlungstage nach erfolgter Abnahme, oder falls eine Abnahme nicht üblich ist, nach erfolgter Fertigstellung der Arbeit. Ist eine Abrechnung erforderlich, so muß zunächst die Abrechnung von dem Arbeiter eingereicht sein.

Da der Lohn meist die Existenz des Arbeiters bedingt, so muß er in regelmäßigen Perioden einen gleichmäßigen Mindestbetrag zur Verfügung haben. Das würde aber nicht eintreten, wenn der Arbeiter stets nur die fertiggestellten Akkordarbeiten bezahlt erhalten würde. Es ist deshalb Regel, daß regelmäßig Abschlagszahlungen von bestimmter Höhe und in bestimmten Perioden ausbedungen werden. Als Abschlagszahlungen können sie nur bis zur Höhe des vereinbarten Akkordlohnes verlangt werden [2]). Sie werden entweder nach Maßgabe

---

[1]) Grundsätze 34: Sorgt der Arbeitgeber nicht rechtzeitig für das zur Akkordarbeit nötige Material, so kommt er in Gläubigerverzug. Urteil vom 27. Juni 1903. Nr. 559. 03. K. 5. Er darf in der Regel Akkordarbeit nicht vergeben, bevor das Material vorhanden. Er muß nötigenfalls mit den Materiallieferanten feste Lieferfrist vereinbaren. Urteil vom 30. März 1905. Nr. 107. 05. — Urteil vom 23. Februar 1905. Nr. 1280. 05. K. 05. — Urteil vom 10. Dezember 1903. Nr. 1167. 03. Dasselbe gilt von der Lieferung von Werkeug und Maschinen. Urteil vom 22. September 1904. Nr. 860. 04. — Urteil vom 1. Oktober 1903. Nr. 932. 03. Das Material ist an den Arbeitsplatz zu liefern. Urteil vom 10. Dezember 1903. Nr. 1167. 03. Nicht rechtzeitige Lieferung von Material oder Werkzeugen begründet einen Schadenersatzanspruch des Arbeiters für den Zeitverlust. Urteil vom 1. September 1904. Nr. 782. 04.

[2]) GG. Berlin, Grundsätze Nr. 28.

des abzuschätzenden Wertes der Teilleistung oder in Höhe eines mäßigen Stundenlohnes für die geleisteten Arbeitsstunden geleistet, so daß dann bei Fertigstellung noch ein Akkordrestbetrag vorhanden zu sein pflegt, den die Arbeiter als Akkordüberschuß zu bezeichnen pflegen [1]). An Stelle der Abschlagszahlungen werden oft auch Vorschüsse, sei es auf eine bestimmte Akkordarbeit, sei es auf sämtliche gegenwärtigen oder künftigen Akkordarbeiten, vorbehaltlich der Abrechnung geleistet. Eine gesetzliche Grundlage für den Anspruch auf Abschlagszahlungen ist nirgends gegeben; sie werden aber in § 115[b] GO. erwähnt, wonach sie nicht in Schank- und Gastwirtschaften oder Verkaufsstellen ohne Genehmigung der unteren Verwaltungsbehörde erfolgen dürfen, und in § 119[b] GO., wonach durch Ortsstatut feste Fristen von einer Woche bis zu einem Monat für die Abschlagszahlungen vorgeschrieben werden können [2]).

Bei Beendigung des Dienstverhältnisses ist der Lohn im Zweifel stets fällig, wenn die Beendigung nicht infolge Vertragsbruches von seiten des Arbeiters erfolgt. Dadurch kann er nicht günstiger gestellt werden und darf daher den ihm zukommenden Teil des Akkordlohnes erst verlangen, wenn die Akkordarbeit von einem anderen Arbeiter fertiggestellt worden ist, sofern nicht die Fertigstellung vom Arbeitgeber aufgegeben wird [3]).

---

[1]) Vereinbarte Abschlagszahlungen stehen den vereinbarten Lohnzahlungen im Falle von § 124 [4] GO. gleich; G. Berlin vom 15. Dezember 1904 Nr. 1179. 04. K. 5 und 6. Mai 1905 Nr. 259. 05. K. 5; Grundsätze Nr. 28. Sofern Abschlagszahlungen nicht vereinbart oder üblich sind, kann der Arbeiter sie nicht fordern. Er wird aber oft ohne die Leistung von Abschlagszahlungen in die Unmöglichkeit versetzt, weiterzuarbeiten.

[2]) Das Truckverbot gilt auch für Abschlagszahlungen.

[3]) Vgl. *Lotmar*, Arbeitsvertrag, I, S. 641. („Regelmäßig wird mit dem Ende der Vertragszeit die Vergütung fällig.") In historischer Beziehung sei noch auf *Bernhard*, Gedingeordnungen, S. 68 u. 69 verwiesen. Das Gedinge endete danach im früheren Bergrecht entweder durch Abnahme der Arbeit oder vor deren Fertigstellung durch Kündigung. In diesem Falle wird die Arbeit durch einen anderen Arbeiter fertiggestellt und der Überschuß zwischen beiden nach Verhältnis geteilt.

Achtes Kapitel.

Lohnsicherung, Aufrechnung, Einbehaltung, Zurückbehaltung, Verwirkung[1]).

Der Anspruch auf die Vergütung nach dem Dienstvertrage wird nicht nur durch das Recht auf Klage im Zivilprozesse geschützt, sondern er erfährt noch eine besondere Sicherung. Diese Sicherung soll nicht nur die Beitreibung gewährleisten und erleichtern, sondern sie geht so weit, daß der Vergütungsanspruch gegen gewisse Einreden geschützt ist, die sonst gegenüber allen anderen Forderungen zulässig sind, daß der Lohnanspruch im Wege der Zwangsvollstreckung nicht in Angriff genommen werden kann, ja daß sogar der Vergütungsberechtigte nicht einmal frei wie jeder andere Gläubiger über seine Forderung verfügen kann.

Diese Sicherung, welche in Verboten und Einschränkungen der Lohnabrede, der Aufrechnung, Zurückbehaltung, Verwirkung, Anweisung, Zession u. ähnl. Rechtshandlungen besteht, befolgt verschiedene Zwecke im Interesse des Arbeiters, des Arbeitgebers und des Staates.

Dem Arbeiter soll ein Existenzminimum für kurze Fristen gewährt werden, d. h. für eine Lohnzahlungsperiode, damit er im Falle eines plötzlichen Mangels nicht in Not kommt, so daß dann die öffentliche Armenpflege eingreifen muß. Er soll dagegen auch geschützt werden, daß er sich durch seine Unerfahrenheit zu Rechtsgeschäften verleiten läßt, die die

---

[1]) *Sinzheimer*, Lohn und Aufrechnung, Berlin 1902. *Siegel*, Der gewerbliche Arbeitsvertrag, 1903, S. 44, 102—109, 128 ff. *Bail*, Das Rechtsverhältnis der Arbeitgeber und Arbeitnehmer, 1904, S. 165, 168, 172, 179. *Schalhorn* bei *von Schulz-Schalhorn* S. 150 ff. S. ebenda Entscheidungen S. 200 f. *Baum*, S. 361 ff.

Vergütung für die von ihm geleisteten Dienste ins Ungewisse stellen.

Für den Arbeitgeber bedeutet die Lohnsicherung zugleich eine Sicherung der Arbeitskräfte und die Möglichkeit, eine Kreditierung des Lohnes vom Arbeiter zu verlangen, d. h. die Zahlung bis zum Lohnzahlungstage hinauszuschieben. Denn wenn der Arbeiter nicht mit voller Bestimmtheit darauf rechnen kann, daß er am Lohnzahlungstage einen für seine Existenz notwendigen Betrag erhält, kann man ihm die Fortsetzung der Arbeit bis zu diesem Zeitpunkte nicht zumuten. Ja man muß es als eine Unmöglichkeit bezeichnen, die Arbeit noch einen Augenblick fortzusetzen, wenn der Arbeiter nicht mit Bestimmtheit weiß, daß er eine Vergütung dafür erwarten kann, wenn seiner Forderung ein Aufrechnungs- oder Zurückbehaltungsrecht des Arbeitgebers entgegensteht. Der Arbeitgeber müßte, falls eine Lohnsicherung nicht bestände, den Lohn täglich ausbezahlen, oder der Arbeiter würde sofort die Arbeit niederlegen, wenn dem Arbeitgeber ein erheblicher Gegenanspruch gegen ihn erwächst, wenn er z. B. dem Arbeitgeber Schaden zugefügt hat. Etwas Ähnliches kann man bei Akkordarbeiten sehr oft beobachten. Sobald der Lohnanspruch durch Vorschüsse erschöpft ist, will der Akkordarbeiter nicht weiter arbeiten, wenn ihm nicht eine Erhöhung des Akkordlohnes zugesagt wird; denn der Arbeiter will und kann am Sonnabend nicht mit leerer Tasche nach Hause kommen.

Dazu kommt auf seiten der Arbeitgeber noch der zweite Grund für die Sicherung des Lohnes gegen fremden Zugriff. Jede Abtretung oder Pfändung des Lohnes legt dem Arbeitgeber unangenehme Rechtspflichten auf, die er zur genüge aus der Pfändung wegen Steuer- und Alimentenforderungen kennt. Man denke sich aus, in welche peinliche Lage der Arbeitgeber käme, wenn ihm täglich Pfändungen, Abtretungserklärungen, Anweisungen von allen möglichen Leuten, z. B. Schank- und Hauswirten usw., vielleicht noch in wenig verständlicher oder juristisch zweifelhafter Form zugingen. Viele Arbeitgeber müßten für die Entwirrungen dieser Rechtsfragen einen Syndikus bestellen. Daher ist die Lohnsicherung auch für sie eine Wohltat.

Was nun den Staat anbetrifft, so muß er die Mißstimmung zu vermeiden suchen, welche auf seiten der Arbeitgeber und der Arbeiter entstehen würde, wenn die erwähnten Übelstände durch die Gefährdung der Lohnforderungen eintreten würden. Es wäre auch unlogisch, wenn der Staat durch seine Organe, d. h. durch die Organe der Rechtspflege dem Arbeiter den wöchentlichen Lohn, d. h. sein Existenzminimum entziehen und sogleich im Wege der Armenpflege wieder den notwendigen Unterhalt gewähren müßte, wenn er einen Zustand herbeiführen würde, den er sofort wieder beseitigen müßte.

Allseitig besteht also ein wirtschaftliches, von der Rechtspflege anzuerkennendes Interesse auf Sicherung des Arbeitslohnes in der angeführten Weise.

Diese für den Dienstvertrag aufgestellte Lohnsicherung ist ohne weiteres auch auf den Akkordvertrag zu übertragen.

Es ist hier nicht der Ort einer eingehenden Erörterung der zahlreichen aus der Lohnsicherung sich ergebenden Rechtsfragen. Es können vielmehr nur die bestehenden, für den Akkordvertrag überaus wichtigen Bestimmungen aufgeführt und die besonderen für den Akkordvertrag sich ergebenden Rechtsfolgen hervorgehoben werden.

Nach § 115 GO. sind die Gewerbetreibenden verpflichtet, die Löhne ihrer Arbeiter in Reichswährung zu berechnen und bar auszuzahlen. Sie dürfen den Arbeitern keine Waren kreditieren. Doch ist es gestattet, den Arbeitern Lebensmittel für den Betrag der Anschaffungskosten, Wohnung und Landnutzung gegen den ortsüblichen Miet- und Pachtpreis, Feuerung, Beleuchtung, regelmäßige Beköstigung, Arzneien und ärztliche Hilfe sowie Werkzeuge und Stoffe zu den ihnen übertragenen Arbeiten für den Betrag der durchschnittlichen Selbstkosten unter Anrechnung bei der Lohnzahlung zu verabfolgen. Zu einem höheren Preise ist die Verabfolgung von Werkzeugen und Stoffen für Akkordarbeiter zulässig, wenn derselbe den ortsüblichen nicht übersteigt und im voraus vereinbart ist[1])[2])[3]).

---

[1]) Vgl. Preuß. Berggesetz.

[2]) Diese Bestimmungen sind durch § 394 BGB. nicht abgeändert.

[3]) Strenge Auslegung dieser Vorschriften wird vom Reichsgericht

Lohn- und Abschlagszahlungen dürfen in Gast- und Schankwirtschaften oder Verkaufsstellen nicht ohne Genehmigung der unteren Verwaltungsbehörde erfolgen; sie dürfen an Dritte nicht erfolgen auf Grund von Rechtsgeschäften oder Urkunden über Rechtsgeschäfte, welche nach § 2 des Gesetzes vom 21. Juni 1869 rechtlich unwirksam sind (§ 115a GO.). Arbeiter, deren Forderungen in einer dem § 115 zuwiderlaufenden Weise berichtigt sind, können zu jeder Zeit Zahlung nach Maßgabe des § 115 verlangen, ohne daß ihnen eine Einrede aus dem an Zahlungs Statt Gegebenen entgegengesetzt werden kann. (§ 116 das.). Verträge, welche dem § 115 zuwiderlaufen, sind nichtig (§ 117). Forderungen für Waren, welche dem § 115 zuwider kreditiert sind, können von dem Gläubiger weder eingeklagt noch durch Anrechnung oder sonst geltend gemacht werden.

Nach § 119a dürfen Lohneinbehaltungen, welche von Gewerbetreibenden zur Sicherung des Ersatzes eines ihnen aus der widerrechtlichen Auflösung des Arbeitsverhältnisses erwachsenen Schadens oder einer für diesen Fall verabredeten Strafe ausbedungen werden, bei den einzelnen Lohnzahlungen ein Viertel des fälligen, im Gesamtbetrage den Betrag eines durchschnittlichen Wochenlohnes nicht übersteigen.

Den Unternehmern von Fabriken, in welchen in der Regel mindestens 20 Arbeiter beschäftigt werden, ist untersagt, für den Fall der rechtswidrigen Auflösung des Arbeitsverhältnisses durch den Arbeiter die Verwirkung des rückständigen Lohnes über den Betrag des durchschnittlichen Wochenlohnes hinaus auszubedingen (§ 134 GO., Abs. 2)[1] [2]).

Die Vergütung für Arbeiten oder Dienste auf Grund eines Arbeits- oder Dienstverhältnisses darf, sofern dieses Verhältnis

---

gefordert. RG. i. Str. 17. November 1894, 28. September 1896. Bd. XXVI, 208, XXIX. 95.

[1]) Strafvorschriften § 146 Abs. 1 Ziff. 1., § 148 Ziff. 11 GO.

[2]) Grundsätze 42. Die Bestimmung einer Arbeitsordnung, wonach ein Akkordarbeiter, wenn er die Arbeit verläßt, ohne daß ihm die Gründe des § 124 GO. zur Seite stehen, seines Lohnanspruchs bis zur Höhe seines durchschnittlichen Wochenlohnes verlustig geht, ist zulässig. Urteil vom 27. Juli 1905. Nr. 650. 05.

die Erwerbstätigkeit des Arbeiters vollständig oder hauptsächlich in Anspruch nimmt, zum Zwecke der Sicherung oder Befriedigung eines Gläubigers erst mit Beschlag belegt werden, nachdem die Leistung der Arbeiten oder Dienste erfolgt und nachdem der Tag, an welchem die Vergütung gesetzlich, vertrags- oder gewohnheitsmäßig zu entrichten war, abgelaufen ist, ohne daß der Vergütungsberechtigte dieselbe eingefordert hat (§ 1 des Ges. betr. die Beschlagnahme des Arbeits- und Dienstlohnes vom 21. Juni 1869 und 29. März 1897.

Diese Bestimmungen können nicht mit rechtlicher Wirkung ausgeschlossen oder beschränkt werden. Soweit nach diesen Bestimmungen die Beschlagnahme unzulässig ist, ist auch jede Verfügung durch Zession, Anweisung, Verpfändung oder durch ein anderes Rechtsgeschäft ohne rechtliche Wirkung (§ 2)[1].

Nach § 850¹ ZPO. sind nun diese Forderungen in dem aus dem Lohnbeschlagnahmegesetz ersichtlichen Umfange der Pfändung nicht unterworfen.

Nach § 394 BGB. findet die Aufrechnung gegen eine Forderung insoweit nicht statt, als ihre Pfändung unzulässig ist[2]), und nach § 273 BGB. soll das Zurückbehaltungsrecht des Schuldners wegen einer fälligen Forderung aus demselben Rechtsverhältnis gegen den Gläubiger nur stattfinden, sofern sich aus dem Schuldverhältnisse nicht ein anderes ergibt[3]).

Durch die Lohnsicherungsbestimmungen, deren Bedeutung eingehend und treffend beleuchtet zu haben, das Verdienst *Sinzheimers* ist, gewinnt die Lohnforderung, insbesondere

---

[1]) Doch finden diese Beschränkungen keine Anwendung, soweit der Gesamtbetrag der Vergütung die Summe von 1500 M. für das Jahr nicht übersteigt.

[2]) Grundsätze 40. Der Arbeitgeber kann gegenüber dem Akkordlohn für ein ordnungsmäßig geliefertes Stück in dem Umfange des Lohnbeschlagnahmeverbots nicht mit einer Schadenersatzforderung wegen mangelhafter Verarbeitung eines anderen Stückes aufrechnen. Urteil vom 1. Juli 1905. Nr. 698. 05.

[3]) Grundsätze 41. Soweit Aufrechnung gegenüber dem Akkordlohn unzulässig, gilt dies auch von der Zurückbehaltung gemäß § 276 BGB. Urteil vom 29. November 1904. Nr. 1123. 04. — Urteil vom 11. Mai 1905.

die des gewerblichen Arbeiters, einen ganz eigenartigen Charakter im Vergleich mit allen anderen Forderungen, besonders allen Geldforderungen. Wenn es nun schon den mit den Lohnsicherungsbestimmungen befolgten Zwecken und dem praktischen Bedürfnis entspricht, die Zurückbehaltung in demselben Umfange auszuschließen, wie die Aufrechnung, so ergibt sich aus dem Schuldverhältnisse des Dienstvertrages vermöge der Eigenart der Vergütungsforderung die Ausschließung auch des Zurückbehaltungsrechtes gegenüber der Vergütungsforderung. Die Motive des Entwurfes zum BGB. II S. 113 heben hervor, daß es eine Inkonsequenz wäre, wenn, obwohl das Gesetz eine Forderung der Exekution entzieht, es dem Schuldner gestattet wäre, gegen eine solche Forderung eine Gegenforderung in Aufrechnung zu bringen und auf diese Weise ähnlich, wie im Wege der Exekution, den Gläubiger zu zwingen, sich in die Nichtbefriedigung zu fügen. Die Vorschrift des Aufrechnungsverbotes ziehe daher nur eine Konsequenz des § 749 (jetzt 850[1]) ZPO. und schließe sich der des § 296 ergänzend an. Dasselbe gilt auch von dem Zurückbehaltungsrecht[1]).

Mit Recht hebt *Sinzheimer* hervor, daß es kaum eine Arbeitsordnung gibt, die nicht weigstens e i n e n Verstoß gegen die Lohnsicherungsbestimmungen aufwiese. Das kommt daher, daß man auch in Juristenkreisen die tiefeinschneidende Bedeutung dieser Bestimmungen nie recht erkannt hat. Man wird Verstöße gegen sie vermeiden, wenn man sich vergegenwärtigt, daß sie die Geschäftsfähigkeit, ja sogar die Rechtsfähigkeit des Arbeiters wesentlich beschränken.

---

[1]) *Dernburg*, Bürgerl. Recht Bd. II. 1 S. 396, sagt: Der Dienstpflichtige hat bis zur Erfüllung seiner Ansprüche aus dem Dienstvertrage nach § 273 ein Zurückbehaltungsrecht an den Sachen des Dienstherrn, welche er infolge des Dienstvertrags erlangt hat. Aber nicht anzunehmen ist, daß er, so lange der Dienstherr seine fälligen Verpflichtungen, insbesondere die schuldige Lohnzahlung, noch nicht erfüllt hat, seine Dienste verweigern darf. Das widerspräche der Natur des Schuldverhältnisses. Auch kann der Dienstberechtigte solche Sachen des Dienstherrn, an denen er zwar hantierte, deren Besitzer aber der Dienstherr nach § 835 bleibt, nicht wegen seiner Ansprüche aus dem Dienstvertrage zurückbehalten. Hierin läge verbotene Eigenmacht (§ 858).

Besonders häufig wird auf dem Gebiete des Akkordvertrages gegen die Lohnsicherung verstoßen.

Wir haben gesehen, daß ein Akkordvertrag nicht vorliegt, wenn die Parteien sich nicht über den Preis einig geworden sind. Diese Einigung muß vor Beginn der Arbeit erfolgt sein; denn mit dem Beginn der Arbeit ist bereits ein Dienstvertrag zustande gekommen, bei welchem, sofern nicht unentgeltliche Leistung anzunehmen ist, die übliche Vergütung gemäß § 612 BGB. und zwar, wie wir oben gesehen haben, in Zeitlohn als vereinbart anzusehen ist[1]). Oft wird nun ein Akkordlohn erst vereinbart, wenn der Arbeiter bereits einige Zeit an der Akkordarbeit tätig war, manchmal gar erst nach Beendigung der Akkordarbeit. Will man eine derartige Abmachung gelten lassen, so liegt eine Umwandlung des fingierten Zeitlohnvertrages in einen Akkordvertrag vor und also des Zeitlohnanspruches in einen Akkordlohnanspruch. Ist dies mit den Lohnsicherungsbestimmungen, insbesondere § 2 des Lohnbeschlagnahmegesetzes vereinbar? Ich möchte die Frage verneinen. Denn die Erfüllung des Lohnanspruches erfolgt nicht durch Barzahlung in Reichsmünze, sondern durch Novation. Darin liegt nicht nur ein Verstoß gegen § 115 GO., sondern auch gegen § 2 Abs. 2 des Lohnbeschlagnahmegesetzes, denn diese Novation ist eine Verfügung über die Lohnforderung durch ein anderes Rechtsgeschäft, und zwar auch dann, wenn man der Novation nicht die Bedeutung einer Erfüllung oder Berichtigung der Lohnforderung zu erkennen will[2]).

Oft wird bestimmt: „Für fehlerhafte und unbrauchbare Arbeit wird kein Lohn gezahlt", wobei bisweilen noch der Zu-

---

[1]) Der Fall, in welchem es fraglich sein könnte, ob überhaupt schon ein Vertrag zustande gekommen ist, soll hier nicht berücksichtigt werden.

[2]) Vielfach wird in industriellen Betrieben durch die Arbeitsordnung ausdrücklich vorherige Vereinbarung vorgeschrieben. Dagegen erkennt § 80^{b} unter Nr. 2 ausdrücklich den Fall eines nachträglichen „Abschlusses" des Gedinges an, wenn ein Arbeiter eine Arbeit gegen Gedingelohn übernommen hat. Welches Rechtsverhältnis liegt dann in der Zwischenzeit zwischen der Übernahme der Arbeit gegen Gedingelohn und dem Abschluß des Gedinges vor? Diese Frage wird vom Gesetz nicht beantwortet. Man wird daher aus den für den allgemeinen Akkordvertrag

satz gemacht wird, „gleichgiltig, ob der Fehler auf einem Verschulden des Arbeiters beruht oder nicht". Mitunter fehlt auch die Einschränkung auf unbrauchbare Arbeit, so daß nach dem Wortlaut der Bestimmung selbst vollständig brauchbare Arbeit wegen eines Fehlers nicht bezahlt zu werden braucht[1]).

Das preußische Bergrecht bestimmt jetzt in der Fassung vom 14. Juli 1905 im § 80[c]:

> Genügend und vorschriftsmäßig beladene Fördergefäße bei der Lohnberechnung in Abzug zu bringen, ist verboten. Ungenügend oder vorschriftswidrig beladene Fördergefäße müssen insoweit angerechnet werden, als ihr Inhalt vorschriftsmäßig ist[2]).

In diesem Fall des Berggesetzes handelt es sich, wie § 134 GO. um eine Lohnverwirkung, die in § 80[c] des Berggesetzes unabhängig von einem Verschulden des Arbeiters ist.

Wir haben gesehen, daß in den sonstigen Fällen des Akkordvertrages der Lohn unter Umständen auch ohne Erreichung des Erfolges verdient ist, wenn der Erfolg ohne Verschulden des Arbeiters nicht erreicht wurde, sofern der Arbeiter sich exkulpiert. Wenn also der Lohnwegfall von dem Verschulden unabhängig gemacht wird, so kommt unter Umständen der Lohn trotz erfolgter Gegenleistung in Wegfall. Dies konnte durch nachträgliche Vereinbarung nicht ausbe-

---

angeführten Gründen einen Zeitlohnvertrag gegen übliche Vergütung annehmen müssen. Da das Gesetz aber vorschreibt, daß das Gedinge in einem solchen Falle abgeschlossen werden „ m u ß ", so will es offenbar die Novierung in einen Akkordvertrag zulassen. (Es kommt hierbei gar nicht auf die Richtigkeit unserer Ansicht an, wonach mangels einer Lohnabrede immer ein Zeitlohnvertrag vorliegt, denn jedenfalls besteht vor dem Abschluß des Gedings ein anderer Vertrag als nachher, also ist eine Novation in allen Fällen einget eten.) Wäre eine solche partikularrechtliche Bestimmung nach Reichsrecht gültig? Das heißt, ist sie eine der partikulären Gesetzgebung vorbehaltene bergrechtliche Bestimmung? Das BG. § 80[b] 2 verlangt Bestimmung für den Fall, daß eine Vereinbarung über das Gedinge nicht zustande kommt?

[1]) Der Fall kommt vor. Die fehlerhaften Stücke werden dem Besteller geliefert, und dieser rügt sie aus irgendwelchen Gründen nicht.

[2]) Damit stellt sich das Gesetz auf den von mir bereits auf Grund der früheren Bestimmungen in der Soz. Prax. XIV, Sp. 420f. mitgeteilten Standpunkt. Ja es geht noch darüber hinaus.

dungen werden. Es fragt sich aber, ob nicht durch eine solche Bestimmung der Lohnanspruch von vornherein in zulässiger Weise modifiziert wird in der Weise, daß ein Lohnanspruch nur entstehen soll, wenn fehlerlos geleistet wird, daß also im Falle eines Fehlers der eventuelle Vorteil der fehlerhaften Leistung dem Arbeitgeber unentgeltlich zufallen soll. Man wird wohl von vornherein zugeben, daß eine derartige Abmachung mit dem Geist der Gewerbeordnung nicht zu vereinbaren ist. Aber hat der Gesetzgeber erkennbar zum Ausdruck gebracht, daß er auch diesen Fall hat verbieten wollen?

Es kann nicht angenommen werden, daß die Parteien in einem solchen Falle eine Bereicherung des Arbeitgebers ohne Entgelt beabsichtigten. Die Absicht geht wohl nur dahin, im Falle eines Fehlers dem Arbeitgeber den Nachweis einer Schädigung zu ersparen und ihn besonders im Falle eines erst künftig sich herausstellenden Schadens einer praktisch oft ergebnislosen Klage zu überheben.

Für unzulässig und nichtig müssen wir sonach eine Bestimmung ansehen, nach der für eine ohne Verschulden des Arbeiters fehlerhafte, aber doch ganz oder zum Teil brauchbare Leistung Akkordlohn nicht gezahlt werden soll. Desgleichen müssen wir eine Bestimmung für nichtig ansehen, nach der für nur fehlerhafte, aber ganz oder zum Teil brauchbare Leistungen im Falle eines Verschuldens des Arbeiters kein Akkordlohn gezahlt werden soll. Nicht zu beanstanden ist dagegen eine Bestimmung, nach der im Falle einer verschuldeten Unbrauchbarkeit der Leistung Akkordlohn nicht zu zahlen ist.

Wenn eine Leistung nur teilweise brauchbar ist, so haben wir gesehen, daß dann eine Minderung des vereinbarten Akkordlohnes stattfindet. Es ist zulässig, Vereinbarungen darüber zu treffen, wie die Minderung zu berechnen ist. Es ist also zulässig zu bestimmen, daß im Falle der teilweisen Brauchbarkeit einer Akkordarbeit der Wert der Teilleistung abzuschätzen ist[1]). Man kann daher auch vereinbaren, daß für die teilbare

---

[1]) In einer solchen Bestimmung liegt gewöhnlich kein Schiedsvertrag. Ein solcher müßte den Bestimmungen des § 6 des GGG. entsprechen.

Leistung ein bestimmter Zeitlohn zu zahlen ist, auch daß derjenige Lohnbetrag von dem Akkordlohn in Abzug zu bringen ist, der nötig war, um die Arbeit durch einen anderen Arbeiter fertigzustellen[1][2].

---

[1]) Vgl. hierzu *Rümelin* S. 63, der es als eine unzulässige Abweichung vom geltenden Recht bezeichnet, wenn für eine wertvolle Teilleistung nichts bezahlt werden soll.

[2]) Nach *Koehne*, Blätter f. vergl. Rechtspflege S. 3, kann in England das Gericht, sofern dies in Berücksichtigung aller Umstände angemessen erscheint, Vereinbarungen über den Ausfall von Lohnbeträgen oder von Entschädigung aufheben.

Neuntes Kapitel.

Gruppenakkord. Kolonnenvertrag[1][2].

Eine besondere Gestaltung der Rechtsverhältnisse entsteht, wenn an einer Akkordarbeit mehrere Arbeiter arbeiten. Würden diese mehreren Arbeiter in Zeitlohn stehen, so treten besondere Komplikationen kaum hervor[3]. Der Lohn ist nach

---

[1]) Bei *Ludwig Bernhard*, Löhnungsmethoden, S. 108, werden folgende Arten der Gruppenarbeit unterschieden: 1. Gruppenwerklohn (Zeitlohn mit fixiertem Ertrag); 2. Gruppenstücklohn; 3. progressive Gruppenlöhne (Prämiensysteme); 4. Kontraktarbeit (Akkordmeistersystem); 5. Genossenschaftliche Arbeit.

[2]) *Stadthagen*, Arbeiterrecht, IV. Aufl. S. 151 ff. *Schalhorn*, Soziale Praxis, Jahrg. XV, Sp. 1066 ff. *Körsten*, Sozialistische Monatshefte, Bd. 1, Heft 5, S. 429 ff. *Lotmar*, Arbeitsvertrag, 1902, S. 40 u. 341. *E. Francke*, Verhandlungen des 28. deutschen Juristentages, Bd. II, S. 187; *Wölbling*, ebenda, Bd. I, S. 266 ff., S. 276 ff., Bd. III, S. 560; derselbe, Archiv für Sozialwissenschaft und Sozialpolitik, Bd. XXI, S. 662; derselbe, Soz. Prax. XIV, Sp. 125 u. 232 ff., sowie Grundsätze des Akkordvertrages, Soz. Prax. XV, Nr. 5 u. 10, sowie XVII; derselbe Reichs-Arbeitsblatt, August 1906 (Antrag des Gewerbegerichts Berlin zur Regelung des Akkordvertrages). *Ludwig Bernhard*, Die Akkordarbeit, S. 197 ff.; derselbe, Löhnungsmethoden; derselbe, Verhandl. des 28. deutschen Juristentages Bd. III, S. 511 ff., *Meschelsohn*, ebenda, S. 533. *Rümelin*, Dienstvertrag und Werkvertrag, S. 118. *Bail*, Rechtsverhältnis der Arbeitgeber und Arbeitnehmer, 1904, S. 16 u. 154 ff. Urteile bei *Unger*, Entscheidungen des Gewerbegerichts, Berlin 1898, Nr. 8—10 und 17. *von Schulz* und *Schalhorn*, Das Gewerbegericht Berlin, Nr. 55 ff., S. 207 ff. *Baum*, Handbuch für Gewerbegerichte, 1904, S. 131, 149, 151, 157. Schließlich noch *Cuno*, Soziale Praxis II, Sp. 146. *Burchardt*, Die Rechtsverhältnisse der gewerblichen Arbeiter, Berlin 1901, S. 21 und 24. *von Schulz*, Gewerbegerichtsgesetz S. 35, Anm. 9 zu § 3 und *v. Landmann*, Gewerbeordnung, V. Aufl., S. 122 oben.

[3]) Es sei denn, daß mit dem Zeitlohn Prämien oder ähnliche Modifikationen der Vergütung verbunden sind. In einem solchen Falle werden

Maßgabe der von jedem einzelnen Arbeiter geleisteten Arbeitszeit zu bezahlen. Allerdings kann aus dem Umstande, daß mehrere Arbeiter an einer Arbeit arbeiten, durch Ursachen, die in der Person eines Arbeiters liegen, die Leistung der anderen Arbeiter beeinflußt, unter Umständen unmöglich gemacht werden. Eine Gemeinschaft besteht aber darum bei einer durch mehrere in Zeitlohn arbeitende Arbeiter auszuführenden Arbeit nicht[1]). Denn der durch einen Arbeiter beeinträchtigte Erfolg ist für den Zeitlohnanspruch unerheblich, und im Falle einer Unmöglichkeit der Dienstleistung hat der Arbeitgeber, sofern die Unmöglichkeit der Leistung nicht eine absolute ist, den Arbeiter anderweit zu beschäftigen. Der Anspruch des Arbeiters bleibt der gleiche, mag er allein oder mit anderen Arbeitern tätig sein[2]).

Anders beim Gruppen a k k o r d. Hier kommt es auf die Herbeiführung eines bestimmten Arbeitsergebnisses an, von dessen Erreichung der Verdienst der Gruppe und ihrer einzelnen Mitglieder abhängt. Hier steht der zu zahlende Gesamtpreis von vornherein fest, während er beim Zeitlohn sich nach der Zahl der erforderlich werdenden Stunden richtet, und zwar wird der Zeitlohn wohl ausnahmslos nicht nach dem Maßstabe der Zeit bis zur Fertigstellung der Arbeit, also der von der G e s a m t k o l o n n e geleisteten Stunden, sondern nach Maßgabe der von jedem e i n z e l n e n Gruppenmitgliede geleisteten Stunden berechnet werden. Mit Recht hebt daher *Lotmar* (S. 341, Bd. I) hervor, daß bei einer gegen Zeitlohn arbeitenden Gruppe von einer Assoziierung der Arbeiter nicht die Rede sein kann. „Wo dagegen die Arbeit samt ihrem Ergebnis entgolten wird, kann für eine durch das eingeschlossene Ergebnis zusammengehaltene Leistung einer Mehrheit von Arbeitnehmern ein Entgelt zugesagt werden, das sie repartieren mögen". Hier nimmt also *Lotmar* eine Assoziierung an[3]).

---

die Grundsätze des Akkordvertrages analog auch beim Kolonnensystem anzuwenden sein.

[1]) So auch *Lotmar* S. 341. Dag. *Flesch*, Deutsche Juristenzeitung, 1906, Nr. 15—16.

[2]) Ebenso *Bail*, S. 154.

[3]) *Flesch*, a. a. O., berücksichtigt diesen Unterschied zwischen einer in Zeitlohn und einer in Akkordlohn arbeitenden Gruppe nicht.

In der Tat tritt in den meisten Fällen eines Gruppenakkordes die Gesamtheit der beteiligten Arbeiter in ein gesellschaftsähnliches Rechtsverhältnis zueinander. Ein Anhalt dafür, daß der Gesetzgeber bei den Bestimmungen des Titels über die Gesellschaft im BGB. an diese Gestaltung des Gruppenakkordes gedacht hat, ist zwar nicht vorhanden. Aber die Möglichkeit einer analogen Anwendung dieser Bestimmungen auf den Gruppenakkord ist gegeben, weil die von den Gesellschaftern zu leistenden Beiträge nach § 706 Abs. 2 BGB. auch in der Leistung von Diensten bestehen können[1]).

Durch den Gesellschaftsvertrag verpflichten sich gemäß § 705 BGB. die Gesellschafter gegenseitig, die Erreichung eines gemeinsamen Zweckes in der durch den Vertrag bestimmten Weise zu fördern, insbesondere die vereinbarten Beiträge zu leisten.

Bei Abschluß des Gruppenakkordes werden nun nicht bloß die Gesellschafter, d. h. die Akkordarbeiter tätig, es tritt vielmehr eine dritte Person, der Arbeitgeber, meist mitwirkend auch bei der Herstellung der gegenseitigen Beziehungen der Gruppe teilnehmend auf.

Der Arbeitgeber trägt einer Anzahl von Arbeitern unmittelbar oder vertreten durch einen Akkordanten, Kolonnenführer, den Abschluß eines Gruppenakkordes an. Indem die Gruppenteilnehmer diesen Antrag annehmen, begründen sie eine Gemeinschaft, der mitunter später andere Mitglieder beitreten. Somit liegt eine gegenseitige Verpflichtung der Gesellschafter vor. Der gemeinsame Zweck ist die Erzielung des zugesagten Akkordlohnes durch gemeinsame Arbeit. Die Gesellschafter haben in Ermangelung anderer Vereinbarung gleiche Beiträge zu leisten, d. h. gleichmäßig zu arbeiten. Dies entspricht auch der Gepflogenheit bei der Grundform des Gruppenakkordes.

---

[1]) Nicht beizupflichten ist *Stadthagen*, S. 151, wenn er annimmt, beim Kolonnenvertrag gehe der Wille des Arbeitgebers dahin, die Arbeitskraft der e i n z e l n e n Arbeiter für sich zu verwerten, und der der Arbeiter dahin, sich ihre Arbeitsleistung bezahlen zu lassen. Die Absicht beider Teile ist vielmehr eine modifizierte. Der Arbeitgeber will eine G e s a m t - leistung. Er will nicht mit dem einzelnen zu tun haben. Die Arbeiter wollen einen G e s a m t anspruch, den sie nach i h r e m Ermessen verteilen können, ohne daß der Arbeitgeber ihnen darein zu reden hat.

Wenn § 706 besagt, daß der Beitrag eines Gesellschafters auch in der Leistung von Diensten bestehen kann, so ist damit nicht ausgeschlossen, daß mehrere oder sämtliche Gesellschafter nur durch Dienste beitragen. Die Wahl des Artikels „ein" sollte nur die Möglichkeit offenlassen, daß neben solchen Gesellschaftern, die Dienste leisten, auch solche vorhanden sein können, welche in anderer Weise beitragen.

Wie im § 708 steht beim Gruppenakkord die Führung der gemeinsamen Geschäfte der Gesellschaft den Gesellschaftern gemeinschaftlich zu, sie kann jedoch wie im § 710 einem oder mehreren Gesellschaftern übertragen werden. Der Geschäftsführer heißt dann gewöhnlich Kolonnenführer, auch erster Arbeiter, Vorarbeiter, Akkordant u. ä.

Lotmar führt als Beispiel für die gesellschaftliche Förderung eines gemeinsamen Zweckes den Bau eines Wagens durch einen Wagner, einen Schmied, einen Tapezierer und einen Lackierer an. Er denkt dabei offenbar an selbständige Handwerker. Ein begrifflich wesentlicher Unterschied für die Frage, ob ein Gesellschaftsvertrag vorliegt, ist aber nicht ersichtlich, wenn diese Personen statt selbständig zu sein, im Dienste eines Dritten stehen. Die Materialien können den selbständigen Handwerkern ebenso von dem Besteller geliefert sein, wie dies bei unselbständigen Gruppenakkordarbeitern meist — aber nicht immer — von seiten des Arbeitgebers zu geschehen pflegt.

Nach den Bestimmungen des Gesellschaftsvertrags lassen sich alle beim Gruppenakkord vorkommenden Rechtsfragen entscheiden. Ich halte daher die Auffassung des Gruppenakkordes als einer Gesellschaft unter den Gruppenteilnehmern, der sich die Praxis überwiegend zuzuwenden scheint und die insbesondere von *Schalhorn* vertreten wird, für die richtige, wenngleich ich nicht verkenne, daß einzelne Rechtsfragen sich auch ohne die Annahme eines Gesellschaftsverhältnisses lösen lassen.

Lotmar selbst steht allerdings auf dem Standpunkt, daß ein Gesellschaftsvertrag nicht vorliegt, wenn alle Gesellschafter nur durch Arbeit beitragen. Daß dies nicht der Standpunkt des BGB. ist, wurde oben gezeigt. Die Verneinung des Gesellschaftsvertrages von seiten *Lotmars* beschränkt sich aber offenbar nur auf die Gesellschaft in der Form, in welcher sie im § 705 folg. des BGB. dargestellt ist, denn an der angeführten Stelle (S. 341) bezeichnet *Lotmar* den Gruppenakkord als eine Assoziierung der Gruppenteilnehmer. Wenn man diese Assoziierung dem Gesetze unterordnen will, so können nur die Bestimmungen des BGB. über die Gesellschaft in Frage kommen, und wenn man annimmt, daß sie für derartige Assoziierungen nicht bestimmt sind, so steht doch nichts im Wege, diese Bestimmungen, soweit sie passen, analog auf den Kolonnenvertrag anzuwenden.

Beizupflichten ist *Lotmar* (S. 37 folg.), wenn er das Verhältnis zwischen der Akkordgruppe und dem Arbeitgeber nicht als Gesellschaftsvertrag, sondern als Arbeitsvertrag in dem von ihm definierten Sinne (S. 32 folg.) ansieht. Dies berührt aber eine ganz andere Seite des hier erörterten Rechtsgeschäfts. Wir haben bisher nur das Verhältnis der Akkordarbeiter untereinander betrachtet. Das Eigenartige dieser Gesellschaft — und insofern stellt sie einen Fall dar, an den der Gesetzgeber im Titel von der Gesellschaft schwerlich gedacht hat — ist, daß sie — für die Regel — steht und fällt mit dem Dienstverhältnisse, in welchem die Gesellschafter zu einem Arbeitgeber stehen.

Sämtliche Gesellschafter sind Dienstpflichtige eines und desselben Arbeitgebers. Er ist es meist, der die Bildung der Gesellschaft herbeiführt. Die Geschäfte der Gesellschaft beschränken sich fast ausnahmslos auf diesen gemeinsamen Arbeitgeber ihrer Mitglieder.

Ähnliches kommt außerhalb des gewerblichen Dienstvertrages vor, wenn z. B. von seiten eines Staates eine Gesellschaft zur Ausbeutung eines Bergwerks, eines Waldes, eines Torfmoors gebildet wird. Mit der Erschöpfung der Ausbeute und der damit erfolgenden Erledigung des Auftrages löst sich die Gesellschaft auf.

Während die rechtliche Konstruktion des Verhältnisses der Gruppenarbeiter untereinander erst in neuester Zeit der juristischen Erörterung unterzogen worden ist, hat die Frage nach der Stellung des Arbeitgebers zu einer Kolonne von Arbeitern hauptsächlich die Gewerbegerichte und die Berufungskammern der Landgerichte stets lebhaft beschäftigt.

Verwirrend ist hierbei meist das Vorhandensein von Zwischenpersonen gewesen, denen man die richtige Stellung zum Arbeitgeber und zu den Gruppenakkordarbeitern nicht anzuweisen vermochte, zumal die Stellung dieser Personen oft absichtlich die von Strohmännern ist, besonders im Baugewerbe[1]). Die Bauunternehmer — aber auch große industrielle Betriebe — schließen mit einer dem Arbeiterstande angehörigen Person einen Vertrag ab, in der sie dieser Person die Ausführung von Arbeiten in Bausch und Bogen für einen bestimmten Preis übertragen. Dieser Akkordant sucht sich nun Leute, durch welche die Arbeit ausgeführt wird. Mitunter werden diese

---

[1]) Kolonnenvertrag Nr. 8—37. Der sog. Kolonnenführer (erster Arbeiter einer in Gruppen aktiv tätigen Mehrheit von Arbeitern) ist zwar regelmäßig als Arbeiter, nicht als Unternehmer anzusehen (er ist zumeist nur Sprecher und Geschäftsführer der Kolonne, eventl. auch Beauftragter des Arbeitgebers). Dagegen wird er zum Unternehmer, wenn er über mehrere Bauten gleichzeitig verakkordiert, nicht oder nur vorübergehend mitarbeitet, besonderen Gewinn bezieht und Gerüste usw. selbst stellt (K. 3 v. 28. 8. 01 Nr. 624 und vom Berufungsrichter bestätigt, R.-Arb.-Bl. 1903 Nr. 2 S. 138). Hat ein Arbeiter als selbständiger Subunternehmer Arbeiten in Generalentreprise übernommen und andere Arbeiter engagiert, so haben sich diese wegen ihrer Lohnforderungen an den ihnen gegenüber als selbständig dastehenden Subunternehmer zu halten, auch wenn dieser Dienst als gewöhnlicher Arbeiter tut (456/95, K. 3, 3. 5. 95). Der Kolonnenführer ist nicht Arbeitgeber, wenn der Bauunternehmer die Arbeiter zur Krankenkasse anmeldet, Versicherungsmarken klebt, die zur Ausführung der Arbeit notwendigen Hilfsmittel (Schablonen, Zeichnungen) gibt (605/98, K. 3, 27. 6. 98). Nicht der wirtschaftlich unselbständige Maurerpolier, sondern der eigentliche Arbeitgeber, welcher Polierlohn zahlt, ist den Arbeitern gegenüber verpflichtet (2320/94, K. 3, 8. 1. 95). Die Übertragung von Arbeiten an einen wirtschaftlich unselbsändigen Arbeiter gegen einen nach Maß und Zahl zu bestimmenden Preis macht diesen noch nicht zum Arbeitgeber seiner Mitarbeiter (K. 3 v. 30. 10 94, 1834/94 K. 3). Wird die Ausführung eines Baues einer wirtschaftlich unselbständigen Person übertragen, so haften den Arbeitern gegenüber nur die eigentlichen Bauunternehmer, auch der Geldgeber (K. 3 v. 8. 1. 95, 2319/94). Daraus, daß der Lohn eines Hilfsarbeiters vom Akkordlohn eines Hauptarbeiters (Galvaniseur) abgezogen wird, folgt nicht, daß der Hauptarbeiter Zwischenmeister und Arbeitgeber des Hilfsarbeiters ist (K. 5 v. 22. 6. 05, 96 05).

Leute auch von dem Unternehmer gestellt, zum teil aus den dauernd bei ihm beschäftigten Arbeitern. Der Akkordant ist weder in der Lage, irgendwie für den Erfolg der übernommenen Arbeit einzustehen, noch will der Unternehmer nach seiner meist deutlich aus den Umständen und aus einzelnen Vertragsklauseln erkennbaren Absicht den Akkordanten jemals für den Erfolg haftbar machen. Seinem Stande entsprechend arbeitet der Akkordant wie die anderen Arbeiter mit und erhält auch ungefähr den gleichen Lohn, wie die übrigen. Mitunter erhebt sich seine Stellung zu der eines Vorarbeiters, und er erhält dann für seine besondere Mühewaltung einen um ein geringes erhöhten Anteil an dem gemeinsamen Akkordverdienst. Davon, daß der Akkordant Material oder Werkzeuge liefert oder irgendwie aus eigenen Mitteln zu dem beabsichtigten Werk beiträgt, insbesondere Löhne aus seiner Tasche auch nur vorstreckt, ist natürlich nie die Rede. Die Löhne werden vielmehr aus der Kasse des Unternehmers, manchmal durch die Hand des Akkordanten, manchmal auch unmittelbar, an die Arbeiter gezahlt, Der Akkordant erfüllt keine der einem Unternehmer obliegenden Pflichten: er meldet seinen Betrieb weder polizeilich noch für die Gewerbesteuer, noch bei den gesetzlichen Versicherungen auf seinen Namen an, höchstens tut er dies als Vertreter des Unternehmers, wenn dieser die Anmeldungen nicht selbst besorgt, wie denn der Unternehmer die dem Unternehmer obliegenden Versicherungsbeiträge aus seiner Kasse zahlt[1]). Die Zahl und Art der anzustellenden Arbeiter bestimmt meist der Unternehmer. Er behält sich das Recht vor, an die Arbeiter beliebige Anweisungen zu erteilen, wodurch doch die Herbeiführung des Erfolges dem Akkordanten ganz aus der Hand genommen werden kann. Die Arbeiter unterwerfen

[1]) Allerdings mitunter unter Belastung des Akkordanten, der sie dann wieder auf die Kolonne abwälzt, indem er sie von der Gesamtakkordsumme abzieht. Ein noch mehr auf seiten der Unternehmer als auf seiten der Akkordanten unzulässiges Verfahren. Denn ist der Akkordant nur Vorarbeiter, so braucht er nicht mehr Lohn zu verteilen, als er erhält, also kann er den Kolonnenarbeitern auch die dem Unternehmer gesetzlich obliegenden Beiträge abziehen, wenn sie ihm abgezogen wurden. Gewerbegericht Breslau, GG. u. KG. XI, Sp. 331.

sich der Arbeitsordnung des Unternehmers, da der Akkordant selbst gar keine erläßt, auch wenn es der Umfang und die Art des von ihm geleiteten Betriebes erforderte.

Manchmal kümmert sich der Akkordant nach Unterschrift des Vertrages gar nicht mehr um die Ausführung des Unternehmens, die von dem Unternehmer oder irgend einem Stellvertreter desselben besorgt wird, sofern die Arbeiter nicht ganz selbständig ohne irgend eine Leitung, eventuell unter Leitung eines von ihnen erwählten Vorarbeiters, arbeiten, während der Akkordant anderswo seine Tätigkeit als gewöhnlicher Arbeiter ausübt. Diese Verhältnisse kommen, wie im Baugewerbe, auch bei industriellen Montagen und selbst nicht selten in geschlossenen Fabrikbetrieben vor. Hier unterzeichnet ein Arbeiter einen mitunter einem Werkvertrage ähnlich sehenden Akkordvertrag. Er arbeitet aber gar nicht an der übernommenen Arbeit, diese wird vielmehr von anderen Arbeitern ausgeführt, während der Akkordant an einer anderen Stelle genau wie ein gewöhnlicher Arbeiter arbeitet. Er tritt erst wieder hervor, wenn irgendein Streit entsteht. Dann sollen die Arbeiter, welche tatsächlich die Arbeit ausgeführt haben, nur Anspruch auf Stundenlohn haben, da mit ihnen nichts abgemacht ist.

Oft werden solche Verträge von den Parteien ausdrücklich als Werkverträge oder ähnlich bezeichnet, indem der Akkordant als Unternehmer, Arbeitgeber, allein Verantwortlicher auftritt und indem erklärt wird, daß die Arbeiter in keinem Dienstverhältnisse zu dem Hauptunternehmer stehen.

Mit Recht haben aber die Gewerbegerichte, und zwar in neuerer Zeit meist auch unter Zustimmung der Berufungsgerichte, das Vorliegen eines Werkvertrags verneint und einen unmittelbaren Dienstvertrag zwischen Arbeitern und Unternehmer angenommen, bei welchem der Akkordant nicht als selbständige Vertragspartei, sondern nur als Vertreter einer der beiden Parteien anzusehen ist. Denn, wie es in den Gründen eines Gewerbegerichts-Erkenntnisses heißt: „Die Erklärungen und Handlungen der Parteien werden erst verständlich, unter Berücksichtigung der wirtschaftlichen Umstände, welche sie begleiten, und zeigen oft eine vom Wortlaut eines Vertrags abweichende Bedeutung . . . Die Parteien vermögen nicht lediglich durch den Gebrauch eines juristisch-technischen Ausdrucks den diesem Ausdruck entsprechenden Charakter zu verleihen, besonders wenn das tatsächliche Ergebnis des Vertrages, wie die Parteien es w o l l e n , in keiner Beziehung dem entspricht, was das Gesetz als Gegenstand der betreffenden Vertragsart bezeichnet"[1]).

---

[1]) Urteil des GG. Berlin K. 3. 946-47. 04, bestätigt vom Landgericht I Berlin, ähnlich K. 3. 976. 04; s. Soz. Prax. 1904 Nr. 5 Sp. 128-129 und Nr. 8, Sp. 234 ff., auch Kolonnenvertrag Nr. 3. Kgl. Landgericht I Berlin bei *Unger* (S. 21). Nicht zu billigen ist es, wenn früher die Gewerbegerichte lediglich aus der sozialen Stellung des Kolonnenführers heraus einen Werkvertrag für unmöglich erklärt haben, wenngleich ich *Rümelin* gegenüber bemerken muß, daß verschiedene zwingende Bestimmungen, insbesondere des gewerblichen Dienstvertrags, einen S t a n d der gewerblichen Arbeit voraussetzen und diesen in der Vertragsfreiheit gegenüber dem Unternehmer erheblich beschränken. So dürften nur wenige Arbeiter rechtlich nicht in der Lage sein, einem Unternehmer auf Grund eines Kauf- oder Lieferungsvertrages fortdauernd von ihm verfertigte Waren zu liefern. Ein solcher Vertrag verwandelt sich, wenn er überhaupt gültig ist, ohne weiteres in einen gewerblichen Dienstvertrag; auf jeden Fall müssen die zwingenden Bestimmungen des gewerblichen Dienstvertrags auf ihn angewendet werden, und dann bleibt kaum noch ein Kaufvertrag übrig. Das habe ich allerdings in meinem Aufsatz über das Wagennullen nicht gesagt; ebensowenig wie ich dort gesagt habe, daß man oder daß die gewerblichen Arbeiter keinen Werkvertrag abschließen können. Allerdings ist mir in meiner Praxis noch kein unzweifelhafter Werkvertrag eines gewerblichen Arbeiters mit seinem Unternehmer zu Gesicht gekommen. Diese Verträge hatten immer ein sehr erhebliches „Aber", wie die oben skizzierten. Vgl. mein Gutachten S. 245 Anm. 24 und Landgericht u. Gewerbegericht Düsseldorf, GG. III Sp. 21. Ein Kauf- oder Lieferungsvertrag in obigem Sinne könnte wohl kaum anders als in fraudem legis abgeschlossen angesehen werden. Gegenüber *Körstens* mehrfach zitierten Aufsatz in den Sozialistischen Monatsheften, möchte ich bemerken, daß Nachteile für die Arbeiter weniger aus der — von mir ja übrigens mit *Körsten* verworfenen — Annahme eines Werk- statt eines Dienstvertrags als daraus sich ergeben, daß man als Gegenkontrahenten nicht den Hauptunternehmer, sondern eine nicht leistungsfähige Zwischenperson annimmt, die nicht vertrauenswürdiger wird, wenn man sie als Gegenkontrahentin eines Dienstvertrages ansieht. *Bail*, S. 16, sieht den Kolonnen- oder Partieführer, Akkordanten, Poliermeister in einer Glasschleiferei, Ziegelmeister, auch bei selbständiger Auswahl der Gehilfen und Anteil am Unternehmergewinn für die Regel nur als Vorarbeiter an. (Vgl. *Stadthagen*, S. 81 „Die rechtliche Beziehung zwischen dem Inhaber eines Gewerbebetriebes

Die Mitglieder der Kolonne stehen also in einem Dienstverhältnis zum Unternehmer, untereinander in einem Gesellschaftsverhältnis. Dieses schließt, da die Gesellschaft keine juristische Person, sondern nur eine Gemeinschaft zur gesamten Hand ist, eine unmittelbar dienstliche Beziehung ihrer Gesellschafter zum Unternehmer nicht aus, fordert sie vielmehr gerade. Nicht in allen Fällen liegt aber eine Gesellschaft zwischen mehreren Arbeitern an einer Akkordarbeit vor.

Wir haben schon gesehen, daß für die Annahme eines Gesellschaftsverhältnisses bei gemeinschaftlichen Zeitlohnarbeitern kein Bedürfnis vorhanden ist.

Nun kommt der Fall vor, daß ein Teil der an einer Akkordarbeit beschäftigten Personen lediglich Zeitlohn erhält. Zwischen diesen Zeitlohnarbeitern und den Akkordlohnarbeitern braucht gleichfalls eine Gesellschaft nicht angenommen zu werden.

Die Beteiligung der Helfer besteht, wenn sie nicht ausgeschlossen ist und auch sie nur Zeitlohn erhalten, in einer Quote am sog. Akkordüberschuß, d. h. der Differenz zwischen dem Akkordpreis und den gewöhnlich nach Maßgabe der geleisteten Stunden gezahlten Vorschüssen. Da die Helfer bei kleineren, z. B. aus lediglich zwei Mann bestehenden Gruppen ungefähr dieselbe Stundenzahl, wie die Hauptarbeiter zu leisten pflegen, so wird hier der Anteil am Akkordpreis häufig nicht in ein Verhältnis zu der geleisteten Stundenzahl gesetzt, besteht vielmehr in einer Quote des Überschusses, z. B. $^1/_3$ bis $^1/_4$ des Anteils des Hauptarbeiters.

Hier haben wir es also mit einer wesentlich verschiedenartigen Rechtsstellung der einzelnen Arbeiter an einer Akkordarbeit zu tun. Das schließt zwar ein Gesellschaftsverhältnis

---

und dem für denselben Beschäftigten tritt als Folge ihrere wirtschaftlichen Beziehungen ein. Wer trotz dieser wirtschaftlichen Beziehungen, trotz seiner Aneignung der durch die Arbeitskraft anderer geschaffenen Werte die Zahlung für die Verwendung der Arbeitskraft der Schaffenden auf die schwachen Schultern von ihm direkt (als Polier, Kolonnenführer, Werkmeister usw.) Beschäftigter durch Veranlassung von Verträgen zwischen diesen und den Arbeitern oder in anderer Weise abzuwälzen sucht, handelt in einer gegen die guten Sitten verstoßenden Weise und hat daher gemäß § 896 BGB. für den Schaden zu haften." (?) Vgl. auch *Stadthagen*, S. 151.

nicht aus. Es fehlt aber meist an jedem Recht der Helfer oder Hilfsarbeiter zur Anteilnahme an der Regelung der gemeinsamen Interessen, sowohl nach außen, wie nach innen. Die Ausführung der Arbeit und die Verabredung über dieselbe bleibt vielmehr ganz dem Hauptarbeiter überlassen, wobei der Hauptarbeiter gegenüber dem Helfer in der Regel Vertreter des Unternehmers ist. Richtiger dürfte hier ein Gesellschaftsverhältnis zu verneinen sein.

Die Vertretung des Unternehmers erstreckt sich nicht immer auf die Lohnzahlung. Diese erfolgt besonders hinsichtlich des Überschusses oft lediglich an den Hauptarbeiter, der auch namens des Helfers quittiert.

Der Anteil am Überschuß besteht oft trotz Fehlens eines Gesellschaftsverhältnisses lediglich in einem auf Verabredung beruhenden Anspruch an den Hauptarbeiten.

In einem Ausnahmefalle steht der Helfer lediglich in einem Dienstverhältnis zum Hauptarbeiter, nicht zum Unternehmer. Meist werden aber mit Recht erhebliche Zweifel am Platze sein, ob ein derartiges Dienstverhältnis und nicht ein solches mit dem Unternehmer dem erklärten Parteiwillen entspricht. Dieses Verhältnis ist die Regel beim Helfer.

Sehr oft liegt der Fall praktisch so, daß ein gelernter Arbeiter mit einem Helfer oder Hilfsarbeiter zusammenarbeitet. Unter Helfer, zweitem Monteur versteht man einen gelernten und unter Hilfsarbeiter einen ungelernten Arbeiter, wobei unter gelernter Arbeit nicht immer an die Absolvierung einer Lehre im Sinne der Gewerbeordnung zu denken ist. Die Helfer müssen grundsätzlich als Teilnehmer am Akkord aufgefaßt werden, wogegen die Frage bei ungelernten Hilfskräften in der Praxis sehr verschieden beurteilt wird. Die Helfer und Hilfsarbeiter der Heimarbeiter haben oft oder meist gar keine Beziehung zu dem Unternehmer. Bei ihnen ist für die Regel eine Beteiligung am Akkord zu verneinen. Dagegen vereinbaren die Heimarbeiter mit ihnen wiederum besondere Akkorde, die sich nach den von dem Unternehmer gezahlten Akkordpreisen richten.

Das erwähnte Verhalten der Unternehmer ist die Regel beim Helfer des Heimarbeiters. Hier kümmert sich der Arbeitgeber im allgemeinen nicht darum, ob der Heimarbeiter sich

Helfer annimmt oder nicht. Deshalb besteht zwischen ihm und den Helfern überhaupt kein Dienstverhältnis, sondern nur zwischen dem Helfer und dem Heimarbeiter. Durch die Annahme von Helfern wird der Heimarbeiter noch nicht zum sog. Hausindustriellen, Hausgewerbetreibenden. Er bleibt gleichwohl Heimarbeiter und somit Dienstpflichtiger des Arbeitgebers. Damit er zum Hausindustriellen werde, müssen noch andere Momente hinzukommen. (Oft kann allerdings die Beschäftigung von Arbeitern ein Anzeichen dafür sein, daß es sich nicht mehr um einen Heimarbeiter, sondern um einen Hausindustriellen handelt.)

Der Hausindustrielle ist ein selbständiger Arbeitgeber. Er steht nicht in einem Dienstverhältnis zu einem andern. Die Arbeiter, die er annimmt, nimmt er daher in eigenem Namen an. Seine Verträge mit dem Hauptunternehmer sind Werk-, Lieferungs- oder Kaufverträge, aber keine Akkordverträge.

Das Gesellschaftsverhältnis bildet die Regel bei den in einer Gruppe arbeitenden Akkordarbeitern. Es kommen aber im einzelnen die mannigfaltigsten Variationen vor.

Bernhard (S. 175—203) stellt den gesellschaftlichen, von ihm — natürlich ohne damit den entsprechenden juristischen Begriff des positiven Rechts verbinden zu wollen — als genossenschaftliche benannten Gruppenakkorden die herrschaftlichen Gruppenakkorde gegenüber. Hier erscheint der Gruppenführer als Zwischenmeister, Akkordmeister. Hier wird lediglich dem Akkordmeister die Arbeit übertragen. Der Fall erinnert an die Heimarbeit und Hausindustrie und kann auch hier wie bei der Hausindustrie so liegen, daß die Stellung des Zwischenmeisters die eines selbständigen Unternehmers wird, dem dann die etwaigen Akkordarbeiter ebenso gegenüberstehen, wie einem sonstigen selbständigen Gewerbetreibenden. *Bernhard* unterscheidet nun ganz praktisch:

1. Akkordmeister ohne Beteiligung der Arbeiter am Gewinn,
2. Akkordmeister mit Beteiligung der Arbeiter am Gewinn, und zwar
   a) mit Beteiligung zu gleichen Anteilen,
   b) mit Beteiligung unter prozentualen oder sonstigen Abstufungen.

Nur in den Fällen zu 2 liegt ein gesellschaftsähnliches Verhältnis vor. Hier ist der Zwischenmeister unter Umständen Geschäftsführer der Kolonne aus eigenem, von der Kolonne und den Kolonnenmitgliedern, und zwar durch Eingehung des Dienstvertrages mit dem Zwischenmeister, anerkannten Recht. Wenn der Zwischenmeister nicht als selbständiger Gewerbetreibender zu betrachten ist, so ergeben sich dienstvertragliche Beziehungen zwischen der Kolonne und dem Hauptunternehmer. In bezug auf diese Beziehung ist der Zwischenmeister Geschäftsführer der Kolonne gegenüber dem Unternehmer.

Bei den gesellschaftlichen oder genossenschaftlichen Gruppen unterscheidet *Bernhard* (S. 202) folgende verschiedene Arten:

1. Gruppenakkorde, bei denen die Arbeiter getrennt voneinander tätig sind und nur durch das Mittel gemeinsamer Lohnzahlung zusammengehalten werden;
2. Gruppenakkorde, bei denen die Arbeiter „miteinander" tätig sind. Das Ergebnis der Arbeit jedes einzelnen tritt nicht deutlich hervor. Die Akkordverteilung erfolgt pro Kopf oder pro rata eines nominellen Tagelohns;
3. Gruppenakkorde, bei denen die Arbeiter untereinander, sich in die Hand arbeiten. Der Akkordvertrag erfolgt meist auf Grund einer Vereinbarung der Arbeiter.

Schließlich unterscheidet *Bernhard* Gruppenakkorde in geschlossenen Betrieben und freie Gruppenakkorde.

Mit Rücksicht auf die verschiedenen Arten der Gruppenakkorde nimmt deren rechtliche Beurteilung, insbesondere deren gesellschaftsähnliche Natur, eine besondere Gestalt an, und dabei verblaßt das gesellschaftliche Verhältnis um so mehr, als man sich dem Zwischenmeistersystem nähert, ohne hier in allen Fällen vollständig zu verschwinden.

Aus dem gesellschaftlichen Charakter der Gruppe oder Kolonne ergibt sich, daß sie, um Rechtsgeschäfte abzuschließen, einer Vertretung bedarf[1]).

In dieser Beziehung eignet sich ohne Zwang die Anwendung der für die Gesellschaft in §§ 709—716 BGB. getroffenen Be-

---

[1]) Kolonnenvertrag Nr. 27—37.

stimmungen, die auch den tatsächlichen Gepflogenheiten beim Gruppenakkorde entsprechen, allerdings unter gewisser Vereinfachung der im Gesetz aufgestellten Bestimmungen und unter mehr starren Formen, weil dieser Vertragsart die feinere juristische Durchbildung fehlt und weil sie eine solche wohl auch nicht verträgt[1]).

Nach diesen Bestimmungen steht die Geschäftsführung den Gesellschaftern gemeinschaftlich zu, so daß für jedes Geschäft die Zustimmung aller erforderlich ist.

So liegt tatsächlich der Normalfall des Gruppenakkords, womit nicht gerade gesagt sein soll, daß er der häufigste ist. Es wird mehreren Arbeitern die Herstellung einer Arbeit in

---

[1]) *Stadthagen*, S. 152 ff. bekämpft die Annahme eines Gesellschaftsverhältnisses mit drei Gründen: 1. Die Erteilung einer Vollmacht und die Unmöglichkeit einseitiger Verfügung über den Lohn widerspreche der Lohnsicherung (§ 2 Lohnbeschlagnahmegesetzes u. § 394 BGB.; 2. das Recht jederzeitiger Kündigung der Gesellschaft gemäß § 729 widerspreche der Gewerbeordnung; 3. durch den Ausschluß des Anspruchs auf Teilung gemäß § 719 u. 721 BGB. — Alle drei Gründe sind nicht zutreffend. Die Erteilung einer Vollmacht berührt die Verbote der Lohnsicherungsbestimmungen gar nicht. Der Bevollmächtigte muß diese Verbote ebenso beachten, wie der bevollmächtigende Arbeiter selbst. Die Vollmacht besteht zudem schon vor Begründung des Lohnanspruchs. Der Lohnanspruch wird durch den Bevollmächtigten begründet und muß in der Weise von ihm verfolgt werden, wie er ihn begründet hat, ohne daß er berechtigt wäre, über den Anspruch an den Arbeitgeber entgegen den Lohnsicherungsbestimmungen zu verfügen. Der Ausschluß der Verfügung über den Anteil am Gesellschaftsvermögen ist kein Widerspruch gegen die Lohnsicherung. Gerade diese Lohnsicherung schließt die Verfügung aus. Überhaupt berücksichtigen aber die Lohnsicherungsbestimmungen den Fall der Übernahme einer Arbeit durch eine Gesamtheit oder Gruppe gar nicht. Sie sichern nur den vereinbarten Lohnanspruch, nicht die Lohnvereinbarung (abgesehen von der Vorschrift der Barzahlung in Reichswährung). Aus demselben Grunde, daß die Gruppenarbeit in der Gewerbeordnung nicht geregelt ist, ergibt sich die Unrichtigkeit der Annahme, daß das derzeitige Recht, die Gesellschaft zu kündigen, der Gewerbeordnung, d. h. ihren Kündigungsbestimmungen, widerspreche. Stets hat man die Gesellschaftsbestimmungen nur analog angewendet, soweit das möglich ist. Den Bedürfnissen des praktischen Lebens entsprechend muß man die beiden verschiedenen Kündigungsrechte in Einklang zu bringen suchen. Darum kann man trotzdem im übrigen das BGB. anwenden. Im übrigen läßt aber doch die Gewerbeordnung den

Akkord für einen vereinbarten Preis meist unter Übergabe eines Akkordzettels, auf dem die Namen der mehreren Arbeiter — mitunter auch nur eines derselben — vermerkt sind. Wem von den mehreren Arbeitern die Leitung der Arbeit zusteht, oder wer die Vertretung der Kolonne gegenüber dem Arbeitgeber, der allein als Gegenkontrahent der Kolonne in Frage kommt, besorgt, wird nicht ausgemacht, weder zwischen der Kolonne und dem Arbeitgeber, noch zwischen den Kolonnenmitgliedern selbst. Bei Beendigung der Arbeit wird gewöhnlich vom Arbeitgeber eine Abrechnung aufgemacht und auf Grund derselben der Lohnanteil jedes einzelnen Arbeiters an diesen bezahlt. In der Anerkennung dieser Abrechnung liegt zugleich eine Teilung des Gewinns, daher kann der Arbeitgeber an jeden einzelnen Arbeiter zahlen, während er eigentlich an alle Kolonnenarbeiter gemeinsam zahlen müßte (oder falls ein Geschäftsführer bestellt ist, an diesen). Manche Firmen lassen von allen Arbeitern gemeinsam quittieren, wenn nicht in zweifelsfreier Weise ein Geschäftsführer bestellt ist, und dies dürfte praktisch, wenn ein Geschäftsführer nicht vorhanden ist, das empfehlenswerteste sein, um die Befürchtung einer Übervorteilung bei den einzelnen Arbeitern nicht aufkommen zu lassen. Vielfach wird ja überhaupt noch keine Lohnquittung

Ausschluß der Kündigungsfrist durch Vereinbarung zu. Wenn also mit der Gesellschaft die jederzeitige Kündigung notwendig verbunden ist, so würde in der Übernahme der Gruppenarbeit die Vereinbarung des Kündigungsausschlusses liegen, was aber nach unserer Meinung nicht notwendig angenommen zu werden braucht. Übrigens darf auch nach BGB. die Kündigung nicht zur Unzeit geschehen. — Was die zu 3 angeführten Gründe anbetrifft, so enthalten sie doch nichts anderes als eine Befristung des Lohnanspruchs bis zu dem Augenblick der gemeinsamen Teilung. Eine solche Befristung ist durch vorhergehende Vereinbarung durchaus zulässig, ja beinahe jeder Lohnanspruch wird kreditiert, d. h. er ist befristet. Der Haupteinwand gegen *Stadthagen* ist aber der, daß seine Ausführungen lediglich negativ sind. Er sagt überhaupt nichts über die inneren Rechtsverhältnisse der Kolonne. Daß sie bestehen, läßt sich doch nicht leugnen. Ihre Existenz ist auch in den Gesetzen erwähnt, z. B. im Gewerbegerichtsgesetz § 4[6], wonach das Gewerbegericht für Klagen der Kolonnenmitglieder gegeneinander zuständig ist. Darum muß der Versuch gemacht werden, diese Rechtsverhältnisse eingehend klar zu stellen. Erst dann kann man die bisherige Konstruktion kritisieren.

von den Arbeitern verlangt. In solchen Fällen ist es schwer, festzustellen, ob die Parteien sich der Gemeinschaftlichkeit des Kolonnenakkordanspruchs bewußt geworden sind[1]).

Aus der Gemeinschaftlichkeit des Kolonnenanspruchs ergibt sich, daß die Kolonnenmitglieder nur gemeinsam oder durch ihren Kolonnenführer klagen können. Hiergegen hat sich ein hervorragender Gewerkschaftsführer gewandt, wohl mehr aus praktischen als aus rechtlichen Gründen. In rechtlicher Beziehung dürften seine Ausführungen treffend durch *Schalhorn* [2]) widerlegt sein. Es erscheint aber auch praktisch, daß an der Gemeinschaftlichkeit des Anspruchs festgehalten wird. Nur dadurch werden die Rechte jedes einzelnen gewahrt und wird dem allgemein beklagten Übelstand vorgebeugt, daß bei der Kolonnenarbeit einzelne Arbeiter, sei es durch den Kolonnenführer, sei es durch ihre Kollegen, vollständig unterdrückt oder doch wesentlich übervorteilt werden. Gerade vom Standpunkt der Arbeiter sollte an der Gemeinschaftlichkeit der Forderung festgehalten werden, da nur dadurch die unabhängige und freiere Stellung des Akkordarbeiters gewahrt und die Ansprüche aller einzelnen gesichert werden. Dahingegen wollen viele Arbeitgeber in der Lage sein, den Kolonnenanspruch ganz nach ihrem Belieben zu gewähren, d. h. bald, indem sie an die Kolonnen, bald, indem sie an die einzelnen Mitglieder zahlen. Dieser Arbeitgeberstandpunkt ist es wohl auch, der in einem Breslauer Gewerbegerichtsurteil [3]) zum Ausdruck kommt, welches sich gerade auf Auskünfte von Arbeitgeberseite stützt. Von Arbeitgeberseite wird vielfach das Recht beansprucht, den Gewinn ganz nach ihrem alleinigen Ermessen zu verteilen, und zwar selbst in dem Maße, daß Abzüge, die durch vertragswidriges Verhalten eines Arbeiters verschuldet sind, nicht der Kolonne, sondern

---

[1]) Die Gemeinschaftlichkeit des Kolonnenanspruchs erkennt auch an *Bail*, S. 154. Doch nimmt er an, daß der Arbeitgeber durch Zahlung an den Kolonnenführer regelmäßig befreit wird.

[2]) Soz. Prax. XIV Nr. 40 Sp. 1065 ff.

[3]) GG. u. KG. XI, Sp. 331. Auf alle Fälle könnte dieses Erkenntnis nur für die örtlichen Verhältnisse in Breslau Geltung haben, die anders sein können als die in Berlin und anderswo.

dem Arbeitgeber oder im günstigsten Falle einer Arbeiterunterstützungskasse zufallen. Das ist aber kein Recht mehr, sondern nur eine Willkür und einer der Gründe, weshalb auch heute noch eine heftige Gegenströmung gegen die Akkordarbeit in der Arbeiterschaft besteht. Beim Berliner Gewerbegericht habe ich ebenso oft die Wahrnehmung gemacht, daß von der Arbeitgeberseite die Gemeinschaftlichkeit des Kolonnenanspruchs geltend gemacht wurde, und dies scheint auch an anderen Orten, wie aus den veröffentlichten Gewerbegerichtserkenntnissen zu entnehmen ist, der Fall zu sein. Die Beteiligten stellen sich also, wie das immer der Fall ist, stets auf den ihnen im einzelnen Falle günstigen Standpunkt, daher kann man sie, wenn man sie auch stets hören soll, bei Entscheidung von Rechtsfragen nicht ausschlaggebend sein lassen.

Ein geregelter Kolonnenvertrag bedeutet einen Fortschritt in der Produktionsmethode, der sich schon von selbst Bahn bricht, und wenn daher Theoretiker eine gesellschaftliche Ordnung der gesamten Arbeiter eines Betriebes gegenüber dem Unternehmer anstreben[1]), so zeigen sie damit — ohne daß die Richtigkeit ihrer Spezialvorschläge anerkannt werden soll —, daß eine gesunde Weiterentwicklung der Arbeitsverhältnisse auf dem Wege des Kolonnenvertrags erreicht werden kann, der schon heute, wie das oben wiedergegebene Beispiel zeigt, bis zur Organisation der ganzen Arbeiterschaft eines Betriebes zu einer einzigen Kolonne gediehen ist.

Bei einem einigermaßen geregelten Kolonnensystem tritt der Fall des § 709 BGB. hinter den des § 710 BGB. zurück, d. h. die Kolonne überträgt die Führung der Geschäfte einem Gesellschafter. Diese Übertragung der Geschäftsführung und damit der Befugnis, die anderen Gesellschafter Dritten gegenüber zu vertreten (§ 714 BGB.) kann nur durch den Gesellschaftsvertrag, also durch einstimmige Willenserklärung aller Kolonnenmitglieder, erfolgen. Sonst kann von der Geschäftsführung des Kolonnenführers oder Vorarbeiters keine

[1]) Hier wäre eine Vereinfachung des bestehenden Gesellschaftsrechts und Anpassung an die industriellen Bedürfnisse unter Berücksichtigung der überragenden Stellung des Unternehmers wünschenswert.

Rede sein. Da die Arbeitgeber ein wesentliches Interesse daran haben, mit einer Person als Vertreterin der Kolonne verhandeln zu können, so liegt es auch in ihrem Interesse, die ordnungsmäßige Bestellung eines Kolonnenführers herbeizuführen[1]).

Ist einem Gesellschafter die Geschäftsführung übertragen, so sind die übrigen von der Geschäftsführung ausgeschlossen. Bei mehreren Geschäftsführern muß das Geschäft stets unterbleiben, wenn ein Geschäftsführer widerspricht. Eine abweichende Bestimmung ist nichtig[2]).

Der Widerruf der Geschäftsführung erfolgt durch einstimmigen Beschluß, sofern nach dem Gesellschaftsvertrage nicht Stimmenmehrheit entscheidet. Der Widerruf kann aber nicht willkürlich erfolgen, sondern nur, wenn ein wichtiger Grund vorliegt, insbesondere grobe Pflichtverletzung oder Unfähigkeit. Andererseits kann der Geschäftsführer ebenfalls aus wichtigen Gründen kündigen[3]).

Ein Recht des Gegenkontrahenten der Gesellschaft, also des Arbeitgebers, den Geschäftsführer abzusetzen, ist nach dem BGB. nicht gegeben[4]). Doch kann der Arbeitgeber sich das Recht ausbedingen, die Absetzung des Geschäftsführers zu verlangen. Weigert sich die Kolonne in einem solchen Falle beharrlich, den Geschäftsführer abzusetzen, so kann der Arbeitgeber gemäß § 123³ die ganze Kolonne entlassen.

Wenn die Bildung der Gruppe vom Arbeitgeber aus erfolgt, d. h. wenn er den Kolonnenführer und die einzelnen

---

[1]) *Rüdiger*, Der gerechte Lohn, Berlin 1904. Auch *Oertmann*, Die rechtliche Natur der Arbeitsordnung (Berlin bei Franz Vahlen) bezeichnet die autonome Unternehmung als einen zunächst herrschaftlichen Verband der Gesamtarbeit. Aber seine Entwicklung der bereits bestehenden höheren Systeme unter Garantie der Rechte der Kolonnenarbeiter ist wohl als ein Fortschritt anzusehen und daneben behält die bestehende Form des Arbeitsvertrags ihren Platz.

[2]) Vgl. Erkenntnisse.

[3]) Kolonnenvertrag 30. Der an Stelle des Akkordanten als Leiter einer Kolonne Eingetretene ist ohne weiteres als G e s c h ä f t s f ü h r e r der Kolonne anzusehen und daher zur Klage namens der Kolonne berechtigt.

[4]) Auch hier wäre de lege ferenda die Stellung des Arbeitgebers zu berücksichtigen.

Teilnehmer bestimmt, so liegt auf seiten des Arbeitgebers ein Antrag vor, einen Akkordvertrag zu schließen unter der Bedingung, daß die Arbeiter eine Kolonne unter Führung des vom Arbeitgeber bestimmten Kolonnenführers bilden werden. Mit Annahme der Arbeit schließen die Arbeiter unter sich zugleich den als Bedingung gestellten Gesellschaftsvertrag. Natürlich muß jedem eintretenden Kolonnenarbeiter das Rechtsverhältnis bekannt sein, in das er eintritt. Hiergegen fehlen sowohl die Arbeitgeber wie die Kolonnenführer und die übrigen Kolonnenmitglieder sehr häufig[1]).

Dieser Fall der Kolonnenbildung ist der häufigste in geschlossenen Betrieben. Er wird modifiziert dadurch, daß bisweilen dem Vorarbeiter (Kolonnenführer) ein gewisser Einfluß auf die Zusammensetzung der Kolonne eingeräumt wird. Nachdem die Kolonne gebildet ist und eine bestimmte Arbeit für einen verabredeten Preis übernommen hat, dürfen ihr nicht willkürlich neue Arbeiter zugesellt oder bereits beteiligte genommen werden. Dies kann vielmehr nur mit Zustimmung der Kolonnenmitglieder oder im Rahmen der mit der Kolonne bei Übertragung der Akkordarbeit über den Einfluß des Arbeitgebers getroffenen Abreden[2]) geschehen.

In einem geschlossenen Betriebe kann der Kolonnenführer regelmäßig die Kolonnenmitglieder aus den bereits in dem Betrieb beschäftigten Arbeitern wählen. Mitunter hat er jedoch auch die Freiheit, namens des Arbeitgebers andere Mitglieder einzustellen. Hier handelt er zugleich als Beauftragter des Arbeitgebers mit dessen Vollmacht.

Diese Befugnis steht ihm in der Regel außerhalb eines geschlossenen Betriebes zu, sei es, daß der Kolonnenführer als Monteur von einem industriellen Betriebe hinausgeschickt wird, sei es, daß er wie im Baugewerbe mit einer Kolonne die Ausführung eines Baues oder eines Teils eines beabsichtigten Baues

[1]) Vgl. daher Vorschläge des GG. Berlin. R. Arbeitsblatt III. 346.

[2]) Die natürlich auch aus den Umständen oder einer bestehenden Übung, sofern sie sich nicht als Mißbrauch darstellt, geschlossen werden kann. Die willkürliche Einstellung von Kolonnenmitgliedern durch den Arbeitgeber, die die Verdienstmöglichkeit der Kolonne einseitig zu ändern geeignet ist, kann nur als ein Mißbrauch bezeichnet werden.

übernimmt, sei es, daß er, wie bei der Kolonne der Ziegeleiarbeiter, den ganzen Betrieb während einer Saison übernimmt.

In den beiden letzten Fällen wird die Kolonne oft nicht für einen bestimmten Fall gebildet, sondern ihr Bestand dauert weiter. Dieselbe Kolonne übernimmt nach Beendigung der Arbeit wiederum gemeinschaftlich neue Arbeit, sei es bei demselben Arbeitgeber, oder bei einem neuen Arbeitgeber[1]).

Wie der Arbeitgeber grundsätzlich nicht beliebige Arbeiter in die Kolonne einstellen kann, so kann auch die Kolonne oder ihr Führer nicht beliebige Arbeiter in die Kolonne einstellen. Denn der Unternehmer muß die Bestimmung haben darüber, wer in seinem Betriebe arbeiten soll. Bei Kolonnen, die außerhalb eines geschlossenen Betriebes arbeiten, wird aber die Leistung der einzelnen Teilnehmer dem Unternehmer gegenüber gewöhnlich als eine vertretbare angesehen, derart, daß die Kolonne bei der Einstellung neuer Kräfte vollständig freie Hand hat. Der Kolonnenführer ist in allen Fällen, in denen die Kolonnenmitglieder in einem Dienstverhältnis zum Unternehmer stehen, selbst gleichermaßen Arbeitnehmer. Für die Stellung als Kolonnenführer ist es Bedingung, daß der Kolonnenführer Arbeitnehmer des Unternehmers ist. Mit seiner Entlassung muß daher seine Stellung als Kolonnenführer aufhören. Nicht in allen Fällen scheidet der Kolonnenführer damit zugleich aus dem Gesellschaftsverhältnis aus, sondern er erhält nach Beendigung der Kolonnenarbeit seinen Anteil an dem sich dann ergebenden Überschuß.

Schwierig ist die Frage, ob mit der Entlassung des Kolonnenführers aus dem Arbeitsverhältnis auch seine Vertretungsbefugnis aufhört, oder ob aus der Entlassung sich für die Kolonne lediglich die Verpflichtung ergibt, nunmehr auch die Geschäftsführung zu kündigen und einen neuen Geschäftsführer zu ernennen oder, bei seiner Ernennung gemäß den mit dem Arbeitgeber getroffenen Vereinbarungen mitzuwirken[2]).

---

[1]) Auch in geschlossenen Betrieben überdauern die Kolonne oft die einzelne Arbeit.

[2]) Zahlt der Kolonnenführer das ihm vom Arbeitgeber zur Auszahlung empfangene Geld nicht aus, so macht er sich nach *Stadthagen* (S. 151) einer, wenn der Kolonnenführer Arbeiter des Arbeitgebers war,

Stellung der Kolonnenmitglieder.

Die Stellung der Kolonnenmitglieder ist rechtlich nach mehrfacher Hinsicht erheblich.

Zunächst sind sie Arbeiter, d. h. Dienstpflichtige des Unternehmers. Sie haben folglich alle sich aus dem Dienstverhältnis ergebenden Pflichten zu erfüllen, soweit nicht durch den speziellen Akkordvertrag etwas anderes ausdrücklich oder sinngemäß vereinbart ist. Sie können also grundsätzlich weder vor Beendigung der Akkordarbeit die Arbeit niederlegen, noch vom Arbeitgeber entlassen werden, es sei denn, daß ein gesetzlicher Grund zur Lösung des Arbeitsverhältnisses vorliegt[1]). Dahingegen kann außerhalb eines geschlossenen Betriebes mit der Beendigung der Kolonnenakkordarbeit in der Regel das Arbeitsverhältnis sofort ohne Innehaltung einer Frist gekündigt werden. Es gilt also als ein für bestimmte Zeit, das heißt für die Dauer der Kolonnenarbeit abgeschlossenes. In geschlossenen Betrieben endigt das Arbeitsverhältnis regelmäßig nicht mit der Beendigung der Kolonnenarbeit. Auch hier ist eine Vereinfachung des Gesellschaftsvertrags erforderlich. Die Gesellschaft muß trotz Ausscheidens einzelner Gesellschafter bestehen bleiben.

Das Arbeitsverhältnis kann schließlich gekündigt werden mit der Unmöglichkeit der Erfüllung. Diese kann eintreten, wenn die Kolonne auf so wenige Mitglieder zusammenschrumpft, daß die Kolonnenarbeit mit dem Rest der Arbeiter nicht mehr sachgemäß durchgeführt werden kann[2]). Der gleiche Fall tritt ein, wenn ein Arbeiter ohne Ersatz ausscheidet, dessen Mitwirkung es wegen besonderer Fähigkeiten notwendig bedarf.

---

nur auf Antrag strafbaren Unterschlagung schuldig (§ 247 BGB.), seinen Mitarbeitern gegenüber der Untreue. Nimmt der Führer das Geld namens der Kolonne in Empfang, so würde eine Unterschlagung gegenüber der Kolonne vorliegen, so daß es eines Antrages nicht bedürfte. Insofern ist also die Annahme einer Vertretung der Kolonne für die Arbeiter günstiger.

[1]) Kolonnenvertrag 59. Die vom Kolonnenführer (Akkordvertrag) angenommenen Kolonnenmitglieder haben Anspruch auf die gesetzliche Kündigung (12. 3. 94. 375. 94. K. 3).

[2]) Gewerbegericht Berlin K. 3. Urteil v. 5. 4. 00 bei *v. Schulz-Schalhorn* S. 210—212.

Die Kolonnenarbeiter sind ferner Gesellschafter der Kolonne. Als solche sind sie unter Umständen gemeinschaftliche Geschäftsführer der Kolonne. Sie nehmen an den Beschlüssen der Kolonne teil und müssen dieselben befolgen, soweit sie sich innerhalb der durch die Abmachung mit dem Arbeitgeber der Kolonne gesteckten Grenzen halten. Die Gesellschaft endigt: 1. mit Erreichung ihres Zweckes, die aber, da die Kolonne mitunter länger zusammenbleibt, nicht immer mit der Beendigung der Akkordarbeit eintritt (§ 726 BGB.); 2. mit dem Tode oder der Eröffnung des Konkurses eines Kolonnenmitgliedes. Wo der Kolonne oder dem Arbeitgeber das Recht beliebiger Zusammensetzung zusteht, kann der Tod diesen Einfluß nicht haben. Nach dem Gesetze kann aber der die Lösung des Gesellschaftsverhältnisses bewirkende Einfluß des Konkurses nicht durch Vertrag ausgeschlossen werden[1]); 3. wenn die Erreichung des Gesellschaftszweckes unmöglich wird, wenn der Arbeitergeber von der Ausführung der Arbeit Abstand nimmt oder nehmen muß, sofern der Gesellschaftszweck lediglich auf diese Arbeit gerichtet war.

Der Kolonnenarbeiter steht schließlich in einem Rechtsverhältnis zu dem Kolonnenführer, das variiert, je nachdem der Kolonnenführer nur als Geschäftsführer der Kolonne oder als Vertreter des Arbeitgebers oder als Wahrnehmer eigener Rechte, letzteres in dem nur ausnahmsweise als zu Recht bestehend anzuerkennenden Falle, daß er einen selbständigen Vertrag mit dem Arbeitgeber auf Ausführung der Kolonnenarbeit in Händen hat.

Das Truck- und Aufrechnungsverbot, sowie die sonstigen Beschränkungen der freien Lohnvereinbarung beziehen sich nur auf das Verhältnis zwischen Arbeitgeber und Arbeiter, nicht auf das Verhältnis des Kolonnenführes zu den Kolonnenmitgliedern und auf das Verhältnis der Kolonnenmitglieder untereinander. Fungiert der Kolonnenführer als Vertreter des Arbeitgebers, so kann er nicht dafür haftbar gemacht werden, daß er im Auftrage des Arbeitgebers den Lohn unter Verstoß gegen die Lohnsicherungsbestimmungen verteilt.

---

[1]) Diese Bestimmung paßt für Arbeiterverhältnisse gar nicht, müßte also bei gesetzlicher Regelung wegfallen.

Äußerst schwierig gestaltet sich mit Rücksicht auf die bestehenden Lohnschutzbestimmungen die Lage des Arbeitgebers, wenn bei der Verteilung des Lohnes dem einzelnen Kolonnenmitglied die durch die Lohnsicherungsbestimmungen gewährten Vorteile verkürzt werden.

Hier sind zwei Fälle zu unterscheiden:

1. Die sämtlichen Kolonnenmitglieder haben sich durch Zahlung des Lohnes an die Kolonne oder den Geschäftsführer für befriedigt erklärt oder der Geschäftsführer hat dies in Vollmacht der Kolonne getan.

2. Eine solche Quittung, wie zu 1, liegt nicht vor, vielmehr ist die Zahlung des Anteils an jeden einzelnen Teilnehmer erfolgt ohne Zuziehung der übrigen.

Kann man im Falle zu 1 von einer Erfüllung der Lohnforderung gemäß § 115 GO. ohne Verstoß gegen das Lohnbeschlagnahmegesetz — besser Lohnsicherungsgesetz genannt — sprechen? Befriedigt ist durch die Zahlung zunächst nur die Kolonne. Die Gewerbeordnung hat aber wohl den Anspruch des einzelnen Arbeiters im Sinne, wenn sie fordert, daß die Löhne in deutscher Reichswährung zu berechnen und zu zahlen sind[1]. Im vorliegenden Falle ist der Lohn des einzelnen Arbeiters gar nicht berechnet und ausgezahlt. Liegt in der Zahlung an die Kolonne die im § 115 GO. geforderte Befriedigung des Arbeiters, so ist sie nicht durch bare Zahlung an ihn erfolgt. Es ist aber, wenn man sich auf den Standpunkt des Gesellschaftsrechts stellt, sein Individualanspruch gegen den Schuldner der Gesellschaft durch Zahlung an die Gesellschaft getilgt. Mußte nicht der Arbeitgeber selbst die Verteilung vornehmen, um eine bare Befriedigung jedes einzelnen seiner Arbeiter vor-

[1]) Ein Verbot, geschlossene Gesamtheiten, wie die Kolonnen es sind, auf Grund eines Dienstvertrages zu beschäftigen, ist in der Gewerbeordnung nicht enthalten, daher muß diese Beschäftigung zulässig sein. Alsdann hätte die Gewerbeordnung aber auch die Rechtsverhältnisse solcher Kolonnen zum Arbeitgeber und nach innen regeln müssen. Das hat sie nicht getan, sie hat vielmehr insbesondere bei ihren Lohnsicherungsbestimmungen immer nur den einzelnen Arbeiter, und zwar diesen nur in seinem Verhältnis zum Arbeitgeber im Sinne. Daher ergeben sich die Schwierigkeiten bei der Anwendung der Lohnsicherungsbestimmungen auf Kolonnenarbeiter.

zunehmen? Dann fiele wieder der Anspruch der Kolonne auf Zahlung weg. Die Kolonne hätte dann höchstens einen Anspruch auf Zahlung an ihre Mitglieder nach Maßgabe ihrer Anteile. Läßt man andererseits die Zahlung an den Kolonnenführer ohne Berechnung der Anteile der einzelnen Mitglieder zu, so konnte man nichts dagegen haben, wenn jeder Industrielle seine sämtlichen Arbeiter veranlaßte, einen Bevollmächtigten für die Empfangnahme des Lohnes zu bestellen. Durch Zahlung an diesen würde der Arbeitgeber dann von seiner Verpflichtung befreit werden, ohne daß er für die Verteilung der Löhne haftete. Dann würde auch eine Verrechnung von Forderungen der Arbeiter gegeneinander möglich. Alles das ist wohl nicht die Absicht des Gesetzgebers gewesen. Es sollte jeder Arbeiter einen bestimmten, nach Zeit oder Stück in deutscher Währung berechneten Lohnanspruch haben, nicht mit dem Entgelt für seine Arbeit auf einen Anspruch gegen dritte, im vorliegenden Falle die Kolonne oder den Kolonnenführer, verwiesen werden[1]).

Daraus würde folgen, daß die Zahlung an die Kolonne oder deren Geschäftsführer keine gültige Erfüllung von seiten des Arbeitgebers ist, während andererseits die Zahlung der Anteile an die einzelnen Kolonnenmitglieder die Ansprüche der übrigen aus der gemeinsamen Arbeit zu verletzen geeignet ist, sofern die übrigen nicht der Zahlung zustimmen.

Daraus ergibt sich die Notwendigkeit für den Unternehmer, auch die Verteilung vorzunehmen, und zwar unter Zuziehung aller Kolonnenmitglieder.

So wird auch in einzelnen Betrieben verfahren.

In anderen Fällen, namentlich bei auswärtigen Montagen und beim Bau, wird aber die Lohnverteilung der Kolonne oder dem Kolonnenführer selbst überlassen und schließlich wird in

---

[1]) Kolonnenvertrag Nr. 64 u. 65. Arbeiter, die eine gemeinsame Arbeit übernommen haben, brauchen untereinander den Verdienst nicht in bar zu teilen; sie können Verrechnung durch Naturalien, Wertmarken u. dgl. vereinbaren. (K. 3 v. 1. 2. 00; *v. Schulz-Schalhorn* S. 216—217.) Bei Teilung des gemeinschaftlich verdienten Akkordlohnes müssen die Arbeiter untereinander die Aufrechnung von Gegenforderungen zulassen. (Auslagen, z. B. des Kolonnenführers für Speisen und Getränke, sind jedoch nur erstattungsfähig, wenn sie dem Willen oder dem Interesse der Mitarbeiter entsprechen. § 683 BGB. K. 3 v. 11. 4. 00.)

manchen Betrieben die Verteilung ohne Zuziehung der Kolonnenmitglieder oder des Kolonnenführers vorgenommen. Ein solches Verfahren garantiert nicht die Gültigkeit der Erfüllung von seiten des Arbeitgebers und bringt die Gefahr mit sich, daß die Arbeiter aus § 124⁴ GO. ihre Entlassung nehmen und Schadenersatz beanspruchen können. Den Arbeitern geht durch ein solches Verfahren der Vorteil verloren, den sie haben, wenn sie selbst Teilung halten, wobei die individuelle Leistung jedes einzelnen am besten berücksichtigt werden kann und wodurch den Arbeitern eine gewisse Selbständigkeit belassen wird. Wenn die freiere Stellung, die die Arbeiter in den Kolonnen haben, oft verkannt wird, so ist dies nur auf die Mißbräuche des Kolonnensystems zurück zu führen, durch welche die Lohnsicherungsbestimmungen oft ganz umgangen werden. Oft verteilt der Kolonnenführer gewohnheitsmäßig den gemeinsamen Lohn nach Willkür, ohne irgend welche sichere Unterlagen über die Leistung des einzelnen, ohne Rechnungslegung, ja ohne Kenntnis der Kolonnenteilnehmer von dem Umfang der vereinbarten Arbeit und des dafür zugesagten Lohnes. Solche mißbräuchlichen Vorkommnisse des Kolonnensystems dürfen einer rechtlichen Beurteilung desselben nicht zugrunde gelegt werden. Sie sind zu unterdrücken, und wenn die bestehenden Lohnsicherungsbestimmungen nicht deutlich genug sind, so sind sie durch Gesetz zu ergänzen[1]).

Bei der Verteilung sind nun in erster Linie die getroffenen Abreden oder Arbeitsordnungsbestimmungen, alsdann der aus den Umständen, insbesondere den gewerblichen Gepflogenheiten zu entnehmende Parteiwille zugrunde zu legen.

Die Verteilung nach Kopfteilen erfolgt nur ausnahmsweise. Am häufigsten ist die Zugrundelegung der Anzahl der geleisteten Stunden und eines für die Stunden berechneten Durchschnittslohnes, der der ungefähren Leistungsfähigkeit der einzelnen Arbeiter oder den mit ihnen getroffenen Abreden entspricht.

Ist der Kolonnenführer lediglich Beauftragter des Arbeitgebers und nicht Geschäftsführer der Kolonne, so befreit die Zahlung an ihn den Arbeitgeber natürlich nicht[2]).

---

[1]) Auch für die gesellschaftliche Liquidationsmethode sind einfache und bestimmte Vorschriften aufzustellen.

[2]) Gewerbegericht Berlin 1. September 1896. 1408 96. K. 3.

Großes Bedenken hat nach bestehendem Rechte die häufige Zwitterstellung des Kolonnenführers als Vertreter des Arbeitgebers und zugleich Geschäftsführer der Kolonne (vgl. § 181 BGB.) wegen der vorhandenen Interessenkollision. Es scheint aber ein gewisses Bedürfnis für eine solche Zwitterstellung vorzuliegen, die, da § 181 BGB. derselben entgegensteht, durch Gesetz besonders zugelassen werden müßte, wenn man das Bedürfnis für ein dringendes hält.

Stellung der Helfer und Hilfsarbeiter im besonderen.

Eine besondere Stellung nehmen die Helfer und Hilfsarbeiter bei der Kolonne ein[1]).

Der einfache Fall, daß die Kolonne aus einem Hauptarbeiter und einem Helfer oder Hilfsarbeiter besteht, ist schon erörtert worden.

Helfer finden sich aber auch bei Kolonnen, die schon an sich aus einer Mehrheit bestehen.

Der Name Helfer oder Hilfsarbeiter bedeutet dann, daß der betreffende Arbeiter nicht die normale Leistungsfähigkeit oder Vorbildung besitzt oder daß er nur Hilfsarbeiten zu der technischen Verrichtung der Kolonne ausführt, oft Arbeiten, die auf einem andern technischen Gebiete liegen. Die Bezeichnung Hilfsarbeiter, nicht Helfer, wird oft gebraucht, wenn der Arbeiter gar keine spezielle Vorbildung hat. Ist in diesem Falle der Helfer nicht lediglich in Zeitlohn gestellt, so gebührt ihm eine Quote vom Akkordlohn [2]). Er hat alsdann rechtlich keine andere Stellung wie die übrigen Kolonnenmitglieder, sofern nicht durch besondere Abrede oder eine als Inhalt der Parteiabrede aufzufassende Übung etwas anderes vertraglich festgestellt ist. Es gibt aber auch Helfer und Hilfsarbeiter, die nicht Mitglieder der Kolonne sind.

---

[1]) Kolonnenvertrag Nr. 38—59.

[2]) Es ist in Berlin ortsüblich, daß Rohrleger in Akkord arbeiten und ihren im Tagelohn arbeitenden Helfern vom Überschuß bis zu $^1/_3$ abgeben. Ein Ortsgebrauch, daß dies Drittel vom A.G. einbehalten und dem Helfer bezahlt wird, besteht nicht. GG. Berlin (22. 4. 04. 390/04 3), auch 1448 04 K. 5 v. 9. 2. 05 und v. *Schulz-Schalhorn*, S. 216.

Häufig werden solche Helfer vom Arbeitgeber auf seine Kosten gestellt. Dann nehmen sie gar nicht teil an den Rechtsverhältnissen der Kolonne. Höchstens ist der Kolonnenführer ihr Vorgesetzter als Vertreter des Arbeitgebers.

Oder die Helfer werden zwar vom Arbeitgeber gestellt, doch kommt ihr Lohn von dem Akkordlohn der Kolonne in Abzug. Auch hier tritt der freien Vereinbarung die obligatorische Sicherung des Lohnes entgegen. Der vereinbarte Lohn kann in den Grenzen des Lohnbeschlagnahme-Gesetzes durch nachträgliche Vereinbarung nicht dem Helfer überwiesen werden. Das gilt insbesondere, wenn nachträglich mehr Helfer oder solche zu andern Bedingungen eingestellt werden, als ursprünglich vereinbart war. Ist von vornherein ausbedungen, wieviel Helfer und zu welchen Bedingungen sie eingestellt werden sollen, so kommt überhaupt nur ein um den Helferlohn geminderter Lohnanspruch zur Entstehung. Wenn aber wegen der Helfer keine bestimmten Abmachungen getroffen waren, so liegt der Fall vom Rechtsstandpunkte aus folgendermaßen: Der ursprünglich vereinbarte Lohnanspruch soll durch nachträgliche Vereinbarung geändert werden. An Stelle der Auszahlung des ganzen vereinbarten Lohnes tritt die Abnahme eines Teils der Arbeit durch Übertragung derselben auf den Helfer. Damit soll nach der Absicht des Arbeitgebers, oft unter Zustimmung des Arbeiters der Lohnanspruch des Arbeiters, auf den er einen gesetzlich besonders sicheren Anspruch haben soll, ein anderer werden. Die Sicherheit wird ihm genommen, und so entsteht ein Konflikt mit den Lohnsicherungsbestimmungen, dessen Lösung Schwierigkeiten bereitet, wenngleich er in der Praxis wenig beachtet wird. An Stelle des vereinbarten baren Lohnes wird den Akkordarbeitern eine Hilfsarbeit geleistet! Oft entstehen hieraus Differenzen. Aber, wie gesagt, der Kern derselben, der Verstoß gegen die Lohnsicherungsbestimmungen, wird dabei selten erkannt. Würde dies der Fall sein und würden die Arbeiter somit geschützt werden, so würde ihr Widerspruch gegen das Kolonnensystem gemindert werden. Gerade mit dem Aufdringen von Helfern wird beim Kolonnenvertrag viel gesündigt, nicht in der bewußten Absicht, die Lohnsicherungsbestimmungen zu umgehen oder den Arbeiter in seinem vereinbarten Lohn zu verkürzen, aber doch mit diesem tatsächlichen Effekt[1]).

Ist aber korrekt verfahren worden und sind bestimmte Abmachungen über die vom Akkordlohn zu bezahlenden Helfer getroffen worden, so dürfte die richtige Konstruktion die sein, daß der Kolonnenakkordlohn von vornherein sich um den Betrag des Helferlohnes mindert. Denn Schuldner des Helferlohnes ist in diesem Falle nur der Arbeitgeber. Er konnte aber seiner Verpflichtung nicht ohne Gefahr nachkommen, wenn er zugleich der Kolonne den Anspruch auf den Gesamtakkordlohn gäbe, in welchem Falle er lediglich den Betrag des Helferlohnes von der Kolonne zurückfordern könnte, wenn die Kolonne den Helfer nicht bezahlt und er dann eintreten müßte[2]).

Schließlich kann der Fall so liegen, daß die Kolonne oder in ihrem Namen der Kolonnenführer einen Helfer annimmt. Im Zweifel liegt in einer diesbezüglichen Vereinbarung zugleich die Ermächtigung, einen Dienstvertrag mit dem Helfer im Namen des Arbeitgebers zu schließen[3]). Die Kolonne haftet dann als Beauftragte des Arbeitgebers für die Auswahl und die getroffenen Vereinbarungen. Ein Arbeitsverhältnis zwischen dem Arbeitgeber und dem Helfer entsteht in diesem Falle auf Grund der mit dem Helfer ge-

---

[1]) Vgl. *Franke*, Gutachten S. 176. Kolonnenvertrag Nr. 42: Der A.G. hat kein Recht, neben dem Arbeiter, welchem er eine Akkordarbeit übertragen hat, einen z w e i t e n Arbeiter an dem Akkord zu beteiligen. Der erste Arbeiter kann die Arbeit verweigern, wenn er sie nicht allein ausführen darf (2. 2. 97. 97/97 3).

[2]) Kolonnenvertrag Nr. 48. Der Arbeitgeber bleibt d e n H e l f e r n v e r p f l i c h t e t , ist aber berechtigt, den Lohn vom Kolonnenakkord in Abzug zu bringen (Abkommen zwischen Berliner Baugewerbetreibenden und Putzern *v. Schulz-Schalhorn* S. 213).

[3]) Kolonnenvertrag Nr. 45. Die Kolonne ist — im Baugewerbe — ermächtigt, namens des Arbeitgebers H i l f s a r b e i t e r anzunehmen, falls überhaupt solche angenommen werden sollen. Nr. 51. Der K o l o n n e n f ü h r e r ist im Baugewerbe verpflichtet, die erforderlichen Kräfte selbst zu besorgen und kann diese selbst einstellen. 359, 04 K. 3 v. 15. 4. 04.

troffenen Vereinbarungen nur insoweit, als die Kolonne zu den Vereinbarungen ermächtigt war. Die Rechtsstellung des Helfers ist dann dieselbe wie im vorhergehenden Falle, wo der Arbeitgeber selbst den Helfer stellt.

Überschreitet die Kolonne den Auftrag oder hat sie gar keinen Auftrag, so kann gleichfalls ein Arbeitsverhältnis zwischen dem Arbeitgeber und dem Helfer entstehen, wenn der Arbeitgeber die Dienste des Helfers zuläßt, womit er sie in der Regel akzeptiert.

Größere Schwierigkeiten bereitet der Fall, wenn die Kolonne gegen die ausdrückliche Verabredung Helfer auf ihre Rechnung annimmt oder wenn die Kolonne verabredungsgemäß Helfer auf ihre Rechnung annimmt, die nach derselben Verabredung nicht in ein Arbeitsverhältnis zum Arbeitgeber treten sollen.

Hier liegen ja nun die Verhältnisse oft so, daß das Arbeitsverhältnis nur zum Schein ausgeschlossen wird. Dieser Fall scheidet aus, weil dann nicht das scheinbar geschlossene, sondern das tatsächlich gewollte und ausgeübte Arbeitsverhältnis besteht. Der Fall liegt also wie der vorher besprochene.

Wenn aber kein Scheingeschäft vorliegt, dann ist zu berücksichtigen, was schon vorher gesagt wurde, daß die zwingenden Vorschriften des gewerblichen Arbeitsvertrages auf alle Personen anzuwenden sind, welche einem Gewerbetreibenden gewerbliche Dienste leisten.

Wird diese Tatsache der Leistung gewerblicher Dienste ausgeschlossen durch das Dazwischentreten der Kolonne als Vertragschließende?

Wäre dies der Fall, so könnte jeder Arbeitgeber die zwingenden Vorschriften des gewerblichen Arbeitsvertrages vermeiden, indem er einen seiner Angestellten beauftragt, in eigenem Namen die gewerblichen Arbeiter zu engagieren. Es scheint, als ob das Gesetz dies vermeiden wollte und als ob es bei jeder tatsächlichen Leistung gewerblicher Dienste einen gewerblichen Arbeitsvertrag annimmt zwischen dem Leistenden und dem, dem die Dienste geleistet werden.

Neben der Haftung des Arbeitgebers besteht natürlich eine solidarische Haftung der Kolonne und eventuell des Kolonnenführers [1]).

Das Arbeitsverhältnis der Helfer und Hilfsarbeiter ist, wenn diese nicht in einem dauernden Dienstverhältnis zum Arbeitgeber stehen, regelmäßig beendet mit dem Arbeitsverhältnis der Kolonne oder mit der Beendigung der übernommenen Kolonnenarbeit [2]). Sonst gelten für sie die allgemeinen Kündigungsgründe.

Beendigung der aus dem Kolonnenvertrag sich ergebenden Rechtsverhältnisse.

Bei der Beendigung der sich aus dem Kolonnenvertrage ergebenden Rechtsverhältnisse sind zu unterscheiden:

1. das Gesamtrechtsverhältnis der Kolonne
   a) gegenüber dem Arbeitgeber,
   b) gegenüber ihren Mitgliedern,
   c) gegenüber dem Kolonnenführer,
   d) gegenüber den Helfern;
2. das Rechtsverhältnis der Kolonnenmitglieder gegenüber dem Arbeitgeber
   a) der vollgültigen Mitglieder,
   b) der Helfer und Hilfsarbeiter;
3. das Rechtsverhältnis des Kolonnenführers
   a) gegenüber dem Arbeitgeber,
   b) gegenüber der Kolonne,
   c) gegenüber den Helfern.

1. Das Gesamtrechtsverhältnis der Kolonne erlangt seine Beendigung nicht schon mit der Beendigung der übernommenen Arbeit oder der Lohnzahlung an die Kolonne. Die Kolonne kann vielmehr auf eine bestimmte Zeit verab-

---

[1]) Kolonnenvertrag Nr. 38. Der Träger einer Putzerkolonne kann, wenn diese ihren Lohn von dem Arbeitgeber erhalten hat, gegen die Kolonne, sonst nur gemeinsam mit der Kolonne gegen den A.G. klagen. (15. 2. 97 K. 3 19 97). Nr. 47. Der Lohn der Träger geht zu Lasten der Putzerkolonne. Der Träger hat keine Forderung gegen den A.G. K. 3 v. 21. 7. 02. Nr. 529; S. 214 Sch.Sch.

[2]) S. Kolonnenvertrag Nr. 46.

redet sein, insbesondere für eine bestimmte Saison, wie z. B. bei den Ziegelarbeitern oder bei landwirtschaftlichen Arbeitern. Ist die Kolonne nicht für eine bestimmte Zeit verabredet, so kann das Rechtsverhältnis jederzeit von jedem der einzelnen Mitglieder gekündigt werden, doch macht unzeitige Kündigung schadenersatzpflichtig (§ 723 BGB.). Dieses Recht kann aber nur ausgeübt werden, wenn die Kolonne gegen Stücklohn, also bei Bezahlung nach Stück, Maß, Gewicht und dergleichen arbeitet. Das einzelne Stück wird allerdings beendet sein müssen [1]).

Eigenartig ist der Fall, wenn die Kolonne fortlaufend eine gleichartige Arbeit ohne Beschränkung auf ein bestimmtes Quantum, z. B. die Anfertigung von fortlaufenden Kabeln, übernommen hat. Alsdann hat jeder Arbeiter gewöhnlich eine bestimmte Funktion auszuüben. Ehe die letzte Operation, z. B. an dem erwähnten Kabel, durch den dafür bestimmten Arbeiter ausgeführt ist, haben die mit den vorhergehenden Operationen betrauten Arbeiter natürlich schon ein neues Stück Kabel in Angriff genommen. Wenn dadurch die Kolonne oder jedes ihrer Mitglieder verpflichtet würde, das angefangene Quantum zu beenden, würde das Arbeitsverhältnis nie ein Ende erreichen können. Der einzelne Arbeiter muß daher das Recht haben, auch früher auszuscheiden — ebenso der Arbeitgeber, ihn früher zu entlassen —, wofür die gesetzlichen oder verabredeten Kündigungsbedingungen maßgebend sind.

In der Praxis macht sich das Ausscheiden einzelner Arbeiter hinsichtlich der Allgemeinheit wenig bemerkbar. Deshalb kann das Ausscheiden einzelner nicht als eine Kündigung des Gesamtrechtsverhältnisses angesehen werden. Meist tritt der Nachfolger des ausgeschiedenen Arbeiters in dessen Rechte ein. Da aber der Rechtsanspruch des Zurückbleibenden durch das Ausscheiden beeinflußt wird, so ist der Austritt und die Neueinstellung eines andern Ar-

[1]) Kolonnenvertrag Nr. 55. Kündigungsausschlußvereinbarung berührt nicht die Verpflichtung der Kolonnenarbeiter untereinander. K. 3 v. 23. 2. 03. Nr. 149. R.A.Bl. I Nr. 11 S. 945.

beiters bedenklich vom Standpunkte der Lohnsicherung, insbesondere auch aus § 115 GO.[1]).

Im übrigen ist das Kolonnenverhältnis beendet, wenn nach Beendigung der gemeinsam übernommenen Akkordarbeit der letzte Lohn verteilt ist.

b) Dem Arbeitgeber gegenüber endet das Kolonnenverhältnis regelmäßig mit der Bezahlung des letzten Lohnes für die übernommene Akkordarbeit. Es kann jedoch vereinbart oder aus den Umständen zu entnehmen sein, daß das Kolonnenverhältnis gegenüber dem Arbeitgeber länger, insbesondere für eine bestimmte Zeit dauern soll.

Das Rechtsverhältnis zum Arbeitgeber kann auch durch rechtmäßige Kündigung von seiten der Kolonne oder des Arbeitgebers beendet werden. Für die Kündigung können die Bestimmungen der Gewerbeordnung nicht unbedingt zur Anwendung gelangen, insbesondere passen die Vorschriften der §§ 123, 124 GO. nicht ohne Ausnahme für das Vertragsverhältnis der Gesamtkolonne. Man wird, sofern das Rechtsverhältnis nicht auf eine bestimmte oder aus Natur und Zwecken der Dienstleistung zu entnehmende Dauer eingegangen ist, gemäß § 120 GO. eine vierzehntägige Kündigungsfrist, bei Vorliegen eines wichtigen Grundes gemäß § 626 BGB. das Recht fristloser Kündigung annehmen müssen. Das Vorliegen von Kündigungsgründen bei einzelnen Arbeitern berechtigt nicht zur Lösung des Verhältnisses der ganzen Kolonne. Die Unmöglichkeit der Erfüllung wird insbesondere vorliegen, wenn infolge Ausscheidens von Kolonnenmitgliedern die übrigen für die angemessene Fortführung der Arbeit nicht genügen. Je nach den Umständen des Falles wird das Ausscheiden von der Kolonne oder dem Arbeitgeber zu vertreten sein. Dasselbe gilt auch hinsichtlich der Helfer, bei denen es sich fragt, ob die Kolonne oder der Arbeitgeber sie zu stellen hat.

Mitunter wird für die Kolonne das Recht in Anspruch genommen, einzelne Mitglieder auszuschließen.

---

[1]) S. darüber Kolonnenvertrag Nr. 6.

c) Ein besonderes Rechtsverhältnis der Kolonne zu ihrem Führer liegt nicht vor, wenn der Kolonnenführer nur Vertreter des Arbeitgebers ist. Ist er dagegen Vertreter der Kolonne, so kann ihm die Geschäftsführung durch einstimmigen Beschluß der Kolonne oder falls nach dem Kolonnenvertrag die Mehrheit der Stimmen entscheiden soll, durch Mehrheitsbeschluß der übrigen Gesellschafter entzogen werden, wenn ein wichtiger Grund, besonders grobe Pflichtverletzung oder Unfähigheit zur Geschäftsführung, vorliegt. (§ 715 BGB.)

Der Geschäftsführer kann auch seinerseits bei Vorliegen eines wichtigen Grundes kündigen, wobei die für den Auftrag geltenden Bestimmungen entsprechende Anwendung finden (§ 712, 671 Abs. 2 BGB.).

Nach Lage des Falles ist zu entscheiden, wenn der Kolonnenführer eine Zwitterstellung als Vertreter des Arbeitgebers und zugleich Vertreter der Kolonne einnimmt.

d) Ein Rechtsverhältnis der Kolonne gegenüber den Helfern besteht nicht, wenn die Helfer vom Arbeitgeber gestellt und von ihm besonders bezahlt werden.

Werden sie dagegen von der Kolonne selbst angenommen, so liegt der Fall ebenso wie bei unmittelbarer Annahme durch den Arbeitgeber, wenn die Kolonne nur im Auftrage des Arbeitgebers handelt.

Handelt sie in eigenem Namen, so besteht nur ein Arbeitsverhältnis zwischen der Kolonne und dem Helfer, welches regelmäßig mit der Beendigung der Kolonnenarbeit endet, sofern es nicht vorher rechtmäßig gekündigt wird.

Es wird aber aus praktischen Gründen in einem solchen Falle zu prüfen sein, ob nicht ein Scheingeschäft vorliegt und tatsächlich ein Arbeitsverhältnis zu dem Arbeitgeber der Kolonne begründet wurde.

Die vorstehenden Ausführungen beziehen sich nur auf den Fall, daß der Helfer nicht Mitglied der Kolonne ist.

2. Wenn ein Kolonnenvertrag, also ein Akkordvertrag, mit einer Kolonne vorliegt und nicht etwa ausnahmsweise ein Werkvertrag, so besteht zugleich stets ein Arbeitsverhältnis der Kolonnenmitglieder zu dem Arbeitgeber der Kolonne.

Grundsätzlich stehen bei einem solchen Arbeitsverhältnis beiden Teilen die allgemeinen Kündigungsrechte zu, für gewerbliche Arbeiter also mangels anderer Abrede das Recht einer vierzehntägigen Kündigung, sofern das Arbeitsverhältnis nicht auf eine bestimmte Dauer eingegangen oder durch die Übernahme einer Akkordarbeit begrenzt ist [1]). Für das Recht vorheriger Lösung des Arbeitsverhältnisses kommen § 626 BGB., §§ 123 ff., 133 a GO. in Frage.

Diese Rechte erleiden aber eine Modifikation durch das unter den Kolonnenmitgliedern bestehende Gesellschaftsverhältnis und durch den Vertrag der Kolonne mit dem Arbeitgeber, und zwar dergestalt, daß mit dem Ausscheiden aus der Kolonne gewöhnlich auch das Arbeitsverhältnis zu Ende geht.

Besteht ein dauerndes, von der Mitgliedschaft in der Kolonne unabhängiges Dienstverhältnis, so hat das bloße Ausscheiden aus der Kolonne leicht seine Beendigung im Gefolge.

Endet das Arbeitsverhältnis lediglich infolge freiwilligen oder unfreiwilligen Ausscheidens eines Arbeiters aus der Kolonne, so entsteht dadurch kein Anspruch des Ausscheidenden gegen den Arbeitgeber [2]).

b) Das Arbeitsverhältnis der Helfer zu dem Arbeitgeber der Kolonne, welche nicht in einem dauernden Dienstverhältnis stehen, endet mit der Beendigung der Kolonnenarbeit oder mit der Auflösung der Kolonne [3]).

---

[1]) Kolonnenvertrag Nr. 53. Die Kolonnenmitglieder haben Anspruch auf Beschäftigung bis zur Beendigung der Akkordarbeit. Akkordputzer haben Anspruch auf den durchschnittlichen Tagesverdienst bis zur Beendigung der Akkordarbeit, wenn sie vorzeitig entlassen werden. K. 3 v. 3. 4. 01; Nr. 188 *v. Schulz-Schalhorn.* Nr. 54 Es gibt keinen Anspruch auf Nachschuß für vorzeitig aus der Kolonne ausgeschiedene Putzer. 323 1 03 R.A.Bl. I Nr. 11 S. 945.

[2]) Kolonnenvertrag Nr. 56.

[3]) Kolonnenvertrag Nr. 46. Das Arbeitsverhältnis der Hilfsarbeiter ist beendet mit dem Arbeitsverhältnis der Kolonne (K. 3. 4799. Nr. 514). Sonst haben sie Anspruch auf gesetzliche Kündigung. (*v. Schulz-Schalhorn.* S. 213).

3. a) Das Dienstverhältnis des Kolonnenführers gegenüber dem Arbeitgeber endet in den allgemeinen Fällen der Beendigung eines Dienstverhältnisses. Damit braucht nicht immer die Vertretung der Kolonne zu Ende zu gehen.

b) Sein Rechtsverhältnis zu der Kolonne endet, wenn er Vertreter des Arbeitgebers war, mit der Entziehung dieser Vertretungsbefugnis durch den Arbeitgeber, wenn er Vertreter der Kolonne war, auf Beschluß der Kolonne oder wenn er der Kolonne kündigt.

Ferner endet die Vertretungsbefugnis eventuell durch Zeitablauf.

c) Sein Rechtsverhältnis zu den Helfern endet aus denselben Gründen wie zu b.

Zuständigkeit der Gewerbegerichte für Klagen aus dem Kolonnenverhältnis.

Für die Klagen der Kolonne gegen den Arbeitgeber und umgekehrt ist das Gewerbegericht stets als zuständig angesehen worden. Dies rechtfertigt sich daher, weil die Kolonne keine juristische Person, sondern eine Gesellschaft zur gesamten Hand ist. Berechtigt und verpflichtet sind also die Kolonnenmitglieder, so daß es sich um Klagen zwischen Arbeitgebern und ihren gewerblichen Arbeitern handelt.

Die Kolonnenmitglieder untereinander und ihr Kolonnenführer sind Arbeiter, welche gemeinschaftlich eine Arbeit übernommen haben. Auch bei Klagen zwischen diesen Personen würde also auch das Gewerbegericht nach § 4 Nr. 6 GGG. zuständig sein [1]).

Zweifel bestehen dagegen hinsichtlich der Helfer, wenn diese nicht als Kolonnenmitglieder zu bezeichnen sind.

---

[1]) G.G. Berlin K. 3. Entsch. v. 10. 3. 02. bei *v. Schulz-Schalhorn* S. 302 Nr. 200 hat die Unzuständigkeit des Gewerbegerichts für Klagen einzelner Kolonnenmitglieder gegen den Arbeitgeber auf Zahlung des ihnen durch Verteilung untereinander zugefallenen Anteils am Gesamtlohn angenommen, weil der Anspruch nicht auf dem Arbeitsvertrage, sondern auf Überweisung bzw. Abtretung beruhe.

Soweit es sich um Klagen der Helfer gegen den Arbeitgeber handelt, ist das Gewerbegericht zuständig.

Wenn der Helfer gegen die Kolonne klagt, so möchten wir in dem Falle das Gewerbegericht für zuständig ansehen, wenn der Helfer mit — wenn auch nur stillschweigender — Zustimmung des Arbeitgebers in dessen Dienst tritt. Auch hier könnte man eine gemeinschaftliche Übernahme der Arbeit im Sinne des GGG. annehmen.

Nicht aber, wenn die Annahme des Helfers gegen den Willen des Arbeitgebers erfolgt oder wenn sie erfolgte, indem verabredungsgemäß der Helfer nicht Arbeiter des Arbeitgebers werden sollte. Dann kann man von einer gemeinsamen Übernahme der Arbeit nicht reden, und da die Kolonne nicht selbständiger Gewerbetreibender ist, so ist das Gewerbegericht unzuständig.

Über die Zuständigkeit der Klagen von Helfern der Heimarbeiter und Hausgewerbetreibenden, gegen diese sowie gegen die Arbeitgeber der letztgenannten sowie der Klagen der Heimarbeiter und Hausgewerbetreibenden gegen ihre Auftraggeber wird im folgenden Kapitel zu sprechen sein.

Zehntes Kapitel.

Akkordvertrag der Heimarbeiter[1]).

1. Begriff der Heimarbeit.

Die Heimarbeit unterscheidet sich äußerlich dadurch, daß die Arbeit in einem dem Heimarbeiter als Eigentum oder kraft eines Nutzungsrechts, Pacht, Miete zustehenden Raume ausgeführt wird, während die nicht zu den Heimarbeitern gehörigen Arbeiter ihre Arbeit in Räumen oder auf Grundstücken des Arbeitgebers oder seines direkten oder mittelbaren Bestellers verrichten. Die Arbeitsstelle des Heimarbeiters braucht nicht identisch mit seiner Wohnung zu sein. Der Arbeiter kann eine besondere Werkstatt oder auch nur einen Platz in einer andern Werkstatt gemietet haben. In diesem Falle würde der Ausdruck Heimarbeiter sprachlich nicht mehr passen. Rechtlich und wirtschaftlich unterscheiden sich diese Fälle aber nicht.

Worin besteht nun der Unterschied zwischen einem Heimarbeiter und einem selbständigen Gewerbetreibenden?

Nicht jeder, der seine Handarbeit in seiner Wohnung verrichtet, ist von der Klasse der selbständigen Gewerbetreibenden auszuschließen.

Voraussetzung für den Begriff Heimarbeit ist vielmehr das Bestehen eines Dienstverhältnisses zwischen dem Heimarbeiter und seinem Auftraggeber.

Heimarbeiter ist also ein Dienstpflichtiger, der seine Arbeit nicht an einer seinem Arbeitgeber unterstehenden Arbeitsstelle, sondern an einer Arbeitsstelle verrichtet, die

[1]) Vgl. Teil I S. 7, 9, 10, 77, 82, 101, 119, 131, 132, 136, 160, 179, 201, 202, Teil II Kap. 2.

seiner eigenen Verfügung untersteht, sei es seine Wohnung oder ein von ihm gemieteter Raum oder Platz in einer andern Werkstätte.

Es kommt auch vor, daß ein Arbeiter in den eigenen Räumen seines Arbeitgebers für den von ihm benutzten Platz „Miete" zahlen muß. Diesen Fall wird man nicht zur Heimarbeit rechnen können [1]).

Streitig wird oft die Frage sein, ob eine Dienstwohnung vorliegt. Wenn die getroffenen Abmachungen die Parteiabsicht nicht erkennen lassen, so wird entscheidend meist der Umstand sein, daß ein dauerndes wirtschaftliches oder persönliches Abhängigkeitsverhältnis zwischen dem Heimarbeiter und dem Arbeitgeber besteht. Als Moment für die Abhängigkeit kann in Betracht kommen, daß der Heimarbeiter in seinem Erwerbe oder Unterhalt allein oder zu einem wesentlichen Teile auf die Heimarbeit angewiesen ist. Gegen einen Dienstvertrag kann die Tatsache sprechen, daß der Heimarbeiter gleichzeitig für mehrere Arbeitgeber tätig ist. Doch ist dies nicht entscheidend. Ein Dienstvertrag

---

[1]) Ein von der sozialdemokratischen Fraktion des Reichstags am 28. 2. 1906 eingebrachter Gesetzentwurf definiert folgendermaßen:

Im Sinne des Entwurfs sind:

a) Heimarbeiter diejenigen Personen, welche allein oder mit Familienangehörigen in der eigenen Wohnung oder in fremder Arbeitsstätte (Platzarbeiter) im Auftrag oder für Rechnung von Unternehmern oder Hausgewerbetreibenden gewerblich tätig sind, und zwar auch dann, wenn sie Roh- und Hilfsstoffe selbst beschaffen;

b) Hausarbeiter diejenigen Personen, welche im Auftrag und für Rechnung von Hausgewerbetreibenden in deren Wohnung oder Arbeitsstätte gewerblich tätig sind, und zwar auch dann. wenn sie Roh- oder Hilfsstoffe selbst beschaffen;

c) Hausgewerbetreibende diejenigen Personen, welche im Auftrage oder für Rechnung von Unternehmern oder vorübergehend für eigene Rechnung in eigener oder fremder Wohnung.

Vgl. hierzu § 5 GGG., § 119b GO. *v. Schulz*, Komm. z. GGG. Anm. S. 42—44; *Bail*, S. 17 folg.; *Unger*, Nr. 18, 194; *v. Schulz* bei *v. Schulz-Schalhorn*, S. 78 folg., ebenda Erkenntnisse S. 225, 293 f.; *Baum* S. 65, 68, 208, 270, 355, 377; *Stadthagen* S. 90—98, 171, 513; *Lotmar*, Arbeitsvertrag S. 184, 209, 311 folg., 529; *Burchardt* S. 19. K. Stat. Amt II S. 124—135, 275, 297, 307; *Schwiedland*, Ziele und Wege einer Heimarbeitergesetzgebung, Wien 1903.

und daher Heimarbeit wird auch anzunehmen sein, wenn der Auftraggeber die Materialien liefert und sich Anweisungen über die Ausführung der Arbeit ausdrücklich oder nach den Umständen des Falles vorbehält [1]).

Der Dienstvertrag der Heimarbeiter ist regelmäßig ein Akkordvertrag. Es ist zwar auch denkbar, daß der Heimarbeiter gegen Zeitlohn arbeitet, doch wäre das wegen der Unmöglichkeit jeglicher Kontrolle äußerst unpraktisch, so daß Zeitlohnarbeit bei Heimarbeitern kaum vorkommt.

Für den Akkordvertrag der Heimarbeiter gelten die allgemeinen Regeln mit den aus der Natur der Heimarbeit sich ergebenden und zum Teil in den Gesetzen berücksichtigten Modifikationen.

Die von einem Gewerbetreibenden beschäftigten Heimarbeiter sind gewerbliche Arbeiter [2]).

2. Besonderheiten des Akkordvertrages der Heimarbeiter.

Besonderheiten für den Akkordvertrag der Heimarbeiter ergeben sich einmal daraus, daß eine Anzahl von Vorschriften unserer gewerblichen Gesetze, insbesondere der Gewerbeordnung, aber auch die Bestimmungen des BGB., welche aus sozialer Fürsorge für die Dienstpflichtigen erlassen sind, sich nur auf Arbeiter an einer dem Arbeitgeber unterstehenden Betriebsstätte beziehen.

Ferner schließt die Natur der Heimarbeit eine Anzahl von Bestimmungen des Akkordvertrages aus, während sie wiederum andere abwendig macht.

a) Für die Heimarbeiter gelten zunächst die Bestimmungen der Arbeitsordnung nicht ohne weiteres als Inhalt des Arbeitsvertrages, denn sie sind nach § 134 a GO. nur für Fabrikarbeiter bestimmt.

Ihre Bestimmungen können aber durch besondere Abmachung auf die Heimarbeiter ausgedehnt werden. Ein für

---

[1]) Heimarbeiter können auch in einem Dienstverhältnis zu einem Hausgewerbetreibenden stehen.

[2]) Vgl. *v. Schulz*, GGG. S. 226 Anm. 2 zu § 119b GO.; *Burchardt*, S. 19; *Bail* S. 17, 20, 69, 130; *Lotmar*, Arbeitsvertrag S. 311 und S. 208.

die Heimarbeiter erkennbar bestimmter Aushang der Arbeitsordnung kann für sie nur Bedeutung haben, wenn sie tatsächlich von demselben Kenntnis genommen haben [1]).

Ferner sind auf die Heimarbeiter nicht anzuwenden sämtliche Bestimmungen über die Beschränkung der Arbeitszeit sowie das Verbot der Arbeit an gewissen Tagen.

Dasselbe gilt naturgemäß von den Fürsorgebestimmungen des BGB. und der GO. (§ 120 ff.). Soweit aber Heimarbeiter die Betriebsstätte des Arbeitgebers aufsuchen müssen, z. B. zwecks Ablieferung ihrer Arbeiten müssen auch die von ihnen aufzusuchenden Räume und die darin befindlichen Vorrichtungen den allgemeinen, im Interesse der Arbeiter getroffenen gesetzlichen Bestimmungen entsprechen.

Nach der ausdrücklichen Bestimmung des § 119 b GO. sind dagegen auf Heimarbeiter, das sind im Sinne dieses Paragraphen Personen, welche für bestimmte Gewerbetreibende außerhalb ihrer Arbeitsstätten mit der Anfertigung gewerblicher Erzeugnisse beschäftigt sind, auch wenn sie Roh- und Hilfsstoffe selbst beschaffen, die Lohnsicherungsbestimmungen der GO. (§§ 114 a bis 119 b) anzuwenden. Diese Bestimmung war zwar notwendig nur für die Hausindustrie, da Heimarbeiter ohnehin zu den gewerblichen Arbeitern gehören. Sie stellen aber die Anwendbarkeit der betreffenden Bestimmungen außer jeden Zweifel [2]).

Die Bestimmungen greifen auch dann Platz, wenn die Heimarbeit nur als Nebenverdienst betrieben wird und wenn der Heimarbeiter zugleich für mehrere Arbeitgeber beschäftigt ist [3]).

Was die Kündigungsbestimmungen anbetrifft, so wird man annehmen müssen, daß der Heimarbeiter regelmäßig sich nur für die Dauer der übernommenen Arbeit verpflichten will. Mit der Ablieferung derselben ist dann das Dienstverhältnis beendet [4]).

---

[1]) *Unger* Nr. 18.

[2]) Gewerbeordnung, Kommentar von *Berger* u. *Wilhelmi* (jetzt *Spangenberg*), Berlin 1907, Anm. zu § 119b.

[3]) *Berger* u. *Wilhelmi*, a. a. O. Anm. zu § 119°.

[4]) Vgl. *v. Schulz-Schalhorn* S. 225. *Lotmar*, Arbeitsvertrag I S. 529, Anm. 3.

Aus den Umständen kann sich aber ergeben, daß die Vertragsparteien ein dauerndes Verhältnis von bestimmter oder unbestimmter Zeit beabsichtigen. Alsdann finden, je nachdem, die Bestimmungen des BGB., der GO. oder der Spezialgesetze Anwendung. Dahingegen setzen die Lohnsicherungen des Lohnbeschlagnahmegesetzes voraus, daß das Dienstverhältnis die Erwerbstätigkeit des Vergütungsberechtigten vollständig oder hauptsächlich in Anspruch nimmt [1]).

Die gesetzlichen Bestimmungen über die vorzeitige fristlose Aufkündigung des Dienstverhältnisses greifen in allen Fällen auch beim Akkordvertrag der Heimarbeiter Platz.

b) Durch die Natur der Heimarbeit erfahren ferner einige Bestimmungen des Akkordvertrages eine Modifikation hinsichtlich der Heimarbeiter, oder sie können überhaupt nicht Platz greifen.

Hierher gehört zunächst das sonst für Akkordarbeiter bestehende, in § 121 GO. begründete Direktionsrecht des Arbeitgebers. Zunächst kommen Anordnungen in bezug auf die häuslichen Einrichtungen nicht in Frage, da der Heimarbeiter an seiner eigenen Arbeitsstätte arbeitet. Dem Arbeitgeber steht kein Recht zu, Anordnungen in bezug auf diese Arbeitsstätte zu erteilen.

Was dagegen die Ausführung der Arbeit selbst anbetrifft, so ist der Heimarbeiter ebenso wie der sonstige Akkordarbeiter auch nach Übernahme der Arbeit an die Anweisungen des Arbeiters gebunden, sofern dadurch nur nicht sein Verdienst in erheblichem Maße geschmälert wird. Darüber hinaus ist der Heimarbeiter aber ebensowenig wie der sonstige Akkordarbeiter gezwungen, nachträgliche Reparaturen an den von ihm gelieferten Stücken vorzunehmen, mögen die Mängel nun durch ihn verschuldet sein oder nicht. Dem Arbeitgeber bleibt nur die Minderung des Lohnes [2]).

---

[1]) § 1 des Lohnbeschlagnahmegesetzes, vgl. dazu *Meyer*, Komm. 2. Aufl., welcher die Bestimmungen des Gesetzes schon ausschließen will, sobald der Arbeiter bei mehreren Arbeitgebern beschäftigt ist. Anm. zu § 1 S. 28. Dem dürfte nicht beizupflichten sein.

[2]) Natürlich kann die Verpflichtung zur Vornahme von nachträglichen Reparaturen und Änderungen ausbedungen sein oder auch

Die Regel ist auch bei der Heimarbeit, daß der Arbeitgeber die Materialien liefern muß, doch werden kleine Zutaten, z. B. Garn, Knöpfe und dergl., üblicherweise oft von dem Heimarbeiter geliefert. Mitunter beschafft der Heimarbeiter den gesamten Rohstoff, z. B. bei der Herstellung von selbst erfundenen Mustern, für welche sich der Heimarbeiter naturgemäß selbst die Materialien aussuchen muß. Er kauft sie dann auch gleich selbst.

Der Ankauf des Materials kann für eigene Rechnung oder für Rechnung des Unternehmers erfolgen, sie kann in eigenem Namen oder im Namen des Arbeitgebers geschehen.

Wenn der Ankauf des Materials für Rechnung des Arbeiters erfolgt, so ist der Preis des Materials in dem Lohn inbegriffen. Man braucht deshalb keinen Werk- oder Lieferungsvertrag anzunehmen, sondern der Vertrag des Heimarbeiters bleibt ein Akkordvertrag [1]).

Je nachdem der Arbeiter das Material für eigene Rechnung oder in eigenem Namen kauft oder nicht, entscheidet sich die Frage nach dem Eigentum dieses Materials.

Der Arbeiter wird Eigentümer des Materials, wenn er in eigenem Namen oder für eigene Rechnung kauft.

Durch die Be- oder Verarbeitung des Materials für den Arbeitgeber wird dieser nicht Eigentümer der fertigen Sache, sondern nur durch Übergabe.

In diesem Falle wird man für die Forderung der Vergütung nicht § 614 BGB. zur Anwendung zu bringen haben, wonach die Vergütung nach Leistung der Dienste zu entrichten ist, sondern § 641 BGB., der vorschreibt, daß die Vergütung bei Abnahme des Werkes zu entrichten ist, also Zug um Zug gegen die Ablieferung. Der Arbeiter kann

auf einer örtlichen oder in dem betreffenden Geschäftszweig bestehenden Übung beruhen. Oft wird von einem Heimarbeiter bei der Ablieferung seiner Arbeit verlangt, daß er Reparaturen sofort im Geschäftsraum des Arbeitgebers vornehmen solle. Dies wird der Arbeitgeber grundsätzlich nicht verlangen können. Die Vornahme von Reparaturen wird oft auch von den Heimarbeitern als Recht in Anspruch genommen. Nach Abnahme der Ware steht aber auch ihm ein solches Recht nicht zu.

[1]) *Lotmar*, Arbeitsvertrag I S. 184.

also in diesem Falle die gefertigte Sache zurückbehalten, wenn ihm der vereinbarte Lohn nicht gezahlt wird.

Wird das Material für Rechnung des Arbeitgebers, aber im Namen des Arbeiters gekauft, so gilt dasselbe [1]).

Wenn das Material im Namen des Arbeitgebers beschafft wird, so wird er zwar schon bei der Übergabe des Materials von dem Lieferanten an den Heimarbeiter Eigentümer. Der Heimarbeiter hat dann aber wegen des eventuell verauslagten Kaufgeldes ein Zurückbehaltungsrecht an dem Material.

Wenn das Material teils von dem Arbeitgeber, teils von dem Arbeiter geliefert wird, so tritt eine Eigentumsänderung durch Verbindung oder Vermischung ein (§ 946 ff. BGB.). Grundsätzlich werden dann Arbeitgeber und Heimarbeiter Miteigentümer. Hat aber der eine Teil die Hauptsache geliefert und der andere z. B. nur die Zutaten, so wird der Eigentümer der Hauptsache auch Eigentümer der neuen Sache.

Wird durch die Arbeit des Heimarbeiters, durch Umbildung oder Verarbeitung aus dem vom Arbeitgeber gelieferten Stoff eine neue Sache hergestellt, so wird der Heimarbeiter Eigentümer der neuen Sache, es sei denn, daß der Wert des Stoffes den Wert der Arbeit erheblich übersteigt, in welchem Falle der Arbeitgeber Eigentümer der neuen Sache wird, und zwar ohne Übergabe durch die Bearbeitung an sich (§ 950 BGB.) [2]).

Wenn der Arbeiter durch Verarbeitung oder Umbildung Eigentümer wird, so kann er als solcher die Sache zurückbehalten, bis er wegen seiner gesamten Ansprüche gegen den Arbeiter befriedigt ist.

Der Ansicht, daß der Arbeitgeber als Hersteller anzusehen sei, weil sein Arbeiter die Herstellung bewirkt, kann nicht beigepflichtet werden.

Wenn der Arbeitgeber Eigentümer der hergestellten Sache wird, so steht dem Heimarbeiter ein Zurückbehaltungs-

---

[1]) *Lotmar*, Arbeitsvertrag I S. 383.

[2]) *Lotmar*, a. a. O. S. 384.

recht gemäß § 273 BGB. an der Sache nicht zu, auch nicht das Pfandrecht des § 647 BGB., da man annehmen muß, daß der Heimarbeiter den Besitz der Sache namens des Arbeitgebers ausübt [1]).

Eine aus der Natur der Heimarbeit sich ergebende Eigentümlichkeit derselben ist es, daß der Heimarbeiter nicht an die Innehaltung einer bestimmten Arbeitszeit gebunden ist, sondern daß er in der Verfügung über seine Zeit vollkommen frei ist, auch was die Beobachtung von Ruhepausen anbetrifft. Dadurch verliert der Arbeitgeber jede Garantie eines sachgemäßen Fortschreitens der Arbeit, besonders wenn die Heimarbeit nur als Nebenerwerb betrieben wird, auf den der Arbeiter leicht verzichten kann.

Deshalb ist bei der Heimarbeit eine Lieferfrist üblich. Wenn sie nicht ausdrücklich ausbedungen ist, so folgt sie aus den begleitenden Umständen, insbesondere wird der Heimarbeiter diejenige Lieferfrist innezuhalten haben, welche er in früheren Fällen innegehalten hatte.

Oft wird das dem Heimarbeiter übergebene und von ihm übernommene Quantum zur Lieferung für den nächsten Liefertag der Fabrik bestimmt sein.

Hält der Heimarbeiter die vereinbarte Lieferzeit nicht inne, so wird man dem Arbeitgeber, indem man das befristete Geschäft als Fixgeschäft ansieht, ein Rücktrittsrecht geben.

Wenn eine Lieferzeit nicht ausbedungen oder aus den Umständen zu entnehmen ist, so kann der Gläubiger gemäß § 271 BGB. die Leistung sofort verlangen. Dies würde sich auch aus § 121 GO. ergeben.

Leistet der Heimarbeiter auf eine Mahnung des Arbeitgebers nicht, so kann der Arbeitgeber gemäß §§ 284, 286, 346 bis 356 BGB. von dem Akkordvertrag zurücktreten, wenn die Leistung für ihn kein Interesse hat, sofern nicht ein Fixgeschäft vorliegt und er schon deshalb zurücktreten kann.

---

[1]) Die Frage ist nicht aus dem Gesichtspunkt zu entscheiden, daß ein Dienstvertrag vorliegt. Denn der Vertrag des Heimarbeiters ist nicht der Dienstvertrag des BGB., sondern ein Akkordvertrag, dessen Regeln sich selbständig, zum Teil abweichend vom Dienstvertrag, durch den Verkehr gebildet haben.

Eine besondere Bedeutung hat der Ort der Ablieferung bei der Heimarbeit. Wenn der Heimarbeiter in einem andern Gerichtsbezirk wohnt, so kann davon die Gerichtszuständigkeit abhängen.

Gewöhnlich hat der Heimarbeiter seine Produkte dem Arbeitgeber ins Haus, d. h. in sein Geschäftslokal, zu bringen, doch kommen auch abweichende Abmachungen vor, wonach der Arbeitgeber dem Heimarbeiter das Material ins Haus liefert und die fertige Arbeit abholt.

Eine besondere Bezahlung für die durch die Lieferung versäumte Zeit ist nicht üblich. Doch kann der Arbeitgeber sich schadenersatzpflichtig machen, wenn er nicht genügende Vorkehrungen für eine schnelle Erledigung der Abnahme trifft. Die Abnahme muß unmittelbar im Anschluß an die Lieferung erfolgen, sonst braucht der Heimarbeiter die Ware nicht im Besitz des Arbeitgebers zu belassen. Trifft den Arbeitgeber ein Verschulden, so muß er auch in diesem Falle den Schaden ersetzen.

3. Helfer des Heimarbeiters.

Vielfach arbeiten die Heimarbeiter mit Helfern zusammen[1]). Diese Tatsache braucht dem Arbeitgeber gar nicht bekannt zu sein, z. B. Familienangehörige helfen einem Konfektionär gelegentlich. In diesem Falle kann man einen Dienstvertrag zwischen dem Helfer und dem Arbeitgeber nicht annehmen. Überträgt dagegen der Gewerbetreibende seinem unselbständigen Heimarbeiter ein derartiges Quantum Arbeit, daß zu deren Bewältigung in der vorausgesetzten Zeit oder daß nach der Natur der Arbeit Helfer nötig sind, und sind ihm die Personen der Helfer bekannt gegeben, so besteht ein Dienstverhältnis zwischen ihm und dem Helfer. Im übrigen wird man von Fall zu Fall zu entscheiden haben.

Der Lohn des Helfers ist regelmäßig in dem Akkordlohn des Heimarbeiters inbegriffen, sofern nichts anderes abgemacht oder nach den Umständen anzunehmen ist.

---

[1]) Der Fall der Helfer der selbständigen Hausindustriellen scheidet hier aus.

Elftes Kapitel.

Gesetzliche Regelung des Akkordvertrags.

1. Notwendigkeit privatrechtlicher Regelung des Akkordvertrags.

Wir haben gesehen, daß der Akkordvertrag ein eigenartiges Rechtsgebilde ist, welches in das wirtschaftliche Leben der Nationen, insbesondere der in so hervorragendem Maße an der Industrie beteiligten deutschen Nation auf das tiefste einschneidet. Dabei beschränkt sich die Wirkung des Akkordvertrages nicht auf das industrielle Gebiet. Nein, auch die Landwirtschaft und alle Arten der gewerblichen Tätigkeit sind an ihm interessiert.

Auf der anderen Seite fehlt es an einer gesetzlichen Regelung des Akkordvertrages, ja die Gesetze kennen diese Vertragsform zum Teil garnicht, zum Teil wird sie in den Gesetzen nur angedeutet, wie im Bürgerlichen Gesetzbuch, zum Teil werden nur einige Rechtswirkungen dieses Vertrages gesetzlich geregelt, wie in der Gewerbeordnung und im Bergrecht.

Wie in Deutschland, so ist die Rechtslage auch in den anderen Staaten. Nirgends ist die Entwicklung von der unfreien zur freien Arbeit so weit fortgeschritten, daß die einzelnen Typen des freien Arbeitsvertrages gesetzlich in befriedigender Weise durchgebildet worden wären, ja, der Akkordvertrag ist überall höchst stiefmütterlich behandelt worden. Es ist hier noch eine intensive juristische Arbeit zu leisten, bis die schon seit Jahrhunderten andauernde Entwicklung zur freien Arbeit auch rechtlich durchgeführt sein wird. Die Aufnahme einzelner Schlagworte in die Gesetze haben die Rechtswissenschaft nicht gefördert. Die Wissenschaft hat sich bis auf einige Versuche neuesten Datums wenig mit dem Akkordvertrage befaßt.

Es bleibt lediglich die Rechtsprechung übrig. Es lag in der Natur der Sache, daß die den arbeitenden Klassen so schwer zugänglichen ordentlichen Gerichte selten Gelegenheit haben, sich mit dem Akkordvertrage zu befassen. Irgendeine Judikatur von Einfluß konnte also durch sie nicht zustande gebracht werden.

Mit einem Schlage wurde dies anders, als die Gewerbegerichte ins Leben traten. Bei ihnen gehörten die Fragen des Akkordvertragés zum täglichen Brot. Der trostlose Zustand, in welchem die gesetzliche Regelung des Akkordvertrages sich befand, entlockte dem Gewerbegericht Dortmund gelegentlich einer Enquete im Jahre 1896 den Schmerzensschrei in bezug auf den Akkordvertrag:

„Es ist geradezu ein Elend, daß in dieser Beziehung jegliche Rechtsunterlage fehlt, worauf man die Entscheidungen aufbauen kann. Dies ist um so beklagenswerter, als doch der Dienstvertrag den vielen Millionen unserer Arbeiter erst ihre wirtschaftliche Existenz schafft."

Die Gewerbegerichte müssen nun aber tagtäglich Entscheidungen über den Akkordvertrag fällen, und so haben sie die Theorie des Akkordvertrags ausgebildet, deren Darstellung wir in diesem Buche versucht haben.

Man könnte nun sagen, die Gewerbegerichte sind anderthalb Jahrzehnte mit dem Akkordvertrage fertig geworden. Es wird auch weiter so gehen. Für die Jurisprudenz des täglichen Lebens genügen die gesetzlichen Bestimmungen [1]).

Dem gegenüber ist zu erwidern: die Gewerbegerichte müssen mit dem ihnen gebotenen gesetzlichen Material fertig werden. Allerdings haben sie wertvolle theoretische Ergebnisse gefördert: sie haben die Unterschiede des Zeitlohn- und des Akkordvertrages beleuchtet. Sie haben nachgewiesen, daß wir es bei dem Akkordvertrag mit einer eigenartigen Vertragsform zu tun haben [2]). Sie haben manche Rechtsfrage zu einer befriedigenden Lösung auf Grund der bestehenden Gesetze gebracht, und sie haben die einzelnen Arten des Akkordvertrags auszubilden und auseinanderzuhalten gesucht.

---

[1]) So *Flesch* in der Deutschen Juristenzeitung 1906, Heft 15-16, S. 928.

[2]) So *Bail*, S. 152. *Lotmar*, Arbeitsvertrag I, S. 328—344.

Dabei muß man aber erkennen, daß oft genug den Gesetzen ein weit über das zulässige Maß gehender Zwang angetan worden ist. Außerdem bietet die Rechtsprechung in manchen Punkten ein buntes Mosaik widersprechender Grundsätze. Das Fehlen eines höchsten Gerichtshofes über den Gewerbegerichten macht es unmöglich, die Judikatur zu vereinheitlichen, und die Arbeit der Wissenschaft kann nur allmählich wirken [1]). Die Regelung des Akkordvertrags ist aber eine brennende Zeitfrage. Noch immer wird um die Beibehaltung der für das Gewerbe notwendigen Akkordarbeit lebhaft gekämpft, wenn auch nicht mehr mit so tönenden Worten, so doch mit praktisch wirksamen Mitteln. Eines derselben ist die Festsetzung eines hohen Minimallohnes, der von selbst die Akkordarbeit beseitigt. Daß sie andererseits mit groben Mißständen verknüpft ist, bedarf keiner weiteren Darlegung, nachdem diese Mißstände von *Ludwig Bernhard* in so trefflicher Weise beleuchtet worden sind. Trotz dieser Mißstände wollen auch die Arbeiter die Abschaffung der Akkordarbeit nicht, und sie erstreckt sich auf weit umfangreichere Gebiete, als gemeinhin angenommen wird, ja sie blüht bisweilen auch da, wo sie angeblich im Absterben befindlich sein soll [2]), z. B. bei den Maurerarbeiten im Berliner Baugewerbe. An eine Abschaffung der Akkordarbeit ist sonach nicht zu denken.

Sie muß also rechtlich und praktisch ausgebaut werden.

Wir haben es hier nur mit dem rechtlichen Ausbau des privatrechtlichen Akkordvertrags zu tun. Daher treten alle Fragen, welche die Ausdehnung oder Einschränkung der Akkordarbeit, die Erlangung eines höheren Verdienstes des Arbeiters oder Arbeitgebers, die Sicherung eines Minimal-

---

[1]) Der Mangel eines höchsten Gerichtshofes in Gewerbegerichtssachen ist schon vielfach hervorgehoben worden; s. mein Gutachten über den Akkordvertrag S. 272, dazu *Flesch*, Deutsche Juristen-Ztg. 1906 S. 928; Verhandl. des 28. Deutschen Juristentages Bd. III S. 562, 565. Die Errichtung eines Reichsarbeitsgerichtes scheint aber zurzeit noch wenig Aussicht bei den gesetzgebenden Faktoren des Reiches zu haben. Die Schwierigkeiten einer solchen Einrichtung sind auch nicht zu verkennen, cf. auch Soz. Prax. XVI Sp. 719.

[2]) So ist die Akkordarbeit oft durch Tarifverträge ausgeschlossen. Häufig sind damit aber gerade die größten Betriebe dem Tarifvertrage nicht beigetreten.

lohnes betreffen, zurück [1]). Es fragt sich nur, wie kommt der Akkordvertrag zustande, wie sind die beiderseitigen Zusagen zu erfüllen und was tritt ein, wenn die Erfüllung mit oder ohne den Willen der Parteien nicht eintritt.

Die Fragen des Verbotes oder der Einschränkung der Akkordarbeit, der Festsetzung einer bestimmten Lohnhöhe und dergleichen sind Fragen der Akkordpolitik, nicht der Regelung des privatrechtlichen Akkordvertrages. Damit soll nicht gesagt sein, daß bei einer derartigen Regelung nicht zugleich diese sozialpolitischen Fragen erledigt werden dürften. Das ist aber für uns erst eine Frage zweiten Ranges.

Die privatrechtliche Feststellung des Vertragsbegriffes wäre aber auch an sich zugleich eine sozialpolitische Tat, ja sie ist die Grundlage für die weitere Akkordpolitik, auch für die Heimarbeiterpolitik. Erst nachdem der Akkordvertrag aus andern Vertragsgruppen deutlich sichtbar herausgeschält und gesetzlich festgelegt ist, wird man den Umfang und die Natur der Heimarbeit erkennen.

Der gesetzlichen Regelung steht nun allerdings ein schwerwiegendes Bedenken entgegen, ein Bedenken, das mich verhindert hat, von mir selbst aus die gesetzliche Regelung des Akkordvertrages anzuregen, und das mich veranlaßt hat, den Ausbau dieses Vertrages auf Grund der bestehenden Gesetze zu versuchen.

Wer mit Ehrfurcht auf die geschichtliche Entwicklung der Einigung Deutschlands und die nach jahrhundertelangem, oft vergeblichem Ringen erreichte Neugestaltung unseres deutschen Vaterlandes blickt, sieht in dem Bürgerlichen Gesetzbuch den Schlußstein eines großen Baues. Auch die Einigung auf dem Gebiete des deutschen Privatrechts war kein leichtes Werk. Der dadurch erreichte Fortschritt ist ein so immenser, daß wir in erster Linie sagen müssen: Erhalten wir uns dieses köstliche Gut, seien wir uns stets bewußt, daß es ein Ergebnis eines großen weltgeschichtlichen Völkerringens ist.

---

[1]) Sie ist ganz unabhängig von der privatrechtlichen Regelung des Akkordvertrags. Dieser wird stets als privatrechtlicher Vertrag in Frage kommen, auch wenn man ihm öffentlichrechtliche Schranken auferlegt.

Im Jahre 1905 trat aber die ständige Deputation des Deutschen Juristentages mit der Frage in die Öffentlichkeit: Empfehlen sich gesetzliche Bestimmungen über den gewerblichen Arbeitsvertrag auf Geding (Akkordvertrag)?

Bei meiner grundsätzlichen Abneigung gegen eine Änderung des Bürgerlichen Gesetzbuches ist es mir nicht leicht geworden, die Frage zu bejahen. Noch ein Jahr zuvor hatte ich den Weg des wissenschaftlichen Ausbaues in der Sozialen Praxis vorgeschlagen.

Nachdem nun aber die ständige Deputation des Juristentages den Stein ins Rollen gebracht, nachdem eine vom Gewerbegericht Berlin unter Zuziehung von berufenen Sachverständigen die Notwendigkeit einer gesetzlichen Regelung im Prinzip für notwendig erklärt hatte, entschloß ich mich, diese Frage zu bejahen, und die weiteren Gutachter des Juristentages und diese Versammlung selbst haben sich diesem Votum im vollen Umfange angeschlossen.

Zwar erstreckte sich die Frage des Juristentages nur auf den gewerblichen Akkordvertrag. Sie liegt aber keineswegs ausschließlich auf dem Spezialgebiete der Gewerbeordnung. Denn die Gewerbeordnung regelt überhaupt nicht die privatrechtliche Vertragsnatur des Arbeitsvertrags. Sie setzt diesen vielmehr als einen zivilrechtlichen Begriff voraus, sie fußt auf dem Bürgerlichen Gesetzbuch und gibt in ihren Bestimmungen über die Rechtsverhältnisse der gewerblichen Arbeiter nur eine Anzahl Ergänzungen und Abänderungen des Dienstvertrages für die speziellen Verhältnisse der gewerblichen Arbeiter. Die rechtliche Grundlage bleibt der Dienstvertrag des Bürgerlichen Gesetzbuchs. Wir haben auch gesehen, daß diese gesetzliche Basis den Akkordvertrag nicht berücksichtigt, mag es sich um den gewerblichen oder einen sonstigen Akkordvertrag handeln.

Die Frage des Juristentags schneidet also in das Bürgerliche Gesetzbuch ein, wenngleich sie nicht eine Abänderung des Dienstvertrags aller Wirtschaftsgebiete, sondern nur eines Teilgebietes ins Auge faßt.

Allerdings brauchte diese Regelung darum nicht im Rahmen des Bürgerlichen Gesetzbuchs zu erfolgen. Eine vollständige Regelung des Akkordvertrags auf gewerblichem Gebiete würde aber, da das BGB. den Akkordvertrag überhaupt nicht regelt, für den gesamten Akkordvertrag, auch für den nicht gewerblichen, vorbildlich und, wenn auch nicht rechtlich, so doch praktisch maßgebend sein.

Das Wesentliche der Neuregelung wird immer bleiben, daß den fast ausschließlich den Zeitlohnvertrag berücksichtigenden Bestimmungen des BGB. neue Bestimmungen für den Akkordvertag gegenübergestellt werden müssen.

Die Reform findet ihre Rechtfertigung in dem wirklich dringenden Bedürfnisse hauptsächlich auf dem Gebiete der Industrie.

Es handelt sich dabei nicht eigentlich um eine Abänderung, sondern um eine Ergänzung des BGB., denn wir haben gesehen, daß das BGB. den Akkordvertrag überhaupt nicht geregelt hat. Da der Akkordvertrag sich nicht auf das gewerbliche Gebiet beschränkt, so wäre das zunächst gegebene Verfahren ein formelles Ergänzungsgesetz zum BGB. Da sich aber diesem Verfahren das berechtigte politische Bedenken entgegenstellt, daß man dadurch eine vollständige Revision des BGB. in Anregung bringen könnte, so empfiehlt sich zunächst die Beschränkung auf die Gewerbeordnung. Insofern war die einschränkende Fragestellung des Juristentages ganz berechtigt. Auf gewerblichem Gebiete haben wir es mit einer fortwährend noch im Fluß befindlichen Rechtsmaterie zu tun, insbesondere, soweit der siebente Titel der GO. von dem Rechtsverhältnis der gewerblichen Arbeiter in Frage kommt. Da hier die Gesetzgebung doch in nächster Zeit wird eingreifen müssen, so empfiehlt sich gleichzeitig die Regelung des gewerblichen Akkordvertrags. Allerdings wird man dabei von der bisherigen Methode der GO. abweichen müssen, die sich darauf beschränkte, einzelne Punkte des Arbeitsvertrags zu regeln. Es wird eine systematische und erschöpfende Regelung des Akkordvertrages vorgenommen werden müssen.

Demgegenüber wird von einigen Seiten mehr verlangt. Es wird behauptet, der ganze Arbeitsvertrag sei reformbedürftig. Daher solle man eine Reform des gesamten Arbeitsvertrages vornehmen.

Den Vertretern dieser Ansicht ist ja zuzugeben, daß sich Mängel bei der Regelung des Arbeits- und Dienstvertrages noch anderweit vorfinden. Mängelfreie Gesetze gibt es aber überhaupt nicht. Was aber den Dienstvertrag anbetrifft, so lassen sich die Zeitlohnverhältnisse recht gut nach den vom BGB. aufgestellten Grundsätzen beurteilen. Wir haben schon eine Regelung des Zeitlohnvertrages, und zwar meines Erachtens eine durchaus zweckmäßige. Wesentliche Einwendungen dagegen sind in der Praxis bisher nicht hervorgetreten, auf keinen Fall hat die Praxis jemals erklärt, daß mit den Grundlagen, die das BGB. für den Dienstvertrag gibt, nicht auszukommen sei, wenn es sich um Zeitlohnverhältnisse handelt. Wegen nebensächlicher, wenn auch berechtigter Wünsche darf aber das BGB. nicht revidiert werden. Wenn dagegen von einzelnen Politikern eine vollständige Umgestaltung des Arbeitsvertrags in einem angeblich modernen Sinne verlangt wird, so fehlt es zunächst vollständig an einer Einigung über die zu erstrebenden Ziele. Bei einigen scheint es sich um eine zwangsweise soziale Reform, z. B. im Sinne eines Gesellschaftsvertrags, zu handeln. Diese Politiker verkennen die Aufgabe einer privatrechtlichen Gesetzgebung. Sie muß den Neubildungen des wirtschaftlichen Lebens folgen, wenigstens im großen und ganzen. Sie kann nicht das wirtschaftliche Leben von Grund aus neu gestalten, wenn auch Ansätze für eine von der bisher üblichen Regelung der Arbeitsverhältnisse vorhanden sind, z. B. in den Betrieben der *Zeißstiftung*, von *Heinrich Freese* u. a. Vielleicht sind dies Keime einer künftigen Wirtschaftsordnung. Eine solche Neuregelung kann man aber dem gewerblichen Leben nicht schon jetzt mit Gewalt aufzwingen. Man würde dabei an dem Widerstande nicht nur der Arbeitgeber, sondern auch der Arbeiter scheitern. So human und zweckmäßig solche modernen Ordnungen für einzelne gewerbliche Unternehmungen sein mögen, ihre Verallgemeinerung gehört noch in das Gebiet der Utopie [1]).

Das Verlangen der Neuregelung des Arbeitsvertrages überhaupt ist daher nur geeignet, die notwendige Regelung des Akkordvertrags zu vereiteln, nach dem Grundsatze, das Bessere ist des Guten Feind [2]).

---

1) Vgl. *Bernhard*, Löhnungsmethoden.

2) So *v. Schulz*, Nationalzeitung, September 1906.

Wenn wir uns sonach mit dem Juristentag auf den gewerblichen Arbeitsvertrag und seine Regelung im Rahmen der Gewerbeordnung beschränken wollen, so wollen wir uns noch eine weitere Beschränkung auferlegen: die Regelung muß zum System unseres bürgerlichen Rechts passen. Es handelt sich um einen privatrechtlichen Vertrag, den Millionen täglich abschließen und dessen Beurteilung der Rechtsprechung Schwierigkeiten bereitet.

Unsere Aufgabe ist es, den Willen der Vertragsparteien zur rechtlichen Durchführung zu bringen, das Gesetz verständlich für das Volk und die Verträge des Volkes verständlich für den Richter zu machen. Wir wollen keine neue, mit dem System des BGB. im Widerspruch stehenden Vertragstheorie aufstellen.

Ganz verfehlt wäre es, die Vertragsfreiheit aufzuheben und alle Rechtsverhältnisse in eine gesetzliche Schablone zu pressen, den Arbeiter zu entrechten, um ihm angebliche wirtschaftliche Vorteile zu schaffen. Gerade der Akkordvertrag soll die Vertragsfreiheit des Arbeiters erhalten und fördern. Seine rechtliche Regelung soll ihn in den Stand setzen, das einzuklagen, was er sich vertraglich ausbedungen hat. Seine Regelung soll eine Fortbildung des Vertragsrechts, nicht eine Rückbildung desselben sein. Damit ist nicht gesagt, daß zwingende Bestimmungen überhaupt ausgeschlossen sein sollen. Um die Vertragsfreiheit durchzuführen, muß unter Umständen mit einem Wirrwarr verwickelter und konfuser Verträge aufgeräumt werden, insbesondere werden sich bei der Form des Vertragsschlusses zwingende Bestimmungen nicht vermeiden lassen. Eingeschränkt muß auch die beliebte Verquickung von Akkord- und Zeitlohnvertrag werden. Schranken wird man dem Kolonnenvertrag auferlegen müssen.

Schließlich mögen sozialpolitische Beschränkungen, soweit sie nötig sein sollten, nicht ohne Zwang durchzuführen sein. Wie aber schon gesagt, berührt das nicht unsere Hauptfrage und kann daher unsern Grundsatz einer dispositiven privatrechtlichen Regelung nicht beeinflussen.

Der Akkordvertrag ist ein privatrechtlicher Vertrag. Er könnte vielleicht abgeschafft und durch andere öffentlichrechtliche Bestimmungen ersetzt werden, seine Regelung kann aber immer nur eine privatrechtliche, d. h. auf dem Grundsatz der Vertragsfreiheit aufgebaute sein. Eine andere Regelung dieses „Vertrages“ würde einen logischen Widerspruch in sich selbst bedeuten!

2. Vorschläge zur gesetzlichen Regelung des Akkordvertrags[1]).

Die ernsthaften Vorschläge zur Regelung der Akkordarbeit, die bisher gemacht worden sind, bauen sich auf unserem vorhandenen System des bürgerlichen Rechts auf. Sie stimmen alle darin überein, daß der Akkordvertrag kein Werkvertrag ist, daß er vielmehr dem Dienstvertrage des BGB. nähersteht. Andererseits ist man sich aber auch darüber einig, daß die vorhandenen Bestimmungen des Dienstvertrages für den Akkordvertrag nicht passen.

Wenn wir die Änderungsvorschläge historisch betrachten, so ist zunächst bereits bei der Beratung des BGB. und später hauptsächlich von *Lotmar*[2]) verlangt worden, die Unterscheidung von Dienst- und Werkvertrag aufzuheben und durch einen allgemeinen Arbeitsvertrag zu ersetzen. Dieser Vorschlag greift meines Dafürhaltens zu sehr in das bestehende System ein. Er ist auch nicht durch eine zwingende Notwendigkeit begründet. Die Regeln des Dienstvertrages passen durchaus für den Zeitlohnvertrag und die des Werkvertrages genügen ebenfalls dem Zweck, für welchen sie bestimmt sind, d. h. für die Herbeiführung eines Arbeitsergebnisses durch einen mit selbständiger Verantwortung tätigen Unternehmer, der nicht in ein persönliches dauerndes Verhältnis zu seinem Besteller tritt. Welche Vorteile daraus für das Publikum erwachsen sollen, wenn an die Stelle des Werkvertrages ein allgemeiner Arbeitsvertrag treten würde, ist nicht ersichtlich.

---

[1]) Vgl. Gutachten Deutscher Gewerbegerichte zum Bürgerlichen Gesetzbuch, Soziale Praxis V Nr. 26, Sp. 733 folg. Verhandlungen des 28. Deutschen Juristentages Bd. I S. 271—277, Bd. II S. 188—193, Bd. III S. 521, 529, 531, 539, 545, 557 folg., 569, 573, Reichsarbeitsblatt III S. 346 folg., Soz. Praxis XV Sp. 1241 folg. GG. und KG. XII Sp. 1 folg., *Flesch*, Deutsche Juristenztg. 1906 Sp. 927 folg.

[2]) Lotmar, Arbeitsvertrag Teil I S. 343, dazu *Rümelin* S. 16—57. Vgl. auch *Stadthagen* Arbeiterrecht.

Der französische Gesetzentwurf über den Arbeitsvertrag vom 2. Juli 1906 lehnt sich zum Teil an die *Lotmar*sche Auffassung an. Er definiert den Arbeitsvertrag folgendermaßen: Der Arbeitsvertrag ist ein Vertrag, durch welchen eine Person sich verpflichtet, für eine andere Person zu arbeiten, während diese sich verpflichtet, ihr einen Lohn zu zahlen, der entweder nach der Arbeitszeit oder nach der Qualität oder Quantität der geleisteten Arbeit oder nach irgendeinem vom Arbeiter oder Arbeitgeber vereinbarten Grundsatz berechnet wird.

Nicht hierunter fallen Verträge, welche von Personen abgeschlossen werden, welche ihre Arbeit nicht einem oder mehreren bestimmten Unternehmern, sondern dem Publikum anbieten.

Daneben behält das französische Recht vente ou marché d'ouvrage und louage d'industrie bei.

Es bleibt also der Unterschied von Dienst- und Werkvertrag bestehen. Die wesentliche Neuerung für Frankreich scheint nur darin zu bestehen, daß nunmehr der Akkordvertrag der gewerblichen Arbeiter nicht mehr als louage d'œuvres, als Werkvertrag aufgefaßt werden kann, ein Standpunkt, den sowohl unsere ordentlichen wie die Gewerbegerichte längst überwunden haben.

Der Werkvertrag des BGB. fällt jedenfalls nicht in diese Definition. Denn bei diesem verpflichtet sich der Unternehmer nicht, für den Besteller zu arbeiten, er verspricht nur das Arbeitsergebnis. Das ist ein himmelweiter Unterschied. Denn die Verpflichtung, für einen andern zu arbeiten, begründet ein persönliches Verhältnis zu diesem und damit eine persönliche Abhängigkeit der beiden Personen. Die Verpflichtung, ein Arbeitsergebnis zu liefern, berührt die persönliche Unabhängigkeit der Vertragsparteien zueinander nicht.

Nach der französischen Definition könnte man einen großen Unternehmer, der sich verpflichtet, dauernd für einen andern Unternehmer Arbeiten auszuführen, z. B. den Besitzer einer Eisenbahnbauanstalt gegenüber einem Eisenbahnbetriebsunternehmer, mit dem gewerblichen Arbeiter gleichstellen, was keinen Zweck hätte und auch vom Gesetz sicher nicht beabsichtigt ist. Aber die Definition gestattet es. Dagegen schließt ein Stiefelputzer an der Straßenecke keinen Arbeitsvertrag, wobei der Begriff des Angebots an das Publikum wieder eine Neuerung ist, deren Bedürfnis mir nicht klar ist. Jedenfalls besteht bei uns ein Bedürfnis für einen derartigen neuen Begriff des Arbeitsvertrages nicht.

Wenn nun bei der französischen Definition dies eine erfreulich ist, daß nun auch in Frankreich der Akkord der gewerblichen Arbeiter nicht mehr als Werkvertrag aufgefaßt werden kann, so ist man doch andererseits nicht zu einer Scheidung des Zeitlohn- und Akkordvertrags gelangt, sondern man hat erst die Stufe erreicht, die ein Teil der deutschen Gerichte noch einnimmt, nämlich daß der Akkord nur eine besondere Lohnform ohne wesentlichen Einfluß auf den Charakter des Vertrages sei.

Unser Streben geht aber noch einige Schritte weiter.

Wir haben, gestützt auf eine schon zu weiterer Erkenntnis gelangte Wissenschaft und Judikatur, den Akkordvertrag als einen eigenartigen Vertrag erkannt und dessen Rechtswirkungen wollen wir gesetzlich formulieren.

Wenn wir dabei auch nicht zu einer befriedigenden Definition gelangen, so werden wir doch die Rechtswirkungen dem praktischen Bedürfnis entsprechend festlegen können.

Die unmittelbar auf die Regelung des Akkordvertrages gerichtete Bewegung knüpft wieder an *Ludwig Bernhard* an. Dieser stellte aber zunächst keine detaillierten Forderungen auf, sondern gab nur die Parole aus: „Regelung der Akkordarbeit! Wirtschaftliche Ordnung des Akkordvertrages!"

Von technischer Seite wurde dann erfreulicherweise durch *Jul. H. West* hervorgehoben [1]), daß der Hauptfehler der bisherigen Akkordpolitik darin bestände, daß der Arbeiter keinen klaren und bestimmten Rechtsanspruch aus dem Akkordvertrage habe, daß man diesen wenigstens möglichst zu vereiteln suche.

Das ist in der Tat der Kernpunkt der Frage, wenigstens soweit deren juristische Behandlung zur Erörterung steht.

In meinem vom Deutschen Juristentag erforderten Gutachten habe ich daher, ohne mich oder den Juristentag auf

[1]) Die Richtigkeit der Ausführungen von *West* in seinem Aufsatz „Verfehlte Akkordpolitik", Berlin 1905, ist mir vielfach von Praktikern bestätigt worden.

bestimmte Formeln festlegen zu wollen, mich bemüht, solche Vorschläge zu machen, die einige der rechtlichen Streitfragen in einer möglichst beiden Teilen förderlichen Weise [1]) entscheiden, und dabei habe ich nach Möglichkeit bestehende bewährte Einrichtungen zu verallgemeinern gesucht. Ich stellte als Erfordernisse auf:

1. Für den Vertragsschluß schriftliche Festlegung mit der an die Unterlassung geknüpften Rechtsfolge, daß dann der Akkordvertrag als Zeitlohnvertrag anzusehen sei.

2. Material, Werkzeug und alles, was der Arbeitgeber zur Ausführung der Akkordarbeit zu liefern hat, sind im Zweifel bei Beginn der Akkordarbeit zu liefern.

3. Der Arbeiter muß den Anordnungen des Arbeitgebers nachkommen, doch haftet dieser dem Arbeiter für den durch unzweckmäßige Anordnungen entstehenden Schaden.

4. Eine Bestimmung über die Nebenarbeit.

5. Zahlungszeit und Abschlagszahlung.

6. Beweislast.

7. Regelung der Aufrechnung und Zurückbehaltung.

8. Die Kündigung ist mangels besonderer gesetzlicher Gründe nur zum Zeitpunkt der Beendigung der Akkordarbeit zulässig.

9. Modifikation des § 616 BGB. in bezug auf den Akkordvertrag.

10. Notwendigkeit einer Parteiabrede über die Akkordarbeiten, welche der Arbeiter annehmen muß.

11. Hinsichtlich der Heimarbeiter:

a) Entziehung des Rechts zur Beschäftigung von Heimarbeitern wegen Verstoß gegen den Arbeiterschutz;

---

[1]) Einer Bevorzugung des einen Teils aus sozialpolitischen Gründen habe ich mich überall zu enthalten gesucht, indem ich auf dem Standpunkt stehe, daß ein privatrechtliches Vertragsrecht eine gewisse Gleichheit für beide Teile voraussetzt. Diese Gleichheit ist aber durch gesetzliche Maßnahmen allein nicht zu erreichen. Sie beruht hauptsächlich auf der Tatkraft und Fähigkeit der einzelnen Klassen. Die Gesetze müssen allerdings dieser Entfaltung der Kraft freie Bahn lassen. Bei den gewerblichen Arbeitern ist die Kraft wohl im allgemeinen vorhanden, wenn sie sich zu Gewerkschaften zusammenschließen.

b) Verantwortlichkeit des Hauptunternehmers für die Handlungen seiner Zwischenmeister.

13. Hinsichtlich der Kolonnenarbeit:

a) der Helfer ist im Zweifel Dienstpflichtiger des Arbeitgebers, nicht des Vorarbeiters;

b) eine vereinfachte Form des Gesellschaftsvertrags für die Arbeitskolonne.

Zur Erwägung habe ich gestellt die Beschränkung der Akkordarbeit bei gefährlichen Arbeiten, und schließlich empfahl ich die Regelung der Tarifverträge.

Der zweite Gutachter des Juristentages, Professor *Ernst Francke*, verlangte:

Ausdehnung der Lohnschutzvorschriften auf die Kolonnenführer [1]).

Aufnahme einer Bestimmung in die Arbeitsordnung, wer Vertreter des Arbeitgebers ist, und über die Stücklohnsätze, die unter Zuziehung des Arbeitsausschusses festzusetzen seien.

Vorschrift über Lohnbücher und Arbeitszettel.

Verbot der Akkordarbeit bei gefährlichen Arbeiten.

Regelung der Akkordsätze durch Tarifverträge, welche wieder die Stärkung der Berufsvereine, die Ausbreitung der Tarifverträge, Ausdehnung der Kompetenz der Einigungsämter, Errichtung von Arbeitskammern zur Voraussetzung hätten.

Schließlich empfiehlt dieser Gutachter eine umfassende gesetzliche Neuregelung des Arbeitsvertrags unter Zurückdrängung privatrechtlicher Gesichtspunkte mit dem Ziele der Gleichberechtigung beider Parteien und besonderer Berücksichtigung des als Dienstvertrag aufzufassenden Akkordvertrages.

Auf dem Juristentage zu Kiel im Jahre 1906 hat dann *Ludwig Bernhard* folgende Thesen vorgeschlagen:

I.

Der Deutsche Juristentag ist der Überzeugung, daß eine gesetzliche Regelung des gewerblichen Akkordvertrages notwendig ist, da es diesem für die Industrie wichtigsten Arbeits-

---

[1]) Vorschlag von *Schalhorn*, Soz. Praxis.

vertrage an einer hinreichenden rechtlichen Ordnung fehlt und infolgedessen zahlreiche Arbeitsstreitigkeiten entstehen.

II.

Insonderheit hält der Juristentag für erforderlich:

1. die Sicherung der Akkordvereinbarung und Akkordabrechnung,
2. Bestimmungen über die Pflichten der Parteien bei Ausführung von Akkordarbeiten,
3. die rechtliche Stellung der Zwischenpersonen (Akkordmeister, Akkordanten, Kolonnenführer, Zwischenmeister) zu regeln.

III.

Ferner ist es zur Entwicklung und Ordnung des Akkordvertrages notwendig, über die rechtliche Wirkung der Tarifgemeinschaft Klarheit zu schaffen.

Hierzu hat der zweite Referent, Justizrat *Meschelsohn*-Berlin, folgende Zusätze beantragt:

Zu Satz 2 Nr. 1:

und zwar der Akkordvereinbarung durch schriftliche Beurkundung (Akkordzettel, Lohnbücher).

Die Bestimmungen müssen für jedes einzelne Gewerbe sowohl diejenigen Punkte, welche der Beurkundung unterliegen, wie die Ausnahmen vom Beurkundungszwang angeben.

Die Durchführung soll, soweit irgend möglich, unter Vermeidung öffentlicher Strafen durch Androhung von Nachteilen zivilrechtlicher Art (Zeitlohn) gesichert werden.

Zu Satz 2 Nr. 2:

indem als Grundsatz für die Normierung der Rechte und Pflichten der Parteien festzuhalten ist, daß der Akkordlohnvertrag Dienstvertrag ist.

Zu Satz 4 Nr. 4 (zu Nr. 2):

Ein gesetzliches Verbot der Akkordarbeit empfiehlt sich für solche Arbeiten, bei denen durch die Akkordarbeit nachweislich eine erhebliche Erhöhung der Gefahr eintritt.

Zwischen Satz 2 und 3:

Diejenigen Bestimmungen der Arbeitsordnung, die den gewerblichen Akkordarbeitsvertrag regeln, müssen mit den Arbeitern (Arbeiterausschuß) vereinbart sein, wenn sie Rechtswirksamkeit erzeugen sollen.

Es gelangten die *Bernhard*schen Thesen lediglich mit den Abänderungen zur Annahme, daß die Regelung der Tarifverträge für „wünschenswert", nicht für notwendig erklärt wurde.

Obwohl ich den *Meschelsohn*schen Ausführungen im wesentlichen zustimmen kann, hielt ich es doch für zweckmäßig, daß sich eine so große Versammlung wie der Juristentag sich nicht auf Details festlegt. Dieser Standpunkt wurde auch von den meisten Rednern bei der Verhandlung des Juristentages geteilt[1]).

Jedenfalls fanden die Ausführungen, daß der Akkordvertrag kein Werkvertrag, sondern ein dem Dienstvertrage verwandter besonderer Werkvertrag sei, allseitige Zustimmung.

Gleichzeitig mit der Erörterung des Juristentages hatte das Gewerbegericht Berlin eine Kommission von Arbeitern und Arbeitgebern der verschiedensten Branchen und unter Beteiligung sowohl der Groß- wie der Kleinbetriebe eingesetzt; folgende Beschlüsse gefaßt:

Das Gewerbegericht wolle an die gesetzgebenden Körperschaften des Reiches folgenden Antrag richten:

1. den Geding- (Akkord-)Vertrag gesetzlich zu regeln,
2. diese Regelung im Anschluß an die Vorschriften des BGB. über den Dienstvertrag vorzunehmen,
3. insbesondere Bestimmungen über den Gruppenakkord (Kolonnenvertrag) zu treffen:

Diesem Antrage sollten die nachfolgenden Motive beigefügt werden:

„Ohne Zweifel lassen die bestehenden gesetzlichen Bestimmungen bei der Entscheidung vieler aus Akkordverträgen entstehenden Streitigkeiten im Stich, insbesondere fehlen besondere gesetzliche Bestimmungen vielfach für Streitfälle, welche dadurch entstanden sind, daß der Wille der Vertrag-

---

[1]) *Leidig*, S. 545. *Bloch*, S. 552. *Rümker*, S. 567, Bd. III der Verhandlungen.

schließenden beim Abschluß des Akkordes nicht klar geäußert worden ist.

Eine Ergänzung der bestehenden gesetzlichen Bestimmungen in dieser Richtung am zweckmäßigsten des Titels VII GO. ist daher wünschenswert.

Zunächst wäre festzustellen, daß der Akkordvertrag seinem Charakter nach als Dienstvertrag zu gelten hat, daher nach den Bestimmungen der §§ 611 bis 630 BGB. zu beurteilen ist, soweit nicht Reichsgessetze (Arbeiterschutzgesetzgebung, GO.), insbesondere der zu erlassende Nachtrag zu Titel VII GO. sonstige Bestimmungen enthalten.

Die Parteien müssen genötigt werden, die Bedingungen, unter welchen sie ihre Akkordverträge schließen, vor der Arbeit so klar zum Ausdruck zu bringen, daß ein Zweifel über den Willen der Parteien und damit eine nachträgliche willkürliche Auslegung desselben, welche beiden Teilen, insbesondere aber dem Arbeitnehmer, zu großem Schaden gereichen kann, möglichst ausgeschlossen ist.

Zur Förderung dieses Zweckes wäre eine Ausdehnung des Zwanges zur Einführung einer Arbeitsordnung auf alle Betriebe, in welchen Akkordarbeiten vorkommen, insbesondere auf solche, die Kolonnenakkorde vergeben, ins Auge zu fassen, und ferner zu bestimmen, daß außer den in § 134b vorgeschriebenen Angaben noch Bestimmungen über das Verhältnis der verabredeten oder gesetzlichen Kündigungsfristen zur Verpflichtung bzw. Berechtigung, Akkordarbeiten zu beenden, über Abschlagszahlungen, über die Bezahlung von Wartezeit, über die Stellung der Helfer, über das Verhältnis der Kolonnenführer zu den Arbeitern und zur Firma, sowie der Kolonnenarbeiter zur Firma, darüber, daß Zwischenmeister im Zweifel als Akkordarbeiter der Firma anzusehen sind, ferner über eine gewisse Haftung des Hauptunternehmers für die Innehaltung der gesetzlichen Bestimmungen seitens des Zwischenmeisters gegenüber seinen Arbeitern, über Akkordarbeit der Heimarbeiter, über Regelung der Akkordarbeiten beim Bestehen von Tarifverträgen in die Arbeitsordnung aufzunehmen sind.

Der Nachtrag zu Titel VII GO. hätte folgendes zu enthalten:

I. 1. Im Zweifel soll ein Akkordvertrag als nicht bestehend gelten, wenn nicht die Leistung und der dafür zu zahlende Preis, mindestens nach einem Einheitssatze, schriftlich vereinbart sind.

Wenn nichts Gegenteiliges verabredet ist, muß die Vereinbarung vom Arbeitgeber oder seinem in der Arbeitsordnung oder durch unterschriebenen Anschlag ausdrücklich als solchen bezeichneten Vertreter, sowie vom Arbeitnehmer unterzeichnet sein.

I. 2. Die Vereinbarung muß die Leistung und den Preis genau bezeichnen, nötigenfalls unter Hinweisung auf Zeichnungen, Modelle oder dergl.

Im Zweifel hat der Arbeitgeber das Material, die Werkzeuge, Vorrichtungen usw. zu liefern.

Im Zweifel ist das Einrichten von Werkzeugmaschinen und dergl. als im Akkordpreis nicht mitenthalten anzusehen.

Befindet sich die Stelle, an welcher die Akkordarbeit zu leisten ist, außerhalb der Arbeitsstätte des Arbeitgebers, so ist die Entschädigung für den weiteren Weg im Zweifel als im Akkordpreis nicht mitenthalten anzusehen.

I. 3. Ist Schriftform vorgeschrieben, so muß sie sich jedenfalls auf Arbeitsleistung und Preis erstrecken.

Bei einmaliger schriftlicher Festsetzung von Leistung und Preis durch Akkordbücher, Lohntarife, Arbeitsordnungen oder dergl. genügt bei Wiederholung schriftlicher Hinweis auf die betreffenden Positionen.

I. 4. Sind Akkordpreise durch Tarife, Akkordbücher oder dergl. festgelegt, so muß dem Arbeiter gestattet sein, die ihn betreffenden Positionen derselben einzusehen. Aushang ersetzt die Gestattung der Einsichtnahme.

I. 5. Soweit nach dem Vorstehenden ein Akkord formell ungenügend abgeschlossen ist, hat der Arbeitnehmer Anspruch auf den mit ihm verabredeten, in Ermangelung eines solchen auf den für die betreffende Arbeit üblichen

(die Arbeitgeber verlangen): Zeitlohn

(die Arbeitnehmer verlangen): Durchschnittslohn

für die aufgewandte Zeit.

II. Aufhebung oder Abänderung des Akkordvertrages.

Bezüglich des Rechts und der Pflicht auf Beendigung der Akkordarbeit machen sich in der Praxis drei verschiedene Meinungen geltend: Häufig wird Beendigung eines Akkordes gefordert, oft findet sich aber das Verlangen nach dem Rechte, von einem begonnenen Akkorde jederzeit zurücktreten zu können. Schließlich wird vielfach verlangt, daß das vereinbarte oder gesetzliche Recht auf Kündigung den Akkordverabredungen vorgehe.

Es wird zweckmäßig sein, zu bestimmen, daß, wenn nichts anderes vereinbart ist, sowohl Arbeitgeber als Arbeitnehmer jederzeit einen angefangenen Akkord aufheben können.

Zu zahlen ist in einem solchen Fall stets der Wert der bereits geleisteten Arbeit.

Zusätzlich könnte bestimmt werden:

Hebt der Arbeitnehmer den Akkordvertrag auf Grund eines der Punkte 2—4 des § 124 GO. auf, so hat er mindestens den mit ihm vereinbarten, in Ermangelung eines solchen den für die betreffende Arbeit üblichen

(die Arbeitgeber verlangen): Zeitlohn

(die Arbeitnehmer verlangen): Durchschnittslohn

für die bereits aufgewandte Zeit zu beanspruchen.

Hebt der Arbeitgeber den Akkordvertrag auf, und liegt der Grund nicht in schlechter Arbeit, für welche lediglich der Wert des bereits Geleisteten bezahlt wird, und nicht in einem der Punkte 1—7 des § 123 GO., so hat der Arbeitnehmer mindestens den mit ihm vereinbarten, in Ermangelung eines solchen, den für die betreffende Arbeit üblichen

(die Arbeitgeber verlangen): Zeitlohn

(die Arbeitnehmer verlangen): Durchschnittslohn

für die bereits aufgewandte Zeit zu beanspruchen.

Ist durch Vereinbarung die jederzeitige Aufhebung des Akkordes ausgeschlossen, so gehen, wenn nichts Gegenteiliges verabredet ist, die vereinbarten oder in Ermangelung solcher die gesetzlichen Kündigungsrechte den Akkordverabredungen vor.

Abänderung eines Akkords, welche eine Beeinflussung des bei der Übernahme des Akkords von dem Arbeitnehmer zu erwartenden Verdienstes zur Folge hat, bedingt eine neue Festsetzung des Akkords.

Als eine solche Abänderung muß es auch betrachtet werden, wenn der Arbeitgeber gemäß seinem durch § 121 GO. bestehenden Recht, bezüglich der Ausführung des Akkords Anordnungen trifft, welche den Akkordverdienst des Arbeitnehmers in einer Weise beeinflussen, die er bei der Übernahme des Akkords nicht voraussehen konnte.

Tritt der Arbeitnehmer infolge Abänderung des Akkordvertrages zurück, so hat er Anspruch auf den der bereits geleisteten Arbeit entsprechenden Teil des Akkordpreises, mindestens jedoch auf den mit ihm verabredeten, in Ermangelung eines solchen auf den für die betreffende Arbeit üblichen

(die Arbeitgeber verlangen): Zeitlohn

(die Arbeitnehmer verlangen): Durchschnittslohn

für die aufgewandte Arbeitszeit.

Eine Unterbrechung der Akkordarbeit ist dem Arbeitgeber, wenn nichts Gegenteiliges verabredet ist, jederzeit gestattet.

Ist für den Fall einer Unterbrechung über die Bezahlung einer Wartezeit oder das Recht des Arbeiters auf anderweitige Beschäftigung nichts Gegenteiliges bestimmt, so sollen folgende Bestimmungen gelten:

Für die Zeit einer Unterbrechung ist der Arbeiter bis zum Ablauf seiner vertraglichen oder gesetzlichen Kündigungsfrist zur Ausführung einer anderweitigen Arbeit berechtigt und verpflichtet, für welche er den mit ihm vereinbarten, in Ermangelung einer Vereinbarung den für die betreffende Arbeit üblichen

(die Arbeitgeber verlangen): Zeitlohn

(die Arbeitnehmer verlangen): Durchschnittslohn

beanspruchen kann. Vom Arbeitgeber bestimmte Wartezeit ist im Zweifel mit dem vereinbarten, in Ermangelung eines solchen mit dem üblichen

(die Arbeitgeber verlangen): Zeitlohn

(die Arbeitnehmer verlangen): Durchschnittslohn

zu bezahlen.

III. 1. Wenn die Gesetzgebung für den Fall mangelnder Verabredung das Recht auf jederzeitige Unterbrechung und gleichzeitig einen Schutz des Anspruchs des Arbeitnehmers auf anderweitige Beschäftigung oder Wartegeld vorsieht (siehe II), so erübrigen sich weitere Vorschriften über die Verpflichtung des Arbeitgebers zur rechtzeitigen Beschaffung von Material, Zeichnungen und Werkzeugen.

Die Arbeitgebervertreter beantragten:

III. 2. Die Haftpflicht des Arbeitnehmers für selbstverschuldete Mängel erscheint durch die bestehenden Gesetze genügend festgelegt. Wünschenswert wäre, daß das im § 394 BGB. enthaltene Kompensationsverbot auf den Teil des Akkordverdienstes beschränkt würde, welcher den verabredeten, in Ermangelung eines solchen, den üblichen Zeitlohn nicht übersteigt. Es könnte ferner bestimmt werden, daß der Arbeitnehmer, der einen selbstverschuldeten Mangel zu verbessern sich weigert, sich den Abzug des zur anderweitigen Beseitigung des Mangels erforderlichen Lohnes vom Akkordpreis gefallen lassen muß.

Gegen die Aufnahme der Bestimmung des Absatzes III 2 betreffend Haftpflicht für selbstverschuldete Mängel protestieren die Arbeitnehmervertreter, „weil eine derartige Fassung der Bestimmungen die §§ 394 BGB., 115 d. GO. und § 1 des Lohnbeschlagnahmegesetzes aufheben würde.

Die gegenwärtigen Gesetze genügen, um den Arbeiter, der leichtfertig oder böswillig eine Arbeit verdirbt, zum Schadenersatz heranzuziehen.

Das im genannten Satz enthaltene Wort ‚selbstverschuldet' würde bei der wirtschaftlichen Abhängigkeit der Arbeiter so weitgehende Konsequenzen nach sich ziehen, daß beinahe alles Risiko der Arbeit resp. Produktion auf den Arbeiter abgewälzt werden könnte.

Eine derartige Haftung muß aber jeder denkende Arbeiter ablehnen, weil er nur wenig, oft gar keinen Einfluß auf die Herstellungsmethode hat, sondern gewöhnlich nur nach den Angaben seiner Vorgesetzten zu arbeiten hat."

III. 3. Der Arbeitnehmer hat die Beweislast dafür, daß er den Akkord in der verabredeten Weise und nach den Regeln seines Handwerks oder seiner Kunst ausgeführt hat, und der Arbeitgeber dafür, daß ein von ihm behaupteter Mangel der Arbeit auf ein Verschulden des Arbeitnehmers zurückzuführen ist.

IV. Gruppenakkord (Kolonnensystem).

Es wäre wünschenswert, Bestimmungen zu erlassen, nach welchen Übergabe von Arbeiten an einen Kolonnenführer, der seinerseits selbständig Kolonnenarbeiter annimmt und bezahlt, ohne der Firma über die Höhe und Form der Bezahlung Rechenschaft schuldig zu sein, womöglich beseitigt werde.

Für Kolonnenverträge dürfte Schriftlichkeit zu verlangen sein.

Der Arbeitgeber, welcher einem Kolonnenführer eine Akkordarbeit zur Ausführung durch eine Kolonne übergibt, hätte mit dem Kolonnenführer eine schriftliche Vereinbarung zu treffen, die von beiden zu unterzeichnen, und in welche jedem Kolonnenarbeiter, gegebenenfalls durch Aushang, Einsichtnahme zu gestatten wäre. Die Vereinbarung hätte genaue Bestimmungen darüber zu enthalten, daß der Kolonnenführer Angestellter des Arbeitgebers ist und daß sämtliche Kolonnenarbeiter durch Unterzeichnung des mit dem Kolonnenführer abgeschlossenen schriftlichen Anstellungsvertrages ebenfalls Arbeitnehmer des Arbeitgebers werden. Die Vereinbarung hätte ferner zu bestimmen, in welcher Weise die Verteilung der Akkordsumme unter sämtliche Teilnehmer der Kolonnenarbeit, einschließlich des Kolonnenführers, zu geschehen hat. Die Verteilung des Akkordpreises müßte, wenn nichts anderes zwischen dem Arbeitgeber und den Kolonnenarbeitern vereinbart ist, nach Maßgabe der von jedem Kolonnenarbeiter aufgewandten Zeit, und wenn diese nicht zu ermitteln ist, nach Köpfen stattfinden."

Der Ausschuß des Gewerbegerichts hat den vorstehenden Antrag nebst Begründung in seiner Sitzung am 11. August d. J. einstimmig angenommen.

Der besondere Wert dieser Beschlüsse besteht in der Einmütigkeit, mit der sie gefaßt wurden, obwohl an denselben

Vertreter der verschiedensten Branchen und wirtschaftlichen Anschauungen, der Klein- und Großindustrie teilgenommen haben. Die Punkte, in denen Arbeitgeber und Arbeiter nicht zu einer Übereinstimmung gelangt sind, sind nur unerheblich[1]).

Zum Schluß sei noch auf die Vorschläge zur Regelung der Heimarbeit verwiesen. Es liegt hier zunächst ein Antrag

[1]) Es sind das nun zwei Punkte, nicht viele, wie *Koehne*, Verhandlungen S. 564 Bd. III, annimmt: Einmal, daß die Arbeiter in den Fällen, in denen die Arbeitgeber den üblichen Zeitlohn zubilligen wollen, weil der Akkord nicht durchgeführt werden kann oder soll, den Durchschnittslohn verlangen. Der von mir gemachte Vorschlag, den üblichen Zeitlohn zu wählen, paßt sich der Ausdrucksweise des BGB. an. Die Arbeiter glauben — infolge eines Irrtums, der, wenn man noch Zeit für eine längere Beratung gehabt hätte, sicherlich aufgeklärt worden wäre — daß in dem Ausdruck „üblicher Zeitlohn" eine Begrenzung der Höhe dieses Zeitlohns liege, und verlangten daher den Durchschnittslohn, worunter sie auch Zeitlohn verstehen wollten, und zwar denjenigen Betrag, den der betreffende Arbeiter durchschnittlich in einer gewissen Periode verdient hat, in der er in gleicher Weise beschäftigt war. Gegen diesen Begriff besteht das erhebliche Bedenken, daß er nicht genügend klar ist, weil die Periode, welche der Feststellung des Durchschnitts zugrunde gelegt werden soll, nicht begrenzt ist und nicht begrenzt werden kann. Man wird immer möglichst lange Perioden wählen müssen, um zu einem gerechten Durchschnitt zu kommen. Oft hat die Beschäftigung des Arbeiters, besonders die mit Akkordarbeit, erst kurze Zeit gedauert; mitunter entsteht der Streit auch gerade bei der ersten Arbeit. Dann versagt dieser Begriff. Dabei ist gar nicht gesagt, daß der Arbeiter immer besser dabei wegkommt. Streit pflegt meist zu entstehen — nicht bei einem einzelnen schlechten Akkord, — sondern wenn der Arbeiter eine Reihe schlechter Akkorde hintereinander hatte. Dann sinkt aber auch sein Durchschnittslohn. Der Begriff des üblichen Lohns — das Wort üblich darf nicht auf Durchschnittslohn bezogen werden, wie es nach dem Wortlaut der Publikation des Gewerbegerichtsgutachtens der Fall sein müßte — wurde vielleicht verworfen, weil man dabei an den ortsüblichen Lohn dachte. Den wollten aber auch die Arbeitgeber nicht. Der übliche Lohn ist derjenige Lohn, den ein normaler Arbeiter bei normaler Beschäftigung in dem betreffenden Gewerbszweige verdient, wobei man auch nicht weiter zwischen verschiedenen Graden des Alters, der Ausbildung usw. unterscheiden kann. Ein solcher Lohn dürfte bei nochmaliger Prüfung auch den Wünschen der Arbeiter genügen. Die zweite Differenz bezieht sich auf die vom Arbeitgeber gewünschte Änderung des § 394 BGB.

von Reichstagsabgeordneten verschiedener Parteien vor, welcher für die Heimarbeit die Zuständigkeit der Gewerbegerichte, die Gewerbeaufsicht, den Kinderschutz, die gewerblichen

---

oder noch besser die im Lohnbeschlagnahmegesetz in der ZPO. § 850 gegebene Voraussetzung der Aufrechnungsbeschränkung. Die Aufrechnung soll auch nach dem Vorschlag des Arbeitgebers beschränkt bleiben. Es sollen nur die Schwierigkeiten vermieden werden, die, wie jeder Praktiker weiß, mit der Berechnung des Jahresverdienstes im Sinne der ZPO. verbunden sind. In der Praxis hat man schon davon abgesehen, in allen Fällen den vollen Jahresverdienst festzustellen, und hat sich begnügt mit der Feststellung desjenigen Jahresverdienstes, den der Arbeiter in der in Rede stehenden Arbeitsperiode verdient hat. Der Akkordlohn wird nun aber nicht nach Zeitperioden berechnet, sondern nach einem Leistungsquantum. Dieses Leistungsquantum sollte nun nach der Ansicht der Arbeitgeber auch bei der Aufrechnungsbeschränkung zugrunde gelegt werden. Der Aufrechnung unterliegen sollte die Differenz zwischen dem üblichen Zeitlohn und dem Akkordpreis im einzelnen Fall, was meist dem sogenannten Akkordüberschuß entsprechen würde, da der übliche Zeitlohn meist als Abschlag gezahlt wird. Darin liegt jedenfalls eine Vereinfachung des Verfahrens, gegen die auch die Arbeiter nichts haben könnten. Aber die Arbeiter erblicken darin zugleich eine Erweiterung des Aufrechnungsrechts, und insofern kann man ihnen ihren Widerspruch nicht verübeln. Vielleicht ist es möglich, das neue Prinzip einzuführen, ohne den bisher aufrechnungsfreien Teil des Diensteinkommens von jährlich 1500 Mk. anzugreifen. Der Abschlag wird gewöhnlich nach Stunden berechnet. Ein Stundenlohn von 50 Pf. würde etwa einem Jahresdurchschnitt von 1500 Mk. entsprechen. Vielleicht kann man sich dahin einigen, daß bei jeder Akkordarbeit dieser Stundenlohn, eventuell auch 60 Pf., frei bleiben, so daß die Differenz zwischen diesem und dem vereinbarten Akkordlohn der Aufrechnung unterliegt. Damit ist eine milde Form für die Inanspruchnahme der Arbeiter für mangelhafte Arbeit gefunden. Legt man auch hier den Ausdruck üblich zugrunde, so kommt man zu einer gerechteren Nüancierung. In armen Gegenden hat vielleicht der Meister noch kein Einkommen von 50 Pf. die Stunde, alsdann scheint es ungerecht, diesen Betrag dem Arbeiter zu sichern. Für den Vollstreckungsrichter ist aber die Festlegung eines bestimmten Satzes, also 50 bis 60 Pf., wünschenswerter, denn dann bedarf es nicht erst der Feststellung des schwankenden Begriffs des üblichen Lohnes. So trifft also das Interesse des Vollstreckungsgerichts mit dem der gering besoldeten Arbeiter zusammen. Hoch bezahlte Arbeiter mit mehr als 50 Pf. Stundenlohn würden sich wieder besser bei dem Vorschlag der Arbeitgeber stehen.

Zwangsversicherungen, sowie die Aufstellung von Verzeichnissen der Heimarbeiter durch die Arbeitgeber verlangt[1]). Darüber hinaus verlangt ein Antrag der sozialdemokratischen Partei[2]) Vorschriften für die zur Arbeit benutzten Räume, tarifvertragliche Regelung der Arbeitsbedingungen und Verbot der Vergebung von öffentlichen Arbeiten an Arbeitgeber, welche Heimarbeiter beschäftigen.

Beide Anträge berühren den Akkordvertrag der Heimarbeiter eigentlich nicht.

3. Kritik der Vorschläge zur gesetzlichen Regelung des Akkordvertrages.

a) Was zunächst die Vorschläge einer öffentlich rechtlichen Regelung der Akkordarbeit anbetrifft, so haben wir es in unserer Schrift hauptsächlich nur mit einem privatrechtlichen Vertrage zu tun. Seine Regelung, das heißt, die Festlegung der an die Parteierklärungen zu knüpfenden Rechtsfolgen, muß daher, wie schon vorher gesagt, eine privatrechtliche sein, ohne daß deshalb öffentlich rechtliche Schranken ausgeschlossen zu sein brauchen. Zum Beispiel wäre dies, worin ich den mehrerwähnten Ausführungen von *Flesch* in der

---

Man sieht also, daß die beiden übrigens nur die Motive betreffenden Differenzpunkte durchaus nicht unüberbrückbar sind. Zudem schienen die Arbeitgeber auf den zweiten Fall gar nicht so großes Gewicht zu legen.

Neuerdings hat ein Antrag der Arbeitgeber beim Gewerbegericht Berlin, auf Änderung der Kompensationsbestimmungen des BGB. zu einem energischen Protest der Arbeiter geführt. Insoweit als die Arbeiter einer Verschlechterung des Kompensationsrechts zu ihren Ungunsten widersprechen, wird man diesen Protest verstehen können; deshalb braucht man aber eine Vereinfachung des Kompensationsrechts nicht abzulehnen. Die Verquickung der Kompensationseinrede mit Elementen der Moral, z. B. dergestalt, daß mit einem Anspruch aus einer strafbaren Handlung stets aufgerechnet werden kann, würde zu Unklarheiten führen.

[1]) Vgl. Flesch, Der Arbeitsvertrag der Heimarbeiter, GG. und KG. 11 Sp. 253 folg.

[2]) Abgedruckt im Korrespondenzblatt der Generalkommisson der Gewerkschaften Deutschlands, Jahrg. XVI. Nr. 10.

Deutschen Juristenzeitung (1906, Heft 15, 16) durchaus zustimme, hinsichtlich der Kündigungsbestimmungen vielleicht nicht unangebracht und im Interesse beider Teile, und zwar der Arbeitgeber, indem durch längere Kündigungsfrist die Arbeiter an die Innehaltung dauernder Arbeitsverhältnisse gewöhnt werden, und der Arbeiter, indem sie von der Gefahr jederzeitiger Entlassung befreit würden[1]).

b) Die zweite Frage ist die, ob man eine gesetzliche Regelung im Rahmen des Bürgerlichen Gesetzbuches oder im Rahmen der Gewerbeordnung vornehmen soll. Für die Regelung durch Änderung des Bürgerlichen Gesetzbuches entscheidet sich *Flesch*, dagegen wünscht das Gewerbegericht Berlin in seinen mitgeteilten Vorschlägen ein Ergänzungsgesetz zur Gewerbeordnung. Der Juristentag hat sich überhaupt nur mit der Regelung des „gewerblichen" Akkordvertrages befaßt. Die von ihm angenommenen Thesen verlangen daher nur eine Regelung dieses Akkordvertrages. Ein sich auf diesen Akkordvertrag beschränkendes Gesetz würde man wohl dem Gebiete der Gewerbeordnung zurechnen müssen.

Der Kernpunkt der Frage ist hier: soll der Akkordvertrag aller Arbeiter oder nur der der gewerblichen Arbeiter geregelt werden. Richtig ist ja allerdings, daß die Grundursache des Akkordvertrages auf allen Gebieten, auch den nicht der Gewerbeordnung unterstehenden, gleich sind. Dieser theoretische Grund kann aber für die Gesetzgebung nicht entscheidend sein. Die politischen Schwierigkeiten eines Eingriffs z. B. in die ländlichen Arbeiterverhältnisse wird niemand verkennen. Dazu kommt noch der formelle Grund, daß man eine ausdrückliche Abänderung irgend eines Teiles des BGB. nicht leicht durchsetzen wird.

Ich muß daher bei meinem Standpunkte bleiben, daß eine Regelung, die sich auf die gewerblichen Arbeiter beschränkt, vorzuziehen ist, zumal auch die bisherigen Vorarbeiten sich haupstächlich auf die gewerblichen Arbeiter beschränken. Hierbei befinde ich mich auch in Übereinstimmung mit dem

---

[1]) Vgl. *Abbe*, Gesammelte Abhandlungen (Verlag von Gustav Fischer, Jena) Band III; *Freese*, Das konstitutionelle System im Fabrikbetriebe, S. 67—68; *Flesch*, GG. u. KG. XII, Sp. 121 ff.

Gutachten von Professor *E. Franke*, der auch lediglich eine Regelung des gewerblichen Akkordvertrages vorschlägt[1]).

c) Wir kommen nunmehr zu den einzelnen Vorschlägen.

1. Einstimmigkeit herrscht zunächst hinsichtlich der vom Juristentag zu II[1] beschlossenen These, daß die Akkordvereinbarung und -berechnung gesichert werden müsse. Als Mittel dieser Sicherung werden vorgeschlagen einmal schriftliche Beurkundung (durch Akkordzettel oder Lohnbücher). Dieser Vorschlag wird von *E. Franke*, *Meschelsohn*, *Ludwig Bernhard*, *Flesch* und auch vom Gewerbegericht Berlin vertreten. Man wird also dem Vorschlage der notwendigen schriftlichen Vereinbarung unbedenklich wenigstens für das Gewerbe im engeren Sinne beitreten können. Die Fertigkeit des Lesens und Schreibens ist unter den gewerblichen Arbeitern in Deutschland auch so allgemein verbreitet, daß man aus diesem Gesichtspunkte heraus keine Gründe gegen die Schriftlichkeit herleiten kann.

Als Folge der Unterlassung der Beurkundung bezeichnet das Gewerbegericht Berlin (zu I[2]), daß im Zweifel ein Akkordvertrag bei Nichtbeachtung der Formvorschrift nicht bestehen soll. Es würde das Geschäft dann so weit bestehen, als es einer Form nicht bedarf, also möglicherweise als Zeitlohnvertrag. Diesem in meinem Gutachten gemachten Vorschlage hat sich

---

[1]) *Flesch* gegenüber will ich noch bemerken, daß ich eine Verquickung der Tarifverträge mit dem Akkordvertrag nie beabsichtigt habe. Ich habe mich auch in meinem Gutachten über den Akkordvertrag jeglicher bestimmten Vorschläge hinsichtlich des Tarifvertrags enthalten und bin in der Debatte des Juristentags ausdrücklich gegen eine solche Verquickung aufgetreten. Unerwähnt durfte ich aber freilich den Umstand nicht lassen, daß die Akkordverträge vielfach in Tarifverträgen geregelt sind. Bei der mündlichen Verhandlung vor dem Juristentage habe ich gerade einer Verquickung der beiden gesetzgeberischen Fragen ausdrücklich widersprochen.

[2]) Deutsche Juristenzeitung 1906, Sp. 931, und Verhandl. des 28. Deutschen Juristentages Bd. III, S. 531. Daß die Nachteile der unterlassenen Form den Arbeiter mehr treffen würden als den Arbeitgeber, wenn die Folge der Unterlassung Zeitlohn wäre, kann ich nicht zugeben. Der Arbeiter würde, wenn er Zeitlohn beanspruchen kann, sich nicht so beeilen wie beim Akkordlohn, und dadurch verliert der

Flesch und in gewissem Grade auch *Meschelsohn* angeschlossen.

Beachtenswert sind die Detailbestimmungen in den Vorschlägen des Gewerbegerichts Berlin für den Fall unterlassener Form.

Als Mittel für die Sicherung der Akkordvereinbarung und -berechnung wird ferner von *Franke* und vom Gewerbegericht Berlin die Ausdehnung der Pflicht zum Erlaß von Arbeitsordnungen auf alle Betriebe mit Akkordarbeit verlangt. Das ist meines Erachtens für ganz kleine Betriebe nicht durchführbar. Man könnte aber vielleicht die Arbeitsordnung bei zehn Arbeitern verlangen, wenn im Akkord gearbeitet wird.

2. Der Juristentag verlangt ferner, und auch in dieser Beziehung besteht nirgends Widerspruch, Bestimmungen über die Pflichten der Parteien bei Ausführung der Akkordarbeit.

Der zweite Referent des Juristentages hatte hierzu vorgeschlagen, daß als Grundsatz für die Normierung der Rechte und Pflichten der Parteien daran festzuhalten sei, daß im Zweifel der Akkordvertrag als Dienstvertrag aufzufassen sei.

In der Debatte über diesen Punkt waren alle Beteiligten, auch der anwesende Vertreter der Großindustrie, sich darüber einig, daß der Akkordvertrag niemals als Werkvertrag aufgefaßt werden könne, und dies entspricht auch der allgemeinen Meinung. Andererseits haben wir gesehen, daß auch die Bestimmungen des BGB. über den Dienstvertrag nicht ausreichten, der Akkordvertrag ist vielmehr ein selbständiges eigenartiges Gebilde, allerdings verwandt dem Dienstvertrag.

Arbeitgeber den Vorteil, der ihm sonst vielleicht beim Akkordlohn erwächst. Die von *Meschelsohn* vorgeschlagenen Vertragsstrafen für Unterlassung der schriftlichen Vereinbarung sind schon nach bestehendem Rechte möglich, soweit sie überhaupt praktisch zu verwirklichen sind. Wie soll aber der Fall der Zuwiderhandlung festgestellt werden, wenn ein Akkordvertrag nicht zustande gekommen ist?

Der Referent des Juristentages, Professor *Bernhard*, scheint sich hinsichtlich der Rechtswirkungen des Akkordvertrags den Vorschlägen meines Gutachtens anzuschließen[1]), diese kann ich auch jetzt noch im wesentlichen aufrecht halten. Meine Vorschläge sind dispositiver Art, und es dürfte auch richtig sein, den Parteien die Möglichkeit zu lassen, ihre Verträge den jeweiligen Verhältnissen anzupassen.

Meine Vorschläge richten sich auf die am meisten streitigen Punkte. Das sind: rechtzeitige Lieferung von Material, Maschinen und dergl., das Direktionsrecht des Arbeitgebers, die Nebenarbeiten, die Beweislast bei Mängel der Arbeit.

Im Zweifel müssen Material und Maschinen bei Beginn der Arbeit zur Verfügung des Arbeiters gestellt werden. Es wird also besonderer ausdrücklicher oder aus bestehenden Übungen zu entnehmender Akkorde bedürfen, wenn eine spätere Lieferung zulässig sein soll.

Der Einfluß des Direktionsrechtes auf den Akkordvertrag ist so wichtig, daß dieses Recht ausdrücklich behandelt und den Bedürfnissen des Akkordvertrages entsprechend abgegrenzt werden muß.

Hinsichtlich der Nebenarbeiten ist eine Bestimmung dahingehend notwendig, daß sie im Zweifel entweder zum Akkord gehören, oder daß sie nicht dazu gehören. Alsdann wissen die Parteien, in welchem Falle es einer besonderen Abmachung bedarf.

Die Beweislast muß im Interesse des Akkordarbeiters geregelt werden, weil die Beweismittel meist im Besitze des Arbeitgebers sind. Was die Vergütung anbetrifft, so sind folgende Fragen ins Auge zu fassen:

1. die Abschlagszahlungen,
2. die Aufrechnung und Zurückbehaltung,
3. die Bezahlung der Vergütung in den Fällen des Annahmeverzuges und geringer Unterbrechungen der Dienstleistung.

Zu 1. Die Abschlagszahlungen sind eine Notwendigkeit. Es muß bestimmt werden, daß sie in Höhe der üblichen Ver-

---

[1]) Verhandl. des 28. Juristentages Bd. III, S. 519.

gütung, aber höchstens im Betrage des Wertes der hergestellten Teilleistungen in regelmäßigen Perioden, im Zweifel wöchentlich zu gewähren sind.

Zu 2. Die an sich wünschenswerte Regelung der Aufrechnung und Zurückbehaltung unter Berücksichtigung der Grundsätze des Akkordvertrages dürfte mit Rücksicht auf die große Abneigung der beteiligten Arbeiter zurückzustellen sein.

Zu 3. Hinsichtlich der §§ 615 und 616 müßte wenigstens bestimmt werden, daß statt der vereinbarten Vergütung eine nach dem üblichen Zeitlohn zu berechnende Entschädigung zu zahlen ist. Dann ist die Anwendbarkeit der genannten Paragraphen wenigstens klargestellt.

Es bleiben nunmehr, soweit der Akkord des einzelnen Arbeiters in Frage kommt, noch Bestimmungen über die Abänderung und Beendigung des Akkordvertrages erforderlich. In dieser Beziehung erscheinen die Vorschläge des Gewerbegerichts Berlin zu II[1]) beachtlich mit Ausnahme der Kündigungsbestimmungen.

Wie schon mehrfach ausgeführt, gehört es zum Wesen des Akkordvertrages, daß dem Arbeiter die Möglichkeit gegeben ist, die vereinbarte Akkordsumme wirklich zu verdienen, daß er seinen Tagesverdienst — innerhalb gewisser Grenzen — durch größere oder geringere Anspannung seiner Kräfte nach seinem Willen selbständig regulieren und erhöhen kann. Wenn dem Arbeitgeber das Recht jederzeitiger Kündigung des Vertrages gegeben wird, so nimmt man dem Akkordvertrag die treibende Kraft, und auch der Arbeitgeber leidet Schaden, wenn der Akkordarbeiter die Arbeit jederzeit niederlegen kann.

Die Parteien vereinbaren die Ausführung einer bestimmten Arbeit und folglich müssen sie auch beide daran gebunden sein.

Man nimmt dem Akkordvertrag etwas von seinem Wesen, wenn man die willkürliche Lösung des Vertrages vor Beendigung der vereinbarten Arbeit zuläßt.

Man kann daher grundsätzlich die Lösung — mangels besonderer Aufschiebungsgründe, wie z. B. in den Fällen der

---

[1]) Reichsarbeitsblatt III, S. 346.

§§ 123, 124 GO. — nur mit Beendigung der Akkordarbeit zu lassen.

Dies muß die allgemeine — und wohl überwiegend in der Praxis befolgte — Regel bleiben. Wenn man sie nicht als zwingend hinstellt, so bleibt die Möglichkeit einer abweichenden Regelung bei jedem einzelnen Arbeitsverhältnis und allgemein durch Arbeitsordnung. Insofern ist dem Wunsche des Teils der Großindustrie genügt, welcher ohne das Recht jederzeitiger Lösung des Akkordvertrages nicht glaubt auskommen zu können, denn die Großindustrie regelt ja bekanntlich in jedem einzelnen Betriebe ihre Arbeitsverhältnisse durch eingehende Arbeitsordnungen[1]).

In Konsequenz des grundsätzlichen Ausschlusses jeder Bindung wollen die Vorschläge des Gewerbegerichts auch dem Arbeitgeber die jederzeitige Unterbrechung der Akkordarbeit gestatten. Mit der Verwerfung des ersten Grundsatzes muß aber auch das Recht der jederzeitigen Unterbrechung wegfallen.

Mit Recht ist dagegen der Grundsatz in den Vorschlägen des Gewerbegerichts zu beachten, daß der Arbeiter, falls ihn kein Verschulden trifft, stets den Wert der bereits geleisteten Arbeit bezahlt erhalten muß. Auf die Einzelheiten in der Vorschrift des Gewerbegerichts braucht nicht näher eingegangen zu werden.

3. Allgemein wird mit der These des Juristentages zu 3, die Regelung der Rechtsverhältnisse der Zwischenpersonen (Akkordmeister, Akkordanten, Kolonnenführer, Zwischenmeister) gefordert. Man muß aber darüber hinausgehen und eine Regelung der inneren Verhältnisse der Kolonne und ihrer Rechtsstellung gegenüber dritten Personen, insbesondere ihrem Arbeitgeber und ihren außerhalb der Kolonne stehenden Helfern, verlangen.

Ob es möglich sein wird, die vom Gewerbegericht Berlin verlangten Bestimmungen zu treffen, durch welche die Übertragung von Arbeit an einen selbständigen Zwischenmeister

---

[1]) Viele Arbeitsordnungen schreiben übrigens ausdrücklich die Fertigstellung der Akkordarbeit vor.

(Kolonnenführer) mit eigenen Arbeitern verhindert werden könnte, erscheint mir sehr zweifelhaft. Die Formen dieses Zwischenmeistertums sind zu mannigfaltige. Der Zwischenmeister kann mitunter ein bedeutender Unternehmer sein. Die Grenzen werden sich nicht so scharf ziehen lassen, daß man wirksam die schädlichen Fälle des Zwischenmeistertums unterdrücken könnte.

Dahingegen ist dem Vorschlage einer schriftlichen Vereinbarung des Kolonnenvertrages zuzustimmen. Desgleichen sind die Vorschläge des Gewerbegerichts über den Inhalt und die Rechtsfolgen des Kolonnenvertrages empfehlenswert.

Aber auch das Gewerbegericht geht nicht weit genug. Wir haben gesehen, daß die Teilnehmer der Kolonne in einer Art von Sozietätsverhältnis zueinander stehen. Die Regeln aber, welche unser Bürgerliches Gesetzbuch für die Gesellschaft aufstellt, passen nur unvollkommen. Sie müssen vereinfacht werden und um der schädlichen Neigung zu komplizierten und dadurch oft unverständlichen Abmachungen entgegenzutreten, müssen gewisse Grundsätze dieser Gesellschaftsform als zwingende, durch Privatabrede unabänderliche hingestellt werden. Dadurch wird es vielleicht in manchen Fällen unmöglich, der Mannigfaltigkeit des Lebens gerecht zu werden. Es können aber auf diese Weise die schlimmen Auswüchse des Kolonnenvertrages, die hauptsächlich in unklaren Abmachungen ihren Grund haben, beseitigt werden. Auszudehnen dürfte auch sein das Truckverbot auf die Forderungen gegen den Kolonnenführer, der Mitglieder gegeneinander und gegen die Kolonne[1]).

Was die Regelung des Akkordvertrages der Heimarbeiter anbetrifft, so kommen vornehmlich folgende Punkte in Betracht: die Kündigung, das beschränktere Direktionsrecht des Arbeitgebers, besonders hinsichtlich der Änderung des Auftrages, Lieferung der Materialien, Zeit und Ort der Ablieferung, Entschädigung für durch den Arbeitgeber verschuldetes Warten auf Abnahme, eine Bestimmung, daß

[1]) Erwähnt seien auch die Klagen darüber, daß die Kolonnenführer oft eine ungenügende Zahl von Arbeitern einstellen, um für sich einen recht hohen Gewinn zu erzielen. Auch hier bedürfte es vielleicht der Abhilfe. cf. *Bernhard*, Löhnungsmethoden S. 25 Anm. 1.

die Vergütung bei Abnahme der Arbeit zu zahlen ist, Regelung des Eigentums an der gefertigten Ware, Rücktritt bzw. Kündigung des Auftrages[1]).

[1]) cf. Vorschlag des GG. Berlin, Abs. 5 der Motive. Daselbst wird gefordert, daß Zwischenmeister im Zweifel als Akkordarbeiter der Firma anzusehen sind, daß dem Hauptunternehmer eine gewisse Haftung für die Innehaltung der gesetzlichen Bestimmungen seitens des Zwischenmeisters gegenüber seinen Arbeitern obliegen soll. Hinsichtlich des Arbeitgeberstandpunktes zur gesetzlichen Regelung der Heimarbeit. cf. Bericht der Handelskammer zu Berlin, Oktober 1906. — Der französische Gesetzentwurf vom 6. Juli 1907 dehnt die Fabrikinspektion auf die Heimarbeit aus und ebenso die Arbeitsschutzbestimmungen auf gewisse, mit mechanischen Betriebskräften ausgerüstete Werkstätten der Heimarbeit, Anlage zum Protokoll der Sitzung der Deputiertenkammer vom 10. Juli 06. (Nr. 236) S. 16f., 21, 33, 34.

Teil II.

Der Tarifvertrag.

Erstes Kapitel.

Wesen und wirtschaftliche Bedeutung der Tarifverträge.

Die unendliche Fülle der rechtswissenschaftlichen Literatur beschäftigt sich mit der Erörterung und dem Ausbau von altererbten Rechtsverhältnissen. Schon längst im Absterben begriffenen Formen, wie zum Beispiel dem Lehnsrecht und manchen überlebten Erbrechtsfragen, wird ein sorgfältiges Studium gewidmet. Inzwischen hat aber unser Rechtsleben eine ganz neue Gestalt angenommen. Die alte Gliederung der Familien, Stämme, Kommunen und Staaten, die Stände und Lehnsverbände, die Zwangs- und Banngerechtigkeit, die Zünfte und Privilegien sind verschwunden. Die Volkswirtschaft ist eine andere geworden. Das Alte ist aufgelöst. An seine Stelle sollte die Freiheit treten.

Tatsächlich ist aber die alte Ordnung durch eine viel festere, straffere Organisation ersetzt worden.

Der Staat wurde viel mächtiger. Er greift in das Privatleben jedes einzelnen ein. Er kennt keinen Widerstand seiner Untertanen mehr. Eine neue Macht ist in dem Geldkapital erstanden, die ohne Gesetze und Zwangsrechte jedermann, ja Staaten und Völker unterwirft, kraftvolle Verbände von Berufsgenossen verurteilen den Einzelnen zur Ohnmacht, auch den Stärksten, Kartelle, Trusts, Gewerkschaften regeln das Wirtschaftsleben nach despotischen Grundsätzen.

Stand früher jedermann in einem die Person erfassenden, öffentlich rechtlichen Abhängigkeitsverhältnis, so tritt er heute in das gemeinsame Wirtschaftsleben ein durch einen freien Vertrag, frei in der Theorie, aber erzwungen durch die Notwendigkeiten des Lebens, weil der Mensch keinen öffentlich rechtlichen Anspruch mehr auf einen bestimmten Platz im Wirtschaftsleben hat, gezwungen zum Vertragsschluß, weil die Güter der zivilisierten Erde durch die Rechtsordnung vollständig verteilt sind, nicht der Vogel in der Luft, nicht der Fisch im Wasser, nicht der Halm auf dem Felde steht zu seiner Verfügung. Alles hat das Recht mit Beschlag belegt.

Die große Masse des Volkes, die früher ohne weitere Bemühung eine, wenn auch meist spärlich gefüllte, Krippe vorfand, muß sich heute in jedem einzelnen Falle eine Existenz erwerben, durch Konzessionen an die Besitzenden und die Mitbewerber, erkämpfen durch Nötigung der anderen zum Vertragsschluß.

So treten die Massen in den Kampf um das Privatrecht ein, das sie bisher nicht interessierte und das sie daher nicht kannten.

Ein unermeßliches Gebiet eröffnet sich damit der rechtlichen Neugestaltung. Wenn es den Millionen freisteht, ihre Rechtsverhältnisse nach ihrem Belieben zu gestalten, so ist es kein Wunder, wenn wir in der Neuzeit eine ungeahnte Fülle von neuen Rechtsformen entstehen sehen, die an Mannigfaltigkeit das bereits ausgiebig beackerte Feld des alten Rechts übertreffen. Zu diesen Neuschöpfungen des Rechts der großen Volksmasse, insbesondere der gewerblichen Arbeiterklasse, die bei dieser Bewegung an der Spitze marschiert, gehören die sogenannten Tarifverträge, zum Unterschiede von anderen Tarifverträgen auch Lohntarifverträge genannt.

Wie der Boden, der diese Neubildungen erzeugt, ein ganz anderer ist im Vergleich zu dem, auf welchem unser bisheriges Privatrecht entstanden ist, so zeigen diese neuen Rechtsgebilde ganz eigenartige Formen, die sich meist nur schwer, oft gar nicht in das System des bestehenden Privatrechts einfügen lassen. Die Arbeiterschaft geht bei ihren Neuschöpfungen ganz eigene Wege, sie verläßt die ausgefahrenen Geleise unserer Jurisprudenz, die ihr ja meist ganz unbekannt sind. Wenn man schon bei den einzelnen Ständen und Berufsgattungen der sogenannten bürgerlichen Gesellschaft häufig auf eine äußerst verschiedenartige Auffassung der Rechtsbegriffe stößt, so fehlt der dem Privatrechtsleben bisher vollkommen gleichgültig gegenüberstehenden gewerblichen Arbeiterklasse oft jedes Verständnis für die Begriffe des bürgerlichen Privatrechtes.

Daher die anderen oft unbegreiflichen Vorwürfe einer Klassenjustiz unserer Gerichte.

Es fehlt nun aber der Arbeiterklasse keineswegs an Rechtssinn. Es hat sich bei ihr nur ein eigenartiges Rechtsempfinden ausgebildet und ist gerade jetzt noch in lebhafter Entwicklung begriffen, das man nur verstehen kann, wenn man sich durch jahrelangen Verkehr in die wirtschaftliche und gesellschaftliche Gedankenwelt der Arbeiter hineinvertieft.

Während dieses Rechtsempfinden der Arbeiter von der einen Seite oft genug verkannt wird, zeigt sich bei anderen Juristen, und zwar besonders bei denen, die das Arbeiterrecht zum Gegenstande ihres Studiums machen, gerade das Gegenteil. Sie betrachten unser ganzes Privatrecht als überlebt, sie kehren sich nicht mehr an die Grundsätze unseres Rechtssystems, sie konstruieren Verträge ohne Willenseinigung, als ob dies etwas Selbstverständliches wäre. Das gilt besonders von dem Arbeiterrecht und der uns vorliegenden Frage der Tarifverträge. Die Arbeiter werden zu ihren extremen Anschauungen getrieben durch diejenigen Juristen der alten Schule, welche das, was die Masse des Volkes als Recht empfindet, achtet und befolgt, überhaupt aus dem Gebiet der Rechtswissenschaft hinausverweisen, weil die Begriffe dieses Arbeiterrechts oft in einem unlösbaren Widerspruch zum System unseres bisherigen Rechtes stehen.

Wenn wir uns nun der Betrachtung des ganz neuartigen Rechtsinstituts der Tarifverträge widmen, so wollen wir beide Extreme vermeiden und die Kontinuität zwischen unserer anerkannten Rechtswissenschaft, insbesondere dem Privatrecht, und dem modernen Rechtsempfinden gewerblicher Kreise, insbesondere der gewerblichen Arbeiter, wahren. Wir wollen uns dabei gegenwärtig halten, daß das Alte zwar nicht für immer seine Geltung beanspruchen kann, daß aber die Aufstellung ganz neuer Begriffe auf der anderen Seite eine schwierige und verantwortungsvolle Aufgabe ist.

Die Begriffe des alten Rechts sind historisch und rechtsphilosophisch durchgebildet, die neuen Begriffe können daher Geltung und Beachtung auch nur dann beanspruchen, wenn sie auf historischem Boden aufgebaut und rechtsphilosophisch erkannt und dem System der Rechtsphilosophie einzufügen sind. Rechtsphilosophische Wahrheiten dürfen wir nicht grundlos über Bord werfen, wenn sie uns auch für die Fortbildung unserer Begriffe unbequem erscheinen. Sonst kommen wir zu Unklarheiten, die in der Praxis die größte Verwirrung und Enttäuschung hervorrufen. Unser Ergebnis würde dann nicht eine Förderung des Rechts und des gesetzlichen Sinnes, sondern, wenn wir den Arbeitern Unbrauchbares und Unklares liefern, von Neuem eine Abwendung der arbeitenden Klassen vom Staat und seinen Einrichtungen und ein Hinstreben zur Anarchie sein.

Was versteht man unter Tarifverträgen?

Die bestehende Vertragsfreiheit gestattet den Arbeitgebern und Arbeitern, beliebige Verträge zur Ausnutzung der Arbeitskraft miteinander abzuschließen. Allerdings gilt dies nur mit gewissen Einschränkungen, die namentlich in neuerer Zeit immer zahlreicher werden, doch bleibt der Grundsatz dieser Vertragsfreiheit im allgemeinen gewahrt.

Trotz der Verschiedenheit der darnach möglichen Regelung der Arbeitsverhältnisse sind die Bedingungen, die zwischen Arbeitgeber und Arbeiter vereinbart werden, doch immer wesentlich gleichartig, in einer Branche oft ganz gleichmäßig. Daraus folgt, daß auch die Klagen und Wünsche der Arbeiter in bezug auf die Gestaltung ihrer Arbeitsverträge allgemein oder doch wenigstens für große, oft nach Hunderttausenden von Arbeitern zählende Gruppen gleiche sind. So entstehen — nicht selten freilich durch äußere, zum Teil politische, soziale, nationale, auch religiöse Einflüsse angeregte — Bewegungen unter den Arbeitern mit dem Ziele, die alle bedrückenden Mängel zu beseitigen und die gemeinsamen Wünsche zu erreichen[1]).

Das Erreichte legte man dann in einem Vertrage nieder, in einem Vertrage, über dessen Rechtsgültigkeit man sich unter dem Einflusse der dringend nach Frieden verlangenden Stimmung nicht den Kopf zerbrach, den aber alle Beteiligten

---

[1]) Neuerdings tritt dieses Verlangen auch häufiger von Arbeitgeberseite zutage, z. B. bei dem Streit im Baugewerbe 1907.

achteten und erfüllten und dessen Innehaltung durch die Gefahr des sicheren Wiederauflebens der Arbeiterbewegung sanktioniert war. Arbeitgeber und Arbeiter schlossen diesen Vertrag durch Vertreter ab, von denen man oft nicht wußte, wer ihnen einen Auftrag erteilt hatte. Gleichwohl wurden diese Abkommen mit peinlicher Sorgfalt innegehalten.

Wie die Arbeiter, so hatten auch die Arbeitgeber gleichartige Wünsche und Beschwerden. Auch sie suchten gemeinsam von den Arbeitern etwas zu erreichen. Auch die Wünsche der Arbeitgeber fanden daher Berücksichtigung in diesen Verträgen.

Was waren nun die Mittel bei diesen Bewegungen? Oft Kämpfe mit bewaffneter Hand, Gewalttätigkeit, Zerstörung von Eigentum.

Diese Mittel sind ungesetzlich und müssen von einer geordneten Staatsgewalt verhütet werden. Ein durch sie erzwungener Vertrag würde anfechtbar sein. Das gilt auch für Tarifverträge.

Diese Art der Herbeiführung eines Tarifvertrags kann daher nur als eine Ausnahme gelten, die wir bei unserer Betrachtung ausschalten müssen.

Es gibt aber gesetzliche Mittel zur Herbeiführung von Verträgen der erwähnten Art. Das ist in erster Linie die Unterlassung des Abschlusses von Arbeitsverträgen, nötigenfalls nach rechtmäßiger Aufkündigung der bestehenden Verträge, oder die rechtmäßige Unterlassung der Erfüllung der bestehenden Arbeitsverträge. Das sind rechtmäßige Streiks, Arbeitseinstellungen, Sperren und Boykotts, die aber nicht unbeschränkt zulässig sind, sondern einige Schranken in der Staatsnotwendigkeit und den Verkehrssitten finden.

Einem durch diese rechtmäßigen Mittel veranlaßten Vertragsschluß kann der Einwand der mangelnden Willensfreiheit nicht entgegengesetzt werden, wenn auch meist insofern ein Zwang vorliegen wird, als der eine oder der andere Vertragschließende ohne den Vertragsschluß schwere Nachteile, ja, den Untergang seiner wirtschaftlichen Existenz zu befürchten gehabt haben würde.

Nicht immer aber gehen den Vertragsschlüssen Kämpfe voraus. Die Erkenntnis von der Notwendigkeit gegenseitigen Entgegenkommens und gegenseitiger Verhandlungen kommt den Beteiligten häufig und jetzt immer häufiger, ohne daß sie erst ihre Kräfte erprobt hätten. Hier führt lediglich der beiderseitige Wunsch zum Abschluß eines Tarifvertrags.

Wer schließt nun einen Tarifvertrag? Arbeitgeber und Arbeiter miteinander. Regelmäßig stehen auf der einen Seite nur Arbeiter, auf der anderen nur Arbeitgeber.[1]) Bisweilen sind aber auch Zwischenunternehmer an diesen Verträgen beteiligt, die bald mehr auf der Arbeitgeber-, bald mehr auf der Arbeiterseite stehen. Die Parteien setzen sich zusammen teils aus einzelnen Personen, teils aus mehr oder minder organisierten Gesamtheiten. Diese Gesamtheiten begründen Rechte teils für sich, teils für ihre Mitglieder, teils für Außenstehende.

Der Inhalt des Tarifvertrages ist auf alles das gerichtet, was diese Parteien bei ihren gegenseitigen Beziehungen zu regeln wünschen. Diese Regelung betrifft Rechtsfragen aller Art, öffentliche und private. Da sich der Inhalt hiernach kaum begrenzen läßt, so hat man den Tarifvertrag mitunter nicht als eine bestimmte Vertragsart, sondern als eine Form der Vertragschließung ansehen wollen.

Wir sehen hieraus, wie wenig der Begriff bisher klar umgrenzt ist.

Den Namen hat der Tarifvertrag von den Lohntarifen, die er oft enthält. Sie können aber auch ganz fehlen.

Deswegen hat man einen anderen Namen für zweckmäßig gehalten und hat die Tarifverträge kollektive Arbeitsverträge genannt, weil sie auf Regelung von Arbeitsverhältnissen gerichtet sind. Dagegen hat *Lotmar* eingewendet, daß sie mit dem von ihm und anderen aufgestellten Begriff des Arbeitsvertrags sich nicht deckten, da dieser Begriff einen Vertrag erfordere, durch den sich der eine Teil zur Leistung von Arbeit, der andere zur Gewährung einer Vergütung verpflichte. In diesem Sinne sind die Tarifverträge freilich meist keine Arbeits-

---

[1]) Das G.G.G. § 62 hat nur diesen Fall im Auge.

verträge, in der Regel ist jedenfalls die Verpflichtung zur Leistung von Arbeit nicht der Hauptinhalt des Tarifvertrags[1]).

Als Hauptinhalt kann man auch nicht nur die Regelung der Lohnhöhe betrachten, insbesondere auch nicht die Aufstellung eines Tarifs.

Freilich besteht, wenigstens quantitativ, bei den bisher abgeschlossenen Tarifverträgen der Inhalt hauptsächlich in Lohnfragen.

Daneben enthalten die Tarifverträge aber zahlreiche andere Bestimmungen, die meist als allgemeiner Teil des Tarifvertrags bezeichnet werden, z. B. über die Arbeitsvermittlung, über die Form des Abschlusses von Arbeitsverträgen, über die Frage, ob gegen Zeitlohn oder im Akkordvertrage gearbeitet werden und in welchem Umfange dies geschehen soll, über den Abschluß der Akkorde, über die Arbeitszeit, die Beschaffenheit der Arbeitsräume, über die Stellung von Maschinen, Werkzeugen und Hilfskräften, über die Arbeitszeit, die Kündigungsfrist, über die Stellung der Arbeiter zueinander, der Kolonnen, der Helfer, der Meister, über Entlassungsgründe, Arbeitsordnungen, über Lehrlingsangelegenheiten, Besuch von Fortbildungs- und Handwerkerschulen, über die Sicherung des Betriebs, über Arbeiterwohlfahrtseinrichtungen. Die Tarifverträge regeln ferner Streiks, Sperren, Boykotts. Sie schaffen Schlichtungskommissionen und Tarifämter, sowie Schiedsgerichte. Sie regeln das Verfahren bei Anrufung des Einigungsamtes und vieles andere mehr.

So kann ein Tarifvertrag die Regelung eines ganzen Gewerbes für einen größeren oder kleineren Bezirk enthalten.

Die verhältnismäßig einfache Frage der Lohnhöhe ist daher weder juristisch, noch praktisch der Hauptinhalt des Tarifvertrags, um so weniger, als sie mitunter durch den Tarifvertrag überhaupt nicht unbedingt festgelegt, sondern dem Ermessen eines Tarifamtes überlassen wird. Wenigstens soll dieses Tarifamt nach dem Ablauf gewisser Perioden die Löhne neu festzusetzen ermächtigt sein. Ein derartig variabler Faktor kann nicht als Hauptvertragsinhalt bezeichnet werden. In

---

[1]) *Sinzheimer* nennt sie Arbeitsnormenverträge.

einem solchen Vertrag erscheint vielmehr die Errichtung des Tarifamtes als der wichtigste Bestandteil.

So mannigfaltig wie der Inhalt der Tarifverträge, so mannigfaltig müssen naturgemäß auch die juristischen Fragen sein, die sich an diesen Inhalt knüpfen. Liegt nun ein Bedürfnis vor, diese Fragen im Zusammenhange zu betrachten?

Die Bejahung dieser Frage dürfte schon in dem Umstande zu finden sein, daß eine große Zahl von Juristen des In- und Auslandes diese Fragen im Zusammenhange zu erfassen und das Recht der Tarifverträge systematisch darzustellen versucht hat, ja, daß auch schon die Gesetzgebung an die Regelung dieser Vertragsart herangetreten ist[1]).

Es wäre verfehlt, wollte man auf einen besonderen Begriff des Tarifvertrags verzichten und die in dieses Gebiet fallenden, jeweils geschlossenen Verträge lediglich individuell betrachten in Berücksichtigung des Grundsatzes, daß unser bestehendes bürgerliches Recht der Bildung von besonderen Vertragsarten keine Schranke setzt. Es ist notwendig, die gemeinsamen Merkmale aller derjenigen Verträge zu erfassen, die man heute mit dem Namen Tarifverträge bezeichnet. Die Mängel, die diesen Verträgen heute noch anhaften, sind ohne dieses Verfahren nicht zu beseitigen. Eine brauchbare Theorie der Tarifverträge wird auch notwendige Voraussetzung für die gesetzliche Regelung dieser Vertragsart sein.

---

[1]) Über die wirtschaftliche Notwendigkeit und Nützlichkeit der Tarifverträge brauche ich mich hier nicht auszusprechen. Hier genügt die Tatsache ihres häufigen Vorkommens. In Deutschland wird die Nützlichkeit für Arbeitgeber und Arbeiter anerkannt. Nur die eigentliche Großindustrie hält sich fern, nicht aber in allen Fällen grundsätzlich ablehnend. S. Aufsatz von industrieller Seite in der Augsburger Abendzeitung Nr. 202, 1905, und Verhandlg. des Vereins für soz. Reform, 1906. Schriften der Gesellschaft für soziale Reform, Bd. II., Heft 11 u. 12. Die Zurückhaltung der Großindustrie bezieht sich auch nur auf Deutschland. Im Ausland, insbesondere England, ist lebhaft am Abschluß von Tarifverträgen beteiligt. S. u. a. *Zimmermann*, Gewerbliches Einigungswesen in England und Schottland, Schriften der Gesellschaft für soz. Reform, Bd. II, Heft 10. In Deutschland sind jetzt u. a. die Ältesten der Kaufmannschaft von Berlin der Frage durch Veranstaltung einer Umfrage bei den Beteiligten über die Wirkungen der Tarifverträge nähergetreten.

Wir finden heute auf diesem Gebiete nur ein Chaos vor, trotzdem die Literatur sich schon reichlich mit den Tarifverträgen befaßt und über manche Punkte Licht verbreitet hat.

Keineswegs ist die Frage der Tarifverträge in dem Maße zur Entscheidung reif, wie die des Akkordvertrages[1]). Es mag paradox klingen, aber trotz des Vorhandenseins von etwa 4000 Tarifverträgen in Deutschland kann man sagen: ein Tarifvertrag soll erst noch geschaffen werden.

Was wir heute haben, sind, mit verschwindenden Ausnahmen, günstigstenfalls im Telegrammstil abgefaßte Punktationen[2]). Wenn man sich den Text solcher Verträge ansieht, so weiß man oft nicht, wer kontrahiert hier, und das ist um so bedenklicher, als die Theorie über diesen Punkt eigentlich in allen Fällen uneinig ist, selbst wenn der Text in dieser Hinsicht einigermaßen klar ist. Aus dem Wortlaut der Verträge ersieht man meist auch nicht, was die Parteien eigentlich wollen. Die besten Verträge lassen dies aus ihren dürftigen Eingangsworten erraten. Danach ist aber die Parteiabsicht eine sehr verschiedenartige in den einzelnen Fällen. Bald heißt es, der Vertrag bezwecke die Hebung des ganzen Gewerbes. Ein anderer Vertrag beginnt mit der Überschrift: „Arbeitsbedingungen für das Maurer- und Zimmergewerbe“, dann werden die einzelnen Punkte aufgezählt. Am Schlusse heißt es: „Arbeitgeber und Arbeitnehmer erkennen die Bedingungen als für sie bindend an“. In einem anderen Tarifvertragen wird gesagt, „daß der Vertrag als Unterlage des Verhältnisses beider Teile dienen soll“. In einem anderen: „Beide in Betracht kommenden Organisationen erkennen sich als maßgebende Faktoren zur Festsetzung der Lohn- und Arbeitsbedingungen für das Gewerbe an”[3]).

---

[1]) D. h. für Deutschland vgl. Verhandlg. des XXVIII. Deutschen Juristentages, Bd. III, S. 521 f., 540 f., 545 f., 563, 564, 565. 573, 601 f.

[2]) *Brogsitter* S. 13.

[3]) Tarifvertrag III S. 197 unter Nr. 87 heißt es: „Zwischen der Firma des Herrn H. und dem Verbande der Schneider usw., welcher Organisation die bei der Firma beschäftigten Arbeiter angehören, wird folgender Vertrag ...... abgeschlossen.“ Soll dieser Vertrag nur für die bei der Firma beschäftigten Arbeiter oder für alle Verbandsangehörigen gelten? Darüber ist nichts gesagt.

In einem Tarif ist hinsichtlich der Parteien nun folgendes gesagt: „Über den ... eingereichten Lohntarif ist zwischen einer zu diesem Zwecke eingesetzten Kommission von fünf Gehilfen und fünf Innungsmitgliedern folgendes festgesetzt und beiderseits angenommen, sowie durch die gegebenen Unterschriften für beide Teile rechtskräftig geworden". Von wem die Kommission eingesetzt ist, wohin ihr Auftrag ging, wen sie verbinden wollte, darüber finden wir kein Sterbenswörtchen. Mitunter bleibt es fraglich, ob überhaupt eine rechtliche Bindung beabsichtigt war[1]). Bei einem veröffentlichten Tarifvertrag heißt es, daß er abgeschlossen wurde zwischen Arbeitgebern und Arbeitnehmern des betreffenden Gewerbes. Nirgends ist Leistung und Gegenleistung klar gegenübergestellt, nirgends ist ein Antrag und eine Annahme ersichtlich, die erste Vorbedingung jedes Vertragsschlusses, die doch in einem förmlichen Vertrag klar zu erkennen sein müßte. Oft beziehen sich die einzelnen Verpflichtungen und Berechtigungen auf verschiedene Kontrahenten, so daß z. B. teilweise die einzelnen Arbeitgeber und Arbeiter verpflichtet sein sollen, während anderenteils wieder nur die am Vertrag beteiligten Verbände berechtigt und verpflichtet sein sollen.

In vielen Fällen sind die Tarifverträge so zustande gekommen, daß das Einigungsamt einen Schiedsspruch fällte und daß dieser von beiden Parteien angenommen wurde. Der Schiedsspruch des Einigungsamtes hat dadurch die Bedeutung eines von dritter Seite gemachten Vorschlages für einen Vertragsschluß. Der Schiedsspruch müßte also einen förmlichen Vertragsentwurf enthalten. Dieser Anforderung entsprechen die Schiedssprüche kaum je. Ja, selbst als Vertragspunktationen aufgefaßt enthalten sie dieselben Mängel wie die anderweitigen Tarifverträge. Auch hier sind die Parteien ungenau bezeichnet. Daneben enthalten die Verträge überflüssige, weil z. B. gesetzlich vorgeschriebene Dinge und auch mitunter unmögliche Forderungen.

---

[1]) S. Tarifvertrag III Nr. 98. Bemerkt sei noch, daß hier nur in amtlichen oder wissenschaftlichen Organen publizierte Tarifverträge berücksichtigt werden.

Das alles muß bei einer Betrachtung der Tarifverträge berücksichtigt werden. Aus dieser mangelhaften und daher so überaus mannigfaltigen Fassung der Tarifverträge resultieren viele theoretische Streitfragen.

Manche Schriftsteller legen ihren Ausführungen diesen oder jenen einzelnen Tarifvertrag oder eine bestimmte Gruppe dieser Verträge zugrunde und bauen ihre Theorie so auf einseitigen Voraussetzungen auf. Dieses Verfahren mußten wir notwendigerweise vermeiden, selbst auf die Gefahr hin, daß wir auf diesem Wege nicht zu einer so einfachen Theorie der Tarifverträge kommen, wie andere Schriftsteller. Die Praxis läßt sich eben nicht unbedingt von der Theorie meistern. Sie wird trotz vorhandener Klarheit und Einfachheit auch eine Theorie nicht akzeptieren, die ihren Ansprüchen, insbesondere der Mannigfaltigkeit der Erscheinungsformen eines Rechtsgebildes, nicht gerecht wird.

Tarifgemeinschaften. In tatsächlicher Beziehung muß noch eine Erscheinung hervorgehoben werden, die meist, aber nicht immer, eine Folge der Tarifverträge ist.

Diese Verträge begründen oft ein dauerndes, gemeinsames Zusammenwirken der Vertragsparteien zur Aufrechterhaltung und Fortbildung des Tarifvertrags.

So entsteht die Tarifgemeinschaft, an der Arbeitgeber und Arbeiter gleichermaßen beteiligt sind[1]). Diese Gemeinschaften wählen Organe zu ihrer Vertretung oder zur Erfüllung bestimmter Aufgaben, mit deren Vorsitz sie oft unparteiische, nicht dem Gewerbe angehörige Personen betrauen.

Das Recht dieser Organe, den Tarifvertrag fortzubilden, soll mitunter so weit gehen, daß diese Organe den wesentlichen Inhalt des Vertrages zu verändern befugt sein sollen mit der Folge, daß die Parteien an den abgeänderten Vertrag ebenso gebunden sein sollen, wie an das ursprüngliche Abkommen.

Wo finden wir das tatsächliche Material der Tarifverträge?

---

[1]) Die Gemeinsamkeit der Interessen der in der Tarifgemeinschaft vereinigten Arbeitgeber und Arbeiter hebt besonders hervor *Koeppe* in d. Jahrb. f. Nationalökonomie und Statistik, III. Folge, Bd. 30 S. 242.

Das tatsächliche Material der Tarifverträge befindet sich zum größten Teil in den Akten der Gewerbegerichte. Es sind aber auch mitunter andere Behörden mit dem Abschluß von Tarifverträgen betraut gewesen, z. B. Bürgermeister, Minister usw.

Dieses Material ist in Deutschland in verschiedenen Zeitschriften publiziert worden; wir nennen hier die „Soziale Praxis", Zentralblatt für Sozialpolitik (Herausgeber Prof. Dr. E. Francke) das „Reichsarbeitsblatt" und die Zeitschrift „Das Gewerbegericht", jetzt „Das Gewerbe- und Kaufmannsgericht"[1]).

Gesammelt sind Tarifverträge in Deutschland u. a. von *Fanny Imle* und vom Kaiserlichen Statistischen Amt[2]). So reichhaltig und besonders wegen der beigegebenen allgemeinen Ausführungen wertvoll diese Sammlung ist, so wäre es doch erfreulich gewesen, wenn man die ursprüngliche Absicht, alle vorhandenen Tarifverträge zu veröffentlichen, ausgeführt hätte. Wertvoll wäre auch eine genaue Textkritik gewesen. Dazu bedürfte es genauer Anweisungen an die hauptsächlich die Tarifverträge einsendenden Gewerbegerichte. Die im Umlauf befindlichen Texte der Tarifverträge sind keineswegs immer mit den Originalen in wörtlicher Übereinstimmung. Der Text, insbesondere die Disposition, ist öfters geändert. Die Unterschriften werden meist weggelassen und Überschrift und Einleitungen gegeben, welche ursprünglich nicht vorhanden waren. Da nun aber, wie hervorgehoben, der Inhalt der Tarifverträge gerade insofern besonders dürftig zu sein pflegt, als die Parteien und die Natur der gegeneinander übernommenen Verpflichtungen in Frage kommt, so sind die Über- und Unterschriften sowie diese Einleitungen von großer Wichtigkeit. Sie geben oft die wesentlichste Aufklärung über die rechtliche Natur

---

[1]) Gewerbe- und Kaufmannsgericht, Monatsschrift des Verbandes deutscher Gewerbe- und Kaufmannsgerichte.

[2]) *Fanny Imle*, Gewerbliche Friedensdokumente, Jena 1906; Der Tarifvertrag im Deutschen Reich, Beiträge zur Arbeiterstatistik, Nr. 3—5. Bearbeitet im Kaiserl. Statistischen Amt, Berlin 1906. Es finden sich auch Tarifverträge in den neuesten Jahrgängen des von den Ältesten der Kaufmannschaft von Berlin herausgegebenen „Berliner Jahrbuchs für Handel und Industrie." Verlag von Georg Reimer, Berlin.

des Vertrags, über diejenigen Punkte, aus denen die Theorie ihre wichtigsten Schlüsse ableitet. Es soll damit nicht gesagt sein, daß gerade die in der amtlichen Sammlung veröffentlichten Verträge an diesen Mängeln leiden. Es dürfte vielmehr anzunehmen sein, daß man von einer Textespublikation bei solchen Verträgen abgesehen hat, bei denen Bedenken gegen die wörtliche Wiedergabe des Originaltextes bestanden.[1]) Viele der veröffentlichten Texte lassen andererseits klar ersehen, daß sie mit dem wenig sorgfältig redigierten Wortlaut des Originals übereinstimmen.

Es ist anzunehmen, daß den theoretischen Bearbeitern des Tarifvertrages meist nicht besser gefaßte Urkunden vorgelegen haben. Ein Hinweis hierauf ist nötig, um die Basis zu erkennen, auf der die Theorien oft aufgebaut sind.

---

[1]) Charakteristisch ist der Bd. III S. 231 abgedruckte Vertrag. Derselbe beginnt: „Zwischen unserer Organisation und den Reinigungsinstitutsinhabern in Dresden wurden folgende Vereinbarungen getroffen“ usw. Eine Unterschrift des Verbandes ist nicht vorhanden. Nur in einer Anmerkung wird der Name des Verbandes von der Redaktion angegeben. Die Redaktion verfuhr also völlig korrekt. Aber es besteht die Befürchtung, daß die Einsender der Tarifverträge in solchen und ähnlichen Fällen eine vom Standpunkt der wissenschaftlichen Untersuchung bedenkliche Ergänzung vorgenommen haben. Noch häufiger kommen solche Zusätze und Überschriften in den von den Parteien in Umlauf gesetzten Druckexemplaren der Tarifverträge vor. Dieser Umstand erklärt sich aus dem natürlichen Gefühl, daß diesen Verträgen eine Ergänzung fehlt, die ihren Sinn erst erkennen läßt. Indem die Herausgeber aber solche Ergänzungen selbst vornehmen, ist nicht gesagt, daß sie den wirklichen Parteiwillen treffen. Die Parteien werden sich in dieser Beziehung vielmehr oft überhaupt nicht klar oder einig geworden sein, und damit wird man oft zu dem Schluß kommen, daß es überhaupt noch an einer Willenseinigung fehlte, also ein Vertrag nicht vorliegt.

Bd. III S. 217 ist unter Nr. 98 ein Vertrag mit folgendem Eingang veröffentlicht: „Arbeits- und Lohntarif zwischen den dem Zentralverbande der deutschen Konsumvereine angehörenden Genossenschaften mit eigenem Bäckereibetrieb und dem Verbande der Bäckereiberufsgenossen Deutschlands. (Dieser Tarif wurde auf dem Genossenschaftstag 1904 in Hamburg den Genossenschaften mit eigener Bäckerei zur Einführung empfohlen.)“ Der Zusatz stand offenbar in dem dem Kaiserl. Statistischen Amt übersandten Texte und ist daher genau so publiziert worden. Er k a n n aber gar nicht in dem Originalvertrage gestanden haben. Gleichwohl ist er für die Beurteilung der rechtlichen Natur des Vertrags von

Manchen Theoretikern scheint überhaupt die Kenntnis der vorhandenen Urkunden abgegangen zu sein, besonders ausländischen, denn sonst wären Verwechslungen wie die der sogenannten Kolonnenverträge, also kollektiver Dienst- oder Arbeitsverträge mit den Tarifverträgen nicht möglich.[1])

größter Wichtigkeit. Mit welchem Rechte aber der Zusatz gemacht wurde, wissen wir nicht. Vielleicht sind sich die Parteien beim Vertragsschluß der Tragweite der Verabredungen gar nicht bewußt gewesen. Vielleicht haben sie, wie in vielen Fällen, geglaubt, eine für alle in Betracht kommenden Angehörigen des Gewerbes maßgebende objektive Norm geschaffen zu haben. Nachher sind sie sich vielleicht erst bewußt geworden, daß sie eine solche Abmachung nicht durchführen können, und haben sich dann mit der Empfehlung des Vertrages begnügt. Hätten sie sich von vornherein hierauf beschränken wollen, so hätten sie diese Absicht doch gleich in dem Vertragstext zum Ausdruck bringen müssen. Manche Verträge werden nur mit der Unterschrift e i n e r Partei veröffentlicht. Manche tragen nur die Unterschrift der Kommission (s. III S. 207 Nr. 32). Daselbst heißt es weiter: „Nachstehende Werkstattordnung, welche von einer Kommission von Arbeitgebern und Arbeitnehmern beraten und von beiden Versammlungen angenommen ist, tritt am 1. April .... in Kraft." Welche Versammlungen sind gemeint? Natürlich solche von Arbeitgebern und Arbeitern. Aber derartige Versammlungen können vielfach in verschiedenster Zusammensetzung, von seiten der verschiedensten Parteien veranstaltet, stattgefunden haben.

[1]) S. *Rundstein*, Die Tarifverträge im französ. Privatrecht. S. 19 folg.

Zweites Kapitel.

Literatur.

Nachdem der Tarifvertrag und die damit im Zusammenhang stehenden Rechtsverhältnisse, insbesondere das Koalitionsrecht, der Streik, die Sperre, der Boykott, die Aussperrung, das gewerbliche Einigungswesen, in der volkswirtschaftlichen Literatur vielfach behandelt waren, ist wie bei anderen Pragen des Arbeiterrechts auch auf dem Gebiete des Tarifvertrags *Philipp Lotmar* der Erste gewesen, welcher die Theorie dieses Rechtsverhältnisses juristisch im Zusammenhange zu erfassen versucht hat, und seine auf eingehender Sachkenntnis beruhende Darstellung dieses Vertrages ist bis jetzt grundlegend geblieben, wenngleich sie in vielen Punkten und zum Teil mit Recht angegriffen worden ist[1]).

Eine über *Lotmar* hinausgehende theoretische Darstellung, welche den Tarifvertrag von Grund aus zu erfassen sucht, besitzen wir nicht[2]).

Lotmar hat unser Thema zunächst in einer längeren, selbständigen Abhandlung im Archiv für Sozialgesetzgebung und Statistik[3]) und dann im ersten Bande seines Werkes über den Arbeitsvertrag[4]) behandelt.

---

[1]) Zerstreute Äußerungen über den Begriff der Tarifverträge finden sich freilich schon früher. Auch die auswärtige Literatur liefert eine umfassendere oder tiefergehende Gesamtdarstellung nicht. Zusammenstellungen der vorhandenen Literatur bei *Rundstein*, Tarifverträge, 1906, S. III bis IV; *Hüglin*, Tarifvertrag; *Adam Brogsitter*, Der Tarifvertrag, Essen a. d. Ruhr 1906, Einigungsamt und Schiedsgerichte, Basel 1907; Der Tarifvertrag im Deutschen Reich, bearbeitet vom Kaiserl. Statistischen Amt, Berlin 1906, Bd. 1 S. 176; *Gisi*, Einigungsamt und Schiedsgericht, Basel 1907, *Bertrand Nogaro*. l'arbitrage obligatoire, Paris 1905. S. 139 folg.

[2]) Neuerdings haben *Schall* (Privatrecht der Arbeitstarifverträge 1907) und *Sinzheimer* (Der korporative Arbeitsnormenvertrag) selbständige Theorien aufgestellt.

[3]) Bd. XV.

[4]) Der Arbeitsvertrag, S. 755 ff.

Lotmar erblickt in dem Tarifvertrag einen zweiseitigen Kollektivvertrag, an dem mindestens auf der Arbeiterseite eine Gesamtheit beteiligt sei. Es sei kein Gesellschaftsvertrag, keine Koalition, kein Vergleich, kein Arbeitsvertrag und auch kein Vorvertrag zu einem Arbeitsvertrage[1]). Sein Ziel sei auf die Regelung künftiger Kontrahierung von Arbeitsverträgen gerichtet. Den Inhalt des Tarifvertrags teilt er ein: 1. in transitorische Bestimmungen, welche die Beilegung derjenigen Streitpunkte betreffen, die den Anlaß für einen Lohnkampf gegeben haben; 2. in den Tarifvertrag selbst betreffende Bestimmungen, die z. B. seinen Anfang und sein Ende bestimmen, und die Einrichtungen zu seiner Durchführung und Fortbildung; 3. die auf das Arbeitsverhältnis sich beziehenden Bestimmungen. Die hauptsächliche Rechtswirkung des Tarifvertrags besteht in einer Ergänzung des Arbeitsvertrages, dergestalt, daß, wenn die Parteien des Tarifvertrags einen Arbeitsvertrag abschließen, der auf die Arbeitsverhältnisse bezügliche Teil des Tarifvertrags ohne weiteres Inhalt dieses speziellen Arbeitsvertrags wird, und zwar, was *Lotmar* als die wichtigste und für die Existenz des Tarifvertrags notwendige Folge ansieht, mit unabänderlich zwingender Kraft. Diese Unabdingbarkeit, die Unmöglichkeit der Derogierung, folgert *Lotmar* aus dem Umstande, daß die durch den Tarifvertrag begründeten Rechte und Verpflichtungen kollektiver Natur, Rechte zur gesamten Hand seien. Dieses kollektive Recht, welches in dem Anspruch auf Unterlassung tarifwidriger Arbeitsverträge besteht, könne ein einzelner durch ein Sonderabkommen nicht aufgeben. Gegenüber dem kollektiven, im Arbeitsvertrag geäußerten Willen sei der im Arbeitsvertrag geäußerte individuelle Wille nicht nur überflüssig, sondern auch ohnmächtig. Diesen Grundsatz leitet *Lotmar* auch kraft angeblich zwingender Analogie aus der zwingenden Rechtswirkung der Arbeitsordnung her. Der Arbeitsordnung selbst gegenüber erkennt *Lotmar* aber die zwingende Kraft der Tarifverträge nicht an, so daß also nach seiner Ansicht die Arbeitsordnung

---

[1]) S. dagegen *Rocke*, Über Tarifgemeinschaften, Leipzig 1906.

— soll wohl heißen deren zwingender Teil — dem Tarifvertrag vorgeht.

Auf Arbeitsverträge mit Außenseitern finde der Tarifvertrag nur Anwendung, wenn dies von den Parteien des Arbeitsvertrags gewollt sei (S. 795), denn in den Bereich eines Tarifvertrags gelange niemand ohne sein eigenes Zutun (S. 796). In den persönlichen Geltungsbereich werde man durch Selbstkontrahieren oder durch Stellvertreter gezogen. Die Vollmacht werde von der Mehrheit der Beteiligten erteilt, deren Angehörige nur von jedem selbst namhaft gemacht werden könnten (S. 798), es sei denn, daß ein Verband den Tarifvertrag abschließe. Nachträglich könne man ausdrücklich oder stillschweigend beitreten, z. B. durch Eintritt in den vertragschließenden Verband oder vorbehaltlosen Abschluß eines Tarifvertrags mit einer einem Tarifvertrag unterworfenen Person (S. 799).

Einen weiteren Ausbau dieser Lehre stellt *Rundsteins* Abhandlung über den Tarifvertrag [1]) dar.

Rundstein sieht die Berufsverbände nur insoweit als Selbstkontrahenten an, als der Tarifvertrag allgemeine Einrichtungen zu seiner Durchführung enthält, z. B. Schlichtungskommissionen, Arbeitsnachweise (S. 115). Im übrigen seien diese Verbände bei der Vertragschließung nur Vertreter ihrer Mitglieder, insbesondere hinsichtlich des Hauptinhalts der Tarifverträge, welcher die Regelung künftiger Arbeitsverhältnisse betreffe. Er wendet sich insbesondere gegen die Auffassung der Tarifverträge als Verträge zugunsten Dritter (S. 76, 128, 130). Als selbstverständliche Folge eines Tarifvertrages bezeichnet er die Unterlassung jeder Lohnbewegung, insbesondere des Streiks, der Sperre, des Boykotts, und diese Verpflichtung liege den Verbänden auch dann ob, wenn sie nur als Vertreter an dem Vertragschluß beteiligt seien (S. 114). Nach deutschem Rechte könne ein als Vertreter handelnder Verband nicht selbst Schadenersatz fordern, wenn seine Interessen verletzt seien (S. 124).

---

[1]) Leipzig 1906. Hierüber *von Schulz*, Kritische Blätter f. d. ges. Sozialwissenschaften, März 1906, S. 188 ff. ferner *Baum* in GG. KS. 1906/07, Sp. 23, vergl. auch *Rundstein*, die Tarifverträge in franz. Privatrecht. Leipzig 1905. Und hierzu *Sinzheimer* in GG. KS. 1906/07, Sp. 20 folg.

Auch *Rundstein* steht auf dem Standpunkte der Unabdingbarkeit der Tarifverträge (S. 142). Dabei hat es an einigen Stellen den Anschein, als ob er die Wirkung der Unabdingbarkeit schon in dem Anspruch auf Beseitigung tarifwidriger Vertragsbestimmungen erblickt, so daß der Vertragsbrüchige angehalten werden könne, von der tarifmäßigen Regelung nicht abzuweichen (S. 150).[1] Er vergleicht die Wirkung des Tarifvertrags mit derjenigen der Konkurrenzklausel und eines Kartellvertrags, dem er die Wirkung beilegt, daß er die Vertragschließung nur dem Kartell nicht zugehörigen Personen unmöglich macht (S. 145). Es sei unbegreiflich, so führt er aus, daß die Tarifparteien in der Lage sein sollten, ihre Willenserklärungen nach Belieben zu ändern (S. 146). Das Prinzip der absoluten Verfügungsfreiheit entspreche dem Wesen einer individualistischen, organisationslosen Wirtschaftsordnung (S. 149). Man könne aber auch nach bestehendem deutschen Recht sich selbst seiner Verfügungsfähigkeit begeben (S. 148). Auf Grund dieses Standpunktes sieht er eine Tarifbestimmung, welche Sonderverträge gegen „Sinn und Inhalt" des Tarifvertrags für ungültig erklärt, als in vollem Maße rechtswirksam an (S. 153) und kommt zu dem Schluß, daß, wenn der Tarifvertrag nicht unabdingbar wäre, er überhaupt nicht gültig sei (S. 142). Die Unabdingbarkeit lasse sich aber nicht begründen, wenn man den Verband als Selbstkontrahenten ansähe (S. 139).

Auf der anderen Seite hält *Rundstein* daran fest, daß der Tarifvertrag ein Rechtsgeschäft und keine Rechtsquelle sei, so daß an ihn nur die gebunden seien, die ihn abgeschlossen haben (S. 170). In dem Abschluß eines mit dem Tarifvertrag konformen Arbeitsvertrags liege noch kein Beitritt zum Tarifvertrag (S. 173).

Der Austritt aus dem vertragschließenden Verbande befreie nur von der Haftung diesem und nicht der Gegenpartei gegenüber (S. 177, 178), die unter diesen Umständen eventuell auch zurücktreten könne (S. 179).

Rundstein bezieht die Unabdingbarkeit nicht auf Außenseiter, doch haftet nach seiner Ansicht im Falle eines tarif-

[1]) Die Ausführungen *Rundsteins* gehen vom französischen Rechte aus.

widrigen Vertrages mit einem Außenseiter die vertragsbrüchige Tarifpartei für den Schaden.

Im wesentlichen auf *Lotmars* Standpunkt steht auch *Sinzheimer*[1]). Er sieht das Wesen der Tarifverträge darin, daß eine Mehrheit von Arbeitern gemeinschaftlich eine Vereinbarung über den Inhalt künftig abzuschließender individueller Arbeitsverträge trifft. Er unterscheidet zwischen Tarifverträgen mit Organisationen und Nichtorganisierten auf Arbeitgeber- und Arbeitnehmerseite. Die Forderungen aus dem Tarifvertrag auf seiten der organisierten Arbeiter seien Rechte zur gesamten Hand und die Pflichten solche der Korporation, der Mitglieder und ihrer Vertreter zur gesamten Hand. Auf seiten der Arbeitgeber löste sich der Tarifvertrag, auch wenn er mit einer Arbeitgeberorganisation abgeschlossen sei, in einzelne Tarifverträge auf. Die Pflichten des Arbeitgebers erstrecken sich auf sämtliche Arbeiter seines Betriebes, auch auf die an dem Tarifvertrag nicht beteiligten.

Der Arbeitgeber sei nicht verpflichtet, die Arbeitsgelegenheit ständig zu erhalten. Er müsse aber alle Arbeitsverträge und die Arbeitsordnung in Übereinstimmung mit dem Tarifvertrag bringen. Die Arbeiterorganisation sei wie die Arbeiter zu tarifmäßigem Verhalten verpflichtet. Sie habe sich jeder Lohnbewegung zu enthalten. Sie habe — ohne für den Erfolg zu haften — auf Beobachtung der Bestimmungen des Tarifs durch ihre Mitglieder hinzuwirken.

Der Tarifvertrag sei bei Arbeitsverträgen der am Tarifvertrag beteiligten Arbeitgeber mit den Mitgliedern der Arbeiterorganisation stets unabdingbar — trotz gegenteiliger Abrede in dem Individualarbeitsvertrage — ein Teil des Arbeitsvertrages. Dagegen bei Arbeitsverträgen mit nichtorganisierten Arbeitern gelte der Tarifvertrag nur, wenn nichts Abweichendes vereinbart sei.

Was den Rechtsschutz anbetrifft, so meint *Sinzheimer*, daß der Tarifvertrag, soweit er zwingend sei, seinen Rechtsschutz ausschließlich in dem Arbeitsvertrag selber finde, so

[1]) Das Gewerbegericht, Nachtrag zur Verbandstags-Beilage vom 1. August 1905, S. 375 ff., und Beilage zu Nr. 1 vom 1. Oktober 1905, S. 77 ff. Ferner *Sinzheimer*, Der korporative Arbeitsnormenvertrag, 1907.

daß der Arbeiter stets den tarifmäßigen Lohn einklagen könne, trotz abweichender Abrede. Gegen den Arbeitgeber könne die Organisation auf Abänderung des tarifwidrigen Arbeitsvertrags und der Arbeitsordnung oder auf Schadenersatz klagen. Der Schaden sei stets Schaden der Organisation.

Gegen die Arbeiterorganisation könne der Arbeitgeber auf Schadenersatz und Unterlassung des tarifwidrigen Verhaltens klagen.

Die Organisation der Arbeiter sei in bezug auf den Tarifvertrag als Gesellschaft des BGB. anzusehen[1]).

Den von diesen drei Schriftstellern in der deutschen Literatur vertretenen Ansichten stehen die Ausführungen der meisten übrigen teils mehr, teils weniger scharf gegenüber. Eine neutrale Haltung nimmt die Publikation des Kaiserlichen Statistischen Amtes ein.

Sie erkennt den Tarifvertrag als ein Rechtsgeschäft mit rechtsverbindlicher Kraft an (I, S. 63) und verneint seine Eigenschaft als Koalition oder Gesellschaftsvertrag. Sie verlangt zum Vertragsschluß eine Mehrheit von Arbeitern, indem als Zweck des Tarifvertrags bezeichnet wird, über den einzelnen Arbeitsvertrag hinaus und unabhängig von ihm die Arbeitsbedingungen im Gewerbe maßgebend und möglichst einheitlich zu regeln, in einer Weise, bei der beide Parteien für ihre Wünsche ihre Rechnung

---

[1]) Auf *Lotmars* Standpunkt steht auch im wesentlichen Bail (das Rechtsverhältnis des Arbeitgebers und Arbeitnehmers, Berlin 1904). Er akzeptiert die *Lotmar*sche Lehre der Unabdingbarkeit mit der Maßgabe, daß tarifwidrige Bestimmungen des Arbeitsvertrages durch die tarifmäßigen ohne weiteres ersetzt werden, soweit diese nicht den Gesetzen zuwiderlaufen. Soweit ein Tarifvertrag auf einem ordnungsmäßigen Organisationsbeschlusse beruhe, binde er auch die widersprechende Minderheit. Fehlt es an einer Organisation, so seien gebunden nur die in einer Versammlung dem Tarifvertrage Zustimmenden oder sich später Unterwerfenden. Die Unterwerfung erfolgte auch durch Wiederaufnahme der Arbeit nach Abschluß eines einen Streik beendenden Tarifvertrages. Auch eine Innung kann ihre Mitglieder durch einen Tarifvertrag verbinden. S. auch *Koeppe*. Der kollektive Arbeitsvertrag als Gegenstand der Gesetzgebung. Jahrb. f. Nationalökonomie und Statistik III. Folge, Bd. 30. S. 289 folg., besonders S. 294. Zur Frage der Unabdingbarkeit nimmt *Koeppe* keine Stellung.

finden. Ein von einzelnen Personen abgeschlossener Tarifvertrag äußere keine Rechtswirkung in bezug auf außenstehende Personen, insbesondere nicht auf die ganze Arbeiterschaft des betreffenden Gewerbes. Wenn ein Verband kontrahiere, würden seine gegenwärtigen und künftigen Mitglieder berechtigt und verpflichtet. Über die spezielle Rechtswirkung wird nur gesagt, daß ein Arbeitsvertrag, an dem auch nur auf einer Seite ein Außenseiter beteiligt sei, zu Bedingungen geschlossen werden könne, die vom Tarifvertrag abweichen, und daß auch eine Arbeitsordnung dem Tarifvertrag vorgehe. Schließlich wird ausgeführt, daß man dem Tarifvertrag nur durch ausdrückliche oder stillschweigende Willenserklärung unterworfen werde.

Sigel[1]) erkennt an, daß *Lotmar* der Konstruktion des Tarifvertrages die richtigen Wege gewiesen habe, widerspricht ihm aber in bezug auf die Unabdingbarkeit und die *Lotmar*sche Konstruktion einer vollmachtlosen Vertretung bei Abschluß des Vertrages.

Die *Lotmar*sche Konstruktion weist mit Entschiedenheit ab zunächst *Baum.*[2]) Er zieht in Zweifel, ob die Parteien überhaupt regelmäßig einen zivilrechtlichen Vertrag wollen, und verneint diese Parteiabsicht allgemein, wenn Delegierte einer nach Person und Zahl unbestimmten Arbeiterschaft den Vertrag abschließen. Er weist bei Verbandsverträgen auf das Erfordernis hin, daß nach den Statuten die Mitglieder aus den vom Verband abgeschlossenen Verträgen verpflichtet sein müssen, wenn sie unmittelbar vom Tarifvertrag betroffen werden sollen. In allen Fällen hält er vom Tarifvertrag abweichende Arbeitsverträge für möglich.

Am wirksamsten tritt *Oertmann*[3]) den *Lotmar-Rundstein*schen Ausführungen entgegen.

Oertmann erkennt den Tarifvertrag als einen rechtswirksamen Vertrag an, den er definiert als eine Vereinbarung

---

[1]) Der gewerbliche Arbeitsvertrag, 1903, S. 20 ff. und 33.

[2]) Die rechtliche Natur des Tarifvertrags, *Gruchot*, Beiträge zur Erläuterung des deutschen Rechts, 49. Jahrg., S. 261—276; ferner: Das Gewerbegericht, Verbandstags-Beilage vom 1. August 1905, S. 326—331.

[3]) Prof. Dr. *Paul Oertmann*, Zur Lehre vom Tarifvertrage, Zeitschrift für Sozialwissenschaft, X. Jahrg., 1907, Heft 1, S. 1—29. Neuerdings auch *Schall*, Das Privatrecht der Arbeitstarifverträge.

zwischen einem oder mehreren Arbeitgebern mit einer organisierten oder nicht organisierten Gruppe von Arbeitern zur Feststellung der Arbeitsbedingungen. Er unterscheidet zwischen der rechtlichen Bindung der vertragschließenden Gesamtheiten „nach außen" und der Bindung ihrer Mitglieder „nach innen". Die Vertragschließung auf Arbeiterseite erfolge stets durch einen Verein, der sich erforderlichenfalls erst ad hoc bilde (S. 10). Aus § 152 GO. folge nicht die Nichtigkeit der Koalition. Die mit Dritten geschlossenen Rechtsgeschäfte der Koalition bleiben bestehen (S. 13). Sonst müßte jede mit einer Mehrheit von Arbeitern vereinbarte Lohnerhöhung klaglos sein (S. 10). Der Tarifvertrag sei keine Vereinigung zwecks Erlangung günstiger Arbeitsbedingungen, sondern er stelle die Erlangung der günstigen Arbeitsbedingungen selbst dar.

Die zwingende Unabdingbarkeit des Tarifvertrages im Sinne von *Lotmar* verwirft *Oertmann*[1]) mit Rücksicht auf den für den Fall mangelnder Vergütungsabrede gesetzliche Folgen vorschreibenden § 612 und den die Verfügungsbefugnis durch Rechtsgeschäfte ausschließenden § 137 BGB., demgegenüber § 399 BGB. nur eine Ausnahme sei, und mit Rücksicht auf den die zwingende Kraft der Arbeitsordnung vorschreibenden § 134c GO.

Als Rechtsfolge der Tarifverträge bezeichnet er folgende Klagen:

a) auf Erfüllung, bestehend:
   α) in Unterlassung tarifwidriger Arbeitsverträge und Arbeitsordnungen,
   β) in Unterlassung der Zurückweisung der Anstellung eines Arbeiters, weil er nicht tarifwidrig kontrahieren will;[2])
b) auf Ersatz materiellen und individuellen Schadens;
c) auf Zahlung einer Konventionalstrafe;
d) auf Rücktritt oder Kündigung.

---

[1]) Er hält die von mir in den Verhandlungen des XXVIII. Deutschen Juristentages 1905, Bd. I, S. 270, vertretene Konstruktion von Rechten zugunsten Dritter aus dem Tarifvertrag für möglich und zur Begründung der Unabdingbarkeit für zweckmäßig, aber im Interesse der Durchführung der Tarifverträge nicht für praktisch (S. 19—22).

[2]) Eine solche Klage erscheint mir nicht recht praktisch.

Oertmann bekämpft auch wie *Baum Lotmars* Ansicht, daß die Kontrahenten der Tarifverträge Vertreter aller derer seien, für deren Arbeitsverträge der Tarifvertrag maßgebend sein soll (S. 7).

Brogsitter [1]) definiert den Tarifvertrag als einen sozialen Vertrag zwischen einem oder mehreren Arbeitgebern und einer nicht begrenzten Gesamtheit von denselben oder ähnlichen Berufsschichten angehörigen Arbeitnehmern zum Zwecke der Feststellung der Bedingungen, unter welchen Individualverträge zu schließen und die gegenseitigen Beziehungen zu regeln sind. Er nimmt an, daß Arbeitgeber und Arbeiter vom Tarifvertrage abweichend Arbeitsverträge schließen können (S. 19). Die Koalitionen haben nach *Brogsitter* gar keinen Rechtsboden (S. 19). Die Bestimmungen des Gesellschaftsrechts fänden auf Gesellschaften zur Erlangung günstiger Lohn- und Arbeitsbedingungen nur beschränkte Anwendung. Wenn der Arbeitsvertrag in wesentlichen Punkten vom Tarifvertrag abweiche, so scheiden die Parteien damit aus der Tarifgemeinschaft aus. Einen Zwang zur Tariftreue gäbe es nicht (S. 19). Andererseits spricht *Brogsitter* aber von einem Klagerecht der einzelnen am Tarifvertrage beteiligten Personen gegen den anderen kontrahierenden Teil trotz § 152 Abs. 2 GO. Daß der Tarifvertrag keine Koalition sei, gibt auch *Brogsitter* zu (S. 21). Einen Verzicht auf das Streikrecht erklärt *Brogsitter* für unverbindlich.

Schalhorn [2]) sieht Tarifverträge, die von Korporationsvertretern abgeschlossen sind, als verbindlich nur für diese an, will aber, wenn die Korporationen die überwiegende Mehrzahl der Angehörigen des betreffenden Gewerbes ausmachen, den Inhalt der Tarifverträge regelmäßig als Verkehrssitte ansehen und demgemäß zur Auslegung der Arbeitsverträge heranziehen [3]). Ausdrücklich abweichende Abreden hält er aber

---

[1]) Der Tarifvertrag, Essen/Ruhr 1906.

[2]) *von Schulz-Schalhorn*, Das Gewerbegericht, Berlin 1903, S. 21 ff. Vgl. auch Soz. Prax. XIII Sp. 1010.

[3]) Diese Interpretation wendet *Schalhorn* auch hinsichtlich der Kündigungsfrist an, so daß er mangels einer Abrede die tarifmäßige, nicht die gesetzliche stattfinden lassen will. Vgl. dagegen *Schmelzer* S. 128, der übrigens S. 199 *Schalhorn* nicht richtig versteht, da dessen Ausführung sich

ohne weiteres für verbindlich, da ihnen keiner der Nichtigkeitsgründe des BGB. entgegenstehe.

Ähnlich erhebt *v. Schulz* [1]) Bedenken gegen die *Lotmar*sche Theorie der Unabdingbarkeit aus § 139 BGB. Er wendet sich auch gegen die Anwendung der Rechtsvorschriften über die Gesellschaft. In zutreffender Weise widerlegt *v. Schulz* die Ansicht des Reichsgerichts, daß der Tarifvertrag eine Koalition zwecks Erlangung günstiger Arbeitsbedingungen sei.

Burchardt [2]) mißt den Tarifverträgen eine rechtliche Bedeutung nur als Grundlage für künftig abzuschließende Arbeitsverträge und als Auslegungsmittel für den Parteiwillen beim Abschluß von Arbeitsverträgen bei, doch sei es niemandem verwehrt, abweichende Arbeitsverträge zu schließen.

Im stärksten Gegensatz zu *Lotmar* steht *Schmelzer* [3]). Er erkennt zwar den hohen Wert der Tarifverträge an. Er sieht aber die Tarifgemeinschaften als Koalitionen zwecks Erlangung günstiger Arbeitsbedingungen an, von denen gemäß § 152 GO. jedermann ohne weiteres zurücktreten kann. Als vertreten beim Abschluß von Tarifverträgen sieht *Schmelzer* alle Mitglieder von Organisationen an, welche Vertreter zu den Verhandlungen über den Vertragsschluß entsandt haben, ferner alle diejenigen Arbeitgeber und Arbeiter, welche nachträglich, sei es ausdrücklich oder stillschweigend, persönlich oder durch ihre Organisationen dem Tarifvertrag beigetreten sind. Auch wenn bei Individualarbeitsverträgen auf den Tarifvertrag Bezug genommen sei oder trotz Kenntnis des Tarifvertrags abweichende Bedingungen nicht festgesetzt werden, sei daraus auf Beitritt zum Tarifvertrag zu schließen (S. 123—125). Der

nur auf den Bauarbeitertarif, nicht auf alle Tarifverträge allgemein bezieht. *Schalhorn* nimmt anscheinend an, daß § 122 GO. durch G e w o h n h e i t s r e c h t dahin abgeändert ist, daß statt der vierzehntägigen Kündigung unter Umständen die übliche Kündigungsfrist eintrete.

[1]) Beilage zu Nr. 1 des Gew.- u. Kaufm.-Ger. vom 1. Oktober 1905, S. 86 ff. Vgl. ferner derselbe, Zur Koalitionsfreiheit, Archiv f. soz. Gesetzgebung und Statistik, Bd. XVIII, S. 457—482, und Reichsgericht wider die Tarifverträge, ebenda Bd. XX S 362—372, auch *von Schulz-Schalhorn*, S. 320—391. S. auch *v. Schulz*, Gutachten z. 29. Deutschen Juristentag.

[2]) Die Rechtsverhältnisse der gewerblichen Arbeiter, 1901, S. 84—87.

[3]) Tarifgemeinschaften usw., Leipzig 1906.

Tarifvertrag begründe nur eine sittliche Verpflichtung, aber keine Klage[1]). Auch eine Konventionalstrafe sei nicht zulässig (S. 126). Nur soweit der Tarifvertrag zur Usance geworden sei, könne er rechtliche Bedeutung für die einzelnen Arbeitsverhältnisse haben.

Von der Lotmarschen Auffassung des Tarifvertragds ausgehend erörtert *Koehne* die Beziehungen der Arbeitsordnung zum Tarifvertrag. Er bezeichnet als gegen die guten Sitten und daher auch gegen die Gesetze verstoßend eine Bestimmung der Arbeitsordnung, welche gegen einen von Arbeitgeber geschlossenen Tarifvertrag verstößt. Eine derartige Bestimmung der Arbeitsordnung ist daher nach Koehne ungültig. Die zuständige Verwaltungsbehörde müsse deshalb gemäß § 134 f. GO. auf Abänderung drängen. Hinsichtlich dispositiver Bestimmungen sei es Frage der Auslegung, ob sie nur durch Vereinbarung oder auch durch A.-O. abgeändert werden könnten[2]).

Nicht ganz so weit, wie *Schmelzer* in der Verneinung der Rechtsnatur des Tarifvertrags geht *Hüglin* in seiner eingehenden wirtschaftlichen und rechtlichen Darstellung dieses Vertrages[3]). Auch er steht auf dem Standpunkt, daß das Gesetz dem Tarifvertrage den Schutz versage, den es jedem anderen Vertrage gewährt, so weit er nicht gegen die guten Sitten verstößt (S. 243 und 275). Er sieht ihn aber nicht wie *Schmelzer* als Koalition an, sondern bekämpft gerade, und zwar in wirksamer Weise, die Ansicht des Reichsgerichts, auch so weit sie sich auf andere mit den Tarifverträgen in Beziehung stehende strafbare Handlungen bezieht, z. B. Bedrohung, Erpressung, Nötigung (S. 213—227). *Hüglin* leitet den Mangel der Rechtswirksamkeit der Tarifvertrags aus dem in § 152 Abs. 2 GO. gegebenen Rücktrittsrecht der Koalitionsmitglieder her.

---

[1]) *Schmelzer* nimmt hier noch auf die Motive zu § 70 GGG. Bezug, in denen gesagt ist, daß eine Vereinbarung von allen Beteiligten für die Bedingungen des weiteren Arbeitsverhältnisses als maßgebend anerkannt werde, aber durch äußere Mittel nicht erzwungen werden könne. Das heißt doch aber nur, daß es keinen Zwang zum Vertrags s c h l u ß gebe.

[2]) *Koehnes* Arbeitsordnungen S. 259—262, vgl. hier zu *Baum* bei Guschot S. 265—266.

[3]) *Alb. Hüglin*, Der Tarifvertrag, Stuttgart und Berlin 1906. S. 84 folg.

Die Literatur des Auslandes kann nur in Frage kommen, insoweit sie zum Verständnis des bestehenden deutschen Rechts beizutragen geeignet ist. Das kann der Fall sein nur hinsichtlich der allgemeinen Natur des Tarifvertrags, soweit für dieselbe allgemeine Rechtsgrundsätze oder mit dem deutschen Recht gleichliegende Verhältnisse vorliegen, und ferner hinsichtlich einiger Spezialfragen.

In Betracht kommen hier naturgemäß nur Industrieländer wie England mit einigen seiner Kolonien, Australien und Kanada, Nordamerika, Frankreich, Holland und Belgien, die Schweiz und schließlich Italien, aber auch Österreich.

Soweit die zivilrechtliche Natur und die bürgerlichen Rechtsfolgen in Frage stehen, kommt der Betrachtung die gemeinsame römisch-rechtliche Grundlage der in den meisten dieser Länder bestehenden Privatrechtsordnung beim Vergleich mit unseren Rechtsverhältnissen zugute. Hinsichtlich der französischen Rechte bestehen allerdings wegen der eigenartigen Natur seines Obligationsrechtes nicht unerhebliche Abweichungen.

Wesentliche Unterschiede bestehen in fast allen diesen Ländern im Verhältnis zu Deutschland hinsichtlich des Koalitionsrechts. Die mit Rücksicht auf die Kollektivität des Vertragsschlusses bei uns geltenden Rechtsfragen können also kaum mit dem ausländischen Recht verglichen werden. Die modernen, durch die Entwicklung der Industrie erst entstandenen oder von ihr ausgehenden Begriffe von Streik, Sperre, Aussperrung, Boykott haben in allen Ländern einen im wesentlichen gleichen Charakter. Die Fragen des Schadenersatzes sind in England und Frankreich und verwandten Rechtsgebieten dagegen schon wesentlich anders gestaltet wie bei uns.

Einzelne Länder, wie Australien, die Schweiz, Belgien, Österreich, haben schon eine Gesetzgebung über Tarifverträge[1]).

Die hier für die Form des Rechtsgeschäftes und seinen Abschluß festgesetzten Bestimmungen können für das deutsche Recht gar nicht in Frage kommen.

---

[1]) Eine Übersicht über diese Gesetzgebung befindet sich in Bd. I der Publikat. des K. Statist. Amts über die Tarifverträge S. 74 ff.

In diesen Gesetzen sind meist die Fragen der Stellvertretung, der Bedeutung der Tarifverträge für Außenseiter und die Frage der Derogierbarkeit entschieden, Fragen, die im deutschen Recht im höchsten Maße streitig sind. Nur bei einer sehr freien Deduktionsmethode wird man aus den diesbezüglichen gesetzlichen Bestimmungen Schlüsse auf das bestehende deutsche Recht ziehen können.

Ganz eigenartig ist die gesetzliche Regelung des Tarifwesens in Australien. Der Vertrag hat hier einen in weitgehendem Maße öffentlich rechtlichen Charakter angenommen. Er bedeutet in letzter Linie eine polizeiliche Festsetzung der Arbeitsverhältnisse unter Anhörung der Parteien — sofern diese sich nicht gütlich einigen. Dieses System kann also nur etwa bei einer künftigen Gesetzgebung, nicht aber bei der Erörterung des bestehenden deutschen Rechts berücksichtigt werden.

Nachstehend geben wir einen kurzen Überblick über die Gesetzgebung in den einzelnen Staaten, die hauptsächlich in Frage kommen:

E n g l a n d. In England fehlt den Gewerkschaften, wie die Rechtslage nunmehr wieder ist, die juristische Persönlichkeit. Ihren vertraglichen Vereinbarungen wird deshalb die Rechtswirksamkeit abgesprochen. Gleichwohl besteht ein wohlorganisiertes System von Schiedsgerichten und Einigungsämtern, deren Tätigkeit eine durchaus erfolgreiche ist.[1])

Eine privatrechtliche Regelung des Tarifvertrags fehlt dagegen noch vollständig.[2]) Es liegt dem Parlament der Entwurf einer Conziliation Act vor.

A u s t r a l i e n einschließlich N e u - S e e l a n d.[3]) Die verschiedenen australischen Kolonien haben dagegen Gesetze geschaffen, welche nicht nur das Zustandekommen tariflicher Abmachungen, sondern auch die privaten Rechtswirkungen dieser Abmachungen regeln.

---

[1]) *Zimmermann*, Gewerbl. Einigungswesen in England und Schottland. Jena 1906. Bd. II, Heft 10 der Schriften der Gesellschaft für soziale Reform.

[2]) *Gisi*, Einigungsamt und Schiedsgericht. Basel 1907. S. 7—49.

[3]) S. Der Tarifvertrag, bearbeitet vom Kais. Statistischen Amt, Bd. I 1906, S. 88 f. *Bertrand Nogaro*, L'arbitrage obligatoire. Paris 1906.

In den meisten dieser Kolonien stellen die Tarifverträge ein Gemisch privatrechtlicher Vereinbarungen und öffentlich rechtlicher Regelung der Arbeitsbedingungen dar, und zwar derart, daß gewöhnlich zunächst der Weg freier Vereinbarung offen gelassen wird, daß aber im Fall des Mißlingens von Einigungsverhandlungen die obrigkeitliche Festsetzung eintritt. Dabei wird den rechtlich anerkannten Gewerkschaften eine bevorzugte Stellung als Vertretern der Arbeiterschaft eingeräumt.

Die Lage ist in den Gesetzgebungen der einzelnen Kolonien die folgende:

Neu-Seeland. Auf Grund der Industrial Conciliation and Arbitration Act vom 31. August 1894 und den dazu ergangenen Novellen [1]) sind in einzelnen Bezirken Einigungsämter (conciliation boards) und über diesen stehend ein Staatsgerichtshof (general court of arbitration) errichtet worden. Die Parteien können sich entweder an die Einigungsämter oder an den obersten Staatsgerichtshof wenden. Erzielt das Einigungsamt keine Einigung (nach Art eines Tarifvertrags), so ist vom Einigungsamt eine recommendation (Empfehlung) nach Art unserer einigungsamtlichen Schiedssprüche zu erlassen, die jedoch, falls die Parteien nicht Berufung an den Staatsgerichtshof einlegen, zum bindenden Tarifvertrag wird. Die Tarifverträge behalten ihre Wirksamkeit stets so lange, bis auf die eine oder andere Art ein neues Tarifabkommen erfolgt ist. Die Entscheidungen des obersten Schiedsgerichtshofes sind regelmäßig bindend, sowohl für die Partei, wie für alle, die in die Industrie später eintreten, doch müssen alle, die durch die Entscheidung gebunden sein sollen, Gelegenheit gehabt haben, angehört zu werden.[2]) Während des Verfahrens vor dem Schiedsgerichtshof ruhen alle Lohnbewegungen. Die Durchführung des Vertrags liegt den Fabrikinspektoren ob.

---

[1]) Vom 18. Oktober 1895, 19. Oktober 1896, 5. November 1898. Industrial Conciliation and Arbitration Act vom 27. Oktober 1900, 7. November 1901, 4. September 1903, 14. September 1903, 10. November 1903 und 8. November 1904.

[2]) Entsch. des Schiedsgerichtshofs vom 27. Mai 1904 bei *Nogaro*, S. 28.

Bei der Lohnfestsetzung hat der Schiedsgerichtshof sich bestrebt, einen angemessenen Durchschnittslohn mit der Rücksicht auf billigere Arbeitsbedingungen in anderen Industriebezirken zu vereinigen.

In Neu-Süd-Wales fallen die Einigungsämter vollständig weg. Es entscheidet hier in jedem Falle der Schiedsgerichtshof, der eine allgemeine, gesetzesähnliche Norm hinsichtlich der Arbeitsverhältnisse festsetzt, die aber nur für die an dem Streit beteiligte Industrie, nicht für andere Gebiete gilt. In Streiksachen entscheiden die Strafgerichte. Wenn nicht innerhalb angemessener Zeit die Anrufung des Schiedsgerichts erfolgt, sind Streiks unerlaubt. Der Schiedsspruch kann ohne Anhörung der Interessenten auf weitere Kreise ausgedehnt werden, doch haben die Parteien das Recht, ihre Exemtion oder wenigstens ihre Anhörung zu beantragen, tatsächlich werden aber alle Arbeitgeber zur Teilnahme am Verfahren geladen.

Süd-Australien. Die Arbeiter- und Arbeitgeberverbände können sich in ein Register eintragen lassen und erlangen dadurch volle Rechtsfähigkeit, mit der Maßgabe, daß sie Tarifverträge mit zwingender Wirkung, aber von höchstens dreijähriger Dauer abschließen können, und zwar sowohl mit anderen Vereinen wie mit einzelnen Personen. Zur Herbeiführung von Kollektivvereinbarungen bestehen private und öffentliche Einigungsämter und über ihnen ein staatliches Einigungsamt. Alle Entscheidungen sind bindend für die Mitglieder der eingetragenen Vereine, für diejenigen, die sich als Wähler für die Einigungsämter eintragen lassen, und schließlich auch für diejenigen, die sich dem Spruch unterworfen haben.

West-Australien. Hier ist die Gesetzgebung ähnlich wie in Neu-Seeland. Es kommt nur hinzu, daß Kollektivvereinbarungen zur Registrierung gebracht werden können und alsdann dieselbe Wirkung haben wie die Entscheidungen des Schiedsgerichts. Bei hoher Geldstrafe verboten sind ferner Streiks und Sperren.

In Victoria sind Lohnämter als Verwaltungsbehörden eingerichtet, welche die von ausständigen Arbeitgebern ihren

Arbeitern von mittlerer Leistungsfähigkeit tatsächlich gezahlten Löhne festzustellen und danach die Minimallöhne zu bestimmen haben, jedoch unter Zulassung von Ausnahmen für schwache und alte Arbeiter.

Ferner haben sie die Zahl der zu haltenden Lehrlinge festzusetzen.

Diese Gesetzgebung in Victoria enthält also nichts von Tarifverträgen.

Common wealth of Australia. Der australische Staatenbund hat seine Zuständigkeit auf das gewerbliche Einigungs- und Schiedsgerichtswesen ausgedehnt und diese Fragen durch ein Gesetz vom 15. Dezember 1904 geregelt. Diese Gesetzgebung bezweckt die Verhinderung von Streiks oder Aussperrungen durch gütliche Vereinbarung der Parteien oder durch die Entscheidung eines obersten Schiedsgerichtshofes, der die in den Einzelstaaten entstehenden gewerblichen Streitigkeiten vor sein Forum ziehen kann.

Für die Tarifverträge ist dieses Gesetz wichtig wegen verschiedener von ihm gegebenen Definitionen, insbesondere der Begriffe Streik und Aussperrung[1]), wegen der eigenartigen Regelung der Legitimation der Parteivertreter und der Erzwingung der auf Grund dieses Gesetzes erfolgten Regelung der Arbeitsverhältnisse.

Streiks und Sperren wegen gewerblicher Streitigkeiten sind bei Strafe verboten und durch das Einigungsverfahren ersetzt.

Die Prüfung der Legitimation der Vertreter der streitenden Parteien erfolgt durch einen besonderen Beamten, den Registrator, der sich zu überzeugen hat, daß die Organisation statutenmäßig oder durch eine Generalversammlung im Wege einer vorschriftsmäßigen Abstimmung oder durch die Mehrheit

---

[1]) Diese Definitionen lauten: Aussperrung (Lock-out) ist die Sperrung einer Arbeitsstätte oder eines Teiles einer Arbeitsstätte oder die ganze oder teilweise Arbeitseinstellung eines Arbeitgebers mit der Absicht, seine Arbeiter zu zwingen, bestimmte Arbeitsbedingungen anzunehmen oder einem anderen Arbeitgeber bei einem solchen Zwange behilflich zu sein. Streik ist die ganze oder teilweise Arbeitseinstellung durch Arbeiter, die im gegenseitigen Einverständnis handeln, um Arbeitgeber zu zwingen, Forderungen, die sie oder andere Arbeiter aufgestellt haben, zuzustimmen.

der Mitglieder ihres leitenden Ausschusses schriftlich Auftrag gegeben hat, die Angelegenheit dem Schiedsgericht zu unterbreiten.

Die durch das Gesetz geregelten gewerblichen Vereinbarungen müssen unter Organisationen abgeschlossen sein. Sie sind verbindlich für alle beteiligten Parteien und die Mitglieder der beteiligten Organisationen, so lange die Vereinbarung in Kraft besteht. Hinsichtlich der Rechtswirkung der Tarifverträge bestimmt das Gesetz, daß jede vertraglich gebundene Person als einer Aussperrung oder eines Streiks schuldig befunden werden soll, die ohne triftige Ursache oder Entschuldigung sich weigert oder es unterläßt, Arbeit zu den vereinbarten Bedingungen anzunehmen, desgleichen ebenso die Organisationen, die ihren Mitgliedern befehlen, Arbeit nicht anzubieten oder anzunehmen.

Das Urteil des Gerichts bindet:

1. die erschienenen oder vertretenen Parteien;

2. alle nach Ansicht des Gerichts mit Recht geladenen Parteien;

3. alle Organisationen oder Personen, auf die das Gericht die bindende Wirkung erstreckt;

4. alle Mitglieder der durch das Urteil gebundenen Organisationen.

Die Durchführung der Entscheidungen erfolgt durch Verhängung von Strafen, und zwar auf Klage des Registrators, der an sich oder in der Person ihrer Mitglieder geschädigten Organisation oder eines geschädigten Organisationsmitgliedes. Als Nebenstrafen können verhängt werden: der Verlust aller Rechte aus dem Schiedsgerichtsgesetz, der Fähigkeit, Organisationsbeamter zu sein, und der Rechte aus den Wohltätigkeitseinrichtungen der Korporationen.

Es sind hiermit also gelöst:

1. die Frage des Tarifvertragschlusses durch Regelung der Legitimation der Parteivertreter in dem öffentlichen Verfahren vor dem Registrator[1]). Dieser hat einmal darauf zu sehen, daß die zivilrechtlichen Voraussetzungen der Vollmachts-

[1]) S. dagegen unser G. G. G. § 63 Absatz 5.

erteilung vorliegen. Er deckt aber auch zugleich etwaige Mängel der Legitimation durch eine von ihm zu erteilende Bescheinigung.

2. Die Rechtswirkung des Tarifvertrags, und zwar unter Wahrung der Rechte aller Interessenten und unter Begründung einer öffentlichen Klage durch den Registrator als Staatsanwalt, wodurch für diejenigen Fälle ein Rechtsbehelf gefunden ist, in denen die Legitimation oder die Möglichkeit der Klage durch die Verletzten erschwert ist.

Auf das in Deutschland vorgeschlagene Mittel, einen sicheren Schutz der Tarifverträge lediglich in den einzelnen Dienstverträgen zu schaffen, indem man den Tarifvertrag für unabdingbar erklärt, ist die australische Gesetzgebung nirgends verfallen. Sie kennt Strafen, zivilrechtliche Nachteile und Zwangsmittel zur Durchführung des Tarifvertrags, erklärt aber nicht abweichende Bestimmungen eines Dienstvertrags für unwirksam und ohne weiteres für ersetzt durch die betreffende Bestimmung des Tarifvertrags.

Schweiz[1]). Die Gesetzgebung über die Tarifverträge beschränkt sich auf den Kanton Genf[2]). Hier regelt das Gesetz vom 20. Februar 1900 / 20. März 1904 das Verfahren zwecks Abschlusses der Tarifverträge und ihre Rechtswirkung. Parteien sind entweder eingetragene rechtsfähige Berufsvereine oder die Delegierten der in einer Plenarversammlung wählenden Arbeiter- und Arbeitgeberschaft. Die Delegierten stellen den Tarif in dem zweiten Fall durch Beschluß mit $^3/_4$ Mehrheit fest. Es liegt in diesem Falle also kein eigentlicher Vertrag, sondern eine Art Vereinsbeschluß vor, wobei das ganze Arbeiter und Arbeitgeber umfassende Gewerbe als ein organisierter Verein erscheint, dessen beschließende Gewalt in die Hände der Delegierten gelegt ist. Die Gemeinschaft der Arbeitgeber und Arbeiter bildet sonach von gesetzeswegen schon eine Tarifgemeinschaft, die sich einen Tarif schafft, während sonst die Tarifgemeinschaft erst eine Folge der Tarifvereinbarung ist.

---

[1]) Doch bestehen in verschiedenen Kantonen schiedsgerichtliche Einrichtungen, z. B. Bern, Luzern, Neuenburg, Zürich.

[2]) *Sulzer*, Die kollektive Vertragschließung zwischen Arbeitern und Arbeitgebern. 1900.

Falls keine freiwillige oder durch die Behörde vermittelte Einigung zustande kommt, erfolgt seine Festsetzung durch die Zentralkommission der Gewerbegerichte als Schiedsgericht.

Die Rechtswirkung des Tarifvertrags besteht in dem Verbot von Streiks und Aussperrungen zwecks Änderung des Vertrags. Im übrigen gilt jeder Tarifvertrag als Brauch in dem betreffenden Gewerbe. Es dürfen daher abweichende Dienstverträge geschlossen werden.

Niederlande. Nach dem mir bisher nur vorliegenden Gesetzentwurf ist nur der Tarifvertrag zwischen einem oder mehreren Arbeitgeber- und einem rechtsfähigen Arbeiterverein geregelt. Als Inhalt des Tarifvertrags wird die Regelung der Bedingungen künftiger Arbeitsverträge bezeichnet.

Abweichende Einzelverträge sind nicht unwirksam, sondern als nichtig von den Parteien anzufechten, sofern beide Parteien des Dienstvertrags dem persönlichen Geltungsbereiche des Tarifvertrags unterliegen.

In Italien ist die Gesetzgebung erst in der Vorbereitung.

In Spanien liegt ein Gesetzentwurf vor, demzufolge die Arbeitervereine, die einen Tarifvertrag geschlossen haben, für dessen Innehaltung durch ihre Mitglieder haften sollen.

In Österreich soll nach der Novelle zur Gewerbeordnung vom 5. 2. 1907 befindlichen Gesetz die Genossenschaft der Meister und Gehilfen eines Gewerbes berechtigt sein, auf Beschluß mit $^{2}/_{3}$ Majorität einen Tarif zu vereinbaren, der der behördlichen Bestätigung bedarf und in derselben Weise, wie er zustande kam, wieder aufgehoben werden kann. Diese Tarifvereinbarungen gelten als Inhalt der Einzelverträge, sofern die Parteien der einzelnen Dienstverträge nichts Abweichendes vereinbart haben [1]).

Frankreich. Durch ein Gesetz vom 21. März 1884 haben die Berufsvereine die ihnen bis dahin fehlende Rechtsfähigkeit erlangt, sofern sie gewisse Formalitäten erfüllen und ihre Statuten einreichen. Daneben sind auf Grund des Gesetzes vom 1. Juli 1901 nicht rechtsfähige Vereine zulässig. Ein

---

[1]) S. hierzu *Bunzlau* GG. und KG. XII S. 208 f.

Tarifvertrag kann aber nach französischem Rechte nur von rechtsfähigen Vereinen geschlossen werden.

Als Eigentümlichkeit sei das Vorkommen von sogenannten gemischten, d. h. aus Arbeitgebern und Arbeitern bestehenden, Berufsvereinen erwähnt, die sich die Regelung der Arbeitsverhältnisse zur Aufgabe gemacht haben und diese durch Beschlüsse der Vereinsversammlung oder des Vorstandes zur Ausführung bringen[1]).

Die *Lotmar*sche Theorie, wonach der Tarifvertrag wesentlich dazu bestimmt ist, den Inhalt künftiger Dienstverträge zu regeln, und zwar mit der automatischen und unabdingbaren Wirkung, daß seine Bestimmungen Inhalt der künftigen Dienstverträge werden, ist der französischen Theorie unbekannt. Sie sieht als Inhalt des Tarifvertrags nur ganz allgemein die Regelung künftiger Dienstverträge an. Die Festsetzung der Löhne sieht man in Frankreich nicht als den wichtigsten Teil der Tarifverträge an. Dahingegen will *Rundstein* auch das Wesen der französischen Tarifverträge in der unabdingbaren Regelung künftiger Dienstverträge erblicken[2]).

Abgesehen davon, daß die rechtsverbindlichen Tarifverträge von rechtsfähigen Vereinen abgeschlossen sein müssen, unterscheidet sich der Inhalt der französischen Tarifverträge nicht wesentlich von den deutschen Tarifverträgen. Für die Lehre der Unabdingbarkeit ist dies aber insofern nicht unwichtig, weil damit in allen Fällen eine Durchführung der Tarifverträge auch ohne die Heranziehung dieser Lehre gewährleistet ist. Erwähnenswert ist der Umstand, daß der Schadenersatz im Falle der Tarifverletzung oft im voraus fixiert ist.

Als Mittel der Selbsthilfe kommen Verrufserklärungen vor, die in der Rechtsprechung als erlaubt angesehen werden.

---

[1]) Etwas rechtlich Verwandtes zeigt die deutsche Buchdruckertarifgemeinschaft — neben vielen anderen aber weniger entwickelten Tarifgemeinschaften —, in welcher die Lohnverhältnisse durch Beschlüsse des Tarifamts geregelt werden.

[2]) *Rundstein* unterscheidet bei der französischen Theorie des Tarifvertrags folgende Arten: 1. die Mandatstheorie, 2. die Theorie eines Vertrags zugunsten Dritter, 3. die kombinierte Theorie. Der Tarifvertrag im französischen Privatrecht. Leipzig 1905.

Die französischen Gerichte haben sich im allgemeinen ablehnend gegen die Theorie der Unabdingbarkeit verhalten, jedoch hat das Pariser Gewerbegericht diese Lehre akzeptiert. Für die Regel wird im Falle des Abschlusses eines tarifwidrigen Dienstvertrags dem Geschädigten nur eine Klage auf Feststellung und Schadenersatz[1]), und im Falle eines Streiks oder einer Aussperrung eine Schadenersatzklage gegeben.

Im Falle eines gemeinsamen Interesses seiner Mitglieder kann auch der rechtsfähige Berufsverein klagen. Dahin scheint wenigstens die überwiegende Meinung zu gehen. Falls nun das individuelle Interesse eines Mitgliedes vorliegt, kann der Berufsverein nicht klagen. Der tatsächliche Eintritt eines Schadens des Berufsvereins ist aber in der Praxis im Falle eines Tarifbruches verneint worden.

Zurzeit steht ein Gesetzentwurf (ursprünglich von 1900 datierend) zur Verhandlung, dessen wichtigste Bestimmung die Konstituierung der Arbeiterschaft einer Fabrik als Interessengemeinschaft ist, die ihre Rechtsverhältnisse zum Arbeitgeber nach Mehrheitsbeschlüssen regelt[2]).

---

[1]) Von den Vertragsparteien des tarifwidrigen Dienstvertrages kann m. E. keine als geschädigt angesehen werden.

[2]) Der von *Millerand* eingebrachte Gesetzentwurf (am 22. Dezember 1904) der Kammer zur Annahme empfohlen, ist in deutscher Übersetzung abgedruckt bei *Huglin*, S. 100 f. Der Entwurf bezieht sich auch auf kaufmännische Betriebe. Einzelne Bestimmungen dieses Entwurfes können bei uns als Vorbilder bei Abfassung von Tarifverträgen benutzt werden (siehe Kapitel 8, Fortbildung des Tarifvertrags).

Drittes Kapitel.

Begriff und Inhalt des Tarifvertrags.

Allgemeines über den Begriff.

Lotmar bezeichnet den Tarifvertrag als einen Vertrag zwischen einem oder mehreren Arbeitgebern und einer unbegrenzbaren Zahl von Arbeitern, durch welchen die Parteien für den Fall, daß unter ihnen Arbeitsverträge geschlossen werden, deren Inhalt zum Teil durch den Tarifvertrag endgültig feststellen, so daß sich die Vertragsparteien zur gesamten Hand — dieses Erfordernis erstreckt sich nach *Lotmar* nur auf die Arbeiterpartei — verpflichten, vom Tarifvertrag abweichende Arbeitsverträge nicht zu schließen. Der übrige Inhalt des Tarifvertrags ist nach *Lotmar* für diesen Vertrag nicht wesentlich. Es sind dies die von *Lotmar* so bezeichneten transitorischen und den Tarifvertrag selbst betreffenden Bestimmungen. (Die transitorischen betreffen z. B. die Wiederaufnahme der Arbeit, Unterlassung von Maßregelungen an der Lohnbewegung beteiligter Personen u. a. Zu den den Tarifvertrag selbst betreffenden Bestimmungen gehören die Einrichtung von Organen der Tarifgemeinschaft, die Dauer des Tarifvertrags und dergleichen mehr.)

Wenn wir den Blick zurücklenken auf die Geschichte der Tarifverträge, so werden wir von vornherein nicht auf die Idee kommen, daß der Tarifvertrag den Inhalt künftiger Arbeitsverträge festsetzen soll, sondern wir erkennen, daß er auf der Arbeitgeberseite dahin geht, von den Arbeitern die Zusage der Unterlassung von Streiks während einer bestimmten Zeit unter der Voraussetzung gewisser Leistungen an den einzelnen

Arbeiter enthält. Die Arbeitgeber dagegen sagen diese Leistungen an die Arbeiter zu. Diese Leistungen sind mannigfaltiger Art. Zunächst bestanden sie hauptsächlich in der Zahlung von bestimmten Lohnsätzen. Bald erkannte man, daß die Lohnhöhe allein die wirtschaftliche Lage der Arbeiter nicht bestimmt, daß es vielmehr auf die Umstände ankommt, unter denen die Löhne gezahlt werden. Daraus entstand die Regelung weiterer Punkte: Die Arbeitszeit, Pausen, Arbeiterschutzbestimmungen, ja, Bestimmungen betreffend die Einrichtung des Betriebes, weil davon das Wohlbefinden und der Verdienst der Arbeiter abhängt, die Regelung des Lehrlingswesens, schließlich die Einrichtung einer Tarifgemeinschaft, welche alle Fragen, die zwischen Arbeitgeber und Arbeiter auftauchen, zu erörtern und soweit möglich zu regeln hat[1]).

Wir sehen: zunächst war die Innehaltung der verabredeten Lohnhöhe die Bedingung, unter der die Arbeiter sich verpflichteten, Frieden zu halten, schließlich wurde daraus eine Gemeinschaft zum Zwecke der Regelung der gemeinsamen Beziehungen zwischen Arbeiter und Arbeitgeber, und wir können hinzufügen: die Tarifgemeinschaften kommen schließlich dahin, sich auch mit den Beziehungen zu befassen, welche den Arbeitgebern und Arbeitern eines Gewerbes gegenüber außenstehenden Personen gemeinsam sind, gegenüber außenstehenden Arbeitern, ja, gegenüber der Konkurrenz der Arbeitgeber in demselben und in anderen Gewerben. Wir dürfen d i e s e n Inhalt der Tarifverträge nicht außer Betracht lassen, denn wir wissen, daß das Institut der Tarifverträge noch in der Entwicklung begriffen ist. Wir müssen daher die Richtung seiner Entwicklung zu erkennen suchen, um die Bedeutung der einzelnen Teile seines Inhaltes zueinander zu verstehen. Gerade in fortgeschrittenen Tarifgemeinschaften tritt die Frage der Lohnhöhe zurück. Sie sind nicht einmal endgültig festgelegt, sondern den Beschlüssen eines Tarifamtes

[1]) Derartige Bestimmungen Tarifvertrag Bd. II, S. 253—319, Bd. III, S. 4 f., 30 f., 40 f., 75 f. (Baugewerbe). 99, 108 f. (Tischler), 141 f. (Silberschläger), 145 f. (Feingoldschläger), 170 f. (Brauer), 220 f. (Bäcker), 237 u. 391 (Buchdrucker und verwandte Gewerbe).

unterstellt[1]). Sie gehören in diesem Falle also, wenn wir uns einmal so ausdrücken wollen, nicht zu den statutarischen Bestimmungen der Tarifgemeinschaft, sondern sie unterliegen dem Vorstandsbeschluß, nicht einmal dem Generalversammlungsbeschluß. Wir können sie sonach nicht als den wesentlichsten Teil des Tarifvertrags bezeichnen. Wie wir sehen werden, ist der Kern dessen, was *Lotmar* als Inhalt künftiger Arbeitsverträge bezeichnet, die Lohnhöhe, insbesondere ein Minimalzeitlohn, gerade ein Punkt, dem die Industrie, also der eine Vertragsteil, nicht leicht zustimmt, ein Punkt, der in Tarifverträgen deshalb auch oft wegbleibt. Es gibt Tarifverträge, die hauptsächlich eine einzige Beweisfrage, die Schlichtung von Streitigkeit und dergleichen regeln.

Immer aber, und das ist wesentlich, haben die Tarifverträge etwas von der Natur von Friedensverträgen, sie setzen die Bedingungen fest, unter denen von beiden Seiten Frieden gehalten werden soll. Wenn die Arbeitgeber das Unterlassen von Streiks verlangen, so fordern die Arbeiter das Unterlassen von Aussperrungen und ähnlichen Kampfmitteln.

Dabei sind diese Mittel aber nicht immer unter allen Umständen verboten, sondern nur, wenn sie dazu dienen, über den Tarifvertrag hinausgehende Vorteile zu erlangen, nicht immer, wenn sie nur die Aufrechthaltung des Tarifvertrags bezwecken.

Außer dieser Friedensgarantie hat der Tarifvertrag die Regelung der Beziehungen zwischen Arbeitgebern und Arbeitern in dem von *Lotmar* richtig erkannten Sinne zum Inhalt.

Ohne die Friedensgarantie ist aber ein Tarifvertrag nicht denkbar. Dieser Inhalt des Tarifvertrags muß also in seiner Definition auch zum Ausdruck kommen.

---

[1]) So bei der Buchdruckertarifgemeinschaft. Ansätze zu dieser Entwicklung finden sich auch bei anderen Tarifgemeinschaften. Siehe *Koeppe*, Der neueste soziale Fortschritt in der Buchdruckertarifgemeinschaft. Jahrbücher für Nationalökonomie und Statistik, III. Folge, Bd. 32, S. 744 f., 751, 755. Verbindlich für beide Parteien ist nicht nur der Tarifvertrag, sondern auch der vom Tarifamt herausgegebene Kommentar. Siehe für England *Zimmermann*, S. 60, 62, 66.

Als eventueller Inhalt muß ferner die Begründung der Tarifgemeinschaft in die Definition des Tarifvertrags hineingenommen werden.

Aus dem Ausdruck Friedensvertrag braucht nicht gefolgert zu werden, daß der Tarifvertrag immer der Abschluß eines sogenannten Lohnkampfes sein müßte. Im Gegenteil werden heute Tarifverträge oft ohne jeden vorangegangenen Kampf geschlossen, weil vielleicht in einem verwandten Gewerbe oder an einem anderen Orte ein Tarifvertrag besteht, der sich bewährt hat und den sich die Parteien zum Beispiel nehmen. Mitunter werden Streik oder Sperre lediglich zu dem Zweck vorgenommen, um einen Tarifvertrag herbeizuführen, wie z. B. die Aussperrung der Berliner Baugeschäfte im Jahre 1907[1]). Es bestand hier also gerade auf der angreifenden Seite von vornherein die Absicht eines Tarifvertrags, die man natürlich am liebsten ohne Kampf erreicht hätte, und dies wäre auch beinahe gelungen.

Da die Regelung der Arbeitsverhältnisse zum Zwecke der Erhaltung friedlicher und für beide Teile erträglicher Zustände vorgenommen wird, so muß der Tarifvertrag diejenigen Punkte umfassen, welche die am Vertrage beteiligten Arbeitgeber und Arbeitnehmer allgemein interessieren.

Aus dem Zwecke des Tarifvertrags ergibt sich auch, ob eine bestimmte Personenzahl an seinem Abschluß beteiligt sein muß. *Lotmar*, ebenso *Rundstein* lassen es auf Arbeitgeberseite an e i n e r Person genügen, während die Arbeiter nach Meinung *Lotmars* stets zu mehreren beteiligt sein müssen. Das ist notwendig für die *Lotmar*sche Konstruktion eines Vertrags zur gesamten Hand. Nach *Lotmar* kann ein Tarifvertrag bestehen zwischen einem Arbeitgeber und zwei Arbeitern. Irgendein praktisches Bedürfnis für einen solchen Vertrag besteht ohne Zweifel nicht. Er kann auch ernstlich nicht eine Friedensgarantie zum Inhalte haben. Andererseits läßt sich aber die Zahl der Personen, welche geeignet wäre, den genannten Zweck zu erzielen, gar

---

[1]) Ebenso Berliner Weißgerber. Dieses Gewerbe hat auch vor mehreren Jahren einen Tarifvertrag ohne vorherigen Lohnkampf geschlossen. Der Antrag auf Herbeiführung eines Einigungsverfahrens wurde von den Arbeitgebern zugleich namens der Arbeiter gestellt.

nicht bestimmen. Ich möchte die Zahl der beteiligten Personen überhaupt nicht für wesentlich ansehen. Auf Arbeitgeberseite kann es ohne Zweifel eine einzige Person sein. Oft ist ja selbst in einem größeren Bezirk nur ein einziger großer Arbeitgeber vorhanden. Ob ein Tarifvertrag mit einem Arbeiter vorkommen kann, zu untersuchen, ist müßig[1]). Es kommt aber vor, daß eine einzige Unternehmerorganisation mit einer einzigen Arbeiterorganisation einen Tarifvertrag abschließt, ohne daß diese Organisationen Vertreter ihrer Mitglieder sind. Hier sind es also nicht Arbeitgeber und Arbeitnehmer, sondern Personengesamtheiten, welche den Vertrag schließen, auf jeder Seite eventuell eine einzige juristische Person. Der Zweck des gewerblichen Friedens kann auch der dieser Organisationen sein. Doch die Organisationen werden nie Arbeitsverträge schließen. Ihr Tarifvertrag kann aber gleichwohl auf Regelung von Arbeitsverhältnissen gerichtet sein, nämlich der ihrer Mitglieder. Die übernommene Verpflichtung kann dann entweder dahin gehen, die Mitglieder zum Abschluß tarifmäßiger Verträge anzuhalten, oder dafür zu garantieren, daß sie tarifwidrige Verträge nicht abschließen, oder sie zu dieser Unterlassung nur anzuhalten. Daneben können diese Verträge auch den transitorischen und den die Tarifverträge selbstbetreffenden Inhalt im Sinne von *Lotmar* haben.

Der Tarifvertrag ist an sich kein Arbeitsvertrag, denn sein wesentlicher Inhalt ist nicht auf Leistung von Arbeit gegen Entgelt gerichtet. Wohl aber kann der Tarifvertrag, wie auch *Lotmar* zugibt, nebenher den Inhalt eines Arbeits- oder Dienstvertrags, d. h. Leistung von Diensten gegen eine Vergütung, haben. So kann im Tarifvertrag bedungen sein, daß bestimmte Arbeiter an einem bestimmten Tage die Arbeit aufnehmen, d. h. von diesem Zeitpunkt an Arbeit oder Dienste zu verrichten übernehmen, und daß der Arbeitgeber dafür eine bestimmte vereinbarte Vergütung zahlt. Es bedarf dann — wenn nichts

---

[1]) Bei sukzessiver Vertragsschließung können mehrere Arbeitgeber sich zusammentun und den einzelnen Arbeitern den Vertragsantrag vorlegen. Die Frage ist, ob hier ein Tarifvertrag schon besteht, wenn ein einziger Arbeiter den Antrag angenommen hat. Gewöhnlich geht bei sukzessiver Vertragsschließung der Antrag von der Arbeitergesamtheit aus.

anderes verabredet ist — nicht besonderer Abreden zur Begründung der einzelnen Arbeitsverträge[1]).

Der Tarifvertrag ist auch kein Vergleich. So hat man oft in Analogie mit der Beendigung eines Rechtsstreits durch Vergleich die Vereinbarungen genannt, durch welche die Parteien ein einigungsamtliches Verfahren gemäß § 62 f. der GGG. durch beiderseitiges oder auch nur einseitiges Entgegenkommen beseitigen. In diesem Verfahren sind aber meist nicht Rechtsverhältnisse streitig, sondern die Parteien streiten um Interessen[2]). Ein Vergleich erfordert aber die Beilegung von Rechtsstreitigkeiten durch Aufgabe von bestehenden oder vermeintlichen Rechten.

Der Tarifvertrag ist auch keine Koalition zum Zwecke der Erlangung günstiger Arbeitsverhältnisse, wie dies *v. Schulz* überzeugend nachgewiesen hat[3]). Die Ansicht wird vom Reichsgericht aufgestellt. In der Literatur ist ihr nur *Schmelzer* beigetreten.

---

[1]) Der Tarifvertrag ist auch kein Vorvertrag zu einem Arbeitsvertrag. *Lotmar*, S. 769; *Lotmar*, Tarifverträge (Archiv f. Soz. usw.), S. 95.

[2]) Möglich ist ja, daß z. B. die Arbeiter vor dem Einigungsamt auch um das Recht bestehender Arbeitsverträge streiten, z. B. um die Frage, ob Akkordarbeiter auf Grund der allgemein bestehenden Arbeitsordnungen vor Beendigung der Akkordarbeiten entlassen werden dürfen. Sie können auch über das Recht eines Tarifvertrags streiten und sich darüber vergleichen, während eine Entscheidung durch Urteil des Einigungsamts nicht möglich ist, es sei denn, was denkbar, wenn auch gesetzlich nicht vorgesehen, daß das Einigungsamt als Schiedsgericht fungiert und als solches ein Urteil fällt. Der im GGG. § 71 erwähnte Schiedsspruch ist kein Urteil oder Schiedsspruch im Sinne von § 1034 ZPO., sondern nur ein an die Parteien gerichteter Vorschlag. Viele Tarifverträge bezeichnen sich selbst als Vergleich. Diese Bezeichnung ist nach dem oben Gesagten unerheblich.

[3]) Diese vom Reichsgericht, Entscheidung vom 30. April 1904, aufgestellte, nachträglich aber abgeschwächte Annahme ist von der Literatur und Praxis fast allgemein verworfen worden. Vgl. *v. Schulz*, Reichsgericht wider die Tarifverträge. Archiv für Sozialwissenschaft und Sozialpolitik XX, 2, S. 362, 372; *Hüglin*, S. 213 f.; *Brogsitter*, S. 21; *Lotmar*, Arch. f. soziale Gesetzgebung und Statistik, XV, S. 48; dagegen *Schmelzer*, S. 125; Oberlandesgericht Kiel vom 29. August 1905, GG. u. KG., XI, Sp. 134.

Notwendigerweise ist der Tarifvertrag ferner kein Gesellschaftsvertrag im Sinne von Tit. XIV BGB. Als Gesellschaften können in Frage kommen: einmal diejenigen Korporationen und Koalitionen, die den Tarifvertrag miteinander abschließen, alsdann die einzelnen Personen, welche entweder selbst oder vertreten durch die genannten Korporationen oder Koalitionen den Vertrag abschließen. Wie wohl bei jedem anderen Vertrag, so sind es auch bei dem Tarifvertrag gemeinsame Zwecke, die zum Abschluß des Tarifvertrags führen. Nicht immer aber verpflichten sich die Vertragschließenden, diese Zwecke nach Abschluß des Tarifvertrags weiter zu fördern, irgend etwas zu tun, um dem gemeinsamen Zweck näher zu kommen, und zwar abgesehen von der Leistung von Beiträgen oder Diensten für den gemeinsamen Zweck (§§ 705, 706 BGB.).

Oft bildet aber der Tarifvertrag die Grundlage für die Förderung der gemeinsamen Zwecke, der Aufrechthaltung des Friedens im Gewerbe, der rechtlichen Ausgestaltung der Beziehungen zwischen Arbeitgebern und Arbeitern, der Schlichtung oder Entscheidung von Streitigkeiten. Zur Bildung dieser gemeinsamen Organisation tragen beide Teile mindestens durch Dienstleistungen bei. In der Regel wird die Bildung der Organisation in die Hände der Koalitionen der Vereine gelegt sein, welche den Tarifvertrag geschlossen haben. Diese sind dann die Gesellschaften[1]).

Fraglich ist es, ob man die sämtlichen durch den Tarifvertrag gebundenen Arbeiter und Arbeitgeber wird als Gesellschaft auffassen können.

Gemäß § 54 BGB. kommen auf solche Vereine, welche der Rechtsfähigkeit entbehren, die Bestimmungen über die Gesellschaft, jedoch mit persönlicher Haftung der als Vertreter handelnden Personen, zur Anwendung. Ob ein derartiger Verein bei Abschluß der Tarifverträge beabsichtigt ist, erscheint sehr zweifelhaft. Jedenfalls wird die persönliche Haftung der Vertreter nicht gewollt sein.

Daß sich eine Tarifgemeinschaft hätte als Verein eintragen lassen, ist noch nicht vorgekommen. Unzulässig dürfte

---

[1]) So *Sinzheimer*, ausdrücklich allerdings nur hinsichtlich der Arbeiter. GG. 1905. Nachtrag zur Verbandstagsbeilage, Sp. 378.

die Eintragung nicht sein, da ein wirtschaftlicher Geschäftsbetrieb mit der Tarifgemeinschaft nicht bezweckt zu werden braucht. Sie gehört weder zu den unerlaubten, noch zu den politische oder religiöse Zwecke verfolgenden Vereinen. Meist, wenn auch nicht immer, werden aber die zu erfüllenden Formalien, besonders bei engherziger Auslegung von seiten der Registerrichter und Verwaltungsbehörden, ein unübersteigliches Hindernis für dies Form der Vereinigung sein, so große Vorteile sie auch an sich gewähren mag[1]).

Wenn eine Tarifgemeinschaft vorhanden ist, so dürfte die Bedeutung des Tarifvertrags sich wohl niemals lediglich darin erschöpfen, daß er als Grundlage der Tarifgemeinschaft dient. Sondern regelmäßig wird seine Rechtswirkung noch eine weitergehende sein.

Man hat den Tarifvertrag auch mit der Arbeitsordnung verglichen, zumal wenn man auf sie die *Lotmar*sche Theorie der unmittelbaren unabdingbaren Rechtswirkung auf die einzelnen Arbeitsverträge anwendet. Es mag aber der Zweck bei beiden Rechtsinstituten in gewisser Beziehung derselbe sein, nämlich der einer gleichmäßigen, auf dem Rechtsboden stehenden Regelung von Arbeitsverhältnissen, tatsächlich ist die Arbeitsordnung doch etwas wesentlich anderes. Sie wird einseitig erlassen, nicht vereinbart. Sie ist also kein Vertrag, wenngleich sie nicht ohne Mitwirkung des anderen Teiles, nämlich der Arbeiter, wirksam wird, da die Wirksamkeit vom Abschluß eines Arbeitsvertrages abhängt. Ihr Inhalt ist auch nur auf einzelne Betriebe gerichtet, während der Tarifvertrag meist gerade eine von der Zahl der Betriebe unabhängige Regelung beabsichtigt[2]).

Der Tarifvertrag kann die Wirkung einer Usance erlangen. Er ist aber deshalb an sich keine Usance. Jedenfalls erschöpft sich seine Wirkung nicht hierin. Stets ist der Tarifvertrag

[1]) Bei kleineren Verhältnissen, an kleineren Orten dürften die Formalien kein unbedingtes Hindernis sein.

[2]) Die Anhörung der Arbeiter oder des Arbeiterausschusses vor Erlaß einer Arbeitsordnung macht diese nicht zum Vertrage, da der Arbeitgeber die Erklärung der Arbeiter oder des Ausschusses nicht zu berücksichtigen braucht.

ein Vertrag, eine lex privata, und keine objektive Rechtsnorm[1]). In den vorhandenen deutschen Gesetzen ist er zwar nicht erwähnt und auch in keiner Weise einer bestehenden Vertragsform erschöpfend unterzuordnen. Er ist aber durch kein Gesetz verboten, noch verstößt er gegen die guten Sitten, was man von ihm auch dann nicht behaupten könnte, wenn er nach der Parteiabsicht nur als unabdingbar im *Lotmar*schen Sinne bestehen soll. Die Möglichkeit, sich durch private Verträge zu binden, findet aber eine Schranke nur an den Gesetzen und an den guten Sitten[2]). Ein hiergegen nicht verstoßender Vertrag muß, wenn die beabsichtigten Rechtswirkungen von den Parteien mit genügender Klarheit zum Ausdruck gebracht sind, als rechtswirksam angesehen werden, und wenn unser Rechtssystem ihn bisher nicht berücksichtigt hat, so ist es Aufgabe der Gerichtspraxis und Wissenschaft, die Konstruktion dieses Vertrages möglichst genau nach den Parteiabsichten zu unternehmen.

Durch den Tarifvertrag sollen nicht nur Rechte für diejenigen Personen oder Personengesamtheiten begründet werden, die an dem Abschluß beteiligt sind, sondern es sollen Vorteile daraus auch dritte Personen ziehen. Man könnte sagen, daß die Gewerkschaften gar kein Interesse haben, Rechte für solche Arbeiter zu begründen, die sich ihrer Organisation fernhalten, daß sie im Gegenteil ein Interesse hätten, ihnen die Vorteile der Tarifverträge zu versagen. Das wäre aber einmal ein vergebliches Bestreben, denn die Arbeitgeber — und die an dem Tarifvertrag nicht Beteiligten könnte niemand daran hindern — würden den von der Organisation fernbleibenden Arbeitern ohne weiteres dieselben Vorteile zugestehen wie den organisierten Arbeitern. Sodann sind die Gewerkschaften auch nicht so kurzsichtig, sich diese Arbeiter durch Ausschluß vom Tarifvertrage zu ihren gefährlichsten Gegnern zu machen. Alle Arbeiter in dem betreffenden Gewerbe, organisierte und nichtorganisierte, die jetzigen und die späteren Mitglieder der Ge-

[1]) Was er auch als Usance nicht ist.

[2]) *Koehne*, Arbeitsordnung, S. 261, bezeichnet im Gegenteil den Abschluß einer tarifwidrigen Arbeitsordnung als unmoralisch, aber schwerlich mit Recht.

werkschaften sollen an dem Tarifvertrag teilhaben. Deshalb und insoweit auch die Mitglieder beteiligter Organisationen weder selbst, noch durch ihre Organisationen vertreten am Abschluß des Tarifvertrages beteiligt sind, hat man ihn als Vertrag zugunsten Dritter bezeichnet [1]) [2]).

Inhalt des Tarifvertrags.

Wir haben schon in großen Zügen den Inhalt des Tarifvertrags angedeutet, auch können wir uns von demselben bereits nach unserer kurzen Literaturübersicht ein Bild machen. Wir müssen nunmehr den Inhalt nach seiner rechtlichen Bedeutung würdigen.

Wir können bei den Bestimmungen des Tarifvertrags fünf Gruppen unterscheiden:

1. Die Verpflichtung zur Unterlassung gewisser auf Änderung des Tarifvertrags gerichteten Machtmittel — Streik, Sperre, Aussperrung, Boykott, Verufserklärung, schwarze Listen „Maßregelungen" u. ä.

2. Bestimmungen, welche das Verhältnis zwischen Arbeitgebern und Arbeitern im allgemeinen regeln sollen. Hierher gehört die Festsetzung der Zahl der zu beschäftigenden Arbeiter, das Lehrlingswesen, allgemeine Arbeiterschutzbestimmungen, das Verbot gewisser Vertragsformen, z. B. der Ak-

---

[1]) So *Wölbling*, Gutachten, S. 270; dazu *Oertmann*, S. 19 f.; *Rundstein*, S. 127 ff. Vgl. auch *Sinzheimer*, GG, Beilage zu Nr. 1, 1905, Sp. 83.

[2]) Wenn die Parteien die Wirkuug zugunsten Dritter ausdrücklich ausschließen, so können natürlich Dritte keine Rechte aus dem Tarifvertrag herleiten. So haben z. B. die Berliner Steinsetzer und Glaser (diese hinsichtlich des Arbeitsnachweises) Dritte ausgeschlossen, siehe *v. Schulz*, Artikel im „Tag" vom 17. Januar 1907. Siehe auch Tarifvertrag, Bd. II, S. 261; ferner die Feingoldschlägertarife (ebenda Bd. II, S. 142 f.) im Nürnberger Tarif des Feingoldschlages § 23 heißt es: Der Arbeitsnachweis hat die Pflicht, nur tariftreuen Arbeitern und Arbeiterinnen bei nur tariftreuen Prinzipalen Arbeit nachzuweisen. Im Stuttgarter Tarif, und zwar im Anhang desselben, ist ferner dem Tarifamt die Verpflichtung auferlegt dafür zu sorgen, daß weder organisierte Arbeiter bei aus ihrer Organisation ausgeschlossenen Prinzipalen arbeiten, noch organisierte Prinzipale aus ihrer Organisation ausgeschlossene Arbeiter beschäftigen.

kord- und Heimarbeit, der Beschäftigung von weiblichen Personen, irgendwelche maschinellen Einrichtungen. Die Ordnung der Tarifgemeinschaft kann auch hierher gerechnet werden.

3. Bestimmungen, welche zum Inhalte der einzelnen Arbeitsverträge werden sollen.

Zum Inhalte des Arbeitsvertrags können auch bisweilen die Bestimmungen zu 2. werden.

4. Transitorische und auch dienstvertragliche[1]) Bestimmungen. Die transitorischen bestehen in der Aufhebung des etwa vorangegangenen Kampfes, bestehender schwarzer Listen. Im Zusammenhang hiermit können diejenigen Bestimmungen erwähnt werden, welche unmittelbar die Begründung oder Fortsetzung von Dienstverhältnissen zur Folge haben.

5. Den Tarifvertrag selbst betreffende Bestimmungen. Dahin gehört Anfang und Ende der Vertragsdauer, Kündigung und dergl. mehr.

Je nachdem die einzelnen Arten des Inhalts in Frage kommen, ist die Natur der begründeten Rechte und Pflichten eine verschiedenartige und damit auch die Rechtswirkung. Bei dem Rahmen, den wir unserer Abhandlung gegeben haben, ist es aber nicht möglich, stets die fünf Gruppen bei der Erörterung der einzelnen Rechtsfragen des Tarifvertrages zu berücksichtigen. Es können vielmehr meist nur die besonders eigenartigen oder durch die bisherige wissenschaftliche Bearbeitung in den Vordergrund gestellten Fragen berührt werden.

1. Was den wichtigsten Inhalt des Tarifvertrags, nämlich die Unterlassung von Streiks, Sperren, Boykotts und ähnlichen Kampfmitteln, anbetrifft, so sind diese Fragen im Tarifvertrag meist nicht ausdrücklich erwähnt[2]). Beide Parteien sind sich aber stets darüber klar, daß sie diese Kampfmittel grundsätzlich vermeiden müssen. Das kommt besonders darin zum Ausdruck, daß jeder unrechtmäßige Versuch, ein solches Kampfmittel

---

[1]) *Lotmar*, S. 760; *Oertmann*, S. 4.

[2]) Ausdrückliche Erwähnung findet sich z. B. im Formstechertarif § 2 (Tarifvertrag II, S. 246) im Münchener Schneidertarif (ebenda S. 194, § 10).

in Anwendung zu bringen, von der Gegenpartei sofort als Bruch des Tarifvertrags bezeichnet wird. Wir müssen aber hier gleich die Einschränkung machen, daß diese Kampfmittel nur verboten sein sollen, soweit damit eine Änderung des durch den Tarifvertrag geschaffenen Rechtszustandes bezweckt wird[1]). Doch ist dieses Recht mitunter noch weiter eingeschränkt, indem seine Geltendmachung von der Erfüllung gewisser Formalien abhängen soll, z. B. dem Versuch einer gütlichen Einigung durch die Schlichtungskommissionen oder das Einigungsamt, einer Erklärung dieser Organe, daß der Vertrag von der anderen Seite verletzt ist. Das Verfahren, welches vor Anwendung der erwähnten Kampfmittel zu beobachten ist, ist besonders in England sehr eingehend, man kann sagen, für deutsche Verhältnisse zu kompliziert und formalistisch ausgebildet[2]). Es gibt ein Bild von dem auch möglichen Inhalt des Tarifvertrags und von der Entwicklung, den der Inhalt der Tarifverträge bei fortgeschrittenen Tarifgemeinschaften, z. B. denen der Buchdrucker und Baugewerbetreibenden, auch bei uns schon jetzt annimmt. Mitunter sollen Streik und Sperre auch nach Ablauf der Tarifvertrags nicht ohne weiteres zulässig sein, sondern es soll zunächst die gütliche Einigung durch gewisse im Vertrage bezeichnete Organe oder Behörden versucht werden. Es fragt sich, welcher Rechtszustand dann vom Tage des Ablaufs des Tarifvertrags bis zur Durchführung des Einigungsverfahrens, das naturgemäß oft Wochen und Monate in Anspruch nimmt, bestehen soll. Darüber geben die Tarifverträge meist gar keine Auskunft. Die Folge davon ist oft eine Überstürzung des Einigungsverfahrens, um den unklaren Zustand möglichst bald zu beseitigen, und infolgedessen zunächst die Erfolglosigkeit des Einigungsverfahrens, bis dann die Parteien durch einen nochmaligen Kampf, mürbe gemacht, sich einigen[3]).

---

[1]) Siehe *Zimmermann*, S. 68 f., 79 f., 86 f., 95 (hier wird Erschöpfung sämtlicher Vermittlungsinstanzen gefordert, bevor gestreikt werden darf.

[2]) Begriff von Streik, Sperre, Boykott siehe unten Kapitel 3 unter Einschränkung der Lohnkämpfe.

[3]) Ausdrücklich als zulässig erwähnt sind sie im Stuttgarter Feingoldschlägertarif (Tarifvertrag, Bd. II, S. 150, Anhang). Dort heißt es:

2. Von großer Bedeutung sind demnächst die Bestimmungen, welche die Verhältnisse zwischen Arbeitgebern und Arbeitern im allgemeinen regeln sollen, im Gegensatz zu den Bestimmungen, welche Inhalt der Einzelarbeitsverträge werden sollen. Die meisten dieser Verpflichtungen werden nur zu Gunsten und zu Lasten der vertragschließenden, mehr oder minder festen Organisationen übernommen. Es handelt sich hier um eine Organisierung der Produktion, insoweit Arbeitgeber und Arbeiter zugleich ein Interesse daran haben. Es ist ganz unmöglich, daß einzelne diese Organisierung durchführen können. Es soll daher wohl in der Regel niemals ein Anspruch für die einzelnen begründet werden, die Durchführung dieser Vertragsbestimmungen zu verlangen oder die ihm obliegende Vertragserfüllung von der Durchführung der zur Organisation des Gewerbes getroffenen Vereinbarungen abhängig zu machen. Oft wird nicht einmal beim besten Willen aller Beteiligten die Durchführung möglich sein. Man braucht da nicht an eine absolute Unmöglichkeit zu denken, sondern nur an die ungeheure Schwierigkeit, das Zusammenwirken Tausender von Personen, von Arbeitgebern und Arbeitern herbeizuführen, welches für die Organisation des Gewerbes, nötig ist. Wir haben als hierher gehörig schon die Frage der Abschaffung der Akkordarbeit erwähnt. Hier wird oft eine beiderseitige Nachsicht nötig sein, um zu vermeiden, daß die Tariftreuen durch Außenseiter geschädigt werden, die an der Akkordarbeit festhalten[1]). Wir erwähnten ferner das Lehrlingswesen, die maschinellen Einrichtungen. Hierher können auch Arbeiterschutzbestimmungen aller Art gehören. Sie erfordern

---

Kommt es zu einem Ausstand, so ist die Unterstützung der ausstehenden Arbeiter Sache der Arbeiter, wenn es sich um Verstöße gegen Bestimmungen des Tarifs handelt; Sache der Prinzipale, wenn es sich um Verstöße gegen Bestimmungen der Preiskonvention handelt; Sache der Arbeiter und Prinzipale, wenn es sich um Anordnungen des Tarifamtes handelt, die im beiderseitigen Interesse liegen. Hierhin gehören alle Maßnahmen, die eine Einschränkung der Produktion bezwecken. Siehe auch Silberschlägertarif (ebenda S. 141 unter Nr. 6).

[1]) Die Fassung der auf Abschaffung der Akkordarbeit gerichteten Bestimmungen ist deshalb meist eine sehr vorsichtige. Tarifverträge, Bd. III, S. 27, § 7.

oft eine längere Zeit zu ihrer Durchführung. Unmöglich kann jedem einzelnen an dem Tarifvertrag Beteiligten das Recht zustehen, diese Zeit zu bestimmen. Es würden da so viel Meinungen zutage treten wie Köpfe. Hier sollen offenbar nur Rechte und Pflichten von Körperschaften begründet werden.

Ebenso gehören hierher die Arbeitsnachweise. In dieser Beziehung wird bestimmt, daß die Arbeiter nicht unmittelbar bei den Arbeitgebern um Arbeit nachsuchen und die Arbeitgeber Arbeiter nur durch den bestimmten Nachweis beziehen dürfen. Wie, wenn auswärtige, besonders ungelernte Arbeitskräfte sich doch persönlich melden und gar nicht daran denken, zum Arbeitsnachweis zu gehen? Oder wenn einzelne Meister zum Schaden der anderen die besten Arbeiter unter der Hand annehmen? Eine solche Einrichtung läßt sich nicht mit einem Schlage durchführen — wie die Erfahrung überall lehrt —, und daher kann weder ihre Durchführung in die Hände der Einzelnen gelegt werden — was selbstverständlich ist —, noch kann der einzelne berechtigt sein, die Erfüllung seiner Vertragspflichten von der Durchführung des Arbeitsnachweises abhängig zu machen.

Dies gilt auch von den Organen der Tarifgemeinschaft. Dahin gehören Schlichtungskommissionen, Tarifämter, das Einigungsamt als Schiedsgericht und Kommissionen oder Kuratorien aller Art und dergleichen. Diese Organisation ist in dem Tarifvertrag meist nur angedeutet. Sie wird durchgeführt gewöhnlich erst durch Geschäftsordnungen, deren Aufgabe es aber begrifflich eigentlich nicht ist, eine Organisation einzuführen, sondern nur deren Geschäfte zu regeln. Zum Erlaß solcher Geschäftsordnungen werden gewisse Tariforgane durch die Tarifverträge ermächtigt und verpflichtet[1]).

Die Mitglieder der genannten Organe werden meist durch Wahl der an dem Tarifvertrag beteiligten einzelnen Arbeiter und Arbeitgeber ernannt, und zwar pflegen die Organe aus einer gleichen Zahl von Arbeitern und Arbeitgebern unter einem unparteiischen Vorsitzenden zu bestehen. Auch das Zustandekommen dieser Wahlen kann nicht ohne weiteres von Einfluß auf die Rechte und Pflichten der einzelnen sein.

---

[1]) So im Berliner Stukkateurtarif vom Mai 1905.

Bisweilen kommt die Verpflichtung vor, den Abschluß von Dienstverträgen mit Personen, welche dem Tarifvertrag nicht angehören, zu unterlassen[1]. Es fragt sich, ob die allen einzelnen Teilnehmern auferlegte Verpflichtung nur zugunsten der vertragschließenden Gesamtheiten oder auch zugunsten der einzelnen Teilnehmer besteht. Belastet mit dieser Verpflichtung kann auch ein Verband sein, z. B. ein Arbeitgeberverband, der dann die Einführung von auswärtigen Arbeitern entweder ganz unterlassen müßte oder die Einführung nur nach erfolgtem Beitritt der auswärtigen Arbeiter zum Tarifvertrag vornehmen dürfte.

3. Wir kommen nun zu denjenigen Bestimmungen, welche künftiger Inhalt der von den Vertragsparteien oder den ihnen zugehörigen Personen geschlossenen Arbeitsverträge werden sollen. Diese Bestimmungen können sich auf alle Punkte beziehen, die überhaupt Inhalt von Dienstverträgen sein können, daher unter Umständen auch dieser und jener unter Nr. 2 erwähnte Punkt.

Wohl niemals werden die Arbeitgeber verpflichtet, Arbeiter oder bestimmte Arbeiter zu beschäftigen oder die bestehende Möglichkeit und Notwendigkeit zur Beschäftigung von Arbeitern, die Arbeitsgelegenheit durch Aufrechthaltung der Betriebe bestehen zu lassen[2]. Ebensowenig verpflichten sich die Arbeiter, bei ihrem Berufe zu verbleiben, die angebotenen Arbeitsstellen anzunehmen oder überhaupt zu arbeiten — wodurch die Verpflichtung, sich eines Streiks zu enthalten, nicht beseitigt wird. Die Bestimmungen, welche den künftigen Inhalt[3] der Arbeits-

---

[1] Feingoldschläger in Nürnberg. Tarifverträge, Bd. II, S. 145, § 23.

[2] Wohl aber kann das Eingehen von Betrieben auf den Bestand des Tarifvertrags als Veränderung der Umstände, unter denen er abgeschlossen wurde, erheblich sein. Eine Ausnahme der oben angeführten Regel bilden die Schlägertarife, z. B. Silberschläger in Fürth-Nürnberg, Schwabach (K. Stat. Amt Band II, S. 141), in welchem unter anderem gesagt ist: Sind die festgesetzten Lohnsätze ... nicht zu erreichen ..., so haben sämtliche Produzenten die Arbeit einzustellen.

[3] Nicht der Inhalt künftiger Arbeitsverträge; denn auch die bestehenden der nicht streikenden oder der zwar streikenden, aber aus dem Dienstverhältnis nicht ausgeschiedenen Arbeiter sollen den tarifmäßigen Inhalt annehmen, was nicht immer zu einem neuen Vertrag führt.

verträge betreffenden, sind nur hypothetischer Natur. Sie gelten nur, wenn überhaupt, wozu eine Verpflichtung nicht besteht, Arbeitsverträge abgeschlossen werden. Sie sind also, wie *Rundstein* im Anschluß an *Lotmar* hervorhebt, negativer Natur. Die Verpflichtung geht dahin, sich tarifwidriger Arbeitsverträge zu enthalten. Eine — aber nur scheinbare — Ausnahme ist mitunter bei tarifvertraglichen Arbeitsnachweisen gegeben. Hier wird bisweilen bestimmt, daß regelmäßig die Einstellungen nach der Reihenfolge der Meldungen erfolgen müssen und daß die Arbeiter die ihnen durch die Nachweise angebotene Arbeit annehmen müssen. Alsdann würden die Arbeitsverträge natürlich auch den tariflichen Inhalt haben. Die Ausnahme ist aber nur eine scheinbare, weil sie immer die Inanspruchnahme des Nachweises zur Voraussetzung hat [1]) und weil eine Klage auf Einstellung seitens des an der Reihe Befindlichen wohl regelmäßig nicht gegeben ist [2]).

Der mögliche Inhalt von Dienstverträgen wird in den vorhandenen Tarifverträgen tatsächlich in faßt erschöpfender Weise behandelt.

In erster Linie kommt hier die Lohnfrage. Diese wird teils durch Zeitlohnverträge, teils durch Akkordverträge geregelt. Beide Vertragsarten kommen bald fakultativ nebeneinander vor, bald ist die eine Art, besonders der Akkordvertrag ausgeschlossen [3]). Hauptsächlich die Akkord l ö h n e werden in Tarifen behandelt, die oft viele Tausende von Positionen umfassen und deren Kenntnis ein Studium erfordert. Dabei sind oft noch zahlreiche Kombinationen der einzelnen Positionen möglich. Für nicht vorgesehene Fälle ist oft die freie Vereinbarung, oft Festsetzung durch eine Tarifkommission zugelassen.

---

[1]) Womit nicht gesagt ist, daß die Einstellung unter Umgehung des Nachweises zulässig ist.

[2]) Undenkbar wäre aber ein Klagerecht, besonders auf Schadenersatz nicht.

[3]) Die Publikation des K. Statistischen Amts unterscheidet auf Grund der vorliegenden Tarifverträge Zeitlohn-, Akkord- und Übergangsgewerbe (Tarifverträge II, S. 125). Diese Unterscheidung und besonders die Zuweisung der verschiedenen Gewerbe zu den einzelnen Gruppen hat aber, wie die Publikation zugibt, nur Bedeutung als Ergebnis der Tarifstatistik. Das Gesamtbild des gewerblichen Lebens ist aber ein wesentlich anderes, als man auf Grund der Tarifverträge annehmen kann.

Diesen Tarifkommissionen ist mitunter das Recht gewährt, in einzelnen Fällen, besonders wenn es sich um schwächere Kräfte handelt, Ausnahmen zu gestatten, so z. B. bei den Berliner Stukkateuren. (Ähnliche Bestimmungen sind auch in der australischen Gesetzgebung vorgesehen.) Daß sie in einem solchen Falle den Lohn eines bereits abgeschlossenen Dienstvertrags festsetzen, kommt nicht vor. Sie haben vielmehr nur die getroffenen Vereinbarungen zu genehmigen oder zu verwerfen. Mitunter, und dafür bietet der Buchdruckertarif ein Beispiel, kann das Tarifamt entweder jederzeit oder nach Ablauf einer gewissen Frist oder unter gewissen veränderten Umständen selbständig neue Löhne und Lohnbedingungen festsetzen[1]).

Die Löhne sind regelmäßig nur als Minimallöhne gedacht, so daß höhere Löhne zulässig sind. Es besteht aber kein rechtliches Bedenken, im Tarifvertrag auch Lohnmaxima festzusetzen, woran nicht nur die Arbeitgeber, sondern auch die Arbeiter ein Interesse haben[2]).

---

[1]) Vgl. *H. Koeppe*, Jahrb. f. Nationalökonomie u. Statistik, III. Folge Bd. 32, Heft 6, S. 744 ff., bes. S. 766. Nach dem von *Koeppe* besprochenen Buchdruckertarif wird der gesamte Tarifvertrag Inhalt der einzelnen Arbeitsverträge. Die Fortbildung des Tarifvertrags und somit jedes einzelnen Arbeitsvertrags in jeder Beziehung, insbesondere hinsichtlich der Vergütung und der Zeitdauer, erfolgt nach den getroffenen Vereinbarungen durch das Tarifamt. Damit wird etwas der Autonomie Ähnliches geschaffen, denn der Tarifausschuß hat als zuständiges Organ über die Erneuerung formell und materiell „rechtsgültig" zu beschließen, ohne daß der neue Vertragsschluß noch einer Zustimmung der beteiligten Vereine oder des einzelnen Angehörigen des Gewerbes bedürfte. Organe, deren Aufgabe die Fortbildung und Überwachung des Tarifvertrags ist, bezeichnen wir allgemein mit dem Namen „Tarifamt". Tatsächlich kommen dafür verschiedene Benennungen vor, wie hier z. B. der Ausdruck „Tarifausschuß". *Koeppe*, a. a. O. Bd. 30, S. 294, hebt auch, was hier nebenbei bemerkt sei, gebührend die Mannigfaltigkeit des Inhalts des Tarifvertrags hervor. Er betont, daß nicht nur individuelle Interessen, sondern überwiegend Gesamtheitsinteressen den Kern der Verträge bilden, und als solche hebt er hervor: hygienische und Unfallverhütungsbestimmungen, Verbot der Pfuscharbeit, Heimarbeit, Alkoholfrage, Arbeitsnachweise, Lehrlingswesen, Frauenarbeit; alles Dinge, die abseits von der Lohnfrage und der Regelung individueller Arbeitsverträge stehen.

[2]) Tarifverträge II, S. 131.

Der Tarifvertrag regelt ferner die Zeit des Dienstvertrags, nämlich die Dauer der Verträge und ihre Kündigungsfrist, die Dauer der Arbeitsschichten und die Lohnperioden.

Als wichtige Frage wird auch meist die Vergütung der sogenannten Fahrzeit einschließlich der Fahrkosten behandelt.

Hervorzuheben sind dann noch die Bestimmungen, welche über die Form des Vertragschlusses gegeben sind. So werden für Akkordverträge oft vorherige schriftliche Abmachungen gefordert.

Auf diesen unter Nr. 3 behandelten Teil des tarifvertraglichen Inhalts bezieht sich die Lehre der Unabdingbarkeit. Wir werden zu prüfen haben, ob ihre Anwendung überhaupt auf alle unter Nr. 3 aufgeführten Punkte möglich ist. Schließlich können hier alle Fragen geregelt werden, die überhaupt Inhalt von Dienstverträgen sein können.

4. Den Tarifvertrag selbst betreffende Vorschriften sind die auf seine Dauer, seine Kündigung, seine Aufrechthaltung und Fortentwicklung und seine Ausdehnung durch Beitritt weiterer Personen bezüglichen Vorschriften.

Zur Aufrechterhaltung dienen die schon erwähnten Tarifämter, deren Tätigkeit oft den Schlichtungskommissionen übertragen wird[1]) und deren eigentliche Aufgabe in der gütlichen Beilegung von Streitigkeiten über den Inhalt des Tarifvertrags besteht. Dieselbe Aufgabe hat kraft vertraglicher Bestimmung bisweilen das Einigungsamt, welches anzurufen und seinen Spruch anzuerkennen, die Parteien sich oft im voraus verpflichten. Ferner werden Schiedsgerichte eingesetzt, und als solches wird auch das Einigungsamt des Gewerbegerichts oft durch Vereinbarung bestimmt. Mitunter wird die Tätigkeit dieser Organe auf generelle Fragen beschränkt, was vielfach als stillschweigend gewollt anzunehmen ist. Zu diesen Organen gesellen sich Ehrengerichte. Bisweilen sind mehrere

---

[1]) Als Beispiel eines Tarifvertrages, in welchem die Lohnfrage gar nicht behandelt wird, führt *v. Schulz* Gutachten des Tarifvertrags der Wollhutbranche vom 10. Februar 1896 an. Vgl. auch *Schall*, Das Privatrecht der Arbeitstarifverträge, 1907, S. 19. Über hygienische Vorschriften in Berliner Tarifverträgen vgl. *v. Schulz*, Medizinische Reform, XIV, S. 205 ff.

Instanzen zur Entscheidung eingesetzt. Zu den Organen gehören auch die Vorstände der Arbeitsnachweise. Ferner die Obmänner beider Parteien, welche als Berichterstatter und Vermittler fungieren. Die Vornahme der Wahlen für die Organe der Tarifgemeinschaft wird bald den Organisationen für ihre Partei überlassen, bald erfolgt sie in öffentlicher Versammlung zum Teil unter amtlicher Leitung, z. B. des Gewerbegerichts. Die Berechtigung zur Teilnahme an diesen Wahlen wird durch Vorlegung der Mitgliedskarten der betreffenden Organisation oder der Invalidenversicherungskarten geprüft.

Wie in Deutschland besonders der Buchdruckertarif zeigt, kann die Fortbildung des Tarifvertrags ganz in die Hände eines Tarifamts gelegt sein.

Zur Sicherung des Tarifvertrags können Vertragsstrafen ausbedungen oder Kautionen hinterlegt werden.

5. Die transitorischen Vorschriften bedürfen im allgemeinen keiner besonderen Erörterung. Ihnen beigesellt sind die Vorschriften, welche selbst einen Dienstvertrag enthalten[1]). Durch diese Vorschriften soll nicht ein einheitlicher Kollektivdienstvertrag geschlossen werden, sondern eine Summe nebeneinander, aber unabhängig voneinander bestehender Dienstverträge. Insofern würde der Tarifvertrag zu tatsächlichen Leistungen verpflichten, zur Leistung von Diensten und zur Zahlung einer Vergütung. Die Nichterfüllung dieser Dienstverträge würde ein Verstoß gegen den Tarifvertrag sein. Inwiefern auch die Gesamtheiten an der Erfüllung dieser Verträge ein rechtlich geschütztes Interesse haben, bedarf der Untersuchung[2]).

Meist werden diese Dienstverträge rechtlich nur von kurzer Dauer, oft jederzeit fristlos kündbar sein. Daher kann man sie als transitorische bezeichnen. Doch ist mitunter eine Dauer der Dienstverträge denkbar, die der des Tarifvertrags gleichkommt; man denke bei einjähriger Dauer des Tarifvertrags an mehrjährige Verträge mit Betriebsbeamten, Technikern und dergleichen.

---

[1]) *Oertmann*, S. 4.

[2]) Mitunter wird durch den Tarifvertrag nur zugesagt, daß gewisse Arbeiter engagiert werden sollen. Dann liegt noch kein Dienstvertrag vor.

Zu den beinahe ständigen transitorischen Bestimmungen gehört das Verbot von Maßregelungen wegen des Verhaltens einzelner Personen vor Abschluß des Tarifvertrags. Unter Maßregelungen versteht man irgendwelche Benachteiligungen, die als Vergeltung für mißliebiges Verhalten erfolgen. Sie können sowohl gegen Arbeitgeber wie gegen Arbeiter gerichtet sein[1]). Eine bestimmte Abgrenzung dessen, was man unter Maßregelungen versteht, unterbleibt gewöhnlich. Infolgedessen entsteht oft nachher Streit aus Anlaß einer Handlung, die die eine Partei als verbotene Maßregelung auffaßt, während die andere sie nur als Ausfluß ihres Rechtes bezeichnet.

Es können gleichzeitig für denselben Bezirk mehrere Tarifverträge mit verschiedenem[2]) Inhalt abgeschlossen werden. Der Fall ist in der Praxis durchaus nicht so selten, wenn z. B. mehrere Arbeiter- oder Arbeitgeberorganisationen bestehen. Besonders wird zum Beginn eines gewerblichen Kampfes gewöhnlich von der einen oder der anderen Seite ein Vertrag mit einzelnen Angehörigen der Gegenpartei versucht. Dieser Vertrag wird dann bei einem späteren Vertrag mit den übrigen durchaus nicht immer aufgehoben. Mitunter kündigt eine Organisation, während eine andere nicht kündigt. Nach der Meinung der Parteien soll der Tarifvertrag durchaus nicht immer von der fortdauernden Beteiligung aller ursprünglichen Kontrahenten abhängen. Ja, gerade der Wechsel im Bestande der Vertragsparteien ist die Regel beim Tarifvertrag. Das Bestehen verschiedener Tarifverträge nebeneinander ist

---

[1]) Das Einigungsamt Gewerbegericht Berlin hat einzelne Kategorien von Maßregelungen zu definieren versucht. Diese Definitionen, abgedruckt im Reichsarbeitsblatt V. Jahrg. S. 73, lauten:

Unter anderem haben als Maßregelungen folgende Fälle zu gelten:

1. Wenn ein Arbeiter wegen Zugehörigkeit zur Organisation entlassen wird.
2. Wenn ein Arbeiter wegen Eintretens für Verbesserung der Lohn- und Arbeitsverhältnisse entlassen wird.
3. Wenn ein Arbeiter wegen seiner Tätigkeit bei der Schlichtungskommission oder beim Werkstattsausschuß entlassen wird.
4. Wenn ein Arbeiter wegen Vorbringung einer Forderung zur strikten Einhaltung der Vertragsbedingungen entlassen wird.

[2]) Auch mit demselben.

bei der Frage der Unabdingbarkeit, besonders in Verbindung mit der Ansicht der unbeschränkten Zahl der Kontrahenten, zu berücksichtigen.

Grundsätzlich übernehmen die vertragschließenden Gesamtheiten keine Garantie dafür, daß ihre Angehörigen nur tarifmäßige Dienstverträge schließen oder daß sie sie innehalten. Meist muß man annehmen, daß sie nur die Verpflichtung übernehmen, mit allen ihnen zu Gebote stehenden Mitteln dahin zu wirken, daß ihre Angehörigen keine anderen als tarifmäßige Dienstverträge schließen. Nur wenn sie diesen Verpflichtungen nicht nachkommen, wollen sie regelmäßig eine Schadenersatzpflicht übernehmen. Es kommen aber auch weitergehende Verpflichtungen vor. Auf die Haftung für die Innehaltung tarifmäßig abgeschlossener Dienstverträge werden diese Verpflichtungen gewöhnlich niemals gehen [1] [2].

Weiter geht der Garantievertrag des Buchdruckertarifs. Dieser bestimmt:

„Beide Vereine stehen für die Erfüllung der nach diesen Verträgen und nach dem Tarife ihren Mitgliedern obliegenden Verbindlichkeiten selbstschuldnerisch ein, soweit dies im einzelnen Falle von dem Verein, dem der Schädiger angehört, gefordert wird. Der Verein, dem der Schädiger angehört, haftet dem Geschädigten für Ersatz des ihm entstandenen Schadens insoweit, als sein beteiligtes Mitglied gesetzlich dazu verpflichtet ist. Mitglieder beider Vereine, die eine ihnen durch die tariflichen Organe auferlegte Verpflichtung zum Schadenersatz nicht erfüllen, verlieren außerdem ihre tariflichen Rechte. Über den Verlust und die Wiedererlangung dieser Rechte entscheidet das Tarifamt nach Anhörung der Hauptvorstände der beiden Vereine."

---

[1]) So *Schall* S. 99. Ebenso *Schalhorn*, Soz. Prax. 15, S. 3586. A. M. *Rundstein* S. 88, der eine Garantieübernahme jedes Mitkontrahenten für die Erfüllung der Verpflichtungen der anderen annimmt. Dahingegen sind die vertragschließenden Verbände verpflichtet, mit allen ihnen zu Gebote stehenden Mitteln dahin zu wirken, daß ihre Mitglieder den Tarifvertrag erfüllen. So *Schall* S. 128, 131. Vgl. *Sinzheimer* GG. X, S. 379.

[2]) *Sinzheimer* gibt in seinem Werk über den korporativen Arbeitsnormenvertrag — also über einen Teil der hier behandelten Tarifverträge a. a. O. S. 30 folgende Einteilung des Vertragsinhalts:

Diese Bestimmungen haben beide vertragschließenden Vereine noch durch folgenden besonderen Beschluß ergänzt:

„Der Verein, dem der Geschädigte angehört, wird als Schadenersatz von dem anderen Vereine, sobald dieser das schädigende Mitglied in keiner Weise materiell direkt oder indirekt unterstützt, auch den Bestimmungen des Absatz 5 entspricht, nur eine Summe fordern, die dem verdienten Lohn während der Kündigungsfrist des Betreffenden entspricht, jedoch mindestens in Höhe eines Wochenlohnes. Dieser Anspruch kann nur geltend gemacht werden, nachdem die tariflichen Schiedsinstanzen Kontraktbruch oder Maßregelung festgestellt haben."

Parteien.

1. An den Tarifverträgen sind regelmäßig Tausende von Personen, oft Hunderttausende beteiligt. Es ergibt sich daraus eine große Mannigfaltigkeit. Die großen Massen sind naturgemäß oft in Gruppen organisiert. Diese Gruppierungen treten als solche auch bei dem Abschluß der Tarifverträge hervor. Neben den Gesamtinteressen großer Parteien treten Sonderinteressen einzelner Gruppen und einzelner Personen hervor.

Es würde zwar zu einer großen Vereinfachung unserer Aufgabe dienen, wenn wir, wie dies u. a. *Sinzheimer* getan hat, bestimmte Gestaltungen der Parteiverhältnisse herausgreifen und diese hier allein als Parteien behandeln würden. Wir

---

I. Im allgemeinen 1. den Tarifvertrag selbst betreffende Bestimmungen, 2. Arbeitsverträge, 3. Verhältnis der Arbeitgeber und Arbeiter unter sich.

II. Arbeitsnormen (A. allgemeine Bestimmungen über die Personen, mit denen Arbeitsverträge geschlossen werden sollen, und B. besondere Bestimmungen des Inhalts der Arbeitsnormen);

Zu B: a) Individualnormen: 1. Tarif, Lohn und Arbeit (Betrag, Form, Objekt, Ort und Zeit der Zahlung, Ausführung der Arbeit, Arbeitszeit, Abnahme, Mängel, Unmöglichkeit der Leistung, Verzug), 2. Direktionsnormen, 3. Fürsorgenormen, 4. Bestandsnormen (Kündigung usw.), 5. Ergänzungsnormen; b) Solidarnormen: 1. Betriebsnormen, 2. Organisationsnormen;

III. Berufsnormen: a) soziale Berufsnormen, b) individuelle Berufsnormen.

würden dann vielleicht ein klareres, aber kein richtiges Bild der Tarifverträge bekommen.

Während die einen[1]) für den Tarifvertrag auf beiden Seiten organisierte Verbände verlangen, haben andere als den Tarifverträgen wesentlich die Beteiligung von losen, nicht in Vereinen organisierten Gesamtheiten aufgefaßt, wobei die regelmäßig handelnd auftretenden Vereine oder Koalitionen lediglich als Vertreter der nicht organisierten Gesamtheiten angesehen werden. Es ist ja richtig, daß das gerade der schwierigste Fall der Tarifverträge ist. Mit der Lösung dieses Falles ist aber keineswegs die Erkenntnis der übrigen erledigt oder wesentlich leichter gemacht. Auch die Vertragschließung zwischen festen Organisationen ergibt zahlreiche interessante und schwierige Rechtsfragen, deren Lösung eine lohnende Aufgabe ist.

Ich möchte auch die alleinige oder vornehmliche Behandlung dieses Falles nicht als eine glückliche Art der Untersuchung ansehen. Sie ist vielleicht dadurch veranlaßt, daß die beste und älteste Tarifgemeinschaft in Deutschland, die der Buchdrucker, dazu Veranlassung gab. Die Entwicklung geht aber nach einer anderen Richtung. Wir sehen, daß z. B. in England gerade die Gewerkschaften die Parteien der Tarifverträge sind. Wenn wir in Deutschland rechtsfähige Berufsvereine erhalten sollten, so werden diese wahrscheinlich die Träger der Tarifgemeinschaften in ganz klar auch juristisch zutage tretender Weise werden. Begründet man doch gerade die Notwendigkeit der rechtsfähigen Berufsvereine mit dem Bedürfnis, die Gewerkschaften aus den Tarifverträgen haftbar machen zu können. Und inzwischen hat die Tarifgemeinschaft der Buchdrucker bereits die Entwicklung genommen, daß die beiderseitigen Berufsvereine der Arbeitgeber und Arbeiter zu Trägern der Gemeinschaft geworden sind, daß sie die Vertragsparteien und vielleicht die alleinigen Vertragsparteien geworden sind[2]).

---

[1]) So *Rocke*, Über Tarifgemeinschaften. Leipzig 1906, S. 1. Dagegen *Brogsitter* S. 10.

[2]) *Schall* S. 21: „Ein Blick auf die Über- und Unterschriften von Tarifverträgen zeigt, daß die mehreren Arbeiter und Arbeitgeber nicht als einzelne, sondern zu verschieden gestalteten Verbänden ver-

Die Natur der an dem Tarifvertrage beteiligten Parteien ist überaus wesentlich für die Konstruktion dieser Vertragsart. Während unser modernes Privatrecht die Zugehörigkeit zu einem Berufsstande — mit verschwindenden Ausnahmen — gar nicht berücksichtigt, ergeben sich aus der Zugehörigkeit zum Berufsstande der Dienstverpflichteten — ein solcher Stand ist in unserem Recht deutlich zu erkennen —, insbesondere der gewerblich Dienenden, erhebliche Modifikationen des Vertragsrechtes, ja, man kann sagen, der Verfügungsfähigkeit, die zum Teil von Rückwirkung auf die Dienstberechtigten ist[1]). Besondere Beschränkungen treten dann hervor, wenn die gewerblichen Arbeiter als Gesamtheiten auftreten. Zwar ist der Zusammenschluß von gewerblichen Arbeitern nicht mehr grundsätzlich verboten, auch dann nicht, wenn der Zusammenschluß eine Besserung ihrer wirtschaftlichen Lage bezweckt. Die Koalitionsfreiheit zum Zwecke der Herbeiführung günstiger Arbeitsverhältnisse ist den Arbeitern gegeben. Die Koalitionen aber sind, wie *Lotmar* treffend sagt, vogelfrei. Jede Klage und Einrede aus der Koalition ist untersagt. Damit ist aber nicht gesagt, daß die Koalition rechtlich bedeutungs- und wirkungslos ist. Die Abmachungen, welche der Koalition zugrunde liegen, können gleichwohl Rechtswirkungen äußern [2]) [3]).

---

einigt sich am Abschluß von Tarifverträgen beteiligen." „Das durchaus Gewöhnliche ist, daß nicht die einzelnen, sondern die Vereinigungen als rechtlich geformte Tarifverträge schließen."

[1]) Damit ist nicht zugestanden, daß man sich der Verfügungsfähigkeit beliebig durch Verträge begeben könne. Es ist hier vielmehr an die g e s e t z l i c h e Beschränkung der Verfügungsfähigkeit gedacht.

[2]) Vgl. *Oertmann* S. 12 ff.

[3]) *Schall* S. 22—24 unterscheidet:

I. hinsichtlich der Firmentarife mit einem Arbeitgeber solche a) mit den Arbeitern seines Betriebes aa) als einzelne, bb) mit einer ad hoc gebildeten Vereinigung derselben, cc) durch Errichtung einer gemeinsamen Organisation (Arbeiterausschüsse), b) mit einem Arbeiterberufsverein, dem auch andere Arbeiter angehören;

II. hinsichtlich der Orts- (Lokal-) Tarife: 1. die Arbeitgeber schließen ab a) als einzelne, b) durch eine ad hoc gebildete Vereinigung, c) durch einen dauernden Verband; 2. ein größerer Verband, dem auch die beteiligten Arbeitgeber angehören, schließt ab; 3. die Ar-

2. Nach der Berufszugehörigkeit stehen beim Tarifvertrag regelmäßig auf der einen Seite Arbeitgeber, meist Gewerbetreibende, auf der anderen Seite Arbeiter. Wir können nicht sagen, Dienstberechtigte und Dienstverpflichtete im Privatrechtssinne. Denn Dienstverträge bestehen ja oft gar nicht, wenn ein Tarifvertrag geschlossen wird. Dienstverträge bestehen meist auch dann noch nicht, wenn der Tarifvertrag abgeschlossen ist [1]), denn der Tarifvertrag ist an sich kein Dienstvertrag. Es sind also auf der einen Seite solche Personen, welche dienstberechtigt, und auf der anderen Seite solche, welche dienstpflichtig werden wollen. Trotz der somit gegebenen Bezeichnung der in Rede stehenden Personen kann man auf den Begriff der Berufszugehörigkeit nicht verzichten, denn woran soll man die Personen erkennen, die künftig Dienstverträge schließen wollen? Doch nur an der Zugehörigkeit zu einem von Privatrechtsverhältnissen unabhängigen Berufsstande. Wenn es auf die Frage ankommt, ob der Tarifvertrag ein ganzes Gewerbe umfaßt, ob er eine Usance in einem Gewerbe darstellt, welche Rechte die Minderheit oder die Außenstehenden in einem Gewerbe haben, so kann man des Begriffs des Berufsstandes gar nicht entbehren. Dieser dürfte auch bei Verabredungen, welche die Lohnsicherung tangieren, nicht unerheblich sein. Wesentlich ist die Berufszugehörigkeit in Ansehung der Streiks, Sperren und dergleichen Machtmittel betreffenden Rechte. Denn diese in den Tarifverträgen oft erwähnten Machtmittel können von Personen in Anwendung gebracht werden, die in keinem Dienstverhältnis stehen, ihre Anwendung kann gerade darin bestehen, daß sie keine Dienstverträge abschließen. Ist der Tarifvertrag nicht für eine bestimmte Personenzahl, sondern für einen noch nicht geschlossenen Personenkreis vereinbart, kommen insbesondere nicht genau bestimmte Dritte in Frage, z. B. Arbeitgeber oder Arbeiter

---

beiter schließen ab a) als einzelne, b) als ad hoc gebildete Gesellschaft, c) durch dauernde Berufsvereine, d) durch Gesellenausschüsse;

III. Tarifverträge größerer Bezirke: 1. beide Teile treten als Berufsvereine auf, 2. sie gründen eine Tarifgemeinschaft.

[1]) Natürlich abgesehen von den gelegentlich im Tarifvertrage nebenbei enthaltenen Dienstverträgen, die aber nicht wesentlich sind.

eines bestimmten örtlichen Bezirkes, so kann die Begründung eines Gewerbes, der Abschluß eines Dienstvertrages erheblich für die Parteieigenschaft sein — in welchem Maße, ob insbesondere in dem Umfange, wie *Lotmar* es annimmt, ist allerdings fraglich.

Wenn man nicht nur zwei Parteien, sondern eine Anzahl Gesamtberechtigter und -verpflichteter auf einer oder beiden Seiten annimmt, so entstehen unter Umständen auch Rechte und Pflichten zwischen den einzelnen Mitgliedern der gegenüberstehenden Arbeiter- und Arbeitgebergesamtheiten, also mehr als zwei Parteien, ein Verhältnis, welches noch komplizierter wird, wenn die Arbeiter- und die Arbeitgebergesamtheit in Gruppen gespalten sind.

Interessant ist die Frage, ob ein Arbeitgeber, der seinen Gewerbebetrieb aufgibt und als Arbeiter sein Brot erwerben will, nun ohne weiteres als bereits verpflichtet auf Arbeiterseite anzusehen ist. Bei den Unterlassungspflichten könnte dies leicht konstruiert werden. Der Fall kann bei Gewerben, die im Kleinbetriebe arbeiten, häufig vorkommen, besonders auch im Falle der sogenannten Hausindustrie und Heimarbeit. Es kommt auch vor, daß ein kleiner Meister, ohne seinen Betrieb aufzugeben, als Arbeiter vorübergehend in einem größeren Betriebe arbeitet. Gehört er im Falle einer Verletzung des Tarifvertrags von seiten der Arbeiter oder Arbeitgeber zur einen oder zur anderen Partei? Haftet für seine Handlungen die eine oder die andere Partei?

Oft tritt naturgemäß eine dreifache Gruppierung der Vertragsparteien zutage, wenn an einem Tarifvertrage außer Arbeitgebern und Arbeitern Hausgewerbetreibende, Zwischenmeister oder selbständige Kolonnenführer oder ähnliche Zwischenpersonen beteiligt sind [1]).

---

[1]) Beilage zu Nr. 1 des GG. u. KG. 1905 Sp. 86, 87. Die Arbeiter oder Arbeitgeber sind auch oft nicht nur in einem Vereine, sondern in mehreren organisiert. Der Beitritt einzelner Organisationen erfolgt dann bisweilen unter verschiedenen voneinander abweichenden Vorbehalten. Auch für verschiedene Orte machen die betreffenden Ortsangehörigen, die sich einem allgemeinen, z. B. einem Nationaltarifvertrag anschließen, ihre eigenen Vorbehalte (Holzarbeitertarif, abge-

Sobald mehr als zwei Parteien vorhanden sind, wird eine Lösung der entstehenden Streitfragen nur auf Grund der Annahme einer mehr oder minder organisierten Tarifgemeinschaft möglich sein. Die Individualrechte müssen dann zugunsten von Majoritätsrechten, allenfalls gewissen Minoritätsrechten zurücktreten, wenn nicht unentwirrbare Rechtsverhältnisse entstehen sollen.

3. Wenn wir absehen von dem unpraktischen Fall, daß auf Arbeiterseite nur eine einzige oder ganz wenige Personen beteiligt sind, so kommt als Einzelpartei beim Tarifvertrag nur der Arbeitgeber in Frage[1]). Man hat diese Firmentarifverträge mitunter von dem Begriff der Tarifverträge ausschließen wollen. Das mag dann eine gewisse Berechtigung haben, wenn die Zwecke des Tarifvertrags gar nicht mit dem Abschluß eines solchen Vertrags vereinbar sind und man annehmen muß, daß die Parteien die Erreichung dieser Zwecke gar nicht im Sinne gehabt haben, wenn der Betrieb des Arbeitgebers keine selbständige Stellung in seinem Gewerbe einnimmt. Im Zweifel wird man hier einen modifizierten Dienstvertrag annehmen müssen.

Anders liegt es aber, wenn der Unternehmer das ganze Gewerbe beherrscht, wenn sein Betrieb der einzige der Art in einem bestimmten Bezirke ist. Hier sind richtige Tarifverträge wohl denkbar.

Meist pflegen auf beiden Seiten organisierte Gesamtheiten beteiligt zu sein, Unternehmerverbände oder Arbeiterorganisationen.

Die Unternehmerverbände erscheinen in allen möglichen Formen des Zusammenschlusses, als eingetragene oder nicht eingetragene Vereine, als Gesellschaften mit beschränkter Haf-

---

schlossen 1907 vor dem Einigungsamt in Berlin). Einzelne einem Tarifvertrag beitretende Arbeitgeber schließen oft einmal mit der Arbeiterorganisation und außerdem mit ihren eigenen Arbeitern ab (s. ebenda Sp. 87). Dadurch wird oft nur Verwirrung, nicht eine größere Sicherung des Tarifvertrags erreicht.

[1]) *Lotmar* S. 767 sieht die Teilnahme einer Mehrheit von Arbeitern als wesentlich für den Begriff des Tarifvertrags an. Ebenso *Meschelsohn*, Soz. Prax. XVI, Sp. 674.

tung, als Korporationen. Zu prüfen ist hier in allen einzelnen Fällen, welche Wirkung der getroffenen Abmachung nach den Statuten zusteht, ob der Verein hiernach überhaupt einen Tarifvertrag abschließen kann. Die Verneinung dieser Frage hat nicht immer die Unwirksamkeit des Tarifvertrags zur Folge. Die Mitglieder des Vereins können dann unter Umständen als besondere, eventuell nicht rechtsfähige Vereine aufgefaßt werden.

Sie handeln durch ihre gesetzlichen Vertreter oder besondere Bevollmächtigte. Schwierigkeiten können nur bei nicht rechtsfähigen Vereinen auftreten, die nach § 54 BGB. den Regeln der Gesellschaft unterstehen[1]). Bei den bestehenden Tarifverträgen ermangeln aber die beteiligten Verbände, zumal die der Arbeiter in der Regel der Rechtsfähigkeit. Es wird also der theoretische Ausnahmefall praktisch zur Regel.

Die Arbeitgeber können auch als lose, unorganisierte Gesamtheit auftreten.

Oft kommt dieser Fall auch bei den Arbeitern vor.

Mit Recht weist *Oertmann*[2]) darauf hin, daß man in dem bloßen Umstande, daß Arbeiter — dasselbe gilt auch für Arbeit-

---

[1]) Die Frage, ob sie als Selbstkontrahenten auftreten, wird später erörtert. — Die Berufsvereine sind oft nicht durch ihre Vorstände, sondern durch besondere für diesen Fall gewählte Vertreter, deren Zahl oft sehr groß ist. Das GGG. § 63 stellt als Regel auf, daß die Zahl der Vertreter drei bei Einigungsverhandlungen nicht überschreiten soll. Es empfiehlt sich auch, für den Abschluß von Tarifverträgen nur wenige, am besten nur einen Vertreter zu bestellen und den Vertrag nicht Anfechtungen auf Grund verschiedener Meinungen der Vertreter bei seinem Abschluß auszusetzen. Natürlich können den Bevollmächtigten beliebig viele Berater beigesellt werden. Über ungenügende Bevollmächtigung wird viel geklagt (s. auch *v. Schulz*, Beilage zu Nr. 1 d. GG. u. KG. 1905 Sp. 88). Die Bevollmächtigung durch Versammlungen läßt sich zwar nicht vermeiden, es müssen aber für das Verfahren dieser Versammlungen den Teilnehmern bekanntzugebende Regeln aufgestellt und befolgt werden. Besonders ist die Legitimation der Versammlungsteilnehmer festzustellen.

[2]) S. 10—11; gelegentlich (im Archiv f. Sozialw. u. Sozialpol. Bd. XXI Heft 3 S. 679) habe ich schon früher darauf hingewiesen, daß Personenvereine jeglicher Art beteiligt sein können. S. auch *Schall* S. 33 ff., 124 ff., *Lotmar*, Arbeitsvertrag I, S. 767. *Schall* verlangt Bestimmbarkeit der Mitglieder und ihren Willen, eine Vereinigung zu bilden.

geber — sich zwecks Tarifverhandlungen zusammenschließen und Delegierte bestellen, die Bildung eines Vereins ad hoc als gewollt annehmen könne. „Sollte es aber an der nötigen Organisation fehlen, so sei das problematische Vorkommen solcher Fälle kein Grund, den organisierten Verbänden die Stellung als Kontrahenten zu versagen.“ Die Annahme eines ganz unbestimmten Kontrahentenkreises ist mit der Idee eines Vertrages nicht zu vereinbaren.

Man hat für diese Konstruktion den Begriff der Auslobung herangezogen (§ 657 BGB.), bei der sich das Angebot an unbestimmte Personen richte.

Das würde aber gegen die Annahme eines Vertrages sprechen; denn die Auslobung ist eben kein Vertrag.

Wenn eine Personenmehrheit nur im eigenen Namen kontrahiert, so entsteht zunächst nur die Berechtigung und Verpflichtung einer einzigen Person. Bei nicht rechtsfähigen Vereinen entsteht eine Obligation zur gesamten Hand (§§ 54, 705 ff. BGB.).

Auch juristische Personen des öffentlichen Rechts, z. B. der Staat, die Gemeinde, Innungen[1]), können Tarifverträge schließen. Aufgabe der Innungen ist nach § 81 a Nr. 2 GO. die Förderung eines gedeihlichen Verhältnisses zwischen Meistern und Gesellen (Gehilfen). Zu diesem Zwecke können sie auch Verträge mit nicht der Innung angehörigen Personen, also z. B. mit Gewerkschaften, abschließen. Auch bei den juristischen Personen des öffentlichen Rechts wird unter Umständen — und zwar gilt dies besonders von den Innungen — insofern der Abschluß des Tarifvertrags über die ihnen rechtlich zustehenden Befugnisse hinausgeht, die Annahme eines nicht rechtsfähigen Vereins möglich[2]).

Das von *Schall* S. 70—71 geschilderte Verfahren in den Arbeiterversammlungen bei Abstimmungen über die Tarifverträge dürfte in jetziger Zeit nicht mehr die Regel, sondern, wie *Oertmann* mit Recht behauptet, nur eine Ausnahme darstellen. Wenn die Abstimmung nicht in geschlossenen Vereinsversammlungen erfolgt, wird wenigstens die Zugehörigkeit zum Beruf kontrolliert.

[1]) *Schall* S. 28, 129 ff.; *Brogsitter* S. 83; *Lotmar*, Arbeitsvertrag I S. 766.

[2]) Bei den Innungen, wenn eine über § 86 GO. hinausgehende Haftung beabsichtigt ist.

Eine besondere Behandlung bedürfen mit Rücksicht auf §§ 152, 153 GO. die Koalitionen zwecks Erlangung günstiger Lohn- und Arbeitsbedingungen, insbesondere mittels Einstellung der Arbeit oder Entlassung der Arbeiter.

Nach § 152 GO. steht jedem Teilnehmer der Rücktritt von solchen Vereinbarungen und Verabredungen frei, und es findet aus „letzteren" keine Klage noch Einrede statt[1]).

Die wichtigste Frage mit Rücksicht auf diese Bestimmung ist die, ob jede Vereinigung oder Verabredung in ihrem ganzen Umfange des Klage- und Einrederechts beraubt ist, bei denen die Erlangung günstiger Lohn- und Arbeitsbedingungen auch nur einen Teil des Zweckes bildet, oder ob nur derjenige Teil des Vertrags der Rechtswirksamkeit in dem angegebenen Umfange entbehrt, der auf den gedachten Zweck hinzielt.

Zunächst ist zu betonen, daß das Fehlen des Klage- und Einrederechts eine Ausnahme, die einschränkend zu interpretieren ist, nicht die völlige Rechtsunwirksamkeit bedeutet. Es bleibt immer eine Naturalobligation übrig, deren Erfüllung möglich ist, so daß die Zurückforderung des Geleisteten unmöglich ist. Auch für die Frage, ob eine widerrechtliche oder sittenwidrige Handlung vorliegt, ist das Bestehen einer derartigen Koalition von Erheblichkeit. Überhaupt äußert aber § 152 GO. zivilrechtliche Wirkungen nur insoweit, als er die innerhalb der Koalition in Betracht kommenden Verhältnisse der Koalierten zueinander aus Gründen der Aufrechterhaltung der politischen Freiheit des Einzelnen vertraglicher Festsetzung — das heißt soweit eine durch Klage oder Einrede geltend zu machende vertragliche Festsetzung in Frage kommt — grundsätzlich entzieht[2]).

Soweit neben den Verabredungen, welche die Erlangung günstiger Arbeitsbedingungen bezwecken, Abreden vorhanden sind, an deren Erfüllung die Parteien an sich ohne damit

---

[1]) S. *Schall* S. 28 ff.; *Lotmar*, Tarifvertrag S. 527; derselbe, Arbeitsvertrag I, S. 766 f.; *v. Schulz*.

[2]) So *v. Bröcker* S. 43; *Lotmar*, Arbeitsvertrag S. 766.

günstige Arbeitsbedingungen anzustreben ein Interesse haben, sind die Abreden unbeschränkt gültig[1]).

In Frage könnten hier besonders solche Verabredungen kommen, bei denen die Erlangung günstiger Lohnbedingungen nur ein Nebenzweck ist, wenn auch kein unwichtiger. Man denke z. B. an eine ständige Arbeiterkolonne, etwa von Maurern, Zieglern. Auch hier beabsichtigt man, durch den ständigen Zusammenschluß einen günstigen Verdienst zu erzielen. Das ist aber nicht der einzige Zweck des Zusammenschlusses. Gewisse Arbeiten werden ständig von Arbeiterkolonnen ausgeführt und können nur von solchen ausgeführt werden. Zu diesem Zwecke müssen sich die Arbeiter, damit die betreffende Arbeit verrichtet werden kann, in Kolonnen zusammenschließen. Das ist die Veranlassung und der Hauptzweck des Zusammenschlusses. Ganz widersinnig wäre es, solchen Abreden, die täglich und tausendfach vorkommen, das Klagerecht zu entziehen. Das wollte der Gesetzgeber auch nicht, wenngleich der Zusammenschluß zu Kolonnen auch den Zweck der Erlangung günstiger Löhne befolgt, und die Praxis hat niemals Bedenken getragen, den Kolonnen das volle Klagerecht zu gewähren.

Wenn und soweit nun der Zusammenschluß zu dem Zweck erfolgt, um überhaupt mit den Arbeitgebern einen von diesen und von der Allgemeinheit gewünschten allgemeinen Vertrag, einen Tarifvertrag im Interesse des Friedens und der Fortentwicklung des Gewerbes, zur Vermeidung von Störungen des gewerblichen Lebens durch Streiks, Sperren oder Boykotts abzuschließen, so ist solchen vom Staate durch das GGG.

---

[1]) *Schall* S. 31—32 und die dort zitierte Entsch. des RG. in Strafsachen (16, S. 385). „Sobald irgendwelche gewerbliche Koalitionen behufs Erlangung günstiger Lohn- und Arbeitsbedingungen das Gebiet des gewerblichen Lebens mit seinen konkreten Interessen verlassen, sobald sie hinübergreifen in das staatliche Gebiet, sobald sie die Organe und die Tätigkeit des Staates für sich in Anspruch nehmen, hören sie auf, gewerbliche Koalitionen zu sein und wandeln sich in politische Vereine um, die als solche den Bestimmungen des Vereins- und Versammlungsrechts unterliegen.“ *Schall* fügt dem hinzu: „andererseits haben sie insoweit auch unbeschränkte zivilrechtliche Wirksamkeit“. Vgl. *Oertmann* S. 12—14.

geförderten Abreden das Klagerecht nicht entzogen. Die koalierte Partei entbehrt also weder gegenüber ihrer Gegenpartei noch gegenüber ihren eigenen Angehörigen des Rechtsschutzes in dem in § 152 GO. angegebenen Umfange[1]).

Lotmar nimmt, wenn eine Mehrheit von Arbeitern nacheinander einzelnen Arbeitgebern einen Tarifvertrag angeboten und diese den Vorschlag nacheinander angenommen haben, das Vorliegen mehrerer nebeneinander selbständig bestehender Tarifverträge an. Es wird aber wohl meist bei gleichem Vertragsinhalt ein einziger Vertrag gewollt sein. Es ist für diesen Zweck nicht unbedingt nötig, daß den mehreren Arbeitgebern der nämliche Vertragsantrag gleichzeitig gemacht wird[2]).

Selbstkontrahenten sind die erwähnten Rechtssubjekte auch dann, wenn sie zugunsten von Dritten kontrahieren.

Minderjährige, die gemäß §§ 112, 113 BGB. zum Betrieb eines Erwerbsgeschäftes oder zur Eingehung von Dienstverträgen ermächtigt sind, bedürfen zum Abschluß eines Tarifvertrages keiner besonderen Genehmigung, es sei denn, daß die Genehmigung des Vormundschaftsgerichts in Frage käme[3]).

4. Die erwähnten Personen und Personengesamtheiten können nun auch für andere Personen auftreten. Oft oder vielleicht meist werden sie im eigenen Namen und zugleich für andere Personen auftreten. Soweit Vereinbarungen vor dem Einigungsamte in Frage kommen, müssen sie gemäß § 63

---

[1]) Bei dieser mit der Rechtsprechung nicht immer in Einklang zu bringenden Ausführung muß das zu Anfang über das Recht einer freieren Interpretation Gesagte berücksichtigt werden. *Schall* S. 40, 41 kommt zu dem Ergebnis, daß die gelegentlichen Vereinigungen nur selten als Verein oder Gesellschaft organisiert sind, daß von den dauernden Vereinigungen die Berufsvereine nicht rechtsfähige Vereine sind, auf Arbeitgeberseite aber auch zum Teil rechtsfähige Vereine oder Gesellschaften darstellen. Die „Koalitionen“ sieht er als unvollkommene Rechtsverhältnisse an (S. 54).

[2]) Dies nimmt *Lotmar* im Gegensatz zu der hier vertretenen Auffassung an.

[3]) Da Tarifverträge keine Dienstverträge sind, so folgt unsere Annahme hinsichtlich § 113 BGB. aus einer analogen Anwendung des Gesetzes, die nicht unbedenklich ist.

GGG. Beteiligte sein. Diese werden naturgemäß auch als Selbstkontrahenten auftreten[1])[2]).

Auch bei dieser Vertretung bedarf es einer Prüfung der Statuten und eventuell der Vereinsbeschlüsse.

---

[1]) Zu den Beteiligten haben die Gewerbegerichte mit Recht auch die interessierten- Arbeitgeber- und Arbeiterverbände gerechnet. Namentlich bei einem riesige Arbeitermassen umfassenden Einigungsprozeß wäre ein anderes Verfahren gar nicht möglich. Ein engherziges Anklammern an den Wortlaut des Gesetzes, der nur von Streitigkeiten zwischen Arbeitgebern und Arbeitern spricht, würde der Absicht des Gesetzgebers nicht gerecht werden, wenn man darunter nur Personen versteht, die zu einander in einem Dienstverhältnisse stehen. Da dürfte zunächst die Frage aufzuwerfen sein, wer ist Arbeiter und wer Arbeitgeber? Keinesfalls kann man darauf antworten: „Die Personen, die in einem Arbeitsverhältnisse stehen", denn meist sind in dem Falle eines einigungsamtlichen Streites die Arbeitsverhältnisse gelöst, also nicht mehr vorhanden. S. meinen Aufsatz im Archiv f. Sozialw. u. Sozialpol. XXI 3 S. 683; *v. Schulz*, GGG., 1902, S. 162 Anm. 4. Für unsere Frage ist es übrigens gleichgültig, ob das Einigungsamt die Vertreter zulassen durfte oder nicht. Die Rechtsbeständigkeit der getroffenen Vereinbarung wird hierdurch nicht berührt. Die Konsequenz der Auffassung, daß Beteiligte nur in einem Dienstverhältnisse stehende Personen seien, würde sein, daß die überwiegende Zahl der bestehenden Tarifverträge in Zweifel zu ziehen wäre. Daß diese Verhältnisse dem Gesetzgeber bekannt waren, ergibt sich aus der Entstehungsgeschichte des Gesetzes. Beteiligt können deshalb auch Arbeiter einer bestimmten Berufsklasse sein, die zurzeit — etwa aus Not — in einem anderen Gewerbe in Dienst getreten sind. Wer als beteiligt anzusehen ist, hängt vom freien Ermessen des Einigungsamtes ab. So auch im wesentlichen übereinstimmend *v. Schulz*, GGG. § 63 Anm. 4 S. 162 Begründ. des Gesetzentw. S. 36 f., dag. *Mugdan-Cuno*, Komm. z. GGG. § 63 Anm. 3, der verlangt, daß die Beteiligten Partei seien müssen. Die Frage ist aber eben, wer ist Partei? Wenn das Gesetz diese Ansicht vertreten wollte, so hätte doch am praktischsten gesagt sein können, die Vertreter sind aus der Mitte der Parteien zu nehmen. Aber der Gesetzgeber war sich offenbar bewußt, daß die Parteien bei einem Lohnstreit nicht fest umgrenzt sind. Als Beteiligte muß man daher auch Berufsvereine, deren Mitglieder, Vorstände und Beamten ansehen, sofern diese Vereine an einem Einigungsverfahren interessiert sind, insbesondere wenn es zur statutenmäßigen Aufgabe dieser Berufsvereine gehört, Arbeitsverhältnisse zu regeln, Tarifverträge abzuschließen, günstige Arbeitsbedingungen anzustreben.

[2]) Daraus, daß der Wortlaut des Vertrages die Verbände als Abschließende bezeichnet, folgt nicht immer, daß sie für sich selbst Rechte begründen wollen. So *Schall* S. 113. Mit Recht fährt aber

Von diesem Gesichtspunkte aus dürfte gar mancher Tarifvertrag nicht die Probe bestehen.

Der Begriff der Prozeßvollmacht kann auf das einigungsamtliche Verfahren nicht angewendet werden[1]).

Aus der Vorschrift des § 65 GGG., daß das Einigungsamt die Legitimation nach freiem Ermessen festzustellen hat, folgt keineswegs, daß der zugelassene Vertreter zur Abgabe von rechtsverbindlichen Erklärungen der Partei befugt war.

Durch Vereinsstatut kann bestimmt sein, daß ein Vertreter auch der einzelnen Mitglieder des Vereins durch Mehrheitsbeschluß bestellt werden kann.

Schwieriger ist die Rechtslage, wenn die Gesamtheit nicht organisiert war oder der Beschluß die statutenmäßigen Vereinsbefugnisse überschritt.

Man könnte sagen, daß jedes Vereinsmitglied, wenn es gegen die Verhandlung eines die Zuständigkeit des Vereins überschreitenden Punktes nicht protestiert, sich dem zu fassenden Beschlusse im voraus unterwirft. Diese Interpretation oder besser Unterlegung würde aber direkt gegen die bestehenden Rechtsgrundsätze verstoßen. Es würde damit eine Verpflichtung zu einem Protest gegen Rechtshandlungen geschaffen, die wohl niemand übernehmen will, wenn er in einen Verein eintritt. Es käme das auf eine willkürliche Statutenänderung hinaus. Denn der Grundsatz muß doch bestehen bleiben, daß das Statut den Umfang der Rechte und Pflichten der Vereinsmitglieder begrenzt[2]). Auch aus dem Verbleiben in dem Verein trotz des statutenwidrigen Beschlusses ist keine Billigung desselben zu entnehmen. Denn das Verbleiben in dem Verein ist ein Recht des Mitgliedes, an welches gegen seinen Willen keine Bedingungen geknüpft werden können, die es nicht mit dem Eintritt in den Verein akzeptiert hat.

Schall S. 115 im Gegensatz zu *Rundstein* S. 122 ff. fort, daß grundsätzlich der Verband in erster Linie selbst die Pflicht zur Durchführung des Tarifvertrages übernehmen will. S. auch *Schall* S. 139, *Oertmann* S. 7 zu b.

[1]) S. Archiv f. Sozialw. u. Sozialpol. ebenda XXI, S. 677.

[2]) Es sei denn, daß die Statutenänderung statuten- oder gesetzmäßig erfolgt.

Wenn es sich um einen statutenlosen Verein handelt, als welchen man eine ad hoc einberufene Versammlung zwecks Erteilung von Vollmachten für den Abschluß eines Tarifvertrags ansehen kann, so könnte man eher annehmen, daß jeder Versammlungsteilnehmer sich den Majoritätsbeschlüssen über die auf der Tagesordnung stehenden, eventuell auch die nachträglich ohne seinen Protest auf die Tagesordnung gesetzten Punkte unterwerfen will. Es hat sich über die öffentlichen Versammlungen, in denen über wirtschaftliche Fragen Beschlüsse gefaßt werden sollen, ein gewisses Gewohnheitsrecht gebildet, auf das näher einzugehen hier nicht der Ort ist[1]). Natürliche Voraussetzung dieser Anerkennung der Beschlüsse ist ein ordnungsmäßiges Verhandlungsverfahren, insbesondere eine Prüfung der Legitimation der Versammlungsteilnehmer, die auf Arbeiterseite durch Vorzeigung von Verbands- oder Invalidenversicherungskarten zu erfolgen pflegt. Denn sonst könnten durch beliebige Teilnehmer künstliche Majoritäten geschaffen werden.

Eine schriftliche Abstimmung unter Namensangabe kommt vor, wäre de lege ferenda auch gar nicht abzuweisen[2]), erfolgt aber zurzeit auf Arbeiterseite nur selten[3]).

Die Vollmacht kann durch eine Genehmigung ersetzt werden. Es ist dann aber zu bedenken, daß vor erfolgter Genehmigung ein sog. negotium claudicans besteht.

Der Abschluß eines mit einem Tarifvertrag übereinstimmenden Arbeitsvertrags kann nur unter gewissen Umständen und nur bei Kenntnis des Tarifvertrags als eine Genehmigung desselben angesehen werden.

5. Fast jeder Tarifvertrag ändert seinen Personenstand im Laufe der Zeit, und zwar scheiden Personen aus dem Bereich des Vertrags aus oder es treten neue hinzu. Die Änderung kann mit oder ohne Zustimmung der Vertragsparteien erfolgen.

---

[1]) Welches aber bei Tarifverhandlungen stets gleichmäßig zutage tritt.

[2]) Die praktischen Schwierigkeiten sind namentlich bei Mitwirkung von Behörden nicht so schwierige.

[3]) Vgl. Begründ. d. Entw. des GGG. S. 36, 37.

Zu unterscheiden ist, ob eine Person als Vertragspartei oder nur als Interessent ausscheidet oder hinzutritt[1]).

Da der Tarifvertrag die Tendenz der Verallgemeinerung hat, so wird das Hinzutreten im allgemeinen nicht rechtserheblich für seinen Bestand sein. Das Ausscheiden wichtiger oder der Zahl nach erheblicher Personen kann aber Umstände zuwege bringen, die von denen erheblich abweichen, welche die Parteien ausdrücklich oder sonst offensichtlich zum Vertragsschluß bestimmt haben. Dieses Ausscheiden ist daher rechtserheblich.

Der Tod eines Mitgliedes ist nicht in allen Fällen erheblich. Manche Rechte müssen notwendig auf die Erben übergehen, namentlich auf Arbeitgeberseite; andere, wie die Verpflichtungen der Arbeitnehmer, sollen nach dem Parteiwillen nicht vererblich, sondern von rein persönlicher Natur sein. Eine unbedingte Notwendigkeit für diese Annahme besteht allerdings nicht. Auch der Erbe eines Arbeiters könnte, wenn er ein Arbeitsverhältnis im Gebiete des Tarifvertrags eingeht, zur Unterlassung tarifwidriger Bestimmungen angehalten werden; das wäre denkbar, weil die Verpflichtungen des Tarifvertrags im Gegensatz zum Dienstvertrag im allgemeinen nicht rein persönlicher Natur sind, würde aber, wie ich annehme, mit den Parteiabsichten nicht übereinstimmen.

Als freiwillige Rechtshandlung für die Änderung des vom Tarifvertrag betroffenen Personenkreises kommt hauptsächlich der Eintritt in einen der am Vertrag beteiligten Vereine in Frage. Auch arbeiterseits wird hier im Prozesse aus einem Arbeitsvertrage vor dem Gewerbegericht nicht selten eingewendet, daß der Eintritt an sich noch keine Unterwerfung unter den Tarifvertrag enthalte.

Wenn der Hinzutritt einer Person zu einem Tarifvertrag auch für den Bestand des Tarifvertrags nicht erheblich ist, so kann doch ein Beitritt zu demselben nicht gegen den Willen der Vertragsparteien erfolgen.

Im allgemeinen ist aber als Parteiwille anzusehen, daß jeder Arbeitgeber, der in dem örtlichen Geltungsbereiche des

---

[1]) *Schall* S. 125: „Der Eintritt eines neuen Mitgliedes in den Verband bewirkt ohne weiteres dessen Mitberechtigung zur gesamten Hand.“

Tarifvertrags einen Betrieb eröffnet, und jeder Arbeiter, der in diesem Bezirk und bei einem tarifvertraglich gebundenen Arbeitgeber in Arbeit tritt, berechtigt sein soll, dem Tarifvertrag beizutreten. Für den Beitritt ist der Abschluß eines Dienstvertrags weder erforderlich noch unbedingt entscheidend. Meist wird dieser Punkt in den Tarifverträgen nicht ausdrücklich geregelt, weil, wie gesagt, die Erweiterung des Personenkreises stets in der Tendenz des Tarifvertrags liegt. Man läßt sich an konkludenten Handlungen für den Beitritt genügen. Doch ist die Entscheidung der Frage mangels vertraglicher Ordnung im einzelnen Falle nicht einfach[1]). Ist zur Beilegung eines Streiks mit einer Organisation ein Abkommen getroffen worden, und haben darauf auch die nicht organisierten Arbeiter die Arbeit wieder aufgenommen, so kann man darin ihren Beitritt zum Tarifvertrag erblicken.

Die Übernahme eines Betriebes unter Lebenden braucht nicht eine Übernahme der Verpflichtungen aus dem Tarifvertrag zu enthalten, denn in dem Pflichtkreis eines Tarifvertrags kommt niemand gegen oder ohne sein Zutun[2]).

6. Unbestimmtheit der Personen. Die Unbestimmtheit der Personen wird von den einen für ein charakteristisches Merkmal des Tarifvertrags gehalten, derart, daß nach Annahme dieser Schriftstellen ein Tarifvertrag bei Bestimmtheit der beteiligten Personen nicht vorliegt, während die anderen einen Vertrag nicht für möglich halten, wenn die Parteien nicht nach ihrer Person bestimmt sind. Diese Ansicht hat besonders *Baum* vertreten, während *Rundstein* der zuerst genannten zuneigt. *Rundstein* behauptet, wer zu einer Vertragspartei gehörte, das könne der Betreffende immer nur selbst wissen. Unserer Meinung nach bedarf es einer absoluten Bestimmtheit der Personen nicht.

---

[1]) Ein Beispiel für diese Frage findet sich unter den von *Baum* veröffentlichten Fällen des Gewerbegerichts Solingen. Vgl. *Schall* S. 166, 177. Ein Urteil des Gewerbegerichts Altenessen vom 27. September 1905 (angeführt bei *Brogsitter* S. 26) hat dahin entschieden, daß der Tarifvertrag auch Mitglieder der beteiligten Organisationen bindet, welche den Tarifvertrag nicht ausdrücklich anerkannt haben. *Buschardt* S. 85.

[2]) Vgl. *Lotmar*, Arbeitsvertrag I, S. 796.

Dieselben müssen aber bestimmbar sein, und zwar die beim Abschluß des Tarifvertrags beteiligten Parteien als auch diejenigen, welche künftig beizutreten berechtigt sein sollen, sowie auch diejenigen Dritten, zu deren Gunsten Rechte durch den Tarifvertrag begründet werden sollen[1]).

Wenn bei dem Abschluß nur ständige Vereine beteiligt waren, so sind die Parteien genügend bestimmt oder bestimmbar, auch soweit die Parteien als Vertreter ihrer Mitglieder auftreten. Schwieriger ist die Frage, wann ad hoc begründete Vereine einen Tarifvertrag abschließen und dabei als Vertreter ihrer Mitglieder auftreten.

Abschluß des Tarifvertrags.

1. Wenn wir an der Vertragsnatur des Tarifvertrags festhalten, so kann er nur zustande kommen durch Antrag und Annahme. Der Antrag wird in der Praxis seitens der Arbeiter entweder an eine Arbeitgebervereinigung oder an etwaige Bevollmächtigte einer Arbeitgebergesamtheit oder meist in Druckform an jeden einzelnen in Betracht kommenden Arbeitgeber gerichtet, und zwar fast regelmäßig ohne hervorzuheben, ob der Antrag an eine Gesamtheit oder an jeden Arbeitgeber als einzelnen gerichtet ist. Im Zweifel wird man annehmen müssen, daß der Antrag an die Gesamtheit der Arbeitgeber gerichtet ist, die den Antrag erhalten haben, so daß also auch die Annahme nur von seiten aller Arbeitgeber erfolgen kann, denn

[1]) *Schall*, S. 74, führt im Gegensatz zu *Rundstein*, Tarifverträge S. 55 und *Lotmar*, Arbeitsvertrag I, S. 797, aus: „In allen Fällen, wo ein Rechtsgeschäft ohne subjektive Gewißheit über die Person des anderen Teiles nicht denkbar ist, muß als wesentlichster Teil des rechtsgeschäftlichen Tatbestandes solche subjektive Gewißheit verlangt werden und die rechtliche Möglichkeit und Zulässigkeit des Vertragsschlusses mit dem Vertreter unbestimmter Dritter verneint werden". Doch gibt *Schall* S. 75 die Möglichkeit zu, daß ein solcher Vertrag als das stillschweigend Gewollte oder Ortsübliche oft im einzelnen Arbeitsvertrag zur Geltung komme". *Lotmar* a. a. O. S. 998 nimmt an, daß die Vollmacht zum Abschluß eines Tarifvertrages von einer Mehrheit erteilt werde, „deren Angehörige nur von jedem selbst namhaft gemacht werden könnten". In einem solchen Falle würde wohl völlige Unbestimmtheit der Personen vorliegen.

der Tarifvertrag bezweckt eine allgemeine Regelung, und die Annahme von seiten einiger Arbeitgeber kann den Arbeitern nichts nützen. Allerdings kommen in der Praxis viele Ausnahmen vor. Die Arbeiter begnügen sich mit der Annahme ihres Antrags durch wenige, oft durch die kleinsten und am wenigsten widerstandsfähigen Arbeitgeber, da die Fortführung des Kampfes ihnen hierdurch erleichtert wird[1]). Diese ihre Absicht wird die betreffende Partei nach erfolgter Annahme ihres Antrags durch einen Teil der Arbeitgeber in irgendeiner Weise zum Ausdruck bringen müssen. Auf die ablehnende Haltung weniger wird gewöhnlich kein Gewicht gelegt.

Die Annahme jedes einzelnen Arbeitgebers wird im Zweifel auch so auszulegen sein, daß sie als eine Annahme des an die Gesamtheit gerichteten Antrags gelten soll, denn man kann nicht annehmen, daß ein einzelner Arbeitgeber bei Gelegenheit einer allgemeinen Lohnbewegung seinen Arbeitern günstigere Bedingungen bewilligen will als seine Berufsgenossen. Doch auch auf Arbeitgeberseite wird oft, insbesondere um aus einer Zwangslage herauszukommen, etwas anderes gewollt sein[2]).

Der Antrag eines Tarifvertrags von Arbeitgeberseite geht auch meist von einer Vereinigung von Arbeitgebern aus und ist an eine Arbeiterkoalition gerichtet. In anderen Fällen sind von einer oder von beiden Seiten Bevollmächtigte zum Abschluß eines Vertrags bestellt, die dann den Antrag und die Annahme erklären.

Auch von Arbeitgeberseite wird aber der Antrag mitunter an einzelne Arbeiter gerichtet. Ein solcher Antrag wird nicht ohne weiteres in einer öffentlichen Erklärung zu erblicken sein.

[1]) So in Berlin im Bäcker- und Gelbmetallgewerbe.

[2]) Es kommt natürlich auch vor, daß ein Arbeitgeber zum Schaden seiner Konkurrenz oder zur Vermeidung eigenen Schadens mit der Arbeiterschaft allein und im Gegensatz zu den übrigen Arbeitgebern paktiert, auch wohl bisweilen, weil er die Arbeiterforderungen im Gegensatz zu seinen Berufsgenossen für berechtigt hält. *v. Schulz* führt in den Verhandlungen des Gewerbegerichtstages 1905 (GG. und KG., Verbandsbeilage zu Nr. 1, Sp. 87) den Fall an, daß drei Firmen der Fliesenlegerbranche ihren Arbeitern einen Tarifvertragsentwurf vorlegten, der nachträglich durch eine erst für diesen Zweck gebildete Arbeiterorganisation genehmigt wurde.

Diese wird vielmehr als eine unverbindliche Bereitwilligkeitserklärung anzusehen sein, die eine Wiederholung bedarf, wenn ein Arbeiter sich daraufhin bei der angegebenen, mit der Vertretung der Arbeitgeber bezeichneten Stelle meldet.

Mit den soeben besprochenen Offerten eines Tarifvertrags sind nicht zu verwechseln die bei gewerblichen Kämpfen oft vorkommenden allgemeinen oder speziellen Offerten zum Abschluß von Dienstverträgen. Auch sie bezwecken einen Friedensschluß, wie der Tarifvertrag, jedoch wird hier von keiner Seite eine Verbindlichkeit über die Dauer des abgeschlossenen Dienstvertrags hinaus und hinsichtlich anderer Personen als der auf die Offerte engagierten übernommen[1]).

Lotmar nimmt, wenn der gleiche Antrag von einzelnen ausgeht oder an einzelne gerichtet ist, eine Mehrheit einzelner Tarifverträge an (S. 765)[2]). Es ist dies lediglich eine von der unsrigen abweichende Auslegung des Parteiwillens, die aber nicht der auf eine einheitliche Regelung der Arbeitsverhältnisse gerichteten Tendenz der Tarifverträge entspricht.

Etwas modifiziert wird der Vertragsschluß im Falle eines einigungsamtlichen Verfahrens. Kommt hier eine Vereinbarung zustande, so liegt keine Besonderheit in bezug auf den Vertragsschluß vor. Das Einigungsamt spielt hier nur die Rolle eines Vermittlers und einer Urkundsbehörde[3]).

2. Anders liegt es aber im Falle eines einigungsamtlichen Schiedsspruches[4]). Dieser schafft an sich noch kein Recht-

---

[1]) *Schall*, S. 7 u. 8.

[2]) Die Summierung von Abreden mit einzelnen Arbeitern sieht *Lotmar* nicht als einen Tarifvertrag und auch nicht als eine Summe von Tarifverträgen an. Im Zweifel wird man in einem solchen Falle, der praktisch vorkommt, die Summierung zu einem einzigen Tarifvertrag als gewollt ansehen müssen. Unseres Erachtens ist der Zweck der Tarifverträge auch erreichbar durch eine Anzahl von als Einheit gewollten Einzelverträgen, und da diese vorkommen, muß man versuchen, sie als Tarifverträge zu konstruieren. *Schall*, S. 99 („Ob eine Mehrheit von inhaltlich gleichen Tarifverträgen oder ein einheitlicher Tarifvertrag vorliegt, muß durch Auslegung des Parteiwillens bestimmt werden").

[3]) Siehe § 70 GGG. Dazu *v. Schulz* Kommentar, S. 174.

[4]) *v. Schulz* Kommentar zum GGG., §§ 72, 73, S. 175, 176. *Lotmar*, Arbeitsvertrag, I, S. 773, 774.

zwischen den Parteien, wie ein Urteil oder ein Schiedsspruch im Sinne von § 1038 ff. Z.P.O., der Schiedsspruch des Einigungsamtes ist vielmehr nur ein Vorschlag zum Vertragsschluß. Er wird aber für beide Teile bindend, wenn sie sich beide innerhalb einer gestellten Frist dem Schiedsspruch unterwerfen. Der Unterschied von dem gewöhnlichen Vertragsschluß besteht darin, daß kein Antrag von einer Seite und keine Annahme dieses Antrages vorliegt. Ein bindendes Abkommen kommt lediglich durch die Erklärungen der Parteien gegenüber dem Einigungsamte zustande, ohne daß die eine Partei von der Erklärung der anderen Kenntnis zu haben braucht. Um dem so geschaffenen Rechtsverhältnis einen Vertragscharakter beizulegen, muß man sich mit der Fiktion einer Vollmacht des Einigungsamtes von beiden Seiten behelfen.

3. Wenn nachträglich eine Erweiterung des Personenkreises erfolgt, auf den sich der Tarifvertrag bezieht, so kann auch diese sich nur durch Antrag und Annahme des Antrags vollziehen.

Es ist hier zu unterscheiden, ob eine Person dem Tarifvertrag als Vertragspartei beitritt, oder ob sie nur einer der vertragschließenden Vereinigungen als Mitglied beitritt. Dieser Vereinsbeitritt bedarf grundsätzlich nicht der Zustimmung der Gegenpartei. Aus diesem Vereinsbeitritt folgt nicht ohne weiteres, daß das neue Mitglied des Vereins Tarifvertragspartei wird. Das Mitglied erwirbt nur die ihm kraft des Vereinsstatuts zustehenden Rechte, dazu kann auch der auf das Mitglied entfallende Anteil an den Rechten des Vereins aus dem Tarifvertrag gehören.

Voraussetzung ist dabei, daß das neue Vereinsmitglied die nach dem Tarifvertrag vorausgesetzte Qualität hat.

Soll das beitretende Mitglied selbst Vertragspartei werden, so ist die Zustimmung der Gegenpartei erforderlich[1]).

---

[1]) *Schall*, S. 93, nimmt die Zulässigkeit des nachträglichen Beitritts zu einem Tarifvertrage als dem mutmaßlichen Parteiwillen entsprechend an, auch wenn darüber im Tarifvertrage nichts gesagt ist. Vgl. K. Stat. A. I, S. 66. *Sinzheimer*, Arbeitsnormenvertrag, I, S. 80. *Lotmar*, Arbeitsvertrag, I, S. 799.

Diese erfolgt kaum je ausdrücklich oder förmlich, sondern es erfolgt nur eine Beitrittserklärung meist an den gegnerischen Verein, die stillschweigend entgegengenommen wird. In der Entgegennahme der Erklärung liegt dann die Erklärung der Zustimmung.

Von Arbeiterseite erfolgt meist nicht einmal eine Mitteilung an die Gegenpartei. Dennoch wird ein neu beitretendes Mitglied der Arbeiterkoalition, sofern deren Mitglieder und nicht bloß die Koalition als Vertragspartei gilt, ohne weiteres als Vertragspartei von allen Beteiligten angesehen. Dies ist nur so zu konstruieren, daß die Koalition als ermächtigt gilt, namens aller Tarifvertragsparteien den Beitrittsantrag des neuen Mitgliedes entgegenzunehmen[1]).

Sehr bestritten ist die Frage, ob der bloße Abschluß eines Dienstvertrags mit einer dem Tarifvertrag unterworfenen Person, besonders wenn der Dienstvertrag mit dem Tarifvertrag übereinstimmt, den Beitritt zum Tarifvertrag bedeutet. Will man die Frage mit *Lotmar*[2]) bejahen, so muß man auch hier die eben erwähnte Vertretungsbefugnis auf seiten der bereits dem Tarifvertrag unterworfenen Partei annehmen. Man wird weiter verlangen müssen, daß dem Beitretenden diese Befugnis und der Inhalt des Tarifvertrags bekannt war. Der Vertretungsberechtigte muß schließlich von seiner Vertretungsbefugnis Gebrauch machen wollen. Dies kann man nicht annehmen, wenn er einen tarifwidrigen Vertrag abschließt. In diesem Falle bedeutet also der Abschluß eines Dienstvertrages mit einer dem Tarifvertrag unterworfenen Person nicht den Beitritt zum Tarifvertrag.

Wenn der Tarifvertrag durch einen nicht bevollmächtigten Vertreter abgeschlossen war, so bedarf es zur Begründung der Rechte und Pflichten des Vertretenen natürlich nicht

[1]) Nicht immer wird von dem neu beitretenden Mitgliede einer Arbeiterkoalition der Tarifvertrag als verbindlich anerkannt. Wenn aber dem neuen Mitgliede vor seinem Eintritt der Inhalt des Tarifvertrags bekannt war, so liegt in seinem Antrage auf Aufnahme in den Verein auch der Antrag auf Beitritt zum Tarifvertrag.

[2]) Tarifverträge, S. 82 ff. *Rundstein*, S. 172. Dagegen *Schall* S. 94. Vgl. *Oertmann*, S. 8, auch GG. Stuttgart vom 28. November 1904 bei *Baum*, S. 158, 159. *Sinzheimer*, Arbeitsnormenvertrag, I, S. 80. K. Stat. A. I, S. 67. *Sigel*, S. 21. *Hüglin*, S. 83.

mehr eines besonderen Vertragsschlusses. In diesem Falle genügt die Genehmigung des Vertretenen, es bedarf also nicht mehr einer Erklärung von seiten der Gegenpartei, keiner Annahmeerklärung hinsichtlich des Beitritts; die Genehmigung wird man in diesem Falle regelmäßig schon in dem Abschlusse eines wissentlich mit dem Tarifvertrag übereinstimmenden Dienstvertrags erblicken müssen, wobei die Vermutung dafür spricht, daß den Parteien der Inhalt des Tarifvertrages bekannt ist[1]).

Soweit der zwingende Inhalt einer Arbeitsordnung einem Tarifvertrag widerspricht, kann der Arbeitgeber einen tarifmäßigen Dienstvertrag mit Rücksicht auf § 134 c Abs. 2 GO. nicht abschließen. Es könnte in einem solchen Falle, sofern ein Dienstvertrag auch ohne den tarifmäßigen, nach der Arbeitsordnung nicht zulässigen Teil seines Inhalts gewollt ist, nur ein arbeitsordnungsmäßiger Dienstvertrag zustande gekommen sein[2]). Nichtsdestoweniger können die Parteien durch den Abschluß des eventuell ungültigen Dienstvertrags die Absicht gehabt haben, den Beitritt zum Tarifvertrag herbeizuführen. Der Beitritt zum Tarifvertrag ist dann trotz der Ungültigkeit des Dienstvertrags erfolgt. Selbst durch Abschluß eines ungültigen Dienstvertrags können die Parteien in genügender Weise ihren Willen erklären, dem Tarifvertrage beizutreten und den Beitritt zu akzeptieren.

4. Eine Formvorschrift für den Abschluß von Tarifverträgen ist nicht gegeben, doch werden sie meist entweder schriftlich oder vor dem Einigungsamt abgeschlossen. Der Abschluß vor dem Einigungsamt erfolgt durch mündliche Erklärung der Parteivertreter (§ 70 GGG.). Der Inhalt der Vereinbarung ist durch eine von allen Mitgliedern des Einigungsamtes und von den Vertretern beider Teile unterschriebene Bekanntmachung zu veröffentlichen. Weder die Unterschrift noch die Bekanntmachung sind aber für die Gültigkeit des Vertrags erheblich[3]).

[1]) *Lotmar*, Arbeitsvertrag, I, S. 789, 797.

[2]) *Lotmar*, Arbeitsvertrag, I, S. 787.

[3]) Mündlichen Abschluß hat das Berliner Einigungsamt im Stukkateurstreik 1905 für ausreichend erklärt. *Lotmar*, Arbeitsvertrag, I, S. 796

Kommt der Vertrag durch Annahme eines Schiedsspruches zustande, so kann die Annahme mündlich zu Protokoll des Einigungsamtes oder des Gerichtsschreibers des GG. oder schriftlich erfolgen. Auch in diesem Falle ist die Bekanntmachung zwar vorgeschrieben, aber nicht wesentlich.

Erfolgt die Annahmeerklärung nicht innerhalb der vom Einigungsamte gesetzten Frist, so gilt dies kraft ausdrücklicher gesetzlicher Vorschrift (§ 72 GGG.) als Ablehnung der Unterwerfung. Eine nachträgliche Unterwerfung ist also ganz bedeutungslos, sie kann nicht einmal als ein neuer Antrag gelten, da die Erklärung nicht der Gegenpartei gegenüber abgegeben wird[1]).

5. Mitunter wird in einem Tarifvertrage verlangt, daß sein Inhalt in die Arbeitsordnung aufzunehmen ist. Alsdann ist dieser Inhalt gemäß § 134 e GO. für Arbeitgeber und Arbeiter des betreffenden Betriebes rechtsverbindlich. Daraus folgt aber noch nicht, daß alle Arbeiter des betreffenden Betriebes Tarifvertragsparteien geworden sind. Auch in diesem Falle kann der Beitritt durch Abschluß eines Dienstvertrags nur unter den oben erörterten allgemeinen Voraussetzungen erfolgen. Wesentlich ist der Abschluß und der vereinbarte Inhalt des Arbeitsvertrags, zumal die Arbeitsordnung die getroffene Vereinbarung nur in wenigen Punkten zwingend beeinflußt.

Für den Bestand des Tarifvertrags selbst ist die Aufnahme seines Inhalts in die Arbeitsordnung unerheblich[2]). Die unterbliebene Aufnahme kann nur als unterbliebene Erfüllung einer tarifvertragsmäßigen Pflicht und als ein Fall angesehen werden, der den Abschluß von tarifmäßigen Dienstverträgen unmöglich machen kann. Diese Unmöglichkeit wird meist eine von dem betreffenden Arbeitgeber verschuldete sein[3]).

---

bemerkt: „Allein durch Schriftlichkeit kann die Schwierigkeit der Zahlgröße behoben werden".

[1]) Nicht jeder einigungsamtliche Vergleich oder Schiedsspruch ist auf einen Tarifvertrag gerichtet. Diese Form des Vertragsschlusses ist aber für den Tarifvertrag von solcher Bedeutung, daß ihre Besprechung hier angezeigt erscheint.

[2]) Womit nicht bestritten werden soll, daß die Aufnahme in die Arbeitsordnung seine Durchführung in hohem Maße sichert.

[3]) Bestehende Dienstverhältnisse mit nicht dem Tarifvertrag unter-

6. Dem Tarifvertrag werden oft Bestimmungen über Lehrlingsverhältnisse beigefügt. Es kann aber niemals beabsichtigt sein, daß diese Bestimmungen ohne weiteres zum Inhalt der Lehrverträge werden sollen, denn die Parteien der Lehrverträge werden auf Lehrlingsseite kaum je beim Tarifvertrage als Parteien beteiligt sein, weder die Lehrlinge, noch ihre gesetzlichen Vertreter, noch die Eltern. Es kommen hier auch die allerdings nur in gewissen Beziehungen wesentlichen Formvorschriften für Lehrverträge und die Zuständigkeit der Handwerkerkammern bei Ordnung der Lehrverträge in Betracht.

7. Von einem sukzessiven Vertragsschluß spricht man, wenn der Vertrag nicht in einem Akte von sämtlichen Beteiligten abgeschlossen wird, sondern wenn die einzelnen Interessenten nach und nach ihre auf den Vertragsschluß gerichteten Erklärungen abgeben. Wie schon ausgeführt, besteht kein zwingender Grund, in diesem Falle mehrere Tarifverträge anzunehmen, wenn der Inhalt der Verträge übereinstimmt[1]). Vielmehr muß man im Zweifel annehmen, daß die Parteien nur einen einzigen Vertrag wollten, da so am besten die beabsichtigte gleichmäßige Regelung der Arbeitsverhältnisse ermöglicht wird.

Nimmt man bei einem sukzessiven Vertragsschluß einen einzigen Vertrag an, so ist ein Vertrag überhaupt nicht zustande gekommen, wenn nicht sämtliche Personen, die der Vertrag umfassen sollte, ihre Zustimmung erklärt haben. Der Antrag ist in diesem Falle an die einzelnen nur mit der Maßgabe gerichtet, daß seine Annahme nur gelten soll, wenn alle in Frage kommenden, ausdrücklich bezeichneten oder aus den Umständen zu entnehmenden Personen zustimmen[2]).

8. Mitunter ist den Tarifämtern die Befugnis beigelegt, den Inhalt des Tarifvertrags in wesentlichen Punkten durch Beschlußfassung abzuändern.

---

worfenen Arbeitern müssen eventuell in der Arbeitsordnung vom Tarifvertrag eximiert werden.

[1]) Nicht unbedingt der Wortlaut.

[2]) Siehe *Lotmar*, Arbeitsvertrag, S. 763 f. Vgl. auch *Koehne*, Arbeitsordnungen, S. 259. Derselbe sieht tarifwidrige Bestimmungen einer Arbeitsordnung als sittenwidrig an. In dieser Allgemeinheit dürfte dieser Satz aber nicht richtig sein. Siehe *Oertmann*, S. 16, 24, 25, 28.

Noch im Jahre 1890 konnte *T. S. Cree* in einer gelehrten Gesellschaft ausführen: „Arbeitsverträge mittels Koalition im ganzen abschließen sei ein rohes und barbarisches Verfahren, welches ein Maximum von Unsicherheit verbindet mit einem Maximum durch Reibungen herbeigeführter Verluste“ [1]).

Heute haben wir viele Tausende solcher Verträge, und auf ihrer Grundlage haben sich Gemeinschaften herausgebildet, welche das Bestreben haben, dauernd die Regelung der sie betreffenden Arbeitsverhältnisse in der Hand zu behalten.

Heute hat einer der bedeutendsten deutschen Rechtslehrer, *Otto Gierke*, in einer Rektoratsrede die rechtsbildende Kraft der menschlichen Gemeinschaften als eine natürliche Erscheinung bezeichnet, die das Recht respektieren muß und die hervorgeht aus der Tatsache, daß die menschlichen Verbände selbständige Ganze mit eigener Lebenseinheit, Rechtspersönlichkeiten seien. Jedes einzelne soziale Lebewesen in diesem Sinne setze sich selbst ein seiner konkreten Individualität entsprechendes Sonderrecht, so daß selbst unorganisierte Gemeinschaften ein Gewohnheitsrecht schaffen könnten [2]).

Interessengemeinschaften solcher Art von Arbeitgebern und Arbeitern sind die Tarifgemeinschaften in allen Fällen [3]). Zu solchen in ihrer Organisation oft noch wenig entwickelten sozialen Gemeinwesen gehören die Tarifgemeinschaften. Ihre rechtschaffende Wirksamkeit nimmt häufig einen Charakter an, den man nicht anders denn als Autonomie bezeichnen kann.

Diese rechtschaffende Wirksamkeit kann sich immer nur auf die Mitglieder der Tarifgemeinschaft beziehen, niemals auf Außenseiter.

Aber die Macht der Tarifgemeinschaften, die mitunter ein Gewerbe völlig beherrschen, kann die Anerkennung der von ihr aufgestellten Rechtssätze auch gegenüber Außenseitern erzwingen, ohne daß ihr darauf ein Recht zustände. Es fragt

---

[1]) *T. S. Cree*, Eine Kritik der Theorie der Gewerkvereine verlesen in der Philosophischen Gesellschaft von Glasgow. Deutsche Ausgabe 1897, S. 4.

[2]) *Otto Gierke*, Das Wesen der menschlichen Verbände, Rede bei Antritt des Rektorats am 15. 10. 1902, Leipzig 1902, Duncker & Humblot.

[3]) *Koeppe*, Jahrb. f. Nationalökonomie, III. Folg., Bd. 30, S. 290, 292.

sich, ob ein solches Verfahren nicht einen unzulässigen Zwang gegen die Willensfreiheit der Außenseiter darstellt, der diese berechtigen würde, und zwar jeden einzelnen Arbeitgeber und Arbeiter von ihnen, der betroffen wird, gegen die Tarifgemeinschaft auf Unterlassung und Schadenersatz zu klagen. Die Möglichkeit einer solchen Klage hängt ab von der Natur derjenigen Verpflichtungen, zu denen die Außenseiter gezwungen werden, und von den Mitteln, deren sich die Tarifgemeinschaft zu ihrem Zwange bedient. Als solche Mittel kommen vor die Aussperrung, der Streik, der Boykott, sogenannte Maßregelungen und dergl. mehr[1]).

Die Tarifgemeinschaft kann als ein Verein Beschlüsse fassen, welche ihre Mitglieder binden. Solche Beschlüsse enthalten nichts Besonderes. Sie müssen in dem Rahmen bleiben, der der Tarifgemeinschaft durch den Tarifvertrag gegeben ist. Darüber hinaus sind sie unwirksam, jedenfalls für alle diejenigen, die nicht zugestimmt haben, und was die Zustimmenden anbetrifft, so werden sie nur in der Voraussetzung gestimmt haben, daß ein für alle bindender Beschluß zustande kommt.

Die Tarifgemeinschaften sind nun aber bestrebt, die Grundlage ihrer Existenz selbst, den Tarifvertrag, fortzubilden und damit abzuändern. Dies geschieht meist nicht durch Beschluß aller Mitglieder der Gemeinschaft, sondern durch in der Regel gewählte Organe, die mit dieser Aufgabe betraut sind, die Tarifämter, auch Tarifausschüsse, Schlichtungskommissionen u. a. benannt. Bisweilen gelten die an dem Vertrage beteiligten Organisationen als Organe der Tarifgemeinschaft[2]).

Bisweilen steht dem Tarifamt das Recht zu, neue Mitglieder in die Tarifgemeinschaft aufzunehmen. Schon dies kann die Bedeutung eines Tarifvertrags wesentlich beeinflussen, zumal wenn es sich um die Aufnahme ganzer Gruppen, ganzer Vereine handelt, z. B. des Gutenbergbundes bei der Buchdruckertarifgemeinschaft. Die Rechte der Tarifämter gehen

---

[1]) S. *v. Broecker*, Schadenersatzansprüche aus dem Lohnkampf, Hamburg 1906.

[2]) Tarif der Nürnberger Feingoldschläger, Tarifvertrag III, S. 145 § 22, 149 § 21.

aber noch weiter. Nach dem Buchdruckertarif haben sie das Recht der authentischen Interpretation des Tarifvertrags. Darin ist schon ein Recht der Abänderung des Tarifvertrags enthalten. Denn was das Tarifamt bestimmt, gilt als Interpretation.

Sonach ist es nur noch ein Schritt bis zur Festsetzung des Tarifs oder sonstiger Beschlüsse über den Rahmen des Tarifvertrags hinaus.

Im Buchdruckertarifvertrag vom Jahre 1901[1]) heißt es im § 43: „Wird ein Antrag auf Abänderung einzelner Teile des Tarifs ...... eingebracht, so hat das Tarifamt diesen Antrag ...... zu veröffentlichen ......, darauf hat der Tarifausschuß zur Beratung und B e s c h l u ß f a s s u n g zusammenzutreten ......, die beschlossenen Änderungen treten am darauffolgenden 1. Januar in Kraft."

§ 44 fährt alsdann fort: „Als Organ zur F e s t s e t z u n g des Tarifs ist ein aus neun Prinzipalen und neun Gehilfen bestehender Ausschuß gebildet."

Demgemäß hat der Tarifausschuß im Oktober 1906, wie *Koeppe*[2]) sich ausdrückt, „als das zuständige Organ die E r n e u e r u n g des Tarifvertrags formell und materiell rechtsgültig beschlossen".

Der Rechtswirkung dieser Beschlüsse könnten sich allerdings die Beteiligten vielleicht — *Koeppe* nimmt dies an — durch Austritt aus den am Tarifvertrag beteiligten Vereinen entziehen. Doch werden wir bei unseren späteren Betrachtungen über die Rechtswirkung der Tarifverträge[3]) sehen, daß dies nicht ohne weiteres anzunehmen ist. Abgesehen von der rechtlichen Seite ist aber tatsächlich ein solches Verfahren — welches übrigens überhaupt nur — und das nimmt wohl auch *Koeppe* an — bei Ablauf der von vornherein vereinbarten Vertragsdauer denkbar wäre, unmöglich. Denn der Gehilfe müßte dann auch seine Stellung bei einer tariftreuen[4]) Firma

---

[1]) K. Stat. A., III S. 392 f. S. 405.

[2]) Jahrbücher für Nationalökonomie u. Statistik, III. Folge, Bd. 32, S. 766

[3]) 4. Kapitel.

[4]) Tariftreue Firmen sind nach dem Tarifvertrag der Buchdrucker Firmen, die den Tarifvertrag anerkennen.

aufgeben, da die Dienstverträge der tariftreuen Firmen die Vereinbarungen des Tarifvertrags enthalten oder wenigstens enthalten sollen. Der betreffende Gehilfe wäre alsdann von jeder Tätigkeit bei den tariftreuen Firmen ausgeschlossen[1]), und sonach faktisch in seiner Erwerbsmöglichkeit erheblich beschränkt. Aus diesem Gesichtspunkt heraus gewinnt die quasi gesetzgebende Tätigkeit des Tarifamtes bzw. Tarifausschusses eine erhöhte Bedeutung. Nach § 51 hat das Tarifamt auch das Recht, wo Wahlen nicht zustande kommen, die zu wählenden Mitglieder der Schiedsgerichte selbst zu ernennen oder die Ernennung dem Kreisamt zu übertragen. Die endgültig gefaßten Beschlüsse des Tarifausschusses sind nach § 10 seiner Geschäftsordnung vom Tarifamt gemäß § 43 des Tarifs (dieser Ausdruck wird gleichbedeutend mit Tarifvertrag gebraucht) in Kraft zu setzen[2]).

Wenn wir nun die Frage aufwerfen, ob eine derartige rechtschaffende Tätigkeit des Tarifamtes bzw. -ausschusses in unserem Privatrecht anzuerkennen ist, so muß man sich zunächst die schwerwiegende Tatsache vor Augen halten: die Wirksamkeit der Beschlüsse des Tarifamtes wird durchgeführt und anerkannt nicht nur in der Buchdruckertarifgemeinschaft, sondern in vielen anderen Gewerben, die weniger

[1]) Die Bedenken gegen die Zulässigkeit einer solchen Rechtswirkung haben wir schon oben erwähnt.

[2]) Ähnliche Einrichtungen wie die der Buchdrucker haben die Lichtdrucker, Tarifvertrag III S. 239, die Chemigraphen und Kupferdrucker ebenda S. 244 (bei den Formstechern hat der Vertragsausschuß nur das Recht der Vorbereitung des Tarifvertrags, ebenda S. 247, nur die in § 16 aufgeführten Arbeitsbedingungen kann er „regeln", ebenda S. 247). — Als Tarifamt fungiert vereinbarungsgemäß häufig das Einigungsamt. Diese seine Funktion ist nicht zu verwechseln mit seiner eigentlichen amtlichen Einigungstätigkeit oder der vertragsmäßigen Schiedsrichterrolle des Einigungsamtes. Welche Funktion im einzelnen Falle gemeint ist, kommt oft nicht klar zum Ausdruck, so in dem eben erwähnten Formstechertarif § 14. Um eine schiedsrichterliche Entscheidung kann es sich im § 13 u. 16 daselbst nicht handeln, sondern um eine tarifamtliche Fortbildung des Vertrages. Soll diese in zweiter Instanz durch das Einigungsamt bindend oder nur gemäß § 71 durch einen nicht bindenden Spruch — besser n i c h t Schiedsspruch genannt (in Australien „recommandation") — erfolgen? Das geht aus dem Vertrage nicht hervor.

detaillierte Bestimmungen haben, aber praktisch in derselben Weise verfahren wie die Buchdrucker, meist freilich nicht mit derselben Konsequenz und mehr von Fall zu Fall als nach bestimmten festgesetzten Regeln handeln. Tatsächlich stellen die Tarifämter überall neue, im Tarifvertrag nicht enthaltene Regeln auf und bringen sie zur Durchführung.

Fragen wir uns dann weiter, ob der Staat ein Interesse hat, diese Wirksamkeit der Tarifgemeinschaften zu verhindern, so müssen wir diese Frage verneinen. Ja, im Gegenteil, der Staat hat ein lebhaftes Interesse daran, die Tarifgemeinschaften und ihre geschilderte Tätigkeit, die ihnen erst das rechte Leben gibt, zu fördern.

Wenn man demgegenüber mit Formeln kommt wie: die Autonomie der Privatpersonen gehört der Vergangenheit an, sie kann grundsätzlich nicht geduldet werden, so erwidern wir: sie besteht gegenwärtig und wird geduldet. Das Leben ist stärker als die Theorie, und wenn wir keineswegs die schweren Schäden verkennen, die eine solche Autonomie in früheren Zeiten verursacht, so können wir mit Befriedigung feststellen, diese auf der Zersplitterung des Staatswesens beruhende Art der Autonomie ist dahin, sie gehört mit Recht der Vergangenheit an, und wo sich noch Spuren von ihr finden, wollen wir ihr gänzliches Verschwinden nicht aufhalten. Das tatsächlich vorhandene und nicht nur unschädliche, sondern vielmehr nützliche Rechtsleben des modernen Gewerbes verlangt jedoch gebieterisch seine Anerkennung, und diese kann ihm gewährt werden mit den Kautelen, die notwendig sind, um die schlimmen Erfahrungen früherer Zeit zu vermeiden. Diese Kautelen müssen verhindern, daß diese Autonomie nicht zur kulturschädlichen Eigenbrödelei wird, sondern daß sie die Interessen der Gesamtheit, nicht nur in einem Gewerbe oder Berufsstande, sondern die Vorteile des ganzen Staates achtet und fördert. Machtvoll mögen die Tarifgemeinschaften dem einzelnen gegenüber sich zeigen, ohne ihn zu unterdrücken, d. h. unter Achtung von Minoritätsrechten. Untertan müssen sie stets bleiben dem Staate, und seiner Macht müssen sie sich rechtlich und tatsächlich unterwerfen. Diese Sicherungen zu treffen, wird Aufgabe der Gesetzgebung sein. Ich zweifele aber, ob wir schon jetzt imstande sein werden, diesen schwierigen Punkt des Tarifrechts zu regeln. Zurzeit werden daher die Behörden sich bei Sicherung der Staatsinteressen darauf beschränken müssen, der Tarifvertragsbewegung in dieser Hinsicht ihre Aufmerksamkeit zuzuwenden und insbesondere bei Abfassung der Tarifverträge den Parteien beratend zur Seite zu stehen, daß eine dem Gemeinwesen schädliche, insbesondere gegen Staatsgesetze und Interessen verstoßende Autonomie vermieden wird. Sie werden dabei seitens aller Beteiligten ein williges Ohr finden, auch bei den Arbeitern, die sich keineswegs gegen die Anerkennung allgemeiner Interessen sträuben, wenn sie ihnen in der geeigneten Weise dargestellt werden. Natürlich muß die Macht des Staates vorhanden sein, die nötigenfalls auch die Interessen der Gesamtheit durchsetzen kann. Aber in dieser Beziehung haben wir zurzeit nicht zu klagen.

Viertes Kapitel.

Rechtswirkung der Tarifverträge.

I. Rechtswirkung in Allgemeinen nach ihren einzelnen Richtungen.

1. Die Frage nach der Rechtswirksamkeit der Tarifverträge ist deshalb äußerst schwierig zu beantworten, weil es beinahe an jeglicher juristischen Praxis, an Ergebnissen der Rechtsprechung fehlt, an denen man die aufgestellten Theorien prüfen kann. Wir haben bisher wohl nicht ein einziges Erkenntnis, welches sich allgemein über die Rechtswirksamkeit verbreitete. Die wenigen Erkenntnisse, die überhaupt vorliegen, verwerfen entweder jede Rechtswirksamkeit, oder sie setzen sie grundsätzlich als selbstverständlich voraus und bejahen oder verneinen die im speziellen Falle in Anspruch genommene Rechtsfolge mit dürftiger oder mitunter ohne jede Begründung, bei der oft das einzige positive Ergebnis das ist, daß sie sich nicht halten läßt. So liegen z. B. auch die von *Baum* besprochenen Fälle eines Gewerbegerichts. Am besten ist noch die Begründung derjenigen Erkenntnisse, die eine direkte Rechtswirkung nur zwischen den vertragschließenden Vereinen und im übrigen nur die Möglichkeit einer sich aus dem Tarifvertrage bildenden Übung, Usance, annehmen[1]).

Auch der höchste Gerichtshof des Deutschen Reiches ist zwar schon mit der Frage der Rechtswirksamkeit der Tarifverträge befaßt gewesen. Er geht aber dabei von einer, wie vielfach nachgewiesen[2]), falschen tatsächlichen Voraussetzung

---

[1]) *v. Schulz-Schalhorn*, S. 227, 178. *Baum*, S. 159—161, 163. *Brogsitter*, S. 25, 26.

[2]) Siehe hierzu *v. Schulz*, Archiv für Sozialpolitik pp. XX, S. 363. *Brogsitter*, S. 20—25. *Hüglin*, S. 27 f.

aus, von der aus er zu dem Resultat kommt, die Tarifgemeinschaften als Koalitionen zwecks Erlangung günstiger Lohnbedingungen zu bezeichnen. Offenbar hat das Reichsgericht die Rechtswirkung der Tarifverträge nicht erschöpfend würdigen wollen. Schon aus diesem Grunde ist die reichsgerichtliche Judikatur für unsere Frage kaum zu verwerten, woran die Tatsache nichts ändert, daß spätere Entscheidungen des Reichsgerichts und anderer hohen Gerichtshöfe, z. B. des Oberlandesgerichts Kiel[1]), den anfänglichen Standpunkt des Reichsgerichts modifiziert haben. Immerhin ergibt bereits die Auffassung der Tarifgemeinschaften als Koalitionen im Sinne der Gewerbeordnung, wie wir gesehen haben, daß trotz der Einschränkung des § 152 GO. die Tarifverträge eine zivilrechtliche Wirkung haben.

Ein wichtiges Moment für unsere Ansicht, daß die Tarifverträge zivilrechtlich wirksame Verträge sind, ist der Umstand, daß sie in der gewerblichen Praxis ziemlich allgemein als solche angesehen und, wie ihre Geschichte im In- und Ausland zeigt, von den Parteien mit großer Gewissenhaftigkeit als rechtsverbindlich geachtet und erfüllt werden[2]).

Dieses Moment ist zivilrechtlich insofern von großer Wichtigkeit, als das Zivilrecht, auch das unsrige, grundsätz-

---

[1]) GG. und KG., XI, Sp. 134.

[2]) Wenn *Siegel* das Gegenteil behauptet, so will er wohl nur sagen, daß der Inhalt der Tarifverträge oft streitig ist und daß aus diesem Grunde Verletzungen des Tarifvertrags häufig sind. Das ist ja angesichts der mangelhaften Fassung der Tarifverträge kein Wunder. Jedenfalls bestreben sich aber die beteiligten Vereine, ohne die Rechtsverbindlichkeit kritisch zu prüfen, einer peinlichen Beachtung der Tarifverträge. Die Rechtsverbindlichkeit nehmen u. a. an: *Lotmar*, Arbeitsvertrag, S. 774; *Sinzheimer*, Der kollektive Arbeitsvertrag, I, S. 81 f.; *Schall*, S. 67 f.; *Rundstein*, S. 47 f.; *Stadthagen*, S. 150; *Oertmann*, S. 13, 14, 26 f. Vgl. auch K. Stat. A., II, S. 260. Eine Rechtswirkung liegt auch schon dann vor, wenn man den Tarifverträgen die Bedeutung bloßer Naturalobligationen beilegt. Das auf Grund ihrer Bestimmungen Geleistete kann dann nicht zurückverlangt werden, auch sind die Parteien in der Lage, durch soziale Kampfmittel (siehe *Schall*, S. 100 f.) die Erfüllung der Tarifverträge zu erzwingen, ohne daß man ihnen den Vorwurf eines rechtswidrigen Vorgehens machen könnte. Vgl. *Wölbling*, Archiv für Sozialwissenschaft und Sozialpolitik, XVI, S. 675.

lich als rechtsbeständigen Vertrag alle privaten Abmachungen der Parteien ansieht, die nicht wider die guten Sitten oder gegen eine ausdrückliche Gesetzesbestimmung verstoßen, derzufolge sie als nichtig oder, was in neuerer Zeit eine nicht seltene Gepflogenheit, als rechtsunwirksam bezeichnet werden[1]).

Beide Bedenken bestehen gegen die Tarifverträge nicht.

Wie wir gesehen haben, gehen nun aber die Meinungen der Rechtslehrer über die Rechtswirksamkeit der Tarifverträge weit auseinander. Wir können hier drei Gruppen unterscheiden.

A. Die Ansicht, die *Lotmar* im Verein mit *Rundstein* und anderen aufgestellt hat, die als wesentlichsten Bestandteil des Tarifvertrags diejenigen seiner Bestimmungen bezeichnet, die unabdingbar zum Inhalt künftiger Dienstverträge der Vertragschließenden werden sollen[2]).

B. Die Ansicht *Oertmanns*, wonach die Verträge immer nur von Vereinen geschlossen werden, welche allein gebunden werden, während der Tarifvertrag für die einzelnen nur als Mittel zur Interpretation des Parteiwillens dient.

C. Diesen Ansichten steht die Auffassung der Tarifverträge als bloßer Friedensinstrumente ohne unmittelbare

---

[1]) Wegen der Frage der Sittenwidrigkeit der Tarifverträge siehe *Schall*, S. 122 f.; *Brogsitter*, S. 27; *Fischer*, Soziale Praxis, XV, Sp. 852 f.

[2]) *Sinzheimer*, Arbeitsnormenvertrag, S. 101, bezeichnet diesen Vertrag als eine Vereinbarung von Normen, die im Gegensatz stehe zur einseitigen Herstellung von Arbeitsnormen. *Sinzheimer* denkt dabei daran, daß beim Arbeitsvertrag die „Normen" mitunter von einer Seite, d. h. vom Arbeitgeber diktiert werden, besonders durch die Arbeitsordnung. Das kann aber auch beim Tarifvertrag vorkommen, z. B. wenn ein Lohnkampf mit dem völligen Unterliegen eines Teils endet. Auch die Arbeitsordnung stellt sich rechtlich nicht als eine einseitige Festlegung von Vertragsbedingungen, sondern nur als Offerte dar, die natürlich immer einseitig ist. Die Arbeitsordnung ist nur bestimmt, ein Teil des Arbeitsvertrages zu werden. Damit sie zu einen Teil des Vertrages werde, bedarf es immer des Abschlusses eines Arbeitsvertrages, und in dieser Hinsicht ist der Arbeiter r e c h t l i c h vollkommen frei. Es ist auch im allgemeinen zulässig, abweichend von der Arbeitsordnung zu kontrahieren. — Was den Namen Arbeitsnormenvertrag anbetrifft, so enthält auch der Arbeitsvertrag, besonders, wenn er nach einem für alle Verhältnisse passenden Schema abgeschlossen wird, Normen für die Regelung der Arbeit. Der Arbeitsnormenvertrag im Sinne von *Sinzheimer* soll dagegen Normen für die Regelung von Arbeits v e r t r ä g e n aufstellen.

Rechtswirkung entgegen, wie sie von *Hüglin*, *Schmelzer*, *Brogsitter* u. a. vertreten wird, welche allerdings die Entstehung von Usancen auf Grund des Tarifvertrags zulassen[1]).

So wenig die zu C. wiedergegebene Ansicht vom Rechtsstandpunkt aus befriedigt, so wird man ihr ein Zugeständnis machen müssen: Klagen auf Grund der bestehenden Tarifverträge werden meist an der ungenügenden Fassung und der mangelnden Feststellung der Parteilegitimation scheitern, wenn man sich nicht, wie es einige Gewerbegerichte getan haben, auf eine sehr summarische Prüfung beschränkt. Ein solches summarisches Verfahren wird im Ernstfalle insbesondere, wenn die Beurteilung eines Tarifvertrags an die Revisionsinstanz gelangen sollte, niemals den Sieg behaupten. Sie ist auch an sich bei der Wichtigkeit der Frage zu verwerfen.

Wir haben es aber bei unserer theoretischen Betrachtung nicht nur mit den Tarifverträgen zu tun, wie sie sind, sondern, wie sie sein sollten und könnten. Die Mängel, an denen ein Prozeß in der Praxis zu scheitern Gefahr läuft, sind beim Abschluß der Tarifverträge vermeidbar. Sie betreffen nicht den Kern der Frage, sondern Nebenumstände, wenn auch erhebliche und nicht leicht zu nehmende.

Der Kern der Frage, ob der Tarifvertrag ein vollgültiger privatrechtlicher Vertrag ist, ist zu bejahen, und in diesem Punkte sind die zu C. genannten Schriftsteller im Irrtum.

Lotmar und *Rundstein* dagegen gehen über das Ziel hinaus. Sie verlangen von den Tarifverträgen eine ganz außerordentliche Wirkung, um sie gegen den heftigen Sturm der Anfechtung, den sie befürchten, zu sichern. Sie tragen in das Zivilrecht ganz neue, fremdartige Begriffe hinein, und dabei bleibt es doch noch recht fraglich, ob sie das von ihnen erstrebte Ziel praktisch erreichen würden, selbst wenn ihre Ansicht zur allgemeinen, ja, zur gesetzlichen Anerkennung gelangte.

---

[1]) Vgl. *Schalhorn* bei *v. Schulz-Schalhorn*, S. 21—25, ebenda Erkenntnisse, S. 178 f., 228 f.; *Oertmann*, S. 28; *Stadthagen*, S. 150. Urteil des GG. Kiel vom 24. September 1902, GG. Frankfurt a. M. vom 2. Mai 1901, dazu GG. Stuttgart vom 28. November 1901 bei *Baum*, S. 158, 160, 161, 163.

Daraus folgt keineswegs die Wirkungslosigkeit der Tarifverträge. Wir werden vielmehr sehen, daß wir den bestehenden Rechtsgrundsätzen gar nicht in so erheblichem Maße Gewalt anzutun brauchen, um den Tarifverträgen eine Rechtswirkung zu sichern, die die Beteiligten zufrieden stellen muß.

Und wenn wir schließlich auf die Gesetzgebung zurückgehen werden, so hat dies weniger den Zweck, neue Grundsätze in das Privatrecht hineinzutragen, als eine Übertragung von anderweit anerkannten Grundsätzen auf die Tarifverträge herbeizuführen, Streitfragen auszuscheiden und der Praxis eine zweckmäßige, feste Grundlage zu geben.

2. a) Wir müssen unterscheiden zwischen den Rechtswirkungen in bezug auf die Gesamtheiten und in bezug auf die einzelnen beteiligten Arbeiter und Arbeitgeber[1]).

Auch *Lotmar* und die meisten übrigen Schriftsteller machen diese Unterscheidung, nur daß *Lotmar* und mit ihm andere die wesentlichste Rechtswirkung in der unmittelbaren Beeinflussung der künftigen Dienstverträge, in demjenigen Teil des Tarifvertrags erblickt, der zum Inhalt künftiger Dienstverträge werden soll, während wir die Wichtigkeit dieses Teils der Tarifverträge nicht unterschätzen, für wichtiger aber noch, und wie wir annehmen, in Übereinstimmung mit den Parteien, die Beseitigung von Sperren und Streiks oder doch wenigstens ihre Einschränkung, die Festsetzung der Bedingungen ansehen, unter denen diese Kampfmittel ausgeschlossen werden[2]), woraus sich als Folge bisweilen die Regelung des ganzen Gewerbes ergibt[3]).

---

[1]) Wegen der Verbandsberechtigungen siehe *Schall*, S. 123 f.; *Oertmann*, S. 15—18.

[2]) *Schall*, S. 80 (aus der Pflicht zur Einhaltung des Tarifvertrages folgt keineswegs das Verbot, eine Regelung der durch den Tarifvertrag nicht geregelten Punkte des Arbeitsverhältnisses anzustreben.

[3]) Vgl. *Sinzheimer*, Arbeitsnormenvertrag, I, S. 83 („Der korporative Arbeitsnormenvertrag soll nicht nur dazu dienen, die Arbeitsverträge der einzelnen günstig zu gestalten, sondern auch dazu ein Berufs- und Klassenrecht aufzustellen, das für alle von Bedeutung ist"). Vgl. auch S. 84 gegen *v. Zanten* in Soziale Praxis, XV, S. 412; *Sinzheimer*, GG. und KG., S. 377 f. Die Absicht der Regelung der ganzen Produktion kommt zum Ausdruck im Buchdruckertarif (K. Stat. A., I, S. 37: „Der Tarif-

Gerade in Australien, wo eine allgemeine gesetzliche Regelung der Tarifverträge stattgefunden hat, wird die Beseitigung der Lohnkämpfe als der wesentlichste Punkt bei den Tarifverträgen angesehen[1]).

b) Die genannte Unterlassungspflicht kann sowohl der einzelne wie die Gesamtheit übernehmen. Die wichtigste Rolle bei Streiks und Aussperrungen spielen aber die Gesamtheiten, und zwar die organisierten Gesamtheiten, jetzt auch auf Arbeitgeberseite.

Zwar kann ein Streik auch über den Kopf der Gewerkschaftsführer hinweg in Szene gesetzt werden, nicht aber gegen den Mehrheitsbeschluß einer Gewerkschaft, und wo eine Gewerkschaft besteht, umfaßt sie auch gewöhnlich so große Arbeitermassen, daß sich die gesamte Arbeiterschaft der betreffenden Branche und des betreffenden örtlichen Gebietes ihrem Einflusse nicht entziehen kann. Sind mehrere Gewerkschaften verschiedenster Richtung vorhanden, so werden sie bei einem Lohnkampf immer die engste Fühlung untereinander nehmen, auch wenn sie politisch auf entgegengesetztem Standpunkt stehen.

Eine absolute Gewalt ist natürlich niemand gegeben, auch den Gewerkschaften nicht. Auch sie werden daher machtlos sein, wenn die Neigung zur Anarchie unter den Arbeitern überhand gewinnt.

So liegen die Verhältnisse in Deutschland aber nicht. Die Arbeiter wünschen eine rechtliche Regelung ihrer Verhältnisse und, wenn sie zum Kampf greifen, so wählen sie den geordneten und auch viel wirksameren Kampf unter Führung

---

vertrag bezweckt die Hebung des Buchdruckergewerbes"), in den Metallschlägertarifen (ebenda, III, S. 142, 46: Zwischen den der Feingoldschlägergewerbe angehörenden Prinzipalen und Arbeitern werden zur Herbeiführung und Erhaltung geregelter Produktions- und Arbeitsverhältnisse Vereinbarungen getroffen". Gegenstand der Vereinbarung ist: 1. Festsetzung der Arbeitszeit, 2. der Löhne, 3. der Berechnungstabelle, 4. der Kündigungsfrist, 5. Regelung des Lehrlingswesens, 6. der Arbeitsvermittlung, 7. der Errichtung neuer Betriebe).

[1]) Man könnte einwenden, daß hier der Zweck mit dem Inhalt der Tarifverträge verwechselt wird. Dies ist aber nicht der Fall. Inhalt ist eben u. a. die Unterlassung der Lohnkämpfe.

der Gewerkschaften, statt eines anarchischen Tumultes, der an den Organen der öffentlichen Ordnung scheitern würde.

Die rechtliche Bindung eines Arbeitervereins ist also wohl der Mühe wert, und daß die rechtliche Bindung einer Arbeitgebervereinigung einen Rechtserfolg verspricht, darüber besteht kein Zweifel.

c) Wenn daher zwei Vereine auf Arbeitgeber- und Arbeiterseite sich während einer bestimmten Zeit unter gewissen Bedingungen und unter der Voraussetzung der Erfüllung gewisser anderer Verpflichtungen die Unterlassung gewisser Kampfformen versprechen, so ist dies einmal ein erstrebenswertes Ziel und außerdem kann nach Grundsätzen unseres Privatrechts das vertragsmäßige Verhalten der beiden Vereine durch Klage erzwungen werden[1]).

d) Wohl bestehen vom Standpunkte unseres Koalitionsrechts und der höchstgerichtlichen Spruchpraxis tatsächliche Schwierigkeiten hinsichtlich der Durchführung einer Klage auf Unterlassung, Schadenersatz oder Zahlung einer Konventionalstrafe, weil den Berufsvereinen an sich die Rechtsfähigkeit nicht gegeben ist, weil Klage und Einrede aus der Koalition zwecks Erlangung günstiger Arbeitsbedingungen ausgeschlossen sind. Die mangelnde Rechtsfähigkeit ist aber nach § 54 BGB. kein Hindernis für den Abschluß von Verträgen durch einen Verein. Auch kann ein solcher Verein nach § 50 ZPO. verklagt werden und hat dann im Prozesse die Stellung eines rechtsfähigen Vereins[2]).

Wir haben bereits gesehen, daß der Ausschluß von Klage und Einrede durch § 152 GO. sich nur auf die inneren Rechte der Koalition bezieht, so daß also Verbindlichkeiten, die die

---

[1]) *Rundstein*, S. 105; *v. Lindheim*, S. 9, verweist darauf, daß die Unwirksamkeit der Koalitionsabrede immer den Rücktritt von derselben voraussetze.

[2]) Indem der auf die Aufrechterhaltung des Friedens in einem Gewerbe und die Unterlassung von Streiks und Sperren gerichtete Inhalt des Tarifvertrages gebührend als Hauptzweck hervorgehoben wird, mindern sich die Bedenken, welche sich unter Umständen aus dem Koalitionscharakter seiner Parteien hinsichtlich der Klagbarkeit gewisser tariflicher Ansprüche ergeben. Wegen der Rechtsnatur des Tarifvertrages vgl. *Rundstein*, S. 40—53, 126.

Koalition gegenüber anderen Personen eingegangen ist, bestehen bleiben[1]).

§ 153 GO. bezieht sich nicht auf die durch Tarifverträge eingegangenen Verpflichtungen. Es ist doch ganz unvereinbar mit dem Sinne dieser Bestimmung, die Erzwingung des gerade durch § 152 GO. beabsichtigten Zweckes, nämlich des Friedens im Gewerbe, mit Strafe zu bedrohen. Das Wesen der in §§ 152, 153 GO. gemeinten Koalitionen ist dagegen der Kampf. Nur diesen will der Gesetzgeber durch Strafen in gewisse Grenzen einschließen[2]).

Man hat nun aber eingewendet, daß die Koalition sich auflösen und daß die einzelnen Mitglieder aus derselben jederzeit austreten könnten. Wenn aber der Tarifvertrag an sich die Koalition verpflichtet, so kann sie sich durch Auflösung dieser Verpflichtung nicht entziehen, und soweit die Mitglieder aus dem Tarifvertrag der Gegenpartei unmittelbar oder ihrem Vereine verpflichtet sind, löst der Austritt diese Verpflichtungen jedenfalls im Zweifel nicht[3]).

Praktisch ist dieser Einwand nicht von Bedeutung. Was zunächst die Auflösung anbetrifft, so müßte an sich kein Interesse an der Erhaltung einer Gewerkschaft bestehen, wenn sie nur um eine eingegangene erfüllbare Verpflichtung [4]), sich zu entziehen, zur Selbstvernichtung schritte. Dann könnte man nicht begreifen, weshalb die Arbeiter unter großen Opfern die Gründung von Gewerkschaften unternommen haben und weshalb sie sie selbst unter den größten Schwierigkeiten aufrecht halten. Diesen Einwand könnte man schließlich gegen jeden Vertrag erheben. Denn wenn der Gegenkontrahent sich selbst zugrunde richtet, wird jeder Vertrag wertlos, auch wenn er mit einer physischen Person eingegangen ist. Wie bei jedem Rechtsgeschäfte wird auch bei Tarifverträgen der Fall der fruchtlosen Zwangsvollstreckung nicht ausbleiben. Man muß sich daher beim Abschluß sichern, wenn man kein Vertrauen

---

[1]) *Lotmar*, Arbeitsvertrag, I, S. 767.

[2]) *v. Schulz*, Archiv für Sozialwissenschaft pp., S. 362. *Brogsitter*, S. 20.

[3]) So *Rundstein*, S. 133, 134.

[4]) Unmöglichkeit der Erfüllung würde schon an sich in den meisten Fällen eine befreiende Wirkung ausüben.

zur Gegenpartei hat, z. B. durch Kautionen, insbesondere für Konventionalstrafen, die übrigens für beide Teile ein zweckmäßiges Mittel der Bindung sind, zumal wenn sie als Maximalgrenze des Schadenersatzes vereinbart sind. Sonst ist der Tarifvertrag ein Kreditgeschäft. Diese seine Eigenschaft mindert aber seinen Wert keineswegs[1]).

Dasselbe gilt von dem Austritt aus der Koalition. Es ist bekannt, daß der einzelne sich den größten Unannehmlichkeiten und mitunter dem Ruin aussetzt, wenn er sich von seinen Genossen trennt. Das ist selbst dann der Fall, wenn der Arbeiter bei seinem Verhalten auf die Unterstützung des Arbeitgebers rechnen kann. Wenn er sich aber einem Tarifvertrag entziehen will, so hat er meist Arbeiter und Arbeitgeber zugleich gegen sich. Dieser Fall wird also praktisch nicht häufig werden, wenn er auch schon vorgekommen ist.

Wir sehen also, daß die Bindung der Koalitionen eine praktisch und rechtlich bedeutsame Wirkung ausübt. Die angegebene Wirkung ist aber hinsichtlich der Tarifverträge nicht die einzige.

Eine besondere Erörterung bedarf die Frage des Schadenersatzes im Falle von Streiks und Sperren, auf welche wir in einem späteren Abschnitt kommen werden[2]).

Die Gesamtheiten werden berechtigt und verpflichtet in bezug auf alle fünf Gruppen derjenigen Bestimmungen, welche den Inhalt des Tarifvertrags bilden, wobei teilweise mehr die Verpflichtung der vertragschließenden Gesamtheiten, teils mehr die Rechte und Pflichten der einzelnen in den Vordergrund treten.

So tritt bei Gruppe 1, betreffend Streik, Sperre und dergleichen, Gruppe 2, betreffend die allgemeine Regelung des

---

[1]) Gegenüber K. Stat. A., I, S. 71, wo ausgeführt wird, daß sich in der Praxis die Haftung der Verbände zumeist als illusorisch erwiesen hat, vgl. *Schall*, S. 137, 138, der darauf hinweist, daß der Anspruch gegen diejenigen Personen, welche das Verbandsvermögen hinter sich haben, gepfändet und überwiesen werden kann. Bemerkt sei hierzu noch, daß die Verbände selbst ein Interesse daran haben, ihre Vermögensangelegenheiten öffentlich zu behandeln, um sich gegen Veruntreuungen zu schützen. Dieser Umstand kommt auch den Gläubigern zugute.

[2]) Viertes Kapitel zu III.

Arbeitsverhältnisses, und Gruppe 5, betreffend den Tarifvertrag, selbst die Rechtsbeziehung zur Gesamtheit in den Vordergrund, womit aber nicht gesagt ist, daß die Gesamtheiten in bezug auf die Gruppen 3 und 4 keine Rechte haben.

Während die Verpflichtungen der Gruppe 1 negative sind, verlangt die Gruppe 2 ein positives Tun, zum Teil aber auch Unterlassungen[1]). Die Organisation der Produktion, soweit Arbeitgeber und Arbeiter zugleich daran interessiert sind, ist durch die beiderseitigen Gesamtheiten durchzuführen. Es kann hier im allgemeinen nicht Absicht der Vertragschließenden sein, jedem einzelnen Arbeiter eine Kontrolle über das Gewerbe, auch nicht über den einzelnen Betrieb zu geben. Er mag zwar Verstöße gegen die diesbezüglichen Bestimmungen zur Kenntnis seiner Gewerkschaft bringen. Ein Klagerecht auf Abstellung der Mißstände kann ihm im allgemeinen nicht gegeben werden[2]), dahingegen wird die gegnerische Organisation gegen die Arbeitgeberorganisation auf Einführung der versprochenen Maßregeln oder Unterlassung der vertragswidrigen Einrichtungen in der Technik des Betriebes, soweit sie zum Gegenstande des Tarifvertrags gemacht worden ist, klagen können. Insbesondere wird sie verlangen können, daß die Arbeitgeberorganisation gegen ihre Mitglieder ihre Machtmittel zur Anwendung bringt, um sie zur Herbeiführung der vertragsmäßigen Einrichtungen zu zwingen[3]).

Die Einrichtung der Tarifgemeinschaft ist eine Verpflichtung der Organisationen[4]). Die Gegenpartei kann hier auf

---

[1]) *Rundstein*, S. 70 f., nimmt an, daß der wesentliche Teil des Tarifvertrages ausschließlich auf negative Leistungen gerichtet sei.

[2]) Er könnte aber vielleicht seine Gegenleistung aus dem Dienstvertrage verweigern, wenn gewisse, durch den Tarifvertrag festgesetzte Vorbedingungen nicht erfüllt sind. Wie weit er dadurch gegen ein tarifvertragliches Streikverbot verstößt, ist eine andere Frage.

[3]) Es ist hier nicht unsere Aufgabe, zu prüfen, inwieweit ein Einfluß der Arbeiterorganisation auf die Technik des Betriebes mit den Interessen der Industrie vereinbar ist. Wir gehen hier von der Voraussetzung aus, daß solche Vereinbarungen getroffen sind. Sache der Arbeitgeber würde es bei Abschluß des Tarifvertrags sein, eine unerträgliche Einmischung von ihren Betrieben fernzuhalten.

[4]) Siehe *Schall*, S. 125, 130 f.; *Sinzheimer*, GG. und KG., X, S. 579; *Rundstein*, S. 115.

Vornahme der Wahlen klagen. Das Urteil würde gemäß den Vorschriften über die Zwangsvollstreckung zur Vornahme von Handlungen §§ 887, 888 ZPO. vollstreckbar sein. Wenn eine dritte, unparteiische Person im Tarifvertrag mit der Vornahme der Wahlhandlung betraut ist, so hat diese die Wahlen vorzunehmen. Auch sie wird dazu durch Klage gezwungen werden können[1]). Doch ist dies undenkbar, wenn eine Behörde, z. B. das Gewerbegericht die Wahlen vornehmen soll. Hier wäre höchstens eine dienstliche Beschwerde gegeben[2]).

Kommen die Wahlen nicht zustande, so wird dies unter Umständen, wenn nämlich der Tarifvertrag nach seinem Inhalt nicht ohne die zu wählenden Organe bestehen kann, einen Grund zum Rücktritt vom Tarifvertrage abgeben, sofern nicht die Organisation Machtmittel gegen ihre Mitglieder besitzt, um sie zur Teilnahme an den Wahlen zu zwingen. Zur Anwendung dieser Machtmittel kann die Organisation von der Gegenpartei, soweit dadurch nicht gegen § 153 GO. verstoßen wird, im Wege der Klage gezwungen werden. In diesem Falle kann der Rücktritt erst erfolgen, wenn trotz Durchführung dieser Klage Wahlen nicht zustande kommen.

Aktiv zur Klage legitimiert wird in den Fällen der Gruppe 2 regelmäßig nur die Organisation sein. Verklagt werden können wird auch der Einzelne in gewissen Fällen, so z. B., wenn ein Verbot der Beschäftigung nicht tariftreuer Arbeiter vorliegt.

Zweifelhaft wird die Rechtswirksamkeit, wenn nur der Koalition angehörige Arbeiter beschäftigt werden sollen[3]). Eine solche Klage könnte als eine Klage aus der Koalition erscheinen, die nach § 152 GO. verboten ist. Es ist fraglich, ob der Umstand, daß die Verpflichtung zugleich auf dem in seiner Rechtswirkung durch kein Gesetz beschränkten Tarifvertrag beruht, den Mangel der Klagbarkeit aufhebt.

---

[1]) Es sei denn, daß sie sich den Parteien des Tarifvertrages gegenüber vertraglich zur Vornahme der Wahlen verpflichtet hat. Alsdann kann unter Umständen jede der beiden Parteien des Tarifvertrages gegen diese Person auf Erfüllung der übernommenen Verpflichtung klagen.

[2]) Unbeschadet freilich etwaiger Regreßansprüche gegen den Beamten, der pflichtwidrig die Wahl unterlassen hat.

[3]) S. Metallschläger-Tarifvertrag § 6; dazu *Rundstein* S. 118.

Zur Gruppe 5, den Bestimmungen, welche die Existenz und Fortbildung des Tarifvertrags betreffen, gehören zum Teil auch die erwähnten Organe, die aber im allgemeinen zur Gruppe 2 zu rechnen sind, da ihre Aufgaben über die Pflicht zur Aufrechterhaltung des Tarifvertrags hinausgehen.

Was die hierher gehörige Kündigung anbetrifft, so kann sie nur durch die Gesamtheit vorgenommen werden. Der einzelne, wenn er auch Rechte unmittelbar aus dem Tarifvertrag erwirbt, kann die Kündigung nicht vornehmen [1]. Die Gesamtheit (wir sprachen bisher von solcher nur in der Form von mehr oder minder festen Organisationen, Vereinen) gilt in dieser Beziehung als unwiderruflich Bevollmächtigter [2]) aller einzelnen Beteiligten. Dem einzelnen ist ein Kündigungsrecht überhaupt nicht gegeben.

Hiermit stoßen wir auf eine Bestimmung, die mit dem geltenden Privatrecht nur schwer in Einklang zu bringen ist. Denn dadurch kann eine Partei gegen ihren Willen für alle Zeiten zu Handlungen und Unterlassungen, überhaupt zu fortlaufenden Leistungen gezwungen werden, wenn die betreffende Organisation die Kündigung stets unterläßt. Auch der Austritt aus der Organisation würde ihn nicht von der Verpflichtung aus dem Tarifvertrag befreien. Der Schuldner begibt sich somit durch den Tarifvertrag in weitgehendem Maße seiner persönlichen Freiheit. Dies steht mit unseren Gesetzen auch insofern in einem gewissen Widerspruch, als für allezeit unkündbare Dienstverträge nicht zugelassen sind (§ 624 BGB.). Nun verpflichtet sich der Schuldner zwar nicht zu immerwährendem Dienste, wohl aber zu einer unter Umständen immerwährenden Unterlassung gewisser Dienstverträge auf einem Gebiet, das das ganze Reich umfassen kann. Wie auf Arbeiterseite, so kann diese Rechtswirkung auch auf Arbeitgeberseite gegen den Willen des Schuldners eine immerwährende sein. Da es sich nicht um einen Dienstvertrag handelt, so verstößt diese Rechtswirkung

[1]) Der einzelne, der durch den Tarifvertrag zugleich einen Dienstvertrag schließt — Gruppe 4 —, kann diesen Dienstvertrag natürlich einzeln kündigen.

[2]) § 168 BGB.

nicht ausdrücklich gegen das Gesetz. Man wird sie darum trotz ihres Widerspruchs mit dem Geiste des Gesetzes zulassen können, weil das Gesetz die Tarifverträge überhaupt nicht kennt und man daher nicht wissen kann, welche Haltung der Gesetzgeber ihnen gegenüber eingenommen hätte, wenn sie ihm bekannt gewesen wären[1]).

Was die Gruppen zu 3 und 4 anbetrifft, so haben die Koalitionen zwar nicht in erster Linie, doch aber nächst den Einzelberechtigten selbst ein Interesse an der Erfüllung dieser Bestimmungen. Sie können daher die gegnerische Koalition darauf verklagen, daß sie die von ihr versprochene Mitwirkung zur Herbeiführung der in Gruppe 3 und 4 in Rede stehenden Verhältnisse tatsächlich leistet. Dieses ist nun allerdings keine unmittelbare, aus Gruppe 3 und 4 sich ergebende Verpflichtung, sondern es ist eine eigenartige, wichtige, vielleicht zu Gruppe 2 zu rechnende Pflicht. Für die Pflichten der Organisationen erheblich sind die Bestimmungen unter 3 und 4 auch insofern, als ihre Innehaltung eine Voraussetzung für die Erfüllung der Verpflichtungen zu 1 ist. Zunächst wird aber nach der Parteiabsicht abzuwarten sein, ob die gegnerische Organisation mit Erfolg Maßregeln ergreift, um die tarifmäßigen Zustände herbeizuführen. Erst dann wird der andere Teil berechtigt sein, seine Erfüllung zurückzuhalten (§ 273 BGB.)[2]).

e) Von den Rechten der einzelnen ist das bedeutsamste das zu 3, nämlich die Gruppe derjenigen Bestimmungen, welche

---

[1]) Soweit die Tarifverträge durch Konventionalstrafe gesichert sind, ist § 343 BGB. zu berücksichtigen, namentlich, wenn die Strafe den einzelnen Arbeiter oder Arbeitgeber treffen soll.

[2]) Regelmäßig übernehmen die an einem Tarifvertrage beteiligten Gesamtheiten nicht die Verpflichtung, für die Erfüllung durch ihre einzelnen Mitglieder einzustehen, also für den Erfolg des Vertrages in vollem Umfange zu haften. Diese Haftung wird aber mitunter ausdrücklich übernommen, insbesondere verpflichtet sich die Organisation bisweilen zu Konventionalstrafen für den Fall der Verletzung des Tarifvertrages durch ihre Mitglieder (siehe Garantievertrag der Buchdrucker, K. Stat. A., I, S. 39, auch Tarifvertrag der Metallschläger in Fürth-Nürnberg § 12. Vgl. K. Stat. A., I, S. 72, II, S. 261, 262). So *Rundstein*, S. 117, 124, dagegen *Sinzheimer*, GG. und KG., S. 379; siehe auch *Schalhorn*, Soziale Praxis, XV, Sp. 586.

zum Inhalt künftiger Arbeitsverträge werden sollen. Wir folgen darin *Lotmar* insofern, als wir in diesen Bestimmungen eine Abmachung erblicken, welche ohne weiteres zum Inhalt künftiger Dienstverträge werden soll. Wir sehen hierin aber nur ein Recht eines jeden einzelnen, eine Vereinbarung zwischen jedem künftigen Dienstberechtigten und jedem künftigen Dienstverpflichteten, welche einen Teil des künftigen Dienstvertrages im vorweg festlegt. Da der künftige Dienstvertrag kein Rechtsverhältnis zur gesamten Hand ist, so kann ein Teil dieses Dienstvertrags auch nicht in einem Rechte zur gesamten Hand bestehen. Der Dienstvertrag steht und soll stehen zur freien Verfügung seiner Parteien[1]). Seine Existenz hängt auch nach *Lotmar* von der freien Entschließung s e i n e r Parteien, welche meist zu den Parteien des Tarifvertrags gehören, ab. S i e können daher logischerweise allein bestimmen, unter welchen Bedingungen sie seine Existenz überhaupt wollen. Ob sie damit unter Umständen tarifwidrig handeln, den Tarifvertrag verletzen, ist eine andere Frage. Die Wirksamkeit der Bedingungen der Gruppe 3 hängt daher nicht von einem zu vermutenden Parteiwillen, von der Bildung einer Usance ab, sondern sie ist im voraus von den Parteien des Tarifvertrags vereinbart.

Die Bestimmungen stellen deshalb auch keine bloßen Unterlassungsverpflichtungen dar, sondern sie begründen eine Leistungspflicht, allerdings nur eine hypothetische. Sie hängt von der Bedingung ab, daß die Parteien einen Dienstvertrag schließen, wozu sie nach Gruppe 3 nicht verpflichtet sind.

Arbeitgeber und Arbeiter können also, wenn sie einen Dienstvertrag miteinander geschlossen haben, auch ohne daß sie erst noch einmal auf den Tarifvertrag Bezug genommen haben, diejenigen Rechte im Wege der Klage geltend machen, die ihnen der Tarifvertrag für den Fall des Abschlusses eines Dienstvertrags zugesteht.

---

[1]) Das beanspruchen, wie ich namentlich in letzter Zeit mehr und mehr wahrnehme, nicht nur die Arbeitgeber in Prozessen fast regelmäßig, sondern auch die Arbeiter häufig, wenngleich die beiderseitigen Vertreter bei Abschluß der Tarifverträge überwiegend der Ansicht der Unabdingbarkeit zuneigen, oft, wie ich annehme, ohne ihre volle Tragweite in den einzelnen Fällen der künftigen Dienstverträge völlig zu übersehen.

Dies gilt zunächst nur für solche Arbeitgeber und Arbeiter, welche als Parteien am Tarifvertrag beteiligt sind. Es bedarf in diesem Falle gar nicht einer vollständigen Kenntnis des Tarifvertrags oder der gerade für den betreffenden Dienstvertrag maßgebenden Bestimmungen des Tarifvertrags. Die Parteien erklären ihre Zustimmung zu dem Vertrag oft oder meist, ohne seinen ganzen Inhalt zu kennen, wozu bei umfangreichen Tarifverträgen ein ordentliches Studium erforderlich wäre. Sie wollen aber auch den ihnen unbekannten Inhalt für und gegen sich gelten lassen [1]).

Unsere Ausführungen gelten auch nur für den Fall, daß die Parteien Gegenteiliges nicht vereinbart haben. Was im Falle einer abweichenden Vereinbarung Rechtens ist, soll später im Zusammenhang bei der Frage der Unabdingbarkeit erörtert werden [2]).

Was den transitorischen Teil des Tarifvertrags anbetrifft, so enthält er eine solche Mannigfaltigkeit von Bestimmungen, daß eine Kasuistik zu weit führen würde. Im Zweifel muß man annehmen, daß diese Bestimmungen für die Existenz des Tarifvertrags nicht entscheidend sind. Doch kann es auch anders beabsichtigt sein. Die sogenannte Maßregelung eines Arbeiters kann den Anlaß zu einem Streik gegeben haben, wie andererseits der Vertragsbruch weniger Arbeiter zu einer Aussperrung geführt haben kann. Dann erscheinen diese Momente den Parteien als besonders wichtig. Von ihrer Beseitigung soll der Frieden abhängen. Das kann ausdrücklich gesagt oder aus den Umständen zu entnehmen sein.

An den transitorischen Teil des Tarifvertrags reiht sich derjenige an, der selbst einen Dienstvertrag darstellt. Aus diesem Teil des Tarifvertrags erwachsen wieder für jeden einzelnen besondere Rechte und Pflichten. Gewöhnlich ist die Bestimmung so gemeint, daß die vor einer Lohnbewegung

---

[1]) Inwieweit unter Umständen ein erheblicher Irrtum von Einfluß auf die Rechtsgiltigkeit ist, soll hier nicht untersucht werden.

[2]) Unter II. dieses Kapitels; vgl. die bei *Brogsitter*, S. 25, mitgeteilte Entscheidung des Gewerbegerichts Dortmund vom 24. Januar 1906, in welcher der tarifliche Lohn als üblich bezeichnet wird, wenn die überwiegende Mehrheit der Arbeitgeber den Tarif anerkennt.

bestandenen Dienstverhältnisse unter den neuen Bedingungen fortgesetzt oder erneuert werden sollen. Das Rationellste wird in einem solchen Falle sein, diese Dienstverträge sofort mit dem Tarifvertrag als abgeschlossen anzusehen, so daß den betreffenden Arbeitgebern sofort ein Anspruch auf Dienstleistung und den Arbeitern auf Vergütung erwächst[1]).

Anders ist eine Abmachung zu beurteilen, wodurch neue Dienstverhältnisse begründet werden sollen, ohne daß die Personen der einzelnen Vertragschließenden genügend bekannt sind; dann liegen Dienstverträge noch nicht vor.

An der sofortigen Begründung von Dienstverhältnissen haben bald die Arbeiter, bald die Arbeitgeber ein größeres Interesse. Der Dienstvertrag kann daher nicht ohne weiteres als unter der Bedingung der Meldung eines Arbeiters geschlossen gelten.

Mitunter wird nur vereinbart, daß die Arbeitgeber wieder soviel Arbeiter einstellen sollen, wie vorher bei ihnen beschäftigt waren, und zwar unter den neuen tarifmäßigen Bedingungen. Daraus erwächst gleichfalls dem einzelnen Arbeiter kein bestimmter Anspruch. Damit ist nicht sofort ein Dienstvertrag abgeschlossen, sondern in diesem Falle entsteht nur für die Arbeiterorganisation ein Recht, auf Erfüllung zu klagen, sei es gegen die Arbeitgeberorganisation, daß sie ihre Mitglieder zum Abschlusse der zugesagten Arbeitsverträge zwinge, sei es gegen die einzelnen Arbeitgeber selbst, daß sie diese Arbeitsverträge schließen. Bei der Zwangsvollstreckung kommen die Vorschriften über die Erzwingung von Handlungen zur Anwendung, die nicht durch eine dritte Person ausgeführt werden können (§ 888 ZPO.). Es handelt sich nicht um die Erzwingung von Willenserklärungen, da die Person der gegenüber die Willenserklärung abgegeben werden soll, von dem Belieben des Arbeitgebers abhängt, der sich seine Arbeiter aussuchen kann[2]).

---

[1]) *Schall*, S. 80 f., verlangt für die Abänderung der bestehenden Dienstverhältnisse eine besondere Willenserklärung. Derselbe wegen der Verpflichtung der Verbände für Innehaltung der Tarifverträge durch ihre Mitglieder zu sorgen: S. 120.

[2]) Siehe dagegen *Schall*, S. 102 f., auch 120 f.

3. Welche Rechtswirkung übt nun der Tarifvertrag in Bezug auf Dritte aus, die am Abschluß des Tarifvertrags nicht beteiligt waren, auch nicht mittelbar durch einen Vertreter?

Nicht jeder Tarifvertrag beabsichtigt eine solche Berechtigung von Dritten. Diese sollen vielmehr mitunter von allen Rechten aus dem Tarifvertrag ausgeschlossen werden, indem sich die Parteien verpflichten, nur untereinander und mit keinem Dritten Dienstverträge abzuschließen [1]). In den meisten Fällen sollen aber nach der Parteiabsicht alle jetzigen und künftigen Angehörigen eines Gewerbes, letztere im Falle des Eintritts in das Gewerbe, durch den Tarifvertrag gleichermaßen berechtigt und verpflichtet werden. Oft sollen sie auch an der Organisation der Tarifgemeinschaft teilnehmen, so daß sie ohne weiteres sich an den Wahlen aktiv und passiv beteiligen dürfen.

Lotmar verlangt, daß beide Parteien eines Dienstvertrags dem Tarifvertrag unterstehen müssen, damit dessen Inhalt ohne weiteres auf den Dienstvertrag übergeht. Wird von einem durch den Tarifvertrag betroffenen Arbeitgeber mit einem außerhalb des Tarifvertrags stehenden Arbeitnehmer (oder umgekehrt) ein Tarifvertrag geschlossen, so findet derselbe nach *Lotmar* nur unter der Bedingung seine Ergänzung durch den Tarifvertrag, daß die Parteien diese Ergänzung beabsichtigt haben, wenngleich die dem Tarifvertrag unterworfene Partei auch mit einem Außenstehenden keinen tarifwidrigen Dienstvertrag eingehen dürfe [2]).

Diesen Ausführungen kann im allgemeinen zugestimmt werden.

Sie besagen nicht, daß der Tarifvertrag die automatische Wirkung auf Dienstverträge nur bei denjenigen Personen aus-

---

[1]) Vgl. die Metallschlägertarife, K. Stat. A., III, S. 145, 149, 150. § 22 des Feingoldschlägertarifs lautet: „Die Arbeitsvermittlung liegt in den Händen eines von den Gehilfen geleiteten, von beiden Organisationen überwachten Arbeitsnachweises. Dieser Nachweis hat die Pflicht, nur tariftreuen Arbeitern und Arbeiterinnen bei nur tariftreuen Prinzipalen Arbeit nachzuweisen". Im Anhang zu diesem Tarif heißt es: „Das Tarifamt hat dafür zu sorgen, daß weder organisierte Arbeiter bei aus ihrer Organisation ausgeschlossenen Prinzipalen arbeiten, noch organisierte Prinzipale aus ihrer Organisation ausgeschlossene Arbeiter beschäftigen.

[2]) *Lotmar*, S. 795. Vgl. *Schall*, S. 84.

übt, welche beim ursprünglichen Abschluß des Tarifvertrags beteiligt waren. Vielmehr würde die automatische Wirkung auch bei Personen eintreten, die nachträglich dem Tarifvertrag beigetreten sind.

Eine andere Frage ist es aber, ob diese Wirkung auch für solche Dritte gilt, zu deren Gunsten der Tarifvertrag auf Arbeitgeber- oder Arbeiterseite abgeschlossen wurde, ohne daß diese Dritten ihre Zustimmung, Genehmigung oder Vollmacht zum Abschluß erteilt haben[1]). Die Frage kann nur da auftreten, wo kein ausschließlicher Verbandsverkehr vorgesehen ist.

Nach § 328 BGB. kann durch Vertrag eine Leistung an einen Dritten mit der Wirkung bedungen werden, daß der Dritte unmittelbar das Recht erwirbt, die Leistung zu fordern. In Ermangelung einer besonderen Bestimmung ist aus den Umständen, insbesondere aus dem Zwecke des Vertrags, zu entnehmen, ob der Dritte das Recht erwerben, ob das Recht sofort oder nur unter gewissen Voraussetzungen entstehen und ob den Vertragschließenden die Befugnis vorbehalten sein soll, das Recht des Dritten ohne dessen Zustimmung aufzuheben oder zu ändern. Aus § 332 BGB. ergibt sich, daß der Dritte nicht immer individuell bestimmt zu sein braucht. Die Frage, ob die Konstruktion des Versprechens einer Leistung zugunsten Dritter praktisch ist, wollen wir zunächst außer Betracht lassen. Zugegeben werden muß, und das tut auch *Oertmann* (S. 20 und 21), daß, wenn die Parteiabsicht nachweislich auf ein Versprechen zugunsten Dritter gerichtet ist, man unbedenklich dem Tarifvertrag einen solchen Charakter beilegen kann. Mit Recht weist *Oertmann* auch darauf hin,

---

[1]) *Rundstein*, S. 67, 77, 127, 131 Anm. 75, 145. *Oertmann*, S. 19 f. *Schall*, S. 141. *Wölbling*, Gutachten, S. 270; K. Stat. A., II, S. 261. Daselbst ist als Beispiel folgende Bestimmung aus dem Münchener Stukkateurtarif angeführt: „Die Innung setzt voraus, daß die Gehilfenschaft den Tarif unter allen Umständen auch bei Nichtinnungsmitgliedern oder anderen Arbeitgebern aufrecht erhält", und aus dem Vertrag der Parkettbodenleger in Berlin und Hannover, wonach unorganisierten Arbeitgebern, die nicht beitreten, keine günstigeren Bedingungen zu gewähren sind.

daß alle Rechte, die der durch Vertreter geschlossene obligatorische Vertrag der vertretenen Partei verschaffen kann, auch der zugunsten eines dabei nicht mitwirkenden Dritten geschlossene Vertrag diesem Dritten in gleicher Stärke zu vermitteln vermag (daselbst S. 22). Daraus würde folgen, daß auch zugunsten eines solchen Dritten der Tarifvertrag automatisch ohne besondere Erklärung zum Inhalt des Dienstvertrags wird, auch wenn die Parteien weder gewillt waren, ihrem Dienstvertrag diesen Inhalt zu geben, noch diesen Willen geäußert haben oder sich auch nur bewußt gewesen sind, daß der Tarifvertrag hier in Frage kommen könnte[1]).

Zu berücksichtigen ist aber, daß es sich im § 328 BGB. nur um ein Versprechen z u g u n s t e n eines Dritten handelt. Ob etwas einem Dritten günstig ist, hängt immer davon ab, ob er es selbst für günstig hält. Etwas nach Ansicht anderer Günstiges kann derselbe selbst für ungünstig halten, weil er gerade die Rechtsfolgen aus individuellen Gründen nicht mag. Kennt der Dritte den Tarifvertrag und die ihm daraus zustehenden Rechte, so wird man bei Abschluß eines Dienstvertrags durch ihn annehmen können, daß er die als Voraussetzung seiner Rechte ausbedungenen Pflichten für seine Person übernehmen will, sofern der Dienstvertrag nach seinem Inhalte dem Tarifvertrag nicht widerspricht. Kennt aber der Dritte den Inhalt des Tarifvertrags, insbesondere seine ihm darin ausbedungenen Rechte, nicht, so kann der Dienstvertrag nicht automatisch den tarifmäßigen Inhalt annehmen.

Voraussetzung dabei ist immer, daß mit dem Eintritt in die für ihn begründeten Rechte auch die Übernahme der Pflichten des Tarifvertrags durch den Dritten einhergeht. Denn man wird nicht annehmen können, daß eine der beiden Parteien des Dienstvertrags der anderen nur die Vorteile des Tarifvertrags zugestehen will.

Indem wir im wesentlichen *Lotmars* Standpunkt über die automatische Wirkung teilen, gehen wir bei dieser Wirkung in bezug auf Dritte noch über *Lotmar* hinaus, ohne freilich, wie wir später sehen werden, seinen Standpunkt von der

---

[1]) Diese Ansicht wird von *Rundstein* bekämpft.

zwingenden Kraft der automatischen Wirkung, von der Unabdingbarkeit, wie *Lotmar* sie benennt, zu teilen[1]).

Fern liegt es uns, den Tarifvertrag überhaupt oder seine Wirkung auf solche Personen, welche am Abschluß nicht beteiligt waren, lediglich mit der Begründung von Rechten zugunsten Dritter erklären zu wollen[2]). Das ist schon deshalb unmöglich, weil in dem Tarifvertrag auch Lasten übernommen werden und weil auch derjenige Teil des Tarifvertrags, welcher zum Inhalt der Dienstverträge bestimmt ist, nach unserer Ansicht nicht nur Rechte für einen Teil, z. B. den Arbeiter, begründet, sondern auch Pflichten, zumal wir *Lotmar* auch darin nicht folgen können, daß diese Bestimmungen immer nur das Minimum der Rechte des Arbeiters enthalten. Das mag in mancher Hinsicht und nach den Umständen des Falles so gemeint sein. Es ist z. B. möglich hinsichtlich der Höhe des Zeitlohnes, oder wenn lediglich die Höhe der Akkordlohnes in Frage kommt[3]). Allgemein gilt aber der Satz nicht, daß der Tarifvertrag nur Vorteile für die Arbeiter begründen soll.

Oertmann wendet gegen die praktische Verwertung dieser Konstruktion ein, daß der Arbeiter nach dem Tarifvertrag nicht auf Einstellung als Arbeiter klagen könne und daß gegenüber einem Anspruch auf Schadenersatz oder Aufhebung des Vertrags der Arbeitgeber den Einwand entgegensetzen könne, daß der Arbeiter den Vertrag eben abgeschlossen habe und gegen Treu und Glauben handele, wenn er seine Aufhebung

---

[1]) Viertes Kapitel zu II.

[2]) Das war auch bei dem Gutachten zum XXVIII. Juristentag (B. I, S. 270) nicht der Fall. Es war dort nur eine kurze Skizzierung des Tarifvertrags beabsichtigt. Die Erwähnung des Rechts Dritter war nur erfolgt, weil sie ohne weiteres erkennen läßt, daß der Tarifvertrag eine allgemeine Rechtswirkung haben k a n n, und daß man ihn deshalb auch in den Kreis juristischer Erörterungen einbeziehen darf. Als das Gutachten geschrieben wurde, teilte noch eine sehr große Anzahl von Juristen die Ansicht, daß die Tarifverträge eine bloße wirtschaftliche Erscheinung ohne unmittelbare Rechtsfolgen seien. Heute freilich ist die Erkenntnis der rechtlichen Wirksamkeit der Tarifverträge allgemeiner geworden. Dies muß ich *Oertmann* gegenüber bemerken. Gegen *Oertmann* wendet sich *Schall*, S. 141.

[3]) Die Löhne können als Maximal- und Minimallöhne zugleich gedacht sein.

verlange. Man könne daher der Konstruktion nur den praktischen Wert retten, wenn man den von ihm als unrichtig bezeichneten Pfaden *Lotmars* folge und eine zwingende automatische Wirkung des Tarifvertrags annehme.

Wir haben schon gesehen, daß dies nur zum Teil richtig ist. Wir folgen den Pfaden *Lotmars*, aber nur bis zu einem gewissen Punkte, bis auf die Unabdingbarkeit. Damit trennen wir uns nicht vollständig von *Lotmar*, denn die Zulässigkeit dieses Verfahrens liegt auch in seinem Gedankengange, da *Lotmar* (S. 780, IV) die automatische Wirkung an sich ohne den zwingenden Charakter für möglich hält und die Unabdingbarkeit auf eine besondere, weitergehende Parteiabsicht zurückführt[1])[2]).

Des weiteren haben wir aber gesehen, daß sehr wohl eine erhebliche Rechtswirkung übrig bleibt, auch wenn wir von der Klage auf Aufhebung des Dienstvertrags oder auf Schadenersatz absehen, indem automatisch die Klage auf Erfüllung der Tarifbedingungen gegeben ist, indem ferner auch die Parteien des Tarifvertrages sich nicht an Streiks und Aussperrungen beteiligen dürfen. *Oertmann* beachtet aber ferner nicht, daß der Dritte an der Ausübung der beiderseitigen Gesamtrechte teilnimmt und insofern an Klagen der Gesamtheit auf Unterlassung tarifwidriger Verträge beteiligt ist. Wir können dann ganz von der Aufhebung des Dienstvertrags gerade des in Rede stehenden Arbeiters und Arbeitgebers absehen. Die Gesamtheit schließt ja überhaupt nicht selbst Dienstverträge. Die Klage geht also auf Aufhebung f r e m d e r Dienstverträge und auf Ersatz des der Gesamtheit durch diese zugefügten Schadens[3]). Nimmt man ferner an — was je nach der Parteiabsicht der Fall sein kann —, daß jeder Teilnehmer des Tarifvertrags ein

[1]) *Rundstein* u. a. gehen aber weiter und folgern aus der automatischen Wirkung mit Notwendigkeit die Unabdingbarkeit, ohne die nach ihrer Ansicht der Tarifvertrag überhaupt der Rechtswirkung entbehrt.

[2]) *Schall*, S. 86 u. 87, erkennt auch die automatische Wirkung der Tarifverträge nicht an, indem er für die Abänderung der bestehenden Arbeitsverträge durch den Tarifvertrag einen besonderen Willensakt der Beteiligten verlangt. Unseres Erachtens wird dieser Wille schon durch den Abschluß des Tarifvertrages erklärt. Vgl. auch S. 88

[3]) Dagegen ist der Einwand des Dolus nicht möglich.

Recht auf Aufhebung fremder tarifwidriger Verträge haben soll, nicht nur die Organisation, so würde der Dritte auch in dieser Beziehung ein wichtiges Klagerecht erwerben, welches allerdings nicht, wie *Baum* anzunehmen scheint, auf unmittelbare Beseitigung des tarifwidrigen Vertrags, sondern nur dahin geht, daß die tarifvertragbrüchigen Parteien angehalten werden sollen, die Lösung des Vertrags herbeizuführen, womit geschehene Rechtswirkungen nicht wieder zu ungeschehenen werden können.

4. Wie schon erwähnt, schafft der Tarifvertrag nicht einseitige Rechte zugunsten der Arbeiter[1]), auch nicht hinsichtlich derjenigen Bestimmungen, welche Inhalt der künftigen Dienstverträge werden sollen. Grundsätzlich kann man diese Bestimmungen nicht als Minimalrechte der Arbeiter ansehen, sondern stets zugleich als Minimal- und Maximalgrenze, soweit überhaupt der Begriff von Minimal- und Maximalgrenze anwendbar ist, d. h. soweit ein Maßstab für den Wert der Rechte gegeben ist, wie z. B. bei der Lohnhöhe oder der täglichen Arbeitszeit.

Tatsächlich sind wohl in der Mehrzahl der bestehenden Tarifverträge, welche Minimalrechte für die Arbeiter schaffen wollen, nur die Bestimmungen über die Lohnhöhe — keineswegs alle Bestimmungen, welche Inhalt der Dienstverträge werden sollen — als Minimalgrenzen gedacht, so daß hieraus überwiegend Rechte nur für die Arbeiter entstehen [2]). Die Ursache davon ist eine zufällige, insofern, als wir uns während der Zeit des Aufkommens der Tarifverträge in aufsteigender gewerblicher Konjunktur befanden und außerdem die meisten Tarifverträge von Arbeiterseite erzwungen sind. Sollten die Verhältnisse sich ändern und namentlich die Unternehmer auf Tarifverträge dringen, so wird diese einseitige Wirkung der Lohnbestimmungen bald beseitigt werden[3]).

---

[1]) Womit nicht die Frage nach den praktischen Vorteilen zu verwechseln ist.

[2]) Überwiegend, weil ja die Lohnbestimmungen auch als Usancen, u. a. z. B. gegenüber früher üblichen höheren Sätzen, in Frage kommen.

[3]) *Schall*, S. 78, sieht als Regel an, daß die Tarifverträge nur das Minimum des dem Arbeiter zu gewährenden Festsetzen und die Gewährung besserer Bedingungen durch den Arbeitgeber nicht hindern wollen. Vgl.

Ein Interesse an der Festsetzung auch von Maximallöhnen — ebenso wie von Minimallöhnen — haben sowohl die Arbeitgeber wie die Arbeiter. Bei den Arbeitgebern braucht es nicht näher ausgeführt zu werden, daß ihnen das Hinaufschrauben der Löhne, z. B. durch einen Konkurrenten, der alles tot machen will, nachteilig ist. Die Arbeiter haben aber an Maximallöhnen insofern ein Interesse, als sonst die Arbeitgeber z. B. systematisch Nichtorganisierte besser bezahlen könnten wie Organisierte.[1])

5. Bei der Wirkung der Tarifverträge hinsichtlich der Gruppe 3 muß man unterscheiden, ob sie entweder

a) nur auf fortgesetzte Anerkennung des Tarifvertrags, oder

b) auf Unterlassung tarifwidriger Dienstverträge, oder

c) auf Unterlassung der Erfüllung tarifmäßiger Dienstverträge, oder

d) auch auf Erfüllung der tarifmäßig abgeschlossenen Dienstverträge, oder

e) auch auf Aufhebung der tarifwidrig abgeschlossenen Dienstverträge, und Ersatz durch tarifmäßige geht.

Alle fünf Fälle kommen vor.

Zu a) der Buchdruckertarif verlangte in der früheren Fassung nur die fortgesetzte Anerkennung des Tarifvertrags durch die Arbeitgeber, wobei man übrigens gar nicht an eine rechtliche Verbindlichkeit dachte[2]);

Zu b) die bloße Verpflichtung zur Unterlassung tarifwidriger Dienstverträge würde einen bestehenden tarifwidrigen Dienstvertrag nicht tangieren. Man könnte dann nur darauf klagen,

---

Lotmar, Arbeitsvertrag, I, S. 759 Anm. 1 („Der Tarifvertrag ist eine Äußerung der Lohnpolitik und insofern er ein Sinken des Lohnes unter eine bestimmte Grenze hindern soll, gehört er zur Politik des Minimallohnes"); *Rundstein*, S. 131, 158; dagegen *Schmelzer*. Nicht zustimmen möchte ich der Ansicht *Schalls*, S. 84, daß die Arbeiter mit außerhalb des Tarifvertrages stehenden Arbeitgebern tarifwidrige Arbeitsverträge abschließen dürfen. Diese Regel kann man nur für Firmentarife, aber auch da nur mit Einschränkungen gelten lassen.

[1]) K. Stat. A., II, S. 131 f.

[2]) K. Stat. A., I, S. 28 (Der Tarif soll der Ausdruck dafür sein, was für die beiderseitigen Beziehungen und Leistungen allgemein als gerecht und billig festzuhalten ist).

daß der Betreffende in Zukunft bei Vermeidung einer gerichtsseitig festzusetzenden Strafe sich des Abschlusses tarifwidriger Verträge enthält;

c) die Verpflichtung kann ferner dahin gehen, die Erfüllung eines abgeschlossenen tarifwidrigen Dienstvertrags zu unterlassen. Dieser Anspruch kann sich nur gegen den Arbeiter richten. Denn dieser kann zur Leistung von Diensten durch Zwangsvollstreckung von seiten des Arbeitgebers nicht gezwungen werden. Der Arbeitgeber dagegen kann sich der Erfüllung nicht entziehen, da er durch die Zwangsvollstreckung zur Zahlung der Vergütung angehalten werden kann. Es wäre ein Nonsens, dagegen eine Klage auf Unterlassung der Zahlung zu geben, welche darauf hinausgehen würde, daß der Arbeitgeber nicht freiwillig zahlen durfte, sondern es auf eine gegen ihn gerichtete Zwangsvollstreckung ankommen lassen müßte. Der Arbeitgeber kann nach dem Dienstvertrag allerdings auch seinerseits Handlungen vorzunehmen haben. Diese bilden aber nicht den Gegenstand des Dienstvertrags, sondern sind Vorleistungen, auf welche dem Arbeiter keine Klage gegeben ist. Auf Unterlassung dieser Handlungen — die man nicht als Gegenstand der Erfüllung des Dienstvertrags bezeichnen kann — kann nach dem Tarifvertrag geklagt werden;

d) oft erblicken die Vertragschließenden auch darin einen Bruch des Tarifvertrags, daß die eine Partei den an sich tarifmäßig abgeschlossenen Vertrag nicht erfüllt, insbesondere dann, wenn sie ihre besondere Meinung über die Auslegung des Tarifvertrags hat. Besteht die Verpflichtung nur in der Unterlassung von tarifwidrigen Verträgen, so wäre eine Klage aus dem Tarifvertrag in diesem Falle nicht gegeben. Das entspricht aber vielfach nicht den Parteiintentionen. Man könnte sagen, daß zu einer solchen Klage kein Bedürfnis gegeben ist, weil nach Abschluß des tarifmäßigen Vertrags die Parteien auf dessen Erfüllung klagen könnten. Man bedenke aber, daß der Arbeiter im Falle der Klage sich der Gefahr der Entlassung aussetzt und daß dem Arbeitgeber ein Recht der Zwangsvollstreckung auf Leistung von Diensten nicht gegeben ist[1]).

---

[1]) *Schall*, S. 89, formuliert den Erfüllungsanspruch aus dem Tarif-

Oertmann (S. 16 folg.) will allerdings einen Anspruch auf Erfüllung aus dem Tarifvertrag geben, wenn ein Arbeitgeber Arbeitswillige lediglich deshalb zurückweist, weil sie nicht auf tarifwidrige Bedingungen eingehen wollen. Abgesehen davon aber, daß der Arbeitgeber den richtigen Grund seiner Ablehnung wohl kaum klar zu erkennen geben wird, so daß die Klage praktisch kaum durchzuführen sein wird, kann ich auch die Begründung eines solchen Erfüllungsanspruches nicht verstehen. Daß ein solches Verfahren gegen Treu und Glauben verstößt, ist ja wohl nicht zu bestreiten. Es fehlt aber an einer Verpflichtung zum Abschlusse eines Dienstvertrags. Und welchen Wert hat denn dieser Abschluß, wenn — wie in den Tarifverträgen so häufig ausbedungen wird — die jederzeitige fristlose Kündigung zulässig ist. Höchstens könnte ein Anspruch auf künftige Unterlassung solchen Tuns bei Vermeidung einer Strafe und auf Schadenersatz an die Organisation gegeben sein[1]).

e) Schließlich kann ein Anspruch auf Aufhebung tarifwidriger Verträge unter Ersatz durch tarifgemäße gegeben sein. Dieser Anspruch kann einen Erfolg nur haben, wenn er gegen beide Kontrahenten gerichtet wird. Beide können dann zur Abgabe einer Willenserklärung gegenüber der anderen Dienstvertragspartei dahingehend verurteilt werden, daß sie in die Lösung des Dienstvertrags willigen. Wenn der Dienstvertrag zur Zeit kündbar ist, genügt auch die Verurteilung zum Ausspruch der Kündigung durch eine Partei. Ist nur eine Partei durch den Tarifvertrag verpflichtet, so kann die Klage nur gegen sie gerichtet werden, und zwar mit dem Verlangen, entweder die Kündigung zum nächsten zulässigen Termin auszusprechen oder sonst den Versuch der Aufhebung des Dienstvertrags, also den Versuch, zu machen, die Gegenpartei zur Lösung des Dienstvertrags zu bewegen, eventuell gegen Zahlung einer Abfindungs-

---

vertrage bei Vorliegen eines tarifwidrigen Arbeitsverhältnisses dahin, daß die Fortsetzung zu tarifmäßigen Bedingungen erfolge.

[1]) Wegen der Klage auf Unterlassung künftiger Zuwiderhandlung gegen den Tarifvertrag unter Androhung von Strafen vgl. *Schall*, S. 110. *Schall*, S. 87, faßt die Verpflichtung, die Arbeitsverträge tarifmäßig zu gestalten, als positive Leistungspflicht auf. Dagegen *Oertmann*, S. 14 f.

summe. Damit ist aber dem Anspruch noch nicht genügt. Die Parteien müssen nunmehr erst den tarifmäßigen Vertrag abschließen. Praktischen Wert kann ein solcher Anspruch aber nicht haben, zumal die Parteien den tarifmäßigen Vertrag stets beliebig, also auf die kürzeste Zeit, befristen könnten. Die Verpflichtung, einen ganz bestimmten genau begrenzten Dienstvertrag an Stelle des tarifwidrigen zu setzen, wird man aus dem Tarifvertrag niemals ableiten können. Nur wenn dies der Fall wäre, hätte der Anspruch auf Herstellung eines tarifmäßigen Dienstvertrags einen Wert[1]).

6. Eine besondere Betrachtung erfordert das Verhältnis der Arbeitsordnung zum Tarifvertrag[2]).

a) Der Tarifvertrag kann niemals ohne weiteres Arbeitsordnungen schaffen, während er Dienstverträge unmittelbar zu begründen vermag. Denn der Erlaß der Arbeitsordnung ist ein einseitiger, im übrigen von einem öffentlich rechtlichen Verfahren, z. B. der Mitwirkung der Polizeibehörde, abhängiger Akt des Arbeitgebers. Die Arbeitsordnung kann auch nicht durch den Tarifvertrag aufgehoben werden. Denn die Aufhebung einer Arbeitsordnung erfolgt, abgesehen von dem Falle der Einstellung des Betriebes[3]), nur durch Erlaß einer neuen Arbeitsordnung.

b) Der Inhalt der Arbeitsordnung ist nach § 134c GO., soweit er den Gesetzen nicht zu widerläuft, für die Arbeitgeber und Arbeiter rechtsverbindlich.

Danach bildet die Arbeitsordnung, ähnlich wie der Tarifvertrag, einen Teil des Inhalts der unter ihrem Bereich abgeschlossenen Dienstverträge — ohne diese Dienstverträge zu ersetzen, und unter der Voraussetzung, daß die Parteien nichts Abweichendes vereinbart haben; denn der Ausdruck „rechtsverbindlich" soll nicht mehr bedeuten als die grundsätzliche Rechtsverbindlichkeit aller Privatrechtsnormen[4]),

---

[1]) Vgl. *Rundstein*, S. 165.

[2]) *Koehne*, Arbeitsordnung, S. 259. *Schall*, S. 85, 91, 92. *Rundstein*, S. 155 f. K. Stat. A., I, S. 72.

[3]) Oder seine Einschränkung auf dauernd weniger als 20 Arbeiter.

[4]) Und auch vieler öffentlich-rechtlicher Normen. — Wenn wir sagen, der Tarifvertrag bilde einen Teil des Arbeitsvertrages, so ist damit nicht gemeint, daß sich seine Rechtswirkung hierin erschöpft.

d. h. sie ist dispositiver, nicht zwingender Natur. Das ergibt sich auch aus Absatz 2 des § 134c, welcher eine Ausnahme nur hinsichtlich zweier Bestimmungen der Arbeitsordnung statuiert, nämlich hinsichtlich der Gründe der Entlassung und des Austritts sowie der Ordnungsstrafen. Nur hinsichtlich dieser Bestimmung werden abweichende Vereinbarungen ausdrücklich untersagt.

Soweit nicht der zwingende Inhalt der Arbeitsordnung entgegensteht, wird auch in Betrieben, welche eine Arbeitsordnung gemäß § 134a GO. erlassen haben, der Inhalt des Tarifvertrags mangels gegenteiliger Vereinbarung automatisch zum Inhalt des Dienstvertrags.

Soweit der Inhalt der Arbeitsordnung zwingend ist, d. h. hinsichtlich der Gründe der Entlassung und des Austritts sowie hinsichtlich der Ordnungsstrafen, verstößt seine Aufnahme in den Dienstvertrag gegen das gesetzliche Verbot des § 134c GO. Absatz 2. Diese vom Standpunkt des Tarifvertrags automatisch zum Inhalt des Dienstvertrags werdenden Bestimmungen, die also als ein Teil der im Dienstvertrag getroffenen zu gelten haben, sind als Teil des Dienstvertrags nichtig, nicht unwirksam, weil das Gesetz die Unwirksamkeit nicht ausspricht, sagt (§ 134 BGB.). Ob alsdann überhaupt ein rechtsgültiger Dienstvertrag besteht, hängt gemäß § 139 BGB. davon ab, ob man annehmen muß, daß der Dienstvertrag auch ohne den nichtigen Teil vorgenommen sein würde. Dazu gehört, daß b e i d e Teile den Dienstvertrag ohne den nichtigen Teil wollten. Meist wird derjenige Teil, für den der Tarifvertrag ungünstig ist, den Dienstvertrag nur eingegangen sein, weil der tarifmäßige Teil ausgeschaltet wurde. So wird der Arbeitgeber, wenn er günstige tarifmäßige Bedingungen doch gewähren muß, lieber seine alten Arbeiter behalten, statt neue anzunehmen, die sich zu billigeren Bedingungen anbieten. Ebenso wird der Arbeiter, dem durch den Tarifvertrag untersagte bessere Bedingungen angeboten wurden, die Stelle nur wegen dieser Verbesserung gewollt haben. Sonst würde er die alte Stelle nicht aufgegeben haben.

Die Arbeitsordnung ergänzt den Dienstvertrag aber nicht gegen den erklärten Willen der Parteien des Dienstvertrags.

Dieser kann zwar durch die Arbeitsordnung nichtig werden. Er wird aber nicht durch die Arbeitsordnung ersetzt.

An sich hat nicht die Arbeitsordnung gegenüber dem Tarifvertrag, sondern der Tarifvertrag gegenüber der Arbeitsordnung eine derogierende Wirkung, bis auf die in § 134c Absatz 2 GO. aufgeführten Punkte.

Kommen diese Punkte in Frage, so greift die Arbeitsordnung nicht schon dann Platz, wenn die Parteien den Dienstvertrag auch ohne den tarifmäßigen Inhalt wollten, sondern erst dann, wenn sie ihn auch mit den arbeitsordnungsmäßigen Inhalt wollten [1]).

Das folgt auch aus § 139 BGB., denn dort ist nur gesagt, daß das teilweise nichtige Geschäft dann immer Bestand hat, wenn es ohne den nichtigen Teil gewollt war, nicht auch dann, wenn es nach Wegfall des nichtigen Teils nur mit einer anderen auf Privatverfügung beruhenden Ergänzung überhaupt bestehen kann.

c) Der Tarifvertrag kann nicht ohne weiteres eine Arbeitsordnung schaffen. Der Wille der Parteien ist aber beim Tarifvertrag, wie wir im allgemeinen annehmen können, daß die Arbeitsordnungen in Übereinstimmung mit dem Tarifvertrag gebracht werden [2]).

Wie ist dieses Ziel zu erreichen?

---

[1]) *Koehne*, Arbeitsordnung S. 259 ff. im wesentlichen ebenso. Er erblickt einen Verstoß gegen die guten Sitten und somit gegen die Gesetze darin, wenn der Arbeitgeber den Tarifvertrag durch die Arbeitsordnung verletzt. Insofern kann ein Tarifvertrag durch eine Arbeitsordnung nicht abgeändert werden. Bei dispositiven Bestimmungen der Tarifverträge sei es Auslegungsfrage, ob diese nur durch Vereinbarung oder auch durch Arbeitsordnung abgeändert werden könnten. M. E. steht der Arbeitsordnung die Vereinbarung gleich, da die Arbeitsordnung ein Teil der Vereinbarung wird.

[2]) Davon verschieden ist die zu b) erörterte Frage, ob der einzelne Arbeitsvertrag mit tarifmäßigem und zugleich arbeitsordnungswidrigen Inhalt zustande kommt. Der Tarifvertrag kann eine die Arbeitsordnung für den Fall einzelner Dienstverträge derogierende Wirkung haben, ohne daß die Arbeitsordnung deshalb durch den Tarifvertrag aufgehoben wird. Eine solche Wirkung kann der Tarifvertrag nicht haben. Die Arbeitsordnung bleibt daher, auch soweit sie tarifwidrig ist, bestehen und wirksam hinsichtlich ihres auch tarifwidrigen Inhalts, hinsichtlich der dem Tarif-

Zunächst ist dabei zu bedenken, daß die bestehenden, durch die Arbeitsordnung begründeten Rechte von Außenseitern — das können in unserem Falle nur Arbeiter sein — berücksichtigt werden müssen. Das würde dem Tarifvertrag nicht widersprechen, denn er kann und will die Rechte von Außenseitern nicht zwingend beeinflussen. Es müßte also immer eine Ausnahme in der Arbeitsordnung zugunsten bestehender Rechte von Außenseitern zugelassen werden.

Der Anspruch aus dem Tarifvertrag ging sonach auf Einführung einer tarifmäßigen Arbeitsordnung, unbeschadet der Rechte von Außenseitern.

Es ist aber noch eine weitere Einschränkung zu machen.

Zwar ist die Arbeitsordnung ein einseitiger Akt des Arbeitgebers. Ihr Erlaß ist aber an ein bestimmtes öffentliches Verfahren gebunden, z. B. die Anhörung der Arbeiter[1]). Wohl braucht der Arbeitgeber die Einwendungen der Arbeiter nicht zu berücksichtigen. Allein das Verfahren soll doch nicht zur Farce werden. Dies wäre aber der Fall, wenn der Arbeitgeber von vornherein an einen bestimmten Inhalt der Arbeitsordnung gebunden wäre, zu dessen Festsetzung er durch Klage der Partei und des Tarifvertrags gezwungen werden könnte. Es ist das ein recht erheblicher Konflikt. Man könnte ihn vielleicht dadurch ausgleichen, daß man sagt: die Arbeiter seien schon gehört, nämlich bei Abschluß des Tarifvertrags. Aber damals brauchten sie nicht in einem Dienstverhältnis zu ihren jetzigen Arbeit-

---

vertrag nicht unterstehenden Arbeiter und sofern Arbeitgeber und Arbeiter bei Abschluß des Dienstvertrages erklärt haben, daß sie den arbeitsordnungsmäßigen Inhalt wollen. Erklären die Parteien sich bei Abschluß des Dienstvertrages nicht ausdrücklich über die tariflich geregelten Punkte, so wollen sie deren automatische Regelung durch den Tarifvertrag, nicht durch die Arbeitsordnung. Dieser Wille ist wirksam, soweit die Arbeitsordnung durch Einzelvertrag, also auch durch Tarifvertrag abgeändert werden kann.

[1]) Die Einreichung bei der unteren Verwaltungsbehörde (§ 134e GO.) ist für den Erlaß unerheblich. Sie erfolgt erst nach dem Erlaß, also nach Aushang. Aber die Verwaltungsbehörde kann die Abänderung der Arbeitsordnung unter Berücksichtigung der gesetzlichen Bestimmungen verlangen. Bis der Arbeitgeber dem Verlangen genügt, besteht die ursprüngliche Arbeitsordnung — soweit sie den Gesetzen entspricht.

gebern gestanden zu haben. Sie waren also noch nicht seine Arbeiter und darum auch nicht berechtigt, ihre Meinung mit rechtlicher Wirkung zu äußern. Man wird also das Bedenken nur durch eine sehr weitherzige Gesetzesinterpretation beseitigen können, indem man sagt, daß das Gewohnheitsrecht des Tarifvertrags die gesetzliche Regelung der Arbeitsordnung modifiziert hat. Da dem Gesetzgeber das Recht der Tarifverträge unbekannt war, so kann man es auch nicht als seinen Willen hinstellen, der Arbeitsordnung eine zwingende Wirkung auch gegenüber einem bestehenden Tarifvertrage zu geben.

Anderenfalls kann die Klage nur dahin gehen, ein Verfahren zwecks Erlassung einer tarifmäßigen Arbeitsordnung einzuleiten. Treten in diesem Verfahren Bedenken hervor, so wird man ihre Berücksichtigung nicht untersagen dürfen [1]).

6. Wir haben bisher nur die Stellung der Vertragsparteien zum Tarifvertrag berücksichtigt. Nunmehr müssen wir auch die Rechtswirkung des Tarifvertrags auf andere Personen betrachten. Von diesen haben wir bereits diejenigen Personen berücksichtigt, zu deren Gunsten Rechte durch die Parteien des Tarifvertrags ausbedungen wurden. Diese stehen den Parteien nahe.

Wir haben gesehen, daß der Tarifvertrag die Tendenz hat, seine Wirkung auf alle Angehörigen eines Gewerbes auszudehnen. Daher kann man im Zweifel annehmen, daß alle Außenseiter zu denjenigen Dritten gehören, zu deren Gunsten die Parteien durch den Tarifvertrag Rechte ausbedingen wollten [2]). Wollten sie das aber nicht, so kann doch der Tarifvertrag zur Usance werden, die als Auslegung des Parteiwillens auch der Außenseiter und ihnen gegenüber erheblich ist.

Abgesehen von der Wirkung als Usance, werden die Außenseiter durch den Tarifvertrag nie ohne weiteres verpflichtet. Sie müssen erst dem Vertrage beigetreten sein [3]).

Häufig wird bei Kenntnis der ihnen aus dem Tarifvertrag zustehenden Rechte der Abschluß eines dem Tarifvertrag kon-

---

[1]) Eine grundlose Unterlassung einer tarifmäßigen Arbeitsordnung dürfte gleichwohl nicht gestattet sein.

[2]) *Oertmann* spricht die gegenteilige Vermutung aus.

[3]) Natürlich tritt die von selbst eintretende usancemäßige Wirkung nur als Ergänzung des Parteiwillens, aber nicht bei abweichenden Abreden ein.

formen Dienstvertrags als Unterwerfung unter den Tarifvertrag anzusehen sein. Aber nicht immer erwachsen dem Beitretenden durch den Beitritt zum Tarifvertrag alle Rechte und Pflichten aus demselben, auch die hinsichtlich der Organisation der Tarifgemeinschaft vereinbarten.

Schwierige Rechtsfragen treten hervor, wenn bei einem Gruppenakkord Innen- und Außenseiter beteiligt sind[1]). Für die Innenseiter wirkt in einem solchen Falle der Tarifvertrag — wenn nichts Gegenteiliges ausbedungen ist — automatisch. Wenn er nun auf die Außenseiter weder kraft besonderer Abrede noch kraft seiner Geltung als Usance wirksam ist, so würden die Rechte der Außen- und Innenseiter an dem Gruppenakkord verschiedene sein. Der Gruppenakkord soll aber in der Regel ein einheitliches Rechtsverhältnis sein. Da man nun annehmen muß, daß dies auch die Innenseiter wollten, so fragt es sich, welches Recht vorgeht. Wir meinen, das der Außenseiter, denn dieses ist das allgemeine, gesetzliche, allen bekannte oder als bekannt zu fingierende.

Ob alsdann die Innenseiter durch Teilnahme an dem tarifwidrigen Gruppenakkord gegen den Tarifvertrag verstoßen, ist eine andere Frage.

Ebenso ist fraglich, ob das Rechtsgeschäft überhaupt gewollt war, wenn den Innenseitern die Eigenschaft der Außenseiter als solcher nicht bekannt war, und wenn sie also nicht wissen konnten, daß der Tarifvertrag keine Anwendung findet.

7. Auf Grund des Tarifvertrags in Verbindung mit einem etwaigen Gesellschaftsvertrag oder Vereinsstatut stehen den vertragschließenden Koalitionen Klagen gegen ihre Mitglieder verschiedenster Art zu, die im einzelnen zu erörtern hier zu weit führen würde. Unter anderem können die Vereine auch eine Vereinsstrafe verhängen und einklagen. Sie können eventuell auch ein tarifbrüchiges Mitglied ausschließen.

8. Schadenersatz[2]). Aus der Verletzung eines Tarifvertrags erwachsen verschiedene Schadenersatzansprüche. Die Dienstvertragsparteien, welche einen tarifwidrigen Vertrag geschlossen

---

[1]) Siehe Teil I, Kapitel 9, S. 191 f.

[2]) *Schall*, S. 108 f. *Oertmann*, S. 17 u. 18. K. Stat. A., I, S. 71.

haben, können gegeneinander keinen Schadenersatzanspruch stellen. Wohl aber können die Tarifvertragsparteien in diesem Falle ihren Schaden geltend machen. Dabei wird der Nachweis eines materiellen Schadens schwer fallen[1]). Auch diese sind verschieden nach den Gruppen des Inhalts. Erfolgt die Verletzung eines Tarifvertrags durch einen vertragswidrigen Lohnkampf, so können Verursacher des Schadens sein einmal der Verband, weil er den Lohnkampf verursacht oder nicht mit den ihm zu Gebote stehenden Mitteln bekämpft hat, dann die Teilnehmer an dem Lohnkampf, sei es gemeinsam mit dem Verbande, sei es allein, wenn der Verband an dem Lohnkampf nicht teilnimmt oder ihn zu verhindern sucht. Geschädigt können sein der gegnerische Verband, der eigene Verband oder die einzelnen Arbeitgeber oder Arbeitnehmer, und zwar können entweder nur einzelne der genannten Personen der Gruppen oder alle zugleich den Schaden erleiden.

II. Unabdingbarkeit[2]).

1. Eine der am meisten bestrittenen und erörterten Fragen ist die der Unabdingbarkeit oder der Derogierbarkeit des Tarifvertrags.

Diese Frage ist wohl allgemein auf denjenigen Teil des Tarifvertrags beschränkt worden, der Inhalt künftiger Dienstverträge werden soll.

Die Frage ist auch nicht so aufzufassen, als ob die P a r t e i e n des Tarifvertrags diesen nicht durch übereinstimmende Willenserklärung wieder aufheben oder abändern könnten[3]). Dies können sie unbedenklich.

---

[1]) *Schall*, S. 108 f. *Oertmann*, S. 17 u. 18. K. Stat. A. I, S. 71.

[2]) *Lotmar*, I, S. 780—788. *Rundstein*, S. 7, 141. *Sinzheimer*, GG. und KG., Sp. X, 380, XI, Sp. 883. *Schall*, S. 150 f. *Oertmann*, S. 8 f. *Burchard*, S. 86. *Rosner*, S. 11 u. 12. K. Stat. A., S. 63. *v. Schulz*, GG. und KG., XI, S. 90. *Schalhorn* bei *v. Schulz-Schalhorn*, S. 21 f. *Stadthagen*, S. 149, 150. GG. Weimar, Breslau, Frankfurt a. M., Stuttgart bei *Baum*, S. 159—162.

[3]) So scheint *Oertmann*, u. E. irrtümlich, *Lotmar* zu verstehen (S. 24).

Unter der Unabdingbarkeit versteht man vielmehr nur, daß während der Dauer des Bestehens des Tarifvertrags keine tarifwidrigen Dienstverträge geschaffen werden dürfen und können.

2. Teilweise wird dies damit begründet, daß der Tarifvertrag eine öffentliche objektive Norm schaffen wolle, der sich der einzelne durch private Abrede nicht entziehen könne. Es bedarf keiner weiteren Ausführung, daß eine derartige Autonomie nach dem Stande unseres Rechts unmöglich ist [1].

3. *Lotmar* im Verein mit *Rundstein* begründen ihren Standpunkt aber damit, daß sie ausführen, der Tarifvertrag begründe Rechte von Kollektivitäten mindestens auf einer Seite [2]. Diese Rechte der Kollektivität, der Gesamtheit, könnte nun ein einzelnes Mitglied dieser Gesamtheit nicht aufgeben. Folglich hätte jeder Arbeitsvertrag eines dem Tarifvertrag Unterworfenen auch trotz gegenteiliger Abrede den tarifmäßigen Inhalt. Wenn die Folgerungen richtig sind, so wäre damit schon die Unabdingbarkeit ausreichend begründet. Aber *Lotmar* fügt noch einen ferneren Grund hinzu: die einzelnen hätten durch den Tarifvertrag auf ihre freie Verfügung hinsichtlich des Abschlusses von Dienstverträgen verzichtet. Schließlich führt er als letzten Rechtsgrund an: wie die Arbeitsordnung unabdingbar wäre, so müßte analog auch der Tarifvertrag unabdingbar sein, weil er denselben Zweck, eine gleichmäßige Gestaltung der Arbeitsverhältnisse, befolgt.

Alle drei Gründe greifen aber nicht durch.

a) Unzweifelhaft richtig ist es, daß der einzelne Teilnehmer einer Gesamtheit deren Recht nicht abändern oder aufgeben kann [3]. Die Gesamtheit bedingt sich aber im Tarifvertrag nicht Dienstverträge aus. Die Gesamtheit will nicht

---

[1]) Hierher gehören die bei *Rundstein*, S. 153, angeführten Beispiele. Daselbst heißt es (§ 32 des Berliner Rohrlegertarifs): „Sonderverträge gegen Sinn und Inhalt des Tarifs sind ungültig".

[2]) Aus *Lotmars* Ausführungen (S. 765) scheint mir dagegen die Möglichkeit einer Häufung von Tarifverträgen mit einzelnen hervorzugehen.

[3]) *Schall*, S. 161, bestreitet, daß der tarifwidrige Abschluß eines Arbeitsvertrages überhaupt, wie *Lotmar*, *Sinzheimer* u. a. annehmen unter den Begriff einer „Verfügung" gebracht werden könne.

ein Gesamtdienstverhältnis eingehen. Sie beansprucht nur, daß die Gegner tarifwidrige Dienstverhältnisse unterlassen und daß sie für den Fall des Abschlusses von Dienstverträgen diese tarifmäßig gestalten. Wenn man mit einem auf diese beiden Ansprüche gerichteten Antrage klagt und ein Urteil erlangt, so erfolgt die Zwangsvollstreckung gemäß § 890 bezw. § 888 ZPO.[1]). In beiden Fällen ist die Wirkung keine automatische, sondern zur Herbeiführung des begehrten Erfolges ist unbedingt die Handlung des Schuldners notwendig und bei dem Anspruch auf eine Unterlassung wird niemals eine geschehene Handlung ungeschehen gemacht, sondern das Verlangen der Unterlassung geht immer nur auf die Zukunft[2]).

Man könnte nun denken, es handle sich um die Erwirkung von Willenserklärungen, denn der tarifmäßige Dienstvertrag wird herbeigeführt, wenn beide Parteien einander erklären, daß sie einen tarifmäßigen Vertrag wollen. Alsdann würde mit der Rechtskraft des Urteils die Willenserklärung als abgegeben gelten. Das geht aber immer nur, wenn eine b e s t i m m t e Willenserklärung verlangt wird. Die allgemeine Erklärung, einen tarifmäßigen Dienstvertrag zu wollen, würde diese Bestimmtheit nur dann enthalten, wenn der Tarifvertrag nur eine einzige Gestaltung des Dienstvertrags kennt. Meist sind nach dem Tarifvertrage aber die allerverschiedensten Dienstverträge möglich. Welche von den möglichen Gestaltungen ihres Dienstvertrages die Parteien wollen, hängt von ihrer freien Entschließung ab. Dies kann nicht von dem Kläger bestimmt werden. Eine Klage auf Abgabe von Willenserklärungen wird also meist nicht möglich werden. Aber auch sie kann immer nur für die Zukunft einen Erfolg haben[3]).

Man könnte noch weiter gehen und von den Dienstvertragsparteien die Erklärung verlangen, daß sie von Anfang an den Dienstvertrag tarifmäßig behandelt wissen wollen. Damit

---

[1]) Mit Recht verwirft *Oertmann* (S. 15) die Ansicht *Baums*, daß eine Zwangsvollstreckung aus § 894 ZPO. (Abgabe einer Willenserklärung) erfolgen könne.

[2]) Und der Erfolg hängt immer davon ab, ob die Partner durch die Vollstreckungsmaßregeln mürbe werden.

[3]) Vgl. *Schall*, S. 102.

wird die Tatsache der ursprünglich tarifwidrig abgegebenen Willenserklärungen nicht aus der Welt geschafft. Es hat ein tarifwidriger Vertrag bestanden. Er ist eventuell schon erfüllt. Nunmehr müsten die Parteien den tarifmäßigen Vertrag nochmals erfüllen oder, soweit dies wegen Zeitablaufs nicht mehr möglich ist, den etwaigen Schaden reparieren. Da es sich auch hier um eine Willenserklärung handelt, wird der Fall aus den oben angeführten Gründen nur selten gegeben sein und kann daher nicht zur Erklärung aller Tarifverträge herangezogen werden. Es würden aber m. E. einem solchen Vollstreckungsverfahren berechtigte Einwände entgegenstehen. Die Verpflichtung zur Abgabe einer Willenserklärung ist immer nur auf die Zukunft gerichtet. Das Verlangen einer Willenserklärung, die für die Vergangenheit gelten soll, ist praktisch nicht denkbar.

Wenn die Annahme *Lotmars* richtig wäre, daß der einzelne durch Abschluß eines tarifwidrigen Rechtsgeschäfts auf ein Recht der Gesamtheit verzichtet, so ist es unerklärlich, weshalb *Lotmar* diesen Verzicht zuläßt, wenn der einzelne Tarifvertragpflichtige mit einem Außenseiter einen tarifwidrigen Dienstvertrag abschließt. Dann verfügt er doch auch über das der Gesamtheit ihm gegenüber zustehende Recht, von ihm zu verlangen, keine tarifwidrigen Dienstverträge abzuschließen.

Aber der einzelne verfügt niemals über das Recht der Gesamtheit, wie er eine solche Verfügung auch gar nicht treffen kann. Er macht nur von s e i n e m Rechte Gebrauch, Dienstverträge abzuschließen. Verstößt er damit gegen das Recht der Gesamtheit, so kann er nur auf Unterlassung und Schadenersatz belangt werden[1]).

[1]) *Schall*, S. 96 f., verneint das Vorliegen von Gesamtschuldverhältnissen, indem er ausführt: die Schuldner seien keine Gesamtschuldner, weil der Gläubiger die Leistung nicht nur einmal, sondern von jedem ganz neu zu fordern berechtigt sei. Die Gläubiger seien keine Gesamtgläubiger, da Schuldner nicht nach seinem Belieben an jeden der Gläubiger leisten könne. Dagegen erkennt *Schall*, S. 98, ein Abhängigkeitsverhältnis zwischen den einzelnen Verpflichtungen an. Gegenüber *Sinzheimer*, GG. und KG., X, S. 380, welcher eine Verpflichtung und Berechtigung zur gesamten Hand annimmt, siehe *Rundstein*, S. 138.

b) α) Der zweite Einwand eines Verzichtes auf die Verfügung über die Arbeitskraft geht hinaus auf einen Verzicht hinsichtlich der Verfügungsfähigkeit. Auf das kollektive Recht aus dem Tarifvertrag verzichtet ja niemand. Überhaupt ist ein Verzicht gar nicht beabsichtigt. Die Parteien, welche einen tarifwidrigen Dienstvertrag abschließen, verzichten auf nichts. Sie üben nur die ihnen zustehenden Rechte nicht aus. Ein Ausfluß der Verfügungsfähigkeit ist es, daß wir — abgesehen von ausdrücklich gesetzlichen Schranken — beliebige Dienstverträge schließen können. Nach dem Tarifvertrage sollen wir zwar nur tarifmäßige Dienstverträge schließen. Daraus folgt aber nicht, daß wir keine tarifwidrigen Dienstverträge schließen können.

β) Die *Lotmar*sche Theorie wird widerlegt durch den mit Recht von *Kohler* aufgestellten Satz: „Niemand kann kraft der Verfügungsfähigkeit auf seine Verfügungsfähigkeit verzichten.“ Die Verfügungsfähigkeit ist ein Ausfluß des öffentlichen Rechtes. Sie ist die Grundlage unseres Zivilrechtes und auch des Zivilprozesses[1]). Ohne die Verfügungsfähigkeit ist keine Zwangsvollstreckung möglich, denn sie bedeutet gerade, daß man jemandem die Verfügung oder die Kraft nimmt, die ihm oder seinem gesetzlichen Vertreter kraft seiner Verfügungsfähigkeit zusteht. Wenn sich jemand der Verfügungsfähigkeit allgemein, abgesehen von den gerichtlich zugelassenen Ausnahmen begeben könnte, so wäre dies der beste Schutz gegen die Zwangsvollstreckung. Denn wenn sich jemand der Verfügungsfähigkeit in bezug auf einen Gegenstand begeben hat, so würde eine Zwangsvollstreckung, die sich nicht zugleich gegen den richtete, zu dessen Gunsten auf die Verfügung verzichtet worden ist, wirkungslos sein. Ob aber eine Möglichkeit der Zwangsvollstreckung gegen den Dritten gegeben ist, hängt doch von den Umständen ab.

Die Verfügung über ein Recht ist etwas anderes wie die Verpflichtung in bezug auf ein Recht. Die Verfügung ist ding-

---

[1]) *Oertmann*, S. 9: „Daß ein obligatorischer Vertrag durch entgegenstehende Vereinbarung wieder aufgehoben durch abändernde Vereinbarung geändert werden kann, ist für unsere Privatrechtsordnung ein Satz, der nur wegen seiner Selbstverständlichkeit nicht ausgesprochen ist, aber allen Einzelvorschriften unseres Schuldrechts erkennbar zugrunde liegt.“

licher Natur [1]). Grundsätzlich können wir nur persönliche Verpflichtungen eingehen. Der Kreis der dinglichen Rechte und der Arten ihrer Übertragung ist beschränkt auf Sachen. Das sagt schon der Name. Es kann die Arbeitskraft weder einem anderen zediert noch tradiert werden, auch nicht das Recht auf Ausnutzung der Arbeitskraft.

Der Grundsatz der Unveräußerlichkeit der Verfügungsfähigkeit ist in § 137 BGB. zum Ausdruck gebracht, welcher besagt, daß die Befugnis zur Verfügung über ein veräußerliches Recht nicht durch Rechtsgeschäfte ausgeschlossen oder beschränkt werden darf. Im Gegensatz dazu spricht dieser Paragraph in seinem zweiten Satz von der Verpflichtung, über ein Recht nicht zu verfügen. Diese Verpflichtung sieht er also als etwas wesentlich Verschiedenes an. Nur sie soll durch § 137 BGB. nicht aufgehoben werden.

Die Verfügung über ein Recht hat unmittelbar dessen Aufgabe oder dingliche Beschränkung zur Folge. Das Recht, meine Arbeitskraft zu verwerten, kann ich aber nicht aufgeben. Ich kann mich nur verpflichten, meine Arbeitskraft in den Dienst eines anderen zu stellen. Diese Verpflichtung ist nur persönlicher Natur. Verstoße ich gegen diese Verpflichtung, indem ich meine Arbeitskraft einem anderen widme, so hat mein Gegenkontrahent nur einen obligatorischen Anspruch auf Unterlassung dieser Vertragsverletzung, auf Erfüllung einer entgegenstehenden Verpflichtung oder auf Schadenersatz. Die Tatsache der Verletzung des Vertrags kann nicht ungeschehen gemacht werden. Ich habe meine Dienste in der vertraglichen Zeit einem anderen gewidmet und bin niemals mehr in der Lage, sie in dieser Zeit meinem Gegenkontrahenten zu widmen. Verpflichte ich mich, meine Dienste in derselben Zeit einem Dritten zu widmen, so ist der zweite Vertrag nicht unwirksam oder nichtig, sondern er besteht genau so zu recht wie der erste. Er ist, wenn es sich um einen gewerblichen Dienstvertrag handelt, nur gemäß § 123 GO. Nr. 1 kündbar seitens desjenigen Dienstberechtigten, der das Bestehen des ersten Arbeitsverhältnisses beim Vertragsschluß nicht gekannt hat. Kannte

---

[1]) *Kuhlenbeck*, BGB. I, S. 131, § 161 Anm. 1.

er also das Bestehen des ersten Arbeitsverhältnisses, so ist der Vertrag auch nicht kündbar. In § 125 GO. ist ausdrücklich der Fall der Annahme eines Arbeiters durch einen neuen Arbeitgeber während des Bestehens eines anderen Dienstverhältnisses als möglich hingestellt. Es bestehen dann eben zwei Dienstverträge, aus denen der Arbeiter zwei verschiedenen Personen gleichmäßig verpflichtet ist, die er aber unmöglich beide erfüllen kann. Er muß alsdann dem einen Arbeitgeber Schadenersatz leisten. Das Recht auf die Arbeitskraft ist in einem solchen Maße persönlicher Natur, daß gemäß § 888 ZPO. die Zwangsvollstreckung zur Erzwingung von Dienstleistungen nicht zulässig ist. Es kann sonach niemand sich mit dinglicher Wirkung der Verfügung über seine Arbeitskraft begeben, weder ganz, noch teilweise, auch nicht in dem Sinne und mit der Wirkung, daß es ihm unmöglich wird, andere als tarifmäßige Dienstverträge mit allen etwaigen Arbeitgebern oder auch nur den dem Tarifvertrag unterworfenen Arbeitgebern abzuschließen.

Lotmar zieht nun eine andere gesetzliche Bestimmung zum Beweise seiner gegenteiligen Ansicht an, nämlich § 399 BGB. Dieser Paragraph bestimmt, eine Forderung könne nicht abgetreten werden, wenn die Leistung an einen anderen als den ursprünglichen Gläubiger nicht ohne Veränderung ihres Inhalts erfolgen könne, oder wenn die Abtretung durch Vereinbarung mit dem Schuldner ausgeschlossen sei.

Diese Bestimmung gestattet schon deshalb keine analoge Anwendung auf den Tarifvertrag, weil man sie gegenüber § 137 BGB. nur als eine Ausnahmebestimmung ansehen kann.

Faßt man aber weiter nicht nur den zweiten Fall, sondern beide Fälle des § 399 BGB. ins Auge, so erkennt man die Unanwendbarkeit dieser Bestimmung auf unseren Fall noch deutlicher. Die beiden von § 399 auseinandergehaltenen Fälle lassen erkennen, daß die Veränderung des Inhalts einer Forderung nicht ohne Zustimmung des Schuldners erfolgen kann. Liegt eine Vereinbarung mit dem Schuldner vor, wonach die Forderung nicht abgetreten werden darf, so wird der Schuldner ein besonderes Interesse daran haben, daß ein Wechsel der Gläubiger nicht eintritt. Somit wird für ihn von seinem subjektiven

Standpunkte aus die Forderung eine andere, wenn sie abgetreten wird. Die Abtretung hat aber nicht den Zweck, noch die Kraft, den Inhalt einer Forderung zu ändern. Dieser Grundsatz soll in § 399 BGB. zum Ausdruck gebracht werden, nicht mehr.

Tatsächlich liegt darin eine Schranke der Verfügungsbefugnis. Derartige Schranken kennt das Recht auch noch außerdem. Das sind aber einschränkend zu interpretierende Ausnahmen. Keineswegs soll damit das Prinzip negiert werden, daß man sich der Verfügungsfähigkeit durch Privatverfügung nicht begeben kann.

Ein Unterschied zwischen der Verfügung über die Arbeitskraft und der Verfügung über eine Forderung liegt aber auch darin, daß die Verfügungsfähigkeit, insbesondere das Recht der Verfügung über die eigene Arbeitskraft, ein vom Gesetz geschützter Ausfluß der Persönlichkeit ist, während der Inhalt einer Forderung seinen Grund in den darüber etwa getroffenen Vereinbarungen zwischen Gläubigern und Schuldnern hat, auch der einer gesetzlichen Forderung, die durch eine solche Vereinbarung zugleich eine vertragliche wird. Die ganze Existenz der Forderung hängt von dieser Vereinbarung ab[1]). Ohne das Tun des Schuldners oder seines Rechtsvorgängers kommt keine Forderung zustande. Die Verfügungsfähigkeit entsteht, aber nicht durch die Handlung von Personen, sie kann daher auch durch Willenserklärung nicht aufgehoben werden.

Auch der von *Lotmar* zum Vergleich herangezogene Verzicht auf den Widerruf einer Vollmacht, der nach § 168 BGB. zulässig ist, ist eine Ausnahme, die nicht verallgemeinert werden darf. In diesem Fall liegt auch kein Verzicht auf die Verfügungsfähigkeit vor, denn der Vollmachtgeber kann stets, unbeschadet der Vollmacht, selbst verfügen.

Der Tarifvertrag kann nur Forderungsrechte begründen, wie grundsätzlich jeder privatrechtliche Vertrag eine weitergehende Kraft nicht hat. Zur Begründung eines Rechts, das eine mehr als persönliche Wirkung haben soll, das mehr als ein Forderungsrecht sein soll, gehört außer dem Vertrag ein

---

[1]) Die Fälle, in denen die Verfügung über eine Forderung beschränkt ist, sind Ausnahmen.

besonderer Rechtsakt, bei der Begründung von dinglichen Rechten die Tradition oder einer der vom Gesetz als Ersatz zugelassenen Rechtsakte. Auch die Abtretung eines Rechts erfordert einen besonderen Akt, um eine unmittelbare Rechtswirkung auszuüben.

Ein Forderungsrecht gibt uns niemals diese unmittelbare Rechtswirkung. Die Wirkung richtet sich immer nur gegen die Person, die etwas tun, dulden oder unterlassen soll. Nur das dingliche Recht verknüpft durch ein unmittelbares Band Person und Sache. Kraft des dinglichen Rechts erlangen wir die Möglichkeit unmittelbarer Einwirkung auf eine Sache. Aber nur auf eine solche. Ein Analogon hinsichtlich der aus der Person fließenden Befugnisse kennt das Vermögensrecht, dem allein doch die Tarifverträge angehören, nicht. Es ist unmöglich, durch vermögensrechtlichen Vertrag der Person ein ihr kraft der Persönlichkeit innewohnendes Recht zu nehmen. Die Person kann sich nur obligatorisch verpflichten, die Ausübung solcher Rechte zu unterlassen. Sie kann sich nicht eines in ihrer Person liegenden Rechts entäußern, sie kann sich nicht unter Vormundschaft stellen, sich ihrer Freiheit begeben u. dgl.

Man denke auch an die Folgen der Unabdingbarkeit. Sie führt zu einer weitgehenden Aufhebung der persönlichen Freiheit, besonders in einem Falle wie dem des Buchdruckertarifs. Hier bildet das Tarifamt den Vertrag ständig fort, und zwar so lange, bis der Vertrag von einem Teile gekündigt wird. Auf diese Kündigung hat der einzelne einen nur ganz beschränkten, seiner einen Stimme bei der Abstimmung entsprechenden Einfluß. Es besteht also die Möglichkeit, daß er niemals mehr die Freiheit erlangt, unabhängig über seine Arbeitskraft zu verfügen, während schon die obligatorische Bindung durch Dienstvertrag in dieser Hinsicht beschränkt ist (§ 624 BGB.). Wenn *Lotmar* übrigens sagt, der einzelne habe zugunsten der Gesamtheit auf die Verfügung über seine Arbeitskraft verzichtet, so ist damit noch nicht gesagt, daß die Gesamtheit nunmehr über seine Arbeitskraft verfügen und gegen seinen erklärten Willen andere Bedingungen für die Verwendung seiner Arbeitskraft zur Geltung bringen kann.

c) Auch gegenüber der Aufstellung einer angeblich zwingenden Analogie des Rechtes der Arbeitsordnung ist der Einwand zu erheben, daß *Lotmar* eine Ausnahmebestimmung unzulässiger Weise generalisiert.

Der Fall der Arbeitsordnung liegt ferner anders als der des Tarifvertrags. Die Arbeitsordnung schafft stets nur Recht zwischen einem einzigen Arbeitgeber und seinen Arbeitern, der Tarifvertrag hat dagegen die Tendenz einer allgemeinen Regelung. Der eigentliche Zweck der Arbeitsordnung ist auch nicht einmal, wie vielfach behauptet wird, die Herbeiführung gleicher Arbeitsverhältnisse in einem einzigen Betriebe. Ein solcher Zweck brauchte nicht erst angestrebt zu werden, denn der Großbetrieb hat von selbst die Tendenz einer Uniformierung seiner Arbeitsverhältnisse[1]). Gerade diejenigen Bestimmungen der Arbeitsordnung, welche nach § 134c GO. zwingender Natur sind, schaffen nicht ohne weiteres eine gleichmäßige Regelung. Bei den Strafen können z. B. Maximalsätze festgesetzt werden, und die Strafen brauchen dann bloß innerhalb des Rahmens dieser Maximalsätze zu bleiben. Wie hoch sie im einzelnen Falle sind und ob sie überhaupt verhängt werden, das hängt ganz vom Belieben des Arbeitgebers ab. Das ist doch keine Gleichmäßigkeit.

Die Arbeitsordnung hat auch nicht den Zweck, diese herbeizuführen, sondern sie will nur klare Rechtsverhältnisse zwischen Arbeitgeber und Arbeiter schaffen. Da diese Regelung im Einzelvertrag erfahrungsgemäß nicht erfolgt, hat man eine Ergänzung des Einzelvertrags durch die Arbeitsordnung geschaffen, eine Ergänzung, die einer gewissen öffentlichen Kontrolle durch Behörden und durch die Gesamtheit der Arbeiter unterliegt, wodurch ihre Klarheit und Übereinstimmung mit den Gesetzen verbürgt wird.

Wenn schon deshalb die Analogie der Arbeitsordnung nicht paßt, so ist ferner, wie wir bereits gesehen haben, die Arbeitsordnung gar nicht unabdingbar in dem Sinne von *Lotmar*.

---

[1]) Gerade der Arbeitsvertrag selbst ist in der Arbeitsordnung nicht enthalten, sondern muß in jedem einzelnen Falle besonders abgeschlossen werden.

Die drei von *Lotmar* angeführten Gründe für die Unabdingbarkeit des Tarifvertrags greifen also nicht durch.

4. *Koehne*[1]) sucht die Unabdingbarkeit der Tarifverträge aus dem Verbot von Rechtsgeschäften herzuleiten, die gegen die guten Sitten verstoßen (§ 138 BGB.). Als gegen die guten Sitten verstoßend will er nun die Stelle einer Arbeitsordnung ansehen, die gegen eine durch einen Tarifvertrag übernommene Verpflichtung verstößt. Man kann m. E. aber nicht so weit gehen, denn die Konsequenz würde sein, jeden Vertrag, durch den man einer übernommenen Verpflichtung entgegen handelt, als sittenwidrig zu bezeichnen, z. B. einen Kaufvertrag über eine bereits verkaufte, aber noch nicht übereignete Sache, weil der Verkäufer die Verpflichtung durch den ersten Kaufvertrag übernommen hatte, die Sache an den ersten Käufer, also an keinen anderen, zu übereignen.

Voraussetzung der Sittenwidrigkeit müßte aber vor allen Dingen sein, daß beide Teile sich bewußt sind, gegen den Tarifvertrag zu verstoßen, was bei dem Umfang dieser Verträge, insbesondere bei den oft Tausende von Positionen umfassenden Tarifen, durchaus nicht immer der Fall zu sein braucht. Die Parteien können, ohne es zu wissen, vom Tarifvertrag abgewichen sein. Alsdann wird man in einer bloßen Vertragsverletzung noch keinen Verstoß gegen die guten Sitten finden können, auch wenn man im allgemeinen bei der Frage der Sittenwidrigkeit das subjektive Moment weglassen kann. Man denke z. B., daß der Arbeitgeber den tarifwidrigen Vertrag abschließt — zumal mit einem Außenseiter —, weil er sonst keine Arbeiter bekommt[2]), oder umgekehrt der Arbeiter, weil er sonst keine Arbeit findet, oder wenn der Arbeitgeber ohne die Gefahr des Ruins tarifmäßige Verträge nicht abschließen kann. Zweifellos liegt auch in solchen Fällen ein unzulässiger Verstoß gegen den Tarifvertrag vor, aber kein moralwidriger.

Wenn man aber den Begriff der Moralwidrigkeit nicht auf alle tarifwidrigen Dienstverträge anwenden kann, so ist er nicht geeignet zum Beweis für die Unabdingbarkeit der Tarifverträge.

---

[1]) Die Arbeitsordnungen, S. 259 ff. Dazu *Oertmann*, S. 25 Anm. 2.

[2]) Der Tarifvertrag braucht keineswegs nur immer Minimallöhne zu enthalten. So auch *Rundstein* S. 160.

Übrigens sind moralwidrige Verträge nach § 138 BGB. nicht unabdingbar, sondern nichtig, was *Lotmar* aber nach seiner ausdrücklichen Erklärung bei tarifwidrigen Dienstverträgen nicht annehmen will. Wenn nur ein Teil des Vertrags sittenwidrig und daher nichtig ist, so folgt daraus noch nicht, daß der Rest des Vertrags bestehen bleibt, noch weniger, daß er durch den Tarifvertrag zu ergänzen ist. Er kann dann im allgemeinen nur durch das Gesetz ergänzt werden. Nur ausnahmsweise bleibt ein Vertrag bei teilweiser Nichtigkeit bestehen, nämlich wenn ihn die Parteien auch ohne den nichtigen Teil wollten. In unserem Falle wollten aber die Parteien — die Nichtigkeit überhaupt vorausgesetzt — gerade den nichtigen Teil und nicht den Bestand ohne diesen Teil oder seine Ergänzung durch den Tarifvertrag.

5. Es soll nun der Versuch gemacht werden, die Unabdingbarkeit in anderer Weise zu begründen, als dies bisher in der Wissenschaft geschehen ist.

a) Man könnte sagen, Arbeitgeber und Arbeiter haben erklärt, daß sie nur tarifmäßige Dienstverträge wollen. Durch Verbleiben in der Tarifgemeinschaft bestätigen sie, daß sie diesen Willen noch fortdauernd haben und gelten lassen wollen. Durch den Abschluß eines tarifwidrigen Dienstvertrags erklären sie nun aber gerade das Gegenteil. Das wäre perplex und könnte daher als verbindliche Willenserklärung nicht gelten.

Demgegenüber ist aber einzuwenden, daß die Parteien durch den Abschluß des tarifwidrigen Dienstvertrags erklären, daß sie jedenfalls, soweit eine Differenz vorliegt, den Tarifvertrag nicht mehr wollen. Das mag unter Umständen vertragswidrig sein, ist aber nicht perplex.

b) Eine Analogie, der aber auch wieder der Einwand entgegenstehen würde, daß sie einem Sondergebiete entnommen ist, könnte man aus §§ 61, 113 HGB. herleiten. Hier ist bestimmt, daß ein Gesellschafter, der in dem Geschäftszweige der Gesellschaft ein Geschäft abschließt, dasselbe als für Rechnung der Gesellschaft eingegangen gelten lassen muß. Auch hier hat der einzelne in die Rechtssphäre der Gesamtheit eingegriffen, und seine Erklärung ist gegenüber der Gesamtheit ohnmächtig, er muß sich gefallen lassen, daß seiner Erklärung eine andere als die von ihm gewollte Bedeutung beigelegt wird: er wollte selbst Rechte erwerben und Verpflichtungen eingehen, gleichwohl muß er das Rechtsgeschäft als für Rechnung der Gesellschaft abgeschlossen gelten lassen, was er nicht wollte und auch nicht erklärt hat. Insofern besteht eine Ähnlichkeit mit dem, was *Lotmar* beim Tarifvertrag will. Der Unterschied besteht darin, daß die dritte Person, der Gegenkontrahent des ungetreuen Gesellschafters, in gar keiner Beziehung zu der Gesellschaft steht und daß also hier der Fall vorliegt, in welchem auch *Lotmar* die Unabdingbarkeit nicht gelten lassen will. Der Hauptgrund, weshalb die Analogie nicht zu dem gewünschten Ziele führen kann, ist aber, daß das Geschäft nach § 113 HGB. gegenüber dem Gesellschafter nur als für Rechnung der Gesellschaft abgeschlossen gilt und nicht als eigenes Geschäft der Gesellschaft. Das Erklärte bleibt also gegenüber dem Dritten noch bestehen, und der Gesellschafter muß seine Rechte aus dem Geschäft erst an die Gesellschaft abtreten, damit es Rechte der Gesellschaft werden, das ist gerade das Gegenteil der *Lotmar*schen Unabdingbarkeit und ein Beispiel dafür, daß unser Privatrecht einen Verzicht auf die Verfügungsfähigkeit zugunsten einer Gesamtheit, der man angehört, mit unmittelbarer Rechtswirkung nicht kennt und nicht will[1]).

c) Auch aus dem Lohnbeschlagnahmegesetz kann man die Unabdingbarkeit nicht ableiten, denn dieses betrifft nur bereits endgültig begründete nicht hypothetische Lohnansprüche, wenn man von solchen beim Tarifvertrage sprechen will.

6. Ist sonach die Unabdingbarkeit theoretisch nicht haltbar, so erscheint uns auch der praktische Verlust, den die Tarifverträge durch Aufgabe dieser Lehre erleiden, nicht so groß, wie ihre Vertreter annehmen, die einerseits in dieser Lehre den sichersten Schutz für die Tarifverträge erblicken, einen sichereren, als ihn die Klage aus dem Tarifvertrag zu bieten vermöchte, und die andererseits annehmen, daß ohne diesen Schutz die Tarifverträge wertlos seien[2]). Sie wären nicht mehr

---

[1]) Vgl. *Staub*, Komm. z. HGB. § 61.

[2]) Vgl. *Lotmar*, S. 786; *Rundstein*, S. 166. Bei den *Rundstein*schen Ausführungen ist zu beachten, daß dieser Schriftsteller (S. 4) erklärt,

zwingend, sondern nur erzwingbar. Die Anfechtung des tarifwidrigen Geschäfts würde zwecklos, wenn der Arbeitgeber nach Erreichung seines Zwecks vor durchgeführter Klage den tarifwidrigen Arbeitsvertrag auflöste [1]).

Nun, die meisten Rechte sind „nur“ erzwingbar, und dabei besteht die Rechtsordnung sehr gut [2]).

Man bedenke, daß nach *Lotmars* eigenen Ausführungen die Unabdingbarkeit recht enge Grenzen hat: sie beschränkt sich auf die Fälle, in denen ein tarifpflichtiger Arbeitgeber mit einem Arbeiter kontrahiert, der selbst oder durch Bevollmächtigte den Tarifvertrag mit abgeschlossen hat. Er stellt also unter Umständen die Außenseiter besser, weil freier, als die Innenseiter, obwohl den Außenseitern dieselben Rechte zustehen sollen. Er ermöglicht dadurch eine Konkurrenz der Außenseiter, der die Innenseiter wegen der Unabdingbarkeit gar nicht begegnen können.

Lotmar läßt die Unabdingbarkeit nicht zu gegenüber der Arbeitsordnung — was, wie wir gesehen haben, zum Teil begründet ist. Damit hätte sie für die übergroße Mehrheit der gewerblichen Arbeiter nur einen bedingten Wert, denn die meisten Arbeiter leben unter Arbeitsordnungen [3]).

---

die Tarifverträge könnte nausschließlich rechtlich nicht aufgefaßt werden. Unsere Aufgabe ist aber lediglich die rechtliche Erfassung dieses Vertrages.

[1]) So *Sinzheimer*. Uns scheint das durchaus kein so unbefriedigendes Resultat. Der Fall hat übrigens nur theoretische Bedeutung. Ein absoluter Erfolg ist keinem Rechtsgeschäft garantiert. Wenn der Tarifvertrag gleichmäßige Verhältnisse schaffen will, so hat es nichts zu besagen, wenn vorübergehend einmal ein tarifwidriger Dienstvertrag besteht. Der Zweck wird erreicht, wenn auf die Dauer ein solcher Verstoß nicht möglich ist.

[2]) Unverständlich erscheint mir die von *Rundstein*, S. 142, aufgeworfene Frage, ob ein abdingbarer Tarifvertrag überhaupt verbindlich sei, „da das Inkrafttreten desselben vom bloßen Belieben und fakultativer Entschließung der Parteien des Einzelvertrages abhänge“. Der Irrtum besteht in der Annahme dieses auch ohne die Unabdingbarkeit gar nicht bestehenden Beliebens.

[3]) In dem dadurch herbeigeführten Unterschiede zwischen der Stellung der Groß- und Kleinindustrie zuungunsten der letzteren erblickt *Oertmann* S. 25 mit Recht ein politisch höchst anstößiges Ergebnis.

Naturgemäß muß sich die Unabdingbarkeit auf diejenigen Bestimmungen des Dienstvertrags beschränken, bei denen eine automatische Auswechslung durch Bestimmungen des Tarifvertrags überhaupt möglich ist. Das wird nur der Fall sein bei Ersatz des vereinbarten durch den höheren Minimalzeitlohn und des Minimalakkordlohnes für eine im Tarif genau fixierte Akkordarbeit. Maximallöhne können auf diese Weise nur wenig geschützt werden, denn es handelte sich dann um die schwer realisierbare Zurückzahlung von zu viel gezahlten Löhnen[1]).

Besonders auffällig zeigt sich die nicht befriedigende Wirkung der Unabdingbarkeit, wenn wir einige praktische Beispiele ins Auge fassen, z. B.:

a) ein Tischlergeselle, der die betreffende Tarifposition genau kennt, bietet sich einem kleinen Tischlermeister, der den umfangreichen Tarifvertrag nicht beherrscht, zum Bau einer Anzahl Möbel, Büffets für einen untertariflichen Preis an. Der Tischlermeister übernimmt darauf die Lieferung für eine größere Firma, indem er sich berechnet hat, daß er bei dem angebotenen Lohnsatz zurechtkommt. Sein Verdienst besteht gerade in der Differenz zwischen dem tariflichen und dem angebotenen Lohnsatz. Er engagiert also den Arbeiter und arbeitet mit diesem ein halbes Jahr lang nur oder hauptsächlich an den Büffets. Zum Schluß fordert der Arbeiter — nach *Lotmar* mit Recht — den höheren Tariflohn, und der Tischlermeister hat ein halbes Jahr lang gar nichts verdient. Er hat das nötige Geld zur Bezahlung des höheren Lohnes nicht, weil er von dem Vorschusse des Kunden gelebt hat; wird vom Arbeiter verklagt, verurteilt, ausgepfändet, kann seine Miete nicht zahlen und ist ruiniert durch die arglistige Handlungsweise seines Gesellen — nach den Anhängern der Unabdingbarkeit mit Recht.

b) Man bedenke, daß die Rechtsansichten über die so sehr umfangreichen und dabei nicht immer vorsichtig gefaßten Tarifverträge sehr auseinandergehen können. So kann sich

---

[1]) Die Lohnhöhe braucht im Tarifvertrage gar nicht geregelt zu sein. Dagegen *Brogsitter*, S. 11.

in jahrelanger Gerichtspraxis die Ansicht herausbilden, daß für eine bestimmte Arbeit die Position x mit einem Lohnsatze von 5 M. in Frage kommt. Plötzlich entscheidet sich, und zwar mit treffenden Gründen, die höchste Instanz für die Position y mit 10 M. Nach der Lehre der Unabdingbarkeit fordern Tausende von Arbeitern in Deutschland die Nachzahlung des höheren Satzes für mehrere Jahre inklusive Verzugszinsen. Viele Unternehmer können dadurch zu Grunde gerichtet werden, zumal wenn der Fall vielleicht noch so liegt, daß die Entscheidung präjudiziell für eine ganze Reihe von Positionen wird, wenn es sich um generelle Zuschläge handelte. Selbst aus verjährter Zeit wird man Nachforderungen machen können; denn ich möchte bezweifeln, ob, die Richtigkeit der Unabdingbarkeitstheorie vorausgesetzt, ein einzelner aus dem Rechte der Gesamtheit heraus einen Verjährungseinwand machen könnte.

Gewiß ist den Proletarierfamilien, auf die sich dann einmal unerwartet ein Geldstrom ergießt, dies zu gönnen. Ich glaube aber, daß die Erschütterung des öffentlichen Vertrauens größere allgemeine Nachteile auch für die Arbeiter bringt. Von den Unternehmern wird solche Konsequenz sicher nicht gewollt sein und damit auch die Unabdingbarkeit nicht, die nach Ansicht ihrer Verfechter ihren Grund in dem Willen beider Parteien haben soll.

c) Der Tarifvertrag verbietet Akkordarbeit. Gleichwohl verrichtet ein Arbeiter solche jahrelang. Verlangt nun der Arbeitgeber auf Grund der Unabdingbarkeit die Berechnung nach Zeitlohn, so tritt die Ungerechtigkeit klar zutage. Aber wie, wenn der Arbeiter jetzt Zeitlohn als Minimallohn beansprucht? In einzelnen Wochen hat er erheblich über den Tarifsatz verdient, in anderen hat er gebummelt. Der Arbeitgeber hat nichts dagegen eingewendet, weil der Arbeiter in Akkord arbeitete und sich damit selbst schädigte, oder weil er wegen der geringen Kontrolle bei der Akkordarbeit nichts merkte. Jetzt fordert der Arbeiter den Tarifzeitlohn für die Wochen, in denen er gebummelt hat. Ist das gerecht?

d) Es wird eine andere Akkordberechnung vereinbart wie im Akkordtarif vorgesehen. Jetzt wird auf Grund der Unabdingbarkeit die tarifmäßige Berechnung verlangt. Vereinbart war Berechnung nach Gewicht, und der Tarif verlangt Berechnung nach dem Flächenmaße. Welche Schwierigkeiten stehen der nachträglichen tarifmäßigen Berechnung entgegen, wenn besonders die Stücke schon vernichtet sind? Vielleicht wäre die Arbeit für Arbeitgeber oder Arbeiter überhaupt nicht rentabel gewesen, wenn nach Fläche berechnet worden wäre. Welche unnütze Härte liegt hier in der Unabdingbarkeit!

e) Trotz des Tarifs wird Heimarbeit geleistet. Diese müßte nach der Lehre der Unabdingbarkeit wie Fabrikarbeit behandelt und bezahlt werden. Und wenn der Tarifvertrag nach dieser Lehre seinen Schutz allein in dem individuellen Arbeitsvertrag findet, wo bleibt hier der Schutz? Soll der Heimarbeiter Fabrikarbeit verlangen können, wenn der Arbeitgeber gar keine Fabrik hat?

Der so überschätzten Wirkung der Unabdingbarkeit steht auch das Sprichwort entgegen: Wo kein Kläger, kein Richter. Wenn der Arbeiter, um eine Stellung zu erlangen, sich mit einem untariflichen Lohn begnügt, so wird er auch den tariflichen Lohn nicht einklagen, um die Stellung nicht zu verlieren, ja auch, um sein eigenes Renommee nicht zu verderben. Ich selbst bin bei Arbeitern auf lebhaften Widerwillen gegen ein derartiges Treu und Glauben verletzendes Verfahren gestoßen, wenn ein Arbeiter trotz gegenteiliger Abrede den tarifmäßigen Lohn einklagt. Er setzt sich dabei der Mißachtung seiner Kollegen aus, einmal, weil er sie selbst vertragsbrüchig unterboten hat, dann, weil er sein eigenes Wort nicht hält. Aus diesem Gesichtspunkte heraus würde seine Klage stets dem Einwand der Arglist erliegen [1]). Der Berufsverein kann aber praktisch nicht für ihn gegen seinen Willen klagen, und er wird es aus den angeführten Gründen auch nicht mit dem Willen des ungetreuen Genossen tun [2]).

Während so das Klagerecht des einzelnen Arbeiters aus dem Dienstvertrag, welcher nach *Lotmar* ein so vorzüglicher

---

1) S. auch *Oertmann* und *Baum*.

2) *Schall*, S. 155, fragt: „Was nützt es, wenn der Arbeitsvertrag zwar tarifmäßigen Inhalt hat, aber die eine oder die andere Partei doch nicht danach arbeiten will? Es müßte also doch prozessiert werden“.

Schutz der Tarifverträge sein soll, diese vorteilhafte Eigenschaft nicht besitzt, erschwert die Unabdingbarkeit im *Lotmar*schen Sinne den vertragschließenden Verbänden gerade die zwangsweise Durchführung des Tarifvertrags. Denn wenn die tarifwidrige Erklärung gar nicht existent, vollkommen „ohnmächtig" ist, wie sich *Lotmar* ausdrückt, so ist gar keine Basis für eine Klage auf Aufhebung tarifwidriger Verträge gegeben. Gegen etwas absolut Wirkungsloses braucht und kann nicht mit einer Klage vorgegangen zu werden.

Die Unabdingbarkeit lediglich zugunsten eines Teiles erweckt das Gefühl der Ungerechtigkeit, und wollte man die Verleugnung getroffener Abreden zu dem Zwecke gestatten, daß der Leugnende Vorteil daraus zieht, so würde man Treu und Glauben untergraben. Wenn es keinen Schutz mehr gegen doloses Verhalten gibt, so ist unserer Rechtsordnung der schwerste Stoß versetzt, der nicht wettgemacht werden kann dadurch, daß man vielleicht die Durchführung der Tarifverträge erleichtert — was aber, wie wir gesehen haben, gar nicht der Fall ist.

Zum Glück besteht das Verlangen der Unabdingbarkeit nur in der Theorie. Allerdings wird das Wort von den Interessenten, auch von Arbeitgebern, oft nachgesprochen, weil man der Ausführung der Theoretiker glaubt, daß dadurch die von allen Seiten erwünschte Sicherung der Tarifverträge erreicht wird. Sobald aber ein praktischer Fall zur Entscheidung vorliegt, wird allen, auch dem Arbeiter, das Unmögliche der Unabdingbarkeit klar[1]). Daher kommt es, daß die Gewerbegerichte, denen man doch sonst nicht den Vorwurf einer geringen

---

[1]) Aus den Tarifverträgen selbst geht die Absicht der Parteien hinsichtlich der Rechtswirkung der Tarifverträge selber bisweilen hervor. In der Publikation des K. Stat. Amtes, Bd. II, S. 260, sind folgende Beispiele angeführt, welche für die von den Parteien beabsichtigte Unabdingbarkeit sprechen sollen: „Der Tarifvertrag soll für die Folge als Unterlage des Verhältnisses beider Parteien dienen". „Die Parteien verpflichten sich, die Bedingungen einzuhalten." „Der Verband hat nach Kräften bestrebt zu sein, daß, wenn während der Vertragszeit ein neues Zimmergeschäft eröffnet wird, von demselben die Vereinbarung anerkannt wird." „Sämtliche Beteiligte verpflichten sich zur genauen Innehaltung des Tarifs. Die Anerkennung des Tarifvertrages bildet die Voraussetzung für Aufnahme eines neuen Mitgliedes." Darüber hinaus soll den festgesetzten Arbeitsbedingungen

Arbeiterfreundlichkeit macht, und die auch alle den sehnlichen Wunsch haben, eine feste, rechtliche Basis für die meist unter ihrer Mithilfe geschaffenen Tarifverträge zu gewinnen, sich bisher mit ganz geringen Ausnahmen gegen die Unabdingbarkeit ausgesprochen haben. Es will auch in den Kopf eines rechtlich denkenden Arbeiters bei allem Klasseninteresse seines Standes nicht hinein, daß ein Arbeiter durch Zugeständnis billiger Bedingungen sich eine Stelle erschleichen und dann für seine perfide Handlungsweise noch eine Belohnung erhalten soll. Wenn das Wort des Arbeiters nicht mehr gelten soll, so sinkt er in seinem Wert als Persönlichkeit der Rechtsordnung. Die Gewerbegerichte haben das Verständnis des Arbeiters und sein Interesse für die Rechtsordnung ganz bedeutend gehoben. Insbesondere kommt dies darin zum Ausdruck, daß der Arbeiter Abmachungen mit den Arbeitgebern nicht mehr in dem Umfange, wie früher, blindlings unterschreibt, sondern daß er sie auf ihren Inhalt prüft, oft mehr als der Arbeitgeber, der sie ihm vorlegt. Diesen erfreulichen Fortschritt würde man auch gefährden, wenn der Arbeiter abmachen könnte, was er wollte, ohne sich zu schädigen. So sehr es ein Gebot der Moral ist, daß die Allgemeinheit dem Schwachen hilft, so muß doch in erster Linie der Satz Geltung behalten, auch für den Arbeiter: „Hilf dir selbst!" Wenn der Arbeiter diese Lehre nicht beachtet, geht es mit der Arbeiterklasse rückwärts und nicht vorwärts, trotz alles Wohlwollens der Sozialpolitiker.

Die Unabdingbarkeit hebt auch notwendig die rechtschaffende Wirkung der Urteile auf. Denn worüber die Parteien keine Verträge schließen können, darüber können sie im Zivilwege nicht prozessieren. Anderenfalls könnte man die Unabdingbarkeit einfach dadurch umgehen, daß man sich verklagen und verurteilen, eventuell kontumazieren läßt. Dann

---

die Bedeutung eines Ortsgebrauchs zukommen. Aus diesen Beispielen wird man nicht ohne weiteres entnehmen können, daß der Parteiwille auf die Verbindlichkeit des Tarifs gegenüber abweichenden Arbeitsverträgen gerichtet ist, zum mindesten nicht im Sinne der sogenannten Unabdingbarkeit. Gleich wohl muß zugegeben werden, daß die Parteien meist eine möglichst intensive Wirkung beabsichtigen, das bedeutet aber nicht immer die Unabdingbarkeit.

würde das rechtskräftige Urteil trotz der Unabdingbarkeit Recht zwischen den Parteien schaffen. Das ist ein Widerspruch. Der Fall könnte, wenn einzelne Arbeiter, um eine Stellung zu erlangen, ein Interesse an der Derogierung der Tarifverträge hätten, oft eintreten.

Daß eine allgemeine Regelung, vom Gesichtspunkt des einzelnen aus betrachtet, immer etwas Starres hat, und daß daher der einzelne — sowohl Arbeitgeber wie Arbeiter — oft den nicht unberechtigten und dem Allgemeininteresse nicht nachteiligen Wunsch einer Abänderung der allgemeinen Regel durch Privatverträge haben kann, braucht nicht hervorgehoben zu werden. Aus diesem Grunde sind ja alle Privatrechtssätze prinzipiell dispositiver, nachgiebiger Natur, und nur ausnahmsweise soll man von diesem Grundsatze abweichen, wenn man nicht das Privatrecht aufheben will. Und dies wird kein Verständiger wollen, ehe er nicht ein besseres System zum Ersatze hat[1]).

Die am meisten fortgeschrittene und auf die längsten Erfahrungen zurückblickende Tarifgemeinschaft der Buchdrucker erkennt offenbar die Lehre der Unabdingbarkeit nicht an, sie hat vielmehr zur Sicherung des Tarifvertrags einen besonderen Garantievertrag geschlossen, der die Arbeitgeber und Arbeiter zum Abschluß tarifgemäßer Dienstverträge nötigen soll. Diese Tarifgemeinschaft steht also nicht auf dem Standpunkte, daß der Tarifvertrag seine Sicherung allein in den abgeschlossenen Dienstverträgen finde.

III. Einschränkung der Lohnkämpfe.

1. Wie jeder Vertrag, so hat der Tarifvertrag eine wesentliche Einschränkung der Selbsthilfe zur Folge. Bei der großen Bedeutung, welche die Selbsthilfe in der Arbeiterbewegung einnimmt, bei der Wucht, mit welcher die Selbsthilfe großer Massen in die Erscheinung tritt, ist es kein Wunder, daß bei

[1]) Gegen die zwingende Wirkung der Tarifverträge spricht auch der Umstand, daß ihre Bestimmungen den Parteien meist zur Auswahl stehen, so daß sie nach Belieben diese oder jene Bestimmung des Tarifvertrages ihrem Arbeitsvertrage einverleiben können.

einem Vertragsschluß mit diesen Massen die Sicherung des Vertragsverhältnisses dieser Massenselbsthilfe gegenüber ganz besonders ins Auge gefaßt wird, ja daß, wie wir gesehen haben, die Regelung dieser Selbsthilfe selbst zum Hauptgegenstand der Tarifverträge geworden ist.

Den Machtmitteln der Arbeiter stehen ebenbürtig die der gesamten Arbeitgeber gegenüber, darum haben auch die Arbeiter ein lebhaftes Interesse an der Regelung dieser Selbsthilfe, soweit sie von der Gegenseite geübt wird.

In Deutschland sind gemeinschaftliche Aktionen bisher meist nur von der Arbeiterseite aus erfolgt. Neuerdings schließen sich aber auch die Unternehmer zu gemeinsamem Vorgehen fest zusammen[1]). Dadurch wird auch das Interesse der Arbeiter an einer durch Vertrag geregelten und eingeschränkten Handhabung der Kampfmittel wachsen.

Kein Vertragsverhältnis schließt die Selbsthilfe vollständig aus. Eine Vertragsverletzung erzeugt regelmäßig eine unmittelbare Reaktion von seiten der anderen Vertragspartei. Der Rechtsschutz erschöpft sich nicht mit der Klage, vielmehr kennt unsere Rechtsordnung vielfach einfachere Mittel zur Durchführung des Rechts, so daß die Klage nur dann nötig wird, wenn diese Mittel nicht mehr verfangen oder wenn ihre Anwendung, die Anwendung der Selbsthilfe mit Unzuträglichkeiten, rohen Gewalttaten, Schädigung Unbeteiligter verbunden ist, welche die Rechtsordnung verhindern muß.

Überwiegend begegnet man in der Literatur der Ansicht, daß durch den Tarifvertrag Streiks, Sperren, Boykotts, Aussperrungen vollständig ausgeschlossen seien und daß die Anwendung dieser Gewaltmittel unter allen Umständen einen Bruch des Tarifvertrags darstelle, der den andern Teil von allen Verpflichtungen freimacht[2]). Von seiten der Industrie

---

[1]) Siehe die Metallindustriellen, die Holzindustriellen, das Baugewerbe in verschiedenen Gegenden. Vergl. auch *H. A. Bueck*, Die Organisation der Arbeitgeber, Berlin, J. Guttentag, 1904.

[2]) So *Rundstein*, S. 112, 114. Derselbe bezeichnet die Beteiligung an einer Lohnbewegung während der Dauer eines Tarifvertrages ohne weiteres als gegen Treu und Glauben verstoßend. Richtig ist diese Ansicht nur, wenn durch die Lohnbewegung der Tarifvertrag abgeändert

wird die Wertlosigkeit der Tarifverträge oft damit begründet, daß trotz ihres Abschlusses Streiks ausgebrochen wären.

Alle diese Ansichten verkennen, daß diese Mittel der Selbsthilfe Ausfluß von Rechten sind, die durch die Tarifverträge zwar geregelt und somit eingeschränkt, aber nicht beseitigt werden, auch nicht beseitigt werden sollen.

2. Um die Stellung der Tarifverträge zu diesen Kampfmitteln zu erkennen, bedarf es zunächst einer Feststellung der in Frage kommenden Begriffe der verschiedenen Kampfmittel.

Im Anschluß an *Kleiberg*[1]) definiere ich, im wesentlichen mit ihm übereinstimmend:

1. Streik, Arbeitseinstellung, Ausstand als Kampfmittel, bestehend in gewollt gemeinsamer, eine gewisse Zeit dauernder Niederlegung der Arbeit einer verhältnismäßig großen Zahl von Dienstpflichtigen, um eigene oder verwandte Interessen durchzusetzen;

2. Aussperrung (Lock-out) als Machtmittel eines oder mehrerer Arbeitgeber, bestehend in der Entlassung oder eine gewisse Zeit dauernder Nichteinstellung von Arbeitern zu einem gleichen Zwecke wie zu 1.[2]);

3. Boykott, Verrufserklärung (auch Sperre) als Kampfmittel, bestehend in planmäßiger Verabredung mehrerer, um einen oder mehrere Bestimmte zu einem Verhalten zu gleichem Zwecke wie unter 1 oder aus Rache zu zwingen.

3. Alle diese Kampfmittel sind erlaubt, sofern sie

I. 1. nicht durch die Gesetze, insbesondere hinsichtlich der zur Anwendung gebrachten Mittel, verboten sind, und

---

werden soll. So *Schall*, S. 80. Dag. *Sinzheimer*, GG. und KG. X, Sp. 379 zu b) *a*.

[1]) Jahrb. f. Gesetzgeb., Verw. u. Volkswirtsch. im Deutschen Reiche, 28. Jahrg., S. 225 f.

[2]) Vgl. *Schall*, S. 81. („Gegen Treu und Glauben verstößt es, wenn ein Arbeitgeber eine Reihe von organisierten Arbeitern entläßt, um die Organisation, die den Tarifvertrag geschlossen hat, zu schwächen oder, wenn tarifgebundene Arbeiter nach Abweisung einer Forderung nacheinander kündigen und so das Verbot zu streiken umgehen und Befreiung vom Tarifvertrag erreichen wollen"). Es handelt sich in diesem Falle offenbar um eine über den Tarifvertrag hinausgehende Forderung.

2. durch sie nicht die aus dem Tarifvertrag erwachsenden Pflichten verletzt werden, also mangels gegenteiliger Bestimmungen, soweit sie sich gegen Außenseiter richten, und

3. die im Tarifvertrag etwa vorgeschriebenen Formalien für ihre Anwendung beobachtet sind;

II. als sie in Ausübung eines gesetzlichen Rechtes zur Verweigerung der Erfüllung der Vertragspflichten gemäß § 320 folg. BGB. oder ihrer Zurückhaltung gemäß § 273 BGB. erfolgen.

Zu I¹. Die Verstöße gegen die Gesetze können strafrechtlicher Natur sein. Hierauf werden wir noch besonders zu sprechen kommen [1]. Sie können sich aber auch gegen Zivilgesetze richten. Durch sie ist verboten, die wirtschaftliche Betätigung eines Menschen vollständig zu verhindern. Das kann durch einen Streik oder Boykott geschehen, wenn sich alle Arbeiter, die überhaupt in Betracht kommen können, zu einem solchen vereinigen und wenn dieser Streik eine den Umständen nach erhebliche Zeit andauert. Eine Aussperrung hat diese Wirkung, wenn sie einmal eine erhebliche Zeit andauert und den Arbeiter innerhalb des für ihn in Frage kommenden örtlichen Gebietes von jeder Betätigung in seinem Berufszweige ausschließt.

Zu I². Gegen die Bestimmungen eines Tarifvertrags verstoßen die angeführten Machtmittel, wenn durch sie die Durchführung des Tarifvertrags erschwert oder verhindert werden soll, oder wenn eine Abänderung des Tarifvertrags damit bezweckt wird. Nicht durch den Tarifvertrag sind verboten solche Zwangsmaßregeln, welche sich gegen Außenseiter richten, insbesondere, wenn diese dadurch zur Anerkennung des Tarifvertrags veranlaßt werden sollen. Weitergehende Beschränkungen von Streiks, Aussperrungen u. dgl. müssen besonders ausbedungen werden. Tarifvertragswidrig ist auch die Selbsthilfe, wenn dadurch tarifmäßige Dienstverträge verletzt werden. Es müssen also stets die durch einen noch nicht kündbaren Dienstvertrag Verpflichteten von der Pflicht zum Streik oder zur Aussperrung von Arbeitern ausgenommen werden [2].

---

[1]) S. Siebentes Kapitel.

[2]) Von der Rechtsfrage verschieden ist das praktische Bedürfnis. Wenn auch die Parteien im großen und ganzen bei der Proklamierung eines Lohnkampfes die rechtlichen Schranken innezuhalten bestrebt sind,

Zu I³. Solche Beschränkungen sind insbesondere in der Weise ausbedungen, daß vor jedem Streik erst der Versuch einer friedlichen Einigung durch die tarifvertraglich bestimmten Organe gemacht werden soll. Auch diese Beschränkung richtet sich im Zweifel nicht gegen Maßregeln, durch welche die Außenseiter betroffen werden sollen. Nach besonderer Bestimmung kann das im Tarifvertrag ausbedungene, besonders in England eingehend durchgebildete Verfahren[1]) sich auch auf diese Fälle erstrecken. Die Innenseiter haben daran insofern ein Interesse, als ein Streik oder eine Aussperrung leicht auf weitere Kreise überspringen kann. Die oben erwähnten Formalien bestehen meist in der vorherigen Anrufung einer Schlichtungskommission, und wenn diese eine Einigung nicht herbeizuführen vermag, in der Anrufung des Einigungsamtes, dessen gesetzliche Aufgabe auch nur in der Herbeiführung einer Einigung besteht[2]). Es kann

---

so lassen sich doch im einzelnen Verstöße gegen das Recht nicht vermeiden. Der Fabrikant kann nicht, weil einige Arbeiter noch Akkordarbeiten haben, den Betrieb aufrechterhalten, die Maschinen mit großen Kosten laufen lassen. Die Arbeiter würden durch Innehaltung der verschieden ablaufenden Kündigungsfristen einem Streik alle Kraft nehmen. Diese natürlichen Verhältnisse müssen vom politischen Standpunkt und vom Standpunkte der Mroal im Interesse der Parteien berücksichtigt werden. Man soll daher nicht zu eilfertig mit dem Vorwurf des Vertragsbruches sein. Rechtlich sind diese Verhältnisse an sich unerheblich. Deshalb müssen die Beteiligten für die durch sie verursachten Schäden einstehen. Ein Arbeitgeber, dem die Aufrechterhaltung des Betriebes zu teuer werden würde, muß die Löhne weiter zahlen. Die Arbeiter müssen den durch vorzeitige Lösung von Dienstverhältnissen entstandenen Schaden ersetzen. Das sind Streikunkosten, die eventuell zu verringern sind durch gleichmäßige Gestaltung der Dienstverträge hinsichtlich ihrer Dauer. In dieser Beziehung könnten die Tarifverträge praktisch wirken. Es könnte z. B. durch Tarifvertrag die zulässige Lösung aller Arbeitsverhältnisse an einem bestimmten Tage oder die Erleichterung dieser Lösung im Falle einer allgemeinen Lohnbewegung des Gewerbes ausbedungen werden.

[1]) s. *Zimmermann* Gewerbl. Einigungswesen in England u. Schottland 1906, auch Verhandlungen der 3. Generalversammlung der Gesellschaft für Soziale Reform Bd. II Heft 10—12 der Schriften der Gesellschaft für Soziale Reform.

[2]) Auch die Fällung eines Schiedsspruchs hat nur den Zweck, eine Einigung herbeizuführen.

dem Einigungsamt aber auch durch Tarifvertrag die Bedeutung eines Schiedsgerichts beigelegt sein. In diesem Falle ist die Entscheidung für beide Teile bindend, derart, daß die Anwendung von Zwangsmitteln trotz und entgegen der Entscheidung des Einigungsamts nicht zulässig ist.

Zu II. Die erwähnten Zwangsmaßregeln stellen sich mitunter als Ausübung besonderer Rechte dar, während es im allgemeinen kein eigentliches Recht zum Streik oder zur Aussperrung gibt, sondern diese Maßregeln nur nicht verboten sind[1]).

Auch die Tarifverträge finden auf Grundsätze des § 320 BGB. Anwendung, wonach der aus einem gegenseitigen Vertrag Verpflichtete die ihm obliegende Leistung bis zur Bewirkung der Gegenleistung verweigern kann, es sei denn, daß er vorzuleisten verpflichtet ist.

Die Anwendung dieser Regel ergibt verschiedene Resultate, je nachdem eine der fünf Inhaltsgruppen des Tarifvertrags in Anwendung kommt. Die Anwendung der Kampfmittel wird schließlich durch den Tarifvertrag für gewisse Fälle ausdrücklich statuiert. Über die Berechtigung der Kampfmittel entscheiden dann in erster Linie die Vertragsbestimmungen.

Was die erste Gruppe anbetrifft, so folgt daraus, daß so lange eine Partei Maßregeln der Selbsthilfe zur Anwendung bringt, die andere sich gleichfalls solcher Maßregeln nicht zu enthalten braucht. Daneben können auch alle weiteren Leistungen bis zu diesem Zeitpunkte unterbleiben, denn grundsätzlich kann die ganze Gegenleistung verweigert, also bei einem kleinen Verstoß gegen den Tarifvertrag mit Streik oder Sperre geantwortet werden. Nach § 320 darf aber die Gegenleistung insofern nicht verweigert werden, als die Verweigerung nach den Umständen, insbesondere wegen verhältnismäßiger Geringfügigkeit des rückständigen Teils, gegen Treu und Glauben verstoßen würde. Damit sind Zwangsmaßregeln

---

[1]) GO. § 153 hebt nur Verbote und Strafbestimmungen gegen Gewerbetreibende, gewerbliche Gehilfen, Gesellen oder Fabrikarbeiter wegen Verabredungen und Vereinigungen zum Behufe der Erlangung günstiger Lohn- und Arbeitsbedingungen, insbesondere mittels Einstellung der Arbeit oder Entlassung der Arbeiter, auf, gibt aber kein Recht zu streiken oder auszusperren.

nicht in vollem Maße verboten. Sie müssen sich vielmehr nur stets innerhalb der Grenzen des Notwendigen halten. Wenn z. B. von einem kleinen Teil der Arbeitgeber gegen den Tarifvertrag verstoßen wird, kann nicht mit einem Streik gegen die gesamten Arbeitgeber geantwortet werden, und umgekehrt, wenn nur ein geringer Teil der Arbeiter vertragsbrüchig ist, darf nicht gleich die ganze Arbeiterschaft ausgesperrt werden[1]).

Zu bedenken ist dabei auch, daß die Verpflichtung der Organisationen gewöhnlich nicht eine Garantiepflicht derart ist, daß sie für jeden Verstoß eines einzelnen aufzukommen hätten, sondern sie sind nur gehalten, die einzelnen mit den ihnen zu Gebote stehenden Zwangsmitteln zur Erfüllung ihrer Pflichten anzuhalten. Wenn also die Gegenpartei wegen Nichterfüllung dieser Verpflichtung einer Organisation mit Zwangsmaßregeln antworten will, so muß sie der Organisation zunächst eine angemessene Zeit zur Durchführung von Maßregeln gegen ihre Parteimitglieder lassen.

Unabhängig sind die Zwangsmaßregeln auf Grund von § 320 BGB. von etwaigen Vorschriften über die Formalitäten bei Streiks und Aussperrungen, denn es handelt sich um ein gesetzliches, nicht an die vertraglichen Bedingungen geknüpftes Recht.

Soweit durch Ausübung dieses Rechtes im Rahmen eines Einzeldienstvertrags gegen eine Verletzung dieses Dienstvertrags Remedur geschaffen werden kann, darf das Recht des § 320 nicht im Rahmen des Tarifvertrags zur Anwendung gebracht werden. Wenn also der Arbeitgeber oder Arbeiter die ihm nach dem Dienstvertrag obliegenden Pflichten nicht erfüllt, kann wohl die andere Partei dieses Vertrags von § 320 BGB. Gebrauch machen, indem sie die Gegenleistung aus diesem Dienstvertrag verweigert, nicht aber kann die Gesamtheit zu Zwangsmaßregeln im Wege der Selbsthilfe greifen. Das folgt aus dem letzten Satze des § 320. Das Recht der Gesamtheit zur Klage oder zu einem Verfahren vor der Schlichtungskommission oder dem Einigungsamte wird dadurch nicht beschränkt.

---

[1]) Diese Beschränkung erstreckt sich natürlich nicht auf Streiks und Aussperrungen außerhalb eines Tarifvertragsverhältnisses.

Auch das Zurückbehaltungsrecht des § 273 BGB. gibt ein gesetzliches, von den Beschränkungen des Tarifvertrags unabhängiges Recht, welches die Bahn für Streiks, Sperren und Boykotts, soweit sie gesetzlich nicht an sich beschränkt sind, freimacht. Dieses Recht kann stets ausgeübt werden, wenn auch nur ein Teil der Leistung nicht erfüllt ist. Voraussetzung ist das Bestehen eines bereits fälligen Anspruchs aus demselben Rechtsverhältnis. Im einzelnen ist aber zu prüfen, ob sich aus dem Tarifvertrag, und zwar aus ausdrücklichen Abreden oder aus dem Zusammenhang, der Ausschluß dieses Zurückbehaltungsrechts ergibt.

Sowohl in dem Fall des § 320 wie des § 273 tritt nicht ein Erlöschen des Schuldverhältnisses ein, sondern nur ein Aufschub der Erfüllungspflicht. Daher muß von dem Augenblick der Erfüllung seitens der anderen Partei die die Erfüllung bis dahin mit Recht verweigernde oder zurückhaltende Partei nunmehr auch ihrerseits erfüllen und, soweit die Erfüllung in einem Unterlassen besteht, also bei der Verpflichtung zur Unterlassung von Streiks, Aussperrungen und Boykotts, diese Maßregeln alsdann aufheben, vorbehaltlich etwaiger Schadenersatzansprüche, die durch die verspätete Erfüllung entstanden sind[1]).

Es war oben gesagt worden, daß die §§ 320 und 273 BGB. die Bahn für Streiks, Aussperrungen und Boykotts freimachen, nicht daß die Ausübung dieser Rechte in den genannten Mitteln der Selbsthilfe besteht. Denn die genannten Paragraphen berechtigen nur zu einem Unterlassen der Erfüllung. Da aber beim Tarifvertrag die Erfüllung selbst zum großen Teil in einem Unterlassen besteht, so schaffen diese Rechtsbestimmungen die rechtliche Möglichkeit für die an sich untersagten Zwangsmittel.

Die unberechtigte Verweigerung oder Zurückhaltung der aus bestehenden tariflichen Dienstverträgen hervorgehenden Verpflichtungen auf Grund gemeinsamer Abrede kann sich als unberechtigter Streik darstellen und somit eine Verletzung des Tarifvertrags selbst enthalten.

---

[1]) Die Frage, ob in solchen Fällen ein Rücktrittsrecht gegeben ist, wird hierdurch nicht berührt.

4. Wenn von den genannten Machtmitteln gegen eine Vertragspartei unberechtigterweise Gebrauch gemacht wird, so entsteht für die verletzte Partei ein vertraglicher Schadenanspruch[1]).

Schaden kann entstehen dem einzelnen Arbeitgeber oder Arbeiter der vertragschließenden Gesamtheit. Im ersten Falle kommt noch in Frage, ob die Anwendung des Kampfmittels unter Dienstvertragsbruch, d. h. ohne Innehaltung der Kündigungsfrist oder der vereinbarten bestimmten Vertragsdauer erfolgt ist. Neben den Schadenersatzklagen sind dann für den Arbeiter Klagen auf Zahlung des vereinbarten Lohnes aus § 615 BGB., für den gewerblichen Arbeitgeber Klagen aus § 124c GO.[2]) auf Zahlung einer Entschädigung in Höhe des ortsüblichen Tagelohnes für die Zeit des Vertragsbruchs, welche Forderung an den Nachweis eines Schadens nicht gebunden ist. Im übrigen ist sowohl die Frage, ob ein Schaden entstanden ist, wie die Höhe des Schadens nachzuweisen.

Es ist durchaus nicht immer gesagt, daß ein Schaden eintritt. Denn der Arbeiter kann eine bessere Stelle, der Arbeitgeber bessere oder billigere Arbeiter erlangen. Andererseits kann der Schaden mitunter sehr hoch werden, relativ auch für den Arbeiter, der, wenn er aus Anlaß einer Aussperrung entlassen wird, oft nicht so leicht wieder bei einem anderen Arbeitgeber Arbeit erhält und auf seiten des Arbeitgebers, weil sich gemeinhin die ganze Arbeiterschaft eines Gewerbszweiges einem Streik anschließt.

Schwierig ist die Berechnung des Schadens in einem solchen Falle, insbesondere der Nachweis der Kausalität zwischen einem etwaigen Minderverdienst und dem Streik oder der Aussperrung. Für den Verlust können meist viele andere Gründe mitbestimmend sein oder allein ausschlaggebend, die gleichzeitig mit dem Streik vorliegen, ohne durch den Streik verursacht zu sein.

---

[1]) S. *Rundstein* S. 114, 202 folg.

[2]) Lohnkampf ist hier als Bezeichnung für alle Arten von Streiks, Aussperrungen und Boykotts gebraucht.

Die von *v. Broecker*[1]) aufgeworfene Frage, ob es sich beim Schadenersatz aus dem Lohnkampf um eine kontraktliche oder eine gesetzliche Forderung handelt, vereinfacht sich beim Tarifvertrag. Soweit es sich um einen durch den Tarifvertrag ausgeschlossenen Lohnkampf[2]) handelt, ist der Schadenersatzanspruch ein kontraktlicher. Darüber hinaus könnte allerdings ein gesetzlicher Schadenersatzanspruch in Frage kommen, wenn also ein Lohnkampf gegen den Tarifvertrag nicht verstößt. Dabei scheiden wieder diejenigen Fälle aus, in denen der Lohnkampf nach §§ 273, 320 BGB. berechtigt ist. Denn wenn jemand von seinem Rechte Gebrauch macht, so hat er für den Schaden überhaupt nicht aufzukommen. Richtet sich der Lohnkampf gegen Außenseiter, so hat er mit dem Tarifvertrag nichts zu tun. Auch dieser Fall liegt also außerhalb unserer Betrachtung.

Es bleibt sonach nur noch der Fall übrig, daß — was vorkommt — der Tarifvertrag den Streik oder die Aussperrung auf alle Fälle zuläßt, sofern sie von den tarifvertraglichen Instanzen gebilligt sind. Damit fällt der Verstoß gegen den Tarifvertrag weg. Es könnte aber immerhin noch ein Verstoß gegen die Gesetze vorliegen, der durch die Entscheidung der Tarifinstanz nicht gedeckt werden kann. Das würde bei einer Verletzung von Gesetzesbestimmungen der Fall sein, die durch private Abmachungen nicht abgeändert werden können.

Dann könnte man den durch die Lohnbewegung verursachten Schaden immer noch auf die Einzeldienstverträge zurückführen. Demgegenüber sucht *v. Broecker* nachzuweisen, daß der unter Verletzung der Einzeldienstverträge verursachte Schaden nicht identisch ist mit dem beträchtlichen Schaden, der durch Lohnbewegungen verursacht wird und der auf die Dienstverträge nicht zurückgeführt werden könne, weil sein Schaden beim Streik auf der Gemeinsamkeit des Vorgehens der Arbeiter beruhe, diese Gemeinsamkeit aber nicht durch die selbständig nebeneinander herlaufenden Dienstverträge

---

[1]) Diese Bestimmung findet nicht auf alle Arbeiterkategorien Anwendung. Vgl. u. a. § 134 Abs. 2 GO.

[2]) *v. Broecker*, Schadenersatzansprüche aus dem Lohnkampf, Hamburg 1906.

begründet werde. Indem nun *v. Broecker* den Streik als ein privatrechtliches Delikt ansieht, hält er die Gesamtheit der streikenden Arbeiter für ersatzpflichtig. Dagegen will dieser Schriftsteller bei der Aussperrung eine außerkontraktliche Schadenersatzpflicht nur im Falle gemeinsamen Handelns der Arbeitgeber zulassen. Den Fall des kontraktlichen Schadenersatzanspruchs stellt er an Bedeutung zurück, weil er annimmt, daß eine Aussperrung unter Vertragsbruch nur selten vorkommt. Dieser Umstand ist jedenfalls für die theoretische Betrachtung unerheblich[1]).

Meines Dafürhaltens kann für die Schadenersatzfrage bei allen Arten von Lohnkämpfen nur der vertragliche Schadenersatzanspruch in Frage kommen. Liegt keine Vertragsverletzung, weder eine solche des einzelnen Arbeitsvertrags noch eine solche des Tarifvertrags vor, so folgt weder aus einem Streik noch aus einer Aussperrung an sich ein Schadenersatzanspruch. Daß in Verbindung mit einem Streik oder einer Aussperrung Handlungen begangen werden können, die selbständig einen Schadenersatzanspruch begründen, soll damit nicht in Abrede gestellt sein. Der Schaden ist allerdings ein anderer, wie in dem Falle des Bruchs eines gewöhnlichen Dienstvertrags. Darum braucht aber die Kausalität zwischen der Handlung des einzelnen und dem durch den Streik verursachten Schaden nicht verneint zu

[1]) Die Annahme, daß Streik öfter unter Kontraktbruch vorkommt als Aussperrung, stimmt mit meinen Beobachtungen nicht überein. Ich habe auch bei Aussperrungen oft Kontraktbruch beobachtet — ohne daß Arbeiterklagen folgten, wogegen bei von der Öffentlichkeit behauptetem Kontraktbruch der Arbeiter dieser doch oft nicht feststellbar war. Die Klagen der Arbeiter unterblieben aus ganz einfachem Grunde: die Arbeiter hätten doch auf Verlangen der Arbeitgeber weiter arbeiten müssen, wenn sie Ersatzansprüche machen wollten (§ 615 BGB.). Warten sie aber bis zum Ablauf der Kündigungsfrist mit ihrer Klage, dann ist oft die Aussperrung vorbei, der einzelne Arbeiter ist froh, wenn er seine Stellung wieder hat, die er durch eine Klage sich sofort verscherzen würde. Zudem müßte er im Falle der Erlangung von Schadenersatz seine Streikunterstützung zurückzahlen. — GG. Stuttgart (23. 6. 1906, GG. und KG. XI, Sp. 355, 356) verneint die gesamtschuldnerische Haftung der Arbeiter für den durch gemeinschaftliche rechtswidrige Arbeitsniederlegung dem Arbeitgeber entstandenen Schaden auf Grund des im § 152 GO. enthaltenen Koalitionsrechtes.

werden. Die Handlung des einzelnen gewinnt durch den begleitenden Umstand des Streiks eine erhöhte Bedeutung. Dessen wird sich der einzelne Streikende auch bewußt sein. Feststellen läßt sich überhaupt nicht, in welchem Augenblick der Streikschaden entsteht, ob bei Arbeitsniederlegung des zehnten, des hundertsten oder des hundertundersten Arbeiters. Jeder einzelne verursacht den gesamten Schaden. Das schließt nicht aus, daß der von allen verursachte Schaden als ein identischer angesehen werden muß, weil die spezielle Wirkung im einzelnen Falle sich nicht feststellen läßt. Es läßt sich aber auch nicht sagen, daß alle Streikenden erforderlich waren, um den Schaden zu verursachen.

Da der Effekt als ein einziger angesehen werden muß, so haftet jeder einzelne für den ganzen Schaden aber als Gemeinschuldner mit den andern.

Fünftes Kapitel.

Organisation der Tarifgemeinschaft.

1. Die Tarifgemeinschaft ist eine Gesellschaft, welche den wirtschaftlichen Zweck verfolgt [1]), die Verhältnisse zwischen Arbeitgebern und Arbeitern zu regeln. Damit werden auf beiden Seiten wirtschaftliche Erfolge angestrebt. Auf seiten der Arbeitgeber die bessere und billigere Gestaltung der Produktion, auf seiten der Arbeiter günstigere Lohn- und Arbeitsbedingungen. Damit ist nicht gesagt, daß die verschiedenen Mitglieder der Tarifgemeinschaften grundsätzlich verschiedene Ziele erstreben. Die bessere Regelung der Arbeitsverhältnisse liegt im beiderseitigen Interesse, und die Sonderinteressen können innerhalb der Tarifgemeinschaft nur verfolgt werden, soweit sie sich unter dem gemeinsamen Gesichtspunkt vereinigen lassen. Ein absoluter Widerspruch besteht auch nicht

---

[1]) Die nachfolgenden Ausführungen würden keiner wesentlichen Veränderung unterliegen, wenn man die Tarifgemeinschaft als einen Verein ansieht, der nicht auf einen wirtschaftlichen Geschäftsbetrieb gerichtet ist. Denn da es sich um einen nicht rechtsfähigen Verein handeln würde, kämen nach § 54 BGB. gleichfalls die Vorschriften über die Gesellschaft zur Anwendung. Über die Bedeutung der Tarifgemeinschaften vergl. im allgemeinen *Lotmar* S. 755, *Schall* S. 170—182, *Hüglin* S. 36, *Rundstein* S. 26, 74, *Sinzheimer*, Arbeitsnormenvertrag I S. 102 folg. *Schall* (S. 177) weist darauf hin, daß die Tarifgemeinschaft sich nach dem vorliegenden Gesetzentwurf über die Berufsvereine als solchen eintragen lassen kann. — *Sinzheimer* a. a. O. führt als Beispiele für eine Tarifgemeinschaft an: den Vertrag der Aluminiumschläger für Mittelfranken (§ 14), der Formstecher vom 15. 1. 05. S. auch die Buchdruckertarife K. Stat. A. I S. 37 f., II S. 253—258, 264—322. *Köppe*, Jahrb. f. Nationalökonomie s. Statistik, III. Folge, Bd. 32, 721 folg. *Schmelzer*, S. 118 f. *Zimmermann*, Gewerbliches Einigungswesen in England und Schottland, Schriften d. Gesellschaft f. soziale Reform, Bd. II, Heft 10. *Altmann*, Handbuch des Deutschen Vereinsrechts 1905, S. 55—85.

zwischen günstigen Arbeitsbedingungen und Regelung der Produktion. Die einen sind vielmehr in einem gewissen Maße Voraussetzung der andern [1] [2]).

2. Mitglieder der Tarifgemeinschaft sind mitunter nur die beiderseitigen Korporationen. In den meisten Fällen sind daneben Mitglieder die einzelnen Arbeitgeber und Arbeiter. Wir haben gesehen, daß wir bei dem Abschluß des Tarifvertrags es regelmäßig mit zwei, eventuell nur ad hoc gebildeten, meist nicht rechtsfähigen Vereinen zu tun haben. Diese scheiden bei der weiteren Gestaltung der Tarifgemeinschaft mitunter aus. Die Tarifgemeinschaft wird dann nur aus den ihr unmittelbar oder durch Vermittlung der beiderseitigen Vereine beigetretenen Arbeitgebern und Arbeitern gebildet. Regel ist es auch, daß bei den Wahlen zwecks Bildung der Tariforgane die einzelnen Arbeitgeber und Arbeiter allein mitwirken[3]). Die Korporationen haben mitunter nur die Leitung der Wahlen, mitunter treten sie aber auch davon zurück. Damit geben sie ihr Recht aus dem Tarifvertrag nicht auf, so daß sie, soweit überhaupt ein Klagerecht begründet ist, dieses aus dem Tarifvertrag jederzeit geltend machen können.

Praktisch bleibt ihr Einfluß auf die Tarifgemeinschaft insofern bestehen, als sie in der Lage sind, auf die gewählten Delegierten einzuwirken, die von ihnen Direktiven erhalten, an die aber die Delegierten rechtlich nicht gebunden sind[4]).

Die gewählten Mitglieder der Tariforgane treten ferner auch während der Dauer des Tarifvertrags mit Vollmachten ihrer Organisationen auf, wenn es sich darum handelt, den Tarifvertrag fortzubilden oder zu erneuern. Diese gleichzeitige Vollmacht als Mitglieder der Tariforgane und als Vertreter der

---

[1]) So auch *Schall*, S. 170, 171.

[2]) *Sinzheimer* bezeichnet die Tarifgemeinschaften als Arbeitsnormenkorporationen. Er nimmt an, daß, abgesehen von der Schweizer Schiedsgerichtskommission der Buchdrucker noch keine derartige Gemeinschaft r e c h t l i c h zustande gekommen sei. Er gibt aber zu, daß die Tendenz bestehe, solche Gemeinschaften zu bilden.

[3]) Oft auch solche Arbeiter und Arbeitgeber, die außerhalb der Organisationen stehen.

[4]) Über Innungen als Tarifgemeinschaft s. *Scahll*, S. 179. *Brogsitter*, S. 83.

Organisationen ist nur eine tatsächliche, nicht eine rechtlich notwendige, wodurch ihre Bedeutung nicht geringer wird.

Die beiderseitigen Organisationen pflegen auch meist die Kosten der Tarifgemeinschaft entweder insgesamt, oder nur für ihre Mitglieder zu tragen. Die ihnen nicht angehörigen Mitglieder der Tarifgemeinschaft beteiligen sich, indem sie für einzelne Fälle eine Art Gebühr entrichten, von der die Organisationsmitglieder befreit sind. Die Zukunft wird wahrscheinlich eine unmittelbare Beitragszahlung an die Tarifgemeinschaft bringen, die dadurch unabhängig gestellt wird, was um so mehr nötig werden wird, als mit einer sorgfältigeren Ausgestaltung der Tarifgemeinschaften auch deren Kosten ganz erheblich anwachsen werden[1]). Bisweilen nimmt eine Partei in gar keiner Weise an der Organisation der Tarifgemeinschaft teil, erkennt auch Schlichtungskommission und Arbeitsnachweise nicht an, unterwirft sich aber im übrigen den Bestimmungen des Tarifvertrags. Die Rechte der Mitglieder gegenüber der Gemeinschaft bestehen hauptsächlich in der Teilnahme an den Wahlen. Bei diesen werden die verschiedensten Systeme beliebt, mitunter das Proportionalwahlsystem, um auch die Minoritäten zur Geltung zu bringen[2]).

3. Hinsichtlich des passiven Wahlrechts fehlt es meist an jeglicher Bestimmung und folglich auch an einer Beschränkung

---

[1]) Mit Recht weist die Publikation des Kaiserl. Statistischen Amts II S. 253 darauf hin, daß in denjenigen Gewerben, in denen der Tarifgedanke bereits in erheblichem Umfange Boden gewonnen und längere Erfahrung den Ausbau der tariflichen Abmachungen begünstigt hat, für derartige sozialpolitische Vereinbarungen ein größeres Verständnis besteht. Wir dürfen somit — wie wir dies bei der Buchdruckertarifgemeinschaft schon erlebt haben — auf einen weiteren Ausbau der Organisation der Tarifgemeinschaften mit Bestimmtheit rechnen. S. auch S. 255. ebenda. Kostentragung durch den unterliegenden Teil bei Entscheidung eines Schiedsgerichts, K. Stat. A., II, S. 280. Kostendeckung durch Verhängung von Strafen ebenda S. 296. Buchbindertarif ebenda S. 305 (zu Nr. 10). „Die gesamten Kosten für das Tarifamt tragen zu gleichen Teilen Arbeitgeber und Arbeitnehmer."

[2]) Über Innungen als Tarifgemeinschaften vgl. *Schall*, S. 179 f. Er unterscheidet drei Fälle: 1. Festsetzung des Tarifs durch Beschluß der Innungen auf Antrag der Gesellen; 2. Vereinbarung der Innung mit dem Gesellenausschuß; 3. Vereinbarung der Innung mit einem Arbeiter-

der Wählbarkeit. Mitunter ist ausdrücklich gesagt, daß die Gewählten dem betreffenden Gewerbe als Arbeiter oder Arbeitgeber angehören müssen, dies wird man im Zweifel als Regel ansehen müssen, und zwar mit der Maßgabe, daß von den Arbeitgebern nur Arbeitgeber und von den Arbeitern nur Arbeiter gewählt werden dürfen. An Stelle der Arbeiter läßt man regelmäßig auch Beamte der in Frage kommenden Arbeiterorganisation zu, auch wenn diese nicht Arbeiter sind [1]). Dies wird man nicht tun können, ohne gleichzeitig Beamte der Arbeitgeberorganisation zuzulassen, auch wenn sie nicht in einem Arbeitsverhältnis zu tariftreuen Arbeitgebern stehen. Das Bestehen eines Arbeitsverhältnisses kann überhaupt nur für den Zeitpunkt der Wahl als erforderlich erachtet werden, denn unmöglich kann es die Absicht der Parteien sein, das Amt mit jedem Aufhören eines Arbeitsvertrags zum Erlöschen zu bringen [2]). Im Interesse der Parteien wird es auch dann, wenn vom Bestehen eines Arbeitsverhältnisses abgesehen wird, liegen, fachkundige Personen in die Organe der Tarifgemeinschaft zu wählen. Mit der vollzogenen Wahl ist der Gewählte Mitglied des betreffenden Organs.

Die Mitglieder wählen dann einen Vorsitzenden. Es ist üblich, für diesen Posten eine Person zu bestimmen, die weder Arbeitgeber noch Arbeiter ist, doch kommen Ausnahmen vor,

---

verband. Nach *Schall*, S. 180, übereinstimmend mit *v. Schulz*, GG. und KG., XI, Sp. 90, gegen *Lotmar*, Tarifverträge, S. 69, handelt die Innung nur im eigenen Namen nicht als Vertreterin ihrer Mitglieder, sofern diese nicht besondere Vollmacht erteilt haben.

[1]) Abweichend hat das Berliner GG. in einem Falle entschieden, allerdings auf Grund des Wortlautes des Tarifvertrages. Dasselbe Gericht hat als Einigungsamt entschieden, daß ein Arbeitgeber, der den Tarifvertrag nicht anerkennt, nicht Mitglied einer Schlichtungskommission sein könne. Damit wird die Mitgliedschaft vielleicht auf einen schwankenden Boden gestellt. Man kann bei Meinungsverschiedenheiten leicht jemandem vorwerfen, er erkenne den Tarifvertrag nicht an. Dadurch würde seine Mitwirkung bei wichtigen Beschlüssen von seinen Gegnern beseitigt werden und die Tätigkeit eines Organs der Tarifgemeinschaft leicht lahmgelegt werden können.

[2]) Bei Firmentarifen ist mitunter eine längere Beschäftigungsdauer Voraussetzung für die Wählbarkeit. Archiv des Kaiserl. Statistischen Amts II S. 255.

die aber im Tarifvertrag ausdrücklich erwähnt sein müssen. Sofern ein Organ als Schiedsgericht zwischen Arbeitern und Arbeitgebern fungieren soll, muß der Vorsitzende gemäß § 6 GGG. ein Unparteiischer, d. h. weder Arbeitgeber noch Arbeiter, sein. Alsdann müssen auch die Mitglieder Arbeiter und Arbeitgeber[1]), und zwar in gleicher Zahl sein. Personen, die nicht zu diesen Klassen gehören, sind also ausgeschlossen von einem tariflichen Schiedsgericht, und zwar — diese Beschränkung ist nach § 6 GGG. gegeben — sofern die Zuständigkeit der Gewerbegerichte für künftige Rechtsstreitigkeiten ausgeschlossen sein soll.

4. Der Erwerb der Mitgliedschaft zur Tarifgemeinschaft erfolgt durch Beitritt mit Zustimmung der Tarifgemeinschaft. Diese Zustimmung ist in der Regel schon aus dem Tarifvertrag zu entnehmen, der eine Offerte an alle dem Gewerbe angehörenden Außenseiter zum Beitritt enthält. Mitunter ist aber der Beitritt von einer besonderen Zustimmung der Tarifgemeinschaft abhängig gemacht[2]). In manchen Fällen ist seine Zulässigkeit vom Eintritt in eine der beteiligten Organsationen abhängig.

5. Während an sich sämtliche Mitglieder der Tarifgemeinschaft gleichberechtigt sind, stehen für gewisse Fälle die Arbeitgeber und Arbeiter als zwei besondere Gesellschaften einander gegenüber, die selbständige Rechte und Verpflichtungen gegen einander haben, so daß sie, die rechtliche Möglichkeit einer Klage vorausgesetzt, gegen einander und gegen dritte, insbesondere gegen ein Mitglied, klagen und von ihnen verklagt werden können.

5a. Der Tarifvertrag bildet den Gesellschaftsvertrag der Tarifgemeinschaft, die aber außerdem ihr besonderes Statut haben kann. Die Beschlüsse der Tarifgemeinschaft werden lediglich durch ihre Organe gefaßt. Als solche haben sie eine Generalversammlung niemals. Die gewählten Organe sind die alleinigen Geschäftsführer, unbeschadet natürlich des Rechts

---

[1]) Im Gegensatz zu § 63 GGG. verlangt das Gesetz hier Arbeitgeber und Arbeiter, nicht nur „Beteiligte". Der Begriff „Beteiligte" ist teils enge, teils weiter, er verlangt Beteiligung, d. h. Interesse an der speziellen Verhandlung, dieses braucht sich aber nicht auf Arbeitgeber und Arbeiter zu beschränken.

[2]) S. Buchdruckertarif.

sämtlicher Arbeitgeber und Arbeiter, ihre Individualrechte selbständig geltend zu machen.

Eine Ergänzung findet der Tarifvertrag in den Geschäftsordnungen seiner Organe, zu deren Erlaß diese durch den Tarifvertrag ermächtigt werden. Mitunter werden die Geschäftsordnungen der unteren Organe von einer höheren Generalinstanz für diese erlassen [1]).

6. Bei Tarifen, die größere Gebiete umfassen, insbesondere bei Nationaltarifen, ist eine Gliederung der Tarifgemeinschaft notwendig. Der Zentralinstanz stehen dann z. T. mit größerer Selbständigkeit die Lokalinstanzen gegenüber. Die Zentralinstanz entscheidet dann bisweilen über Berufungen.

Ein Zusammenhang besteht bisweilen auch ohne einen einheitlichen Tarifvertrag zwischen den Tarifgemeinschaften an mehreren Orten. Dieser Zusammenhang wird dadurch hergestellt, daß die Tarifverträge für einzelne Orte zwischen Zentralverbänden von Arbeitgebern und Arbeitern abgeschlossen werden, die sich über das ganze Reich erstrecken. Mitunter gelten die Ortsgruppen dieser Verbände als vertragschließende Parteien. Da diese aber ihren Zentralverbänden unterstehen, so wird auch in diesem Falle eine gewisse Einheit hergestellt.

Rechtlich bleiben aber diese Beziehungen bedeutungslos. Es bestehen dann immer mehrere selbständige Tarifverträge und Tarifgemeinschaften, wenn auch, sofern die Verbände nach dem Vertrag als alleinige Vertragsparteien gelten sollen, zwischen denselben Parteien.

7. Was nun die Organe im einzelnen anbetrifft, so sind sie sehr mannigfaltige, sowohl nach ihren Aufgaben, wie nach ihrer

---

[1]) Zum Beispiel die Geschäftsordnung der Schlichtungskommission für Maurer und Bauarbeiter, erlassen vom Einigungsamt für das Baugewerbe im rheinisch-westfälischen Industriegebiete in Essen. Die Buchdrucker besitzen neben ihrem Tarif einen Garantievertrag zur Durchführung des Tarifs. Mit Recht bezeichnet *Schall* § 173 den Garantievertrag als einen Verbandstarifvertrag mit der Besonderheit, daß die Regelung des Arbeitsverhältnisses in dem von der Tarifgemeinschaft aufgestellten Tarif enthalten ist.

rechtlichen Bedeutung[1]). Es können hier nur die wichtigsten aufgeführt werden:

a) Das vornehmste Organ der Tarifgemeinschaft ist das Tarifamt[2]). Seine Funktionen sind mitunter der Schlichtungskommission übertragen, die dann mit ihren eigentlichen Funktionen die eines Tarifamts in sich vereinigt, also eigentlich Tarifamt ist, ohne diesen Namen zu führen.

Das Tarifamt hat die Vertretung der Tarifgemeinschaft nach innen und außen. Es hat die Ausführung des Tarifvertrags zu überwachen. Mitunter ist ihm die Fortbildung des Tarifvertrags und seine Erneuerung selbständig übertragen. Meist hat es diese Akte aber nur vorzubereiten, während die tatsächliche Fortbildung und Erneuerung des Tarifvertrags durch Abschluß eines neuen Tarifvertrags oder durch Nachträge zu demselben erfolgt, welche zwischen den Parteien unmittelbar vereinbart werden oder doch ihrer Bestätigung oder Genehmigung bedürfen. Das Recht der Fortbildung des Tarifvertrags hat das Tarifamt namentlich im Buchdruckergewerbe, und zwar mit der Wirkung, daß seine Beschlüsse für alle am Tarifvertrag beteiligten bindend sind[3]). Erwägt man nun, daß nach den Bestimmungen dieses Tarifvertrags niemand, der ihm einmal unterstellt war, sich praktisch seiner Wirkung entziehen kann, auch nicht durch Austritt aus einer der vertragschließenden Organisationen, so liegt in der Tat der Gedanke nahe, daß man es hier mit einer vom Recht nicht gestützten Autonomie zu tun hat. Daraus folgt nicht die Rechtsunwirksamkeit der Beschlüsse des Tarifamts. Ihre Bedeutung erfährt nur eine Einschränkung. Sie gelten nur für die Mitglieder der Tarifgemeinschaft und nicht für diejenigen, welche aus der Gemeinschaft austreten, während der Austritt nicht die Folge hat, daß die Austretenden von denjenigen Verpflichtungen frei werden,

---

[1]) Siehe *Schall*, S. 182—197. In den Feingoldschlägertarifen (vgl. K. Stat. A., II, S. 283) werden als Organe zur Durchführung des Tarifs die „beiderseitigen Organisationen" bezeichnet.

[2]) Auch Tarifkommission, Lohnkommission, Schlichtungskommission genannt.

[3]) Dabei ist Voraussetzung, daß die Beschlüsse den Mitgliedern bekanntgegeben sind

denen sie sich einmal durch den Tarifvertrag gegenüber der andern Partei unterworfen haben. Wenn ein Tarifvertrag auf bestimmte Zeit mit der Maßgabe eingegangen ist, daß nach Ablauf dieser Zeit das Tarifamt die Bedingungen für das Weiterbestehen des Tarifvertrags festsetzen soll, so muß man gleichwohl annehmen, daß zu diesem Zeitpunkt das Recht der Kündigung des Tarifvertrags und also der Austritt aus der Tarifgemeinschaft nach Ansicht der Vertragschließenden gegeben ist. Andernfalls müßte man den Tarifvertrag als auf unbestimmte Zeit oder auf Lebenszeit abgeschlossen ansehen. In beiden Fällen könnte die Kündigung jederzeit geschehen, nur daß bei einer Kündigung zur Unzeit Schadenersatz zu leisten wäre.

Die einzelnen Aufgaben des Tarifamts im übrigen zu würdigen, würde zu weit führen. Von Interesse dürfte es aber sein, als Beispiel die im Buchdruckertarif von 1901[1]), welcher die Fortbildung des Tarifvertrags durch das Tarifamt noch nicht kannte, diesem Amte gestellte Aufgaben aufzuzählen:

1. die Ausführung der Beschlüsse des Tarifausschusses;
2. die Aufstellung und alljährliche Veröffentlichung eines Verzeichnisses der den Tarif zahlenden Firmen;
3. die Anordnung von Maßnahmen zur Anerkennung und allgemeinen Durchführung des Tarifs;
4. die Vornahme statistischer Erhebungen über die Lohn-, Lehrlings- und Lebensverhältnisse in den einzelnen Druckorten und die Berichterstattung über die angestellten Ermittlungen;
5. die Vermittlung zwischen Prinzipalen und Gehilfen in allen Tarifangelegenheiten, nachdem die Tätigkeit der am Vorort der betreffenden Kreise ansässigen Mitglieder des Tarifausschusses erfolglos war;
6. die aktenmäßige Führung und Ordnung aller bei ihm eingehenden Schriftstücke und die Fortführung des Tarifkommentars;
7. die Errichtung von Kreisämtern, Schiedsgerichten und Arbeitsnachweisen an den verschiedenen Druckorten,

[1]) K. Stat. A., II, S. 307 f., 310. Siehe auch Tarif der Lichtdrucker usw., S. 312—314, der Buchbinder, S. 305.

sowie die Aufstellung einer einheitlichen Geschäftsordnung für dieselben;

8. die Ausschreibung der Wahlen der Vertreter und Stellvertreter zum Tarifausschuß;
9. die Entgegennahme der Abänderungsanträge zum Tarif, die Einberufung des Tarifausschusses und die Erledigung aller den Tarif betreffenden Angelegenheiten.

Außerdem seien als Aufgaben des Tarifamts noch erwähnt die Verhängung von Strafen und die Erteilung von Dispensen von der Innehaltung der Tarifbestimmungen in einzelnen Fällen. Dahin gehört z. B. der Dispens von der Vermeidung der Akkordarbeit, hinsichtlich der Zahl der zu haltenden Lehrlinge, hinsichtlich der Beschäftigung älterer oder schwächerer Kräfte zu geringeren Lohnsätzen[1]).

b) Als Organe erscheinen demnächst diejenigen Einrichtungen, welche die Beilegung und Entscheidung von Streitigkeiten zwischen den einzelnen Arbeitern und Arbeitgebern und zwischen den Gesamtheiten bezwecken. Dies sind die Schlichtungskommissionen und Schiedsgerichte, denen als zweite Instanz mitunter das Einigungsamt vertraglich übergeordnet ist. Mitunter soll auch ein Appell an die Rechtsprechung der Gewerbegerichte zulässig sein. Ferner ist zwischen den Schlichtungskommissionen und dem Schiedsgericht mitunter das Tarifamt als zweite Instanz eingeschoben, so daß dann das Einigungsamt erst in dritter Instanz entscheidet.

α) Die Schlichtungskommissionen[2]) dienen zur Schlichtung von Streitigkeiten zwischen den einzelnen Arbeitgebern und

---

[1]) Im Berliner Tapezierertarif ist einer paritätischen Kommission die Regelung des Spesentarifs für Arbeiter außer dem Hause und über Land, sowie die Festsetzung der Näherinnenlöhne übertragen. K. Stat. A., II, S. 278. Im Metallschlägertarif für Fürth-Nürnberg (K. Stat. A., II, S. 284—285) ist als Aufgabe der Ortsausschüsse zur Durchführung des Tarifs u. a. bezeichnet: Bei flauem Geschäftsgang die Arbeitszeit zu regeln und die Zahl der zu schlagenden Formen festzulegen sowie die Anordnung von Maßnahmen zur Anerkennung und allgemeinen Durchführung des Tarifs. Im Schneidertarif für Görlitz (a. a. O. S. 296) ist die Lohnkommission berechtigt, für Tarifbrüche Geldstrafen bis zu 50 Mark zu verhängen.

[2]) Siehe *v. Schulz*, GG. und KG., X, Sp. 337 f. *Schall*, S. 190.

Arbeitern oder deren Gesamtheiten. Ihre Aufgabe ist nicht die Entscheidung, sondern die Herbeiführung eines Vergleichs, so daß also die Gerichte durch sie niemals ausgeschlossen werden, nur daß ihrer Anrufung der Versuch einer Einigung durch die Schlichtungskommission vorhergehen muß.

Die Beschlüsse der Schlichtungskommissionen werden mit Stimmenmehrheit gefaßt. Der Vorsitzende hat mitunter gar kein Stimmrecht, mitunter hat er Stimmrecht, dessen Ausübung er sich aber nach einigen Tarifverträgen enthalten kann. Jedes Mitglied hat eine Stimme. Eine gesonderte Abstimmung der Arbeiter und Arbeitgeber findet nicht statt, so daß also z. B. ein Arbeiter mit den Arbeitgebern stimmen kann und umgekehrt.

Die Verhandlung ist meist mündlich und öffentlich. Sie wird aber oft durch Schriftsätze vorbereitet.

Die Arbeitgeber und Arbeiter der Kommission wählen gewöhnlich einen Obmann.

Die Obmänner werden als Kommissare der Schlichtungskommission mit der Feststellung des Sachverhalts an Ort und Stelle oder einem Vorversuch der Einigung vom Vorsitzenden oder der Kommission betraut.

Die Kommissionen treten meist nach Bedürfnis zusammen. Während ihnen mitunter die Schlichtung aller Streitigkeiten anvertraut ist, beschränkt sich ihre Tätigkeit in andern Fällen auf die Beilegung von Streiks und Aussperrungen, sowie von Streitigkeiten aus allgemein den Tarif betreffenden Fragen. Vielfach ist die Zulassung von Streiks und Aussperrungen von der Zustimmung der Schlichtungskommission abhängig gemacht. Besonders in England gibt es hierüber Bestimmungen in den Tarifverträgen, die ein z. T. sehr kompliziertes Verfahren vorschreiben.

β) Während es für die Schlichtungskommissionen keinerlei gesetzliche Bestimmungen gibt, ihre Zusammensetzung und ihr Verfahren sonach von freier Vereinbarung abhängt, unterliegen die Schiedsgerichte [1]) den Bestimmungen der Zivil-

[1]) Die Funktionen der Schiedsgerichte sind oft den Schlichtungskommissionen übertragen, was an der Sache nichts ändert. Über Schiedsgerichte vgl. *Schall*, S. 190 f.

prozeßordnung und des Gewerbegerichts- und Kaufmannsgerichtsgesetzes.

Das Kaufmannsgerichtsgesetz erklärt in § 6 Vereinbarungen, durch welche die Entscheidung künftiger Prozesse seiner Zuständigkeit entzogen werden, für nichtig. Daher könnte ein tarifliches Schiedsgericht sich mit Klagen aus dem Dienstverhältnis nicht befassen. Wohl aber könnte es sich mit allen andern Klagen dieser Parteien und auch mit Prozessen zwischen den in Frage kommenden Organisationen beschäftigen.

Das Gewerbegerichtsgesetz verlangt eine besondere Zusammensetzung der Schiedsgerichte, soweit durch sie die Gewerbegerichte ausgeschlossen werden (§ 6). Es darf nur aus Arbeitern und Arbeitgebern in gleicher Zahl unter einem unparteiischen Vorsitzenden bestehen, der weder Arbeitgeber noch Arbeiter sein darf.

Die Zivilprozeßordnung schränkt in § 1026 die Schiedsverträge über künftige Rechtsstreitigkeiten insofern ein, als sie sie für unwirksam erklärt, wenn sie sich nicht auf ein bestimmtes Rechtsverhältnis und die aus demselben entspringenden Rechtsstreitigkeiten beziehen.

Beruht eine Klage lediglich auf dem Tarifvertrage, so würde das durch den Tarifvertrag eingesetzte Schiedsgericht stets ohne weiteres in Wirksamkeit treten können. Beruht aber die Klage, was bei Streitigkeiten einzelner meist der Fall sein wird, auch auf dem Dienstvertrag, so ist das nur im Tarifvertrag vereinbarte Schiedsgericht nicht bindend für die Parteien. Haben sich aber die Parteien beide gemeinsam an das Schiedsgericht gewandt, so liegt darin die Anrufung eines Schiedsgerichts in einem bereits schwebenden, nicht einem künftigen Rechtsstreit. Dann fällt die Einschränkung des § 1026 ZPO. weg. In der gemeinsamen Anrufung kann auch ein besonderer Schiedsvertrag erblickt werden. In diesem Falle kommen auch die Bestimmungen des Gewerbe- und Kaufmannsgerichtsgesetzes nicht in Frage[1]).

Für das Verfahren sind die Bestimmungen des § 1034 f. ZPO. zu beobachten.

---

[1]) Etwas abweichend GG. Charlottenburg vom 10. Oktober 1902 bei *Baum*, S. 72.

Dieselben Bestimmungen kommen auch auf die Aufhebung und Vollstreckung eines Schiedsspruchs in Frage.

Was die Zusammensetzung der Schiedsgerichte betrifft, so ist auch noch § 1032 ZPO. zu beachten, wonach ein Schiedsrichter aus denselben Gründen wie ein Richter abgelehnt werden kann, also in den Fällen der §§ 41—43 ZPO., von denen, abgesehen von der Besorgnis der Befangenheit, der Fall wichtig ist, daß der Schiedsrichter zu einer Partei in dem Verhältnis eines Mitberechtigten oder Mitverpflichteten steht. Das gilt auch, wenn er zur gesamten Hand berechtigt oder verpflichtet ist, also bei den meisten Fragen des Tarifvertrags. Was die Besorgnis der Befangenheit anbetrifft, so wird aber der Fall meist so liegen, daß die Parteien sich vor dem Schiedsgericht trotz dieses ihnen bekannten Ablehnungsgrundes auf eine Verhandlung einlassen werden, und damit ihr Ablehnungsrecht verlieren [1]).

γ) Als höhere Instanz für die Schlichtungskommissionen und Schiedsgerichte dient das Einigungsamt des Gewerbegerichts, welchem durch Vertrag oft die Stellung eines Schiedsgerichts eingeräumt wird, während ihm analoge Funktionen, wie die einer Schlichtungskommission, schon nach dem Gesetz obliegen, und es sonach auch ohne besondere Bestimmung des Tarifvertrags als höhere Instanz für die Schlichtungskommissionen in Frage kommt[2]).

---

[1]) Von besonderen Behörden seien noch erwähnt: Tarifausschüsse, welche lediglich die Fortbildung des Tarifs zu beraten haben; Arbeiterausschüsse, welche als Vorinstanzen für die Schlichtungskommissionen dienen; Ehrengerichte, welche hauptsächlich zur Bekämpfung der Schleuderkonkurrenz dienen.

[2]) Mitunter fungiert das Einigungsamt auch als erste und einzige Schiedsgerichtsinstanz. Einer Feststellung des Einigungsamtes, daß ein Tarifvertrag gebrochen sei, will *Burchard*, S. 87, nur moralische Bedeutung beilegen. Dies kann sich aber wohl nur auf den Fall beziehen, daß ein Schiedsvertrag nicht vorlag. — *Schall*, S. 185 („Die Parteien können dem Schiedsspruch rechtlich bindende Wirkung dadurch verschaffen, daß sie im voraus vereinbaren sich ihm zu unterwerfen. Diese Vereinbarung verpflichtet die Parteien und ist im Prozeßwege erzwingbar"). Dies ist unseres Dafürhaltens nur der Fall, wenn es sich um eine schiedsrichterliche Entscheidung handelt, nicht um die Festsetzung eines neuen Vertragsverhältnisses. Es ist nicht möglich, den Inhalt eines Vertrages

Ob das Einigungsamt als Behörde die Funktionen eines Schiedsgerichts übernehmen darf, kommt für die privatrechtliche Wirkung eines von ihm gefällten schiedsgerichtlichen Urteils nicht in Frage. Dieses hat also stets dieselbe Wirksamkeit, wie das Urteil eines privaten Schiedsgerichts. Wir möchten aber auch gegen die Zuständigkeit des Einigungsamtes kein Bedenken hegen, da die Aufgaben dieser Behörde überhaupt sehr wenig scharf umgrenzt sind.

Eine Verpflichtung, der Anrufung als Schiedsgericht Folge zu geben, besteht allerdings nicht. Ein praktischer Vorsitzender des Einigungsamtes wird sie aber nicht ablehnen, da die schiedsgerichtliche Wirksamkeit die dem Einigungsamt gestellte Aufgabe wesentlich fördern und erleichtern kann[1]).

c) Einer besonderen Betrachtung bedarf noch die Tätigkeit des Tarifamtes zwecks Fortbildung des Tarifvertrags. Diese ist zum Teil, wie wir gesehen haben, nur eine vorbereitende. In dieser Beziehung bietet sie rechtlich nichts Besonderes.

Die Fortbildung des Tarifvertrags soll aber ferner nach einzelnen Tarifverträgen darin bestehen, daß das Tarifamt den Vertrag authentisch interpretiert und ferner, daß es einzelne Bestimmungen des Vertrags, insbesondere die die Lohnhöhe und Lohnberechnungsart, auch die Arbeitszeit und andere Punkte betreffenden, welche Inhalt künftiger Dienstverträge werden sollen, mit verbindlicher Kraft für die Mitglieder der Tarifgemeinschaft abändern oder neu festsetzen kann.

Welches ist die rechtliche Tragweite dieser Akte?

Was zunächst die authentische Interpretation anbetrifft, so kann sie einmal als Beweismittel für die Parteiabsichten dienen. Damit soll sich aber ihre Wirksamkeit nicht erschöpfen. Denn ein

---

ganz der Festsetzung eines Dritten, auch nicht einer Behörde wie dem Einigungsamte zu überlassen. Der Schiedsspruch des Gewerbegerichtsgesetzes wird immer nur durch nachträgliche Unterwerfung, also gewissermaßen durch Vertragsschluß bindend. Es wäre aber eine gesetzliche Regelung dahin erwünscht, daß sich die Parteien im voraus bindend unterwerfen können. — Soweit nach den bestehenden Gesetzen ein Teil des Vertragsinhalts einer dritten Person überlassen werden kann, kann auch das Einigungsamt bindende Vertragsfestsetzungen treffen.

[1]) Über die Befugnis des Einigungsamtes die Rolle eines Schiedsrichters zu übernehmen siehe *Schall*, S. 194. Vgl. *Prenner*, GG. und KG., XII, Sp. 52f.

Gegenbeweis soll ausgeschlossen sein und damit kommt die authentische Interpretation auf dasselbe hinaus wie das Recht der Abänderung und Erweiterung des Tarifvertrags. Gewöhnlich darf aber die Interpretation nicht soweit gehen. Es ist nur der wahre Wille der Parteien zu erforschen. Ohne besondere Bestimmung ist diese Interpretation auch nicht bindend für die Parteien, so daß sie der Nachprüfung durch die Gerichte unterliegt.

Was die eigentliche Fortbildung des Tarifvertrags durch Änderung seines Inhalts angeht, so sind die diesbezüglichen Befugnisse des Tarifamtes möglichst eingeschränkt zu interpretieren. Keineswegs kann die Befugnis soweit gehen, die Grundlage der Tarifgemeinschaft vollständig aufzuheben, denn sonst wäre das Tarifamt in der Lage, den Mitgliedern der Tarifgemeinschaft unbegrenzt Verpflichtungen aufzuerlegen. Damit würde ihm ein Gesetzgebungsrecht gegeben sein, das über das der Gesetzgeber selbst hinausgeht, während eine Autonomie nur zulässig ist, soweit sie von den Gesetzen ausdrücklich gestattet ist. Dabei wird man hinsichtlich der Tarifverträge das Gewohnheitsrecht dem Gesetze gleichstellen können.

d) Für die tarifvertraglich festgesetzten Arbeitsnachweise werden besondere, gewöhnlich paritätisch unter einem unparteiischen Vorsitzenden zusammengesetzte Kuratorien gewählt. Ihnen pflegt das Recht beigelegt zu sein, eine Geschäftsordnung für den Nachweis festzusetzen. Arbeitgeber und Arbeitnehmer sind nach dem Tarifvertrag verpflichtet, neue Dienstverträge nur unter Vermittlung des Nachweises abzuschließen. Der Nachweis hat regelmäßig nur diese Funktion der Vermittlung. Mitunter nimmt er aber auch Aufträge zum Abschluß von Dienstverträgen entgegen. Bei schnell notwendig werdenden kurzen Aushilfen übernimmt er die Vermittlung mitunter gar nicht, wenn nicht zugleich der Auftrag zum Engagement erteilt wird. Die Geschäftsführung der Nachweise wird oft bestehenden öffentlichen oder privaten Einrichtungen, z. B. dem Zentralverein für Arbeitsnachweis in Berlin, übertragen, so daß das Kuratorium nur die allgemeine Beaufsichtigung und Regelung des Nachweises hat. In der Auswahl der Kräfte sind durch die Geschäftsordnungen der Nachweise meist gewisse Beschränkungen festgesetzt, z. B. daß die Auswahl nur unter den zehn ältesten Meldungen erfolgen darf.

Sechstes Kapitel.

Beendigung des Tarifvertrags. Räumlicher Geltungsbereich.

A. Beendigung.

1. Da der Gegenstand des Tarifvertrags nicht in einer einmaligen Handlung, sondern in einem fortgesetzten Verhalten der Parteien zueinander besteht, ist eine gewisse Zeitdauer seiner Wirksamkeit für ihn wesentlich[1]). Er endet daher normalerweise durch Zeitablauf.

Als zweiter Grund für die Beendigung gilt beiderseitige Willenserklärung. Als Beendigungsgrund kommen ferner Veränderungen in der Person der Vertragschließenden, insbesondere Tod oder Auflösung der vertragschließenden Vereine in Frage.

Außerdem geben gewisse eintretende Änderungen der tatsächlichen Verhältnisse einen Grund zur Auflösung des Tarifvertrags ab.

Schließlich kann der Fall der Anfechtung des Tarifvertrags in Frage kommen.

2. Was zunächst den Zeitablauf anbetrifft, so sind die Tarifverträge meist mit einer bestimmten Befristung abgeschlossen[2]). Mit dem Ablauf der vereinbarten Zeit hat der Tarifvertrag und die Tarifgemeinschaft sein Ende erreicht. Inwieweit dann noch im einzelnen seine Wirkung fortdauert, insbesondere eine Usance, die sich auf Grund des Tarifvertrags

---

[1]) *Lotmar*, S. 792 f. K. Stat. A., S. 262 f.

[2]) Die Zeitbestimmung kann sich auch aus den Umständen ergeben; so kann ein Tarifvertrag für die Dauer eines bestimmten vorübergehenden Unternehmens abgeschlossen sein. Vgl. *Lotmar*, S. 793.

gebildet hat, ist eine andere Frage. Eine solche Usance braucht durch den Zeitablauf des Tarifvertrags nicht berührt zu werden[1]) Tarifverträge, die nicht für eine bestimmte Zeit abgeschlossen sind, sind gewohnheitsmäßig als auf ein Jahr abgeschlossen anzusehen und kündbar, und zwar kann man eine sechsmonatige Frist als übliche und auch zweckmäßige Kündigungsfrist bezeichnen. Ein allgemein gültiger Kündigungstermin läßt sich nicht feststellen, so daß also nach Ablauf des ersten Jahres jederzeit gekündigt werden kann.

Gewohnheitsrechtlich hat sich eine schriftliche Kündigung herausgebildet. Eine Kündigung dem Gewerbegericht oder der Schlichtungskommission gegenüber, wie sie vorkommt, ist unwirksam[2]).

Kündigen können die Gesamtheit der Arbeiter oder Arbeitgeber oder deren Organisationen für sich und, soweit sie als Vertreter der Einzelnen gelten, auch für diese, denn ihre Vollmacht zum Abschluß des Vertrags umfaßt auch die Vollmacht zur Kündigung.

3. Die Urheber des Vertrags können denselben durch Aufhebungsvertrag beendigen[3]). Dies kann ausdrücklich oder durch Abschluß eines neuen, mit dem alten in Widerspruch stehenden Tarifvertrags geschehen.

Die Aufhebung durch Vertrag kann aber nur erfolgen, wenn alle vertragsberechtigten Personen zustimmen.

4. Veränderungen in der Person der vertragschließenden Vereine sind in verschiedener Weise Aufhebungsgründe für den Tarifvertrag.

Zunächst kommt in Frage der Tod. Dieser beendet den Tarifvertrag unbedingt nur in der Person der vertragschließenden Arbeiter. Bei der Konstruktion, wonach die vertragschließenden Parteien als Vereine anzusehen sind, muß der Tod einzelner Mitglieder für den Fortbestand des Vertragsverhältnisses unter den übrigen unerheblich sein. Ein Übergang der Verpflichtungen aus dem Tarifvertrag auf die Erben der Arbeiter findet im allgemeinen nicht statt, da die Verpflich-

---

[1]) *Rundstein* S. 176.

[2]) S. *Rundstein* S. 193.

[3]) Vgl. *Schall*, S. 146, 147.

tungen im allgemeinen, wenn auch nicht ausschließlich, persönlicher Natur sind. Doch können Schadenersatzansprüche aus einem durch den Erblasser verursachten Schaden auch gegen die Erben geltend gemacht werden.

Im Falle des Todes eines Arbeitgebers gehen dessen Rechte und Pflichten auf die Erben über[1]). Dies muß man als den Parteiwillen bei Abschluß des Tarifvertrags ansehen. Dieselbe Absicht besteht auch bei Übergang eines Geschäfts mit Aktiven und Passiven durch Rechtsgeschäft unter Lebenden, ohne daß dadurch der Verkäufer vom Tarifvertrag frei wird.

Scheidet ein Arbeitgeber oder Arbeiter aus dem Gewerbe aus, so erlöschen damit die Rechte und Pflichten aus dem Tarifvertrage nicht. Die Ausübung der Rechte hängt aber von der Zugehörigkeit zu dem betreffenden Gewerbe ab. Es tritt also ein teilweises Ruhen der Rechte und Pflichten im Falle des Ausscheidens aus einem Gewerbe ein. Dieses Ausscheiden erfolgt auf Arbeitgeberseite durch Aufgabe des Betriebes, auf Arbeiterseite durch Übergang zu einem andern Gewerbe. Zweifelhaft ist der Einfluß der Invalidität, weil sie ja nicht unbedingt die Betätigung als Arbeiter ausschließt. Das Ausscheiden aus einem Dienstverhältnis ohne Begründung eines neuen hat nicht das Ausscheiden aus einem Gewerbe zur Folge. Überhaupt kann das Bestehen eines Dienstverhältnisses für die Teilnahme an einem Tarifvertrage nicht entscheidend sein, denn bei Abschluß der Tarifverträge pflegen in den meisten Fällen die Arbeitsverhältnisse gelöst zu sein. Wesentlich kann auch eine Änderung in den inneren Verhältnissen der vertragschließenden Vereine sein, insbesondere deren Auflösung. Diese Auflösung entbindet aber nicht von den eingegangenen Verpflichtungen, so daß derjenige Teil der Tarifverträge, der zum Inhalt von Dienstverträgen bestimmt ist, auf alle Fälle fortbesteht[2]).

Die Verlegung eines Betriebes außerhalb des Geltungsbereichs des Tarifvertrags oder der Wegzug eines Arbeiters befreit nicht von dem Tarifvertrag, sondern hat auch nur das Ruhen seiner Wirkung im Gefolge, so daß also die betreffende

---

[1]) So auch *Lotmar* S. 793.

[2]) Vgl. *Lotmar*, S. 794.

Person bei der Rückkehr ohne weiteres wieder dem Tarifvertrag unterworfen ist.

Wichtig kann eine wesentliche Veränderung der beim Abschluß des Tarifvertrags vorhandenen Personenzahl sein.

Die Frage, ob ein Mitglied eines Vereins sich durch Austritt aus demselben vom Tarifvertrag befreien kann, ist zu verneinen[1]).

5. Von großer Wichtigkeit sind eintretende Veränderungen der Verhältnisse, die nachweislich für den Abschluß des Tarifvertrags von Einfluß gewesen sind.

Der Schuldner wird zunächst von der Verpflichtung zur Leistung auch beim Tarifvertrag frei, wenn die Leistung infolge eines Umstandes unmöglich wird, den er nicht zu vertreten hat (§ 275 BGB.).

Aber auch wenn eine Unmöglichkeit der Erfüllung nicht eintritt, können veränderte Verhältnisse von Einfluß auf die Geltung des Tarifvertrags sein. Die Fälle, in denen ein Rücktrittsrecht gegeben ist, sind aber möglichst einzuschränken und für die Regel ist der Tarifvertrag soweit irgend möglich aufrecht zu erhalten, eventuell nur seine Wirkung zeitweise zu suspendieren; denn Zweck des Tarifvertrags ist die Schaffung stabiler Verhältnisse und ein Schutz gegen die Schwankungen der Konjunktur[2]). Zweckmäßig ist es, wenn der Tarifvertrag schon in seinem Text auf die Veränderung der Umstände Rücksicht nimmt[3]). Zum Teil geschieht dies durch Aufstellung sogenannter gleitender Lohnskalen, die sich automatisch den veränderten Preisverhältnissen anpassen, zum Teil wird das Tarifamt zur Veränderung der Löhne mit Rücksicht auf die Schwankungen der Konjunktur ermächtigt, wobei ihm im Vertrag zweckmäßig gleich gewisse Direktiven gegeben werden.

Mitunter sind die Tarifämter noch zu weitergehenden Vertragsänderungen mit Rücksicht auf die Konjunktur oder Änderung der Produktion ermächtigt.

---

[1]) *Rundstein* S. 178. Daselbst abweichende Meinungen und Konstruktionsschwierigkeiten. Siehe auch *Schall*, S. 126.

[2]) K Stat. A., II, S. 263.

[3]) Vgl. Metallschlägertarif Fürth-Nürnberg; K. Stat. A., II, S. 284; Brauertarife, ebenda S. 294 (Regelung der Arbeit bei flauer Geschäftszeit).

Meist enthalten die Tarifverträge aber derartige elastische Bestimmungen nicht.

Grundsatz ist alsdann, sofern die Erfüllung irgend möglich ist, den Tarifvertrag aufrecht zu erhalten. Wie bei jedem Vertrage, der auf eine längere Dauer berechnet ist, dem Dienst-, Miets-, Pachtvertrag, müssen aber wichtige Gründe eine vorzeitige Kündigung ermöglichen. Diese Gründe müssen dringender Natur sein und auf den vermutlichen Willen beider Parteien beim Vertragsschluß zurückgeführt werden können. Als solche Gründe kommen u. a. in Betracht: eine wesentliche Veränderung der Konjunktur, die die Fortsetzung der Produktion mit den tariflichen Arbeitsbedingungen nicht mehr gewinnbringend erscheinen läßt, die Notwendigkeit der Einführung neuer Betriebsmethoden, welche mit den tariflichen Bedingungen nicht vereinbar sind[1]). Für die Arbeiter kommt wesentlich eine erhebliche Steigerung der Kosten der Lebenshaltung bei gleichzeitiger Möglichkeit der Bewilligung günstigerer Löhne durch die Arbeitgeber, ferner eine wesentliche Erschwerung der Arbeit durch die zulässige Einführung neuer Produktionsmethoden. In dieser Beziehung können auch in Frage kommen, die gesetzliche Einwirkung auf ein Gewerbe, z. B. die Verstaatlichung eines Gewerbes (Tabakmonopol), wenn der Staat nicht die Verpflichtungen der Privaten übernimmt.

Ein wichtiger Fall ist der Ausbruch einer Lohnbewegung in einem verwandten Gewerbe, welcher die Fortführung des Betriebes auch des Tarifgewerbes erschwert, z. B. der verschiedenen Klassen von Bauhandwerkern bei einem Maurerstreik[2]).

Oft kommt es vor, daß Arbeitgeber oder Arbeiter durch Verträge zur Teilnahme an einer solchen Bewegung, eventuell

---

[1]) Das ist eben schon der Fall, wenn die neue Methode bei Innehaltung des Tarifvertrags zu kostspielig wird, sondern in erster Linie ist daran gedacht, daß die neue Methode eine ganz andere Regelung der Dienstverhältnisse erfordert.

[2]) Viel erörtert wird die Frage, ob die Unterstützung eines Streiks auf einer sittlichen Pflicht beruhe und ob die Schädigung der Arbeitergenossen durch Verrichtung von Arbeit, deren Ruhen die Streikenden erzwingen (Streikarbeit) wollen, moralwidrig sei. Vergl. GG. und KG. XI Sp. 147, 148 (GG. Mannheim) ebenda XII Sp. 58 (GG. Solingen). *Stadthagen* S. 210.

bei hohen Konventionalstrafen, verpflichtet sind. Das Bestehen solcher Verträge entbindet nicht von der Pflicht des Tarifvertrags gibt auch kein Kündigungsrecht. Die Betroffenen hätten bei Abschluß eines solchen Vertrags auf ihre tarifliche Bindung Rücksicht nehmen und einen entsprechenden Vorbehalt machen müssen. Als ein derartig ausreichender Vorbehalt ist es anzusehen, wenn bei Abschluß des Vertrags dem Gegenkontrahenten Mitteilung von dem Tarifvertrag gemacht wurde[1]).

B. Räumlicher Geltungsbereich.

Wie zeitlich, so ist der Tarifvertrag auch räumlich begrenzt. Diese Begrenzung sollte regelmäßig im Tarifvertrag deutlich zum Ausdruck kommen. Ist dies nicht der Fall, so muß man annehmen, daß der Tarifvertrag gelten soll für diejenigen Ortschaften, in denen sich die Betriebe der beteiligten Arbeitgeber befinden; sofern der Arbeitgeber mehrere Betriebe hat, kommen diejenigen in Frage, für welche der Tarifvertrag gelten soll. Für Arbeiten an außerhalb der genannten Ortschaften belegenen Stellen kommt der Tarifvertrag nur dann zur Anwendung, wenn er für diesen Fall, also für auswärtige oder ausländische Montagen Bestimmungen enthält. Alsdann gilt der Tarifvertrag aber auch, wenn an dem betreffenden Ort ein anderer Tarifvertrag besteht[2]).

---

[1]) Ob der bloße Leistungsvertrag ein Rücktrittsrecht für die Gegenpartei begründet, ist nach *Oestmann* S. 18 zu verneinen „weil der Tarifvertrag schwerlich als gegenseitiger Vertrag zu bezeichnen sei".

[2]) *Schall* S. 149, *Lotmar* 789. S. *Lotmar* unterscheidet hinsichtlich des räumlichen Geltungsbereiches die Firmen-, Lokal- und Nationaltarife. Bei Tarifverträgen der Reeder und Schiffsmannschaften „wo Abschluß und Vollzug des Heuervertrages örtlich auseinander gehen, erstreckt der Lokaltarif seine Geltung weit über die Hafenstadt hinaus."

Siebentes Kapitel.

Tarifvertrag und Strafrecht.

Während die zivilrechtliche Seite des Tarifvertrags in der Praxis wenig erörtert ist, liegen eine Reihe von Erkenntnissen der höchsten Gerichtshöfe vor, welche seine strafrechtliche Seite erörtern. Es ist ja das Schicksal des Arbeiterrechts überhaupt, wenigstens solange die Gewerbegerichte noch nicht bestanden, daß es meist im Strafrecht, eventuell auch im Verwaltungsrecht, praktisch hervortrat.

Insbesondere ist der Tarifvertrag bei strafrechtlichen Fragen berührt worden, die das Koalitionsrecht und die Arbeiterausstände betreffen.

Häufiger als der Zivilrichter — wenigstens abgesehen von den Gewerbegerichten — hat sich der Strafrichter mit dem Tarifvertrag und den damit zusammenhängenden Rechtsfragen befaßt, insbesondere mit dem Koalitionsrecht. In der Natur der Sache liegt es, daß sonach auch das Reichsgericht sich mit den strafrechtlichen Fragen auf dem Gebiet des Tarifvertrags beschäftigt.

In Betracht kommen hier namentlich die §§ 152 und 153 GO., welche lauten:

§ 152. Alle Verbote und Strafbestimmungen gegen Gewerbetreibende, gewerbliche Gehilfen, Gesellen oder Fabrikarbeiter wegen Verabredungen und Vereinigungen zum Behufe der Erlangung günstiger Lohn- und Arbeitsbedingungen, insbesondere mittels Einstellung der Arbeit oder Entlassung der Arbeiter, werden aufgehoben.

Jedem Teilnehmer steht der Rücktritt von solchen Vereinigungen und Verabredungen frei und es findet aus letzteren weder Klage noch Einrede statt.

§ 153. Wer andere durch Anwendung körperlichen Zwanges, durch Drohungen, durch Ehrverletzung oder durch Verrufserklärung bestimmt oder zu bestimmen versucht, an solchen Verabredungen (§ 152) teilzunehmen, oder ihnen Folge zu leisten, oder andere durch gleiche Mittel hindert oder zu hindern versucht, von solchen Verabredungen zurückzutreten, wird mit Gefängnis bis zu drei Monaten bestraft, sofern nach dem allgemeinen Strafgesetze nicht eine härtere Strafe eintritt.

Neben diesen Bestimmungen sind in Verbindung mit der Tarifvertragsbewegung hauptsächlich folgende Paragraphen des Reichs-Strafgesetzbuchs zur Anwendung gekommen: § 110 (Aufforderung zum Widerstand), § 123 (Hausfriedensbruch), § 130 (Aufreizung zu Gewalttätigkeiten), § 185 (Beleidigung), § 223 (Körperverletzung), § 240 (Nötigung), § 253 (Erpressung), § 360a (grober Unfug)[1]).

Auf dem strafrechtlichen Gebiet des Tarifvertrags haben wir es wegen des Vorliegens höchstrichterlicher Entscheidungen zum Teil mit einem bereits feststehenden Gerichtsgebrauch zu tun, doch wird das Reichsgericht wohl nicht umhin können, seine Praxis einer einschneidenden Revision zu unterziehen.

Dies gilt insbesondere von dem in der Entscheidung des dritten Strafsenats vom 30. April 1904 aufgestellten Grundsatze, wonach eine auf Grund eines Tarifvertrags eingesetzte Schlichtungskommission und die von ihr getroffenen Verabredungen unter §§ 152, 153 GO. fallen.

Damit fällt auch der Tarifvertrag an sich unter diese Bestimmung, und wir hätten die Eigentümlichkeit in unserer Gesetzgebung, daß Vereinbarungen, die herbeizuführen nach § 70 GGG. dem Gewerbegericht zur Aufgabe gemacht ist, nach

---

[1]) *S. Frey*, Strike u. Strafrecht, Heidelberg; 1906 *von Schulz*, Zur Koalationsfreiheit Archiv für Soz.-Gesetzgebung u. Statistik Bd. XVIII, S. 457f.; ders. ebenda Bd. 20 S. 362 f., Das Reichsgericht wider die Tarifverträge; *Hüglin*, Der Tarifvertrag S. 27 f.; *Lotmar* S. 771; *v. Broecker*, Schadenersatzansprüche aus dem Lohnkampf, Hamburg 1906, S. 14 f., S. 43 f. *Lindheim*, Die Friedensaufgaben der Tarifverträge, Wien 1907, S. 3—5, 10. *Rundstein*, Tarifverträge, S. 42; *Wölbling*, Archiv f. Sozialwissenschaft und Sozialpolitik XXI, S. 675. Urteil des Ober-Landesgerichts Kiel, GG. und KG. XI Sp. 134 K. St. A. I. S. 61 folg.

§§ 152, 153 GO. jedes rechtlichen Schutzes entbehren, ja daß deren Durchführung mit Strafe bedroht wäre.

Offenbar hat das Reichsgericht in diesem Falle nicht den Versuch gemacht, scheinbar in Widerspruch stehende Bestimmungen der Gesetze und des zwar noch nicht gesetzlich festgelegten, aber doch tatsächlich bestehenden Tarifvertragsrechts in Übereinstimmung zu bringen, sondern vermöge einer Auslegung, die man wohl als eine extensive und sonach für das Strafrecht nicht zulässige bezeichnen muß, die Strafbestimmungen des § 153 GO. auf die Tarifverträge ausgedehnt. Auch in andern bekannt gewordenen Fällen, welche die zitierten Strafbestimmungen betreffen, hat das Reichsgericht nicht die gebotene einschränkende Anregung vorgenommen.

Die angeführte Reichsgerichtentscheidung dehnt den Begriff der in §§ 152, 153 GO. erwähnten Verabredungen und Vereine auf Gemeinschaften der Arbeitgeber und Arbeiter aus, während man richtig — wenigstens für das Strafrecht — die genannten Begriffe auf Verabredungen und Vereine beschränken, muß, die entweder nur Arbeiter oder nur Arbeitgeber betreffen. Aufgabe der Schlichtungskommissionen ist es auch nicht, günstige Arbeitsbedingungen herbeizuführen, sondern lediglich die tarifvertraglich vereinbarten Bedingungen, mögen sie günstig oder ungünstig für eine Partei oder für beide sein, aufrecht zu erhalten.

Der Zweck der §§ 152, 153 GO. geht dahin, Streiks und Aussperrungen zu verhüten, und denselben Zweck verfolgen die Schlichtungskommissionen[1]).

Man spricht ferner von „Verabredungen" der in Rede stehenden Schlichtungskommissionen. Diese Kommissionen treffen aber keine Verabredungen, sondern sie fassen Beschlüsse. Das ist etwas wesentlich anderes. Die Schlichtungskommissionen haben — wenigstens für die Regel — keine Vollmacht, Verabredungen namens der am Tarifvertrag beteiligten Parteien zu treffen, und untereinander wollen die Mitglieder solcher Kommissionen keine Verabredungen treffen.

---

[1]) So auch *von Schulz*, Reichsgericht wider die Tarifverträge, S. 364; s. hierzu auch *Frey* a. a. O. S. 22f. und die dort zitierte Kammergerichtsentscheidung.

Eine andere Frage wäre die, ob solche Tarifämter, denen die entgültige Festsetzung eines neuen Tarifs übertragen ist, als Koalitionen im Sinne der §§ 152, 153 GO. anzusehen sind. In diesem Falle wird allerdings die Erlangung günstiger Arbeitsbedingungen angestrebt. Aber auch hier werden meist Beschlüsse, nicht Vereinbarungen vorliegen. Auch von den Tarifämtern gilt, daß sie aus Arbeitgebern und Arbeitern und außerdem meist einem unparteiischem Vorsitzenden zusammengesetzt sind.[1]) Überhaupt ist der Koalitionsbegriff auf Tarifgemeinschaften und Tarifverträge nicht anwendbar.

Nächst der Anwendung des § 153 GO. sind am schwerwiegendsten für unser Gebiet die Verurteilungen, welche auf Grund des § 253 StGB. wegen Erpressung aus Anlaß oder in Verbindung mit Lohnbewegungen erfolgt sind. Nach dieser Bestimmung ist wegen Erpressung zu bestrafen, wer einen andern durch Gewalt oder Drohung zu einer Handlung oder Unterlassung nötigt, um sich oder einem Dritten einen rechtswidrigen Vermögensvorteil zu verschaffen. Daß ein tatsächlich in strafbarer Weise erzwungener Tarifvertrag nichtig ist, haben wir schon zu Anfang unserer Abhandlung erwähnt. Die Lohnbewegungen, die den Tarifverträgen vorausgehen, haben aber naturgemäß wegen der beteiligten Massen und der größeren Interessen, die auf dem Spiele stehen, etwas Gewaltsames. Wenigstens wirkt eine solche Bewegung auf den Einzelnen wie eine unwiderstehliche Gewalt. Bei einem Straffall kommen

---

[1]) R.G.-Entsch. in Strafs. Bd. 35 S. 205 spricht allerdings davon, daß Vereinigungen Verabredungen treffen, und hält diesen Ausdruck auch für zutreffend, wenn Organe dieser Vereinigungen Beschlüsse fassen. Dem kann m. E. nicht beigestimmt werden. Eine Vereinigung könnte nur mit einer anderen ihr gegenüberstehenden Person eine Verabredung treffen. Gemeint soll auch offenbar nur sein, daß die Mitglieder der Vereinigung eine Verabredung treffen und diese Verabredungen sollen identisch mit Beschlüssen sein. Auch das stimmt aber nicht. Verabredungen kann der Verein nicht mit sich selber treffen und die Beschlüsse sind Beschlüsse des Vereins (natürlich letzteres, was aber hier außer Betracht bleiben kann, auch der Vereinsmitglieder). Verabredungen der Vereinsmitglieder und Beschlüsse derselben sind aber etwas Verschiedenes. An Verabredung sollen nur die gebunden sein, welche der Verabredung zugestimmt haben, an Beschlüsse soll auch die widersprechende Minderheit gehalten sein.

aber als Täter immer nur einzelne Individuen in Betracht. Sie können nicht ohne weiteres für die Wirkungen der Massenbewegung verantwortlich gemacht werden, auch wenn sie einen der rollenden Steine darstellen, die bei dem Bergsturz als Ursache mitgewirkt haben. Hier fragt es sich vor allen Dingen, ob der einzelne sich der Folgen seiner Wirksamkeit vollständig bewußt war, ob jene im Leben der gewerblichen Arbeiter oft wahrzunehmende drastische Handlungs- und Ausdrucksweise so streng zu beurteilen ist, wie bei Leuten, die nicht tagtäglich sich in dem rücksichtslosen Betriebe unseres gewerblichen Lebens bewegen. Die Rücksichtslosigkeit zeigt sich hier nicht nur in Worten, sondern weit öfter noch ohne den Gebrauch verletzender Worte in einer schonungslosen Handlungsweise, die von beiden Seiten, sowohl Arbeitgebern wie Arbeitern, geübt wird.

Das Reichsgericht hat nun in einer in Bd. 21 S. 114 mitgeteilten Strafentscheidung eine Verurteilung wegen Erpressung vorgenommen, weil ein Mitglied einer Lohnkommission einem Arbeitgeber eine achttägige Arbeitseinstellung angedroht hatte, wenn er u. a. nicht den Lohn für die Zeit einer von ihm vorgenommenen zweitägigen Aussperrung nachzahlte [1]).

Mit Recht weist *Hüglin* (S. 214 f.) darauf hin, daß hier eine Drohung zwecks Erlangung günstiger Arbeitsbedingungen, d. h. eines Vermögensvorteils, gar nicht vorliegt. Jedermann hat das Recht, die Bedingungen unter denen er seine Arbeit anbietet, beliebig zu stellen. Wenn die verlangte Vergütung selbst eine außergewöhnliche ist, so liegt in einem solchen Verlangen noch keine Drohung [2]) [3]).

---

[1]) Das der Entscheidung zugrunde liegende Zivilrechtsverhältnis würde jetzt auf Grund des BGB. § 615 anders zu beurteilen sein. Da eine Lösung des Dienstverhältnisses in dem vorliegenden Falle überhaupt nicht erfolgt war, mußte der Arbeitgeber den Lohn für die Zeit der zweitägigen Aussperrung sowieso zahlen. Allerdings hätte der Arbeitgeber die Entlassung vornehmen können, aber das hat er nicht getan. Auch waren die Arbeiter nicht, wie *Hüglin* S. 210 annimmt, berechtigt, von der Arbeit einen Tag wegzubleiben. Sie hatten nur das Recht das Dienstverhältnis überhaupt zu lösen. Das haben auch sie nicht getan.

[2]) Auch wenn man annimmt, daß das Arbeitsverhältnis noch bestand, würde es sich nicht um das Verlangen einer höheren Vergütung als der vereinbarten handeln, sondern auch in diesem Falle um einen vollstän-

Mit der Kritik der Reichsgerichtsentscheidungen soll keineswegs der Straflosigkeit von Vergehen gegen die Gesetze das Wort geredet werden, noch weniger wird verkannt, daß Lohnbewegungen unter Umständen staatsgefährlich werden können. Soweit man diesen Gefahren aber durch Anwendung der Strafgesetze entgegentreten will, darf man die Gerechtigkeit, die verlangt, daß Arbeitgeber und Arbeiter mit gleichem Maße gemessen werden, und die eine genaue Prüfung der vorliegenden wirtschaftlichen und sozialen Verhältnisse erfordert, nicht außer acht lassen. Zweckmäßigkeitsgründe dürfen den Strafrichter nicht leiten. Das ihm anvertraute scharfe Schwert der Gerechtigkeit darf er nur genau in der gesetzlich vorgeschriebenen Weise anwenden und in dubio pro reo. Insbesondere gilt dies auch, wenn der Paragraph des groben Unfugs (360[11] StGB.) in Verbindung mit Lohnbewegungen und der Anstrebung oder Durchführung eines Tarifvertrags zur Anwendung gebracht wird. M. E. kann, wenn jemand einen praktischen wirtschaftlichen Zweck, mag er erlaubt sein oder nicht, verfolgt, und das liegt in den gedachten Fällen stets vor, von grobem Unfug keine Rede sein, auch wenn eine Belästigung des Publikums eintritt.

---

dig zulässigen Antrag der Vertragsänderung mit der Alternative: willigst du nicht in die Vertragsänderung, so machen wir von unserm Recht der sofortigen Kündigung Gebrauch. So muß man wenigstens zugunsten des Angeklagten auslegen.

[3]) S. auch *Frey* a. a. O. S. 83f.

Achtes Kapitel.

Fortbildung des Tarifvertrags.

A. Fortbildung des Tarifvertrags durch die Praxis.

1. Der Tarifvertrag ist ein äußerst kompliziertes Gebilde. Er gibt sich in der Praxis nicht so einfach, wie ihn *Lotmar* — für das theoretische Verständnis wohl mit gutem Grund — zur Darstellung bringt. Nicht mit Unrecht hat ihn *Koeppe* ein monströses Gebilde genannt[1]). Da wir aber wissen, wie viele Funktionen dieser Vertrag zu erfüllen hat, wie er bestimmt ist, die Grundlage für das Rechtsleben von Millionen abzugeben, so nimmt uns seine Kompliziertheit nicht wunder. Wir erkennen daraus vielmehr die Verpflichtung, an der Durchbildung und Klarstellung dieses Vertrags mitzuarbeiten.

Dabei drängt sich uns von vornherein in verschiedener Hinsicht die Notwendigkeit gesetzgeberischen Eingreifens auf. Niemand aber wird die Schwierigkeit eines solchen Unterfangens verkennen. Deshalb dürfen wir nicht auf eine baldige Lösung der gesetzgeberischen Fragen rechnen. Wir müssen vielmehr auf Mittel sinnen, die Tarifverträge zunächst ohne gesetzgeberischen Eingriff zu fördern.

Wir haben gesehen, daß das vorhandene Material von Tarifverträgen noch viele Mängel aufweist, deren Beseitigung nicht Aufgabe des Gesetzgebers sein kann.

Hier bietet sich ein weites Feld fruchtbarer Betätigung für den praktischen Juristen.

Zunächst kommen hier die Verwaltungs- und Gerichtsbehörden in Frage.

---

[1]) *Koeppe* S. 765.

2. Wir haben gesehen, daß eine Reihe schwerwiegender Bedenken gegen die praktische Rechtswirksamkeit der Tarifverträge aus der mangelnden Rechtsfähigkeit der Berufsvereine hergeleitet werden. Wir haben zwar einen großen Teil dieser Bedenken zu zerstreuen gesucht. Wir dürfen uns aber nicht der Erwartung hingeben, damit alle Bedenken der zur Entscheidung berufenen Behörden endgültig zerstreut zu haben. Überaus wichtig wäre es daher, Tarifverträge zu erlangen, die von rechtsfähigen Vereinen abgeschlossen sind, damit diese einmal praktisch die Rechtswirksamkeit, eventuell im Klagewege, erproben könnten. Da nun die höchsten Staats- und Reichsbehörden die Förderung der Tarifverträge bereits ins Auge gefaßt haben, so sollten dieselben sich nicht auf gesetzgeberische Probleme beschränken, sondern zunächst zu der Frage Stellung nehmen, wie den bestehenden rechtlichen Schwierigkeiten im Verwaltungswege abzuhelfen sein möchte.

Es bedarf hier zunächst der Aufstellung allgemeiner Regeln für die Handhabung der Verwaltungspraxis bei der Begründung rechtsfähiger Vereine, sei es, daß diese als nicht auf einen wirtschaftlichen Geschäftsbetrieb gerichtet angesehen werden (§ 21 BGB.), sei es, daß man einen wirtschaftlichen Geschäftsbetrieb annimmt (§ 22 BGB.). Man stelle hier Regeln auf, unter denen derartige Vereine, wenn sie den Abschluß von Tarifverträgen ausschließlich oder neben andern Zwecken verfolgen, die Zustimmung der Verwaltungsbehörden zu erwarten haben. Zweckmäßig wäre hier die Aufstellung als unbedenklich (auch hinsichtlich der Zweckbestimmung) zu bezeichnender Normalstatuten für die Bildung von Gewerkschaften. Dabei darf man praktisch nicht zu engherzig sein. Man bedenke, daß für eine politisch gefährliche Tätigkeit die Frage der Rechtsfähigkeit ziemlich gleichgültig ist, ja daß ein rechtsfähiger Verein, um das Gut seiner Rechtsfähigkeit nicht (gemäß §§ 43, 77 BGB.) zu verlieren, sich bemühen wird, im Rahmen der Gesetze zu bleiben. Große wirtschaftliche Bewegungen, die meist die Geburtswehen der Tarifverträge darstellen, sind von der Politik meist nicht zu trennen. Wenn die Staatsverwaltungen die Tarifverträge aber fördern wollen, so täten sie gut — ohne ihr Recht aufzugeben — ihre Maximen bei Anwendung der gesetzlichen Befugnisse bekannt zu geben. Das soll sich natürlich nur auf Vereine beziehen, die den Abschluß von Tarifverträgen bezwecken.

Solche Normalstatuten würden gewiß dankbar von vielen Arbeitgeber- und Arbeitervereinen akzeptiert werden. Dadurch wird zugleich eine gewisse Gleichförmigkeit der in Frage kommenden Vereine gefördert, die die rechtliche Beurteilung der von ihnen geschlossenen Tarifverträge erleichtern würde.

Grundsatz muß sein, daß der Abschluß eines Tarifvertrags an sich weder als politischer noch als sozialpolitischer Zweck anzusehen ist, wenngleich derartige Zwecke oft nebenherlaufen.

3. Bei Prüfung der Arbeitsordnungen gemäß § 134a GO. sollten ferner die unteren Verwaltungsbehörden darauf sehen, daß sie nicht im Widerspruch mit etwaigen Pflichten und Rechten der Arbeitgeber aus einem Tarifvertrage stehen. Nötigenfalls sind die Arbeitgeber auf etwaige Widersprüche und die dadurch entstehenden Unklarheiten aufmerksam zu machen. Auch die Gewerbeinspektionen können in diesem Sinne tätig sein. Die genannten Behörden haben auch dahin zu wirken, daß die Gewerbetreibenden ihren im Tarifvertrag übernommenen Verpflichtungen zur Abänderung der Arbeitsordnung nachkommen.

4. Soweit das Reich, die Bundesstaaten oder Kommunen selbst als Arbeitgeber auftreten, haben sie sich möglichst den bestehenden Tarifgemeinschaften anzuschließen oder auf Abschlüsse von Tarifverträgen hinzuwirken[1]).

5. Bei Vergebung von öffentlichen Arbeiten an Private st es schon vielfach üblich, in den abzuschließenden Verträgen

---

[1]) Praktische Vorschläge für die Statuten einer Gewerkschaft s. bei *Rosenberg*, Das Vereinsrecht des BGB. und die Gewerkschaftsbewegung, 1903. Das bei *Alkmann*, Handbuch des Deutschen Vereinsrechts, 1905, S. 192 folg., veröffentlichte Formular bedürfte einer Ergänzung mit Rücksicht auf die Zwecke der Gewerkschaften. Um Bedenken wegen der Legitimation des Vorstandes in einem Prozesse zu beseitigen, empfiehlt es sich, daß die Mitglieder beim Eintritt in den Verein einzeln dem Vorstand Vollmacht zu ihrer Vertretung in einem Prozesse auf Grund des Koalitionsvertrages oder etwaiger aus dem Tarifvertrage sich ergebender Prozesse erteilen (vgl. *Schall* S. 140). Schwierigkeiten würde allerdings die Stempelpflicht bereiten, die de lege ferenda für diesen Fall auszuschließen wäre, da das Interesse des Staates an einer Klarstellung der Rechtsverhältnisse der Arbeiter größer ist als das fiskalische Stempelinteresse.

gewisse Bedingungen hinsichtlich der zu beschäftigenden Arbeiter aufzunehmen und deren Dienstverträge zu regeln.[1]) Dadurch wird auch meist die Qualität der Arbeiten beeinflußt. Man denke z. B. daran, wie häufig die Übernehmer öffentlicher Arbeiten diese an Arbeiterkolonnen weitervergeben, wie oft in diesen Fällen offensichtlich Scheinverträge geschlossen werden, durch welche die Autorität der Arbeitgeber gegenüber den Arbeitern völlig untergraben wird[2]). Das bedenken die Unternehmer meist garnicht. Sie haben bei dem Abschluß solcher Verträge meist nur die Absicht, ihre Arbeitsverhältnisse bequemer zu gestalten. Die Folge ist aber völlige Unkontrollierbarkeit der Qualität der Leistungen. Denn die Kolonnenführer sehen nur zu, daß sie auf ihren Verdienst kommen und daß alle Mängel verdeckt werden. Diese und ähnliche Zustände erfordern im Interesse einer guten Qualität der auszuführenden Arbeiten, die Regelung der Arbeitsverhältnisse bei Vergebung öffentlicher Arbeiten, wozu noch das Odium kommt, welches auf die Behörden fällt, wenn die öffentlichen Unternehmer ihre Arbeiter nicht gerecht behandeln.

Oft kommt bei Vergebung von öffentlichen Arbeiten wieder die Hebung eines Industriezweiges, so die Schaffung von Arbeitsgelegenheit in Frage.

Auch dies ist ein Grund, die Innehaltung der Tarifverträge in den Submissionsverträgen auszubedingen.

Die Tarifverträge ermöglichen ferner den Behörden bei der Kalkulation eine genaue Berechnung der Arbeitskosten, auch verhindern sie Lohnbewegungen und sichern somit die ungestörte Ausführung der Lieferung durch den Unternehmer. Durch die Verpflichtung, die Tarifverträge innezuhalten, wird deren Rechtswirksamkeit wesentlich gestützt und darum kann eine entsprechende Klausel in den Submissionsverträgen von wesentlichem Vorteil für die Weiterentwicklung von Tarifverträgen sein.

Dabei werden die Behörden natürlich die Tarifverträge zu prüfen haben, insbesondere auf ihre Übereinstimmung mit

---

[1]) Vgl. *v. Lindheim* S. 80 (für Österreich).

[2]) Meist ohne daß die Unternehmer dies rechtzeitig merken.

den Gesetzen. Unklarheiten, soweit sie bei den zu vergebenden Arbeiten in Betracht kommen könnten, sind aufzuklären. Die Prüfung kann aber nicht dahin führen, daß nur solche Tarifvertragsbestimmungen zu berücksichtigen sind, die der Behörde zweckmäßig erscheinen. Denn ein rechtmäßiger Tarifvertrag ist stets verbindlich und dagegen dürfen die Behörden unter keinen Umständen ankämpfen, weil sie sonst die Rechtsordnung untergraben würden.

Es genügt nicht, daß sich die Arbeitgeber verpflichten, die tarifmäßigen Löhne zu bezahlen, sie müssen vielmehr die Verpflichtung eingehen oder anerkennen, nur tarifmäßige Dienstverträge zu schließen.

Ist ein Arbeitgeber durch den Tarifvertrag noch nicht gebunden, dann freilich kann die Behörde prüfen, ob es zweckmäßig ist, von dem Arbeitgeber die Unterwerfung unter dem Tarifvertrag zu verlangen, insbesondere wird die Frage aufzuwerfen sein, wenn nur eine Minorität von Arbeitgebern den Tarifvertrag anerkannt hat, oder wenn dies nur von seiten einer Minorität von Arbeitern der Fall war.

6. Die wichtigste Aufgabe fällt den Gewerbegerichten und deren Einigungsämtern zu.

Hier ist zunächst das Verfahren ins Auge zu fassen.

Es ist bei größeren Streiks unmöglich, daß ein Vorsitzender des Gewerbegerichts, besonders wenn er noch mit anderen Dingen befaßt ist, die sämtlichen ihm als Leiter der Behörde obliegenden Funktionen erfüllt[1]).

Die Darstellung des Sach- und Streitstandes darf nicht der mündlichen Verhandlung überlassen bleiben. Sie muß vielmehr schon aus einer sorgfältig aufgenommenen Anrufung klar zu erkennen sein. Die Parteien müssen das in ihren Händen befindliche Material dem Protokoll über die Annahme beifügen. Dann wird die mündliche Verhandlung fest umgrenzt sein und sich nicht ins Uferlose verlieren. Dann wird

---

[1]) Zwecks Herbeiführung einer Einigung im Deutschen Baugewerbe sind bei den in Berlin stattfindenden Verhandlungen dem Vorsitzenden des Berliner Einigungsamtes zur Unterstützung zwei bekannte Gewerbegerichtsvorsitzende aus München und Essen beigegeben worden (R. Arb. Bl. Nr. 4 Jahrg. 1908).

auch Zeit übrig sein, dem Tarifvertrag in allen Punkten eine sorgfältige Fassung zu geben.

Ferner ist der Kreis der in Frage kommenden Personen festzustellen.

Darauf ist die Legitimation der Vertreter zu prüfen[1]). Die gegenseitige Anerkennung genügt hier keinesfalls. Andererseits kann man aber nicht lediglich die im Zivilprozeß geltenden Grundsätze walten lassen. Zweckmäßig ist es, wenn die Versammlungen, in denen die Vertreter für die Einigungsverhandlungen gewählt werden, unter Leitung oder Kontrolle des Gewerbegerichts stattfinden. Zur Prüfung der Legitimation von beteiligten Vereinen ist die Vorlegung ihrer Statuten erforderlich. Das alles muß ex officio veranlaßt werden, einmal, weil diese Verpflichtung dem Vorsitzenden des Einigungsamtes kraft Gesetzes obliegt (§ 63 GGG.) und darum, weil die Parteien in dieser Beziehung noch zu unerfahren sind.

Die Verhandlung, die in ausreichenden, der Wichtigkeit der Sache entsprechenden Räumen stattfinden sollte, muß möglichst bald anberaumt werden, wie überhaupt trotz der oben dargelegten Erfordernisse ein Zeitverlust nicht entstehen darf. Es müssen daher für den immer eiligen Fall einer Arbeiterbewegung, bei dem es sich oft um viele Millionen handelt und, was noch wichtiger ist, um die Ruhe der Bevölkerung, um das Vertrauen der gewerblichen Kreise zu den Behörden[2]), eine genügende Anzahl gutgeschulter

[1]) Vgl. meinen Aufsatz in Archiv für Sozialw. u. Sozialpol. S. 674 f. Das Gesetz des Australischen Staatenbundes überträgt die Prüfung der Legitimation einem besonderen Registrator, K. St. A. I, S. 148, 149. Der Registrator muß, bevor eine gewerbliche Streitigkeit dem Gericht unterbreitet wird, bescheinigen, a) daß er sich überzeugt hat, daß die Organisation in der durch ihre Statuten vorgeschriebenen Weise ihre Einwilligung zur Unterbreitung gegeben hat, oder, b) daß die Einwilligung der Organisation durch Beschluß einer Generalversammlung der Mitglieder erteilt wurde, die in der vorgeschriebenen Weise zur Erwägung der Frage einberufen ist, oder daß diese Einwilligung das Ergebnis einer vorschriftsmäßigen Abstimmung der Organisationsmitglieder über die Frage ist, oder c) daß die Einwilligung zur Unterbreitung von einer Mehrheit des leitenden Ausschusses der Organisation schriftlich gegeben wurde.

[2]) Das den Gewerbegerichten von seiten der Unternehmer nicht in wünschenswerten Maße entgegengebracht wird.

Beamten dem Vorsitzenden des Einigungsamtes zur Seite stehen.

Der Vorsitzende selbst muß einen Rang haben, der ihn über die Parteien hinaus hebt. Er darf nicht gegenüber den Direktoren großer Aktiengesellschaften als kleiner Beamter erscheinen. Hier muß je nach den örtlichen Verhältnissen eine Abstufung Platz greifen.

Vor allen Dingen muß seine Unabhängigkeit aufs peinlichste garantiert sein. Lebenslängliche Anstellung in der Eigenschaft als Vorsitzender des Einigungsamtes ist unbedingte Notwendigkeit, zumal man sie schon für einen Amtsrichter für erforderlich hält. Die lebenslängliche Anstellung erfordert wiederum eine sorgfältige Auswahl der Person, die das Vertrauen beider in Betracht kommenden Parteien haben muß.

Für die Abfassung der Tarifverträge ist die Mitwirkung der Sekretäre von Arbeitgeber- und Arbeiterverbänden gar nicht zu entbehren, sie haben auch durch das Gewerbegerichtsgesetz nicht ausgeschlossen werden sollen[1]).

Den Verbänden ist auch die Zuziehung von Rechtsbeiständen dringend zu empfehlen.

Über die Verhandlungen wird zweckmäßig ein stenographisches Protokoll aufgenommen, wie dies bei einigen Gewerbegerichten schon geschieht[2]).

Für die Beweisaufnahme muß dem Vorsitzenden Hilfe zur Seite stehen. Dieselbe muß möglichst auch an Ort und Stelle erfolgen. Das Einigungsamt muß in die Lage versetzt werden, die Verhältnisse des in Rede stehenden Gewerbes genau zu prüfen. Wegen des Mangels an Arbeitskräften sind die Einigungsämter aber gar nicht in der Lage, auch nur mit

[1]) Die Bestimmung des § 31 GGG. findet auf das einigungsamtliche Verfahren keine Anwendung. Schon bei der Beratung dieses Paragraphen im Reichstag war man teilweise der Meinung, daß dadurch die Gewerkschaftssekretäre nicht ausgeschlossen sein sollten; doch werden bei ihnen häufig die Voraussetzungen des § 31 GGG. vorliegen. Vgl. a. a. O. S. 667. In dem Schiedsgerichtsgesetz des Australischen Staatenbundes § 27 K. St. A. I. S. 149 sind die Beamten der Organisationen ausdrücklich zugelassen.

[2]) In Frankfurt a. M. ist dies grundsätzlich für alle Verhandlungen des Gewerbegerichts vorgeschrieben. In Berlin geschieht es bei wichtigen Verhandlungen.

der Gründlichkeit zu verfahren, die bei einfachen Zivilprozessen gang und gäbe ist. Aus den Schilderungen englischer Einigungsverhandlungen habe ich den Eindruck gewonnen, daß man dort in dieser Beziehung selbst bei privaten Einigungsverhandlungen viel eingehender verfährt als bei uns.

Da eine genaue Kenntnis des Arbeiterrechts, insbesondere auch der rechtlichen Gepflogenheit auf diesem Gebiete, Voraussetzung für die Einigungsverhandlung ist, so muß der Vorsitzende des Einigungsamtes durch Leitung gewerbegerichtlicher Prozeßverhandlungen sich diese Kenntnisse angeeignet haben. Daher ergibt sich die Verbindung des Einigungsamtes mit dem Gewerbegericht, und es wäre ein Fehler, sie anderen Organen zu übertragen, z. B. Arbeitskammern, es sei denn, daß diese dem Gewerbegericht angeschlossen werden.

b) Noch viel wichtiger ist die Aufgabe, welche den Einigungsämtern bei Abfassung des Inhalts der Tarifverträge zufällt[1]).

Hier müssen zunächst juristisch geprüfte Schemata zur sofortigen Benutzung bei eintretenden Fällen vorhanden sein.

Wie schon erwähnt, haben die von den Parteien aufgestellten Fassungen der Tarifverträge regelmäßig zu sehr den Charakter bloßer Punktationen. Es sind hier die bereits zu Anfang unserer Abhandlung gerügten Mängel zu berücksichtigen. Der Tarifvertrag muß zunächst die Parteien und ihre Vertreter sowie deren Vollmachten genau bezeichnen. Alsdann ist insbesondere Gewicht auf die allgemeinen Rechte und Pflichten der Parteien zu legen. Dabei ist stets zu unterscheiden, zu wessen Gunsten eine Verpflichtung übernommen wird und wer die Verpflichtung übernimmt. Es muß also zwischen den Rechten und Pflichten der Vereine und der einzelnen Arbeitgeber und Arbeiter unterschieden werden. Bei der bisherigen Unklarheit der mit den Tarifverträgen in Verbindung stehenden Begriffe, z. B. Maßregelungen, Streik, Sperre, Boykott,

---

[1]) Schon *Sulzer*, Die kollektive Vertragsschließung S. 22, stellt das Erfordernis einer sorgfältigeren Abfassung der Tarifverträge auf. Vgl. auch *Sinzheimer*, Arbeitsnormenvertrag I. S. 82, *Brogsitter* S. 13. Vorschläge für die Einrichtung von Schiedsgerichten und Schlichtungskommissionen bei *Schall* S. 196-197.

Schlichtungskommission und so weiter, sind diese zunächst möglichst in jedem einzelnen Falle zu definieren. Das wird durch die Benutzung von guten Formularen erleichtert[1]).

Der Inhalt der Tarifverträge wird in die einzelnen von uns aufgestellten Gruppen eingeteilt werden können.

I. Die erste Gruppe, betreffend den Ausschluß der Lohnbewegungen, kann zweckmäßig an den Anfang gestellt werden. Es wäre hervorzuheben, daß die vertragschließenden Vereine und die einzelnen, und zwar jeder inwieweit, sich verpflichten, die Arbeitsverhältnisse in dem betreffenden Gewerbe und der aus dem Vertrag ersichtlichen Weise für eine bestimmte Dauer zu regeln.

Während dieser Zeit sollen Streiks, Sperren u. dgl. nur unter den anzugebenden Bedingungen zugelassen sein.

II. Dann kommen die allgemeinen, das Gewerbe betreffenden Bedingungen und die Organisation der Tarifgemeinschaft. Die Zusammensetzung, Wahl und Aufgabe der einzelnen Organe ist genau zu bezeichnen.

Hierbei ist zu berücksichtigen, welche öffentlichen Behörden bereits für die Regelung des Gewerbes bestehen und inwieweit dieser durch tarifvertragliche Regelung vorgegriffen werden kann. In Betracht kommen die polizeilichen Befugnisse in bezug auf Arbeiterschutzbestimmungen, die behördlichen Befugnisse zur Regelung des Lehrlingswesens, besonders der Handwerkerkammern und Innungen Bei Bestimmungen, die die Regelung des Betriebes selbst betreffen, wird eine besonders genaue Formulierung erforderlich sein, da aus diesen leicht Streitigkeiten entstehen, zumal die Arbeitgeber sich in dieser Hinsicht gegen jede Einschränkung wehren.

---

[1]) Man wende gegen die Benutzung von Formularen nicht ein, daß diese eine bureaukratische Einrichtung seien. Formularmäßig und oft recht bureaukratisch sind auch die jetzigen Tarifverträge meist verfaßt, nur daß die Formulare recht mangelhaft sind. In dem Entwurf eines Tarifvertragsformulars für das deutsche Baugewerbe (R. Arb. Bl. Nr. 4, Jahrg. 1908) wäre eine klarere Bezeichnung der Berechtigten und Verpflichteten zu wünschen. Das Formular bedeutet in vielen Beziehungen einen Fortschritt. Vergl. auch *v. Schulz*, Gutachten Anm. 30 und *Schall* S. 200, *Schalhorn*, Soz. Prax. 193 Sp. 811 und 1906 Sp. 584 folg.

Die Frage, ob solche Bestimmungen zweckmäßig sind, interessiert für unsere Abhandlung weniger. Es wird Sache der Arbeitgeber sein, solche Bestimmungen nicht zu bewilligen, wenn sie glauben, dieselben nicht ertragen zu können. Voraussetzung ist, daß sich die Parteien einig sind und daß nur die Formulierung in Rede steht.

Sehr schwierig ist die Organisation der Tarifgemeinschaften. Es empfiehlt sich, daß deren Konstituierung unter Leitung des Gewerbegerichts vor sich geht und daß für sie ein besonderes, als Anlage zum Tarifvertrag gedachtes Statut entworfen wird[1]). Die Aufgaben der einzelnen Organe sind genau zu definieren, und besonders ist die Aufgabe der Schlichtung und der schiedsgerichtlichen Entscheidung von Streitigkeiten auseinanderzuhalten. Für die Einrichtung von Schiedsgerichten sind die Bestimmungen der Zivilprozeßordnung, des Gewerbegerichtsgesetzes § 6 und des Kaufmannsgerichtsgesetzes § 6 zu beachten. Ein schiedsgerichtliches Urteil sollte nur gefällt werden, nachdem beide Parteien im einzelnen Falle sich dem Schiedsspruch unterwerfen zu wollen erklärt haben. Dann liegt ein gültiger Schiedsvertrag über einen gegenwärtigen Rechtsstreit vor. Es empfiehlt sich auch, daß jedem Arbeitsvertrag die Schiedsgerichtsklausel beigefügt wird und daß, soweit Arbeitsordnungen bestehen, die Klausel in dieselben aufgenommen wird. Über die Vornahme der Wahlen sind Bestimmungen zu treffen und Ersatzvorschriften für den Fall, daß gültige Wahlen nicht zustande kommen. Alsdann würde zweckmäßig das Einigungsamt zur Ernennung der Mitglieder der Tariforgane zu autorisieren sein. Die Qualität der wählbaren Personen ist zu bestimmen. Wenn Formulare für die Geschäftsordnungen der einzelnen Kommissionen vorhanden sind, können derartige Geschäftsordnungen gleich dem Tarifvertrag beigefügt werden, während den betreffenden Organen die Befugnis einer Änderung der Geschäftsordnung überlassen bleibt.

---

[1]) Mit Recht beteiligen sich die Gewerbegerichte eifrig an der Fortbildung und Überwachung der Tarifverträge, indem Vorsitzende der Gewerbegerichte die Leitung von Schlichtungskommissionen, Schiedsgerichten, Arbeitnehmerkuratorien übernehmen. Diese mehr nichtamtliche Tätigkeit muß durch die Gemeinden zu einer amtlichen ausgebildet werden, wozu die Stellung von Bureaubeamten für diese Zwecke unbedingt nötig ist.

In diesem Abschnitt des Tarifvertrags sind auch die Arbeitsnachweise zu regeln. Die Benutzung derselben ist zweckmäßig durch mäßige Konventionalstrafen für den einzelnen Fall zu sichern, z. B. derartig, daß Arbeitgeber und Arbeiter in jedem Übertretungsfalle 20 Pf. Strafe zu zahlen haben, zu deren Einziehung die betreffenden Berufsvereine verpflichtet sind. Bei den Arbeitsnachweisen ist zu bedenken, daß beide Parteien dieselben gern in ihre Hand bekommen möchten und daß daher paritätische Nachweise, die am zweckmäßigsten sind, von beiden Seiten manchen Angriffen ausgesetzt werden. Man muß daher sorgfältig die Bedenken beider Parteien bei diesen Einrichtungen, und zwar schon im Tarifvertrag berücksichtigen, damit nachher der Nachweis nicht nur auf dem Papier stehen bleibt.

Erwähnt sei noch die Regelung des Koalitionsrechts, der Heimarbeit, der Zwischenmeister, die Stellung der Werkführer, u. v. a.

Zu regeln ist ferner die Deckung der Kosten der Tarifgemeinschaft und bei größeren Tarifgemeinschaften die Anstellung von Beamten.

III. Diejenigen Bestimmungen, die zum Inhalt der einzelnen Dienstverträge werden sollen, sind nach ihrer Bedeutung zu würdigen. Es ist, um die gerade diesen Punkt betreffenden einschneidenden juristischen Meinungsverschiedenheiten zu vermeiden, genau zu bestimmen, welche Rechtswirkung dieser Teil des Vertragsinhalts haben soll. Ohne Rücksicht auf die Berechtigung der einen oder andern Theorie wird man ins Auge fassen müssen, daß die sogenannte Unabdingbarkeit bisher von den Gerichten nicht anerkannt und in der Praxis nicht erprobt ist. Um daher diesem Teil des Inhalts eine möglichst intensive Rechtswirkung zu sichern, bedarf es einer genauen Formulierung. Eine vollständige Garantieübernahme für jeden Fall der Übertretung wird den Parteien wegen des großen Risikos nicht genehm sein. Aber mäßige Konventionalstrafen wären auch für diesen Fall angebracht, eventuell unter Hinterlegung einer mäßigen Kaution, die das Vereinsvermögen nicht allzu empfindlich trifft oder die Existenz des Vereins zu gefährden geeignet ist, an der auch die Gegenpartei ein Interesse hat. Es sind auch Maßregeln zu vereinbaren, durch welche die einzelnen unmittelbar zum Abschluß nur tarifmäßiger Dienstverträge gezwungen werden können. Während die Zwangsmittel gegen die Korporationen, denen man eine unbegrenzte Garantie für das Verhalten ihrer Mitglieder nicht zumuten kann, sich in engen Grenzen halten müssen, besteht das Bedürfnis einer solchen Rücksichtnahme gegenüber dem einzelnen nicht. Im Gegenteil sind hier kräftige Zwangsmaßregeln am Platze. Zum Inhalt der Dienstverträge werden nicht nur die Bestimmungen über die Lohnhöhe und die Zeitdauer, sondern alle Festsetzungen, welche Inhalt von Dienstverträgen werden können. Dahin gehören z. B. Rechtsgrundsätze über den so sehr bestrittenen Akkordvertrag. Insbesondere bietet sich hier eine Gelegenheit, den so sehr verworrenen Kolonnenvertrag zu regeln[1]). Hierher gehören ferner: Urlaubsbestimmungen, § 616 f. BGB.[2]), Ersatz von Auslagen, Haftung für Schäden. Materialien, Werkzeuge, Kündigungsfristen.

Besondere Zwangsmaßregeln sind ins Auge zu fassen, um diesen Teil des Tarifvertrags zum Inhalt der Arbeitsordnungen zu machen, denn durch die Aufnahme in die Arbeitsordnung wird eine wichtige Garantie für den Tarifvertrag geschaffen. Zu erwägen ist auch die vertragliche Ausdehnung der Verpflichtung zum Erlaß von Arbeitsordnungen auf kleine Betriebe mit der Bestimmung, daß auch diese Arbeitsordnungen ohne weiteres zum Inhalt der einzelnen Dienstverträge werden sollen — eine im gleichen Maße zwingende Wirkung wie dem § 134c Abs. 2 GO. kann diesen Arbeitsordnungen freilich nicht beigelegt werden.

Was die Gruppe IV des Inhalts anbetrifft, so muß auseinander gehalten werden, ob die Parteien sich nur zum Abschluß von Dienstverträgen verpflichten oder diese gleich mit dem Tarifvertrag abschließen wollen.

Gruppe V, den Tarifvertrag selbst betreffend, erfordert die Festsetzung von Anfangs- und Endtermin für den Tarifvertrag, die Kündigung desselben nach Form und Fristen[3]),

---

[1]) Vgl. Teil I S. 191—226.

[2]) Umfangreiche Vereinbarungen in bezug auf § 616 BGB. enthalten die Brauertarife, s. K.St.A. II S. 291-293, auch S. 258, 259.

[3]) Ganz zweckmäßig wäre die Kündigung durch Mitteilung an das Gewerbegericht wegen der oft vorliegenden Schwierigkeit, die zur An-

die Sicherung des Tarifvertrags im allgemeinen, auch hier durch Konventionalstrafen und Kautionen, den Fall des zulässigen Rücktritts, insbesondere für den Fall einer Änderung der Konjunktur, der Lebenshaltung u. a.

Hierher gehört auch die Fortbildung des Tarifvertrags durch Tarifämter, wofür der Buchdruckertarif ein lehrreiches Beispiel bietet[1]).

Für den eigentlichen Tarif selbst eignet sich die Form eines Anhangs zum Tarifvertrag.

c) Bedauerlich ist es, daß sich unsere Anwaltskreise, insbesondere auch die Notare, noch nicht mehr mit dem Tarifvertrag befaßt haben. Für sie bietet sich hier ein sehr interessantes und dankbares Feld. Nicht daß der Tarifvertrag etwa notariell abgeschlossen werden sollte. Dafür bietet eine notarielle Verhandlung gar keinen Raum, auch ist die Leitung einer Einigungsverhandlung durch einen Notar kaum denkbar. Aber erfahrene Notare könnten als Beistände den Parteien gerade da helfen, wo es den Tarifverträgen am meisten fehlt, nämlich an einer präzisen juristischen Fassung. Bedenkt man, daß der Tarifvertrag, wenngleich er nur ein Vertrag ist und bleiben soll, doch für Millionen von Menschen die Basis ihres Rechtslebens abgeben soll, wie ein Gesetz, so wird man es verstehen, wenn wir verlangen, daß seine Fassung eine peinlich präzise und juristisch korrekte sei[2]).

B. Gesetzliche Regelung des Tarifvertrags[3]).

1. Bei der gesetzlichen Regelung des Tarifvertrags stehen wir einer ganz andern Aufgabe gegenüber, wie bei der Gesetzgebung über den Akkordvertrag. Zwar haben wir beim Tarif-

---

nahme der Kündigung legitimierte Person festzustellen. Das Gewerbegericht wird dann auch gleich die Legitimation der kündigenden Person prüfen. Praktisch wäre eine Vereinbarung, nach der die Kündigung dann erfolgt sein soll, wenn sie durch das Gewerbegericht öffentlich in einem Amtsblatt bekannt gegeben ist.

[1]) S. *Koeppe* S. 754 ff.

[2]) Vgl. *v. Lindheim* S. 80 zu Punkt 8.

[3]) S. *Schall* S. 197-206. *Lotmar*, Tarifverträge. *Koeppe*, Conrads Jahrbücher B. 30 S. 307. *Rundstein* S. 7, 95, Anm. 27. *Sinzheimer*

vertrage ausländische Vorbilder, aber die Einfügung des Tarifvertrags in das System unseres Privatrechts ist schwieriger und erfordert mehr Entsagung altgewohnter Rechtsbegriffe, wie die des Akkordvertrags.

Die auswärtige Gesetzgebung beschreitet nur scheinbar ganz neue Bahnen, das gilt in erster Linie für diejenige, welche am gründlichsten an die Lösung der Frage herangetreten ist, die australische. Sie kommt doch eigentlich nur heraus auf eine obrigkeitliche Festsetzung der Löhne. Eigenartig ist nur das System, wie man zu dieser Festsetzung gelangt. Man versucht zunächst eine Einigung zwischen Arbeitgebern und Arbeitern zu erzielen. Gelingt dies, wobei nach einigen Gesetzgebungen eine geringe Zahl der Beteiligten genügt, so wird diese vertragliche Regelung als obrigkeitliche Verordnung, also als objektive Norm, als Gesetz auf alle Arbeitgeber und Arbeiter eines bestimmten Bezirks ausgedehnt[1]).

2. Dieses System wollen wir nicht befolgen[2]). Es erscheint uns mehr als Rückschritt, denn als Fortschritt. Es würde den

GG. X Sp. 382. *v. Schulz*, GG. X Sp. 90-93, ders. Gutachten zum XXIX. Deutschen Juristentage, ders. Archiv f. Sozialwissenschaft u. Sozialpolitik XXI S. 684. Ebenda S. 369, Antrag des GG. Berlin über die gesetzliche Regelung der Tarifverträge (s. *v. Schulz*, Gutachten). *Oertmann* S. 29. *Sulzer*, Soz. Prax. II Sp. 349 f. *Sulzer*, Die kollektive Vertragschließung zwischen Arbeitern und Arbeitgebern, Bern 1900, S. 16 folg. und 20 folg. *Rosner*, Der Kollektivvertrag, Wien 1903 (behandelt die Gesetzgebung in Österreich). *v. Lindheim*, Die Friedensaufgaben der Tarifverträge, Wien 1907 (besonders S. 64-80). K.St.A. I. S. 72—73. *Oertmann* S. 28, 29. Wegen der Stellung der Arbeitgeber zu einer gesetzlichen Regelung des Tarifvertrages s. *Schmelzer*, Tarifgemeinschaften, 1906, und *Rocke*, Tarifgemeinschaften, Leipzig 1906, Diebener. *Adolf Braun*, Die Tarifverträge und die deutschen Gewerkschaften, Stuttgart 1908.

[1]) Wodurch die Übertragung einzelner als praktisch bewährter Grundsätze der ausländischen Gesetzgebung nicht ausgeschlossen ist.

[2]) Bericht des deutschen Generalkonsuls in Sidney in der Zeitschrift für Sozialwissenschaft. — In Neuseeland ist man schon an eine wesentliche Änderung der Tarifgesetzgebung herangetreten, anscheinend um den Einfluß der Gewerkschaften einzudämmen. Doch soll man hieraus nicht voreilige Schlüsse über den Wert der bisherigen Gesetze ziehen. S. K.St.A. I S. 88. Daselbst S. 142-165 Gesetz des Australischen Staatenbundes betr. Vermittlung und Schiedssprechung zur Verhütung und

Beifall der Arbeitgeber oder Arbeiter und ihrer Freunde finden, je nachdem eine mehr oder minder arbeiterfreundliche Regierung am Ruder ist. Dabei kann man die Verhältnisse eines abgeschlossenen, dünn bevölkerten und erst am Anfang der Entwicklung stehenden Industriegebiets, wie Australien, nicht mit Europa vergleichen. Aber auch hinsichtlich der Erfolge der Gesetzgebung in Australien gehen die Meinungen sehr auseinander [1]).

Wir müssen eine Regelung hauptsächlich auf dem Boden unseres Privatrechts anstreben. Diese hat die Gleichheit beider Parteien zur Voraussetzung, denn nur bei rechtlicher und annähernd auch wirtschaftlicher Gleichstellung lassen sich privatrechtliche Verträge schließen, die beiden Teilen zum Vorteil gereichen. Daher ist eine Stärkung der Arbeiterorganisationen geboten. Diese können als wirtschaftlich gleichwertige Faktoren den Unternehmern gegenübertreten. Ihnen kann der Staat die Regelung der Arbeiterverhältnisse in Gemeinschaft mit den Unternehmern überlassen, ohne sich selbst die Last dieser weitgehenden Fürsorge für die große Masse seiner Untertanen aufzubürden, einer Fürsorge, die nur zu einer beiden Teilen lästigen, schematischen polizeilichen Bevormundung führen würde, die die Energie des Arbeiterstandes untergraben würde, der dann statt für sich selbst zu sorgen, Hilfe nur vom Staat erwarten würde [2]).

3. Wir kommen daher zu einer Reform der Koalitionsgesetzgebung.

Zuerst in negativer Hinsicht, d. h. es müssen die Schranken beseitigt werden, die einer Koalition zwecks Erlangung günstiger Lohnverhältnisse entgegenstehen. Praktisch sind diese Schranken ja nur von sehr geringem Einfluß. Denn wir sehen

Schlichtung gewerblicher Streitigkeiten, die sich über die Grenze eines Einzelstaates hinaus erstrecken. Über die Wirkung der australischen Gesetzgebung s. auch *Nogaro* S. 83-135.

[1]) Die bestehenden ausländischen Gesetzentwürfe sind veröffentlicht u. a. in der Publikation des K.St.A. I S. 143-175; bei *Hüglin* (Kanton Genf, französ. Entwürfe von *Millerand* und *Guesde-Jaurès*). S. 95-106. Vgl. auch *Nogaro*, l'Arbitrage obligatoire, Paris 1906.

[2]) Damit soll nicht einer unbedingten Vertragsfreiheit das Wort geredet werden.

ja alle Tage, daß die Arbeiterschaft einen äußerst wirksamen Zwang auf ihre Mitglieder zum Beitritt zur Koalition und zur Erfüllung der daraus erwachsenden Obliegenheiten ausübt. Wollte man dies verhindern, so müßte man täglich Tausende von Arbeitern einstecken und würde damit nur eine Schädigung der an sich nützlichen Koalitionen und statt einer geregelten, eine anarchische Kriegsführung der Arbeiter erzielen. Daher muß zunächst die strafrechtliche Sonderbestimmung des § 153 GO. aufgehoben werden, welche jeden körperlichen Zwang und jede Drohung zum Zwecke einer an sich erlaubten Rechtsverfolgung oder Rechtsverteidigung unter Strafe stellt. Dies rechtfertigt sich ganz besonders angesichts der widersprechenden Auslegungen welche die Bestimmung in der Praxis findet.

Demnächst muß auch die zivilrechtliche Einengung des Koalitionsrechts in § 152 GO. Abs. 2 fallen. Damit werden die Vereinigungen und Verabredungen zwecks Erlangung günstiger Lohn- und Arbeitsbedingungen andern zivilrechtichen Vereinigungen und Abmachungen gleichgestellt. Dies ist um so mehr geboten, als derartige Vereinbarungen für das staatlich geregelte Einigungsverfahren nicht nur nützlich, sondern geradezu nötig sind. Die Zulassung jederzeitigen Rücktritts von gegebenen Versprechungen ist auch moralwidrig. Sie muß das Rechtsgefühl und die Vertragstreue der Arbeiter völlig untergraben, während man auf der andern Seite doch gerade das Rechtsgefühl der Arbeiter stärken will.

4. Diese negativen Maßregeln allein genügen aber nicht.

Wir haben die Bedeutung der Koalitionen für den Abschluß von Tarifverträgen kennen gelernt. Es liegt deshalb nahe, ihnen die Eigenschaft rechtsfähiger Personen zu verleihen. Zwar könnte dies schon auf Grund der bestehenden Gesetze geschehen. Es empfiehlt sich aber das Verfahren noch zu erleichtern und noch eine Form zu finden, die den Berufsvereinen, insbesondere denen der Arbeiter, auf den Leib geschnitten ist[1]).

---

[1]) S. *Schall* S. 200. *Rundstein* spricht sich gegen eine Verbindung der Frage der Rechtsfähigkeit der Berufsvereine mit der Frage der Tarifverträge aus, S. 93.

In dieser Beziehung liegt bereits ein amtlicher Vorschlag zur Änderung der Gesetzgebung vor[1]). Dieser Entwurf betrifft sowohl Arbeitgeber- wie Arbeiterberufsvereine, deren Zweck nur auf die Wahrung und Förderung der mit dem Berufe seiner Mitglieder unmittelbar in Beziehung stehenden gemeinsamen gewerblichen Interessen oder daneben auf die Unterstützung seiner Mitglieder gerichtet ist, ohne daß ihnen ein Rechtsanspruch darauf gewährt wird[2]), und Vereine gleicher Art, welche einen solchen Rechtanspruch gewähren oder einen wirtschaftlichen Geschäftsbetrieb bezwecken. Beiden will der Entwurf unter gewissen Bedingungen die Rechtsfähigkeit verleihen. Für uns interessiert hauptsächlich die Stellung dieses Entwurfs zur Frage der Tarifverträge

Zunächst ist die personelle Ausschließung gewisser Arbeiterkreise zu bedauern. Wenn man mit diesem Entwurf die Angelegenheiten der Bergarbeiter, Seeleute und Landarbeiter nicht verquicken will, so sollte man wenigstens die an Tarifverträgen so sehr interessierten Heimarbeiter einbeziehen.

---

[1]) Entwurf eines Gesetzes betr. gewerbliche Berufsvereine. Nebst Begründung. Nr. 533 Reichstag II. Legislaturperiode II. Sess. 1905/07 S. 10 u. 11. Vgl. hierzu *von Schulz*, Archiv f. Sozialw. u. Sozialpol. XXIV 1 S. 64—93; *von Frankenberg*, Deutsche Juristenzeitung XI Sp. 1333 f. *Sulzer* a. a. O. S. 20. (Derselbe verwirft S. 24 die zwangsweise Organisierung der Arbeiter). Ebenso *Brogsitter* S. 28 gegenüber dem Genfer Gesetz v. 10. 2. 1900. S. auch *Kollenscher*, Die Rechtsfähigkeit der Berufsvereine, Leipzig 1907. *Rosenberg*, Das Vereinsrecht des BGB. und die Gewerkschaftsbewegung, Berlin 1903 (besonders S. 52). *Rosenberg* stellt für die Gesetzgebung folgende Grundsätze auf: 1. Nichtanwendung des öffentlichen Vereins- und Versammlungsrechts auf die Gewerkschaften; 2. Rechtsfähigkeit mit der Möglichkeit des Grunderwerbes und der Prozeßführung; 3. Volle Freiheit in der Verfolgung der den Gewerkschaften eigentümlichen wirtschaftlichen Ziele, wie Unterstützungswesen, Arbeitsnachweis u. dergl.; 4. Kein Zwang zur Einreichung von Mitgliederlisten; 5. Regelung der Haftung des Vereinsvermögens für Verschulden der Vereinsorgane, in dem Sinne, daß Kampfhandlungen während des Streiks oder anderer Lohnzwistigkeiten, soweit sie nicht gegen Strafgesetze verstoßen, keine Ersatzpflicht begründen.

[2]) Eine Haftung der vertragschließenden Verbände für die Anerkennung der Urteile der Tarifschiedsgerichte, wie im Buchdruckertarif vorgesehen — s. *Koeppe* S. 759 —, wäre nicht mehr möglich. Vgl. hierzu *Schall* § 60 u. 61.

Gefährlich für die Tarifverträge ist der § 12 des Entwurfs, welcher einen Anspruch des Vereins gegen seine Mitglieder nur in Ansehung der ordentlichen Beiträge zuläßt. Zunächst ist die Bestimmung nicht klar. Soll sie sich nur auf die Ansprüche aus der Mitgliedschaft beschränken, oder soll jeder privatrechtliche Vertrag des Vereins mit seinen Mitgliedern unzulässig sein, soll z. B. ein Gastwirt, der einem Gastwirtsverein, dem er angehört, ein Vereinszimmer überlassen hat, nicht aus diesem Mietsvertrage in Anspruch genommen werden können? Soll der Verein gegen Ansprüche seiner Mitglieder keine Gegenansprüche geltend machen oder daraus Einwände herleiten können, außer wegen der ordentlichen Beiträge? Dann könnte der Berufsverein gar nicht mehr auf die Innehaltung der tariflichen Pflichten seiner Mitglieder durch Klage hinwirken. Das wäre eine neue Verschlechterung des Rechts zum Schaden der Tarifverträge. Diese Bestimmung müßte unter allen Umständen fallen und wäre zu ersetzen durch eine Bestimmung, welche den Vereinen ermöglicht, ihre Mitglieder zur Innehaltung der Tarifverträge eventuell durch Konventionalstrafen zu zwingen. Diese Bestimmung dürfte durch Statut gar nicht ausgeschlossen werden, damit der Verein sich nicht der Erfüllung seiner Pflicht aus dem Tarifvertrag entziehen kann.

Zweckmäßig wäre auch eine Bestimmung, welche jeden Berufsverein für befugt erklärte, Tarifverträge abzuschließen. Das Statut kann die Art des Abschlusses regeln, aber es darf ihn nicht untersagen. Der Vorstand muß als ermächtigt bezeichnet werden, alle Vereinsmitglieder beim Abschluß von Tarifverträgen zu vertreten, d. h. durch Tarifverträge für sie Rechte auszubedingen und Verpflichtungen einzugehen, und zwar unter Beobachtung der Statuten und der Vereinsbeschlüsse, so daß der einzelne sich dem nur durch vorherigen Austritt entziehen kann. Diese Vollmacht kann durch Statut nicht beseitigt oder eingeschränkt werden und damit ist die sonst so schwierige Prüfung der Legitimation der Vertreter bei Einigungsverhandlungen wesentlich erleichtert[1]). Die Vollmacht muß gesetzlich genau um-

[1]) Auch die ZPO. erleichtert die Legitimation der Prozeßvertreter durch gesetzliche Fixierung des Umfanges der Prozeßvollmacht im Gegensatz zum GGG. hinsichtlich der Vertreter vor dem Einigungsamt, § 81—83

grenzt sein. Im übrigen würde eine Vereinfachung des Gesetzes (§§ 2, 3, 4, 6, 8, 15 Nr. 1 könnten wegfallen, § 10 und 13 wesentlich abgekürzt werden) zu empfehlen sein. § 15 Nr. 3 müßte genauer definiert werden.

Wichtig ist auch eine Regelung der Haftpflicht der Berufsvereine für den durch sie verursachten Schaden und die von ihnen eingegangenen Verpflichtungen. In England hat man hin und her geschwankt zwischen dem Ausschluß jeder Haftung und der unbeschränkten Haftung[1]). Das Richtige liegt vielleicht in der Mitte. Es ist eine natürliche Forderung, daß auch ein Verein mit seinem Vermögen für die durch ihn begründeten Verpflichtungen einsteht. Andererseits kann aber eine solche Haftung leicht zu einer Vernichtung der Vereine führen, die man fördern will, ohne daß die Handlung, welche diese Folge nach sich zieht, zu dem Urteil berechtigte, daß der Verein keine Existenzberechtigung mehr habe. Die Handlung kann auf einen kleinen Teil der Mitglieder zurückzuführen sein, es können Folgen eingetreten sein, die gar nicht zu übersehen waren, Wirkungen, die der Verein überhaupt nicht verhindern konnte[2]). Man denke, daß man es mit Massenbewegungen zu tun hat, die die Vorstände der Vereine nicht nach Willkür regieren können. Der Verlust des Vereinsvermögens trifft den einzelnen nicht allzu hart. Man kann daher solche Bewegungen mit der unbeschränkten Haftung nicht wirksam bekämpfen. Ein Bankrott

ZPO., § 63 ff. GGG.; vgl. *Wölbling*, Archiv f. Sozialw. u. Sozialpol. Diese Vollmacht soll nur das Verhältnis des Bevollmächtigten nach außen betreffen. Was das Verhältnis zur Vereinsversammlung anbetrifft, so muß sie natürlich befugt sein, dem Vorstande Instruktionen zu erteilen, an die der Vorstand gebunden ist. Eine Überschreitung dieser Instruktionen würde einmal den Vorstand ersatzpflichtig machen, dann aber, was noch wichtiger ist, zu seiner Entlastung durch Beschluß der Mitgliederversammlung berechtigen.

[1]) Vgl. K.St.A. I. S. 85-87. *Brogsitter* S. 38-42.

[2]) Bei einer Arbeiterbewegung wirken stets Einflüsse von außerhalb mit, z. B. politische, humanitäre; mit den organisierten Arbeitern, die die Vorstände noch in der Gewalt haben, verbinden sich nicht organisierte. Wer verursacht in diesem Falle den Schaden? Das sind kaum sicher zu entscheidende Fragen. Man verweigert eine Lohnerhöhung wegen schlechter Konjunktur. Deshalb entsteht ein Streik. Was ist schließlich die Ursache des Schadens: die schlechte Konjunktur oder der Streik?

und eine Liquidation eines Berufsvereins muß nach Möglichkeit verhindert, nicht befördert werden. Die Folge wäre doch nur die Gründung eines neuen, vermögenslosen oder nicht rechtsfähigen und deshalb kampflustigeren Vereins. Die Mittel der Vereine dienen auch häufig Unterstützungszwecken und lösen damit Aufgaben des Staates ab[1]).

Daher empfiehlt es sich, einen ähnlichen Weg wie bei der Lohnsicherung einzuschlagen und einen Teil des Vereinsvermögens zu sichern, z. B. den für Unterstützungszwecke bestimmten. Dann bleibt auch nach einem erfolglosen Streik der Verein bestehen und man kann weiter mit ihm kontrahieren. Der zwecklose Geldverlust infolge eines vergeblichen Streiks ist eine bessere Warnung des Vereins, als seine Auflösung infolge Bankrotts oder vollständiger wirtschaftlicher Vernichtung.

Billig erscheint eine solche Beschränkung der Haftung — der eine Sicherung der Unterstützungsgelder für die angegebene Zwecke parallel laufen müßte —, weil die Frage der Verursachung und der Höhe des Schadens meist von Vermutungen und vagen Schätzungen abhängen wird. Von dem Gutachten eines Sachverständigen könnte dann die Existenz eines Berufsvereins abhängig sein und dieses Gutachten kann leicht von irrtümlichen, unkontrollierbaren Voraussetzungen abhängen. Oft wird bei einer Lohnbewegung das Verschulden auf beiden Seiten liegen. Muß sonach die Entscheidung davon abhängen, ob die Wage sich ein klein wenig mehr zugunsten der einen oder der anderen Partei neigt, so muß man die Folgen einer solchen Entscheidung nicht übertreiben. Bis zur Vernichtung soll regelmäßig die Haftbarkeit nicht führen. Das widerspricht durchaus nicht den Grundsätzen unseres Rechts, bedeutet nur die Übertragung von Rechtsprinzipien auf das Vermögen von Vereinen, die für Einzelpersonen bereits bestehen. Man vermeidet damit auch, daß eine Gerichtspraxis, die infolge des Mangels an Erfahrungen und Maximen zunächst noch eine tastende sein würde, unwiederbringlichen Schaden anrichten kann. Festzustellen sind die Fälle, in welchen

[1]) *Schall* S. 201 empfiehlt eine Beschränkung des Personenkreises, für den der Berufsverein außerkontraktlich zu haften hätte. Dieser Vorschlag ist beachtlich.

überhaupt eine Haftung eintritt, wenn möglich durch eine allgemeine Regel.

5. Mit diesen gesetzlichen Maßnahmen ist die Bahn für eine weitere kräftige Entwicklung der Tarifverträge freigemacht. Ein vorzeitiges Weitergehen könnte sie leicht zum Schaden der weiteren Entwicklung einschnüren. Hier muß die Praxis helfend einsetzen und den natürlichen Ausbau der Tarifbewegung fördern. Die Meinungen über die künftige Gestaltung gehen auch noch zu weit auseinander. Ein Ausgleich derselben würde Zeit erfordern. Davon sollte man aber die oben vorgeschlagenen gesetzlichen Maßregeln, die auch schon im Fluß sind, nicht abhängig machen.

Gleichwohl soll auch eine künftige umfassende privatrechtliche Regelung der Tarifverträge nicht unerörtert bleiben[1]).

Bei einer solchen Regelung ist es empfehlenswert, zunächst Begriff und Inhalt des Tarifvertrags festzustellen. Es ist aber fraglich, ob die Zeit für eine gesetzliche Definition bereits gekommen ist, da die Wissenschaft noch über den Begriff streitet. Man kann daher bei der gesetzlichen Regelung von der Definition des Tarifvertrages vielleicht noch absehen[2]).

Man wird den Tarifvertrag mit Rechtswirkungen ausstatten müssen, deren Ursprung in wichtigen Beziehungen nicht auf den Willen der einzelnen Beteiligten wird zurückgeführt werden können. Solche Wirkungen können aber nur denjenigen Tarifverträgen beigelegt werden, die den gesetzlichen Anforderungen entsprechen.

Die übrigen Tarifverträge wird man aber weder verbieten noch unbeachtet lassen können.

Der Unterschied zwischen den beiden Arten von Tarifverträgen wird, abgesehen davon, daß die eine einen zwingenden Inhalt hat, die andere nicht, zunächst in der relativen Zahl der beteiligten Personen liegen. Der Tarifvertrag mit weiter-

---

[1]) Diese Regelung sollte sich nicht auf das Gewerbe beschränken. Vgl. *v. Schulz*, Gutachten Anm. 1.

[2]) Vgl. *Braun*, Die Tarifverträge S. 9—11.

gehender Wirksamkeit, wir wollen ihn den zwingenden Tarifvertrag nennen. wird nur vorliegen, wenn nach einer Erklärung des zuständigen Einigungsamtes die Mehrzahl der Arbeiter des räumlichen Geltungsbereichs des Tarifvertrags am Vertragsschluß beteiligt ist. Der notwendige Inhalt muß hier umfassen: die Frage, ob in Zeitlohn oder in Akkordlohn gearbeitet werden soll, die Höhe der Löhne oder die Art ihrer Festsetzung durch ein Tarifamt, die Arbeitszeiten, die Pflichten und Rechte eines am Vertragsschluß beteiligten Vereins hinsichtlich der Durchführung des Tarifvertrags, die Art der Zusammensetzung und Aufgabe des Tarifamtes[1]). Nötig wird es vielleicht auch werden, gewisse Bestimmungen, deren vertragliche Festlegung den Gewerbebetrieb beengt und solche, deren Durchführung im Rechtswege nicht möglich ist, vom zwingenden Tarifvertrage auszuschließen[2])[3]).

Sämtliche Tarifverträge sind bei Vermeidung der Nichtigkeit schriftlich abzufassen. Die Tarifverträge mit zwingendem Inhalt bedürfen außerdem der Niederlegung auf dem Einigungsamt. Bei dieser Niederlegung hat das Einigungsamt die Parteien auf Unklarheiten und Gesetzwidrigkeiten aufmerksam zu machen[4]).

---

[1]) Ein soziales Bedürfnis, andere Tarifverträge mit dieser Wirkung gesetzlich auszugestalten, liegt nicht vor.

[2]) Nicht vom freien T.-V. Vgl. *Braun* S. 21 folg.

[3]) *v. Schulz*, Gutachten, empfiehlt die notwendigsten Bedingungen des Tarifvertrages „als Anleitung“ gesetzlich festzulegen.

[4]) Das Gesetz des Australischen Staatenbundes betreffend das Einigungswesen (K. St. A. S. 143 f. bes. S. 145) gibt eine Definition der gewerblichen Angelegenheiten, auf welche sich die Einigung und folglich ein etwaiger Tarifvertrag erstrecken kann. Sie lautet: Gewerbliche Angelegenheiten sind alle Angelegenheiten betreffend Arbeit, Bezahlung, Löhne, Entschädigung, Vorrechte, Rechte und Pflichten der Arbeitgeber und Arbeiter, Fristen und Bedingungen der Beschäftigung und Nichtbeschäftigung; im besonderen, ohne aber dadurch den Umfang dieser Definition einzuschränken, alle Angelegenheiten betr. die Beziehungen zwischen Arbeitgeber und Arbeiter, die Beschäftigung, Vorzugsbeschäftigung, Entlassung oder Nichtbeschäftigung gewisser Personen, oder von Personen eines bestimmten Geschlechts oder Alters, oder von Personen, die Mitglieder einer Organisalion, Vereinigung oder Körperschaft sind oder nicht sind und jeder Anspruch, der aus einer gewerblichen Vereinigung erwächst.

Ist die Form der Niederlegung nicht erfüllt, so entbehren die Tarifverträge der zwingenden Wirkung, sind aber sonst rechtswirksam[1]). Das Einigungsamt hat jeden vor ihm abgeschlossenen oder bei ihm niedergelegten Tarifvertrag in seinem Amtsblatt zu publizieren[2])[3]).

Bei sukzessivem Abschluß des Tarifvertrags ist derselbe im Zweifel für die Beigetretenen erst mit der Publikation durch das Einigungsamt verbindlich, diese darf erst erfolgen, wenn nach Ansicht des Einigungsamtes die Mehrzahl der in Frage kommenden Arbeitgeber und Arbeiter dem Tarifvertrag beigetreten sind.

Sofern die Dauer des Tarifvertrags nicht bestimmt ist, gilt er auf zwei Jahre und ist zu deren Ablauf, sofern rechtsfähige Berufsvereine an seinen Abschluß beteiligt sind, nur durch diese kündbar, andernfalls läuft der Vertrag jedesmal wieder auf zwei Jahre. Auf längere Zeit als zehn Jahre dürfen Tarifverträge nicht abgeschlossen werden[4]). Die Verträge laufen jedoch stillschweigend, eventuell auf eine zu vereinbarende Frist weiter, wenn sie nicht rechtzeitig gekündigt werden. Die gesetzliche, aber durch Vertrag abzuändernde Kündigungsfrist beträgt 6 Monate. Die Kündigung ist an das Gewerbegericht zu richten. Dieses macht den Parteien von der erfolgten Kündigung, wenn sie ordnungsmäßig ist, Mitteilung. Andernfalls hat das Gewerbegericht den Kündigenden auf die Mängel seiner Kündigung aufmerksam zu machen. Einzelne am Tarifvertrag beteiligte Personen, Arbeitgeber oder Arbeiter können den Vertrag für ihre Person kündigen, ohne

---

[1]) Die Schriftform verlangen u. a. *Sulzer* S. 23. *Schall* S. 203. Vgl. auch *Rundstein* S. 56, *Lotmar* S. 796, *Schmelzer* S. 137, 138.

[2]) Nach dem Australischen Bundesgesetz über die Schiedsgerichte (§ 76 K.St.A. I. S. 161) sollen die gewerblichen Vereinbarungen im Bureau des Gewerberegistrators und in dem der Gewerkschaft zur Einsicht niedergelegt werden, auch können die Interessenten Abschriften erfordern.

[3]) Neben dem Einigungsamt des Gewerbegerichts besitzen wir Innungseinigungsämter, deren Beseitigung *v. Schulz* in seinem Gutachten anregt. Derselbe hegt auch Bedenken gegen die Arbeitskammern als Einigungsämter, s. auch GG. und KG. XI, Sp. 168 folg.

[4]) Wegen der Dauer des T.-V. Vgl. *Braun*, a. a. O. S. 20—21 auch 38.

daß dadurch der Fortbestand hinsichtlich der übrigen gefährdet wird[1]).

Derjenige im Tarifvertrag besonders hervorzuhebende Teil seines Inhalts, der zum Inhalt der abzuschließenden Dienstverträge werden soll, wird ohne weiteres mit der Publikation des Tarifvertrags ein Teil des Inhalts der bestehenden und der künftig abzuschließenden Dienstverträge, auch derjenigen, welche von den Tarifvertrag unterworfenen Arbeitgebern mit Außenseitern geschlossen werden.

Der nach Form und Inhalt den gesetzlichen Vorschriften entsprechende Tarifvertrag wird auch ohne weiteres ein Teil der bestehenden Arbeitsordnung der Tarifanhänger mit derselben Wirkung wie die Arbeitsordnung. Er ist aber auch ausdrücklich dieser einzuverleiben.

Dem vorschriftsmäßigen Tarifvertrage kann für die ihm unterworfenen Arbeitgeber und Arbeiter, sowie bei tariffreundlichen Arbeitgebern eintretenden Außenseiter überhaupt die Wirkung einer Arbeitsordnung beigelegt werden. Welche Bestimmungen in diesem Falle durch Vertrag unabänderlich sein müssen, dürfte im Gesetz festzustellen sein. Die Lohnhöhe dürfte sich hierfür nicht eignen.

Die zwingende Wirkung bedeutet nicht die Unabdingbarkeit. Ob daher im Falle einer tarifwidrigen Abmachung ein Dienstvertrag mit tariflichem Inhalt überhaupt zustande gekommen ist, hängt von der Lage des einzelnen Falles ab. Statt der Unabdingbarkeit sollte man beiden Parteien das Recht sofortiger fristloser Kündigung des tarifwidrigen Dienstvertrags geben. Auf dieses Recht durfte nicht verzichtet werden können. Nur die am Tarifvertrag beteiligten rechtsfähigen Berufsvereine haben das Recht, gegen die Parteien eines tarifwidrigen Dienstvertrages auf Aufhebung dieses Vertrags und Schadenersatz oder Zahlung einer Konventionalstrafe an den verletzten Berufsverein zu klagen. Andern steht aus dem Abschluß tarifwidriger Dienstverträge eine Klage nicht zu. Den Par-

---

[1]) *v. Schulz,* Gutachten, schlägt vor die ausschließliche Kündigungsbefugnis den Obmännern der Schlichtungskommissionen zu übertragen.

teien des tarifwidrigen Dienstvertrags steht an sich das Recht zu, voneinander Erfüllung zu verlangen, wenn die Kündigung nicht erfolgt ist. Einen Schadenersatzanspruch oder die Forderung einer Konventionalstrafe können die Dienstvertragsparteien im Fall der Kündigung nicht gegeneinander geltend machen.

Was die Organisation der Tarifgemeinschaft anbetrifft, so finden die erforderlichen Wahlen mangels anderer Bestimmungen unter Leitung des zuständigen Gewerbegerichts[1]) statt. Kommt eine gültige Wahl nicht zustande, so ernennt dieses Gewerbegericht die Organe der Tarifgemeinschaft. Den Vorsitzenden dieser Organe wählen dessen gewählte Mitglieder; auch hier entscheidet äußerstenfalls das Gewerbegericht.

Wer in Kenntnis des bestehenden Tarifvertrags und seines Inhalts bei einem dem Tarifvertrag unterworfenen Arbeitgeber in Dienst tritt oder wer mit dieser Kenntnis einem durch einen Tarifvertrag verpflichteten Verein von Arbeitgebern oder Arbeitern beitritt, tritt damit auch dem Tarifvertrag bei. Das Recht zu diesem Beitritt hat im Zweifel jeder Außenseiter[2]). Die Begriffe des Streiks, der Sperre, des Boykotts und ähnlicher Zwangsmittel müssen gesetzlich festgelegt werden. Die Anwendung dieser Mittel während der Dauer eines Tarifvertrages und zum Zwecke der Durchsetzung oder Änderung der im Tarifvertrage geregelten Punkte ist gesetzlich auszuschließen, soweit sie nicht in Ausübung einer berechtigten Weigerung der Erfüllung oder eines Zurückbehaltungsrechts erfolgen.

Die Anwendung von Zwangsmitteln gesetzlich von der Zustimmung einer Schlichtungskommission abhängig zu machen, halte ich für unmöglich. Es wird dadurch nur das Ansehen der Schlichtungskommission untergraben. Diese könnte ja wohl in Fällen von Einzelstreiks oder Sperrung ganz gut funktionieren. Bei einer Lohnbewegung allgemeineren Charakters würden aber immer die Stimmen der Arbeitgeber denen der Arbeiter gegenüberstehen, so daß die Entscheidung dann allein in die

---

[1]) Oder eines der zuständigen Gewerbegerichte.

[2]) *Sulzer* S. 25. *v. Schulz*, Gutachten II., konstatiert eine Neigung zu ausschließlichem Verbandsverkehr.

Hände des Vorsitzenden gelegt wäre. Dann wären gerade in den wichtigsten Fällen die Beisitzer überflüssig. Eher könnte man an eine vermittelnde Tätigkeit der Schlichtungskommission denken. Aber diese durch das Gesetz als zwingend vorzuschreiben, möchte ich auch nicht empfehlen. Die Durchführung des Rechts beruht nun einmal auf einem Kampfe. Das Recht gibt Kampfmittel besonders zur Verteidigung, deren Anwendung rasch und energisch erfolgen muß. Gerade durch eine derartige energische Anwendung oder doch durch die drohende Möglichkeit einer solchen Energie werden viele Streitigkeiten vermieden[1]). Nimmt man diesen Verteidigungsmitteln die Schärfe, so wird die Neigung zu Konflikten zunehmen[2]). Wenn aber die Parteien kampfunlustig oder kampfesmüde sind, oder wenn das beiderseitige Verhältnis ein besonders gutes ist, dann werden sie selbst das Verlangen nach einer Vermittlung haben. Dann wird eine Schlichtungskommission Gutes wirken können. Man mag daher die Einrichtung einer Schlichtungskommission mit vorgeschriebener Zusammensetzung zum obligatorischen Inhalt der Tarifverträge machen, aber ohne den Zwang, dieselbe vor einem Streik oder einer Sperre anzurufen. Man mag es den Parteien überlassen, ob sie eine solche Bestimmung in ihrem Vertrag aufnehmen wollen. Als dritter zwischen zwei anderen Frieden mit Gewalt stiften zu wollen, ist immer eine eigene Sache. Dahingegen hat die Schlichtungskommission das Recht, vermittelnd einzugreifen, wenn sie sich davon Erfolg verspricht, und zwar dies am besten schon vor Beginn eines Kampfes[3]).

---

[1]) Die Notwendigkeit der Selbsthilfe auf dem Gebiete des Arbeiterrechts erkennt auch *Schmelzer* an, der in seiner Schrift über die Tarifgemeinschaften den Unternehmerstandpunkt vertritt.

[2]) Wenn ein Tarifvertrag abgelaufen ist und die Parteien über den Abschluß eines neuen Vertrages verhandeln, so sollen Kämpfe während der Dauer der Verhandlungen nicht stattfinden. Es liegt dann nahe, daß die bisherigen Bedingungen für die Fortführung der Arbeiten gelten sollen. Das würde aber diejenige Partei, die ein Interesse an den alten Bedingungen hat, veranlassen, die Verhandlungen hinzuziehen. Deshalb wird man dem Grundsatz nicht beistimmen können, daß während der Verhandlung stets Waffenruhe herrschen müsse.

[3]) Ebenso *v. Schulz*, Gutachten. *Kullmann* wünscht obligatorische Schiedsgerichte, wo das Streikrecht aus öffentlichen Gründen ausgeschlossen sein soll.

Eine besondere gesetzliche Bestimmung wird sich noch hinsichtlich Mitwirkung der Verwaltungsbehörden beim Erlaß der Arbeitsordnung empfehlen. Die Verwaltungsbehörden müssen darauf halten, daß der Tarifvertrag in die Arbeitsordnung aufgenommen wird, unbeschadet bestehender entgegengesetzter Rechte. Ob aber die Verwaltungsbehörden in dieser Beziehung einen Zwang werden ausüben können, erscheint mir zweifelhaft. Denn der Tarifvertrag ist kein Gesetz; es ist möglich, daß er zweifelhafte, ja ungesetzliche Bestimmungen enthält. Über diese zu entscheiden, könnte nur Sache des Gerichts bei einem Prozesse sein.

Andrerseits dürfte auch das Recht der Verwaltungsbehörde gemäß § 134 f. die Abänderung von Arbeitsordnungen zu verlangen, soweit diese Tarifverträgen entsprechen, nicht aufrecht erhalten werden können. Denn das wäre ein Eingriff in das vertragliche Recht des Tarifvertrags. Hier außer dem Einigungsamt, das schon die Pflicht hat, die Parteien auf gesetzwidrige Bestimmungen aufmerksam zu machen, und den Gerichten, die im Streitfalle über die Gesetzmäßigkeit zu entscheiden haben, noch eine dritte Behörde zum Eingriff zu ermächtigen, würde eine Vermehrung der schon so übel beliebten Vielregiererei sein. Will man aber noch eine polizeiliche Mitwirkung, wovon nur abgeraten werden kann, so muß sie bereits beim Abschluß des Tarifvertrags einsetzen, so daß bereits in diesem Augenblick die Polizei oder besser das Einigungsamt Änderung verlangen kann.

Die Regelung des Streikrechts und des Rechts der sonstigen Kampfmittel (Sperre, Aussperrung, Boykott) würde, soweit diese Maßregeln während der Dauer eines Tarifvertrages in Frage stehen, zusammenhängen mit einer besonderen Regelung der Bestimmungen über die Verweigerung und Zurückbehaltung einer Gegenleistung. Der Fall liegt hier insofern eigenartig, als die Parteien aus vielen Köpfen bestehen. Man kann unmöglich immer ein vollständig gleichmäßiges Verhalten aller Parteimitglieder verlangen und darum kann man das vertragswidrige Verhalten eines einzelnen nicht in dem Maße der Gesamtheit zurechnen, wie dies nach den bestehenden Bestimmungen erforderlich wäre. Man wird hier vielleicht die Bestimmung des § 320 Abs. 2 BGB. zweckentsprechend auszubauen haben, wonach eine teilweise Verweigerung der Leistung meist immer die Verweigerung der gesamten Gegenleistung zuläßt. Diese Bestimmung bedürfte für die Fälle einer Lohnbewegung einer gewissen Spezialisierung, an die sich die Parteien halten und aus der sie klar und ohne zeitraubende Prüfung ersehen können, ob sie in Ausübung der Rechte aus § 320 in eine Lohnbewegung eintreten können. Daneben muß eine vertragliche Regelung des Rechts der beiderseitigen Kampfmittel zulässig sein[1]).

Ein Hauptgrundsatz bei der gesetzlichen Regelung des Tarifvertrags muß die Vereinfachung seines Inhalts sein. Alle Bestimmungen, deren exakte Durchführung weder im Wege des Prozesses noch im Wege eines Verwaltungsverfahrens möglich ist, sind auszuschalten. Sie sind nichtig und können eventuell den ganzen Tarifvertrag nichtig machen (§ 139 BGB.). So wünschenswert eine sorgfältige Ausgestaltung der Organisation der Tarifgemeinschaft ist, so muß doch der Neigung der Parteien, im Tarifvertrag alles mögliche zu regeln, entgegengetreten werden. Mögen sie besondere, mit dem Tarifvertrag nicht verbundene und von ihm unabhängige Verträge schließen, wenn sie solche Dinge regeln wollen, die nicht Inhalt eines Tarifvertrages mit zwingender Wirkung sein dürfen. Sie werden sich dabei deutlich dahin erklären müssen, daß der Sondervertrag nicht ein Teil des zwingenden Tarifvertrages sein darf, weil dadurch beide Verträge der Gefahr der Nichtigkeitserklärung ausgesetzt werden.

Wenn ein Tarifvertrag den Anforderungen für die zwingende Wirkung nicht entspricht, wenn er insbesondere Dinge regelt, die nicht Inhalt eines zwingenden Tarifvertrages sein dürfen, so bedarf er als freier Tarifvertrag nur der Schriftform, nicht der Niederlegung. Seine Wirkung ist von den zwingenden Tarifverträgen zunächst hinsichtlich des Personenkreises verschieden. Alsdann tritt die automatische Wirkung hinsichtlich der Dienstverträge nur ein, wenn sie nach dem Inhalt des Tarifvertrages gewollt ist, während die seautomatische Wirkung eine selbstver-

---

[1]) *v. Schulz*, Gutachten, empfiehlt zur Sicherung der Tarifverträge Kautionen.

ständliche Folge der zwingenden Tarifverträge ist und ein Verstoß gegen den Dienstvertrag nichtig macht. Schließlich sind die nicht zwingenden Tarifverträge (wir können sie freie Tarifverträge nennen) hinsichtlich ihres Inhaltes keinem Zwang unterworfen. Sie können ihre Regelung auf weitere, aber auch auf wenigere Punkte erstrecken als der zwingende Tarifvertrag.

Die Erörterung des freien Tarifvertrages ist deshalb geboten, weil man durch keine Gesetzgebung solche freien Tarifverträge wird ausschließen können. Man kann wohl gewisse Tarifverträge gesetzlich bevorzugen. Der Verkehr wird aber stets noch weitere Formen ausbilden. Diese darf man nicht ignorieren.

Die vereinbarten Vergütungen gelten bei beiden Arten von Tarifverträgen im Zweifel als Minimal- und Maximalbestimmungen. Eine Partei, welche eine Minimallohnpolitik befolgt, wird also eine ausdrücklich dahingehende Bestimmung verabreden müssen.

Was den persönlichen Geltungsbereich des Tarifvertrages anbetrifft, so sind zunächst gebunden die vertragschließenden Organisationen. Ferner bei dem zwingenden Vertrag sämtliche den Organisationen nachträglich beitretenden Personen ohne weiteres mit dem Beitritt[1]). Die Organisation ist aber verpflichtet, dem Beitretenden bei seinem Eintritt den Inhalt des Tarifvertrages mitzuteilen. Sie haftet für den aus der unterlassenen Mitteilung entstandenen Schaden. Der Austritt aus der Organisation befreit nicht im Zweifel von dem Tarifvertrag.

Es sind berechtigt und verpflichtet ferner die von der Organisation vertretenen und die nachträglich dem Tarifvertrag — aber nicht der Organisation — beigetretenen.

Dazu gehören auch alle die bei einem tarifverpflichteten Arbeitgeber eingetretenen Arbeiter, denen der Arbeitgeber

---

[1]) Für welchen *Lotmar* gleichfalls Schriftlichkeit verlangt; vergl. *v. Schulz*, Gutachten. *v. Schulz* weist auf die Notwendigkeit der Prüfung der Vollmachten hin. Er wirft die Frage auf, ob die Hinderung am Tarifabschluß den Organisationen gesetzlich zu verbieten wäre, und schlägt

beim Eintritt den Tarifvertrag mitgeteilt hat. Diese Unterwerfung unter den Tarifvertrag tritt aber nur ein, wenn der Arbeiter keinen Widerspruch erhoben hat. Zur Mitteilung des Tarifvertrages ist der tarifverpflichtete Arbeitgeber gebunden[1]).

Wenn eine Innung mit den Gesellenausschuß kontrahiert, so gilt die Innung ohne weiteres auch als Vertreter der angehörigen Arbeitgeber. Sie kann auch die Vertretung außenstehender Arbeitgeber annehmen. Als Vertreter der Arbeiter gilt der Gesellenausschuß. Auch dem Tarifvertrag einer Innung kann im Zweifel jeder Dritte beitreten.

Wenn an einem Tarifvertrag Koalitionen nicht oder nur teilweise beteiligt sind, so müssen die Arbeiter durch gewählte Personen vertreten sein. Die Wahl der Vertreter erfolgt in einer öffentlichen, ordnungsgemäß unter Angabe der Tagesordnung einberufenen Versammlung unter Leitung einer vom Gewerbegericht bestellten Person durch Abstimmung mittels einfacher Mehrheit. Auch die Minderheit gilt als vertreten. Anwesend muß die Mehrheit der vom Gewerbegericht festzustellenden Zahl der Arbeiter oder Arbeitgeber sein, die durch den Tarifvertrag gebunden sein sollen. Wenn mehrere Gemeinden in Frage kommen, so hat das zuerst angerufene Gewerbegericht nach Anhörung von Beteiligten den räumlichen Bezirk und nötigenfalls einzelne Wahlbezirke zu bestimmen. Es kann dann die für die Wahlhandlung örtlich zuständigen Gewerbegerichte um Leitung der betreffenden Wahlhandlung ersuchen. Das Gewerbegericht, eventuell das ersuchte, bestimmt in dem Fall, daß mehrere Gemeinden in Frage kommen, die Zahl der in jeder zu wählenden Personen. Auch hier sind vorher Beteiligte zu hören.

Nachträglich in das betreffende Gewerbe eintretende Personen sind an den Tarifvertrag gebunden, wenn sie in Kenntnis seines Bestehens stillschweigend einen Arbeitsvertrag abschließen. Die Kenntnis eines publizierten zwingenden Tarifvertrages ist zu vermuten. Zwingende, gehörig publizierte

---

vor, gesetzlich die Tarifverträge der Mehrheit sämtlichen Arbeitsverträgen zugrunde zu legen.

[1]) Siehe *Schall* S. 148.

Tarifverträge gelten ohne weiteres als Übung[1]). Eines besonderen Schutzes bedürfen unter Umständen die Minoritäten. Ihnen hat das Gewerbegericht nötigenfalls einen Vertreter zu bestellen[2]) [3]).

Einer besonderen Regelung bedarf die Zwangsvollstreckung.

Diese erfolgt nach den bestehenden Bestimmungen, sofern es sich nur um eine Geldforderung handelt.

Zur Durchführung der Versammlungsbeschlüsse oder zur Unterlassung eines Kampfmittels können die Vorstände der Verbände oder die ordnungsmäßig gewählten Vertreter der Beteiligten auf Grund des Tarifvertrages und soweit dieser nichts Gegenteiliges bestimmt durch Geldstrafen oder Haft im Zivilwege gezwungen werden.

Zwecks der Herbeiführung von Erklärungen bleibt das gesetzliche Vollstreckungsverfahren bestehen.

Dieselben Strafen wie gegen die Vorstände können gegen andere Leiter einer Kampfbewegung verhängt werden. Auf Grund eines zwingenden Tarifvertrages kann eine Partei auf Unterlassung einer Versammlung, in welcher nach bekanntzugebender Tagesordnung über einen den Tarifvertrag verletzenden Kampf beschlossen werden soll, beim Gewerbegericht klagen oder den Erlaß einer einstweiligen Verfügung anordnen. Das Gewerbegericht hat die zuständigen Polizeiorgane um

---

[1]) Sie sind an sich keine Übung und können unter Umständen durch eine entgegengesetzte Übung oder Vereinbarung abgeändert werden.

[2]) So auch *Sulzer*.

[3]) Ein Gesetzentwurf des Schweizer Arbeiterbundes in Übereinstimmung mit einem Antrage der Schweizer Sozialdemokratischen Partei zur Revision des Schweizer Obligationenrechts hat folgende Vorschriften: Der Tarifvertrag ist ungültig, insofern sein Inhalt vor zwingenden Gesetzen oder von den guten Sitten abweicht. Der Tarifvertrag muß Bestimmungen über die Größe des Lohnes, sowie den örtlichen Bereich seine Geltung angeben. Es muß ein Tarifamt einsetzen, das sich mit der Auslegung, mit der Überwachung des Vollzuges, mit der Ausbreitung der Verbindlichkeit und mit der Vorbereitung einer Änderung oder Erneuerung des Tarifvertrages zu befassen hat. Das Tarifamt hat, wenn es zu keinem Beschluß gelangt, die Vermittlung des Einigungsamtes und in dessen Ermangelung die einer Kantonsregierung nachzusuchen, die den Abschluß des Tarifvertrages bekannt gemacht hat.

Vollstreckung zu ersuchen. Wohlgemerkt bezieht sich dieses Verfahren nur auf Bewegungen, die gegen einen zwingenden Tarifvertrag verstoßen[1]).

Zum Schluß seien noch die internationalen Tarifverträge erwähnt. Sie sind im Zweifel nach deutschem Recht zu beurteilen. Sie sind nur zulässig mit Genehmigung des Auswärtigen Amtes des Deutschen Reiches. Die besonderen Zwangsvollstreckungsbestimmungen gelten nur, sofern die Gegenseitigkeit verbürgt ist, sonst könnten unter Umständen Inländer bei einem Tarifvertrag schlechter gestellt sein als Ausländer.

---

[1]) Vgl. auch die Strafbestimmungen des australischen Bundesgesetzes, K. Stat. A. S. 162—163. Kriminelle Strafen für Tarifbruch verlangt *Schmelzer* S. 136; vgl. *Sulzer* S. 22f.

Literatur.

(Die nachstehenden Schriften werden, soweit nichts Besonderes in Klammern bemerkt ist, in abgekürzter Form lediglich mit dem Namen des Schriftstellers angeführt).

I. Zum Akkordvertrag.

Ernst Abbe, Gesammelte Abhandlungen, Bd. III.

Arndt, Kommentar zum Preuß. Berggesetz, 5. Aufl.

Bail, Rechtsverhältnis des Arbeitgebers und Arbeitnehmers, 1904.

Baum, Handbuch für Gewerbegerichte, 1904.

Burchardt, Die Rechtsverhältnisse der gewerblichen Arbeiter, 1901.

Berger-Wilhelmi-Spangenberg, Kommentar zur Gewerbeordnung, 1907.

Ludwig Bernhard, Die Entstehung und Entwicklung der Gedingeordnungen im Deutschen Bergrecht; Schmollers Staats- und Sozialwissenschaftliche Forschungen, Leipzig 1902. (Bernhard, Gedingeordnungen.)

Derselbe, Die Akkordarbeit. (Bernhard, Akkordarbeit.)

Derselbe, Handbuch der Löhnungsmethoden. (Bernhard, Löhnungsmethoden.)

Derselbe, Referat über die gesetzliche Regelung der Akkordarbeit auf dem 28. Deutschen Juristentage. Verhandlungen Bd. III. (Bernhard, Verhandlungen des Juristentages.)

v. Blume, Die vorübergehende Behinderung des zur Dienstleistung Verpflichteten in d. Recht, 1902.

Correspondenzblatt der Generalkommission der Gewerkschaften Deutschlands. Jhrg. XVI, Nr. 10.

Crome, Die partiarischen Rechtsgeschäfte. Berlin 1897.

Cuno, Feste Bezüge, v. Schulz-Schalhorn, S. 129 f.

Dernburg, Pandekten. Bd. II, 1889.

Derselbe, Preußisches Privatrecht, 4. Aufl.

Derselbe, Privatrecht des Bürgerlichen Gesetzbuches, 1901.

Endemann, Die Behandlung der Arbeit im Privatrecht, 1896.

Flesch, Empfehlen sich gesetzliche Bestimmungen über den Arbeitsvertrag auf Geding? Deutsche Juristen-Zeitung, XI. Jahrg., Nr. 16/17.

Derselbe, Der Arbeitsvertrag der Heimarbeiter, GG. u. KG. XI., Nr. 8.

Derselbe, Kritik des Arbeitsvertrages. Jena 1903.

Derselbe, Über Ernst Abbe. GG. u. KG. XII., Nr. 6.

Fischer, Soz. Praxis 1907, Nr. 45.

Fischer-Briesnitz, Akkordarbeit in der Zeitschrift „Plutus“, II. Jahrg., Hft. 34.

Francke, Ernst, Gutachten über die Frage: „Empfehlen sich gesetzliche Vorschriften zur Regelung des gewerblichen Arbeitsvertrages auf Geding (Akkordvertrages)?“ Verhandlungen des 28. Deutschen Juristentages, Bd. II.
v. Frankenberg, GG. IV, Sp. 103.
Derselbe, Soc. Prax. Sp 366.
Freese, Heinrich, Die Gewinnbeteiligung der Angestellten. GG. IV, Sp. 103.
Derselbe, Das konstitutionelle System im modernen Fabrikbetriebe.
Das Gewerbe- und Kaufmannsgericht. Monatsschrift des Verbandes Deutscher Gewerbe- und Kaufmannsgerichte GG. oder GG. und KG.
Goldmann und *Lilienthal,* Das Bürgerliche Gesetzbuch. (G. G. u. K. G.)
Harms, Die Lohnsysteme der Marineverwaltung. Berlin 1905.
Heilinger, Österreichisches Gewerberecht. Wien 1898.
Hachenburg, Dienst- und Werkvertrag. Mannheim.
Hahn, Neuere Lohnversuche. Jahrb. f. Nat.-Ökonomie u. Statistik, 3. Folge, Bd. 32, Heft 6, S. 790.
Harms, Die Lohnsysteme der Marineverwaltung u. Versuche zu ihrer Fortentwicklung, Berlin 1905.
Hartmann, Aufrechnung und Zurückbehaltung. Breslau 1907.
Jhering, Das Trinkgeld. Braunschweig 1902.
Koehne, Die Arbeitsordnungen im Deutschen Gewerberecht 1901.
Derselbe, Dienstvertrag und Werkvertrag. GG. u. KG. XI, Nr. 3.
Derselbe. Der Rechtscharakter des gewerblichen Akkordvertrages. Archiv für bürgerliches Recht, XXIX., Heft 1.
Derselbe, Der gewerbliche Akkordvertrag im Auslande. Blätter für vergleichende Rechtswissenschaft und Volkswirtschaftslehre, II. Jahrg., Heft 5 u. 6.
Körsten, Sozialistische Monatshefte, Bd. I, Heft 5, S. 429 ff.
Kuhlenbeck, Das Bürgerliche Gesetzbuch. II. Aufl.
v. Landmann-Rohmer, Kommentar zur Gewerbeordnung. 5. Aufl.
Leidig, Verhandl. d. 18. Deutschen Juristentages, III, S. 543.
Leo, Der Tarifvertrag als internationales Rechtsproblem, Blätter für vergleichende Rechtswissenschaft u. Volkswirtschaftslehre II, No. 11.
Lilienthal, Joh., Die Fabrikbuchführung in der Zeitschrift „Werkstattstechnik“, herausgegeben v. G. Schlesinger, Verlag von Julius Springer, Berlin. I. Jahrg., Heft 1—4.
Lotmar, Der Arbeitsvertrag. Bd. I. 1902.
Maass, Die Praxis des Gewerbegerichts Stettin. 1907.
Meschelsohn-Marx, Verhandlungen des 28. Deutschen Juristentages, Bd. III.
Meyer, Das Recht der Beschlagnahme von Lohn und Gehaltsforderungen. 2. Aufl. Berlin 1904.
Mugdan, Materialien zum B. G. B.
Mugdan-Cuno, Komm. zum GGG.
Neumann, Kommentar zum BGB.
Opet, Deutsches Theaterrecht.

Örtmann, Die rechtliche Natur der Arbeitsordnung.
Planck, Kommentar zum BGB., 1897.
Prenner, Der gewerbliche Arbeitsvertrag. 1902.
Reichsarbeitsblatt (R.-Arb.-Bl.), sämtliche Jahrgänge.
Riezler, Werkvertrag.
A. Rüdiger-Miltenberg, Der gerechte Lohn. Berlin 1904.
Rümcker, Verhandlungen des 28. Deutschen Juristentages, Bd. III, S. 567.
Rümelin, Dienstvertrag und Werkvertrag. Tübingen 1907.
Rundstein, Die Tarifverträge und die moderne Rechtswissenschaft. Leipzig 1906.
Schalhorn, Einiges über den Gruppenakkord. Soziale Praxis XIV, Sp.1065ff.
v. Schulz, Kommentar zum GGG, 1902.
Derselbe, Zur rechtlichen Stellung der Heimarbeiter.
Derselbe, Die rechtliche Stellung der Heimarbeiter u. Deutsches Gewerberecht. Archiv f. Soziale Gesetzgebung Bd. V.
Derselbe, Zur gesetzlichen Regelung der Akkordarbeit. National-Zeitung, 1906, Nr. 529.
Derselbe, Tägliche Kündigung und Kündigungsausschluß. GG. u. KG., XII.
v. Schulz u. Dr. *R. Schalhorn*, Das Gewerbegericht Berlin. Berlin 1903.
Schwiedland, Ziele und Wege einer Heimarbeitergesetzgebung. Wien 1903.
Sinzheimer, Lohn und Aufrechnung, 1902.
Derselbe, Der korporative Arbeitsnormenvertrag. 1907.
Siegel, Der gewerbliche Arbeitsvertrag. Stuttgart 1903.
Soziale Praxis, Zentralblatt für Sozialpolitik. (Neue Folge der „Blätter für Soziale Praxis" und des Sozialpolitischen Zentralblattes.) Herausgeber Prof. Dr. E. Francke. (Soz. Prax.)
Stadthagen, Arbeiterrecht. 4. Aufl.
Kaiserliches Statistisches Amt, Der Tarifvertrag im Deutschen Reiche. Beiträge zur Arbeiterstatistik, Nr. 3, Berlin 1906. (K. Stat A., auch Tarifverträge.)
Unger, Entscheidungen des Gewerbegerichts Berlin. 1898.
Verhandlungen des 28. Deutschen Juristentages. J. Guttentag, Verlagsbuchhandlung, G. m. b. H., Berlin 1905—1907. Bd. I—III.
Weber, Verhältnisse der Landarbeiter. Schriften des Vereins für Sozialpolitik Bd. 55.
West, Verfehlte Akkordpolitik, Berlin 1906.
Witte, Die Ordnung der Rechts- u. Dienstverhältnisse der Beamten und Arbeiter der Preuß. Staatseisenbahnverwaltung 1903 (S. 163* Anm. 183*).
Wölbling, Gutachten über die Frage: „Empfehlen sich gesetzliche Vorschriften über den Arbeitsvertrag auf Geding (Akkordvertrag)?"
Verhandlungen des 28. Deutschen Juristentages, Band I, S. 201—277. *Wölbling* Gutachten.
Derselbe, Bd. III.
Derselbe, Gesetzliche Regelung der Akkordarbeit nach den Vorschlägen des GG. Berlin, XV, Nr. 48.

Wölbling, Grundsätze des Akkordvertrages aus Entscheidungen. Soziale Praxis Bd. XIV, Sp. Nr. 5 u. 10 und Bd. XVII Nr. 28—30. (Grundsätze und Grundsätze, Kolonnenvertrag.)

Derselbe, Die rechtliche Natur des sogenannten Nullens. Soziale Praxis 1904 Nr. 5, 8 und Würdigung wirtschaftlicher Verhältnisse Soziale Praxis XIV Sp. 420.

Derselbe, Der Akkordvertrag und Tarifvertrag auf dem Deutschen Juristentage. GG. u. KG. XII, Nr. 2. Parteivertretung vor den Gewerbegerichten.

II. Zum Tarifvertrag.

ab Yberg, die Strikes u. ihre Rechtsfolgen, Zürich 1903.

Altmann, Handbuch des deutschen Vereinsrechts. 1905.

Berliner Jahrbuch für Handel und Industrie, Verlag Georg Reimer.

Baum, Handbuch für Gewerbegerichte.

Derselbe, Koalitionsrecht und Treupflicht. GG. u. KG. XI Sp. 325.

Derselbe, Die Rechtsprechung des Kgl. Gewerbegerichts Solingen über Tarifverträge. Verbandsbeilage zum „Gewerbegericht", 1905 (X.

Derselbe, Die rechtliche Natur des Tarifvertrages *Gruchot*, Beiträge zur Erläuterung des Deutschen Rechts (49. Jahrg.).

Bittmann, Hausindustrie und Heimarbeit im Grhgt. Baden zu Anfang des XX. Jahrh., Karlsruhe 1907.

Braun, Die Tarifverträge und die deutschen Gewerkschaften, 1907.

Brogsitter, Tarifvertrag unter besonderer Berücksichtigung der Entwicklung in England. Essen (Ruhr), 1906.

v. Broecker, Schadensersatzansprüche aus dem Lohnkampf. Hamburg 1906.

Bueck, Die Organisation der Arbeitgeber. Berlin. J. Guttentag. 1904.

Cree, Eine Kritik der Theorie der Gewerkvereine. Deutsche Ausgabe. 1897.

v. Frankenberg, Über den Entwurf eines Gesetzes betreffend die gewerblichen Berufsvereine. Deutsche Juristen-Zeitung XI, Sp. 133 f.

Frey, Streik und Strafrecht. Heidelberg 1906.

Giercke, Otto, Das Wesen der menschlichen Verbände. Leipzig 1902.

Gisi, Einigungsamt und Schiedsgericht. Basel 1907.

„Das Gewerbegericht" in späteren Jahrgängen. „Das Gewerbe- und Kaufmannsgericht." (GG. u. KG.)

Hüglin, Der Tarifvertrag zwischen Arbeitgeber und Arbeitnehmer. Stuttgart und Berlin 1906.

Imle, Fanny, Gewerbliche Friedensdokumente, Entstehungs- und Entwicklungsgeschichte der Tarifgemeinschaften in Deutschland. Jena 1905.

Jay, Raoul, Der französ. Gesetzentwurf über den Arbeitsvertrag, GG. u. KG. XI Nr. 12.

Kleiberg, Jahrb. für Gesetzgebung, Verwaltung und Volkswirtschaft im Deutschen Reiche. 28. Jahrg. S. 225 f.

Koehne, Arbeitsordnungen. 1901.
Koeppe, Der kollektive Arbeitsvertrag als Gegenstand der Gesetzgebung. Conrads Jahrbücher Bd. 30.
Derselbe, Der neueste Fortschritt in der Buchdruckertarifgemeinschaft. Jahrbücher für Nationalökonomie und Statistik, 3. Folge, Bd. 32.
Kollenscher, Die Rechtsfähigkeit der Berufsvereine. Leipzig 1907.
v. Lindheim, Die Friedensaufgabe der Tarifverträge, 1907.
Lotmar, Der Arbeitsvertrag. Bd. I. 1902.
Derselbe, Tarifverträge. Archiv für soziale Gesetzgebung und Statistik. Bd. XV. (Lotmar, Tarifverträge.)
Lotmar-Sulzer. Entwurf eines Gesetzes über den Tarifvertrag, Soziale Praxis XI. 349 folg.
Meschelsohn, Der Lohntarifvertrag. Soziale Praxis XVI, Nr. 26 u. 27.
Mugdan-Cuno, Kommentar zum GGG.
Oertmann, Zur Lehre vom Tarifvertrage. Zeitschrift für Sozialwissenschaft.
Nogaro, Bertraud, L'Arbitrage obligatoire. Paris.
Poetsch, Ist es möglich, den gewerblichen Kollectivvertrag (Tarifvertrag) als privatrechtliches Institut zu erklären? Leipzig 1907.
Prenner, Der gewerbliche Arbeitsvertrag. 1902.
Reichsarbeitsblatt. (R.-Arb.-Bl.)
Rocke, Über Tarifgemeinschaften. Leipzig 1906.
Rosner, Der Kollektivvertrag.
Rosenberg, Das Vereinsrecht des BGB. und die Gewerkschaftsbewegung. Berlin 1907.
Rundstein, Die Tarifverträge und die moderne Rechtswissenschaft. Leipzig 1906.
Derselbe, Die Tarifverträge im französischen Privatrecht. Leipzig 1905.
Schalhorn, Rechtliche Bedeutung allgemein üblicher oder vor dem Einigungsamt vereinbarter Arbeitsbedingungen für den einzelnen Arbeitsvertrag.
Schall, Das Privatrecht der Arbeitstarifverträge. 1907.
Schellwien, Tarifvertrag. GG. u. KG. XII, Sp. 116.
Schmelzer, Tarifgemeinschaften, ihre wirtschaftliche, sozialpolitische und juristische Bedeutung, mit besonderer Berücksichtigung des Arbeitgeberstandpunktes. Leipzig 1906.
v. Schulz, Das Reichsgericht wider die Tarifverträge. Archiv. für soziale Gesetzgebung u. Sozialpolitik, Bd. XX.
Derselbe, Zur Koalitionsfreiheit. Ebenda Bd. XVIII, 1903.
Derselbe, Gutachten über das Recht der Tarifverträge. Verhandlungen des XXIII. Deutschen Juristentages Bd. II.
Derselbe, Über den Entwurf eines Gesetzes betreffend die gewerblichen Berufsvereine. Archiv f. Sozialwissenschaft und Sozialpolitik XXIV, S. 64—93.
Derselbe, Über Rundstein: Kritische Blätter für die gesamten Sozialwissenschaften. März 1906.

v. Schulz, Über hygienische Vorschriften in Berliner Tarifverträgen. Medizinische Reform XIV, S. 205 ff.

v. Schulz-Schalhorn, Das Gewerbegericht Berlin. 1903.

Sinzheimer, Vorbericht zu dem Referat über Tarifverträge. Das Gewerbegericht, Nachtrag zur Verbandsbeilage X, Nr. 11.

Derselbe, Referat über Tarifverträge. Beilage zu Nr. 1 GG.u.KG. XI.

Derselbe, Der korporative Arbeitsnormenvertrag. Teil I. 1907.

Stadthagen, Arbeiterrecht. 4. Aufl.

Staub, Komm. zu H.G.B.

Kaiserliches Statistisches Amt, Der Tarifvertrag im Deutschen Reich. Beiträge zur Arbeiterstatistik, Nr. 3. Berlin 1906. (Bearbeitet von Regierungsrat Dr. Leo.)

Dasselbe, Die Regelung der Arbeitsverhältnisse bei Vergebung öffentlicher Arbeiten.

Sulzer, Die kollektive Vertragsschließung zwischen Arbeitern und Arbeitgebern. 1900.

Wölbling, Gutachten über die Frage: „Empfehlen sich gesetzliche Vorschriften zur Regelung des gewerblichen Arbeitsvertrages auf Geding (Akkordvertrages)?“ Verhandlungen des 28. Deutschen Juristentages, Bd. I, auch Bd. III.

Derselbe, Zur Frage der Parteivertretung vor den Gewerbe- und Kaufmannsgerichten. Brauns Archiv XXI, Heft 3.

van Zanten, Der Streik und das neue niederländische Gesetz über den Arbeitsvertrag. Soziale Praxis XVI, Nr. 25, Sp. 642.

Zimmermann, Gewerbliches Einigungswesen in England und Schottland. Schriften der Gesellschaft für soziale Reform Bd. II Heft 10.

Derselbe, Der Arbeitstarifvertrag und die Wissenschaft. Soziale Praxis XVII, Nr. 28 ff.

Derselbe, Industrien ohne Streiks. Soziale Praxis 1906.

Derselbe, Das Recht der Tarifverträge. Soziale Praxis 1906.

Druckfehler und Zusätze.

Seite 26, Zeile 19: Gedingevertrag statt Gedingsvertrag.

Seite 115, Zeile 20: Nichtigkeit statt Richtigkeit.

Seite 80, Anm. 2, Zeile 2: Crome statt Crom.

Seite 257, Anm. 1, Zeile 1: „nur“ statt „nun“.

Seite 287, Anm. 1, Zeile 4: GG. und KG. statt GG. KS.

Seite 308, Anm. 1: Wegen der Friedenstendenz cf. auch *Poetsch* S. 14, 17 folg.

Seite 323, Anm. 1, Zeile 2 u. 3: den Tarifvertrag statt des Tarifvertrags.

Druck von Georg Reimer in Berlin.

FSC
www.fsc.org
MIX
Papier | Fördert gute Waldnutzung
FSC® C083411

Kolibri 360 GmbH
Ferdinand-Jühlke-Straße 7
99095 Erfurt, Deutschland
produktsicherheit@kolibri360.de